**Die Beteiligung des Erziehungsberechtigten und des gesetzlichen Vertreters am Jugendstrafverfahren**

# Europäische Hochschulschriften

Publications Universitaires Européennes
European University Studies

**Reihe II**
**Rechtswissenschaft**

Série II Series II
Droit
Law

**Bd./Vol. 3438**

PETER LANG
Frankfurt am Main · Berlin · Bern · Bruxelles · New York · Oxford · Wien

Anke Richmann

# Die Beteiligung des Erziehungsberechtigten und des gesetzlichen Vertreters am Jugendstrafverfahren

PETER LANG
Europäischer Verlag der Wissenschaften

Die Deutsche Bibliothek - CIP-Einheitsaufnahme

Richmann, Anke:

Die Beteiligung des Erziehungsberechtigten und des gesetzlichen Vertreters am Jugendstrafverfahren / Anke Richmann. - Frankfurt am Main ; Berlin ; Bern ; Bruxelles ; New York ; Oxford ; Wien : Lang, 2002
(Europäische Hochschulschriften : Reihe 2, Rechtswissenschaft ; Bd. 3438)
Zugl.: Göttingen, Univ., Diss., 2002
ISBN 3-631-39232-X

D 7
ISSN 0531-7312
ISBN 3-631-39232-X



www.peterlang.de

Für meine Eltern

und

für Oliver

**Vorwort**

Die vorliegende Arbeit wurde im Wintersemester 2001/2002 von der juristischen Fakultät der Georg-August-Universität Göttingen als Dissertation angenommen.

An dieser Stelle möchte ich mich zunächst bei meinem Doktorvater, Herrn Prof. Dr. Manfred Maiwald, ganz herzlich für seine umfangreiche Unterstützung bei der Erstellung dieser Arbeit bedanken. Er war stets zu fachlichen Diskussionen bereit und hat mit hilfreichen Hinweisen den Fortgang der Arbeit bewirkt. Von Anfang an hat Herr Prof. Dr. Maiwald mein Vorhaben unterstützt und viel Verständnis dafür gezeigt, dass ich diese Arbeit neben meiner Berufstätigkeit anfertigte.

Als nächstes gilt mein Dank Herrn Prof. Dr. Jörg-Martin Jehle, der zur Erstellung des Zweitgutachtens bereit war und mir hierdurch noch weitere fachliche Anregungen gab.

Mein besonderer Dank gilt auch meinen Eltern, die mich während meiner gesamten Ausbildung in all den Jahren stets über das normale Maß unterstützt und insbesondere das Entstehen dieser Arbeit gefördert haben. Erwähnen möchte ich an dieser Stelle, dass mein Vater im Oktober 2000 einen schweren Unfall mit Kopfverletzungen erlitt. Ich bin aber dankbar, dass er das Ende des Promotionsverfahrens trotz seiner schweren Krankheit erlebt hat.

Nicht zuletzt möchte ich mich bei meinem Ehemann, Herrn Dipl. Wirtschafts-Informatiker Oliver Kuhn bedanken. Er hat stets Interesse an und Verständnis für meine Arbeit gehabt, maßgeblich dazu beigetragen, dass ich diese Arbeit beenden konnte und alle Höhen und Tiefen dieser Zeit mit mir getragen.

Hochheim am Main, im Februar 2002 Anke Richmann

**Inhaltsverzeichnis**


| | | |
|---|---|---|
| **1** | **Einleitung** | **17** |
| **2** | **Gesetzliche Grundlagen** | **19** |
| **2.1** | **Verfahrensbeteiligung des Erziehungsberechtigten und des gesetzlichen Vertreters im Jugendstrafverfahren im Allgemeinen** | **19** |
| **2.2** | **Die historische Entwicklung der gesetzlichen Grundlagen zu der Beteiligung des Erziehungsberechtigten und des gesetzlichen Vertreters** | **22** |
| **2.3** | **Die gesetzliche Stellung der Beteiligung des Erziehungsberechtigten und des gesetzlichen Vertreters im heutigen Jugendstrafverfahren** | **35** |
| **2.3.1** | **Gesetzliche Grundlagen im Jugendgerichtsgesetz** | **42** |
| 2.3.1.1 | Die Beteiligung des Erziehungsberechtigten oder des gesetzlichen Vertreters | 42 |
| 2.3.1.2 | Gründe für die Beteiligung des Erziehungsberechtigten und des gesetzlichen Vertreters am Jugendstrafverfahren | 45 |
| 2.3.1.3 | Die Verfassungsmäßigkeit der Beteiligungsrechte und -pflichten | 51 |
| 2.3.1.4 | Begriffsbestimmung des Erziehungsberechtigten und des gesetzlichen Vertreters | 54 |
| 2.3.1.4.1 | Gesetzlicher Vertreter | 55 |
| 2.3.1.4.1.1 | Anwendung des Begriffes aus dem BGB | 55 |
| 2.3.1.4.1.1.1 | Vermögenssorgeberechtigter Vertreter | 56 |
| 2.3.1.4.1.1.2 | Vertreter in persönlichen Angelegenheiten | 56 |
| 2.3.1.4.1.1.3 | Streitentscheidung | 57 |

2.3.1.4.1.2 Modifizierung des Vertreterbegriffes 58
2.3.1.4.1.2.1 Jugendstrafverfahren 59
2.3.1.4.1.2.2 Erwachsenenstrafrecht 61
2.3.1.4.1.3 Gesetzliche Vertreter eines Jugendlichen 62

2.3.1.4.2 Erziehungsberechtigte 64

**2.3.2 Rechte und Pflichten des Erziehungsberechtigten und des gesetzlichen Vertreters in den einzelnen Verfahrensabschnitten 67**

2.3.2.1 Rechte und Pflichten im Verlauf des Vor- und Zwischenverfahrens und außerhalb der Hauptverhandlung 67

2.3.2.1.1 Informationsrechte 70
2.3.2.1.1.1 Benachrichtigung von der Einleitung des Verfahrens 70
2.3.2.1.1.2 Benachrichtigung über den jeweiligen Verfahrensstand im Ermittlungsverfahren 73
2.3.2.1.1.3 Benachrichtigung über eine Verhaftung 76
2.3.2.1.1.4 Benachrichtigung über richterliche Termine außerhalb der Hauptverhandlung 77
2.3.2.1.1.5 Benachrichtigung über sonstige Termine im Zwischenverfahren 80
2.3.2.1.1.6 Ladung zur Hauptverhandlung 81
2.3.2.1.1.7 Bindung der Staatsanwaltschaften und Gerichte an die Benachrichtigungspflichten 83
2.3.2.1.1.8 Ausnahmen von der Benachrichtigungsverpflichtung 87
2.3.2.1.1.9 Übermittlung von Entscheidungen 90
2.3.2.1.1.10 Ermittlung des Erziehungsberechtigten oder des gesetzlichen Vertreters 94

2.3.2.1.2 Recht auf Gehör 96

| | | |
|---|---|---|
| 2.3.2.1.3 | Recht auf Anwesenheit bei nicht-richterlichen Vernehmungen und Untersuchungshandlungen | 98 |
| 2.3.2.1.3.1 | Umfang des Anwesenheitsrechtes | 98 |
| 2.3.2.1.3.2 | Beschränkung des Anwesenheitsrechts | 101 |
| 2.3.2.1.4 | Beratungs- und Unterstützungsfunktion | 103 |
| 2.3.2.1.5 | Anwesenheitsrecht und Teilnahme an richterlichen Terminen außerhalb der Hauptverhandlung | 105 |
| 2.3.2.1.5.1 | Inhalt und Umfang der Teilnahmerechte | 105 |
| 2.3.2.1.5.2 | Entzug der Anwesenheitsrechte im Vor- und Zwischenverfahren | 110 |
| 2.3.2.1.6 | Recht der Verteidigerwahl | 114 |
| 2.3.2.1.6.1 | Wahlverteidigung neben Pflichtverteidigung | 116 |
| 2.3.2.1.6.2 | Art und Weise der Verteidigerbestellung | 119 |
| 2.3.2.1.6.3 | Recht auf Pflichtverteidigerbeantragung | 122 |
| 2.3.2.1.6.4 | Wahlverteidigerbestellung und Bestellung eines Beistandes | 127 |
| 2.3.2.1.7 | Ergebnis | 129 |
| 2.3.2.2 | Rechte und Pflichten im Hauptverfahren, insbesondere in der Hauptverhandlung | 130 |
| 2.3.2.2.1 | Die gesetzlichen Vorschriften im Einzelnen | 130 |
| 2.3.2.2.1.1 | Recht auf Teilnahme an der Hauptverhandlung | 130 |
| 2.3.2.2.1.2 | Gehörsrecht | 133 |
| 2.3.2.2.1.3 | Beratungsrecht | 134 |
| 2.3.2.2.1.4 | Erklärungsrechte | 135 |
| 2.3.2.2.2 | Die verschiedenen Rechtsstellungen in der Hauptverhandlung | 137 |
| 2.3.2.2.2.1 | Zeugenfunktion | 138 |
| 2.3.2.2.2.2 | Gehörsbeteiligung | 151 |
| 2.3.2.2.2.3 | Verhältnis von Gehörsrechten und Zeugenfunktion | 153 |

| | | |
|---|---|---|
| 2.3.2.2.2.4 | Beistandsfunktion | 155 |
| 2.3.2.2.2.5 | Unterstützungsfunktion | 164 |
| 2.3.2.2.2.6 | Verhältnis der einzelnen Verfahrensbeteiligungen untereinander | 165 |
| 2.3.2.2.2.7 | Gründe für die Einschaltung des Erziehungsberechtigten oder des gesetzlichen Vertreters im Hauptverfahren | 169 |
| 2.3.2.2.2.8 | Mehrfache Verfahrensbeteiligung | 174 |
| 2.3.2.2.2.9 | Verletzung der Teilnahmerechte | 179 |
| 2.3.2.2.3 | Rechtsmittelrechte | 180 |
| 2.3.2.2.3.1 | Selbstständigkeit des Rechtsmittelrechtes | 181 |
| 2.3.2.2.3.2 | Rechtsbehelfe, von denen der Erziehungsberechtigte oder gesetzliche Vertreter selbstständig Gebrauch machen kann | 183 |
| 2.3.2.2.3.3 | Die Auswirkung der Verfahrensstellung auf die Anfechtbarkeit von Entscheidungen | 192 |
| 2.3.2.2.3.4 | Art und Weise der Einlegung der Rechtsbehelfe durch den Erziehungsberechtigten oder gesetzlichen Vertreter | 196 |
| 2.3.2.2.3.4.1 | Länge von Fristen | 197 |
| 2.3.2.2.3.4.2 | Beginn von Fristen | 198 |
| 2.3.2.2.4 | Die Verfahrensstellung des Erziehungsberechtigten oder des gesetzlichen Vertreters nach Einlegung der Rechtsbehelfe und Rechtsmittel | 198 |
| 2.3.2.2.4.1 | Berufung | 199 |
| 2.3.2.2.4.2 | Revision | 200 |
| 2.3.2.2.4.3 | Verfassungsbeschwerde | 200 |
| 2.3.2.2.4.4 | Beendigung des Rechtsbehelfsverfahrens | 201 |
| 2.3.2.2.5 | Ordnungsrechtliche Maßnahmen gegen den Erziehungsberechtigten oder gesetzlichen Vertreter in der Hauptverhandlung | 203 |
| 2.3.2.2.6 | Verfahrenswechsel zum Heranwachsendenrecht | 205 |

| | | |
|---|---|---|
| **2.3.3** | **Entziehung der Mitwirkungsrechte** | **210** |
| 2.3.3.1 | Die Möglichkeit der Entziehung der Rechte des Erziehungsberechtigten oder des gesetzlichen Vertreters im Jugendstrafverfahren | 210 |
| 2.3.3.1.1 | Der vollkommene Rechtsentzug | 210 |
| 2.3.3.1.2 | Der partielle Rechtsentzug | 214 |
| 2.3.3.2 | Die gerichtliche Entscheidung über den Ausschluss des Erziehungsberechtigten oder des gesetzlichen Vertreters | 215 |
| 2.3.3.3 | Die verfassungsmäßige Zulässigkeit der Entziehung der Rechte des Erziehungsberechtigten oder des gesetzlichen Vertreters im Jugendstrafverfahren | 217 |
| 2.3.3.3.1 | Die totale Entziehung der prozessualen Rechte des Erziehungsberechtigten oder des gesetzlichen Vertreters im Jugendstrafverfahren | 218 |
| 2.3.3.3.2 | Die partielle Entziehung des prozessualen Rechtes des Erziehungsberechtigten oder des gesetzlichen Vertreters im Hauptverfahren | 220 |
| **2.4** | **Gesamtergebnis** | **223** |
| **3** | **Praktische Auswirkungen und Effizienz der gesetzlichen Normen** | **225** |
| **3.1** | **Mitwirkung des Erziehungsberechtigten oder gesetzlichen Vertreters in der Praxis** | **225** |
| **3.1.1** | **Einschätzung der Mitwirkung in der Praxis durch Praktiker in der Jugendgerichtsbarkeit** | **226** |

**3.1.2** **Unterstützung des Jugendlichen durch einen einzelnen Erziehungsberechtigten bzw. einen gesetzlichen Vertreter in der Praxis** **238**

**3.1.3** **Auswirkungen der Mitwirkung des Erziehungsberechtigten bzw. des gesetzlichen Vertreters in der Praxis** **240**

**3.2** **Möglichkeiten der erzieherischen Einflussnahme auf die Jugendlichen** **243**

**3.2.1** **Grundsätzliche Familiensituation** **243**

**3.2.2** **Erziehung und Familienstrukturen** **248**

3.2.2.1 Die Situation der Erziehung 249

3.2.2.2 Die Pädagogik der Ich-Stärke 256

3.2.2.3 Antiautoritäre Erziehung 258

3.2.2.4 Die emanzipatorische Erziehung 262

3.2.2.5 Die Antipädagogik 267

3.2.2.6 Beschäftigung mit dem ICH und Weltbezug 270

3.2.2.7 Ergebnis 275

3.2.2.8 Entwicklung der Eltern-Kind-Beziehung im Jugendalter 277

3.2.2.9 Zusammenfassende Stellungnahme 283

| | | |
|---|---|---|
| **3.3** | **Vorschläge zur Gesetzesänderung** | **288** |
| **3.3.1** | **Anwesenheitsrechte außerhalb der Hauptverhandlung** | **289** |
| **3.3.2** | **Anwesenheitsrechte in der Hauptverhandlung** | **294** |
| **3.3.3** | **Mitteilungsansprüche des Erziehungsberechtigten und des gesetzlichen Vertreters** | **296** |
| **3.3.4** | **Recht auf Gehör** | **297** |
| **3.3.5** | **Pflicht zur Aussage** | **298** |
| **4** | **Schlussbemerkung** | **305** |
| **5** | **Literaturverzeichnis** | **307** |
| **6** | **Anhang** | **319** |

# 1 Einleitung

Wenn Jugendliche aufgrund eines strafbaren Verhaltens erstmalig auffällig geworden sind, dann haben sie meistens erstmals unmittelbaren Kontakt mit den Organen der Justiz, das heißt mit Polizei sowie mit Staatsanwaltschaft und Gerichten. Diese für den Jugendlichen neuen Erfahrungen als Folgen eines sanktionswürdigen Fehlverhaltens stellen nicht nur einen einschneidenden Eingriff für den Jugendlichen selbst, sondern auch für die betroffene Familie und das gesamte soziale Umfeld dar. Der Umgang mit Polizeibeamten, Mitarbeitern der Jugendgerichtshilfe sowie Richtern und Staatsanwälten ist nicht nur für die Jugendlichen selbst fremd und ungewohnt, sondern in aller Regel auch für die Eltern als Erziehungsberechtigte.

In einem Strafverfahren gegen einen Jugendlichen sind die Eltern häufig für ihn die wichtigsten Bezugspersonen. Dennoch ist ihre Anwesenheit nicht unumstritten, weil sie möglicherweise nicht immer nur positiven Einfluss auf den Jugendlichen und das Verfahren nehmen können. Daher stellt sich die Frage, ob und inwieweit der Erziehungsberechtigte oder der gesetzlichen Vertreter an einem Strafverfahren gegen einen Jugendlichen mitwirken können bzw. müssen und welchen Einfluss sie auf den Fortgang dieses Verfahrens haben.

An dieser Stelle will die vorliegende Arbeit ansetzen. Es sollen zunächst anhand der gesetzlichen Grundlagen im Jugendgerichtsgesetz die Möglichkeiten und der Umfang einer Mitwirkung des Erziehungsberechtigten und des gesetzlichen Vertreters an einem Jugendstrafverfahren dargelegt werden.

Des Weiteren sollen die Auswirkungen dieser gesetzlichen Regelungen auf die gerichtliche Praxis genauer analysiert werden. Da es bisher weder theoretische noch praktische Abhandlungen über die tatsächliche Mitwirkung des Erziehungsberechtigten und gesetzlichen Vertreters in der jugendgerichtlichen Praxis gibt, hat die Verfasserin Jugendrichter der niedersächsischen Justiz zu Umfang und Ausmaß der Mitwirkung des Erziehungsberechtigten und gesetzlichen Vertreters in einem Jugendstrafverfahren befragt.

An diese Analyse der gerichtlichen Praxis schließt sich die Frage nach der Zweckmäßigkeit einer umfassenden Mitwirkung des Erziehungsberechtigten oder des gesetzlichen Vertreters an einem Jugendstrafverfahren an. Aufgrund der möglichen Straffälligkeit des Jugendlichen können die Eltern nämlich teilweise selbst in starke Konflikte geraten und ihre bisherige Erziehung ihrer Schützlinge in Frage stellen. Daher ist zu prüfen, inwieweit und mit welchen Erziehungsmöglichkeiten die Eltern als Erziehungsberechtigte oder der gesetzliche Vertreter noch in der Lage sind, auf Jugendliche, die eine Straftat im Alter von 14 bis 18 Jahren begangen haben, Einfluss zu nehmen, wobei allerdings das Verfahren zu einem späteren Zeitpunkt stattfinden kann.

Schließlich will die vorliegende Arbeit einen Beitrag dazu leisten, die Voraussetzungen für eine Verbesserung der Mitwirkungsmöglichkeiten der erziehungsberechtigten Personen an einem Jugendstrafverfahren aufzuzeigen.

# 2 Gesetzliche Grundlagen

## 2.1 Verfahrensbeteiligung des Erziehungsberechtigten und des gesetzlichen Vertreters im Jugendstrafverfahren im Allgemeinen

Grundsätzlich sind der Erziehungsberechtigte und der gesetzlichen Vertreter im Jugendstrafverfahren im Unterschied zu einem gesetzlichen Vertreter im Zivilprozess nicht kraft Gesetzes zwangsläufig Vertreter des Beschuldigten[1].

Das Jugendgerichtsgesetz[2] und auch die Strafprozessordnung[3] hat die prozessuale Handlungsfähigkeit, nämlich die Fähigkeit, Prozesshandlungen[4] wirksam vorzunehmen und entgegenzunehmen, nicht wie im Zivilprozess ausschließlich an die Geschäftsfähigkeit des Beschuldigten im zivilrechtlichen Sinne geknüpft.

Im Strafverfahren wird bereits derjenige als prozessual handlungsfähig angesehen, wer körperlich und geistig in der Lage ist, den für den Laien schwer verständlichen Verfahrensvorgängen zu folgen, seine Verfahrensbefugnisse im eigenen oder auch im fremden Namen auszuüben und die Verfahrenspflichten zu erfüllen.[5] Dem Beschuldigten, der sowohl aufgrund seines jugendlichen Alters als auch aufgrund seiner beschränkten Geschäftsfähigkeit einen Erziehungsberechtigten oder gesetzlichen Vertreter hat, können also die eigenen strafprozessualen Befugnisse nicht bereits wegen der mangelnden Geschäftsfähigkeit versagt werden. Vielmehr darf und muss der Betroffene seine Interessen im Strafverfahren und der anschließenden Hauptverhandlung, soweit es ihm möglich ist, selbst vertreten, wenn er im Sinne der Strafprozessordnung handlungsfähig ist. Unabhängig davon muss er persönlich anwesend sein, es sei denn, das Gesetz selbst sieht ausdrücklich Ausnahmen vor. In aller Regel kann er sich aber nicht durch eine dritte Person vertreten lassen, so dass seine Anwesenheit entbehrlich wäre.

---

[1] Eine genauere Begriffsdefinition des Erziehungsberechtigten und des gesetzlichen Vertreters erfolgt im weiteren Verlauf dieser Arbeit.

[2] Im Weiteren wird das Jugendgerichtsgesetz mit JGG abgekürzt.

[3] Im Weiteren wird die Strafprozessordnung mit StPO abgekürzt.

[4] Hierzu zählt unter anderem: Anträge zu stellen, Fragen an die Zeugen und Sachverständige zu richten, einen Verteidiger zu wählen oder Rechtsmittel einzulegen.

[5] Henkel, S. 284; Löwe-Rosenberg/Kohlhaas vor §§ 151ff. Rdn. 8; Meyer-Gerhardts, S. 9.

Denn gerade im Jugendstrafverfahren spielt nicht nur die Erforschung der Wahrheit über den Tatvorgang mit den näheren Umständen und das sich daraus ergebende Maß an Schuld eine Rolle, sondern es ist in erster Linie die Persönlichkeit des betroffenen straffällig gewordenen Menschen, der persönliche Eindruck, sein Auftreten und seine Einlassung zum Schuldvorwurf entscheidend.[6] Bereits aus diesem Grund ist der Beschuldigte unabhängig von Alter und geistiger Reife auch im Jugendstrafverfahren nicht durch Dritte vertretbar[7], das heißt, er ist ein unauswechselbarer Verfahrensbeteiligter.[8]

Der Erziehungsberechtigte oder der gesetzliche Vertreter können ihm daher allenfalls beigeordnet werden. Diese beigeordneten Personen können den jugendlichen Beschuldigten aber nicht gänzlich ersetzen und damit völlig an seine Stelle treten.

In diesem Zusammenhang ist auch zu bedenken, dass das Jugendstrafverfahren als solches und auch die sich daraus ergebenden Rechtsfolgen einen tiefen Eingriff in die Persönlichkeitssphäre des Beschuldigten darstellen. Daher wäre es bereits aus diesem Grunde unangemessen, dem Beschuldigten nur aufgrund seiner Minderjährigkeit in dieser höchstpersönlichen Angelegenheit das Recht vollkommen zu entziehen, sich nach seiner eigenen Strategie einzulassen und dementsprechend zu verteidigen, soweit er hierzu geistig und körperlich in der Lage ist.

Wenn die uneingeschränkte Verhandlungsfähigkeit[9] dem jugendlichen Beschuldigten unabhängig von seinem Erziehungsberechtigten oder gesetzlichen Vertreter zugesprochen wird, kann er seine Verteidigung nach eigenem Ermessen ausrichten. Dem steht jedoch nicht entgegen, dass er dennoch bei (wichtigen) Entscheidungen im Verfahren von seinem Erziehungsberechtigten oder gesetzlichen Vertreter unterstützt werden sollte. Die Wirksamkeit seiner eigenen Prozesshandlungen ist aber im Unterschied zu der zivilrechtlichen Vertretung an die Zustimmung oder Genehmigung der dritten Person nicht

---

6 Henkel, S. 215.

7 Auch im Jugendstrafverfahren kann wie im Erwachsenenverfahren auf die Anwesenheit des Beschuldigten nur in gesetzlich bestimmten Ausnahmefällen verzichtet werden.

8 Das ergibt sich schon aus dem Anwesenheitsgrundsatz der Strafprozessordnung, der auch im Jugendstrafverfahren Anwendung findet. So auch Schmidt Nr. 145.

9 Die Verhandlungsfähigkeit wird nicht von der Geschäftsfähigkeit des Beschuldigten abhängig gemacht. Vielmehr ist Voraussetzung, dass der Beschuldigte in der Lage ist, seine Interessen sachgerecht und die Verteidigung in verständlicher und verständiger Weise wahrzunehmen (vgl. BGH MDR 58, 139 (141.).

gebunden.[10] Der Erziehungsberechtigte oder der gesetzliche Vertreter können den Jugendlichen kraft Gesetzes bei der Ausübung seiner Verfahrensrechte im Jugendstrafverfahren grundsätzlich nicht vertreten.[11]

Eine Vertretung der Interessen des Beschuldigten durch den gesetzlichen Vertreter kraft rechtsgeschäftlicher Vollmacht ist demgegenüber aber nicht ausgeschlossen. Es ist anerkannt, dass die rechtsgeschäftliche Vertretung, wie überall und insbesondere im zivilrechtlichen Bereich[12], auch im Jugendstrafrecht möglich sein soll, soweit sich nicht aus dem Wesen des Strafverfahrens Besonderheiten ergeben.[13]

Statt dem Erziehungsberechtigten oder gesetzlichen Vertreter die Prozessführung für und gleichzeitig an Stelle des Jugendlichen zu übertragen, hat das heute geltende Jugendgerichtsgesetz ihm die unabhängige Stellung eines selbstständigen, unabhängigen Verfahrensbeteiligten zuerkannt, wobei ihm eigenständige Verfahrensrechte und -pflichten zukommen sollen. Aufgrund dieser Verfahrensstellung können Erziehungsberechtigte und gesetzliche Vertreter unabhängig von dem betroffenen Jugendlichen nach eigener Entschließung den Gang des Verfahrens mitbestimmen.[14] Hierbei ist der Erziehungsberechtigte oder gesetzliche Vertreter nicht zwangsläufig von der Zustimmung des Beschuldigten oder anderer Verfahrensbeteiligter abhängig,

---

10 Nach den zivilrechtlichen Regeln der Stellvertretung sind Erklärungen Minderjähriger von der Zustimmung der gesetzlichen Vertreter abhängig oder sind zumindest schwebend unwirksam und somit genehmigungsfähig und -bedürftig.

11 RG DJZ 1920, 851; Engisch, S. 118; v. Kries, S. 188, 225.

12 Gerade nach den zivilrechtlichen Regeln der Stellvertretung kann jeder erwachsene, geschäftsfähige Mensch von einem Dritten, zu denken wäre hier zum Beispiel an einen Verteidiger, rechtsgeschäftlich vertreten werden.

13 RG St 66, 209 (211); BGH St 12, 367 (370); Peters, S. 208, anderer Meinung Bennecke-Beling, S. 296. Man denke hier zunächst insbesondere an die Pflicht der persönlichen Anwesenheit in der strafprozessualen Hauptverhandlung. Diese Pflicht kann unabdingbar von einer rechtsgeschäftlichen Stellvertretung nicht außer Kraft gesetzt werden.

14 Diemer/Schoreit/Sonnen, § 67 Rdn. 3. Eine Vertretung des Erziehungsberechtigten und des gesetzlichen Vertreters zur Wahrnehmung seiner Rechte ist zumindest während der Hauptverhandlung und bei persönlichen Vernehmungen in Anwesenheit des Beschuldigten mit dem persönlichen Betreuungsprinzip nicht zu vereinbaren. BGH RdJB 1961, 313 (313); Ostendorf, § 67 Rdn. 13, 14, so auch Eisenberg, § 67 Rdn. 4. Er will dem Erziehungsberechtigten und dem gesetzlichen Vertreter keine von dem Interessen des Jugendlichen unabhängige Rechtsposition einräumen.
Im schriftlichen Verfahren kann sich der Erziehungsberechtigte und der gesetzliche Vertreter wie auch der Beschuldigte selbst anwaltlich vertreten lassen. Eine derartige Vertretung in Anwesenheit des Erziehungsberechtigten ist ebenfalls zulässig. Vgl. hierzu auch Brunner/Dölling, § 67 Rdn. 3 und 5, der die Rechte der Erziehungsberechtigten und gesetzlichen Vertreter losgelöst von den Rechten des betroffenen Jugendlichen darzustellen versucht.

aber er sollte selbstverständlich die Rechte und Interessen des Jugendlichen wahrnehmen. Denn im Jugendstrafverfahren stehen die Schutzbelange des Jugendlichen im Vordergrund.[15]

Die verschiedenen gesetzlich festgelegten Rechte des Erziehungsberechtigten oder des gesetzlichen Vertreters werden im Einzelnen im Fortgang dieser Arbeit erörtert und deren Bedeutung und Tragweite diskutiert.

## 2.2 Die historische Entwicklung der gesetzlichen Grundlagen zu der Beteiligung des Erziehungsberechtigten und des gesetzlichen Vertreters

Bevor die Frage erörtert wird, welche gesetzlichen Vorschriften, die Beteiligung und Mitwirkung der Erziehungsberechtigten oder der gesetzlichen Vertreter im Jugendstrafverfahren im Einzelnen regeln, soll zunächst einmal die geschichtliche Entwicklung dieser Normen aufgezeigt werden.

Bis zu Beginn des 16. Jahrhunderts gab es auf dem Gebiet des heutigen Deutschlands keinen formalisierten Strafanspruch gegenüber Kindern.[16]

Das erste Reichsstrafgesetzbuch, die Constitutio Criminalis Carolina, führt dann ab 1532 ein auch für jugendliche Straftäter geltendes Strafrecht ein. Selbst Kinder unter 14 Jahren sollten strafrechtlich zur Verantwortung gezogen werden können und waren nicht von dem Strafanspruch des Staates ausgenommen.

Bis zum In-Kraft-Treten dieser Regelung stand die Strafgewalt gegenüber Kindern ausschließlich und allein dem Vater als Erziehungsberechtigten zu.[17]

---

15 Eisenberg, § 67 Rdn 4.
16 Schaffstein/Beulke, S. 23/24.
17 Augsburgische Statuten aus dem Jahre 1276.

Nach diesem Recht mussten sich selbst Personen unter 14 Jahren vor den Gerichten wegen ihrer Verfehlungen verantworten.[18] In den Bestimmungen der Constitutio Criminalis Carolina finden sich aber keine ausdrücklichen Regelungen über die Beteiligung der Erziehungsberechtigten oder der gesetzlichen Vertreter im Strafverfahren gegen das betroffene Kind oder den Jugendlichen[19], obwohl diese auch bereits nach damaliger Auffassung gerade im Hinblick auf den Eingriff in das elterliche Erziehungsrecht notwendig erschien.[20]

Um die dadurch auftretende und auch erkannte Regelungslücke zu schließen, wurde von den Gerichten das zuvor geltende römische Recht in diesem Bereich angewendet.

Nach den im römischen Recht zu findenden Grundsätzen sind die "Eltern", die im Regelfall sowohl gesetzliche Vertreter als auch "Erziehungsberechtigte" waren,[21] in Strafsachen gegen ihr Kind zeugnisunfähig und können auch in dem Verfahren nicht zu einer Stellungnahme gegen ihr Kind gezwungen werden.[22]

Die damals entscheidende und allein relevante Frage war nur, ob sie die Tat hätten verhindern können. Wenn dieses bejaht wurde, mussten sie die Kosten des Strafverfahrens und Geldbußen an Stelle ihres Kindes tragen. Die eigenen Rechte des Erziehungsberechtigten und des gesetzlichen Vertreters waren insgesamt sehr beschränkt. Sie hatten nur in einem sehr begrenztem Umfang die Möglichkeit, auf das Jugendstrafverfahren Einfluss zu nehmen.

Inwieweit sie unabhängig von ihrer Stellung als Erziehungsberechtigter oder gesetzlicher Vertreter in einer anderen prozessrechtlich definierten Stellung am Strafverfahren gegen ihren Schützling mitwirken durften oder sollten, wurde auch im römischen Recht nicht bestimmt.

Das hessische Strafgesetzbuch von 1841[23] nimmt sich erstmals dieses Problems zumindest dem Ansatz nach an. Unter Abkehr von den Vorschriften der Constitutio Criminalis Carolina sieht dieses Strafgesetzbuch eine Überweisung oder lediglich eine Überlassung der jugendlichen Straftäter bis zu 12 Jahren an

---

18 Schulz-Knappe, RdJ 1967, 5(5) unter Hinweis auf die Constitutio Criminalis Carolina von 1532, abgedruckt bei Kohler-Scheel, XX.

19 Eine genaue altersbezogene Differenzierung wurde von den Gerichten nicht vorgenommen.

20 Schulz-Knappe, RdJ 1967, 5(5) unter Hinweis auf die Constitutio Criminalis Carolina von 1532, abgedruckt bei Kohler-Scheel, XX.

21 Ostendorf, § 67 Rdn. 2; Brunner/Dölling, § 67 Rdn. 1a.; Eisenberg, § 67 Rdn. 5; Diemer/Schoreit/Sonnen, § 67 Rdn. 5.

22 Schulz-Knappe, RdJ 1967, 5 (5) unter Hinweis auf die Constitutio Criminalis Carolina.

23 Vgl. dazu Schmidt, Eb., Seite 12ff.

ihre Eltern oder gesetzlichen Vertreter vor, damit diese von ihrem Züchtigungs- und Erziehungsrecht Gebrauch machen konnten und sollten.[24] In derartigen Fällen wurde dann von dem staatlichen Strafanspruch abgesehen.

Selbstständige und unabhängige Rechte der Erziehungsberechtigten oder der gesetzlichen Vertreter im Strafverfahren bringt erstmals die preußische Strafprozessordnung von 1867, nach welcher Verwandte des Beschuldigten als Beistand oder Vertreter desselben auftreten konnten.[25]

Für das Deutsche Reich legte die Reichsstrafprozessordnung von 1877 die Rechte des gesetzlichen Vertreters fest.[26] Hiernach konnte der gesetzliche Vertreter eines Beschuldigten bereits in jeder Lage des Verfahrens dem Jugendlichen beistehen und ihm einen Verteidiger bestellen.[27]

In der Hauptverhandlung musste der Vater, Adoptivvater oder Vormund als Beistand zugelassen und zudem gehört werden.[28] Eine ausdrückliche Benachrichtigung der Eltern war dem Richter jedoch nicht zwingend vorgeschrieben. Diese könnte sich aber aus der Anhörungsverpflichtung herleiten. Denn ohne eine zuvor erfolgte Benachrichtigung kann eine Anhörung nicht erfolgen.

Die in den Hauptverhandlungen ergangenen Urteile waren nach dieser Rechtslage den Eltern nur dann zuzustellen, wenn sie die Unterbringung des betroffenen Jugendlichen in eine Erziehungs- oder Besserungsanstalt anordneten.

Dem gesetzlichen Vertreter[29] stand darüber hinaus auch nach dieser Gesetzeslage das Recht zu, selbstständig Rechtsmittel gegen ergangene Entscheidungen

---

24 Strafgesetzbuch Hessen vom 17.09.1841.

25 Strafprozessordnung für Preußen vom 25.01.1867.

26 Hier wurde der Erziehungsberechtigte außer Acht gelassen. Dieses Grundprinzip wurde auch noch im Jugendgerichtsgesetz von 1923 verfolgt. Erst 1943 wurden alle Erziehungspflichtigen vom Gesetzgeber mit Rechten versehen. Vgl. hierzu Kümmerlein, DJ 1943, 560 (560).

27 In diesem Zusammenhang wurde nicht zwischen dem gesetzlichen Vertreter im Sinne der Strafprozessordnung und dem nach dem Jugendgerichtsgesetz unterschieden, zumal das Jugendrecht als solches in der heutigen Form nicht geläufig war. Der jugendliche Straftäter wurde nach Maßgabe des allgemeinen Strafprozessrechts behandelt

28 Es wurde hier ausschließlich von dem Vater gesprochen. In dieser Zeit war die Frau und Mutter nicht als Trägerin von eigenen Rechten bekannt.

29 In diesem Gesetzesentwurf wurde der Erziehungsberechtigte (noch) nicht explizit erwähnt. Zu bedenken ist aber, dass in aller Regel der Erziehungsberechtigte auch der gesetzliche Vertreter eines Jugendlichen ist.

in dem Umfang einzulegen, wie sie auch den verurteilten Jugendlichen zustanden.[30]

Zu der Frage, ob der gesetzliche Vertreter (oder der Erziehungsberechtigte) ein bereits im eigenen Namen eingelegtes Rechtsmittel ohne die Zustimmung des angeklagten Jugendlichen zurücknehmen konnte, hat das Reichsgericht dahingehend entschieden, dass es zur Zurücknahme insbesondere dann der Zustimmung bedürfe, wenn das Rechtsmittel ausdrücklich im Namen des (verurteilten) Kindes eingelegt worden sein sollte. Denn nur hierbei handele es sich um die Rücknahme eines dem Angeklagten (Jugendlichen) selbst zustehenden Rechtsmittels.[31]

Eine Definition des Begriffes "gesetzlicher Vertreter" oder gar "Erziehungsberechtigter" enthielt die Reichsstrafprozessordnung nicht.

Die damalige Auslegung dieser Begriffe durch die Rechtsprechung ging dahin, dass zu diesem Personenkreis ein bestimmbarer Familienkreis zählen sollte. Dieser bestand aus dem Vater, dem Adoptivvater oder dem Vormund. Unter bestimmten Voraussetzungen sollte der gesetzliche Vertreter nach bürgerlichem Recht diesem eingeschränkten Personenkreis angehören.[32] Nach damaliger Auffassung standen diese Rechte insgesamt aber nur männlichen Familienangehörigen bzw. männlichen Dritten zu.[33] Nur ausnahmsweise konnten weibliche Familienmitglieder dann beteiligt werden, wenn sie als Zeuge etwas zum Tathergang selbst aussagen konnten, oder wenn sich das Verfahren gegen Mädchen richtete. Nur in diesem Fall waren sie einem normalen Zeugen gleichgestellt. Die Beistandsfunktion spielte keine Rolle.

Im Jahr 1890 wurde zum ersten Mal der Gedanke erörtert, eine strafrechtliche Hauptverhandlung gegen jugendliche Angeklagte unter Ausschluss der Öffentlichkeit abzuhalten. Es sollte lediglich den erziehungsberechtigten Personen und gesetzlichen Vertretern der Zutritt zum Verhandlungsraum gestattet werden.[34]

---

30 RStPO, §§ 137, 140, 268, 340.

31 RG St, 28, 385.

32 GA 5, 75 (75); 9, 166 (166); 12, 408 (409).

33 Oppenhoff, Rechtsprechung. des Obertribunals 11, 424; 11, 538.

34 Dieser Gedanke findet sich im heutigen Jugendgerichtsgesetz wieder. Allerdings wurden hierdurch noch nicht unmittelbar die Verfahrensrechte des Erziehungsberechtigten erweitert, auch wenn diesen Personen der Zutritt zur Hauptverhandlung gewährt werden sollte.

Kurze Zeit darauf wurde angeregt, dass die Eltern als Inhaber der Erziehungsverpflichtung das eigene Recht haben sollen, gegen eine staatliche Anordnung der überwachten Erziehung Beschwerde einzulegen.

Bereits zu diesem Zeitpunkt wurde gefordert, die Eltern oder den gesetzlichen Vertreter neben dem Angeklagten zur Hauptverhandlung zu laden und im Termin zu vernehmen.

Darüber hinaus wurde im Jahre 1895 von Preußen eine Verfügung erlassen, wonach auch der gegen einen Jugendlichen ergangene Strafbefehl[35] dem gesetzlichen Vertreter zuzustellen war.[36]

Im Jahre 1908 tritt in Frankfurt am Main das erste deutsche Jugendgericht[37] zusammen und im Verlauf des ersten Strafverfahrens vor diesem Gericht ergeht die Verfügung, dass die Staatsanwaltschaft und die Polizeibehörden bereits im vorbereitenden Verfahren, also im Ermittlungsverfahren, die gesetzlichen Vertreter[38] einbeziehen sollen.[39]

Aufgrund dieser Entwicklungen in der staatsanwaltlichen Praxis sieht sich die Reichsregierung veranlasst, eine Änderung der Bestimmungen über die Beteiligung des gesetzlichen Vertreters am Verfahren gegen Jugendliche anzuregen und einzuleiten. Der von der Reichsregierung verfasste Entwurf sieht vor, dass der gesetzliche Vertreter in aller Regel als Beistand in das Strafverfahren gegen Jugendliche einzubeziehen sein sollte. Als solcher hatte er auch die Anklageschrift spätestens mit seiner Ladung zum Hauptverhandlungstermin zu erhalten. Im Falle einer Verhaftung des Jugendlichen sollte ihm sobald wie möglich Mitteilung darüber gemacht werden. Außerdem war vorgesehen, dass ihm der Termin zur Hauptverhandlung mitgeteilt werden sollte.

Insbesondere ein Erziehungs- und Besserungsmaßregeln anordnender Beschluss sollte dem gesetzlichen Vertreter nach dieser damaligen Gesetzeslage bekannt gemacht werden.

---

35 Im Gegensatz zu der heutigen Gesetzeslage war es hiernach zulässig, auch gegen Jugendliche einen Strafbefehl zu erlassen.

36 Verfügung des preußischen Justizministers vom 20.12.1895.

37 Dieses Jugendgericht arbeitete aber noch nicht auf einer speziell entwickelten Grundlage, da es noch kein Jugendgerichtsgesetz gab. Ein konkreter Gesetzesentwurf zu diesem Gesetz wurde erst im Jahre 1920 vorgelegt.

38 Hier war wieder nur von dem gesetzlichen Vertreter, nicht aber von dem Erziehungsberechtigten die Rede.

39 Verfügung des hessischen Justizministers vom 01.06.1908.

Im Rechtsmittelverfahren gesteht der Gesetzesentwurf der Reichsregierung dem gesetzlichen Vertreter dieselben Rechte zu wie dem Angeklagten selbst;[40] zudem soll ihm ein Antrag auf Wiederaufnahme des Verfahrens gestattet werden.[41]

Aufgrund dieser Vorüberlegungen wurde erwogen, an Stelle einer Reform des geltenden Rechtes ein neues Jugendgerichtsgesetz zu schaffen,[42] insbesondere weil sich der Regelungsumfang der Strafprozessordnung zu umfangreich und unübersichtlich gestalten würde.

Der sich daraus ergebende Gesetzesentwurf sieht vor, dem Jugendlichen einen größeren Schutz als bisher einzuräumen. Dieser Schutz sollte in erster Linie durch den gesetzlichen Vertreter gewährleistet werden. Es wurde im Einzelnen beabsichtigt, dass der Eröffnungsbeschluss, alle Urteile, Strafbefehle sowie Bescheide über Erziehungs- und Besserungsmaßregeln dem gesetzlichen Vertreter zur Kenntnis gebracht werden sollten. Auf den zum damaligen Zeitpunkt stattfindenden Jugendgerichtstagen wurden die Schwächen dieser geplanten neuen Regelungen aufgezeigt.[43] Denn allein durch die vorgesehenen Mitteilungsregelungen konnte der beabsichtigte Schutz der Jugendlichen nicht effizient bewirkt werden. Um diesen Schutz zu erreichen, waren besondere Regelungen für das Jugendstrafverfahren in der Form erforderlich, wie sie auch später im Jugendstrafrecht getroffen worden sind.

Die jugendgerichtliche Praxis behalf sich in der Zwischenzeit entgegen geltenden Vorschriften, indem sie die Erziehungsberechtigten in das Jugendstrafverfahren einbezog und zunächst einmal auch die Mutter genauso wie den männlichen Vertreter, also in aller Regel den Vater, im Strafverfahren gegen Jugendliche anhörte.

Die jugendgerichtliche Praxis stellte den Erziehungsgedanken und die Schutzfunktion gegenüber den Jugendlichen in den Vordergrund und verfuhr auf der soeben dargestellten Grundlage bis zum ersten Weltkrieg.[44]

---

40 Dieser Grundgedanke findet sich im heutigen Jugendgerichtsgesetz von 1990 wieder, vgl. hierzu § 67 Abs. 3 JGG; so auch Eisenberg, § 67 Rdn. 8ff.; Ostendorf, § 67 Rdn. 7.

41 Verhandlungen des Reichstages I. Session 1907/09; Anlage zu den stenogr. Berichten Nr. 1310, §§ 370, 480 g, 371, 375, 356.

42 Verhandlungen des Reichstages I. Session 1912/13; Anlage zu den stenogr. Berichten Nr. 578 (Gesetzesentwurf über das Verfahren gegen Jugendliche).

43 Hierzu zählten bereits damals prozessökonomische Erwägungen oder Diskrepanzen mit dem Amtsermittlungsgrundsatz, der zum Teil schnelles Handeln erfordert, was durch die zusätzlichen Verfahrensschritte in Frage gestellt werden könnte.

44 Schaffstein/Beulke, S. 23.

Nach Ende des ersten Weltkrieges legte das Reichsjustizministerium einen Gesetzesentwurf zum heutigen Jugendgerichtsgesetz vor.[45]

Nach diesem Entwurf sollte der gesetzliche Vertreter folgende Rechte geltend machen können:

Neben anderen erwachsenen Angehörigen des angeklagten Jugendlichen sollte der gesetzliche Vertreter nicht nur Zugang zur Hauptverhandlung bekommen, sondern auf seinen Wunsch hin die Möglichkeit haben, an diesem Termin als selbstständiger, unabhängiger Verfahrensbeteiligter teilnehmen zu dürfen. Zustellungen, Mitteilungen oder Aufforderungen, die bisher nur dem Jugendlichen selbst zugehen mussten, sollte nun auch der gesetzliche Vertreter erhalten.

In diesem Gesetzesentwurf war auch noch immer die Möglichkeit vorgesehen, den Jugendlichen aufgrund seiner sanktionswürdigen Verfehlung zur Zucht dem Vater zu überweisen.

Als eine neue Regelung kam hinzu, dass die Eltern des Jugendlichen zu hören waren und ihnen in der Hauptverhandlung auf ihr Verlangen hin das Wort zu erteilen war. Dieses sollte bereits nach damaliger Auffassung in erster Linie dazu dienen, dem Aufklärungsgrundsatz gerecht zu werden und die Lebensverhältnisse des Beschuldigten sowie sämtliche zur Beurteilung seines körperlichen und geistigen Entwicklungsstandes relevanten Tatsachen zu erforschen.[46] Aufgrund der engen familiären Beziehung zwischen Eltern und Kindern sind die Eltern als Erziehungsberechtigte und gesetzliche Vertreter wichtige Auskunftspersonen und sollten schon allein aus diesem Grunde zumindest einmal im Verlauf des Verfahrens gehört werden.

Der Reichsrat veränderte diesen Vorschlag insoweit, als er aus den Muss-Bestimmungen, die Eltern als Erziehungsberechtigte zu hören, eine Kann-Bestimmung machte. Damit schaffte er nicht nur einen Ermessensspielraum für das zuständige Gericht, sondern trug auch dem Selbstbestimmungsrecht der

---

45 Schaffstein/Beulke, S. 23.

46 Diese Anforderungen an die Verfahrensführung werden nach den allgemeinen prozessualen Grundsätzen nach der Strafprozessordnung und dem darin verankerten Amtsermittlungsgrundsatz bis zum heutigen Strafverfahren befürwortet.
Aus einem Schreiben des Niedersächsischen Justizministeriums vom 01. Juni 1993 an die Länderjustizverwaltungen und an das Bundesministerium für Justiz geht hervor, dass es sich in der Praxis des Jugendstrafverfahrens immer wieder bewahrheitet hat, dass eine Fehleinschätzung bei der Gefährlichkeits- und Sanktionsprognose häufig auf eine mangelnde Erforschung und fehlende Informationen zur Lebenssituation des Beschuldigten oder Angeklagten zurückzuführen ist. Derartige Informationen kann das Gericht vom Erziehungsberechtigten oder gesetzlichen Vertreter erhalten.

Eltern Rechnung, wonach es ihnen freistand, sich im Verfahren gegen ihren Schützling zu äußern und auf diese Weise am Verfahren mitzuwirken. Es sollte diesen Personen freigestellt werden, ob sie sich zu den gegen den jugendlichen Beschuldigten erhobenen Vorwürfen oder zu der Persönlichkeit des Betroffenen selbst äußern wollten.

Entscheidend an diesem Gesetzesentwurf zur Reform des Jugendgerichtsgesetzes war, dass hier ausdrücklich zum ersten Mal nicht nur der gesetzliche Vertreter, sondern auch der Erziehungsberechtigte eines Jugendlichen explizit erwähnt worden ist.

In dem Jugendgerichtsgesetz von 1923 wurde der nunmehr entstandene Grundgedanke des erzieherischen Prinzips fortentwickelt.[47] In dieser Fassung des Gesetzes wurde zwischen den Rechten des Erziehungsberechtigten und des gesetzlichen Vertreters unterschieden. Dem gesetzlichen Vertreter wurde ein Unterstützungsrecht zugebilligt, während dem Erziehungsberechtigten lediglich ein Anhörungsrecht zugestanden wurde;[48] aus dem Anhörungsrecht des Erziehungsberechtigten bzw. dem Anwesenheits- und Unterstützungsrecht des gesetzlichen Vertreters wurde hergeleitet, dass sowohl Staatsanwaltschaften als auch Gerichte die Pflicht haben sollten, alle Mitteilungen über Termine auch an den mit der Erziehung des betroffenen Jugendlichen beauftragten Personenkreis weiterzuleiten. Darüber hinaus waren die aufgeführten Rechte ohne inhaltliche Ausgestaltung. Diese Verpflichtung der Justizorgane wurde jedoch nicht so streng gewertet wie die gesetzlich vorgeschriebenen Ladungsfristen.[49]

Nur wenn die Erziehungsberechtigten oder gesetzlichen Vertreter als Zeugen aussagen sollten, musste ihnen auch zwingend Nachricht von dem Termin der Hauptverhandlung gegeben werden. Dieses leitet sich aber konsequenterweise bereits aus den allgemein für Zeugen geltenden Vorschriften ab.[50] Denn dann ist

---

47 Dieses Gesetz unterscheidet im Gegensatz zu der heutigen Gesetzesfassung zumindest inzident zwischen Erziehungsberechtigten und gesetzlichen Vertretern, indem es die Erziehungsberechtigten in den entscheidenden Gesetzesnormen ausdrücklich nicht erwähnt. Wie bereits angesprochen, billigt das angesprochene Gesetz die eigentlich relevanten Verfahrensrechte nur dem gesetzlichen Vertreter zu. Die Eltern als Erziehungsberechtigte sollten dem Gesetzeswortlaut zur Folge nur angehört werden können. Vgl. zu dem Entwicklungsstand des Gesetzes auch Ostendorf, § 67 Rdn. 4.

48 Ostendorf, § 67 Rdn. 4.

49 Diese Verpflichtung ergibt sich aus den gesetzlich zwingend vorgeschriebenen Ladungsfristen, die beispielsweise für Zeugen und Angeklagte selbst gelten. Diese Ladungspflichten unterscheiden sich bereits ihrem Wortlaut nach von den sonstigen Beteiligungsrechten der Erziehungsberechtigten.

50 Diese Vorschriften finden sich in den entsprechenden Normen der Strafprozessordnung.

der Erziehungsberechtigte oder gesetzliche Vertreter streng genommen in dem konkreten Verfahren ausschließlich Zeuge und damit auch als solcher zu behandeln.

Aus dem gesetzlich bestimmten Anwesenheitsrecht[51] des Erziehungsberechtigten oder des gesetzlichen Vertreters in dieser Funktion als solcher wurde sogar die Konsequenz gezogen, dass es nicht möglich sein sollte, sie nach den allgemeinen Vorschriften des Gerichtsverfassungsgesetzes auszuschließen, weil das Jugendgerichtgesetz als eine lex specialis eine derartige Ausschlussmöglichkeit habe ausdrücklich nicht regeln wollen.[52]

Dagegen sollte dem gesetzlichen Vertreter oder dem Erziehungsberechtigten dieser Gesetzeslage zufolge zwar ein Recht auf Einlegung von Rechtsmitteln, daneben aber kein eigenes Antragsrecht zuerkannt werden.[53] Die Bekanntmachung ergangener Entscheidungen sollte nur rein informativer Art sein. Dieses wurde in der Literatur in erster Linie daraus hergeleitet, dass es sich nur um Sollvorschriften handelt, die lediglich eine Ermessens-, nicht aber eine gebundene Entscheidung verlangen.[54]

In zwei obergerichtlichen Entscheidungen dieser Zeit wurde entgegen der damaligen Auffassung des Reichsgerichtes festgehalten, dass es sich dann, wenn der (verurteilte) Jugendliche auf Rechtsmittel verzichtet und der gesetzliche Vertreter aus eigenen Motiven heraus Rechtsmittel eingelegt hat, um ein selbstständiges Recht des gesetzlichen Vertreters handele. Daher müsse diese Befugnis so verstanden werden, dass es zumindest formell betrachtet ein eigenes Recht des gesetzlichen Vertreters sei, auch wenn es sich sachlich um ein Recht des Jugendlichen handele.[55]

Da aber der Gesetzgeber der damaligen Zeit bei Kenntnis der Sachlage gerecht und billig entschieden haben wollte, stünde das betreffende, bereits vom Angeklagten bzw. Verurteilten eingelegte Rechtsmittel grundsätzlich dem

---

51 Dieses stellt aber lediglich ein Anwesenheitsrecht; jedoch keine Anwesenheitsverpflichtung dar. Insofern besteht hier eine Parallele zur Strafprozessordnung, wonach der gesetzliche Vertreter im Erwachsenenverfahren auch ein Mitwirkungsrecht, aber keine Mitwirkungspflicht hat. Vgl. zu diesem Problemkreis die zutreffenden Ausführungen bei Meyer-Gerhardts, S. 9ff.

52 Schulz-Knappe, RdJ 1967, 5 (6).

53 Hier wurde differenziert. Der gesetzliche Vertreter hatte ein eigenes, wenn auch eingeschränktes Antragsrecht, der Erziehungsberechtigte besaß eine derartige Berechtigung jedoch nicht.

54 Schulz-Knappe, RdJ 1967, 5 (7).

55 Obertribunal Kaunas, JW 1923, 712.

Angeklagten selbst zu und könne nur von diesem selbst oder in dessen Namen von Dritten fortgeführt werden.[56]

Was in diesem Gesetzesentwurf unter Erziehungsberechtigten oder gesetzlichen Vertretern zu verstehen war, war wiederum weder vom Gesetzgeber noch von den Kommentierungen zum Gesetzesentwurf bestimmt.

Man definierte den Begriff des Erziehungsberechtigten bereits ausschließlich nach den Bestimmungen des Bürgerlichen Gesetzbuches, wobei aber auch der Lehrherr und ein Beistand des Jugendlichen zu diesem Personenkreis hinzugezählt wurden.[57] Die zuvor in dem Entwurf des Jugendgerichtsgesetzes von 1923 entwickelte Definition, wonach ein Erziehungsberechtigter derjenige war, der allein oder mit anderen zusammen der Inhaber des Rechts und der Pflicht zur Sorge der Person des Jugendlichen war,[58] wurde in den Beratungen fallengelassen, weil man irrigerweise davon ausging, dass die Regelungen im BGB abschließenden Charakter hätten.[59]

Trotz der damaligen umfassenden Neuregelungen und der sich daraus ergebenden positiven Folgen bringt dieses Jugendgerichtsgesetz von 1923 dem betroffenen Jugendlichen nicht den erhofften umfassenden Schutz.[60] Hierbei ist in erster Linie an die Lücke durch die fehlende Bestimmung zur Bestellung eines (Pflicht-) Verteidigers zu denken. Diese Lücke konnte zum damaligen Zeitpunkt auch nicht durch die verfahrensrechtliche Besserstellung der Erziehungsberechtigten oder der gesetzlichen Vertreter geschlossen werden, weil diese Personen in aller Regel keine oder nicht ausreichende Kenntnis von den Besonderheiten im Ablauf des Strafverfahrens haben. Insofern konnten sie nicht wissen, wie entsprechend verfahrensrechtlich sinnvoll reagiert werden muss. Sie konnten daher einen Verteidiger in keinem Fall ersetzen.

Darüber, ob der Erziehungsberechtigte oder gesetzliche Vertreter dazu befugt sein sollten, einen Verteidiger bestellen zu dürfen, enthielt diese Gesetzesfassung keine Vorschriften. Daraus ist der Negativschluss zu ziehen, dass sie diese Befugnisse nicht hatten.

Nur noch im Ausnahmefall wurde der betroffene angeklagte Jugendliche dem Erziehungsberechtigten oder dem gesetzlichen Vertreter zur Zucht überwiesen.

---

[56] OLG Königsberg, HRR, Nr. 1263; Obertribunal Kaunas, JW 1923, 712.
[57] Schulz-Knappe, RdJ 1967, 5 (7).
[58] Reichstagsdrucksache 1923, 1/3264.
[59] Ostendorf, § 67 Rdn. 4.
[60] Schulz-Knappe, RdJ 1967, 5 (7).

Die Gerichte waren sich darüber im Klaren, welchen zweifelhaften Wert diese Maßnahme hatte. Denn bei einer derartigen Anordnung musste berücksichtigt werden, dass bereits die von den Eltern bis dahin praktizierte Erziehung nicht gerade erfolgreich gewesen zu sein schien. Deshalb versuchte die gerichtliche Praxis eher, die Erziehungsberechtigten und gesetzlichen Vertreter am Verfahren zu beteiligen und an Stelle von Überweisungen zur Erziehung, Verwarnungen an den Jugendlichen im Beisein der Eltern auszusprechen.[61] Dieses sollte den positiven Nebeneffekt haben, dass nicht nur auf den Jugendlichen selbst eingewirkt wurde, sondern auch auf seine Eltern. Den Eltern konnte damit ein möglicherweise bestehendes Fehlverhalten ihrerseits vor Augen geführt werden.

Ein neues Jugendgerichtsgesetz wurde trotz des Zweiten Weltkrieges Ende 1943 erlassen. Hierdurch wurde die zuvor gestärkte Stellung des Erziehungsberechtigten wieder etwas geschwächt. Zunächst wird in diesem Gesetz an Stelle des Ausdrucks "Erziehungsberechtigter" der Begriff "Erziehungspflichtiger" verwendet.[62]

Dieser hatte nun zunächst dieselben Rechte wie bisher der Erziehungsberechtigte nach dem Jugendgerichtsgesetz von 1923.[63] Hierzu zählten die Rechte auf Anwesenheit bei Untersuchungshandlungen, auf Anhörung, auf Stellung von Fragen und Anträgen die auch der Beschuldigte innehatte. Auch war vorgesehen, ihm Mitteilungen über alle Termine zukommen zu lassen, die auch dem Beschuldigten selbst zustanden.[64] Nach dieser Gesetzeslage sollte der nunmehr Erziehungspflichtige in dieser Funktion zwingend nur in besonders wichtigen Ausnahmefällen zur Hauptverhandlung geladen werden müssen, unabhängig davon, ob er Zeuge sein sollte oder nicht.[65]

Seine Anwesenheit konnte jedoch andererseits auch ausgeschlossen werden, wenn hiergegen Bedenken vorgebracht werden konnten. Auch war in diesem Gesetz nunmehr vorgesehen, dass der Erziehungspflichtige einen Verteidiger für den Jugendlichen wählen durfte und außerdem nunmehr selbstständig und

---

61 Verhandlungen des 6. Deutschen Jugendgerichtstag, S. 9/10.

62 Vgl. hierzu Schulz-Knappe, RdJ 1967, 5 (7). Der Grund für diese Umbenennung liegt in erster Linie in dem politischen Gedankengut des Dritten Reiches.

63 Dieses Jugendgerichtsgesetz von 1943 erweiterte die selbstständige verfahrensrechtliche Unterstützung auf alle "Erziehungspflichtigen", während das JGG von 1923 diese Rechte ausdrücklich auf den gesetzlichen Vertreter bezog. Vgl. hierzu Kümmerlein, DJ 1943, 560, der diese Neuregelung als eine Erweiterung der Befugnisse versteht.

64 Diese Regelungen stellten aber genau wie im heutigen Jugendgerichtsgesetz lediglich "SOLL"- Bestimmungen, das bedeutet Ermessensvorschriften dar, so dass eine einheitliche Behandlung nicht gewährleistet werden konnte.

65 Schulz-Knappe, RdJ 1967, 5 (7).

unabhängig von dem betroffenen Jugendlichen Rechtsmittel einlegen konnte. Auch sollte ihm das Recht eingeräumt werden, dass er für den jugendlichen Beschuldigten einen Verteidiger bestellen konnte.

Hinzu kam nun etwas bisher Unbekanntes. Es wurde den mit der Sache befassten Gerichten die Möglichkeit eingeräumt, dem Erziehungsberechtigten und gesetzlichen Vertreter ihre Befugnisse zu entziehen.

Dieses sollte aber nur bei einer Beteiligung des Erziehungsberechtigten an der Straftat des angeklagten Jugendlichen oder bei der Annahme einer Gefahr des Missbrauchs seiner Rechte geschehen.

Außerdem war in dieser Gesetzesfassung ausdrücklich bestimmt, den Erziehungspflichtigen als Beistand des Jugendlichen zu bestellen. Hierdurch durfte aber nicht die Erziehung des Jugendlichen beeinträchtigt werden.

In diesem Zusammenhang ist zu bedenken, dass immer noch Vorschriften des Reichsjugendgerichtsgesetzes zur Anwendung kommen müssen, sofern das Verfahren gegen Jugendliche geführt wird und diesbezüglich im Neuentwurf des Jugendgerichtsgesetzes Regelungslücken bestehen.

Entgegen den 1923 geltenden (erweiterten) Bestimmungen, standen die Rechte des Erziehungsberechtigten nach diesem Gesetz von 1943 wieder ausschließlich nur dem Vater zu, wenn beide Elternteile erziehungspflichtig waren. Die angesprochenen notwendigen Mitteilungen sollte also demzufolge auch nur der Vater erhalten. Die Mutter hingegen sollte keine gesetzlich normierte Mitwirkungsmöglichkeit erhalten und ihre zuvor gewonnenen Mitwirkungsrechte nicht mehr bekommen.[66]

Allerdings legten die Richtlinien zu diesem Gesetzentwurf fest, wer Erziehungspflichtiger sein sollte. Unter einem Erziehungspflichtigen wurde entsprechend der Richtlinien für das Jugendgerichtsgesetz von 1943 derjenige verstanden, dem die tatsächliche Erziehungsgewalt für den Jugendlichen zusteht.[67] Pflegeeltern, Lehrherren und Handwerksmeister sollten im Gegensatz zu der 1923 geltenden Rechtslage allerdings nicht mehr als erziehungspflichtig angesehen werden.[68]

---

66 Die Tatsache, dass zu dieser Zeit des Nationalsozialismus ein anderes Verständnis der Frauenrolle deutlich wird, deckt sich mit den Gedanken des Nationalsozialismus und seiner Ideologie. Hierdurch wurden die zuvor erarbeiteten Reformbestrebungen zum Verständnis der Frau in ihrer Fortentwicklung gehemmt und damit die neuen Gedankenbewegungen zum neueren Rollenverständnis der Frau unterdrückt und zerstört.

67 Richtlinie zum RJGG vom 15.01.1944.

68 Richtlinie zum RJGG vom 15.01.1944.

Im Übrigen erschien es nach dieser Richtlinie, trotz der durch das Gesetz wieder verstärkt vorgenommenen Einschränkungen der Rechte der Mutter, aus Aufklärungsgründen sachdienlich zu sein, auch der Mutter die an den Erziehungspflichtigen zu richtenden Mitteilungen zukommen zu lassen und auch sie zu der Hauptverhandlung zu laden.[69] Dies sollte insbesondere bei einem gegen ein Mädchen geführtes Verfahren geschehen. Denn man ging davon aus, dass bei Mädchen die Mutter den größeren Einfluss auf deren Erziehung nehmen kann.

Die bis dahin durch Gesetz eingeräumte Möglichkeit der Überweisung zur Erziehung wurde in dem Gesetzestext von 1943 aufgrund der bereits genannten Erwägungen fallen gelassen.[70]

Die Tatsache, dass diese Möglichkeit der Überweisung zur Erziehung in diesem Gesetzesentwurf nicht vorgesehen war, wurde auch in dieser Zeit nicht in Frage gestellt, weil sich die Gerichte nach wie vor der begründeten Zweifel durchaus bewusst waren. Denn es würden hierbei die gleichen Erziehungskräfte angerufen, die bis dahin die Erziehung des betroffenen Jugendlichen besorgt und im Ergebnis versagt hatten. Deshalb wurde bei den Vorüberlegungen zum Gesetzesentwurf die begründete Prognose erstellt, dass dieselben Personen auch in Zukunft keine entscheidende erfolgversprechende Änderung in der Lebensführung des Jugendlichen herbeiführen könnten.

Die Nachkriegsjahre bis 1953 brachten in den gesetzlichen Grundlagen zum Jugendstrafverfahren generell keine bedeutsamen neuen Regelungen.

Erwähnenswert wäre, dass das Reichsjugendgerichtsgesetz den Begriff "Erziehungspflichtiger" verwendet hat und jetzt wieder die Bezeichnung "Erziehungsberechtigter" eingeführt wurde, wobei aber dessen Befugnisse und Rechte nicht beschnitten oder eingeschränkt wurden. Die bis dahin dem Erziehungsberechtigten eingeräumten Rechte zur Wahrnehmung der Interessen des Kindes sind weitestgehend beibehalten worden.

Ein Vorschlag zu einem neuen Jugendgerichtsgesetz aus dem Jahr 1947 kritisierte die bestehenden Regelungen und hielt insbesondere den Wegfall der Vorschrift für erforderlich, wonach dem Erziehungsberechtigten oder dem gesetzlichen Vertreter ihre Rechte entzogen werden könnten. Dieses wurde damit begründet, dass sich aus der natürlichen und zudem verfassungsrechtlich garantierten Beziehung zwischen Eltern - also Erziehungsberechtigten - und Kindern Rechte ergäben, die unveränderlich und nicht entziehbar seien.[71] Diese

---

69 Potrykus, Kommentar zum JGG, § 67 Bem. 2 und 5.

70 RJGG von 1943, §§ 33,34, 41, 43 und 78.

71 Peters, § 50 Abs. 2 und Bemerkung zu § 48.

Kritik hat aber nicht zu einer Gesetzesänderung geführt. Es befassten sich lediglich die Gerichte mit der formalen Überprüfung dieser Kritik.

Die wichtigste gerichtliche Entscheidung aus der Nachkriegszeit zu der Frage der Stellung der Erziehungsberechtigten nach dem Reichsjugendgesetz besagt, dass die Verletzung der Anhörungspflicht eines Erziehungsberechtigten oder des gesetzlichen Vertreters sich als ein Verstoß gegen die Aufklärungspflicht darstellen könne und daher einen Revisionsgrund bilde.[72]

Schon daraus lässt sich folgern, dass dem Erziehungsberechtigten oder auch dem gesetzlichen Vertreter bereits vor der maßgeblichen Reform des Jugendgerichtsgesetzes von 1953 eine nicht nur untergeordnete Stellung eingeräumt werden sollte.

Das 1953 entwickelte Jugendgerichtsgesetz bildet die wesentliche Grundlage zur heutigen Fassung des JGG.

## 2.3 Die gesetzliche Stellung der Beteiligung des Erziehungsberechtigten und des gesetzlichen Vertreters im heutigen Jugendstrafverfahren

Das Jugendgerichtsgesetz von 1953, das sich in der Frage der Stellung der Erziehungsberechtigten und des gesetzlichen Vertreters in keiner Weise von dem heutigen Jugendgerichtsgesetz,[73] zuletzt geändert 1994, unterscheidet, spricht von dem Erziehungsberechtigten und dem gesetzlichen Vertreter nur in den das Verfahren direkt betreffenden Vorschriften.[74]

Daher ist zunächst die Frage zu stellen, aus welchen Erwägungen im geltenden Jugendstrafrecht die Beteiligung und Mitwirkung des Erziehungsberechtigten

---

72 Urteil des BGH vom 14.05.1952 in Entscheidungen aus dem Jugend- und Familienrecht. Hierdurch wollte das Gericht den Erziehungsberechtigten zumindest die Anhörungsrechte überlassen. Ob diesen darüber hinaus selbstständige Mitwirkungsrechte zustehen, geht aus dieser Entscheidung nicht hervor, weil dieses nicht Gegenstand des Verfahrens war.

73 Das derzeit aktuelle Jugendgerichtsgesetz wurde 1994 zuletzt geändert und hat seine Grundlage in dem Gesetz von 1953.

74 §§ 43 ff. JGG in der Fassung von 1953.

und des gesetzlichen Vertreters am Strafverfahren gegen den betroffenen Jugendlichen erfolgt ist und welche dogmatischen Erwägungen dabei eine Rolle gespielt haben. In diesem Zusammenhang soll herausgearbeitet werden, ob der Gesetzgeber von 1953 bestimmte prozessuale Prinzipien zugrunde gelegt hat.

Dabei wird insbesondere zu untersuchen sein, ob der Gesetzgeber den bewährten Regeln des Akkusations- und Legalitätsprinzips gefolgt ist, oder ob völlig neue Grundsätze für die Normen der Mitwirkung von Erziehungsberechtigten und gesetzlichen Vertretern in dem Jugendstrafverfahren maßgeblich gewesen sind.

Obwohl der Erziehungsberechtigte und der gesetzliche Vertreter rein formal betrachtet nur in den das Verfahren betreffenden Vorschriften des Jugendstrafverfahrens ihre gesetzlich festgelegte Stellung gefunden haben, kann es nicht ausgeschlossen werden, dass ihre Beteiligung am Jugendstrafverfahren auch auf Erwägungen zurückzuführen ist, die aus dem materiellen Recht stammen. Es ist also zu ergründen, ob sich die Stellung und Beteiligung des Erziehungsberechtigten sowie des gesetzlichen Vertreters mit den Grundsätzen des materiellen Rechts begründen lässt, oder ob vollkommen neue Überlegungen für die jetzige Stellung des Erziehungsberechtigten und des gesetzlichen Vertreters im Jugendstrafverfahren ausschlaggebend waren.

Bei dem Entwurf und den Beratungen zum Jugendgerichtsgesetz von 1953 war insbesondere Art. 6 GG zu berücksichtigen. Aus dieser verfassungsrechtlichen Vorschrift lässt sich entnehmen, dass die Familie dem besonderen Schutz des Staates untersteht. Die Pflege sowie die Erziehung der minderjährigen Kinder sind ausschließlich Aufgabe der Eltern. Diese sind im Regelfall gleichzeitig Erziehungsberechtigte und auch die gesetzlichen Vertreter ihrer Kinder.[75] An diese verfassungsrechtlich verankerten Grundsätze müssen sich nicht nur die Gesetzgebung, sondern auch die vollziehende Gewalt und die Rechtsprechung halten.[76]

Es wird sich im Folgenden zeigen, ob und inwieweit diese Grundsätze bei dem Erlass des Jugendgerichtsgesetzes von 1953 die entscheidende Rolle gespielt haben.

---

75 Die genaue Differenzierung wird im Folgenden in dieser Arbeit noch vorgenommen. Im Übrigen sind die Begriffe Erziehungsberechtigter und gesetzlicher Vertreter nach heutigem Rechtsverständnis Begriffe des Bürgerlichen Gesetzbuches. Der Begriff des Erziehungsberechtigten wird im Familienrecht, der des gesetzlichen Vertreters im Allgemeinen Recht zur Stellvertretung verwendet.

76 Dieser allgemein gültige Grundsatz ergibt sich aus Art. 1 Abs. 3 GG.

Nun gebraucht das Jugendgerichtsgesetz von 1953 an Stelle des bis dahin aufgrund des Jugendgerichtsgesetzes von 1943 festgeschriebenen Ausdrucks "Erziehungspflichtiger" wieder den ursprünglichen Begriff "Erziehungsberechtigter". In der Begründung zu dem Entwurf des Jugendgerichtsgesetz von 1953 wird bezüglich der Änderung dieses Begriffes unter anderem angeführt, dass die Übereinstimmung mit zahlreichen anderen Gesetzen herauszustellen war.[77]

Der Begriff "Erziehungspflichtiger" entsprach dem im Nationalsozialismus geltend gemachten Anspruch einer totalitären Erziehung[78]. Die Änderung dieser Bezeichnung erweckt zunächst den Eindruck, als habe der Gesetzgeber den nunmehr Erziehungsberechtigten als denjenigen hinzuziehen wollen, ohne dessen Einverständnis eine staatliche Erziehung grundsätzlich nicht möglich gewesen wäre.[79] Daraus wäre der Schluss zu ziehen, dass die Mitwirkung der Eltern konsequenterweise bereits im gesamten Strafverfahren, also nicht erst nach erfolgter Verurteilung im Strafvollzug erforderlich oder zumindest möglich sein muss.

Demgegenüber entsteht aufgrund der Kann- und auch Sollbestimmungen im Jugendgerichtsgesetz und in der Strafprozessordnung der Eindruck, dass - entgegen den Absichten im Nationalsozialismus - nunmehr grundsätzlich sowohl den Eltern und gesetzlichen Vertretern als auch den sonstigen Inhabern des Erziehungsrechtes die Beteiligung am Jugendstrafverfahren freigestellt werden soll.[80]

Die Erörterung dieses Problemkreises wird zeigen, ob der Gesetzgeber überhaupt der Beteiligung der Erziehungsberechtigten und der gesetzlichen Vertreter im Jugendstrafverfahren eine grundsätzliche Bedeutung beigemessen haben wollte. Zur Begründung und Erörterung des dogmatischen Hintergrundes schließt sich die Frage an, aus welchen Gründen er die nunmehr geltende Regelung so geschaffen hat.

In diesem Zusammenhang stellt sich weiterhin noch ein Problem auf prozessualem Gebiet. Es ist zu prüfen, ob der Jugendliche, der im Vergleich zum Erwachsenen erhöhten Beistands- und Unterstützungsbedarf hat, auch

---

77 Begründung zu dem Entwurf eines Gesetzes zur Änderung des Reichsjugendgerichtsgesetzes, Deutscher Bundestag, Wahlperiode Nr. 1, 1949; BT Drucksache 3264, S. 34 ff.

78 Schulz-Knappe, RdJ 1967, 5 (7).

79 Dieses steht mit den in Art. 6 GG verankerten Grundprinzipien im Einklang, zumal der Staat nur in Ausnahmefällen in die Erziehung von Kindern eingreifen darf. Auf diese Problematik wird im Folgenden noch einzugehen sein.

80 Eine Vorschrift, die eine Mitwirkung der Erziehungsberechtigten oder der gesetzlichen Vertreter während des Jugendstrafverfahrens zwingend anordnet, ist weder dem JGG noch der StPO zu entnehmen.

während eines gegen ihn geführten Strafverfahrens in der besonderen Obhut einer ihm vertrauten Person, das heißt, seines Erziehungsberechtigten oder gesetzlichen Vertreters stehen muss. Hierbei ist von Bedeutung, ob allein schon aus diesem Grunde eine derartige Gesetzeslage erforderlich erscheint, oder ob möglicherweise zwingendere Vorschriften notwendig sind.[81]

Bei der Beantwortung dieser Frage ist von Belang, dass das geltende Jugendstrafrecht weniger als ein Straf-, sondern vielmehr als ein Erziehungs- und damit in erster Linie als ein Besserungsrecht anzusehen ist.[82] Erziehung statt Strafe stellt den Kern des Jugendstrafrechts dar.[83] Zum Teil wird in diesem Zusammenhang nur die Verhinderung eines Rückfalls als Ziel jugendstrafrechtlicher Einflussnahme zugelassen.[84] Das am Erziehungsgedanken orientierte Jugendstrafrecht verhindert - neben seiner Intention von Schutz und Förderung des Jugendlichen sowie Integration der Erziehungsberechtigten bzw. gesetzlichen Vertreter - die soziale Ungleichbehandlung im Verfahren.[85] Nur im Ausnahmefall können geeignete, prinzipiell auf Zustimmung oder Freiwilligkeit basierende Angebote eine verbessernde und positive Wirkung haben.[86]

In der Literatur wird vereinzelt auch ein veraltetes, autoritäres Erziehungsverständnis beklagt.[87] Daher wird der Erziehungsbegriff im Rahmen einer teleologischen Auslegung als Präventionsanliegen umformuliert, hierzu ist zum Teil ein Umweg der Erziehung zum Legalverhalten anerkannt worden. Daher wird das Jugendstrafrecht auch als ein gebändigtes Präventionsstrafrecht eingestuft, wobei der gesetzliche Erziehungsauftrag als eine sozialstaatliche Verpflichtung zur Bereitstellung von Hilfsangeboten verstanden wird.[88] Ziel dieser Aktionen dürfe nur die Verhinderung eines Rückfalls sein.[89]

Die Erziehung durch strafrechtliche Maßnahmen wird nicht von vornherein für unmöglich gehalten, vielmehr macht der weite Spielraum bei der Sanktionsauswahl von jugendstrafrechtlichen Maßnahmen das Strafrecht als Erziehungsmittel geeignet.[90] Erziehung im Sinne des Jugendstrafrechts muss als eine

---

81 Schulz-Knappe, RdJ 1967, 5 (7). Hier wäre im Weiteren zu erwägen, ob die Kann-Vorschriften ausreichen oder ob diese zu Sollbestimmungen verändert werden müssen.

82 Brunner/Dölling Einführung zum Jugendgerichtsgesetz II, Rdn. 5.

83 Schaffstein/Beulke, S. 56.

84 Eisenberg, § 5 Rdn. 4.

85 Eisenberg, Einleitung zum Jugendstrafrecht, Rdn. 5.

86 Eisenberg, Einleitung zum Jugendstrafrecht, Rdn. 5b.

87 Ostendorf, NStZ 89, 193 (195).

88 Walter, S. 103.

89 Schaffstein/Beulke, S. 1; Walter, S. 104.

90 Beulke, Gedächtnisschrift für Karl - Heinz Meyer, S. 677ff.

Komponente der strafrechtlichen Sozialkontrolle[91] verstanden und im Sinne eines staatlichen Wächteramtes gerechtfertigt werden.[92]

Der Erziehungsgedanke im Sinne des Jugendrechts wird als spezialpräventives Anliegen verstanden,[93] oder die erzieherischen Hilfen im Sinne des jugendstrafrechtlichen Maßnahmenkatalogs werden als Hilfe bezeichnet, um den Jugendlichen an den Grad der geistigen Reife eines verantwortungsbewussten jungen Menschen heranzuführen.[94]

Darüber hinaus wird ein spezifisch kriminalpolitisch ausgerichteter Erziehungsbegriff für notwendig gehalten, der sowohl gegenüber der pädagogischen Wissenschaft, als auch gegenüber den allgemeinen Inhalten des Straf- und des Strafprozessrechts eigenständig ist. Der Erziehungsgedanke verliere demzufolge jegliche innovative Kraft, wenn Strafe als Erziehung angesehen wird.[95]

Der Erziehungsbegriff kann auch als Sozialisationsbegriff, mit dem Ziel, dem Jugendlichen ein Leben innerhalb der gesetzlichen Normen zu weisen, gedeutet werden.[96] In diesem Zusammenhang wird gefordert, den Erziehungsbegriff durch einen Sozialisierungsbegriff zu ersetzen.[97]

Von Bohnert wird eine Trennung in ein reines Erziehungs- und ein reines Strafrecht gefordert.[98] Hierin sei ein Gewinn von Rechtsklarheit innerhalb des Jugendstrafverfahrens und auch vor allem gegenüber dem Jugendlichen zu sehen.[99]

Nach Wolf ist das Verhältnis zwischen Erziehung und Strafe das ungelöste Problem des Jugendstrafrechts.[100] Als Erziehungsmaßnahmen kämen demnach nur Handlungen und Unterlassungen in Betracht, die objektiv dazu geeignet sind, die anzustrebende Persönlichkeitsentwicklung des Zöglings in geeigneter Form zu fördern und dauerhaft zu sichern.[101]

---

91 Miehe, S. 249, 268.
92 BVerfGE 74, 102 (122).
93 Balbier, DRiZ 1989, S. 404.
94 Böhm, S. 2.
95 Walter, S. 75.
96 Nothacker, S. 83.
97 Nothacker, S. 110. Hiergegen wendet Ludwig, S. 285 ein, dass es offen bleibe, inwieweit aus den Sozialisierungstheorien unmittelbar Argumente für den Verzicht auf Repression hergeleitet werden können und geht davon aus, dass es leichter sei, jemanden einzusperren, wenn dieses zu erzieherischen Zwecken geschehe.
98 Bohnert, JZ 83, 517 (517).
99 Bohnert, JZ 83, 517 (523).
100 Wolf, S. 4.
101 Wolf, 177.

Der Vorrang des Erziehungsgedankens im Jugendstrafrecht gegenüber dem Schuldprinzip zeige sich auch in der Subsidiarität der Jugendstrafe wegen der Schwere der Schuld gegenüber den übrigen jugendgerichtlichen Sanktionen und Maßnahmen.[102]

Diese nicht geordnete Aufzählung ist unvollständig und die angesprochenen Meinungen sollen auch nicht bewertet werden. Sie soll lediglich den Diskussionsstand aufzeigen und verdeutlichen, dass der Erziehungsgedanke im Jugendstrafverfahren nach wie vor vorherrscht.

Nicht nur das Jugendstrafrecht, sondern auch die Jugendgerichtsbewegung ist aus einer individualisierten Auffassung vom Wesen des Staates und des Rechts entstanden.[103] Hiernach hat der Staat dafür zu sorgen, dass seine einzelnen Glieder einen möglichst hohen Wert erreichen und nicht etwa diese der Gesamtheit geopfert werden.

Denn, so folgert Franz v. Liszt, die Entscheidungen des Menschen würden nicht ausschließlich aus seiner individuellen Veranlagung, sondern auch aus seiner Umwelt heraus bestimmt. Da der Mensch also in seinen Entschlüssen nicht vollkommen frei sei, sondern diese Entschlüsse unter bestimmten äußeren Einflüssen fassen müsse, sei er allein dafür nicht ausschließlich verantwortlich, und es könne eine Rechtsverletzung mit einer reinen Vergeltungsstrafe nicht geahndet werden.[104] Der besserungsfähige Zufallsverbrecher, als solcher müsse der Jugendliche im Normalfall angesehen werden, soll durch die Strafe nicht gestraft, sondern gebessert, also zu einem rechtstreuen Menschen erzogen werden.[105]

Zu der den Jugendlichen umgebenden und ihn beeinflussenden Welt gehört in erster Linie auch der Erziehungsberechtigte oder der gesetzliche Vertreter. Es liegt deshalb der Gedanke nahe, dass diese Personen in das Strafverfahren gegen den Jugendlichen in erster Linie deshalb einbezogen werden sollen, um das Lebensumfeld, in dem sich der Jugendliche vor oder während seiner Straffälligkeit bewegt hat, zur Beurteilung der Tat besser kennen zu lernen. Das erscheint nicht nur unter Beachtung des Amtsermittlungsgrundsatzes wichtig, vielmehr kann auch nur so eine sinnvolle und auch pädagogisch und

---

102 Wolf, 362.
103 Ruscheweyh, S. 9.
104 von Liszt, Teil 2, S. 256.
105 von Liszt, Teil 2, S. 256.

erzieherisch vertretbare Reaktion auf die Straftat des Jugendlichen ermöglicht werden.[106]

Ein weiterer Grund, die Erziehungsberechtigten oder gesetzlichen Vertreter im Jugendstrafverfahren einzubeziehen, könnte aber auch ausschließlich der sein, dass das Gericht durch deren Angaben ein genaueres Bild von der Person des Täters erhalten will, um eine auf die individuelle Persönlichkeit des Jugendlichen bezogene staatliche Erziehungsmaßnahme[107] zu finden.

Diese Funktion des Erziehungsberechtigten oder gesetzlichen Vertreters ist schon deshalb naheliegend, weil im Jugendstrafrecht eher täterbezogene als lediglich tatbezogene Prinzipien verfolgt werden. Unter Berücksichtigung dieses Aspektes ist der Erziehungsberechtigte oder der gesetzliche Vertreter in jedem Fall eine sehr wichtige Auskunftsperson. Aufgrund der besonderen Schutz- und Erziehungsfunktion kann die Mitwirkung des Erziehungsberechtigten oder des gesetzlichen Vertreters nicht allein mit der Zeugenfunktion begründet werden.

Schließlich könnte die Beteiligung des Erziehungsberechtigten oder des gesetzlichen Vertreters auch lediglich bedeuten, dass der Gesetzgeber davon ausgegangen ist, bei einem Strafverfahren gegen einen Jugendlichen werde nicht nur in dessen Rechtssphäre, sondern in die der gesamten Familie eingegriffen, so dass nicht nur der einzelne jugendliche Täter, sondern auch dessen Erziehungsberechtigte oder gesetzliche Vertreter eine Objektstellung im Strafverfahren haben, wobei die Erziehungsberechtigten oder gesetzlichen Vertreter nicht als Angeklagte angesehen werden dürfen.

Aus diesem Gedankenansatz lässt sich folgern, dass aus der gesetzlichen Stellung des Erziehungsberechtigten oder des gesetzlichen Vertreters dessen Doppelfunktion im Jugendstrafverfahren deutlich wird. Er könnte einerseits eine reine Zeugenfunktion haben, andererseits soll ihm die Wahrnehmung seiner verfassungsrechtlich garantierten Erziehungsrechte gewährleistet sein.

Insgesamt lässt sich daher festhalten, dass der Gesetzgeber dem Erziehungsberechtigten und dem gesetzlichen Vertreter nicht nur eine untergeordnete Rolle einräumen wollte. Er muss zwei verschiedene Gründe für die Einbeziehung des

---

106 Hierdurch wäre insbesondere dem Amtsermittlungsgrundsatz genügend Rechnung getragen.

107 Unter einer Erziehungsmaßnahme ist eine Reaktion auf eine Straftat des Jugendlichen zu sehen. Es kommen hier eine Maßregel, Weisung, Auflage oder gar Jugendstrafe gem. §§ 9 ff. JGG in Betracht.

Erziehungsberechtigten oder des gesetzlichen Vertreters gehabt haben. Der eine liegt im Grundsatz der Amtsermittlung, der andere ist verfassungsrechtlicher Art. Hieraus wird auch die dogmatische Stellung des Erziehungsberechtigten im Jugendstrafverfahren deutlich. Bei den Vorschriften, die eine Mitwirkung im Jugendstrafverfahren regeln, handelt es sich um zwingend einzuhaltende Vorschriften, die lediglich aufgrund ihrer "Kann" - Bestimmungen" einen Ermessensspielraum eröffnen.

Diese dogmatisch selbstständige Verfahrensstellung des Erziehungsberechtigten oder des gesetzlichen Vertreters spiegelt auch den bereits angesprochenen doppelten Sinn und Zweck der Einbeziehung dieses Personenkreises wider.

### 2.3.1 Gesetzliche Grundlagen im Jugendgerichtsgesetz

#### 2.3.1.1 Die Beteiligung des Erziehungsberechtigten oder des gesetzlichen Vertreters

Ohne bereits die Beteiligung und Mitwirkung der Erziehungsberechtigten oder gesetzlichen Vertreter detailliert darzustellen, soll nun zunächst der Mitwirkungsumfang im Allgemeinen an Hand der geltenden, vorwiegend 1953 entwickelten Vorschriften aufgezeigt werden.

Nach § 43 JGG sollen bereits im Ermittlungsverfahren die den Jugendlichen umgebenden Verhältnisse, sein persönlicher und schulischer Werdegang und alle die Umstände erforscht werden, aus denen seine seelische, geistige und charakterliche Eigentümlichkeit erklärt werden kann. Dabei sollte nach Vorstellung des Gesetzgebers von 1953 der Erziehungsberechtigte oder der gesetzliche Vertreter in das gesamte Jugendstrafverfahren einbezogen werden. Demnach sollte er bereits im Ermittlungsverfahren angehört werden.[108] Dieses war aber nur dann vorgesehen, wenn es nach den Umständen des Einzelfalles möglich erschien.

Nach dem heute geltenden Jugendgerichtsgesetz gilt zunächst der Grundsatz, dass wenn der Beschuldigte (Jugendliche) berechtigt ist, gehört zu werden oder das Recht hat, Fragen und Anträge zu stellen oder bei Untersuchungs-

---

[108] Schaffstein/Beulke, S. 2.

handlungen dabei zu sein, diese Rechte auch dem Erziehungsberechtigten oder gesetzlichen Vertreter zustehen.[109]

Daher erscheint es sinnvoll, den Erziehungsberechtigten oder gesetzlichen Vertreter zu beteiligen. Zu diesem Zwecke soll er während des gesamten Strafverfahrens Mitteilungen, die an den Beschuldigten zu gehen haben, erhalten.[110] Nur dann kann eine umfassende Mitwirkung ermöglicht werden. Darüber hinaus soll der Erziehungsberechtigte oder gesetzliche Vertreter durch den Vorsitzenden Richter des Gerichts zur Hauptverhandlung geladen werden, damit er an dieser teilnehmen kann.

Diese Ladung wurde vom Gesetzgeber bereits vor der Gesetzesänderung 1953 für besonders wichtig erachtet. Das macht schon die amtliche Begründung zu § 50 JGG deutlich, in der es heißt: "Wenn ein Jugendlicher in ein Strafverfahren verwickelt wird, erscheint es uns zweckmäßig, die Ladung des Erziehungsberechtigten und des gesetzlichen Vertreters in allen Fällen vorzusehen. Solche Verfahren sind außerordentlich wichtig, weil eine Beteiligung des Erziehungsberechtigten in keinem Fall unterbleiben darf."[111]

In Bezug auf die nach § 50 JGG vorgeschriebene Ladung des Erziehungsberechtigten besagen außerdem die Richtlinien zu den Vorschriften von 1953, dass die Hauptverhandlung ein bedeutsames Ereignis im Leben und in der Erziehung des Jugendlichen darstelle, weshalb es von höchster Bedeutung sei, dass der Erziehungsberechtigte oder der gesetzliche Vertreter an der Hauptverhandlung teilnehme. Außerdem könne seine Teilnahme im Regelfall zu einem schnelleren rechtskräftigen Verfahrensabschluss führen.[112]

Dem Erziehungsberechtigten oder gesetzlichen Vertreter sollte darüber hinaus das Recht zustehen, einen Verteidiger für den Jugendlichen zu wählen.

Auch war aus den gleichen Gründen vorgesehen, dass der Erziehungsberechtigte dieselben Rechtsbehelfe einlegen konnte, wie es bisher nach den Gesetzesfassungen von 1923 und 1943 nur dem gesetzlichen Vertreter zustand.[113]

---

109 Weitere ins Detail gehende Ausführungen folgen im Fortgang dieser Arbeit; vgl. hierzu insbesondere den Wortlaut des § 67 Abs. 1 JGG.

110 Der Problemkreis zum Umfang der Mitteilungspflicht wird noch erörtert.

111 Begründung zu § 33 Abs. 2 des Entwurfs eines Gesetzes zur Änderung des Reichsjugendgerichtsgesetzes, Deutscher Bundestag, Wahlperiode Nr. 1, 1949; BT Drucksache 3264, S. 34 ff.

112 Ziffer 3 der Richtlinie zu § 50 JGG von 1953, dessen Wortlaut mit der heutigen Fassung übereinstimmt.

113 Schulz-Knappe, RdJ 1967, 5 (9).

Für den Fall, dass mehrere Personen erziehungsberechtigt sind, bestimmt § 67 Abs. 5 JGG[114], dass jeder Einzelne von seinem Recht als Erziehungsberechtigter Gebrauch machen kann. Während der Hauptverhandlung kann der anwesende den abwesenden Erziehungsberechtigten vertreten. Es sollte aber genügen, die vorgeschriebene Mitteilung und Anklageschrift an einen der Erziehungsberechtigten oder gesetzlichen Vertreter zu senden.

Im Vollstreckungsverfahren hat der Erziehungsberechtigte und der gesetzliche Vertreter nach der seit 1953 geltenden Gesetzeslage bei Entscheidungen des Vollstreckungsleiters sämtliche ihm im sonstigen Verfahren auch zustehenden Rechte. Er kann im Verfahren zur Tilgung des Strafmaßes einen entsprechenden Antrag stellen und hat das Recht zur Teilnahme, solange der Verurteilte noch minderjährig ist. Auch in diesem Verfahren ist er anzuhören.[115]

Wenn der Jugendliche zur Vollstreckung von Jugendarrest oder von Jugendstrafe geladen wird, so soll zugleich der Erziehungsberechtigte oder der gesetzliche Vertreter von dieser Ladung in Kenntnis gesetzt und gleichzeitig ersucht werden, für einen rechtzeitigen Antritt des Arrestes oder der Strafe zu sorgen.[116]

Findet ein Strafverfahren gegen einen Jugendlichen vor einem für allgemeine Strafverhandlungen zuständigen Gericht statt, gelten die Vorschriften des Jugendgerichtsgesetzes über die Beteiligung und die Rechtsstellung der Erziehungsberechtigten auch dort.

Wenn gegen die Anwesenheit des Erziehungsberechtigten oder gesetzlichen Vertreters Bedenken bestehen, dann können den betreffenden Personen in jeder Verfahrenslage ihre Rechte entzogen werden.[117] Die schriftlichen Berichte des Rechtsausschusses von 1953 zu §§ 67 JGG besagen jedoch, dass bei Entziehung der Rechte des Erziehungsberechtigten oder der des gesetzlichen Vertreters ein besonderer Pfleger gerade deshalb zu bestellen sei, weil hierdurch die Rechtsstellung des Angeklagten notwendigerweise stärker gesichert werde, als das in der bisherigen Regelung geschehen sei.[118] Während der Hauptverhandlung können die in Rede stehenden Personen nur dann ausgeschlossen werden, wenn

---

114 Der Wortlaut dieser Norm von 1953 stimmt mit dem heutigen Gesetzeswortlaut überein.

115 JGG 1953 §§ 51, 67, 83, 97, 98.

116 IV Ziffer 1 und V Ziffer 1 und 7 der Richtlinie zu §§ 82 85 JGG von 1953.

117 Auf die einzelnen Gründe für eine Rechtsentziehung sowie deren Verfassungskonformität wird im Rahmen dieser Arbeit noch genauer eingegangen.

118 Schriftlicher Bericht des Ausschusses für Rechtswesen und Verfassungsrecht über den Entwurf eines Gesetzes zur Änderung des Reichsjugendgerichtsgesetzes, Deutscher Bundestag, Wahlperiode Nr. 1, 1949; BT Drucksache 4437, Begründung zu § 67 JGG.

ihre Anwesenheit auf Bedenken stößt. Zu diesem Problemkreis besagt Nr. 2 der Richtlinie:[119]

"Der Erziehungsberechtigte wird besonders dann ausgeschlossen werden müssen, wenn es um die Erörterung der persönlichen Verhältnisse des Jugendlichen geht und dieses auf ihn verletzend wirken oder die Zusammenarbeit zwischen ihm und den Stellen, die den Jugendlichen betreuen, erschweren könnte."

Die Ausschließung kann aber auch dann angezeigt sein, wenn zu befürchten ist, dass der Jugendliche in der Anwesenheit seiner Erziehungsberechtigten oder gesetzlicher Vertreter sich mit der Wahrheit zurückhalten wird.[120]

### 2.3.1.2 Gründe für die Beteiligung des Erziehungsberechtigten und des gesetzlichen Vertreters am Jugendstrafverfahren

Das Gesetz selbst, die Begründung zu diesem Gesetz und auch die zu diesem Gesetz ergangene Richtlinie können eine Abweichung von den allgemeinen Grundsätzen des (Straf-) Prozessrechts nicht begründen.[121] Es kann zwar eine gewisse Parallele zwischen der Stellung des Erziehungsberechtigten bzw. des gesetzlichen Vertreters im Jugendstrafverfahren und dem gesetzlichen Vertreter im Erwachsenstrafrechts festgestellt[122], jedoch keine komplette Identität angenommen werden.[123] Im Jugendgerichtsgesetz gibt es keine speziellen Gesetzesnormen, die die Rechte und Befugnisse des Erziehungsberechtigten und des gesetzlichen Vertreters festschreiben und deren Stellung ausdrücklich regeln. Es wird hier auf die Rechte des jugendlichen Beschuldigten selbst abgestellt, die dann auch dem Erziehungsberechtigten und gesetzlichen Vertreter zustehen sollen.

---

119 Vgl. § 51 JGG von 1953; entspricht der heutigen Fassung.

120 Eisenberg, § 67 Rdn. 18.

121 Eine Abweichung vom allgemeinen Prozessrecht lässt sich insoweit feststellen, als dass die StPO zwar die Stellung des gesetzlichen Vertreters kennt, nicht jedoch die des Erziehungsberechtigten. Der gesetzliche Vertreter nach der StPO kann zwar auch die Anwesenheit des Beschuldigten oder Angeklagten nicht ersetzen; jedoch handelt er in dessen Namen und hat dabei keine erzieherischen Aspekte zu berücksichtigen. Wie der Erziehungsberechtigte im JGG hat auch der gesetzliche Vertreter eine eigene Stellung im Strafverfahren. (Vgl. zum Ganzen Meyer-Gerhardts, Die Stellung des gesetzlichen Vertreters nach der StPO).

122 Beide gesetzlichen Vertreter haben keine abgeleiteten, sondern selbstständige und losgelöste Verfahrensrechte und eine unabhängige Verfahrensstellung.

123 Zur Stellung des gesetzlichen Vertreters nach der Strafprozessordnung vgl. Meyer-Gerhardts, jur. Diss., Hamburg 1967.

Daher gilt es zunächst zu erörtern, welche Gründe den Gesetzgeber des Jugendgerichtsgesetzes veranlasst haben könnten, die Erziehungsberechtigten und gesetzlichen Vertreter in der Form in das Jugendstrafverfahren einzubeziehen, wie es in der geltenden Gesetzesfassung geschehen ist.[124]

Zunächst einmal ist festzuhalten, dass die Tätigkeit der Polizeibehörden oder der Staatsanwaltschaft und auch die des Jugendgerichts in keinem Stadium des Verfahrens der ausdrücklichen Zustimmung der Erziehungsberechtigten oder der gesetzlichen Vertreter bedarf.[125] Selbst wenn der Erziehungsberechtigte oder der gesetzliche Vertreter anzuhören ist, und diese Person dennoch der Aufforderung der anhörenden Stelle, sich am Verfahren zu beteiligen und nach Möglichkeit zur Person des Jugendlichen sowie zum Tathergang Angaben zu machen, nicht nachkommt, nimmt das Verfahren seinen Fortgang, ohne dass ein möglicher Widerspruch von seiner Seite eine andere Behandlung oder eine andere Vorgehensweise nach sich ziehen würde, als die entsprechende prozessuale Maßnahme des Jugendlichen selbst bewirken könnte. Hierin kann infolgedessen kein rein prozessualer Grund für eine Einbeziehung der Erziehungsberechtigten und gesetzlichen Vertreter gesehen werden.

Die entscheidende Begründung für die Hinzuziehung des Erziehungsberechtigten in das Strafverfahren gegen einen Jugendlichen, für den er personensorgeberechtigt ist, kann somit nicht vordergründig in den eigenen Rechten des Erziehungsberechtigten oder gesetzlichen Vertreters gesucht werden. Vielmehr mag das jugendliche Alter, die noch nicht beendete Entwicklung des Minderjährigen und die sich daraus ergebene Schutzbedürftigkeit des Beschuldigten

---

124 Die in Betracht kommenden Gründe waren auch bei der Erörterung der dogmatischen Erwägungen über eine Beteiligung von Erziehungsberechtigten oder gesetzlichen Vertretern von Bedeutung.

125 Daraus resultiert, dass die Mitwirkung oder Zustimmung der Erziehungsberechtigten oder gesetzlichen Vertreter keine Verfahrensvoraussetzung für das Jugendstrafverfahren darstellt; vgl. hierzu Schaffstein/Beulke, S. 151, die die Anwesenheitsberechtigung gleichzeitig als eine Anwesenheitsverpflichtung unter Hinweis auf § 50 Abs. 2 JGG auffassen. Auf diese Problematik wird im Weiteren noch eingegangen werden. Zum Teil wird entgegen der Auffassung von Schaffstein/Beulke angenommen, dass eine derartig zwingende Anwesenheitsverpflichtung mit den daraus resultierenden Konsequenzen erst dann eintreten soll, wenn der Erziehungsberechtigte oder gesetzliche Vertreter nicht nur als unterstützende Person, sondern vielmehr als Zeuge auftreten soll; vgl. hierzu Kremer, S. 172, der eine Unterrichtung der Erziehungsberechtigten im Bereich von Art. 6 GG für zwingend erforderlich hält. Er differenziert nicht in der Form, dass zunächst geklärt werden sollte, ob der Erziehungsberechtigte in einem bestimmten Verfahren als Zeuge benötigt wird oder ob er lediglich im Rahmen seiner Unterstützungsfunktion auftreten soll.

für die Beteiligung des Erziehungsberechtigten oder des gesetzlichen Vertreters am Jugendstrafverfahren ausschlaggebend gewesen sein.[126]

Es ist zwar richtig, dass der nicht geschäftsfähige Jugendliche im Rahmen eines gegen ihn selbst gerichteten Strafverfahrens prozessführungs- und auch handlungsbefugt ist und infolgedessen auch sämtliche einem (erwachsenen) Beschuldigten oder Angeklagten zustehenden Rechte selbst ausüben kann. Aber der Gesetzgeber dürfte es aus gutem Grund für erforderlich halten, ihn als besonders Schutzbedürftigen zu betrachten und ihm deshalb denjenigen zur Seite zu stellen, in dessen Schutz er sich bislang befunden hat.[127]

Dieser Schluss lässt sich auch mit der Begründung des Bundestagsausschusses von 1953 zu § 67 JGG vereinbaren. Dort heißt es, dass die Bestellung eines besonderen Pflegers im Fall der Entziehung der Rechte des Erziehungsberechtigten und gesetzlichen Vertreters innerhalb des Strafverfahrens erfolgen soll, um den Jugendlichen in jedem Fall stärker zu schützen.[128] Hieraus kann nur gefolgert werden, dass die Einbeziehung des Erziehungsberechtigten oder des gesetzlichen Vertreters in erster Linie zum Schutze des Jugendlichen erfolgt ist. Sonst wäre es nicht notwendig gewesen, dem Jugendlichen auch in dem Fall besonderen Schutz zu gewährleisten, wenn durch Verhinderung oder Ausschluss des Erziehungsberechtigten oder des gesetzlichen Vertreters die Schutzperson ausscheidet.

Ein mit der Schutzbedürftigkeit des Jugendlichen zusammenhängender Grund für die Einbeziehung des Erziehungsberechtigten und des gesetzlichen Vertreters in das Jugendstrafverfahren dürfte die bestehende und zudem gesetzlich normierte[129] Fürsorgeverpflichtung des Erziehungsberechtigten oder des gesetzlichen Vertreters gegenüber seinem Schützling sein, die dem Jugendlichen gerade in einem gegen ihn gerichteten Strafverfahren zu Gute kommen sollte und müsste. Der Erziehungsberechtigte und gesetzliche Vertreter ist in der Lage, dem Jugendlichen (psychisch) beizustehen. Er kann ihn unterstützen und beraten sowie erzieherisch auf ihn einwirken. Im Rahmen dieser Funktionen ist

---

126 So im Ergebnis auch Böhm, S. 116, der anmerkt, dass aufgrund fehlender Mitwirkung von Erziehungsberechtigten einige Erziehungsmaßregeln der Justizbehörden und -organe bzw. der Verwaltungsbehörden scheitern können.

127 Schulz-Knappe, RdJ 1967, 5 (9).

128 Auch wenn die Erziehungsberechtigten selbst an der Fehlentwicklung des Kindes beteiligt waren, können sie dennoch aufgrund des bestehenden Vertrauensverhältnisses etwas zum Schutz und zum Vorteil des Jugendlichen unternehmen bzw. beitragen, vgl. hierzu auch Böhm, S. 116.

129 Diese Fürsorgeverpflichtung ergibt sich zum einen aus Art. 6 GG und zum anderen aus den einschlägigen Vorschriften des BGB, die den Inhalt der Personensorge für minderjährige Kinder konkretisieren.

der Erziehungsberechtigte oder gesetzliche Vertreter dazu aufgerufen, dann einzugreifen, wenn der Beschuldigte selbst sich möglicherweise im Verlauf eines gegen ihn gerichteten Strafverfahrens Nachteile zufügt. In diesen Situationen kann der Erziehungsberechtigte oder der gesetzliche Vertreter durch seine eigene selbstständige und unabhängige Verfahrensstellung im Jugendstrafverfahren diese Nachteile ausgleichen. Wenn etwa der Beschuldigte es unterlässt, ein Rechtsmittel einzulegen, kann es durch die ihm zur Seite gestellten Personen nachgeholt werden. Außerdem sollte der Erziehungsberechtigte oder gesetzliche Vertreter bei der Auswahl der Sanktionen mitwirken.

Das Jugendgerichtsgesetz räumt dem Erziehungsberechtigten oder dem gesetzlichen Vertreter diese Stellung und die damit zusammenhängenden Rechte aber auch deshalb ein, weil diese Personen den Beschuldigten sehr nahe stehen und aufgrund der engen familiären Bindung durch den verfahrensbedingten Eingriff in die Familie von dem Verfahren in der Regel selbst persönlich mitbetroffen werden.[130]

Darüber hinaus soll, wie bereits angesprochen, der Jugendliche selbst, also das Individuum als solches, erforscht werden. Zu den wichtigsten Auskunftspersonen für diese Erforschung zählen nun einmal der Erziehungsberechtigte und der gesetzliche Vertreter, wobei allerdings zu berücksichtigen ist, dass diesem Personenkreis ein Zeugnisverweigerungsrecht zusteht. Sie werden auch von dem Ausschuss für Verfassungsrecht im Bundestag in dessen Bericht ausdrücklich als wichtigste Personen der den Jugendlichen umgebenden Welt bezeichnet, die während eines Jugendstrafverfahrens unbedingt ausdrücklich gehört werden sollten.[131] In aller Regel wird der Erziehungsberechtigte oder gesetzliche Vertreter zur Aufklärung der Tat selbst nicht oder nur wenig beitragen können.

Dennoch kann durch die Anhörung des Erziehungsberechtigten oder des gesetzlichen Vertreters allein eine vernünftige täterbezogene Reaktion, die das Jugendstrafrecht kennzeichnet, noch nicht zwangsläufig gewährleistet werden. Die besondere Bedeutung, die der Gesetzgeber in der Anhörung des Erziehungsberechtigten oder des gesetzlichen Vertreters sieht, lässt in diesem Zusammenhang lediglich die Schlussfolgerung zu, dass durch die Einbeziehung des Erziehungsberechtigten in das Jugendstrafverfahren das Gericht eine umfassendere Kenntnis über den Jugendlichen, seine Umwelt und seine Lebensumstände erlangen kann. Mit Hilfe dieser Kenntnis wird von dem zuständigen

---

130 Zur Problematik der Einbeziehung des gesetzlichen Vertreters: Hahn, S. 145.

131 Schriftlicher Bericht des Ausschusses für Verfassungsrecht über den Entwurf eines Gesetzes zur Änderung des Reichsjugendgerichtsgesetzes, Deutscher Bundestag, Wahlperiode Nr. 1, 1949; BT Drucksache 4437, Begründung zu § 67.

Gericht eine Entscheidung getroffen werden können, die der Persönlichkeit des Jugendlichen in umfassender Weise gerecht werden kann.[132]

Der Gesetzgeber stellt bei seinen Begründungen zum Jugendrecht darauf ab, dass es die Hauptaufgabe im Jugendstrafverfahren sei, die Persönlichkeit des betroffenen Täters umfassend zu erforschen, um hieraus eine besonders sorgfältig ausgesuchte Reaktion auf die Tat erheben zu können.

Die Einbeziehung des Erziehungsberechtigten oder gesetzlichen Vertreters im Jugendstrafverfahren entspricht somit dem Grundgedanken des Jugendgerichtsgesetzes als einem Erziehungsgesetz besonderer Art.[133]

Wenn auch bei dieser Untersuchung nicht notwendigerweise zu erörtern ist, ob das geltende Jugendstrafrecht ein reines Täter- oder Tatstrafrecht darstellt, so weist die Stellung des Erziehungsberechtigten bzw. gesetzlichen Vertreters im Jugendstrafverfahren zunächst einmal ausdrücklich auf ein Täterstrafrecht hin.[134]

Schließlich ist noch zu erwägen, ob der Erziehungsberechtigte oder gesetzliche Vertreter aus dem Grund mitwirken soll, weil er und der Jugendliche als eine Einheit angesehen werden, in die das Strafverfahren eingreift. Anhaltspunkt für einen derartigen Grundgedanken könnte Art. 6 Abs. 1 GG sein, nach dem die Familie unter besonderem Schutz des Staates steht.

Diese Grundgesetznorm stellt gem. Art. 1 Abs. 3 GG auch für die gesetzgebende Gewalt zwingendes Recht dar und deshalb liegt die Vermutung nahe, dass der Gesetzgeber die Einbeziehung des Erziehungsberechtigten und des gesetzlichen Vertreters in das Jugendstrafverfahren deshalb vorgenommen hat, um nicht gegen die zu Gunsten der Familie in der Verfassung verankerten Bestimmungen zu verstoßen.

Dass der Gesetzgeber jedoch diese verfassungsrechtlichen Erwägungen nicht in den Vordergrund gestellt hat, ist aufgrund der Bestimmungen des § 67 Abs. 4

---

132 Der Erziehungsberechtigte kann wie ein Zeuge gem. § 50 Abs. 2 geladen werden. Er hat auch, nach jedoch umstrittener Auffassung, mit den negativen Folgen des Ausbleibens zu rechnen. Er kann jedoch auch zum Zwecke des Beistandes für den Jugendlichen geladen werden, wobei ihm im letzteren Fall die negativen Folgen des Ausbleibens nicht treffen würden; jedoch kann er auch zwangsweise vorgeführt werden. Die Stellung des Erziehungsberechtigten in der Hauptverhandlung wird diese Arbeit im weiteren Verlauf genauer betrachten.

133 Böhm, S. 1; Schaffstein/Beulke, S. 1.

134 Dallinger/Lackner § 51 Rdn. 21; Grethlein, Einführung Anm. 2a, 3 sprechen von einem reinen Täterstrafrecht, was nach der Auffassung von Hellmer, S. 23 ff. nicht ohne weitere Einschränkung in dieser allgemeinen Formulierung zutreffen kann.

JGG in der Fassung von 1953, die der noch heute geltenden Gesetzesfassung entspricht, wahrscheinlich.

Nach dieser Vorschrift können nämlich dem Erziehungsberechtigten und dem gesetzlichen Vertreter ihre gesamten Rechte im Jugendstrafverfahren entzogen werden. Es ist daher möglich, ihnen jeglichen Einfluss auf das Kind, sogar den Zutritt zu der Hauptverhandlung, die in der Regel aus erzieherischen Gesichtspunkten für das weitere Leben des Jugendlichen und auch für die Eltern-Kind-Beziehung sehr bedeutsam sein kann, zu verbieten.

Unter Berücksichtigung verfassungsrechtlicher Grundsätze hätte sich der Gesetzgeber Gedanken darüber machen müssen, ob durch diese Bestimmungen die Familienrechte des Grundgesetzes möglicherweise nicht mehr ausreichend berücksichtigt worden sind. Denn es wäre vom Gesetzgeber zu erwägen gewesen, ob durch diese Ausschließungsgründe möglicherweise gegen verfassungsrechtlich garantierte Rechte verstoßen wird. Derartige Erörterungen sind aber in den Richtlinien und Gesetzesbegründungen nicht erkennbar.

Der Gesetzgeber kann aber zunächst mit der Einbeziehung des Erziehungsberechtigten sowie des gesetzlichen Vertreters im Jugendstrafverfahren nicht vordergründig die Absicht verfolgt haben, die verfassungsmäßig garantierten Rechte der Familie zu wahren. Wenn dies der Fall gewesen sein sollte, hätte zumindest der für Verfassungsfragen zuständige Ausschuss des Bundestages in irgendeiner Form mit der Frage befasst sein müssen, ob der Ausschluss des Erziehungsberechtigten oder des gesetzlichen Vertreters im Strafverfahren gegen seinen Schützling trotz der Schutzvorschrift des Art. 6 GG ein zulässiger Eingriff des Staates in die geschützte Rechtssphäre der Familie darstellt.[135] Das ist jedoch in keiner Form geschehen.[136]

Der Erziehungsberechtigte und gesetzliche Vertreter haben also offensichtlich ihre Stellung im Jugendgerichtsgesetz nicht in erster Linie deshalb gefunden, weil der Gesetzgeber gemeint hat, mit dem Jugendstrafverfahren in das einheitliche Gebilde der Familie einzugreifen und dem Erziehungsberechtigten sowie dem gesetzlichen Vertreter die Wahrnehmung ihrer Rechte hätte ermöglichen müssen.

---

135 Schulz-Knappe, RdJ 1967, 5 (10).

136 Schriftlicher Bericht des Ausschusses für Rechtswesen und Verfassungsrecht über den Entwurf eines Gesetzes zur Änderung des Reichsjugendgerichtsgesetzes, Deutscher Bundestag, Wahlperiode Nr. 1, 1949; BT Drucksache 4437, so auch Hellmer, S. 149. Zuerst auf die Problematik der Verfassungsmäßigkeit dieser Vorschriften hat Mayer, Strafrecht Allg. Teil, S. 393, hingewiesen.

Zusammenfassend ist deshalb zu sagen, dass der Gesetzgeber des Jugendgerichtsgesetzes mit der Hinzuziehung der Erziehungsberechtigten oder der gesetzlichen Vertreter folgende Hauptziele erreichen wollte:

1. die Persönlichkeit des Täters möglichst genau zu erforschen, um eine individuelle, täterbezogene Maßnahme (Sanktion) aus Anlass der Straftat zu ergreifen und
2. den schutzbedürftigen Jugendlichen aus erzieherischen und auch verfassungsrechtlichen Gründen in der gewohnten Obhut zu belassen[137] sowie
3. dem betroffenen Jugendlichen ausreichenden Beistand sowie Beratung und Unterstützung zukommen zu lassen.

Anhand dieser Gründe lässt sich auch die Einordnung des Jugendstrafgesetzes als ein Erziehungsgesetz erklären. Es wird deutlich, dass der Gesetzgeber mit dem Jugendgerichtsgesetz nicht nur ein tatbezogenes Strafgesetz hat schaffen wollen, sondern dieses Gesetz als lediglich täterbezogenes Sanktionsgebilde begründet wissen wollte. Insofern ist die Einbeziehung des Erziehungsberechtigten und des gesetzlichen Vertreters nicht in erster Linie aus verfassungsrechtlichen Erwägungen heraus geschehen, sondern insbesondere deshalb, weil diese Einbeziehung gerade den besonderen Charakter des zuletzt 1990 reformierten Jugendgerichtsgesetzes als ein Erziehungsstrafrecht definieren kann.

### 2.3.1.3 Die Verfassungsmäßigkeit der Beteiligungsrechte und -pflichten

Weder dem Entwurf des Gesetzes von 1953 noch dem Bericht des Bundestagsausschusses lässt sich entnehmen, dass das Jugendgerichtsgesetz von 1953 unter besonderer Berücksichtigung des Art. 6 GG geschaffen worden ist. Diese Norm stellt die Familie ausdrücklich unter den Schutz des Staates und spricht zudem aus, dass die Pflege und die Erziehung natürliche Rechte und Pflichten der Erziehungsberechtigten seien, über die der Staat wacht und es aber gleichzeitig verbietet, Kinder von ihren Eltern zu trennen, es sei denn, es gäbe besondere Gründe dafür.[138]

---

[137] Diese Ziele werden auch im Wesentlichen von Schulz-Knappe, RdJ 1967, 5, 37 (38) wiedergegeben.

[138] v. Mangoldt/Klein, Art. 6 Rdn.13.

Diese verfassungsrechtliche Bestimmung ist, wie bereits angesprochen, gem. Art. 1 Abs. 3 GG ein für die Gesetzgebung, vollziehende Gewalt und Rechtsprechung unmittelbar bindendes Recht. Das bedeutet für Art. 6 Abs. 1 GG als Grundrecht, dass nicht nur die Einrichtung der Ehe und Familie garantiert werden, sondern außerdem diese Bestimmungen für das gesamte öffentliche Recht, wozu auch das Strafrecht zählt,[139] verbindlich sind. Daraus resultiert, dass sich für den Gesetzgeber eine Beeinträchtigung von Ehe und Familie durch störende Eingriffe des Staates selbst verbietet.[140] Er kann daher keine störenden Eingriffe durch einfache Gesetze zulassen. Geschieht dies dennoch, stehen die betreffenden Gesetzesnormen mit der Verfassung im Widerspruch.

Art. 6 Abs. 2 GG stellt ein Abwehrrecht gegen unbefugte Eingriffe des Staates in das elterliche Erziehungsrecht dar und ist insbesondere auch für die Gerichte unmittelbar geltendes Recht.[141]

Es stellt sich also die Frage, ob der Gesetzgeber im Zusammenhang mit der Schaffung des Jugendgerichtsgesetzes, die ihm durch das Grundgesetz zu Gunsten der Familie und der Eltern auferlegten Schranken bei der Formulierung der einzelnen Bestimmungen über die Stellung der Erziehungsberechtigten und des gesetzlichen Vertreters im Jugendstrafverfahren nicht genügend berücksichtigt hat.[142]

Die Rechte, die ein Erziehungsberechtigter aufgrund seiner Personensorge während eines Strafverfahrens gegen sein Kind gem. Art. 6 GG ausüben können müsste, sind im Jugendgerichtsgesetz in vollem Umfang berücksichtigt worden, weil er sich in allen Stadien eines Strafverfahrens im gleichem Umfang wie der Beschuldigte selbst an diesem beteiligen kann. Eine darüber hinausgehende Beteiligung der Erziehungsperson kann aus verfassungsrechtlichen Gründen nicht gefordert werden.[143]

Es ist keine Einschränkung des elterlichen Erziehungsrechtes, wenn dem Erziehungsberechtigten die gleichen Mitteilungen wie dem Angeklagten lediglich gemacht werden sollen, nicht etwa gemacht werden müssen.[144] Denn wenn der

---

139 Wessels, Allgemeiner Teil, S. 65.

140 BVerfGE 6, 55, Leitsatz Nr. 3; Schulz-Knappe, RdJ 1967, 5, 37 (37).

141 BVerfGE, JZ 1955, 114 (114).

142 Nachdem zuerst Mayer, S. 393 und daraufhin Helmer, S. 137 auf die verfassungsrechtliche Schwierigkeit dieser Normen hingewiesen hatten, haben sich auch etwas später weitere Vertreter mit dieser Meinung gefunden: Cohnitz, RdJ 1955, S. 139 (140) und Maurach, Strafrecht, Allg. Teil, S. 730.

143 Schulz-Knappe, RdJ 1967, 5, 37 (38).

144 Die entsprechenden Vorschriften des Jugendgerichtsgesetzes sind Soll- und damit Ermessensvorschriften. Nur in Ausnahmefällen werden die Ermessensvorschriften zu Pflichtentscheidungen.

Erziehungsberechtigte durch Unterbleiben dieser Mitteilungen von dem Verfahren keine Kenntnis gehabt hat, wird ihm Wiedereinsetzung in den früheren Stand gewährt werden müssen,[145] so dass dem Erziehungsberechtigten die bis dahin erfolgte Beteiligung an dem Strafverfahren ohne Einschränkung wieder eingeräumt werden kann. Dies kann jedoch nur geschehen, wenn eine Frist versäumt wurde.

Andererseits kann der Erziehungsberechtigte oder gesetzliche Vertreter, wenn er - sei es als Zeuge oder sonstiger Verfahrensbeteiligter - trotz Ladung[146] zur Hauptverhandlung ferngeblieben ist, zwangsweise vorgeführt werden. Hierbei stellt sich aber die Frage, ob dieser Zwang in dem Fall verfassungsmäßig zulässig ist, wenn der Betreffende kein Zeuge ist. Grundsätzlich muss es dem Erziehungsberechtigten oder gesetzlichen Vertreter überlassen bleiben, in welcher Weise er von seinem verfassungsrechtlich garantierten Erziehungsrecht Gebrauch macht, es sei denn, seine Kinder drohen zu verwahrlosen.[147]

Die Vernehmung des Erziehungsberechtigten oder des gesetzlichen Vertreters zu Fragen der Tat und zu Angaben zur Persönlichkeit des Angeklagten kommt aber der im Erwachsenenstrafverfahren bekannten Zeugenvernehmung sehr nahe. Dies berechtigt und verpflichtet daher den Jugendrichter, den Erziehungsberechtigten oder gesetzlichen Vertreter einem Zeugen entsprechend zu behandeln.[148]

Denn genau wie die Zwangsmaßnahmen gegen einen trotz Ladung ausgebliebenen "Tat"-Zeugen in Art. 3 GG ihre verfassungsmäßige Rechtfertigung finden, so muss die gleiche Zwangsmaßnahme gegen einen "Täter"-Zeugen aus dem gleichen Grunde ihre verfassungsmäßige Begründung haben. Bei dieser Argumentation ist aber davon auszugehen, dass der Erziehungsberechtigte oder gesetzliche Vertreter im Jugendstrafverfahren zumindest teilweise als Zeuge

---

145 OLG Düsseldorf HRR 41, Nr. 749, Dallinger/Lackner § 67 Nr. 13.

146 Hier muss zwischen Ladung und Mitteilung unterschieden werden. Bei einer bloßen Mitteilung soll der Erziehungsberechtigte oder gesetzliche Vertreter lediglich Kenntnis von einem bestimmten Verhandlungs- und Vernehmungstermin mit Ausnahme des Hauptverhandlungstermins erhalten; ihm wird in diesen Fällen freigestellt, ob er erscheint. Entsprechend § 50 JGG sollte der Erziehungsberechtigte oder gesetzliche Vertreter immer geladen werden. Nur in Ausnahmefällen kann hiervon abgesehen werden. Trotz der "SOLL-" Formulierung wird in dieser Vorschrift eine Ladungsverpflichtung gesehen. Zudem wird hierdurch deutlich, dass das Gericht im Falle einer Ladung zur Hauptverhandlung dem Erscheinen besondere Bedeutung zumisst und die betreffende Person infolgedessen verpflichtet ist zu kommen, oder sie hat mit den negativen Folgen des Ausbleibens zu rechnen. Der Ladungspflicht ist auch durch die Übersendung einer formlosen Ladung ausreichend Genüge getan, vgl. hierzu Brunner/Dölling § 50 Rdn. 8.

147 Vgl. hierzu Schulz-Knappe, RdJ 1967, 5, 37 (38).

148 Vgl. hierzu Bohnert, ZdJ 1989, 232ff.

betrachtet wird. Das lässt sich damit begründen, dass er bei der Erforschung der Persönlichkeit des betroffenen Jugendlichen mitwirken sowie das Gericht bei der Auswahl der Sanktionen unterstützen kann. Gerade diese Ziele können durch eine Vernehmung als Zeuge erreicht werden. Insoweit ließe sich ein Eingriff verfassungsrechtlich rechtfertigen, soweit die betreffende Person nicht von dem ihr als Angehörige zustehenden Zeugnisverweigerungsrecht Gebrauch macht.

Die Begründung, der Erziehungsberechtigte oder gesetzliche Vertreter müsse in der Hauptverhandlung gerade deshalb anwesend sein, weil diese ein besonders bedeutsames Ereignis im Leben und für die Erziehung des Jugendlichen sei,[149] vermag dagegen in keiner Weise den Eingriff in die verfassungsrechtlich garantierten Rechte der erziehenden Personen zu rechtfertigen. Daher ist es nicht immer sachdienlich, wenn der Erziehungsberechtigte oder gesetzliche Vertreter aus erzieherischen Gründen zwangsweise vorgeführt werden, ohne dass dabei Bedenken im Hinblick auf ihre Mitwirkung im Verfahren auftreten. Hierbei ist jedoch zu berücksichtigen, dass sich die Erziehungs- und Zeugenfunktion nicht ohne weiteres voneinander trennen lassen. Daher wird tatsächlich nicht der Fall eintreten, dass der Erziehungsberechtigte und gesetzliche Vertreter ausschließlich aus erzieherischen Gründen zu einem Termin vorgeführt werden, zumal das gesamte Verfahren und auch die Hauptverhandlung ohne die Mitwirkung oder Anwesenheit des Erziehungsberechtigten oder gesetzlichen Vertreters stattfinden kann, wenn diese nicht als Zeugen auftreten müssen. Infolgedessen sind die aufgezeigten verfassungsrechtlichen Bedenken ohne Belang.

#### 2.3.1.4 Begriffsbestimmung des Erziehungsberechtigten und des gesetzlichen Vertreters

Bevor die im Jugendgerichtsgesetz und in der Strafprozessordnung eingeräumten Rechte des Erziehungsberechtigten und gesetzlichen Vertreters genauer untersucht und erörtert werden, sollte zunächst einmal Klarheit darüber herrschen, welche Personen als Erziehungsberechtigte und welche als gesetzliche Vertreter zu verstehen sind.

Die Begriffe "Erziehungsberechtigter" und "gesetzlicher Vertreter" werden sowohl vom Gesetzeswortlaut als auch in dieser Arbeit in demselben Zusammenhang genannt. Allein aus der Formulierung im Gesetz ließe sich zunächst einmal folgern, dass sich die Rechte dieser Personengruppen nach dem

---

[149] Richtlinien zum Jugendgerichtsgesetz von 1953 zu § 50 Nr. 3.

Jugendgerichtsgesetz im Wesentlichen nicht unterscheiden. Um jedoch eindeutig feststellen zu können, welcher Personenkreis sich jeweils hinter diesen Begriffen verbirgt und was sie voneinander unterscheidet, ist auf die Definition dieser beiden Begriffe einzugehen.

Grundsätzlich lässt sich zunächst einmal festhalten, dass das Bürgerliche Gesetzbuch ausdrücklich bestimmt, wer Erziehungsberechtigter und wer gesetzlicher Vertreter ist.[150] An dem im bürgerlichen Recht zu findenden Grundsatz haben sowohl Gesetzgeber als auch Gerichte sehr lange festgehalten. Es ist also zu fragen, ob die Anlehnung an diese bürgerlich-rechtlichen Vorschriften sachgerecht ist und der Stellung dieser Personen in einer jugendstrafrechtlichen Hauptverhandlung gerecht werden kann.

### 2.3.1.4.1 Gesetzlicher Vertreter

Zunächst lässt sich anmerken, dass weder die Strafprozessordnung noch das Jugendgerichtsgesetz ausdrücklich besagen, welcher Personenkreis als gesetzlicher Vertreter eines Jugendlichen angesehen werden soll. Deshalb muss dieser Begriff anhand von anderen Kriterien geklärt werden.

#### 2.3.1.4.1.1 Anwendung des Begriffes aus dem BGB

Die Strafprozessordnung und das Jugendgerichtsgesetz haben lange den Begriff des gesetzlichen Vertreters im Sinne der Vorschriften des Bürgerlichen Gesetzbuches verwendet.[151] Obwohl es zwar nahe liegt, den Begriff des gesetzlichen Vertreters ohne weiteres aus dem bürgerlichen Recht zu entnehmen,[152] erscheint dieses im Hinblick auf die andersartige und besondere Bedeutung des Begriffes im Jugendstrafverfahren bedenklich.[153]

Dass der bürgerlich-rechtliche Begriff nicht ohne weiteres auf das vom Erziehungsgedanken getragene Jugendstrafrecht übertragen werden kann, macht bereits die Definition dieses Begriffes im Sinne des bürgerlichen Rechts deutlich. Hiernach ist gesetzlicher Vertreter, wer kraft Gesetzes das Recht und

---

150 Brunner/Dölling, § 67 Rdn. 1; Diemer/Schoreit/Sonnen, § 67 Rdn. 5; Eisenberg, § 67 Rdn. 5.

151 Hahn, S. 246.

152 Löwe-Rosenberg/Dünnebier, Vorbem. zu §§ 137ff. Rdn. 7.

153 So auch für das normale Strafverfahren Meyer-Gerhardts, S. 2.

die Pflicht hat, einen anderen in persönlichen oder vermögensrechtlichen Angelegenheiten zu vertreten.[154] Bereits in der früheren Lehre und Rechtsprechung ist umstritten, ob diese Definition ohne jede Einschränkung auf den gesetzlichen Vertreter im allgemeinen Strafverfahren übertragen werden kann, oder ob es zumindest einiger Modifizierungen bedarf.

Die entscheidende strittige Frage war, ob auch derjenige als gesetzlicher Vertreter eines Beschuldigten oder eines Angeklagten angesehen werden kann, der nach bürgerlichem Recht kraft Gesetzes nur berechtigt und damit auch verpflichtet ist, den Betreffenden ausschließlich in vermögensrechtlichen Belangen zu vertreten.

### 2.3.1.4.1.1.1 Vermögenssorgeberechtigter Vertreter

Zum Teil wurde in der rechtswissenschaftlichen Lehre diese Frage mit der Begründung bejaht, dass auch in der Strafprozessordnung nicht nach verschiedenen (gesetzlichen) Vertretern unterschieden werde dürfe. Demnach war gesetzlicher Vertreter des Beschuldigten im Strafprozess, wer kraft Gesetzes zu seiner Vertretung in vermögensrechtlichen Belangen berechtigt war.[155]

### 2.3.1.4.1.1.2 Vertreter in persönlichen Angelegenheiten

Dagegen wird von der herrschenden Meinung[156] zu bedenken gegeben, dass sich aus der Natur des Strafverfahrens herleiten ließe, dass gesetzlicher Vertreter eines Beschuldigten im Strafverfahren nur derjenige sei, der in erster Linie das Recht und die Pflicht zur Vertretung des Beschuldigten in persönlichen Angelegenheiten habe. Eine rein vermögensrechtlich relevante Vertretung halten die Anhänger dieser Auffassung für nicht ausreichend.[157]

---

[154] Vgl. §§ 1626 Abs. 2, 1793, 1897, 1915 Abs. 1 BGB.
[155] Glaser, S. 249; Köhler, S. 171; Rosenfeld, S. 106 Fn 20.
[156] RGSt 59, 351 (353); OLG Hamburg, OLGStPr 1, 327 (327); John, S. 973; May, S. 72.
[157] v. Schwarze, S. 152; Voitus, § 137 Anm. 3.

### 2.3.1.4.1.1.3 Streitentscheidung

Zusammen mit Meyer-Gerhardts[158] ist dieser Auffassung der Vorrang zu geben. Im Strafverfahren, insbesondere im Jugendstrafrecht, geht es in erster Linie um die Persönlichkeit des Beschuldigten als Individuum, wobei dessen vermögensrechtliche Belange, wenn überhaupt, nur eine untergeordnete Rolle spielen.

Das kann insbesondere die Anwendung von gesetzlich zulässigen Zwangsmitteln verdeutlichen. Durch zulässige Zwangsmittel, wie zum Beispiel Durchsuchung, Beschlagnahme, Untersuchung und die Verhängung von Dauer- und Freizeitarrest sowie Freiheitsstrafe, in diesem Fall Jugendstrafe, wird im Verlauf eines Strafverfahrens in erster Linie in die Privatsphäre des jugendlichen Beschuldigten und damit gleichzeitig in seine persönlichen Angelegenheiten eingegriffen, nicht aber in eine vermögenswerte Position. Zum ausschließlichen Schutz des persönlichen Bereiches sind die Vorschriften des bürgerlichen Rechts zur Vertretung einer Person bei Eingriffen in die Privatsphäre dem Grunde nach nicht geschaffen. Vielmehr haben diese zivilrechtlichen Normen in erster Linie vermögensrechtliche Belange zum Gegenstand. Aus diesem Grunde wäre es dogmatisch schwierig zu begründen, die im Bürgerlichen Gesetzbuch festgelegten Vertretungsvorschriften ohne weitere Einschränkung auf ein Strafverfahren anzuwenden und auf diesem Wege die gesetzliche Stellung und Verpflichtung des gesetzlichen Vertreters im (Jugend-) Strafverfahren zu begründen. Es muss dabei insbesondere berücksichtigt werden, dass dem vermögenssorgeberechtigten gesetzlichen Vertreter nach bürgerlich-rechtlichen Gesichtspunkten in aller Regel die Stellung einer selbstständig handelnden Person mit eigenen, unabhängigen Befugnissen zukommt, die aber, wenn auch mit Einschränkungen, von der Zustimmung des betroffenen Vertretenen abhängig ist.[159]

Es wäre jedoch insbesondere im Jugendstrafverfahren eine unzulässige Ausdehnung einer Vertretungsbefugnis, wenn jedem gesetzlichen vermögenssorgeberechtigten Vertreter die Stellung eines selbstständigen Verfahrensbeteiligten eingeräumt wird, der mit eigenen Rechten und Pflichten ausgestattet ist und mit unabhängiger Entschließungskompetenz auf den Verfahrensverlauf in Jugendstrafsachen einwirken kann,[160] zumal ein vermögenssorgeberechtigter Vertreter

---

[158] Meyer-Gerhardts, S. 2ff.

[159] Hier muss zwischen gesetzlichem Vertreter und dem Vertreter kraft Vertretungsmacht unterschieden werden. Der Vertreter kraft Vertretungsmacht hat zwar eine eigenständige Stellung; er ist aber immer von dem in der Vertretungsmacht dokumentierten Willen des Vertretenden abhängig. Handelt er der Vertretungsmacht zuwider, hat er den Betroffenen nicht wirksam vertreten.

[160] Meyer-Gerhardts, S. 12f.

keine persönliche Beziehung zu dem zu Vertretenen zu haben braucht. Diesbezüglich unterscheidet er sich gravierend von dem Erziehungsberechtigten.

Auch wenn im (Jugend-)Strafverfahren zum Teil die vermögensrechtlichen Belange des Beschuldigten eine Rolle spielen, kann hierdurch die Heranziehung der Definition des lediglich vermögenssorgeberechtigten gesetzlichen Vertreters des bürgerlichen Rechts nicht gerechtfertigt werden. Denn es steht gerade im Jugendstrafverfahren die persönliche Betroffenheit des Beschuldigten und dessen Persönlichkeitserforschung im Vordergrund. Daher können im Jugendstrafverfahren nicht die Berechtigungen zur Wahrnehmung vermögensrechtlicher Interessen im Vordergrund stehen.

Demzufolge kommt also als gesetzlicher Vertreter des Beschuldigten im strafprozessualen Sinn nur derjenige in Betracht, der den beschuldigten Jugendlichen nach bürgerlichem Recht kraft Gesetzes in persönlichen Angelegenheiten vertreten kann.[161]

### 2.3.1.4.1.2 Modifizierung des Vertreterbegriffes

Darüber hinaus besteht weiterhin in Literatur und Rechtsprechung Uneinigkeit über die Frage, ob die Besonderheiten im Strafverfahren und damit auch im Jugendstrafverfahren eine weitere Begrenzung oder Modifikation des Vertreterbegriffes erfordern.

Diese Frage wird in einzelnen Teilen der rechtswissenschaftlichen Literatur mit der Begründung bejaht, es komme auch auf den Grund der Hinzuziehung des gesetzlichen Vertreters an. Es sei gerade der Sinn und Zweck der Verfahrensbeteiligung eines gesetzlichen Vertreters, die mangelnde Einsichtsfähigkeit des beschuldigten Jugendlichen auszugleichen und zu ergänzen.[162] Dieser Grund treffe im Verfahren gegen Erwachsene aber nur zu, sofern der Grund für die Bestellung des gesetzlichen Vertreters in einer Unfähigkeit des Beschuldigten liege, seine persönlichen Angelegenheiten selbst sach- und interessengerecht wahrzunehmen. Nur in diesen Fällen wäre es im Interesse des Jugendlichen und des Verfahrens, dem Beschuldigten einen gesetzlichen Vertreter bzw. einen Erziehungsberechtigten zur Seite zu stellen. Im Jugendstrafrecht ist in § 3 JGG festgeschrieben, dass die mangelnde Einsichtsfähigkeit aufgrund des jugendlichen Alters des Beschuldigten in aller Regel anzunehmen ist, im Erwachsenenstrafrecht aber nur im Falle einer Pflegschaft wegen Geistesschwäche oder

[161] So auch im Ergebnis Meyer-Gerhardts, S. 3.
[162] Benneke-Beling, S. 154.

Geisteskrankheit, nicht aber schon, wenn der Beschuldigte dazu neigt, sein Vermögen zu verschwenden.[163] Daraus folgt, dass ein gesetzlicher Vertreter im Jugendstrafrecht zwar in aller Regel, im Erwachsenenverfahren aber nur nach einer sorgfältigen Prüfung des betroffenen Beschuldigten hinzugezogen werden kann.

Dagegen hält die überwiegende Meinung in der Literatur eine weitere Einschränkung des Begriffes des gesetzlichen Vertreters, wie er oben bereits definiert worden ist, nicht für erforderlich.[164]

Die Vertreter dieser Auffassung weisen darauf hin, dass das bürgerliche Recht die Vertretungsbefugnis des gesetzlichen Vertreters ausschließlich in persönlichen Angelegenheiten nicht vom Grund seiner Bestellung abhängig macht. Eine Differenzierung ist deshalb nicht notwendig. Daher wird dieser Auffassung zufolge eine weitergehende Beschränkung des Begriffs des gesetzlichen Vertreters nicht für notwendig erachtet. Vielmehr reiche der bürgerlichrechtliche Begriff mit der oben angeführten Modifikation, das heißt die Beschränkung der Vertretungsbefugnis auf persönliche Belange, aus.[165]

Bei der Entscheidung dieses Streites soll zwischen Jugend- und Erwachsenenstrafrecht unterschieden werden.

### 2.3.1.4.1.2.1 Jugendstrafverfahren

Bezüglich des Jugendstrafrechts ist der letztgenannten überwiegend vertretenen Auffassung zu folgen. Grundsätzlich wird im Jugendstrafverfahren zwar die mangelnde Einsichtsfähigkeit des Jugendlichen angenommen. Gerade aus diesem Grunde soll der Betroffene in diesem Verfahren besonders geschützt und seine Erziehung gewährleistet werden. Dennoch ist zu bedenken, dass es trotzdem Jugendliche geben mag, die bereits die ausreichende Einsichtsfähigkeit zur sachgerechten Verteidigung besitzen und sich ihrer Erziehungsberechtigten, einer bestimmten Vertrauensperson oder eines ordentlichen Verteidigers bedienen können. In diesem Fall wäre es unbillig, dem Betroffenen seine Befugnisse zur Auswahl von Verteidigungspersonen durch die Präsenz des gesetzlichen Vertreters zu entziehen, wie es bei einer gesetzlichen Ver-

---

163 Meyer-Gerhardts, S. 3.

164 RGSt 59, 353 (353); Löwe-Rosenberg/Dünnebier, vor §§ 137 ff. Rdn 5; Rosenfeld, S. 107 Fn. 20.

165 Löwe-Rosenberg/Dünnebier, vor §§ 137 ff. Rdn. 5.

tretung im Erwachsenenstrafrecht geschieht, weil der Betroffene geistig nicht in der Lage ist, sachgerechte Entscheidungen zu treffen. Es muss verhindert werden, dass der Beschuldigte sich durch falsche Verteidigungsstrategien selbst schadet. Eine derartige mangelnde geistige Reife muss im Jugendstrafrecht aber nicht zwangsläufig der Fall sein. Deshalb werden hier weder die Anwesenheit des betroffenen Jugendlichen noch die eigenständigen Rechte des Jugendlichen in Frage gestellt.

Die Tatsache, dass ein Jugendlicher aufgrund seines Alters einen gesetzlichen Vertreter in persönlichen Belangen hat, kann ohne weiteres dessen selbstständige Stellung im Jugendstrafverfahren begründen. Hierbei ist zu bedenken, dass durch die Hinzuziehung des gesetzlichen Vertreters die Stellung des Beschuldigten selbst nicht beeinträchtigt sein darf. Der gesetzliche Vertreter muss im Fall seiner Bestellung verfahrensrechtlich unabhängig neben dem Beschuldigten selbst auftreten. Es ist auch nicht zu vertreten, einem verantwortungsbewusst Handelnden seine eigenen Rechte quasi zu entziehen und ihn damit seinem Entwicklungsstand zuwider zu behandeln.

Daher kommt es im Jugendstrafverfahren bei der Bestellung eines gesetzlichen Vertreters als selbstständigem Verfahrensbeteiligten nicht auf den Grund seiner Bestellung an. Im Jugendstrafverfahren ist grundsätzlich die Schutzbedürftigkeit des jugendlichen Straftäters der Grund für die Heranziehung des gesetzlichen Vertreters, ohne dass im Einzelfall die geistige Entwicklung des Jugendlichen geprüft zu werden braucht. Der bestellte und am Verfahren beteiligte gesetzliche Vertreter im Jugendstrafverfahren hat zwar eigene Rechte und Pflichten und kann aufgrund dessen das Verfahren beeinflussen. Das darf aber nicht zum Nachteil, sondern nur zu Gunsten des Beschuldigten geschehen. Die Hinzuziehung ist in jedem Fall ein doppelter Schutz des beschuldigten Jugendlichen, da dieser mit seinem gesetzlichen Vertreter zusammenwirken kann, ohne dass eigene Rechte beschnitten oder eingeschränkt werden. Diese doppelte Schutzfunktion sollte dem über sein Alter hinaus entwickelten Jugendlichen nicht genommen werden. Deshalb reicht die rein bürgerlich-rechtliche Definition, die auf die bloße Vertretungsbefugnis in rein persönlichen Angelegenheiten beschränkt ist, aus.

Die genaue Bewertung der Persönlichkeitsstrukturen und Entwicklungsstadien von beschuldigten Jugendlichen braucht nicht umfassend berücksichtigt zu werden. Der Grund der Hinzuziehung des gesetzlichen Vertreters ist somit im Jugendstrafverfahren nicht entscheidend.

Allenfalls sollte berücksichtigt werden, dass der Erziehungsberechtigte[166] in der überwiegenden Anzahl von Fällen die Aufgabe des gesetzlichen Vertreters wahrnehmen kann und dieser Aufgabe auch gerecht wird und aufgrund dessen der gesetzliche Vertreter in einer Anzahl von Fällen seiner Funktion nach entbehrlich wird. Ein gesetzlicher Vertreter ist nur dann erforderlich, wenn z.B. beide Erziehungsberechtigten verstorben oder wegen körperlicher oder geistiger Krankheiten ihre Erziehungsaufgabe nicht oder nicht mehr wahrnehmen können.

#### 2.3.1.4.1.2.2 Erwachsenenstrafrecht

Demgegenüber ist im Erwachsenenverfahren der Auffassung zu folgen, die den gesetzlichen Vertreter lediglich aufgrund gesetzlicher Bestimmungen festlegt. Im Erwachsenenstrafverfahren wird der gesetzliche Vertreter gerade deshalb am Verfahren beteiligt, weil er die mangelnde geistige Einsichtsfähigkeit des Beschuldigten ausgleichen soll, um seine Verteidigung möglichst sinnvoll und effektiv zu gestalten. Es ist ein Gebot der Fairness und entspricht auch dem Rechtsstaatsprinzip, einem geistig beschränkten Beschuldigten einen gesetzlichen Vertreter zur Seite zu stellen, damit dieser mit eigenen Rechten ausgestattet ist und im Zweifel ohne den Willen des Beschuldigten dessen Rechte interessengerecht vertreten und wahrnehmen kann. Genau wie im Jugendstrafverfahren kann der gesetzliche Vertreter auch hier die Anwesenheit des Beschuldigten in aller Regel nicht ersetzen, er kann jedoch mögliche, für den Beschuldigten negativ wirkende Verteidigungsstrategien außer Kraft setzen oder verhindern. Für eine Beteiligung des gesetzlichen Vertreters am Strafverfahren besteht jedoch kein Anlass, wenn der erwachsene Beschuldigte aus einem anderen Grunde als wegen eines Mangels seiner geistigen Kraft einen gesetzlichen Vertreter hat, aber seine Interessen dennoch selbst wahrnehmen kann. In einem solchen Falle wäre das Eingreifen des mit eigenen Rechten ausgestatteten gesetzlichen Vertreters in ein Strafverfahren nicht gerechtfertigt. Es wäre eine sachlich nicht gebotene Einmischung in die höchst persönlichen

---

[166] Zwar ist der Erziehungsberechtigte im Regelfall zugleich gesetzlicher Vertreter im Sinne der bürgerlich-rechtlichen Vorschriften. Das Jugendgerichtsgesetz macht hier aber eine Unterscheidung. Dadurch, dass im Gesetzeswortlaut Erziehungsberechtigter und gesetzlicher Vertreter genannt worden sind, wird deutlich, dass der Gesetzgeber den gesetzlichen Vertreter neben dem Erziehungsberechtigten wissen wollte. Er sollte aber die gleichen Rechte wie der Erziehungsberechtigte haben. Wann der gesetzliche Vertreter zum Einsatz kommen soll, bestimmt das Gesetz zwar nicht ausdrücklich, aber sowohl aus dem Wortlaut des Gesetzes als auch aus der Gesetzesbegründung wird deutlich, dass zunächst der Erziehungsberechtigte und erst in zweiter Linie der gesetzliche Vertreter zum Einsatz kommen soll.

Belange des Beschuldigten. Vielmehr muss es diesem selbst überlassen bleiben, welche Verteidigungsstrategien gewählt werden, ob und in welchem Umfang von seiner Seite ein Verteidiger beigezogen werden, oder ob in der Hauptverhandlung ein Dritter für ihn sprechen, beziehungsweise ob ein Rechtsmittel eingelegt werden soll. Diese Entscheidungen können nicht ohne weitere Begründung dem Beschuldigten indirekt entzogen und dem gesetzlichen Vertreter anheim gestellt werden. Das gebietet schon allein die Achtung der Person des Beschuldigten im Sinne des Art. 1 Abs. 1 GG.

Nach alledem ist gesetzlicher Vertreter des beschuldigten Jugendlichen und auch des Erwachsenen, wer kraft Gesetzes nach bürgerlichem Recht verpflichtet und berechtigt ist, den Beschuldigten in persönlichen Angelegenheiten zu vertreten.[167] Darüber hinaus darf der erwachsene Beschuldigte aufgrund von fehlender geistiger Kraft und Reife nicht selbst in der Lage sein, seine Angelegenheiten für sich eigenständig sachgerecht zu erledigen[168] oder sich selbst eines gewählten und bestellten Verteidigers zu bedienen.

### 2.3.1.4.1.3 Gesetzliche Vertreter eines Jugendlichen

Unter Beachtung dieser Grundsätze können folgende Personen als gesetzliche Vertreter eines jugendlichen Beschuldigten angesehen werden:[169]

Grundsätzlich sind auf jeden Fall die leiblichen Eltern des Jugendlichen gesetzliche Vertreter. Das ist aber nur dann relevant, wenn den Eltern die Erziehungsrechte abgesprochen worden sind. Nur in diesem Ausnahmefall kann sich der betroffene Elternteil zwar nicht mehr als Erziehungsberechtigter aber dennoch als gesetzlicher Vertreter am Verfahren beteiligen.[170]

---

167 Meyer-Gerhardts, S. 5.

168 Meyer-Gerhardts, S. 5.

169 Es sollen hier nur die gesetzlichen Vertreter des Jugendlichen erörtert werden, weil ausschließlich dieses Gegenstand der vorliegenden Erörterungen ist. Gesetzliche Vertreter des Erwachsenen sind bei Meyer-Gerhardts, S. 5ff. aufgeführt, wobei zu beachten ist, dass das Gesetz die Entmündigung nicht mehr vorsieht. Erwachsene können heute allenfalls unter Pflegschaft gestellt werden, an die Stelle des Vormunds tritt daher ein aufgrund des Gesetzes bestellter Pfleger.

170 Grundsätzlich ist der erzieherische Aspekt vorrangig zu bewerten. Daher hat der Erziehungsberechtigte als solcher Vorrang bei einer Beteiligung am Jugendstrafverfahren.

Die leiblichen Eltern sind in der Regel kraft Gesetzes erziehungsberechtigt und Inhaber der Personensorge. Diese Personensorge umfasst gem. § 1626 BGB zugleich die Vertretungsmacht.[171]

Bei einer bestehenden Ehe der Eltern sind beide Elternteile gemeinsam personensorgeberechtigt und zugleich Gesamtvertreter ihres Kindes.[172] Die Adoptiveltern sind den leiblichen Eltern gleichgestellt, wie sich aus § 1754 BGB ergibt.

Sowohl bei den leiblichen Eltern wie auch bei Adoptiveltern besteht die Möglichkeit, dass ein Elternteil den anderen formlos ermächtigt, für den anderen im Verlauf eines Jugendstrafverfahren mitzuhandeln oder seinen Entscheidungen zuzustimmen.[173]

Nach Scheidung der Ehe der Eltern vertritt der Elternteil den Jugendlichen allein, dem das Familiengericht die elterliche Sorge übertragen hat,[174] es sei denn, ein Pfleger oder ein Vormund ist für das bestimmte Verfahren bestellt worden. Die gleiche Regelung gilt auch bei einem nicht nur vorübergehenden Getrenntleben der Ehegatten.

Wenn das Sorgerecht des einen Elternteils ruht, vertritt der andere Teil den Jugendlichen allein. Dieses geschieht auch, wenn ein Elternteil verhindert oder gestorben ist.[175]

Bei einem nichtehelichen Jugendlichen hat grundsätzlich nur die Mutter die elterliche Sorge und damit die alleinige Vertretungsbefugnis inne.[176]

Neben den Eltern ist auch der vom Familiengericht aufgrund eines Gesetzes bestimmte Pfleger oder Vormund als gesetzlicher Vertreter anerkannt.[177]

Des Weiteren kann das Jugendamt bzw. dessen mit der Ausübung betraute Beamte oder Angestellte als Amtsvormund oder Amtspfleger gesetzlicher

---

171 Brunner/Dölling, § 67 Rdn 1a.

172 BVerfGE 10, 59, BGH 22, 103.

173 BGH JZ 1957, 67; BayObLG JR 1961, 72; Kleinknecht/Meyer-Goßner, § 137 Rdn 9; Eisenberg § 67 Rdn. 6 und 16 meldet Bedenken an wegen der "Ungewissheit innerfamiliärer Machtverhältnisse und Interessenkonflikte".

174 OLG Hamm NJW 1960, 834.

175 Vgl. §§ 1673 und 1675 BGB.

176 Brox, BGB AT Rdn. 487.

177 Diemer/Schoreit/Sonnen § 67 Rdn. 7.

Vertreter des Jugendlichen sein.[178] Denn das Jugendamt hat das Recht und die Pflicht, im Strafverfahren gegen Minderjährige im Ausnahmefall einzugreifen, wenn es offenkundige Anhaltspunkte dafür gibt, dass die Eltern der Erziehung ihrer (nunmehr straffällig gewordenen) Kinder nicht gewachsen sind und die Mängel in der Erziehung erkennbare Defizite bei den betroffenen Jugendlichen zur Folge haben.

Demgegenüber werden Pflegeeltern, Lehrherrn und Ausbildungsleiter nicht (mehr) als gesetzliche Vertreter angesehen, weil diese ihre Verpflichtung und Berechtigung zur Erziehung und Personensorge des Jugendlichen nicht kraft Gesetzes, sondern allein aufgrund eines (Ausbildungs-)Vertrages erhalten haben.[179] Denn der gesetzliche Vertreter soll nicht willkürlich aufgrund einer bloßen vertraglichen Vereinbarung seine Stellung und damit seine Berechtigung erhalten.

Der Erziehungsbeistand und sonstige mit der Hilfe zur Erziehung berufene Personen gelten ebenfalls nicht als gesetzliche Vertreter, da auch hier keine Übertragung der Erziehungspflicht oder Personensorge kraft Gesetzes erfolgt ist.

#### 2.3.1.4.2 Erziehungsberechtigte

Der Personenkreis der gesetzlichen Vertreter ist weitestgehend deckungsgleich mit dem des Erziehungsberechtigten. Diese Konsequenz ließe sich schon allein aus der Gesetzesformulierung im Jugendgerichtsgesetz ziehen. Ein weiteres Indiz für die oben aufgestellte These ist, dass die Rechte und Pflichten des Erziehungsberechtigten im Jugendstrafverfahren denen des gesetzlichen Vertreters gleichzusetzen sind.

Bei der Begriffsbestimmung des Erziehungsberechtigten gegenüber dem Begriff des gesetzlichen Vertreters ist dahin zu differenzieren, dass bei dem Begriff des gesetzlichen Vertreters in erster Linie auf die kraft Gesetzes übertragene Vertretungsberechtigung abgestellt wird, wohingegen der Erziehungsberechtigte aus seiner Stellung heraus grundsätzlich zunächst ausschließlich personensorgeberechtigt sein soll.

---

178 Diemer/Schoreit/Sonnen § 67 Rdn. 7.

179 OLG Stuttgart, OLGSt zu § 67 Abs. 3 JGG.

Die Eltern, die Adoptiveltern, der Vormund oder Pfleger sowie die Beamten und Angestellten des Jugendamtes sind unumstritten kraft Gesetzes[180] oder aufgrund richterlicher Ermächtigung erziehungsberechtigt.[181] Damit haben sie auch die Personensorge für den Jugendlichen inne und können im Jugendstrafverfahren entsprechend ihrer gesetzlich bestimmten Befugnisse handeln.[182]

Umstritten ist in diesem Zusammenhang lediglich, ob die Pflegeeltern, der Lehrherr oder Ausbildungsleiter sowie sonstige mit der Erziehung befassten Personen Erziehungsberechtigte sind oder nicht.[183]

Auch wenn der frühere Gesetzgeber des Jugendgerichtsgesetzes Lehrherrn und Ausbildungsleiter als Erziehungsberechtigte auffasste, lehnt die herrschende Meinung in Literatur und Rechtsprechung dies ab und hält alle diese Personen nicht für erziehungsberechtigt, weil sie kraft Gesetzes nicht die elterliche Sorge innehaben, sondern ihnen die Erziehungsbefugnis allenfalls zumindest teilweise aufgrund eines Vertrages übertragen worden ist.[184]

Lediglich Ostendorf zählt in seiner Kommentierung zu § 67 Jugendgerichtsgesetz auch die Pflegeeltern, Erziehungsbeistände und Jugendämter als Ausführungsbehörde bei der Bestimmung des Begriffes des Erziehungsberechtigten als freiwillige Erziehungshilfe auf.[185] Dieser Meinung zufolge sind diese aufgeführten Personen erziehungsberechtigt.

---

180 Diese Ermächtigung leitet sich in erster Linie aus den entsprechenden gesetzlichen Normen im Familienrecht ab. Die relevanten Vorschriften im allgemeinen Teil des bürgerlichen Gesetzbuches sind diesbezüglich nur ergänzender Natur, aber nicht abschließend.

181 Brunner/Dölling § 67 Rdn. 12. Dieser Begriff ist nicht zwingend gleichzusetzen mit der gesetzlich übertragenen Vertretungsberechtigung, die sich zunächst von der Erziehungsberechtigung unterscheidet. Zwar haben beide Begriffe gemeinsam, dass beide Personen sich die Personensorge des betroffenen Jugendlichen zu eigen machen, aber dennoch besteht der dogmatische Unterschied, dass der gesetzliche Vertreter aufgrund seiner Vertretungsberechtigung, der Erziehungsberechtigte allein aufgrund seiner Stellung Inhaber der Personensorge ist.

182 Auf die einzelnen Rechte und Pflichten wird im Einzelnen im Verlauf dieser Arbeit genauer eingegangen.

183 In den Gesetzesentwürfen wurde dies je nach Zeitepoche unterschiedlich gewertet. In der neueren Kommentierung wird die Erziehungsberechtigung dieser Personen durchweg abgelehnt. Mangels gesetzlicher Normen stehen diese Personen in keiner festgelegten gesetzlichen Beziehung und haben keine Berechtigung zur Personensorge und damit zur Erziehung.

184 Eisenberg, § 67 Rdn. 6; Diemer/Schoreit/Sonnen, § 67 Rdn. 9; OLG Hamburg, NJW 1964, 605.

185 Ostendorf, AK, § 67 Rdn. 4.

Der Auffassung Ostendorfs kann aber nicht zugestimmt werden. Denn die genannte Personengruppe kann ihre Erziehungsrechte und -pflichten nur dann ausführen, wenn diese ihnen entweder kraft privatrechtlicher Vereinbarung oder aufgrund einer gerichtlichen Entscheidung übertragen worden sind. Diesen Personen kann aber mit der gerichtlichen Entscheidung nicht die Personensorge dauerhaft zugesprochen werden, wie es etwa bei einer Sorgerechtsentscheidung im Falle einer Trennung der Eltern geschieht, sondern dieser Personenkreis kann allenfalls ermächtigt werden, bestimmte erzieherische Maßnahmen partiell und zeitlich begrenzt zu übernehmen. Der Unterschied ergibt sich daraus, dass es sich zum Einen um eine familienrechtlich festgeschriebene Beziehung und zum Anderen um ein vertraglich geregeltes Verhältnis handelt, dass mit einer gerichtlichen Entscheidung widerrufen oder geändert werden kann.

Die im Grundgesetz garantierten und im Bürgerlichen Gesetzbuch konkretisierten Rechte der Erziehungsberechtigten können aber aufgrund andersartiger privatrechtlicher Vereinbarungen oder Gerichtsentscheidungen dem Inhaber der Personensorge nicht entzogen werden.[186] Auch besteht nicht die Möglichkeit, den Kreis der personensorgeberechtigten Personen auf Dauer über den im Gesetz festgelegten Rahmen zu erweitern.

Das würde insbesondere dem Erziehungszweck und -ziel zuwiderlaufen. Es kann nicht den Interessen und der Entwicklung des Minderjährigen gerecht werden, wenn eine größere Anzahl von Personen, zum Teil unabhängig voneinander, möglicherweise vollkommen unterschiedliche Erziehungsprinzipien und -ziele verfolgt. Auch wenn sich vielfältige Einflüsse durch verschiedene Kontaktpersonen auf den Jugendlichen nicht vermeiden oder ausschließen lassen, ist dennoch zu bedenken, dass der Jugendliche schon allein aufgrund seines Alters eine bestimmte, ihm vor allem auch dauerhaft vertraute Bezugsperson zur Unterstützung braucht.

Zudem besteht bei den Personen, denen die Erziehungsbefugnis aufgrund privatrechtlicher Vereinbarungen oder aufgrund von Verträgen übertragen worden ist, die Möglichkeit, dass sie nur kurzzeitig mit diesen "Rechten" betraut sind. Das könnte sich durch eine Unwirksamkeit der getroffenen Vereinbarung, durch einen Widerruf des Vertrages oder lediglich aufgrund einer von vornherein befristeten Vereinbarung herleiten. In diesen Fällen kann unter Berücksichtigung von pädagogischen Aspekten ein längerfristiges Erziehungsziel nicht erreicht und schon gar nicht gesichert werden.

---

186 Die Personensorge kann nicht aufgrund von privatrechtlichen Vereinbarungen entzogen werden, weil es sich hier um gesetzlich festgelegte garantierte Rechte handelt, die grundsätzlich nicht aufgrund einer vertraglichen Privatvereinbarung ausgehebelt werden können. Eine derartige Vereinbarung wäre aufgrund des Gesetzesverstoßes möglicherweise schon aus diesem Grund unwirksam.

Infolgedessen ist die Auffassung Ostendorfs abzulehnen, und es können nur die Eltern, die Adoptiveltern, der Vormund oder Pfleger sowie die Beamten und Angestellten des Jugendamtes kraft Gesetzes oder aufgrund von richterlicher Ermächtigung erziehungsberechtigt sein.[187]

Nur diese können eine auf Dauer angelegte Erziehung gewährleisten und demzufolge sind diese Personen auch in der Lage, sach- und interessengerecht im Jugendstrafverfahren mitzuwirken.

### 2.3.2 Rechte und Pflichten des Erziehungsberechtigten und des gesetzlichen Vertreters in den einzelnen Verfahrensabschnitten

#### 2.3.2.1 Rechte und Pflichten im Verlauf des Vor- und Zwischenverfahrens und außerhalb der Hauptverhandlung

Die einzelnen Rechte und Pflichten des Erziehungsberechtigten und gesetzlichen Vertreters sind im Jugendgerichtsgesetz nur im Grundsatz festgeschrieben. Hierauf soll nunmehr im Einzelnen eingegangen werden.

Jeder Erziehungsberechtigte und gesetzliche Vertreter hat dem Grundsatz nach dieselben Rechte und Pflichten, die auch dem beschuldigten Jugendlichen selbst zustehen.[188]

Die entscheidende Norm zur Stellung der Erziehungsberechtigten und des gesetzlichen Vertreters ist § 67 des Jugendgerichtsgesetzes. Diese Vorschrift beschreibt die dem Erziehungsberechtigten und gesetzlichen Vertreter zustehenden Rechte im Einzelnen. Sie schützt nach überwiegender Auffassung in der Literatur und Rechtsprechung in erster Linie die Erziehungsinteressen der

187 Diese Personen können aber selbstverständlich nicht zeitgleich, sondern nur nacheinander im Falles des Ausfalls des Inhabers der Erziehungsberechtigung aktiv werden. Die Fälle, in denen es zu einem Ausfall kommen kann, sind selten, denn es wäre nur an Tod des Erziehungsberechtigten oder an einen Entzug der Rechte zu denken.

188 Eisenberg, § 67 Rdn. 9.

erziehungsberechtigten Personen[189] und bestimmt in ihrem Absatz 1, dass der Erziehungsberechtigte und der gesetzliche Vertreter ein Recht auf Gehör, ein Fragerecht sowie ein Recht darauf hat, selbstständig Anträge zu stellen, wenn das jeweilige Recht dem Beschuldigten selbst auch zusteht und auch nicht aus wichtigen Gründen ausgeschlossen ist.[190] Außerdem soll der Erziehungsberechtigte oder gesetzliche Vertreter, genau wie der Beschuldigte selbst, auch bei Untersuchungshandlungen anwesend sein dürfen.

Für das Ermittlungs- und Zwischenverfahren haben insbesondere das Recht auf Mitteilung, das Recht auf Gehör, sowie das Recht auf Anwesenheit bei Untersuchungshandlungen und das Recht, Anträge zu stellen, Bedeutung.

Auch wenn bei den ersten Ermittlungen der Zeitfaktor eine entscheidende Rolle spielt, die Verdachtsgründe noch im Großen und Ganzen ungeklärt und das Verteidigungsbedürfnis sowie die persönliche Entwicklung des betroffenen Jugendlichen noch nicht ohne weiteres zu beurteilen ist, sollte der Schutz des Jugendlichen immer im Vordergrund stehen.[191] Der Schutz des Jugendlichen besteht insbesondere darin, dass seine Rechte in einem Jugendstrafverfahren interessen- und sachgerecht wahrgenommen werden, auch wenn er hierzu aufgrund seiner eigenen geistigen und körperlichen Fähigkeiten nicht oder noch nicht in der Lage ist. Trotzdem muss berücksichtigt werden, dass es z.B. Fallkonstellationen gibt, die auf jeden Fall die Benachrichtigung und darüber hinaus die sofortige und dauerhafte Anwesenheit des Erziehungsberechtigten oder des gesetzlichen Vertreters erschweren oder gar unmöglich machen.[192]

Dieses schließt aber dennoch nicht aus, dass die Polizeibehörden und Staatsanwaltschaften die in § 67 Abs. 1 JGG festgeschriebenen und auch garantierten Rechte beachten müssen und auch dazu beizutragen haben, dass

---

189 Für viele Brunner/Dölling, § 67 Rdn. 5; BGH 18, 25 (26). Dieser Grundgedanke wird lediglich von Ostendorf, § 67 Rdn. 6 bestritten, der die Aufgabe von § 67 JGG darin sieht, dass den Erziehungsberechtigten geholfen werden soll, eine drohende Sanktionierung abzuwehren. Ein derartiges Ziel kann aber mit dieser Vorschrift gerade unter Berücksichtigung des Jugendstrafrechts als einem Erziehungsrecht nicht bezweckt werden sollen. Da das Jugendrecht in die Erziehungsrechte der Eltern eingreifen kann und auch muss, erscheint es begründet, wenn die Eltern ihre Erziehungsinteressen durch ihre Mitwirkung im Jugendstrafverfahren wahrnehmen können. Diese Begründung findet sich auch bei BGH St 18, 25 (26) ; Brunner/Dölling, § 67 Rdn. 5.

190 Auf die umfassende Darstellung der Ausschlussgründe wird an dieser Stelle verzichtet. Es wird in dieser Arbeit an späterer Stelle auf die Ausschließungsgründe und ihre Konsequenzen eingegangen.

191 Dieser Grundsatz lässt sich zum einen aus verfassungsrechtlicher Sicht und zum anderen auch mit dem im Jugendgerichtsgesetz bestehenden Erziehungsgedanken begründen.

192 Diemer/Schoreit/Sonnen, § 67 Rdn. 16; Eisenberg, § 67 Rdn. 11.

sich diese gesetzlich bestimmten Rechte in der Praxis realisieren.[193] Sollte es aber dennoch bei Polizeibehörden innerdienstliche Anweisungen geben, die dem entgegenstehen, wären diese als unwirksam zu bewerten, weil sie gegenüber dem Bundesrecht nachrangige Verwaltungsvorschriften darstellen.[194] In diesem Zusammenhang ist die von der Innenministerkonferenz vom 17.09.1987 neu gefasste Polizeidienstverfügung zu erwähnen. Diese Vorschrift ordnet in ihrer aktuellen Fassung an, dass der Jugendliche im Ermittlungsverfahren zu vernehmen und wegen der Erschwerung der Wahrheitsfindung von der Vernehmung abzusehen ist, wenn der Erziehungsberechtigte oder gesetzliche Vertreter auf seine Anwesenheit besteht.[195]

Ungeachtet des Gesetzesvorrangs des Jugendgerichtsgesetzes erscheint der Inhalt dieser Verwaltungsvorschrift zu allgemein, denn in einer großen Anzahl der Fälle will der Erziehungsberechtigte oder gesetzliche Vertreter die Vernehmung des Jugendlichen nicht behindern, sondern dem Jugendlichen eine Stütze sein, die ihm im Hinblick auf seine Schutzbedürftigkeit nicht versagt werden sollte.[196] Es erscheint allenfalls vertretbar, im Einzelfall auf die Einsichtsfähigkeit und -bereitschaft abzustellen. In jedem Fall sollte aber keine vorweggenommene Bewertung des Falles durch die Polizei verhindern, dass der Erziehungsberechtigte oder gesetzliche Vertreter vor der ersten verantwortlichen Vernehmung des Jugendlichen über den stattfindenden Vernehmungstermin informiert wird.[197] Vor seiner ersten Vernehmung und vor der Entscheidung, ob der Jugendliche aussagen will, soll dieser zusätzlich auf sein Recht auf Beratung mit dem Erziehungsberechtigten oder gesetzlichen Vertreter hingewiesen werden.[198]

Auch wenn man grundsätzlich bei der ersten Vernehmung des jugendlichen Beschuldigten durch die Polizei eine Einzelfallbewertung zulässt, hat die Polizei immer unter Berücksichtigung der Schutz- und Erziehungsbedürftigkeit des Jugendlichen zu handeln. Wenn sie zum Zweck der Ermittlung von

---

193 Diemer/Schoreit/Sonnen, § 67 Rdn. 16.

194 Vgl. hierzu die bereits angesprochene Polizeidienstverfügung 382 Nummer 3.6.4.; 3.6.5., zuletzt geändert am 17.09.1987, wonach die Erziehungsberechtigten kein Recht auf Anwesenheit bei der ersten Vernehmung eines Minderjährigen haben. Dieses lehnen aber Diemer/Schoreit/Sonnen, § 67 Rdn. 16 und Eisenberg, § 67 Rdn. 11 zu Recht ab. Ob diese Polizeiverfügung gegen geltendes Recht verstößt und damit als rechtswidrig zu bewerten ist, wie Ostendorf, Grdl §§ 67-69 Rdn. 10 vertritt, kann in diesem Zusammenhang dahingestellt bleiben, weil die Anwendung dieser Polizeivorschrift in erster Linie eine Gefährdung des erforderlichen Schutzes des Jugendlichen bedeutet.

195 Polizeiverfügung in der geänderten Fassung vom 17. September 1987.

196 Brunner/Dölling, § 67 Rdn. 20.

197 Eisenberg, NJW 1988, 1250 (1251).

198 Brunner/Dölling, § 67 Rdn. 20.

Straftaten tätig wird, haben unabhängig von Polizeidienstverfügungen die Vorschriften der Strafprozessordnung und des Jugendgerichtsgesetzes immer Vorrang. In den Fällen, in denen eine Mitteilungs- oder Informationspflicht in bestimmten Situationen nicht vom Jugendgerichtsgesetz genau bestimmt ist, kommen die Vorschriften der Strafprozessordnung zur Anwendung.

#### 2.3.2.1.1 Informationsrechte

##### 2.3.2.1.1.1 Benachrichtigung von der Einleitung des Verfahrens

Es fragt sich, ob der Erziehungsberechtigte oder der gesetzliche Vertreter bereits von der Einleitung eines Ermittlungsverfahrens gegen seinen Schützling in Kenntnis gesetzt werden sollten.

Weder die Strafprozessordnung noch das Jugendgerichtsgesetz sehen eine Benachrichtigung des Erziehungsberechtigten oder des gesetzlichen Vertreters von der Einleitung des Ermittlungsverfahrens ausdrücklich vor.[199] Die Benachrichtigungspflicht für Staatsanwaltschaften und Gerichte ergibt sich aus der MiStra.[200] Diese sieht die Benachrichtigung bei Jugendsachen vor.

Aber auch aus der Strafprozessordnung lässt sich eine Benachrichtigungsverpflichtung annehmen. Dieses ergibt sich aus folgenden Überlegungen:

Die Strafprozessordnung gewährt dem gesetzlichen Vertreter als zum Schutz des Jugendlichen berufenem Interessenwahrer des Beschuldigten bereits im Vorverfahren wichtige selbstständige Rechte, die ihn in den Stand versetzen sollen, bereits in diesem Stadium des Verfahrens alles Erforderliche zu tun, was zur Entlastung des Beschuldigten notwendig ist. Insbesondere kann der Erziehungsberechtigte oder der gesetzliche Vertreter in jeder Lage des Verfahrens einen Verteidiger wählen[201] und damit ein unabhängiges Organ der

---

199 Dieses lässt sich aber im Jugendstrafverfahren aus der Amtlichen Sammlung von Vorschriften für die Mitteilungspflichten im Strafverfahren (MiStra) Nr. 35 Abs. 2 herleiten. Hier wird angeordnet, dass der Erziehungsberechtigte oder gesetzliche Vertreter von der Einleitung des Verfahrens unterrichtet werden soll: Nur bei einer Geringfügigkeit der Verfehlung kann eine Benachrichtigung unterbleiben.

200 MiStra ist die amtliche Sammlung von Vorschriften für die Mitteilungspflichten im Strafverfahren.

201 Die StPO spricht naturgemäß nur von dem gesetzlichen Vertreter, denn die Stellung des Erziehungsberechtigten regelt sich in erster Linie nach den Vorschriften des Jugendgerichtsgesetzes, nur in Ausnahmefällen kommen Regelungen der StPO zur Anwendung.

Rechtspflege an die Seite des Beschuldigten oder auch für sich selbst berufen, dessen Mitwirkung gerade zu Anfang des Ermittlungsverfahrens von entscheidender Bedeutung ist.[202] Dieses wichtige Verfahrensrecht kann der gesetzliche Vertreter naturgemäß nur dann ausüben, wenn er davon in Kenntnis gesetzt ist, dass überhaupt ein Ermittlungsverfahren gegen den Beschuldigten anhängig ist. Es wird Fälle geben, in denen der Beschuldigte selbst ihm keine Kenntnis von dem eingeleiteten Verfahren verschaffen wird. Er wird nicht selten bestrebt sein, seine Tat dem Erziehungsberechtigten bzw. dem gesetzlichen Vertreter zu verheimlichen, so dass diese Personen im Falle der fehlenden Benachrichtigung erst dann Kenntnis von der möglichen Straftat und dem eingeleiteten Ermittlungsverfahren erlangen, wenn er zur eigenen Vernehmung oder zur Hauptverhandlung geladen wird. In diesem Fall wird dem jugendlichen Beschuldigten aber ein wesentlicher Bestandteil des Schutzes genommen, den ihm das Gesetz durch die Beteiligung des Erziehungsberechtigten oder des gesetzlichen Vertreters zuerkennt. Wenn eine Benachrichtigung unterbleibt, kann der Erziehungsberechtigte oder der gesetzliche Vertreter seiner Schutzfunktion nicht gerecht werden. Auf diese Weise kann es zu möglicherweise vermeidbaren Fehlern kommen, die sich eventuell im weiteren Verfahren belastend für den Beschuldigten auswirken können. Es entspricht aber dem Sinn des Gesetzes, nicht nur im Jugendstrafverfahren im Sinne des Jugendgerichtsgesetzes, sondern auch nach der Strafprozessordnung, eine Benachrichtigungsverpflichtung der Strafverfolgungsorgane anzunehmen.

Diese Benachrichtigungsverpflichtung ergibt sich auch im Erwachsenenstrafverfahren, in dem der Beschuldigte nur einen gesetzlichen Vertreter haben kann, aus der besonderen Stellung des gesetzlichen Vertreters gegenüber dem Staat. Der gesetzliche Vertreter eines erwachsenen Beschuldigten[203] übt aus Gründen öffentlicher Fürsorge[204] infolge staatlicher Bestellung und unter staatlicher Aufsicht ein öffentliches Amt[205] aus, das ihn zur Sorge für die Person des Beschuldigten berechtigt und verpflichtet. Dieses Amt kann er zweckentsprechend ausüben, wenn er über die seinen (erwachsenen) Schützling betreffenden Verhältnisse genau im Bilde ist.

Aus dem allgemeinen Grundsatz, dass staatliche Organe bei der Ausübung ihrer Funktionen einander Hilfe leisten müssen, folgt daher eine Amtspflicht der Strafverfolgungsorgane, den gesetzlichen Vertreter von der Einleitung des

---

202 Henkel, S. 211.

203 Hier ist auf den erwachsenen Beschuldigten abzustellen, weil für diesen ausschließlich die StPO gilt und nicht die MiStra, wonach für das Jugendstrafverfahren eine Benachrichtigungsverpflichtung vorgesehen wird.

204 BVerfGE 10, 301 (302).

205 BVerfGE 17, 108 (116); Erman-Hefermehl § 1833 Anm. 3; Palandt-Lauterbach vor § 1773 Rdn 2; Gernhuber, S. 714 äußert sich kritisch zu dem Begriff "Amt".

Ermittlungsverfahrens in Kenntnis zu setzen. Dieser Gedanke findet sich auch in MiStra Nr. 2 wieder, wonach eine Mitteilung auch dann vorgesehen ist, wenn sie zwar nicht ausdrücklich gesetzlich vorgeschrieben, aber durch ein besonderes öffentliches Interesse geboten ist.

Die Pflicht zur Benachrichtigung von der Einleitung des Ermittlungsverfahrens folgt zudem aus der prozessualen Fürsorgepflicht der Strafverfolgungsorgane.[206] Der Beschuldigte, dem ein Erziehungsberechtigter oder ein gesetzlicher Vertreter zur Seite gestellt worden ist, wird von der Rechtsordnung allgemein als besonders fürsorgebedürftig angesehen. Dieser Tatsache haben auch die Strafverfolgungsorgane Rechnung zu tragen. Daher müssen sie auch den vom Staat nach der StPO für den Beschuldigten besonders berufenen Erziehungsberechtigten oder gesetzlichen Vertreter so bald wie möglich von der Einleitung des Ermittlungsverfahrens in Kenntnis setzen. Nur so kann er seine Rechte als Verfahrensbeteiligter und damit seine fürsorgerische Aufgabe im Verlauf des gesamten Strafverfahrens ausüben.

Infolgedessen ergibt sich aus der Auslegung der StPO, dass nicht nur der Erziehungsberechtigte oder gesetzliche Vertreter im Jugendstrafverfahren, sondern auch der gesetzliche Vertreter des erwachsenen Beschuldigten von der Einleitung des Ermittlungsverfahrens in Kenntnis gesetzt wird, auch wenn die MiStra eine Benachrichtigungsverpflichtung des Erziehungsberechtigten bzw. des gesetzlichen Vertreters nur im Jugendstrafverfahren ausdrücklich vorsieht.

Solange die Ermittlungen von Staatsanwaltschaft und Polizei noch geheim laufen (müssen), wird keine Mitteilung an den Erziehungsberechtigten oder gesetzlichen Vertreter gehen dürfen.[207] Dieser Grundsatz gilt auch für den Beschuldigten selbst. Die Benachrichtigung an den Erziehungsberechtigten oder den gesetzlichen Vertreter über das eingeleitete Ermittlungsverfahren sollte parallel zu der Benachrichtigung des Beschuldigten selbst, aber spätestens dann erfolgen, wenn der Beschuldigte vor dem Abschluss des Ermittlungsverfahrens verantwortlich vernommen werden soll oder ihm Gelegenheit zu einer ersten schriftlichen Äußerung gegeben wird. Muss dem Beschuldigten aber schon vorher eröffnet werden, dass ein Ermittlungsverfahren gegen ihn anhängig ist, zum Beispiel im Falle einer Beschlagnahme oder einer Durchsuchung, so hat der Erziehungsberechtigte oder gesetzliche Vertreter auch hiervon umgehend Kenntnis zu erhalten.

---

206 Müller-Sax, Einl. 12 II; Eb. Schmidt, JZ 1958, 576.

207 Dieses leitet sich bereits aus den im allgemeinen Strafprozess bekannten Untersuchungsstrategien ab. Wenn Ermittlungen von entscheidender Bedeutung den Betroffenen in sehr frühen Stadien des Ermittlungsverfahrens bekannt gemacht werden, besteht die Gefahr, dass die Ermittlungsergebnisse vereitelt oder sogar in ihrer Verwertbarkeit behindert werden.

Dem Inhalt nach muss sich aus dem Benachrichtigungsschreiben die dem Beschuldigten zur Last gelegte Tat und der derzeitige Verfahrensstand entnehmen lassen. Einer besonderen Form bedarf diese Benachrichtigung nicht. Es könnte jedoch aus Gründen der Sicherheit eine formale Zustellung ratsam sein.[208]

### 2.3.2.1.1.2 Benachrichtigung über den jeweiligen Verfahrensstand im Ermittlungsverfahren

Darüber hinaus besteht gem. § 67 Abs. 2 JGG auch nach der Benachrichtigung über die Einleitung eines Strafverfahrens eine grundsätzliche Informations- und Mitteilungs- bzw. Benachrichtigungspflicht für die Polizeibehörden und Staatsanwaltschaften während des gesamten Ermittlungsverfahrens. Sie sollen den Erziehungsberechtigten oder gesetzlichen Vertreter über den jeweiligen Verfahrensstand informieren und aktuelle Beweise oder Vernehmungstermine mitteilen. In den Fällen, in denen der Beschuldigte ein Benachrichtigungsschreiben erhalten muss, sollte dieses zwingend zusätzlich auch an den Erziehungsberechtigten oder gesetzlichen Vertreter übersandt werden, selbst dann, wenn § 67 Abs. 1 JGG seinem Wortlaut zufolge nur als eine Soll- und nicht als eine Mussvorschrift verstanden werden kann.[209]

Das begründet sich insbesondere aus der Verfahrensstellung des Erziehungsberechtigten oder des gesetzlichen Vertreters, der als selbstständiger Verfahrensbeteiligter als Unterstützer oder als Beistand an die Seite des Beschuldigten getreten ist[210] und dessen Mitwirkung gerade im Ermittlungsverfahren als besonders hoch zu bewerten ist.[211] Nur wenn er umfassende Kenntnis und die uneingeschränkte Möglichkeit zur Einflussnahme auf jeden Verfahrensschritt hat, kann er dem betroffenen Jugendlichen in effektiver Form zur Seite stehen und ihn vor den ersten fehlerhaften Verhaltensweisen bewahren. Dieses wichtige Verfahrensrecht kann der Erziehungsberechtigte oder gesetzliche Vertreter nur dann sachgerecht ausüben, wenn er frühestmöglich von der Straftat als solcher, von einem eingeleiteten Ermittlungsverfahren gegen den Jugendlichen, aber auch im Weiteren von den einzelnen Verfahrensschritten in Kenntnis gesetzt ist.

---

208 Im Ergebnis so auch Meyer-Gerhardts, S. 33ff.

209 Brunner/Dölling, § 67 Rdn. 11, Eisenberg, § 67 Rdn. 17; Diemer/Schoreit/Sonnen, § 67 Rdn 23.

210 Meyer-Gerhardts, S. 31.

211 Diese Auffassung vertritt zum Strafprozess auch Henkel, S. 211. Genauere Ausführungen hierzu finden sich bei Meyer-Gerhardts, S. 32.

Die frühzeitige Information verhindert auch, dass es durch die bei dem Erziehungsberechtigten oder dem gesetzlichen Vertreter im Hinblick auf die in Rede stehende Straftat des Jugendlichen möglicherweise auftretenden Konflikte, Selbstzweifel oder Vorwürfe unterlassen wird, notwendige Verfahrensschritte einzuleiten. Wenn der Erziehungsberechtigte oder der gesetzliche Vertreter rechtzeitig über das Ermittlungsverfahren gegen den Jugendlichen unterrichtet ist, bleibt genügend Zeit, die zum Teil deutlich veränderte persönliche Situation für sich zu akzeptieren und sich mit ihr vertraut zu machen. Dann besteht für den Erziehungsberechtigten oder gesetzlichen Vertreter die reale Möglichkeit, auch entsprechend der Sach- und Rechtslage interessengerecht im Rahmen der Möglichkeiten im Jugendstrafverfahren zu agieren.

Der Beschuldigte selbst wird den Erziehungsberechtigten oder gesetzlichen Vertreter nicht zwingend über seine Verfehlung, ein schwebendes Verfahren und den Verfahrensverlauf informieren. Vielmehr neigt ein Jugendlicher dazu, seine Tat vor dem Erziehungsberechtigten oder gesetzlichen Vertreter zu verheimlichen, um keine eigene Schwäche zugeben zu müssen. Bei fehlender Unterrichtung des Erziehungsberechtigten oder gesetzlichen Vertreters erlangt dieser möglicherweise erst bei seiner Ladung zur Hauptverhandlung Kenntnis von der Sache, wenn er nicht bereits zu einem früheren Zeitpunkt informiert worden ist. Bis zu diesem Termin können aber schon viele Fehler gemacht und dem Jugendlichen erhebliche Nachteile entstanden sein. Dem Jugendlichen wird im Falle einer unterlassenen Information oder Benachrichtigung über Termine im Vorverfahren ein erheblicher und auch entscheidender Teil des Schutzes genommen, den ihm das Jugendgerichtsgesetz durch die gesetzlich vorgeschriebene Einbeziehung des Erziehungsberechtigten oder gesetzlichen Vertreters gerade zubilligt.

Daher entspricht es dem Sinn und Zweck des Gesetzes, eine Informations- und Benachrichtigungsverpflichtung der Strafverfolgungsbehörden trotz der Sollbestimmung im Jugendgerichtsgesetz zu bejahen.

Die Pflicht zur Information über die Einleitung eines Ermittlungsverfahrens und damit auch über wichtige Verfahrenstermine während des Ermittlungsverfahrens folgt schließlich auch aus der strafprozessualen Fürsorgepflicht der Strafverfolgungsorgane.[212] Der jugendliche Beschuldigte, dem der Erziehungsberechtigte oder ein gesetzlicher Vertreter zur Seite gestellt werden soll, wird von der Rechtsordnung als besonders fürsorgebedürftig angesehen.[213] Diesem

212 Vgl. dazu für den Strafprozess Müller-Sax, Einl. 12 II; Eb. Schmidt, JZ 1958, 596 (597).

213 Im anderen Fall hätte der Gesetzgeber im Falle des Jugendstrafverfahrens nicht ausdrücklich angeordnet, dass der Erziehungsberechtigte oder der gesetzliche Vertreter den Jugendlichen in jeder Phase des Verfahrens unterstützen kann.

Grundsatz haben auch die Strafverfolgungsbehörden Rechnung zu tragen. Daher müssen sie dem Erziehungsberechtigten oder dem vom Staat berufenen gesetzlichen Vertreter des Jugendlichen so bald wie möglich die Einleitung eines Ermittlungsverfahrens gegen den Jugendlichen mitteilen, damit dieser sich vorbereiten und seine Rechte als selbstständiger Verfahrensbeteiligter im Interesse des Jugendlichen wahrnehmen kann, um damit seine erzieherische Aufgabe sachgerecht zu erfüllen. [214]

Zu welchem Zeitpunkt der Erziehungsberechtigte oder gesetzliche Vertreter im Verlauf des Ermittlungsverfahrens benachrichtigt werden soll, richtet sich nach dem Einzelfall und insbesondere auch danach, wann der Beschuldigte selbst Kenntnis von dem Verfahren erhält oder erhalten muss. Nur in Ausnahmefällen kann es sinnvoll sein, den Erziehungsberechtigten oder gesetzlichen Vertreter bereits früher zu benachrichtigen als den Beschuldigten selbst. Auf diese Weise können möglicherweise Kurzschlussreaktionen des Betroffenen verhindert werden. Hierbei ist die Einflussnahme des Erziehungsberechtigten bzw. des gesetzlichen Vertreters auf den betroffenen Jugendlichen entscheidend.

Da die Benachrichtigungsverpflichtung im Ermittlungsverfahren nach dem oben Gesagten eine Dienstpflicht der Strafverfolgungsbehörden darstellt, kann ein Unterlassen der Benachrichtigung lediglich mit einer Dienstaufsichtsbeschwerde, nicht aber mit einem formellen Rechtsmittel gerügt werden. Bereits hieraus resultiert, dass das Unterbleiben der Benachrichtigung keine verfahrensrechtlich relevanten Folgen hat. Zwar handeln die Strafverfolgungsorgane prozessordnungswidrig, so dass das Verfahren an einem Mangel leidet; auf einem derartigen Mangel muss jedoch das ausschließlich aufgrund der Hauptverhandlung ergehende Urteil nicht beruhen.[215] Daher ist das Rechtsmittel der Revision nicht in Betracht zu ziehen. Dieses Ergebnis ist umstritten. Es wird von der Rechtsprechung in einigen Fällen angenommen, jedoch können in der Regel Verfahrensfehler mit der Revision gerügt werden, die im Ermittlungsverfahren geschehen sind.

Aufgrund des § 67 Abs. 2 JGG, der dem Erziehungsberechtigten und gesetzlichen Vertreter das uneingeschränkte und von dem jugendlichen

---

[214] Meyer-Gerhardts, S. 33ff.

[215] RG St 55, 225 (226); BGH MDR 1962, 564 (564); anders liegt jedoch der Fall, wenn der Erziehungsberechtigte oder gesetzliche Vertreter weder zur Hauptverhandlung geladen noch über den Ort und die Zeit der Hauptverhandlung benachrichtigt worden ist und diese ohne ihn stattfindet. In dieser Fallkonstellation leidet die Hauptverhandlung unter einem Mangel, auf dem das Urteil wiederum beruhen kann, so dass zumindest die Möglichkeit eines Rechtsmittels eröffnet ist.

Beschuldigten unabhängige Recht einräumt, an der letzten verantwortlichen Vernehmung des Beschuldigten am Ende des Vorverfahrens teilzunehmen,[216] lässt sich das Recht herleiten, von Ort, Zeit und Umfang des Termins benachrichtigt zu werden.

Wenn aber trotzdem keine derartige Benachrichtigung von einem (letzten) Vernehmungstermin erfolgt und dieser dennoch ohne den Erziehungsberechtigten oder gesetzlichen Vertreter stattfindet,[217] so kann der Betreffende zunächst in einer Gegenvorstellung bei der Staatsanwaltschaft die Anordnung eines neuen Termins anregen.

Ein derartiges Fehlverhalten seitens der Beamten bei der Staatsanwaltschaft oder der Polizeibeamten kann wiederum mit einer Dienstaufsichtsbeschwerde gerügt werden.

Bei einem derartigen Verstoß im Ermittlungsverfahren kann auch das für das Zwischenverfahren zuständige Gericht angerufen und auf die Fehlerhaftigkeit des Vorverfahrens hingewiesen werden. Das Gericht hat dann die Akten der Staatsanwaltschaft zurückzugeben, damit diese den in Rede stehenden Termin nachholen kann.

#### 2.3.2.1.1.3 Benachrichtigung über eine Verhaftung

Es fragt sich weiterhin, in welchen besonderen Fällen während des Ermittlungs- oder Zwischenverfahrens darüber hinaus eine Benachrichtigung an den Erziehungsberechtigten oder gesetzlichen Vertreter vorgenommen werden soll.

Für das (Jugend-) Strafverfahren gegen Jugendliche und Heranwachsende ordnet Nr. 35 Abs. 2 Buchstabe b der MiStra grundsätzlich die Benachrichtigung des Erziehungsberechtigten und gesetzlichen Vertreters über die Verhaftung des betroffenen Jugendlichen an.

Eine Benachrichtigungsverpflichtung über eine Verhaftung lässt sich auch für den gesetzlichen Vertreter aus der Strafprozessordnung § 114b StPO folgern, wonach im Falle einer Verhaftung auch der Angehörige oder eine dem

---

216 Meyer-Gerhardts, S. 39.

217 Dieses sieht die bereits angesprochene Polizeidienstverfügung vor, die die Vernehmung eines Jugendlichen grundsätzlich auch ohne die Anwesenheit des Erziehungsberechtigten oder des gesetzlichen Vertreters zulässt.

Beschuldigten nahe stehende Person Bescheid erhalten soll. Diese Benachrichtigungspflicht ergibt sich ferner aus der besonderen Stellung des Erziehungsberechtigten und gesetzlichen Vertreters gegenüber dem Staat als Inhaber eines öffentliche Fürsorge ausübenden Amtes und auch aus der prozessualen Fürsorgepflicht der Strafverfolgungsbehörden.[218]

Der besonderen Fürsorge, die das Gesetz dem betroffenen Jugendlichen garantieren will, bedarf der sowohl der jugendliche wie auch der erwachsene Beschuldigte in einem besonderen Umfang, wenn er verhaftet worden ist, da mit der Verhaftung nicht nur ein einschneidender Eingriff in die Rechtsstellung des Betroffenen selbst, sondern auch in dessen gesamte Familie vorgenommen wird. Bei jugendlichen Beschuldigten hat die familiäre Bindung fundamentale Bedeutung, sofern sie besteht. Deshalb sollte gerade in diesem Fall eine Nachricht an die Erziehungsberechtigten oder gesetzlichen Vertreter ergehen. Diese Benachrichtigung hat ebenso wie die anderen Informationen an den Erziehungsberechtigten formlos, jedoch unverzüglich zu erfolgen. Sie muss den Inhalt des Haftbefehls, Ort und Zeitpunkt der Verhaftung und die Haftanstalt, in die der Betreffende eingeliefert worden ist, enthalten. Nur auf diese Weise ist die Möglichkeit der Kontaktaufnahme zwischen Erziehungsberechtigtem oder gesetzlichem Vertreter mit dem verhafteten jugendlichen Beschuldigten eröffnet.

Da die Benachrichtigung des Erziehungsberechtigten oder des gesetzlichen Vertreters über eine Verhaftung des Jugendlichen nicht nur durch die allgemeine Vorschrift des § 114b StPO, sondern auch durch die MiStra vorgeschrieben ist, und ein derartiger Verfahrensfehler keine prozessualen Folgen haben kann, ist es in aller Regel zulässig, eine versäumte Benachrichtigung mit formellen Rechtsmitteln anzugreifen. Ein Verstoß gegen die Vorschriften der MiStra kann wiederum nur mit einer Dienstaufsichtsbeschwerde gerügt werden.

### 2.3.2.1.1.4 Benachrichtigung über richterliche Termine außerhalb der Hauptverhandlung

Darüber hinaus lässt sich aus § 67 Abs. 2 JGG herleiten, dass der Erziehungsberechtigte und gesetzliche Vertreter von richterlichen Verhandlungsterminen außerhalb der Hauptverhandlung sowie deren Ort und Zeit benachrichtigt werden sollte. Denn diese Personen sollten grundsätzlich das Recht

---

218 Diese Gründe führte Meyer-Gerhardts, S. 32, 33, 36 für die Untersuchung des gesetzlichen Vertreters im Erwachsenenstrafprozess an; sie lassen sich aber m.E. auf den gesetzlichen Vertreter im Jugendgerichtsverfahren transformieren.

haben, an derartigen Terminen, die zum Teil vorweggenommene Teile der später stattfindenden Hauptverhandlung sein können, auch außerhalb der Hauptverhandlung teilzunehmen.[219]

Das Jugendgerichtsgesetz billigt zwar dem Erziehungsberechtigten und dem gesetzlichen Vertreter ausdrücklich nur die Anwesenheit in der Hauptverhandlung zu,[220] gleichwohl erscheint aber auch eine Benachrichtigung über sonstige Termine sinnvoll, da sonst eine Vereitelung des Anwesenheitsrechtes von dem Erziehungsberechtigten und gesetzlichen Vertreter zu befürchten ist und damit der angestrebte Schutzzweck ins Leere laufen könnte.[221]

Im Übrigen erscheint es unter besonderer Berücksichtigung des Schutzzweckes des Jugendgerichtsgesetzes angezeigt, dass der zuständige Jugendrichter bereits vor der Hauptverhandlung mit dem Erziehungsberechtigten oder dem gesetzlichen Vertreter Kontakt aufnimmt, um mit ihnen zu sprechen.[222] Hierbei ist jedoch zu berücksichtigen, dass aufgrund der Überlastung der Jugendgerichte eine Kontaktaufnahme seitens des Jugendrichters, der zum Teil eine erhebliche Anzahl von Straftaten pro Sitzungstag abzuurteilen hat, kaum realisierbar ist. Diese Aufgabe könnte daher auch durch einen Jugendstaatsanwalt vorgenommen werden. Erziehungsberechtigte und gesetzliche Vertreter kennen die Persönlichkeitsumstände des Jugendlichen meistens sehr gut und oft auch die Hintergründe der Tat.[223] Die vor der Hauptverhandlung stattfindenden Gespräche zwischen dem Jugendrichter und den in § 67 JGG berechtigten und verpflichteten Personen können wichtige Aufschlüsse zu der Persönlichkeit des Jugendlichen und des Weiteren zu den Hintergründen der Tat geben. Außerdem kann durch diesen Kontakt bei den Erziehungsberechtigten oder den gesetzlichen Vertretern das Verständnis und die Bereitschaft zu einer effizienten Mitwirkung am Jugendstrafverfahren geweckt[224] und erziehungswidriges Gegeneinander zwischen dem zuständigen Richter auf der einen Seite und dem Erziehungsberechtigten oder gesetzlichen Vertreter auf der anderen Seite vermieden werden.[225] Es verbessert die Effizienz des erzieherischen Eingreifens, wenn es dem Jugendrichter gelingt, die kraft Familienbindung und Gesetz zur Erziehung berufenen Personen frühzeitig in das Jugendstrafverfahren einzubeziehen.[226] In diesem Zusammenhang sollte der Jugendrichter

---

219 Meyer-Gerhardts, S. 37.
220 Dieses resultiert aus § 50 JGG.
221 Meyer-Gerhardts, S. 37; Birkmeyers, S. 347; dagegen aber zumindest für den gesetzlichen Vertreter im allgemeinen Strafverfahren v. Holtzendorf, S. 421.
222 Brunner /Dölling § 67 Rdn. 2.
223 Bohnert, Zbl 89, 232 (233).
224 Schaffstein/Beulke, S. 151.
225 Böhm, S. 73.
226 BGH St 18, 20 (21).

persönliche, erzieherisch wirksame und effiziente Persönlichkeitsbindungen beachten und auch nutzen, indem er möglicherweise auch solche Personen, die von den Erziehungsberechtigten mit der Wahrnehmung der Erziehungsinteressen beauftragt sein können, in das Verfahren einschaltet und diese anhört.[227]

Hierdurch erhalten diese Personen aber noch nicht die in § 67 JGG genannten Rechte des Erziehungsberechtigten oder des gesetzlichen Vertreters.[228]

Aufgrund der Notwendigkeit eines frühzeitigen Austausches zwischen dem zuständigen Richter und den zur Erziehung des Jugendlichen berufenen Personen darf dem Erziehungsberechtigten und dem gesetzlichen Vertreter die Möglichkeit, an einem bestimmten (richterlichen) Termin außerhalb der Hauptverhandlung teilnehmen zu können und einen etwaigen Ausschließungsgrund mit Rechtsmitteln anzugreifen, nicht bereits dadurch genommen werden, dass er an einem bestimmten Termin nicht teilnehmen kann, weil er hierüber gar nicht erst benachrichtigt worden ist.

Mangels gegenteiliger gesetzlicher Vorschriften kann diese Benachrichtigung formlos erfolgen. Die formelle Zustellung empfiehlt sich wegen der erforderlichen Sicherheit. Allerdings kann die formlose Mitteilung im Eilfall vorgezogen werden.

Wenn der Erziehungsberechtigte und gesetzliche Vertreter nicht benachrichtigt wurden und sie ausschließlich deshalb nicht an dem richterlichen Termin außerhalb der Hauptverhandlung teilnehmen konnten, so kann in der später stattfindenden Hauptverhandlung der Verlesung des in dem Termin aufgenommenen Protokolls widersprochen werden.[229]

Die Verlesung derartiger Protokolle ist in diesem Fall wegen der Verletzung der Teilnahmerechte des Erziehungsberechtigten und gesetzlichen Vertreters nicht zulässig, geschieht dies trotzdem, ist eine Revision nach § 337 StPO begründet, sofern das Urteil darauf beruht.

---

227 Brunner/Dölling, § 67 Rdn. 2a.

228 BGH GA 61, 357 (358).

229 Das Teilnahmerecht an richterlichen Terminen außerhalb der Hauptverhandlung wird aus § 67 Abs. 1 JGG hergeleitet. Daher soll hier ein Verfahrensverstoß gerügt werden können.

### 2.3.2.1.1.5 Benachrichtigung über sonstige Termine im Zwischenverfahren

Weder die Strafprozessordnung noch das Jugendgerichtsgesetz[230] ordnen eine Benachrichtigung der Teilnahmeberechtigten von einem Vernehmungs- oder Anhörungstermin während des Zwischenverfahrens, im Gegensatz zu Terminen im Vorverfahren, ausdrücklich an. Hieraus kann aber nicht zwangsläufig der Schluss gezogen werden, eine Benachrichtigung des Erziehungsberechtigten, des gesetzlichen Vertreters oder auch des Verteidigers sei nicht erforderlich. Dass ein gewählter Verteidiger auch in diesem Fall zu benachrichtigen ist, ergibt sich daraus, dass dieser befugt ist, den Angeklagten zu vertreten und aus diesem Grunde ihm die Teilnahme an jedem Termin zu gewähren ist, selbst wenn der Angeklagte dem Vernehmungs- oder Anhörungstermin (außerhalb der Hauptverhandlung) fernbleibt.

Aus diesem Grundsatz lässt sich folgern, dass das Jugendgerichtsgesetz gerade im Hinblick auf die Pauschalverweisung in § 67 Abs. 1 JGG, der dem Erziehungsberechtigten und dem gesetzlichen Vertreter die gleichen Rechte zubilligt wie dem Jugendlichen selbst, die Benachrichtigung aller Verfahrensbeteiligten, insbesondere die Teilnahme des Erziehungsberechtigten und des gesetzlichen Vertreters, als selbstverständlich voraussetzt.[231]

Auch diese Benachrichtigung über sonstige Termine im Zwischenverfahren kann formlos erfolgen. Wenn diese formlose Mitteilung dem Erziehungsberechtigten oder gesetzlichen Vertreter nicht zugeht und er deshalb nicht erscheint, so sollte dieser Termin aufgehoben und ein neuer festgesetzt werden, von dem der Erziehungsberechtigte oder gesetzliche Vertreter ordnungsgemäß benachrichtigt wurde, weil anderenfalls das Gericht den Antrag auf Eröffnung des Hauptverfahrens zurückweisen würde.[232]

---

230 Im Jugendgerichtsgesetz findet sich nur die in § 67 JGG pauschale Verweisung, dass der Erziehungsberechtigte und gesetzliche Vertreter immer dann benachrichtigt wird und damit auch anwesend sein darf, wenn der Beschuldigte selbst dazu berechtigt ist.

231 Kaiser, S. 20; Müller-Sax, § 169 b Rdn. 3 c.

232 Meyer-Gerhardts, S. 40

### 2.3.2.1.1.6 Ladung zur Hauptverhandlung

Das Jugendgerichtsgesetz sieht darüber hinaus in § 50 Abs. 2 JGG vor, dass der Erziehungsberechtigte bzw. der gesetzliche Vertreter zur Hauptverhandlung geladen werden soll.[233] Damit diese Ladung den erwünschten Effekt hat, müssen diesen Personen auch Ort und Zeit der Hauptverhandlung mitgeteilt[234] werden, wobei ihnen auch die Anklageschrift zur Kenntnis gegeben werden soll,[235] damit sie sich über die dem Jugendlichen zur Last gelegten Straftaten ein Bild machen und sich auf eine entsprechend sachgerechte Unterstützung und Verteidigung im Interesse und zum Schutze des Jugendlichen einstellen und vorbereiten können, soweit dieses nach den geistigen und körperlichen Kräften und Fähigkeiten des Erziehungsberechtigten oder des gesetzlichen Vertreters möglich ist.

Entgegen dem Wortlaut des Gesetzes "soll"[236] wird diese Vorschrift[237] weitgehend in der Weise ausgelegt, dass der Erziehungsberechtigte bzw. der

---

233 Diese Ladung hat am Ende des Zwischenverfahrens zu ergehen, wenn darüber entschieden worden ist, dass das Hauptverfahren eröffnet wird. Den Inhalt der Ladung bestimmt die Strafprozessordnung. Die Ladung des Erziehungsberechtigten bzw. des gesetzlichen Vertreters korrespondiert mit der Benachrichtigung des gesetzlichen Vertreters im Erwachsenenverfahren, so dass die inhaltliche Ausgestaltung des § 50 Abs. 2 S. 1 JGG von § 149 StPO vorgenommen werden kann.

234 Hier ist eigentlich zwischen Ladung und Benachrichtigung von dem Termin der Hauptverhandlung zu differenzieren. Eine "Ladung" zu einer Hauptverhandlung kann nur von einem Richter an verfahrensbeteiligte Personen, Zeugen oder Sachverständige ergehen, eine bloße Benachrichtigung über Termine kann hingegen von der Polizei und Staatsanwaltschaft ausgesprochen werden, wobei zu bedenken ist, dass auch die Staatsanwaltschaft zu bestimmten "Vernehmungsterminen" laden kann. Im Vorverfahren ist eigentlich nur die Benachrichtigung von Terminen von Bedeutung, wobei die Ladung zur Hauptverhandlung als förmlicher Akt vor Beginn der Hauptverhandlung, also nach Beendigung des Zwischenverfahrens, zu erfolgen hat.

235 Unter Zugrundelegung der im Jugendstrafverfahren geltenden Prinzipien gilt dieses selbstverständlich auch für den Erziehungsberechtigten. Dieser wird aber nur im Jugendgerichtsgesetz, nicht aber in der Strafprozessordnung ausdrücklich genannt.

236 Das Wort "soll" wird sowohl im Jugendgerichtsgesetz als auch in der Strafprozessordnung verwendet.

237 In diesem Zusammenhang kann sowohl auf die Vorschriften des Jugendgerichtsgesetzes wie auch auf die der Strafprozessordnung Bezug genommen werden, zumal sich hier inhaltliche Gemeinsamkeiten ergeben und die Strafprozessordnung das Jugendgerichtsgesetz ergänzen und inhaltlich ausgestalten kann. So auch im Weiteren Diemer/ Schoreit/ Sonnen, § 2 Rdn. 1314; Brunner/Dölling, § 2 Rdn. 6, 7.

gesetzliche Vertreter zwingend über das stattfindende Hauptverfahren zu benachrichtigen und damit auch zur Hauptverhandlung zu laden ist.[238]

Die Auslegung der entsprechenden Ladungsvorschriften im Sinne einer gebundenen Entscheidung resultiert aus Folgendem:

Aus den §§ 50 Abs. 2 S. 1, 67 Abs. 2 JGG i.V.m. 149 Abs. 1 S. 1 und Abs. 2 StPO lässt sich folgern, dass der Erziehungsberechtigte bzw. der gesetzliche Vertreter in der Hauptverhandlung in jedem Fall selbstständiger Verfahrensbeteiligter ist. Dieses kann sogar eine mehrfache Verfahrensbeteiligung sein. Er kann zum einen als Zeuge und zum anderen als "Beistand" oder lediglich zur "Unterstützung" des Beschuldigten zugelassen werden und ist dann jeweils in dieser Funktion auf sein Verlangen hin zu hören.[239] Das Recht auf Teilnahme an der Hauptverhandlung ist eines der wichtigsten Verfahrensrechte des Erziehungsberechtigten und des gesetzlichen Vertreters. Dem steht auch nicht die Vorschrift des § 58 Abs.1 StPO entgegen, wonach jeder Zeuge einzeln vernommen werden und auch keine Kenntnis von dem übrigen Inhalt der Hauptverhandlung haben soll. Im Jugendstrafverfahren sind die Schutz- und Beistandsbelange im Interesse des Jugendlichen uneingeschränkt vorrangig. Sollte eine einzelne Zeugenvernehmung aus sachlichen Gründen zwingend erforderlich sein, kann der Erziehungsberechtigte oder gesetzliche Vertreter für einzelne Verfahrensabschnitte ausgeschlossen werden.

Durch die hiermit verbundenen weitreichenden Befugnisse kann der gesetzliche Vertreter entscheidend in die Hauptverhandlung eingreifen und auf diese Weise die Verteidigung des Beschuldigten wesentlich beeinflussen.[240]

Die Anordnung des Gesetzes, dass Erziehungsberechtigter und gesetzlicher Vertreter von Zeit und Ort des Haupttermins benachrichtigt und darüber hinaus förmlich zur Hauptverhandlung geladen werden sollen, hat gerade die Funktion, deren Mitwirkungsrechte in umfassendem Rahmen sicherstellen. Dieses ist aber nur dann in ausreichendem Maße gewährleistet, wenn die Benachrichtigungs- und auch die Ladungsverpflichtung von den zuständigen Gerichten als zwingend anzusehen ist. Im Falle einer Ermessensentscheidung bestände die Gefahr, dass eine umfassende Mitwirkung nicht gewährleistet werden könnte.

---

238 Der Wortlaut des Gesetzes ist so ungenau, dass im Einzelfall ermittelt werden muss, ob eine Vorschrift als Soll- oder Ist-Bestimmung zu verstehen ist. Vgl. hierzu Henkel, S. 67ff.; Meyer-Gerhardts, S. 41.

239 Auf einen unter Umständen bestehenden Konflikt zwischen den verschiedenen Funktionen wird im Verlauf dieser Arbeit noch näher eingegangen.

240 Meyer-Gerhardts, S. 80ff.

### 2.3.2.1.1.7 Bindung der Staatsanwaltschaften und Gerichte an die Benachrichtigungspflichten

Es fragt sich aber weiter, ob Staatsanwaltschaft und Gerichte in jedem Fall an die Benachrichtigungs- und Ladungsverpflichtungen zwingend gebunden sind.

Für eine zwingende Bindung der Gerichte und der Staatsanwaltschaft spricht die Auffassung, die für Sollvorschriften allgemein und auch für § 149 StPO[241] annimmt, dass darin ein unbedingtes Gebot aufgestellt ist, das der Gesetzgeber auf alle Fälle beachtet wissen will, an dessen Nichtbefolgung er aber keine Rechtswirkungen knüpft.[242]

Weiterhin dürfte auch die Auffassung von diesem Ergebnis kaum abweichen, welche Sollvorschriften allgemein so versteht, dass in ihnen grundsätzlich ein zwingendes Gebot liegt, von dessen Einhaltung aber im Einzelfall ausnahmsweise abgesehen werden kann, wenn dafür ein besonderer sachlicher Grund besteht.[243] Ein sachlicher Grund, die Benachrichtigung von einem bestimmten Termin oder die Ladung zur Hauptverhandlung zu unterlassen, wird in der Regel nicht angenommen werden können. Denn es würde keinen sachlichen Grund darstellen, wenn der Erziehungsberechtigte oder gesetzliche Vertreter die Voraussetzungen für eine Teilnahme an der Hauptverhandlung nicht erfüllte und ein dahin gehender Antrag zurückgewiesen werden müsste. Da die betroffene Person sich gegen einen in der jugendstrafgerichtlichen Praxis nicht oder sehr selten vorkommenden Zurückweisungsbeschluss wehren könnte, darf ihr diese rein formelle Möglichkeit durch eine unterlassene Benachrichtigung von einem Termin oder durch eine nicht ausgesprochene Ladung nicht genommen werden. Ein sachlicher Grund für eine nicht ausgesprochene Benachrichtigung oder Ladung wäre auch dann zu verneinen, wenn feststeht, dass es dem Erziehungsberechtigten oder gesetzlichen Vertreter nicht möglich ist, zu einem bestimmten Termin zu erscheinen. In einem solchen Fall kann er möglicherweise für seine

---

241 Zwar lässt sich die Argumentation im Jugendstrafverfahren nicht ausschließlich auf § 149 StPO stützen, weil diese Norm nur die Stellung des gesetzlichen Vertreters im Erwachsenenstrafverfahren im Auge hat. Diese Stellung lässt sich aber prinzipiell mit dem Erziehungsberechtigten oder gesetzlichen Vertreter im Jugendstrafverfahren vergleichen. Entscheidender Unterschied ist der, dass der Erziehungsberechtigte oder der gesetzliche Vertreter im Jugendstrafverfahren immer an der Hauptverhandlung teilnehmen (kann), wohingegen es im Erwachsenenstrafrecht einer besonderen Prüfung über den Grund der Vertretungsbefugnis bedarf. Hierdurch wird aber noch nicht inzident gesagt, dass eine Teilnahme auch wirklich stattfindet.

242 Beling, S. 22f.; Löwe-Rosenberg/Jagusch, § 403 Rdn. 2; Meyer-Gerhardts, S. 43; weitere Nachweise bei Warda, S. 101.

243 Eb. Schmidt, § 149 Rdn. 5; Mannheim, S. 141ff.; Löwe-Rosenberg/Jagusch, § 337 Rdn. 3, weitere Nachweise bei Warda, S. 101 ff.; ähnliche Sollvorschriften des § 50 JGG Dallinger-Lackner, § 50 Rdn. 15, 16; Potrykus, § 50 Rdn. 1; Grethlein, § 50 Anm. 2 b.

Vertretung durch seinen Verteidiger Vorsorge treffen.[244] Eine Vertretung des Erziehungsberechtigten oder des gesetzlichen Vertreters durch andere mit der Erziehung des Jugendlichen im Alltag bisher betraute Personen ist nicht zulässig.[245]

Das Recht auf Benachrichtigung oder auf Ladung zur Hauptverhandlung kann auch nicht von einer Zulassung des Erziehungsberechtigten oder gesetzlichen Vertreters zu einem bestimmten Termin abhängig sein.[246] In diesem Fall würde das Gericht eine erst im weiteren Verfahren notwendig werdende Entscheidung vorweg ohne nähere Prüfung der Gesamtumstände zu Unrecht ablehnen. Zudem ist zu berücksichtigen, dass das Gericht triftige Gründe zur Ablehnung einer Teilnahme[247] haben muss.

Im Erwachsenenstrafverfahren muss die Teilnahme an bestimmten Verfahrensterminen von dem gesetzlichen Vertreter förmlich beantragt werden, so dass in diesem Falle ein Teilnahmeantrag förmlich abzulehnen ist.

Für das Erwachsenenstrafverfahren sind die Regelungen der StPO maßgeblich. Die Formulierung in § 149 Abs. 1 S. 2 StPO "sollen ihm ... mitgeteilt werden" bezieht sich in dieser Gesetzesnorm auf das Wort "Ehegatte" in § 149 Abs. 1 StPO, nicht aber auf "Beistand". Hieraus ergibt sich, dass der Gesetzgeber der Strafprozessordnung durch § 149 Abs. 1 S. 2 StPO beabsichtigt, sicherzustellen, dass im Erwachsenenverfahren der Ehegatte und der gesetzliche Vertreter von dem Stattfinden eines Termins Kenntnis erhalten, damit sie gegebenenfalls ihre Zulassung als Beistand im Verfahren beantragen können und nicht etwa erst dann benachrichtigt werden sollen, wenn sie bereits die Teilnahme an einem bestimmten Termin beantragt haben.

Dieser in der Strafprozessordnung zu findende Grundgedanke ist auf das Jugendstrafverfahren mit der Modifizierung übertragbar, dass kein formeller

---

244 Grundsätzlich ist das Teilnahmerecht ein höchstpersönliches Recht, welches keinem Vertreter im bürgerlich-rechtlichen Sinne übertragen werden kann. Lediglich ein mit den entsprechenden Befugnissen ausgestatteter Verteidiger kann mit der Wahrung der Interessen des Erziehungsberechtigten oder des gesetzlichen Vertreters beauftragt werden. Dieser nimmt aber lediglich die Interessen des gesetzlichen Vertreters wahr. Vgl. in diesem Zusammenhang: Diemer/Schoreit/Sonnen, § 67 Rdn. 4; Brunner/Dölling, § 67 Rdn. 2a; kritisch hierzu Eisenberg, § 67 Rdn. 4, der bei der Frage, ob sich Eltern vertreten können sollen auf den Einzelfall abstellt.

245 Brunner /Dölling, § 67 Rdn. 2a.

246 So aber Löwe-Rosenberg/Dünnebier, § 149 Rdn. 5; zustimmend auch Warda, S. 100.

247 Dieser Teilnahmeantrag wird in der überwiegenden Anzahl der Fälle lediglich konkludent im Termin selbst gestellt. Diese Art der Antragstellung wird zumindest im Jugendstrafverfahren im Regelfall für ausreichend erachtet, denn es bedarf ja keiner weiteren umfassenderen Prüfung der Teilnahmeberechtigung.

Antrag auf Zulassung als Teilnehmer an einem bestimmten Verfahrenstermin gestellt zu werden braucht. Daraus ergibt sich, dass der Erziehungsberechtigte oder gesetzliche Vertreter deshalb grundsätzlich nicht nur von dem Hauptverhandlungstermin benachrichtigt, sondern auch zu diesem geladen werden muss, damit er als selbstständiger Verfahrensbeteiligter an der Hauptverhandlung teilnehmen und so die Interessen des angeklagten Jugendlichen zu dessen Schutz in der Hauptverhandlung sachgerecht wahrnehmen kann.

Das Benachrichtigungsrecht ist auch nicht davon abhängig, ob der Erziehungsberechtigte oder der gesetzliche Vertreter zuvor dem Gericht seine Absicht mitgeteilt hat, an der Hauptverhandlung teilnehmen oder darauf verzichten zu wollen. Ihre Absicht könnten die Erziehungsberechtigten oder gesetzlichen Vertreter in einem förmlichen Antrag auf Teilnahme oder durch schlüssiges Verhalten deutlich gemacht haben.[248] Eine derartige Mitteilungsobliegenheit des Erziehungsberechtigten oder des gesetzlichen Vertreters besteht gerade im Jugendstrafverfahren nicht, denn das Gesetz sieht die Benachrichtigung von bestimmten Verfahrensterminen vor und ordnet die Ladung zur Hauptverhandlung unabhängig von einer entsprechenden vorherigen Anzeige der Teilnahmebereitschaft seitens des Erziehungsberechtigten oder des gesetzlichen Vertreters an.[249] Denn erst durch die Benachrichtigung von bestimmten Terminen bzw. durch die Ladung im Jugendstrafverfahren wird dem Erziehungsberechtigten oder dem gesetzlichen Vertreter die Entscheidungsmöglichkeit eröffnet, ob er den Termin wahrnehmen oder in der Hauptverhandlung anwesend sein will oder auf die Teilnahme- und Mitwirkungsmöglichkeit verzichtet.[250]

---

248 Im Jugendgerichtsverfahren hat ein derartiger Antrag nur insoweit Bedeutung, als dass durch ihn festgestellt werden kann, welcher Erziehungsberechtigte oder ob der gesetzliche Vertreter die Interessen des Jugendlichen wahrnehmen will. Des Weiteren hat das Gericht die Möglichkeit, aufgrund dieses Antrages zunächst dessen Identität zu überprüfen und außerdem zu erwägen, ob gegen die antragstellenden Personen oder gegen ihre Anwesenheit in der Hauptverhandlung irgendwelche Bedenken hervorgebracht werden könnten, die unter bestimmten Umständen einen Ausschluss rechtfertigen würden.

249 OLG Hamm GA 1961, 183 nahm dementsprechend in Bezug auf das Erwachsenenverfahren schon in den 60er Jahren ohne weitere Begründung an, das Amtsgericht habe dem aus dem Strafregister ersichtlichen Vormund des Beschuldigten von der Hauptverhandlung Mitteilung machen müssen. Dieser Grundsatz lässt sich auch mit den gesetzlichen Vorschriften im Jugendstrafrecht vereinbaren, so dass eine Mitteilung von dem Hauptverhandlungstermin uneingeschränkt erfolgen muss.

250 Nach den geltenden Vorschriften des Jugendgerichtsgesetzes steht dem Erziehungsberechtigten oder dem gesetzlichen Vertreter die Entscheidung über die Teilnahme an einem bestimmten Termin im Verfahren und auch an der Hauptverhandlung frei. Zur Teilnahme gezwungen werden kann die betreffende Person nur, wenn sie zu Beweiszwecken als Zeuge geladen worden ist und als solcher aussagen soll. Nur in diesem Fall können die gegen Zeugen allgemein zulässigen Zwangsmittel eingesetzt werden.

Die gegenteilige Ansicht zur Auslegung des § 149 StPO, der das Recht zur Teilnahme des gesetzlichen Vertreters am Hauptverfahren in Erwachsenenstrafsachen regelt, beruhte auf der durch eine bereits seit langer Zeit eingeführten Neufassung des § 149 Abs. 1 StPO überholten Rechtsprechung des Reichsgerichtes.[251] Bis zum In-Kraft-Treten des Ausführungsgesetzes zu dem Gesetz gegen gefährliche Gewohnheitsverbrecher und über die Maßnahmen der Sicherung und Besserung vom 24. 11. 1933 sah § 149 Abs. 1 StPO, der eine Parallele zu § 67 JGG seinem Inhalt nach darstellt[252], eine Benachrichtigung des gesetzlichen Vertreters nicht vor. Das Reichsgericht hatte aber unter Bezugnahme auf die Motive[253] angenommen, dass der gesetzliche Vertreter in jedem Fall dann vom Termin zu benachrichtigen sei, wenn er dem Gericht gegenüber seine Absicht angezeigt hätte, im Termin aufzutreten oder um Bekanntgabe des Termins gebeten hätte.[254] Diese Rechtsprechung muss aufgrund der Reformierung des Gesetzestextes und wegen des Ausführungsgesetzes zum Gewohnheitsverbrechergesetz nicht mehr diskutiert werden.[255]

Aus alledem resultiert, dass Erziehungsberechtigte oder gesetzliche Vertreter zwingend von Terminen im Zwischenverfahren sowie an dessen Ende insbesondere von dem Termin der stattfindenden Hauptverhandlung zu benachrichtigen und darüber hinaus zu ihr zu laden sind.

Die Benachrichtigungen und auch die Ladung des Erziehungsberechtigten oder des gesetzlichen Vertreters zur Hauptverhandlung müssen rechtzeitig erfolgen. Das bedeutet gleichzeitig, dass die Benachrichtigungen und auch die Ladung zur Hauptverhandlung so frühzeitig wie möglich vorgenommen werden müssen, damit sich die zu benachrichtigende und zu ladende Person entsprechend vorbereiten und zum Termin ohne organisatorische Probleme erscheinen kann.

---

251 Löwe-Rosenberg/Dünnebier, § 149 Anm. 5; Müller-Sax, § 149 Rdn. 4 a; Kleinknecht/ Meyer-Goßner, § 149 Rdn 5.

252 In dem Jugendgerichtsgesetz befand und befindet sich keine ausdrückliche Regelung, inwieweit eine Benachrichtigung vorgeschrieben ist. Der Erziehungsberechtigte soll nur eine entsprechende Mitteilung erhalten, wenn diese an den Beschuldigten selbst erfolgen soll. Der Beschuldigte selbst ist auf jeden Fall zur Hauptverhandlung zu laden. Die Ladung des Jugendlichen ist in § 50 JGG ausdrücklich vorgesehen. Eine Vorschrift über eine Benachrichtigung gibt es im Jugendgerichtsgesetz nicht. Aufgrund der fehlenden Regelung erscheint es sachgerecht, bezüglich der Benachrichtigung im Einzelnen auf die Vorschriften der StPO einzugehen.

253 Vgl. hierzu Hahn, I, 145.

254 RG LZ 1916, 387 (389); LZ 1918, 284 (285); JW 1925, 371 (371); JW 1931, 1365 (1366).

255 RG DR 1940, 2238 (2239) hält immer noch an der alten mit dem Gesetz nicht mehr zu vereinbarenden Rechtsprechung fest.

Hierzu ist es erforderlich, dass ihr eine angemessene, ihren persönlichen und beruflichen Verhältnissen sowie der Entfernung zum Ort des Termins Rechnung tragende Frist gesetzt wird.[256]

Die Benachrichtigung kann durch eine formlose Mitteilung oder aber durch förmliche Zustellung vorgenommen werden. Die Ladung zur Hauptverhandlung muss, wie gesetzlich vorgesehen, schriftlich erfolgen. Die förmliche Zustellung dürfte gerade bei der Ladung dann angezeigt sein, wenn die Zeit hierfür ausreichend ist, denn der gesetzlich normierten Verpflichtung ist erst dann Genüge getan, wenn das Schreiben mit der Ladung dem Erziehungsberechtigten oder dem gesetzlichen Vertreter zugegangen ist. Im Streitfall obliegt der Nachweis des Zugangs dem zuständigen Gericht.[257]

#### 2.3.2.1.1.8 Ausnahmen von der Benachrichtigungsverpflichtung

Trotz dieser (zwingenden) Verpflichtung zur Benachrichtigung über bestimmte Verfahrenstermine besteht unter gewissen Voraussetzungen die Möglichkeit, von der Benachrichtigung in Ausnahmefällen abzusehen. Es kann aber aufgrund der gesetzlichen Bestimmungen von der Ladung zur Hauptverhandlung nicht abgesehen werden.

In welchen Fällen Ausnahmen von einer Benachrichtigungsverpflichtung der Staatsanwaltschaften und Gerichte gemacht werden dürfen, ist weder im Gesetz direkt noch in der Lehre und Rechtsprechung eindeutig bestimmt worden.

In der rechtswissenschaftlichen Literatur wird überwiegend vertreten, dass die Benachrichtigung über Vernehmungs- und Untersuchungstermine, bei denen der Beschuldigte selbst anwesend ist oder sein muss und die im Ermittlungs- und Zwischenverfahren zum einen durch die Polizei und Staatsanwaltschaft und zum anderen durch das zuständige Gericht durchgeführt werden, vorgeschrieben ist und Ausnahmen nur dann zulässig sein sollen, wenn der Gesetzgeber diese selbst vorgesehen hat.[258]

Hier ist insbesondere an die Rechtsentziehung nach § 67 Abs. 4 JGG sowie an den Ausschluss der erziehungsberechtigten bzw. vertretungsberechtigten Perso-

---

[256] Löwe-Rosenberg/Geier, § 224 Rdn. 1; Müller-Sax, § 224 Rdn. 3.

[257] OLG Kiel HE St 1, 168; OLG Frankfurt NJW 1952, 1068; BayObLGSt 1953, 62; NJW 1953, 1316.

[258] Eisenberg, § 67 Rdn. 17.

nen nach § 51 Abs. 2 JGG zu denken.[259] Wenn ein derartiger gesetzlich normierter Ausschließungsgrund vorliegt und der Erziehungsberechtigte oder der gesetzliche Vertreter aufgrund dessen von dem Verfahren ausgeschlossen ist oder wird, erübrigt sich eine Benachrichtigung über Termine im Verfahren, und im Falle des Ausschlusses für das gesamte Verfahren darf auch die Ladung zur Hauptverhandlung nicht erfolgen. Es soll eine Ausnahme von der Benachrichtigung der Polizeibehörden, Staatsanwaltschaften und Gerichte außer in den gesetzlich normierten Fällen auch dann noch zulässig sein, wenn eine Benachrichtigung des Erziehungsberechtigten oder des gesetzlichen Vertreters faktisch nicht durchführbar ist.[260]

Das Argument der praktischen Durchführbarkeit der Benachrichtigung und Ladung des Erziehungsberechtigten oder des gesetzlichen Vertreters erscheint jedoch eine zweifelhafte Ausnahme zu sein, zumal die Erziehungsverpflichtung und Personensorge gegenüber dem Jugendlichen in jedem Fall gewährleistet werden muss. Diese Grundverpflichtungen, die nicht nur der Erziehungsberechtigte und der gesetzliche Vertreter, sondern auch der Staat zu erfüllen haben, dürfen nicht durch eine möglicherweise praktisch nicht durchführbare Benachrichtigung bzw. Ladung der erziehungsberechtigten und vertretungsbefugten Personen in Frage gestellt werden. Wenn weder der Erziehungsberechtigte noch der gesetzliche Vertreter de facto zur Verfügung steht, muss ein Pfleger vom Gericht bestellt werden,[261] der zur Erziehung befugt ist und zudem als gesetzlicher Vertreter handeln und aufgrund dieser Rechte die Interessen des betroffenen Jugendlichen sachgerecht wahrnehmen kann. Den Fall der Verhinderung des Erziehungsberechtigten oder des gesetzlichen Vertreters dürfte sogar der Gesetzgeber selbst gesehen haben, da er nicht nur dem Erziehungsberechtigten, sondern auch dem gesetzlichen Vertreter Mitwirkungsrechte zubilligt. Der gesetzliche Vertreter, der nicht zwangsläufig mit der Person des Erziehungsberechtigten identisch sein muss, kann im Falle der Verhinderung des Erziehungsberechtigten an dessen Stelle handeln. Zudem ist zu bedenken, dass die Person eines gesetzlichen Vertreters anders als die des Erziehungsberechtigten durchaus ohne größere Schwierigkeiten austauschbar sein kann. Auf jeden Fall sollen die sozialen, wirtschaftlichen und verwaltungstechnischen Belange des

---

259 Eisenberg, § 67 Rdn. 17 ff.; Brunner/Dölling, § 67 Rdn. 11; Diemer/Schoreit/Sonnen, § 67 Rdn. 23; Böhm, S. 90; Schaffstein/Beulke, S. 43.

260 Dallinger/Lackner § 67 Rdn. 12.

261 So auch Diemer/Schoreit/Sonnen, § 67 Rdn. 27. Hier wird die Bestellung eines Pflegers nur da vorgesehen, wo die Rechte dem Erziehungsberechtigten oder gesetzlichen Vertreter entzogen oder ausgeschlossen worden sind. Das gleiche muss gelten, wenn die berechtigten Personen de facto nicht nur kurzfristig nicht zur Verfügung stehen und damit nicht am Strafverfahren teilnehmen können. Wenn dieses dem Gericht bekannt ist oder wird, sollte es die Möglichkeit haben, einen Pfleger für den angeklagten Jugendlichen zu bestellen.

beschuldigten bzw. angeklagten Jugendlichen und dessen Schutzbelange im Strafverfahren gewahrt werden.[262] Daher erscheint die angesprochene Ausnahme der faktisch nicht durchsetzbaren Benachrichtigung nicht überzeugend, denn in diesem Fall wird ein Pfleger zur Übernahme der Erziehungsaufgabe bestellt.

Von einem anderen Teil der Literatur wird vertreten, dass von einer Benachrichtigung bzw. einer Ladung des Erziehungsberechtigten oder des gesetzlichen Vertreters auch dann abgesehen werden kann, wenn die Erziehungsberechtigten oder gesetzlichen Vertreter früher schon einmal auf die Wahrnehmung ihrer Rechte entweder bewusst verzichtet oder sie freiwillig nicht wahrgenommen haben.[263] Dieser letztgenannten Auffassung kann ebenfalls nicht gefolgt werden, denn schon allein Sinn und Zweck der Benachrichtigungs- oder Ladungspflichten sprechen dagegen, die Erziehungsberechtigten und gesetzlichen Vertreter nur deshalb nicht zu benachrichtigen, weil sie in früherer Zeit einmal auf ihre Mitwirkung verzichtet haben. Der Sinn einer Benachrichtigungsverpflichtung besteht gerade darin, die Erziehungsberechtigten und gesetzlichen Vertreter zu informieren, um ihnen in jedem Verfahrensstadium uneingeschränkt die Möglichkeit zu eröffnen, jederzeit am Strafverfahren gegen ihre Schützlinge mitzuwirken. Nur auf diese Weise können sie dem betroffenen Jugendlichen den staatlich geforderten, erforderlichen Schutz gewähren und auf diese Weise dessen Erziehung sicherstellen. Nur wenn diese erziehungsberechtigte Personengruppe von dem Verfahren benachrichtigt, über bestimmte Verfahrenstermine informiert und schließlich zu der Hauptverhandlung geladen wird, ist sie überhaupt in der Lage, ihre erzieherischen und interessenwahrenden Aufgaben sach- und interessengerecht im Sinne des Jugendlichen wahrzunehmen.

Dagegen kann auch nicht eingewandt werden, dass wenn die Erziehungsberechtigten und gesetzlichen Vertreter einmal auf ihre Rechte verzichtet hätten, sie ihre Rechte möglicherweise verwirkt und damit keinen Anspruch auf Benachrichtigung hätten. Es können sehr unterschiedliche Gründe ausschlaggebend gewesen sein, warum ein Erziehungsberechtigter oder gesetzlicher Vertreter zu früheren Zeiten auf seine Mitwirkungsrechte verzichtet hat. Diese Gründe können persönlicher oder wirtschaftlicher Art sowie familienbedingt gewesen sein. Dennoch ist zu berücksichtigen, dass sich die derzeit ausschlaggebenden persönlichen oder auch wirtschaftlichen Umstände des Erziehungs-

---

[262] Das resultiert zum einem aus dem Sinn und Zweck des § 67 JGG und zum anderen aus dem im Jugendstrafrecht vorherrschenden Erziehungsgedanken. Im Jugendstrafverfahren soll der Jugendliche mit seiner zum Teil verbesserungsbedürftigen Persönlichkeit im Vordergrund stehen.

[263] BGHSt 18, 20 (23); Kremer, S. 173.

berechtigten, des gesetzlichen Vertreters oder der gesamten Familie geändert haben können und somit ein (Sinnes-) Wandel des Erziehungsberechtigten oder gesetzlichen Vertreters möglich erscheint.[264]

Es kann zumindest jedoch unter keinen Umständen ausgeschlossen werden, dass die betreffende Person nunmehr bereit ist mitzuwirken und die Rechte des Jugendlichen wahrzunehmen, auch wenn sie sich dieser Aufgabe bereits verweigert hat.[265] Deshalb kann auf die Benachrichtigung, außer in gesetzlich ausdrücklich normierten Fällen, nicht verzichtet werden.

Diese Benachrichtigungsverpflichtung hat insbesondere Bedeutung für die Mitteilung über eine Verhaftung des Jugendlichen und die Übersendung der Anklageschrift.

### 2.3.2.1.1.9 Übermittlung von Entscheidungen

Soweit Entscheidungen gerade außerhalb der Hauptverhandlung in Anwesenheit des Erziehungsberechtigten oder des gesetzlichen Vertreters getroffen werden, brauchen diese den anwesenden Personen in aller Regel nicht noch einmal schriftlich mitgeteilt zu werden, nur auf ausdrückliches Verlangen ist ihnen eine Abschrift zu erteilen.

Entscheidungen außerhalb und auch innerhalb der Hauptverhandlung[266], die in Abwesenheit[267] ergehen, sind grundsätzlich mitzuteilen, gegebenenfalls sogar zuzustellen, wenn durch sie eine Rechtsmittelfrist in Gang gesetzt wird.[268]

Wenn die Abfassung der Entscheidungsgründe, soweit diese bei urteilsvorbereitenden Beschlüssen überhaupt notwendig ist, noch nicht erfolgt ist, muss wenigstens die Entscheidung als solche oder der Beschlusstenor mitgeteilt werden.[269] Dies resultiert daraus, dass die Urteilsbegründung erst fünf Wochen oder später nach der Verkündung des Urteil abgefasst werden muss. Wenn das

---

264 Ostendorf, § 67 Rdn. 8.
265 Ostendorf, § 67 Rdn. 8.
266 Dieser Fall ist gerade dann möglich, wenn der Erziehungsberechtigte oder gesetzliche Vertreter trotz Benachrichtigung oder Ladung freiwillig von seinem Anwesenheitsrecht Gebrauch gemacht hat.
267 Die Abwesenheit kann in diesem Zusammenhang unterschiedliche Gründe haben. Sie kann aufgrund von freiwilligem Fernbleiben bestehen, oder sie resultiert aus einem Ausschließungsgrund.
268 Ostendorf, § 67 Rdn. 8; Brunner/Dölling, § 67 Rdn. 11.
269 Ostendorf, § 67 Rdn. 8.

gesamte Urteil bei Abwesenheit des Erziehungsberechtigten oder des gesetzlichen Vertreters zugestellt werden müsste, hätte das den Ablauf der Rechtsmittelfrist zur Folge.[270]

Mit der Mitteilung der in Abwesenheit ergangenen Entscheidung soll dem Erziehungsberechtigten oder dem gesetzlichen Vertreter in den gesetzlich normierten Fällen eine Rechtsmittelbelehrung zugehen, mit dem Hinweis, dass das betreffende Rechtsmittel nur innerhalb der dem beschuldigten Jugendlichen zustehenden Frist eingelegt werden kann.[271]

Ein Verstoß gegen diese allgemeine Mitteilungspflicht über die in Abwesenheit ergangenen Entscheidungen soll aber außer bei einer Verletzung der Aufklärungspflicht nach herrschender Meinung keinen Revisionsgrund darstellen, da § 67 Abs. 2 JGG eine Sollvorschrift[272] ist und in diesem Bereich die bloß ergänzende Belehrungsvorschrift gem. § 35 a StPO ihren zwingenden Charakter verliert.[273] Die entscheidende Norm ist hier allein § 67 Abs. 2 JGG. Diese Vorschrift kann insoweit als eine Ermessensvorschrift verstanden werden, wonach die Mitteilungen zwar verbindlich vorgeschrieben, aber nicht zwingend im Sinne der Revisionsvorschriften sind.[274] Deutlich wird dies insbesondere dadurch, dass im Fall der Verletzung der Benachrichtigungsverpflichtung des Erziehungsberechtigten oder gesetzlichen Vertreters im Zusammenhang mit einer polizeilichen Vernehmung noch nicht zwingend ein Verwertungsverbot entstehen kann.[275]

---

270 OLG Stuttgart NJW 1960, 2353 (2354).

271 Dallinger/Lackner, § 67 Rdn. 13; Brunner/Dölling, § 67 Rdn. 11; Ostendorf, § 67 Rdn. 8; Diemer/Schoreit/Sonnen, § 67 Rdn. 20.

272 Trotz der Auslegung als eine zwingende Vorschrift im Bereich der Informations- und Benachrichtigungsverpflichtung kann diese Vorschrift keine gebundene Entscheidung bewirken. Es ist allenfalls eine Ermessensreduzierung auf Null denkbar. Ein Verstoß wäre aber im Sinne des Revisionsrechtes unerheblich.

273 BGHSt 18, 20 (21); Dallinger/Lackner, § 67 Rdn. 13; Potrykus, NJW 1954, 1834 (1836); so auch BayObLG NjW 1954, 1378 (1378) OLG Stuttgart, NJW 1960, 2353 (2353); zustimmend Eisenberg, § 67 Rdn. 22a. Dagegen vertritt Ostendorf, § 67 Rdn. 8 die Auffassung, dass die Belehrung gem. § 35 a StPO zwingend verpflichtend sei und damit ließe sich auch bei fehlender Belehrung die Revision begründen, weil nach Ostendorf die Mussvorschrift des § 35a StPO bei der Anwendung der Sollvorschrift des § 67 Abs. 2 JGG vorginge.

274 Für viele Vertreter der herrschenden Meinung: Brunner/Dölling § 67 Rdn. 11. Eisenberg, § 67 Rdn. 22, der diese Sollvorschrift nur als bloße Ordnungsvorschrift versteht. Dagegen halten Kremer, S. 172 und im weitesten Sinne auch Ostendorf, § 67 Rdn. 19 die Mitteilungsverpflichtung für zwingend. Ostendorf, § 67 Rdn. 19 lässt sogar die Revisionsrüge zu.

275 BGH St 22, 169 (170), 31, 393 (395); BGH St 38, 214; kritisch dazu Löwe-Rosenberg/Hanack, § 136 Rdn 54ff.

Nach § 67 Abs. 5 Satz 3 JGG genügt es, wenn diese Art der Mitteilungen an einen Erziehungsberechtigten oder gesetzlichen Vertreter ergehen. Entgegen dem Gesetzeswortlaut ist gerade unter Berücksichtigung der Tatsache, dass mehrere Personen erziehungsberechtigt oder vertretungsbefugt sind, eine Mitteilung an alle Personen zu machen, wenn die Erziehungsberechtigten nicht unter derselben Adresse zu erreichen sind.[276]

Das gilt insbesondere dann, wenn die Erziehungsberechtigten getrennt leben. Wenn in diesem Fall die Mitteilung nicht an beide Elternteile ergeht, könnten die Rechte des Jugendlichen auf verfahrenstechnische Unterstützung leer laufen.[277]

Anders als bei der Ermessenentscheidung über die bloße Benachrichtigung des Erziehungsberechtigten oder des gesetzlichen Vertreters über Verfahrenstermine und sonstige Untersuchungshandlungen liegt der Fall aber bei der Benachrichtigung über Ort und Zeitpunkt der Hauptverhandlung, die gleichzeitig die Ladung darstellen soll.

Wie bereits erörtert, ist in diesem konkreten Zusammenhang neben § 67 Abs. 2 JGG noch auf § 149 Abs. 1 StPO Bezug zu nehmen. Um dieses Problem zu verdeutlichen, kann die Vorschrift der Strafprozessordnung neben § 50 Abs. 2 JGG zur Konkretisierung des § 67 JGG herangezogen werden, soweit sich nicht aus dem Jugendgerichtsgesetz oder aus den Besonderheiten des Jugendstrafverfahrens etwas Gegenteiliges ergibt. Sowohl § 149 StPO als auch § 50 Abs. 2 JGG hat der Gesetzgeber als "Soll-Vorschriften" formuliert.

§ 149 Abs. 1 StPO wird trotz der "Soll"- Formulierung als eine zwingende Vorschrift verstanden.[278] Gerade im Geltungsbereich des Art. 6 Abs. 1 GG ist eine Benachrichtigung des Erziehungsberechtigten oder des gesetzlichen

---

276 Ostendorf, § 67 Rdn. 9, Eisenber, § 67 Rdn. 16; a. A. Brunner , § 67 Rdn. 1a, der die Mitteilung an einen Erziehungsberechtigten für ausreichend hält, weil sich die beiden Elternteile jeweils formlos ermächtigen können, im Sinne des Jugendlichen zu handeln.

277 Ob eine Benachrichtigung auch im Fall der Anwesenheit eines Erziehungsberechtigten oder eines gesetzlichen Vertreters erfolgen soll, wie es Eisenberg, § 67 Rdn. 21 und Potrykus § 67 Anm. 11 fordern, kann an dieser Stelle dahingestellt sein, da es aufgrund des Gesamtermessens im Einzelfall der Entscheidung des Richters überlassen werden kann. Eine doppelte Benachrichtigung nützt dem Jugendlichen zunächst nichts, sie dient nur der Rechtssicherheit.

278 Vgl. hierzu die weiteren Ausführungen dieser Arbeit

Vertreters zwingend geboten.[279] Wenn also eine Benachrichtigung des Erziehungsberechtigten oder des gesetzlichen Vertreters über die Zeit und den Ort der Hauptverhandlung, und damit die förmliche Ladung unterbleibt und die betreffende Person nicht zur Hauptverhandlung erscheinen kann, so ist die als zwingend anzusehende Vorschrift des § 50 Abs. 2 JGG bzw. des § 149 Abs. 1 S. 2 StPO[280] verletzt und das darauf ergehende und beruhende Urteil kann auf eine Revision hin aufgehoben werden. Diese Aufhebung würde gem. § 337 StPO erfolgen können.[281] § 338 StPO ist in diesem Fall nicht anwendbar, weil die Anwesenheit des gesetzlichen Vertreters im Erwachsenenverfahren bzw. zusätzlich des Erziehungsberechtigten im Jugendstrafverfahren zwar zugelassen aber nicht zwingend vorgeschrieben ist.[282] Den Verfahrensmangel können alle Verfahrensbeteiligten, also auch der Beschuldigte bzw. Angeklagte, der Erziehungsberechtigte gem. § 67 Abs. 2 JGG, der gesetzliche Vertreter gem. § 67 Abs. 2 JGG i.V.m. § 298 StPO und selbstverständlich der Verteidiger sowohl im Namen des Jugendlichen als auch im Namen des gesetzlichen Vertreters rügen.[283]

Ein Verstoß gegen die Benachrichtigungs- und Ladungsverpflichtung begründet auch einen Antrag auf Wiedereinsetzung in den vorigen Stand gegen die Versäumung der Rechtsmittelfrist gem. § 44 S. 1 StPO, falls der Erziehungsberechtigte oder gesetzliche Vertreter infolge der unterlassenen Benachrichtigung über die Hauptverhandlung bzw. fehlende Ladung nicht erschienen ist und daher keine Kenntnis von dem erlassenen Urteil hat.[284]

---

279 Kremer, S. 172, noch weiter geht Ostendorf, § 67 Rdn. 19, der sogar im Falle einer fehlenden Benachrichtigung über sonstige Verfahrensschritte einen Revisionsgrund nach § 338 Nr. 8 i.V.m. § 238 Abs. 2 StPO annehmen will.

280 Dass diese Norm auch im Jugendstrafverfahren angewendet werden kann, ergibt sich zum einen aus der bestehenden Regelungslücke im Jugendgerichtsgesetz und zum anderen ist kein Grund ersichtlich, warum der gesetzliche Vertreter im Erwachsenenverfahren anders behandelt werden soll als der Erziehungsberechtigte oder gesetzliche Vertreter im Jugendstrafverfahren, zumal gerade der Jugendliche als schutzbedürftig angesehen werden muss. Diese Auffassung vertreten auch das BayObLG 1954, 1378 (1378) und Notacker, S. 348.

281 Gegen die herrschende Meinung zusammen mit Eb. Schmidt, II § 149 Rdn. 5 und Meyer-Gerhardts, S. 46.

282 RG, JW 1924, 973 (974); RG GA 50, 120 (120); BGHSt 4, 205 (207); Löwe-Rosenberg/Dünnebier, § 149 Rdn. 8 b; Meyer-Gerhardts, S. 46.

283 Löwe-Rosenberg/Dünnebier, § 149 Rdn. 8 b mit weiteren Nachweisen; Eisenberg, § 67 Rdn. 7.

284 BGH St 18, 21 (21); Meyer-Gerhardts, S. 115.

### 2.3.2.1.1.10 Ermittlung des Erziehungsberechtigten oder des gesetzlichen Vertreters

Schließlich stellt sich im Zusammenhang mit der Benachrichtigungsverpflichtung die Frage, ob die Strafverfolgungsorgane und die Gerichte verpflichtet sind, in Zweifelsfällen Erziehungsberechtigte oder gesetzliche Vertreter zu ermitteln und in welchem Umfang die Ermittlungen gegebenenfalls vorgenommen werden muss.

Staatsanwaltschaften und Gerichte können ihrer Benachrichtigungs- und Ladungsverpflichtung nur dann gerecht werden, wenn ihnen bekannt ist, wer der Erziehungsberechtigte und gesetzliche Vertreter des beschuldigten oder angeklagten Jugendlichen ist.

Das Gesetz sieht vor, dass dem Erziehungsberechtigten und gesetzlichen Vertreter Gelegenheit gegeben werden soll, sich am Jugendstrafverfahren zu beteiligen, damit er als Inhaber der Personensorge auch im Strafverfahren dem Beschuldigten bzw. Angeklagten seine Fürsorge zukommen lassen kann. Diesem eindeutig dokumentierten Willen des Gesetzgebers haben die Strafverfolgungsorgane und auch die Gerichte Rechnung zu tragen. Deshalb müssen sie alles tun, damit zumindest die Möglichkeit einer Beteiligung des Erziehungsberechtigten und gesetzlichen Vertreters sichergestellt werden kann. Hieraus resultiert die Verpflichtung, Ermittlungen darüber anzustellen, wer der Erziehungsberechtigte des Beschuldigten bzw. Angeklagte ist und ob der Jugendliche einen gesetzlichen Vertreter hat.[285]

Hierzu wird zunächst in jedem Fall der Beschuldigte bzw. Angeklagte selbst zu befragen sein, wer sein Erziehungsberechtigter ist und ob er einen gesetzlichen Vertreter hat. Mit einer ausweichenden oder verneinenden Antwort darf und kann sich die zuständige Behörde aber noch nicht zufrieden geben. Denn es ist vielmehr denkbar, dass der Beschuldigte wahrheitswidrige oder unvollständige

---

[285] Vgl. hierzu für das Verfahren gegen Erwachsene Meyer-Gerhardts, S. 48f. Anderer Ansicht im Bezug auf das allgemeine Strafverfahren: Löwe-Rosenberg/Dünnebier, § 149 Rdn. 5 unter Bezugnahme auf RGSt 41, 347 (348): Das Gericht habe nicht von Amts wegen nach einem gesetzlichen Vertreter zu forschen. Dieser Meinung kann jedoch auch hier aus den bereits oben genannten Gründen nicht gefolgt werden. Das Reichsgericht hat seine Ansicht, "dass irgendwelche im Interesse des gesetzlichen Vertreters von Amts wegen zu treffenden Maßnahmen dem Gericht nicht auferlegt werden dürfen" darauf gestützt, dass das Gesetz ausdrücklich eine Benachrichtigung von Ort und Zeit der Hauptverhandlung nicht vorsehe. Das ist aber auch im Erwachsenenverfahren seit dem Inkrafttreten des § 149 Abs. 1 S. 2 StPO und auch unter Beachtung der Vorschriften der §§ 126 a Abs. 2, 408 Abs. 2, 429 c Abs. S. 2, 459 c Abs. 1 S. 2 sicherlich nicht mehr aufrechtzuerhalten.

Angaben macht, um die Tat vor seinem Erziehungsberechtigten oder seinem gesetzlichen Vertreter zu verheimlichen.[286] Daher müssen in jedem Fall Ermittlungen eingeleitet werden. Es fragt sich, in welchem Umfang diese Ermittlungen durchgeführt werden sollen.

Die Ermittlung des Erziehungsberechtigten dürfte sich als relativ unproblematisch erweisen, weil hier in erster Linie die Eltern als Erziehungsberechtigte in Betracht kommen. Dennoch wird die Staatsanwaltschaft oder die Polizeibehörde auf jeden Fall eine Einsichtnahme in den Bundeszentralregisterauszug verlangen müssen,[287] weil hieraus zumindest die Existenz eines gesetzlichen Vertreters ersichtlich sein kann.[288] Nach den Bestimmungen der Bundeszentralregisterordnung sind dem Bundeszentralregister alle Entscheidungen deutscher Gerichte, die mit Urteil in Jugendsachen mit Jugendstrafe abschließend entschieden werden, mitzuteilen. Hierzu zählt infolgedessen auch, ob jemand aufgrund einer gerichtlichen Entscheidung einen gesetzlichen Vertreter hat.[289] Da im Bundeszentralregister jedoch keine Eintragungen über vorläufige Anordnungen zu finden sind, gibt dieses Blatt nicht zu jedem Zeitpunkt zuverlässig über das Vorhandensein eines gesetzlichen Vertreters Auskunft.

Wenn diese Nachforschungen nichts Positives ergeben haben, ist davon auszugehen, dass es keinen gesetzlichen Vertreter gibt. Nur in Ausnahmefällen sind die Staatsanwaltschaften, Polizeibehörden oder Gerichte dann zu weiteren Nachforschungen, wie zum Beispiel zu Rückfragen bei Vormundschaftsgerichten oder anderen öffentlichen Stellen verpflichtet, wenn bestimmte Tatsachen, wie zum Beispiel das Verhalten des Beschuldigten bei und nach der Tat oder die persönlichen, familiären oder wirtschaftlichen Umstände des Erziehungsberechtigten zu der Annahme drängen, dass der Beschuldigte nicht ausschließlich von dem Erziehungsberechtigten, sondern ausschließlich oder ergänzend von einem gesetzlichen Vertreter betreut wird.[290]

Gegen die hier vertretene Auffassung, wonach eine Pflicht zur Ermittlung des gesetzlichen Vertreters in jedem Fall für erforderlich erachtet wird, kann nicht eingewandt werden, sie erfordere von den Strafverfolgungsbehörden und von den Gerichten einen besonderen, unverhältnismäßigen Aufwand. Denn die

---

286 Vgl. OLG Hamm, GA 1961, 182 (183); hier erfuhr der gesetzliche Vertreter erst bei Strafantritt von der Straftat und dem Verfahren.

287 Dieser ist aber nach Nr. 16 der RiStV ohnehin im Laufe des Verfahrens heranzuziehen.

288 Vgl. hierzu den in OLG Hamm, GA 1961, 182 (183) besprochenen Fall.

289 Im Regelfall ist der Erziehungsberechtigte zugleich gesetzlicher Vertreter, es sei denn ein Gericht hat etwas Gegenteiliges entschieden.

290 Das wird insbesondere dann der Fall sein, wenn aufgrund verschiedener Anhaltspunkte mit hoher Wahrscheinlichkeit angenommen werden kann, dass der Erziehungsberechtigte zur Wahrnehmung der Interessen des Jugendlichen außerstande ist.

zuständigen Behörden bzw. Gerichte sind gem. §§ 160, 244 StPO, insbesondere durch die Arbeit der Jugendgerichtshilfe, ohnehin verpflichtet, eine umfassende (Sachverhalts-) Aufklärung vorzunehmen, wozu auch die Feststellung gehört, ob der Beschuldigte bzw. Angeklagte einen gesetzlichen Vertreter hat oder ob seine berechtigten Interessen im Verlauf des Jugendstrafverfahrens ausschließlich von seinem Erziehungsberechtigten wahrgenommen werden.

Im Übrigen ist zu berücksichtigen, dass nicht nur der Erziehungsberechtigte, sondern auch der gesetzliche Vertreter in der Lage sein dürfte, etwas über die persönlichen Verhältnisse des Beschuldigten bzw. Angeklagten auszusagen, so dass er insoweit als Zeuge vernommen werden und zudem einen wichtigen Beitrag zur Sachverhaltsaufklärung leisten könnte.[291]

Die mangelnde Aufklärung, wer Erziehungsberechtigter oder gesetzlicher Vertreter ist, und die daraus resultierende Nichteinbeziehung des gesetzlichen Vertreters (und des Erziehungsberechtigten)[292] kann unter Umständen sogar die Revision wegen eines Verstoßes gegen § 244 Abs. 2 StPO begründen.[293]

### 2.3.2.1.2 Recht auf Gehör

Der Erziehungsberechtigte oder gesetzliche Vertreter, der an dem Jugendstrafverfahren gegen seinen Zögling beteiligt ist, hat genauso wie der Jugendliche selbst bereits vor Beginn der Hauptverhandlung, also im Vorverfahren, ein eigenes Recht auf Gehör.

Wie sich aus Art. 103 Abs. 1 GG i.V.m. § 67 Abs. 2 JGG ergibt, hat der Erziehungsberechtigte oder der gesetzliche Vertreter immer dann ein Recht auf rechtliches Gehör, wenn dieses auch dem beschuldigten Jugendlichen zusteht. Die Anhörung des Jugendlichen ist ausdrücklich an verschiedenen Stellen des Jugendgerichtsgesetzes vorgeschrieben.[294]

---

291 In diesem Zusammenhang kommen die Vorschriften über die Heranziehung von Zeugen zur Anwendung. Zeugen können gegebenenfalls auch mit Zwangsmitteln vorgeführt oder sogar aufgrund eines Haftbefehls zur Teilnahme an der Hauptverhandlung "gezwungen" werden.

292 Hierbei ist jedoch zu bedenken, dass der Erziehungsberechtigte und auch der gesetzliche Vertreter in aller Regel nicht mit größerem Aufwand ermittelt werden muss.

293 Dallinger/Lackner, § 50 Rdn. 16; Eisenberg § 50 Rdn. 30; Grethlein § 50 Anm. 2 b.

294 Diemer/Schoreit/Sonnen, § 67 Rdn. 10. Angehört werden soll der Jugendliche in den Fällen des §§ 67 Abs. 1; 58 Abs. 1, 65 Abs. 1; 88 Abs. 4 JGG. Darüber hinaus finden sich noch weitere ergänzende Anhörungsvorschriften in der StPO: §§ 33 Abs. 3, 4; 33a; 118 Abs. 3 StPO und in weiteren für das Hauptverfahren geltenden Vorschriften.

In Anlehnung an diese Anhörungsrechte und zur Wahrnehmung der berechtigten Schutzinteressen des betroffenen Jugendlichen müssen der Erziehungsberechtigte und der gesetzliche Vertreter vor allen wichtigen Entscheidungen, das bedeutet auch außerhalb der Hauptverhandlung, genauso wie der Jugendliche selbst gehört werden.[295]

Im deutschen Strafverfahren ist jeder Beschuldigte - sowohl der Jugendliche wie auch der Erwachsene - vor Abschluss des Ermittlungsverfahrens, bevor die Sache dem Gericht vorgelegt wird, zu den im Ermittlungsverfahren erhobenen Vorwürfen zu hören. Er muss verantwortlich vernommen und ihm muss in jedem Fall Gelegenheit gegeben werden, sich zur Sache zu äußern, bevor entschieden wird, ob Anklage zu erheben oder das Verfahren einzustellen ist.[296] Hieraus resultiert unter Berücksichtigung des Grundsatzes von § 67 Abs. 2 JGG, dass im Jugendstrafverfahren der Erziehungsberechtigte oder gesetzliche Vertreter spätestens am Ende des Vorverfahrens ein eigenes Recht auf Gehör hat. Das Recht zur Teilnahme an Terminen außerhalb der Hauptverhandlung muss dem Erziehungsberechtigten und gesetzlichen Vertreter auch aus dem Grund eingeräumt werden, damit er von seinen Anhörungsrechten in angemessener Art und Weise und auch unter Berücksichtigung der besonderen Schutzinteressen des Jugendlichen Gebrauch macht und hierdurch auf die Gestaltung des Verfahrens sachgerecht einwirken kann. Deshalb muss der Erziehungsberechtigte bzw. der gesetzliche Vertreter bereits in Terminen außerhalb der Hauptverhandlung, insbesondere auch bei der letzten verantwortlichen Vernehmung vor Beendigung des Ermittlungsverfahrens, in angemessenen Maße zu Worte kommen.

Aus den gleichen Gründen und zur Wahrung der Schutzbelange des Jugendlichen ist dem Erziehungsberechtigten oder gesetzlichen Vertreter zudem ein Fragerecht gegenüber Zeugen und Sachverständigen bei vorweggenommenen Terminen außerhalb der Hauptverhandlung zuzubilligen.[297]

Deshalb sollte er auch von der Polizeibehörde bzw. von der Staatsanwaltschaft und vom zuständigen Gericht über alle richterlichen und auch nichtrichterlichen Vernehmungs- und Untersuchungstermine außerhalb der Hauptverhandlung benachrichtigt werden.

---

295 Ostendorf, § 67 Rdn 11, Kleinknecht/Meyer-Goßner, § 33 Rdn. 10.

296 Löwe-Rosenberg/Kohlhaas, § 170 Rdn. 15.

297 Allgemeine Auffassung: für viele Löwe-Rosenberg/Kohlhaas, § 193 Rdn. 3 m.w.N.

### 2.3.2.1.3 Recht auf Anwesenheit bei nicht-richterlichen Vernehmungen und Untersuchungshandlungen

#### 2.3.2.1.3.1 Umfang des Anwesenheitsrechtes

Das Recht auf Anwesenheit bei nicht richterlichen Untersuchungshandlungen spielt nach überwiegender Meinung in der rechtswissenschaftlichen Literatur[298] im Vorverfahren bei jeder (polizeilichen oder staatsanwaltschaftlichen) Vernehmung und Untersuchungshandlung im Verlaufe des Vor- und auch Zwischenverfahrens eine entscheidende Rolle. Dieses Recht auf Anwesenheit, das nicht zur Disposition einer nicht oder kaum kontrollfähigen Einzelbeurteilung stehen soll, ist auch schon im Vorverfahren von erheblicher Relevanz.[299]

Vernehmungen und Untersuchungshandlungen sind gerade im Ermittlungsverfahren von großer Bedeutung. Denn erst anhand der gewonnenen Ergebnisse der Vernehmungen und Untersuchungen kann entschieden werden, ob die Tatsachen für die Begründung eines hinreichenden Tatverdachts ausreichen. Erst wenn dieser Tatverdacht begründet werden kann, ist die Eröffnung des Hauptverfahrens durch die Einreichung der Anklageschrift bei Gericht zu beantragen. Das Anwesenheitsrecht bei Untersuchungshandlungen außerhalb der Hauptverhandlung soll insbesondere für die polizeilichen Vernehmungen oder Untersuchungen im Vorverfahren[300] und auch für staatsanwaltschaftliche oder richterliche Vernehmungen oder Untersuchungen,[301] Vernehmungsvorführungen sowie für die Vorführungen aufgrund eines Haftbefehles und die erste Vernehmung nach der Verhaftung gelten.

Nach einer einzelnen Meinung in der Literatur soll das Anwesenheitsrecht bei Vernehmungen und Untersuchungs- bzw. Vorführungshandlungen lediglich auf die richterlichen Vernehmungen während der Hauptverhandlung beschränkt werden.[302]

---

298 Löwe-Rosenberg/Hanack, § 136 Rdn. 55, Kleinknecht/Meyer-Goßner, § 136 Rdn. 5; Brunner/Dölling, § 67 Rdn. 20, § 51 Rdn. 11; Dallinger/Lackner, § 51 Rdn. 27; zweifelnd Eisenberg, § 51 Rdn. 3, § 67 Rdn. 11.

299 Eisenberg, § 67 Rdn. 11; anderer Ansicht Brunner/Dölling, § 67 Rdn. 20, der das Anwesenheitsrecht bei polizeilichen Vernehmungen in Frage stellt und die Vernehmung des Jugendlichen nach vorheriger umfassender Belehrung für ausreichend erachtet.

300 Hier ist das Anwesenheitsrecht zwar nicht ausdrücklich vorgeschrieben, es ergibt sich aber als logische Konsequenz aus der Auslegung des § 67 JGG und aus allgemeinen Prinzipien des Strafverfahrens; vgl. hierzu Diemer/Schoreit/Sonnen, § 67 Rdn. 14.

301 Das wird dadurch deutlich, dass §§ 168 c Abs. 4 ; 163 a Abs. 3 StPO die Benachrichtigung aller zur Anwesenheit Berechtigten vorschreibt, wozu auch Erziehungsberechtigter und gesetzlicher Vertreter zählen.

302 Ostendorf § 51 Rdn. 2.

Dieser Meinungsstreit braucht an dieser Stelle aber nicht vertieft zu werden. Es ist zwar nachvollziehbar, dass zum Beispiel bei der Vorbereitung des ersten Eingriffes während des Ermittlungsverfahrens der Kreis der Informierten so eng wie möglich gehalten werden sollte, denn aufgrund dessen könnten Beweismittel vernichtet oder vereitelt werden.

Trotz des staatlichen Strafverfolgungsanspruchs und im Hinblick auf den Amtsermittlungsgrundsatz sollten aber im Jugendstrafverfahren die Schutz- und Erziehungsinteressen des Jugendlichen vorrangig berücksichtigt werden. Daher darf, abgesehen von Einzelfallgestaltungen, das umfassende Anwesenheitsrecht des Erziehungsberechtigten oder des gesetzlichen Vertreters bei Vernehmungen und sonstigen Untersuchungshandlungen nicht in Zweifel gezogen werden.[303]

Auch wenn die bereits angesprochene Polizeidienstverfügung demgegenüber bestimmt, dass (der Erziehungsberechtigte und) der gesetzliche Vertreter kein zwingendes Recht auf Anwesenheit bei der (ersten) polizeilichen Vernehmung eines Minderjährigen haben,[304] ist die Anwesenheit des Erziehungsberechtigten oder gesetzlichen Vertreter im Hinblick auf den gesetzlich garantierten Erziehungsanspruch und die berechtigten Schutzinteressen als unabdingbar zu bewerten.

Aus wissenschaftlichen Erkenntnissen zur reduzierten Überführungsresistenz oder auch zur gesteigerten Geständnisfreudigkeit jugendlicher Beschuldigter ergibt sich,[305] dass die nicht unerhebliche Gefahr besteht, dass der Jugendliche trotz einer umfassenden und verständlichen Belehrung durch die Polizei das Wissen zur Aussagefreiheit im Regelfall psychisch nicht zutreffend in der Weise versteht, man dürfe das Schweigerecht ohne weiteres gegenüber dem vernehmenden Polizeibeamten ausüben, ohne später Nachteile zu erwarten zu haben.[306]

Auf der anderen Seite liegt es nahe, dass die Mehrzahl der jugendlichen Beschuldigten trotz stattgefundener Belehrung annimmt, in jedem Fall aussagen zu müssen. Hieraus ist die Konsequenz zu ziehen, dass schon allein aus diesen Gründen eine dem Jugendlichen gerecht werdende Verfahrensgestaltung notwendig erscheint. Gerade zu diesem Zwecke soll der Erziehungsberechtigte oder der gesetzliche Vertreter als Schutz und Beistandsperson bei einer Verneh-

---

303 Diemer/Schoreit/Sonnen, § 67 Rdn. 13.

304 Polizeidienstverfügung 382, 3. 6. 4.,3. 6. 5: Sie schreibt vor, den beschuldigten Jugendlichen grundsätzlich wegen der Erschwerung der Wahrheitsfindung allein zu vernehmen, und wenn die Erziehungsberechtigten und gesetzlichen Vertreter auf ihre Anwesenheit bestehen, von der Vernehmung des Jugendlichen abzusehen.

305 Hanack, § 136 Rdn. 55; Riess, JA 1980, 298 (300).

306 Eisenberg, § 67 Rdn. 11.

mung des Beschuldigten dabei sein dürfen, damit er dem Jugendlichen für ihn Unverständliches erklären und gegebenenfalls bestehende Missverständnisse lösen kann.

Die Anwesenheit des Erziehungsberechtigten oder des gesetzlichen Vertreters erscheint nicht nur zur Stärkung der Rechtsposition des Jugendlichen dringend erforderlich zu sein, sondern dient auch dem berechtigten Schutzinteresse des Betroffenen. Nur so kann eine sach- und interessengerechte Beteiligung des Erziehungsberechtigten oder des gesetzlichen Vertreters und demzufolge auch eine ordnungsgemäße Verfahrensdurchführung gewährleistet werden. Denn dem Prinzip der Amtsermittlung und der Wahrheitsforschung[307] stehen die berechtigten Interessen und insbesondere das Schutzbedürfnis des Jugendlichen gegenüber.

Hierbei muss außerdem beachtet werden, dass in der Polizeipraxis trotz aller Sorgfalt häufig die Belehrungen in unzulässiger oder unvollständiger Form vorgenommen oder manchmal vorab rein informatorische Befragungen, die noch nicht den Charakter einer verantwortlichen Vernehmung haben, durchgeführt werden.[308] Diese formale Differenzierung ist für einen Jugendlichen nicht verständlich.

Selbst wenn davon auszugehen ist, dass die Vernehmungen der Jugendlichen von besonders geschulten und erfahrenen Polizeibeamten durchgeführt werden, besteht dennoch immer die Gefahr, dass der Jugendliche aufgrund seiner Unkenntnis und Unerfahrenheit sich selbst trotz ordnungsgemäßer Belehrung mehr als erforderlich schadet. Denn der unerfahrene Jugendliche kann durch die förmliche Belehrung Angst bekommen, was zu unrichtigem Verhalten und/oder voreiligen Aussagen mit erheblichen Konsequenzen führen kann. Auch wenn die Inhalte dieser Vernehmungen nicht zwangsläufig in das Hauptverfahren eingeführt werden dürfen, können sie dem Jugendlichen unter Umständen im Hauptverfahren vorgehalten werden und insoweit belastend wirken.

Die Anwesenheit des Erziehungsberechtigten oder gesetzlichen Vertreters bei der ersten polizeilichen Vernehmung kann auch nicht dem Ermittlungszweck dieser Maßnahme zuwiderlaufen. Sogar bei der ersten verantwortlichen Beschuldigtenvernehmung eines Erwachsenen, der uneingeschränkt verantwortlich handeln kann und darf, ist es zulässig, dass der Verteidiger als dritte Person anwesend ist und beteiligt wird.

---

307 Allein diese könnte durch die Anwesenheit der Erziehungsberechtigten und gesetzlichen Vertreter unter Umständen erschwert werden, weil der betroffene Jugendliche möglicherweise in ihrer Gegenwart über sich und seine Tat schweigt.

308 Wulff, S. 217ff.; Ostendorf, § 67 Rdn. 10.

Diese mit der Anwesenheit einer weiteren (rechtskundigen) Person verbundene Schutzfunktion darf einem Jugendlichen nicht genommen werden. Im Gegenteil: Die Schutz- und auch die Erziehungsfunktion kann und muss im Jugendstrafverfahren von dem Erziehungsberechtigten oder dem gesetzlichen Vertreter zusätzlich gesichert werden. Aufgrund des gesteigerten Schutzbedürfnisses eines Jugendlichen steht daher dem Anwesenheitsrecht des Erziehungsberechtigten oder des gesetzlichen Vertreters bei polizeilichen Vernehmungen und Untersuchungshandlungen außerhalb des Hauptverfahrens nichts entgegen.

Hieraus folgt, dass die in der Polizeiverfügung getroffene Regelung für das Jugendstrafrecht in jedem Fall nicht sach- und interessengerecht gestaltet wurde und damit unter Beachtung der jugendstrafrechtlichen Verfahrensmaxime in der strafprozessualen Praxis nicht berücksichtigt werden darf.

Mit diesem Anwesenheitsrecht des Erziehungsberechtigten oder des gesetzlichen Vertreters bei Vernehmungen und Untersuchungshandlungen außerhalb des Hauptverfahrens korrespondiert die bereits erörterte Benachrichtigungspflicht der Polizeibehörden oder der Staatsanwaltschaft.[309] Nur so kann sichergestellt werden, dass dem Erziehungsberechtigten oder gesetzlichen Vertreter überhaupt die Möglichkeit eröffnet wird, anwesend zu sein. Wenn diese Personen nicht von der ersten verantwortlichen Vernehmung in Kenntnis gesetzt würden, liefe das Anwesenheitsrecht im Vorverfahren ins Leere.

#### 2.3.2.1.3.2 Beschränkung des Anwesenheitsrechts

Das Anwesenheitsrecht des Erziehungsberechtigten oder des gesetzlichen Vertreters kann dann gem. § 51 Abs. 2 JGG analog bereits im Ermittlungsverfahren beschränkt werden, wenn die gesetzlichen Voraussetzungen dieses Ausschließungsgrundes vorliegen. Das bedeutet, dass der Ausschluss dann begründet ist, wenn gegen die Anwesenheit der betreffenden Personen des Erziehungsberechtigten oder gesetzlichen Vertreters Bedenken vorgebracht werden können. Bedenken gegen die Anwesenheit der betreffenden Personen bestehen dann, wenn der jugendliche Beschuldigte aus persönlichen Gründen, wie zum Beispiel aus Angst vor einem Erziehungsberechtigten oder gesetzlichen Vertreter, ausdrücklich die Anwesenheit der Erziehungspersonen bei Vernehmungs- und Untersuchungsterminen ablehnt und hierfür nachvollzieh-

---

309 Eisenberg, § 67 Rdn. 11.

bare Gründe darlegt.[310] Außerdem sind Bedenken dann anzunehmen, wenn der Erziehungsberechtigte oder gesetzliche Vertreter selbst in die betreffende Straftat verwickelt war oder er nur eigene Belange und Interessen möglicherweise sogar zum Nachteil des beschuldigten Jugendlichen ins Spiel bringt.[311]

Eine Einschränkung des Anwesenheitsrecht ist schließlich auch denkbar, wenn der Aufenthaltsort des Erziehungsberechtigten und des gesetzlichen Vertreters trotz längerer Nachforschungen nicht nur vorübergehend unbekannt oder diese Personen über eine längere Dauer nicht erreichbar sind.[312] In diesen Fällen sollte in aller Regel eine Ersatzperson herangezogen werden. Allerdings muss im Ermittlungsverfahren bei einer möglicherweise nur vorübergehenden Verhinderung des Erziehungsberechtigten oder gesetzlichen Vertreters im Hinblick auf die noch folgende Hauptverhandlung nicht immer zwingend ein Pfleger zur Wahrnehmung der Interessen des Erziehungsbedürftigen bestellt werden. Die Bestellung eines Pflegers ist bei langfristiger und dauerhafter Verhinderung des betreffenden Personenkreises notwendig. Die Heranziehung dieser Person erst zu Beginn des Hauptverfahrens ist als ausreichend anzusehen. Anders ist der Fall, wenn sich der Jugendliche in Untersuchungshaft befindet. Hier ist der Erziehungsberechtigte bzw. gesetzliche Vertreter umgehend einzubeziehen.

Denn in der Hauptverhandlung erfolgt (erneut) eine umfassende Erforschung des Sachverhaltes und der Täterpersönlichkeit, was dann erst die Grundlage der möglichen Verurteilung bildet.

Eine Beschränkung des Anwesenheitsrechts im Hinblick auf die im gewissen Maß anzunehmende Aussagegehemmtheit des Jugendlichen in Anwesenheit des Erziehungsberechtigten oder des gesetzlichen Vertreters kann im Ermittlungsverfahren ausnahmsweise dann gerechtfertigt werden, wenn der Jugendliche unabhängig von sonstigen Bedenken den Ausschluss seines Erziehungsberechtigten oder gesetzlichen Vertreters ausdrücklich will.[313] Der Jugendliche selbst kann die Anwesenheit des Erziehungsberechtigten oder des gesetzlichen Vertreters mit guten Gründen ablehnen.[314] Die Gründe des Beschuldigten sollten für die Vernehmungsperson nachvollziehbar und erkennbar sein.

---

310 Eisenberg, § 67 Rdn. 11.
311 Ostendorf, § 67 Rdn 10; Diemer/Schoreit/Sonnen, § 67 Rdn. 15.
312 Eisenberg, § 67 Rdn. 11.
313 Eisenberg, § 67 Rdn. 11; Eisenberg, NJW 1980, 1250 (1250).
314 Diemer/Schoreit/Sonnen, § 67 Rdn. 13.

### 2.3.2.1.4 Beratungs- und Unterstützungsfunktion

Eng mit dem Anwesenheitsrecht des Erziehungsberechtigten oder des gesetzlichen Vertreters im Vorverfahren hängt das Recht des Jugendlichen zusammen, sich bereits im Vorverfahren und nicht erst während der Hauptverhandlung unterstützen und beraten zu lassen. Der jugendliche Beschuldigte hat die Möglichkeit, sich jederzeit bereits vor einer polizeilichen Vernehmung und vor seiner Entscheidung darüber, ob er sich zu dem gegen ihn erhobenen Vorwurf äußern will oder nicht, mit seinem Erziehungsberechtigten oder gesetzlichen Vertreter zu besprechen und sich dementsprechend sachgerecht beraten zu lassen.

Über dieses Recht, dass er sich mit seinem Erziehungsberechtigten oder gesetzlichen Vertreter über verschiedene Verteidigungsstrategien beraten und deren Unterstützung in Anspruch nehmen kann, ist der Jugendliche bereits im Vorverfahren ausdrücklich zu belehren.[315] Diese Belehrung sollte in gleicher Weise wie die Belehrung über die Möglichkeit der Aussageverweigerung erfolgen.

Zum Beispiel darf in keinem Fall dem Jugendlichen nach einer überraschenden Festnahme unter Inaussichtstellung möglicher Nachteile nahegelegt werden, ohne seinen gesetzlichen zugesicherten Beistand, den Erziehungsberechtigten oder gesetzlichen Vertreter, Angaben zur Sache zu machen oder gar ein Geständnis abzulegen. Gegen diese Auslegung der Rechte des Erziehungsberechtigten oder des gesetzlichen Vertreters wendet sich lediglich die bereits erwähnte Polizeiverfügung,[316] die in Eilfällen oder bei schwieriger Beweislage eine Vernehmung des jugendlichen Beschuldigten auch ohne die Anwesenheit des Erziehungsberechtigten oder des gesetzlichen Vertreters für zulässig erachtet. Diese Verfügung schränkt die Rechte des Erziehungsberechtigten und des gesetzlichen Vertreters in nicht zulässiger Weise ein und vermindert ungerechtfertigt den Schutz des Jugendlichen im Jugendstrafverfahren. Da diese Polizeiverfügung als Verwaltungsvorschrift zudem keinen Gesetzescharakter hat, ist die Anwendung dieser Verwaltungspraxis aufgrund der entstehenden Risiken und wegen der nachteiligen Folgen für den Jugendlichen im Ergebnis abzulehnen.[317] Der Jugendliche muss also auf sein Recht, sich von seinem Erziehungsberechtigten oder gesetzlichen Vertreter beraten oder unterstützen lassen zu können, belehrt werden. Darüber hinaus muss ihm die Möglichkeit der realen Umsetzung dieser Rechte ermöglicht werden.

---

[315] Kleinknecht/Meyer-Goßner, § 67 Rdn. 5.
[316] Polizeiverfügung 382, Nr. 2.2.2. 3.; 2.2.2. 6.; Nr.3.6. 4.
[317] Vgl. Ostendorf, Grundlagen zu §§ 67-69 Rdn. 10, der die Polizeiverfügung für rechtswidrig hält.

Im Zusammenhang mit der Beratungs- und Unterstützungsfunktion des Erziehungsberechtigten und des gesetzlichen Vertreters ist von Bedeutung, dass der Jugendliche bereits im Ermittlungsverfahren das Recht hat, von der vernehmenden Person oder von dem Erziehungsberechtigten oder gesetzlichen Vertreter darüber aufgeklärt zu werden, dass es im Strafprozess eine sogenannte verspätete Einlassung nicht gibt und er im Falle seiner vorläufigen Aussageverweigerung keine nachteiligen Folgen zu erwarten hat.[318] Wenn die Aufklärung durch die Vernehmungsperson erfolgt, sollte dies dennoch in Anwesenheit des Erziehungsberechtigten oder des gesetzlichen Vertreters erfolgen. Nur auf diese Weise kann der Erziehungsberechtigte oder gesetzliche Vertreter dem Jugendlichen seine Rechte noch einmal erklären und ihm entsprechend erläutern und damit seiner Beratungs- und Unterstützungsverpflichtung gegenüber dem Jugendlichen gerecht werden.

Es ist aber unabhängig von der Anwesenheit des Erziehungsberechtigten oder des gesetzlichen Vertreters nicht ganz zweifelsfrei, ob eine derartige umfassende Aufklärung bei Jugendlichen überhaupt altersgerecht und sinnvoll erscheint.

Zum Teil wird in der Literatur hierzu vertreten, dass Belehrungen über Aussageverweigerungsrechte und Verteidigungsrechte sowie Rechte auf Beratung und Unterstützung im Jugendstrafverfahren aus erzieherischen Gründen im Einzelfall nicht sinnvoll seien.[319] Wenn ein Jugendlicher eine Verfehlung begangen habe, sei es für ihn umso verständlicher, wenn hierauf unmittelbar mit einer für ihn negativen Folge reagiert würde, erfolge jedoch zunächst eine Belehrung über die Rechte, verfehle eine entsprechende spätere Reaktion auf seine Tat den erzieherischen Zweck.[320] Er könnte hiernach fälschlich den Eindruck gewinnen, sich durch sein Fehlverhalten sogar noch in eine günstig erscheinende Rechtsposition gebracht zu haben.

Dieser Auffassung kann nicht zugestimmt werden, denn sie verkennt, dass auch Jugendliche trotz oder gerade wegen ihres Alters einen Anspruch auf ein ordnungsgemäß durchgeführtes Strafverfahren, wie es jedem rechtsstaatlich garantiert ist, haben. Gerade bei Jugendlichen, besonders bei erstmals strafrechtlich auffälligen Personen, sind die Art und der Umfang der Belehrung für

[318] Brunner/Dölling, § 2 Rdn. 10 unter Bezugnahme auf Kleinknecht/Meyer-Goßner, § 136 Rdn. 7; Rengier, JZ 1979, 251 (253).

[319] Vgl. hierzu Eisenberg, § 2 Rdn. 6, § 67 Rdn. 11, der eine differenzierte Bewertung fordert, wann und auf welche Art und Weise eine Belehrung vor der Vernehmung gegenüber den Jugendlichen erfolgen sollte. In jedem Fall sollte sie altersentsprechend durchgeführt werden.

[320] Bertram, MschKrim 1968, 285 (286).

den Verfahrensverlauf von entscheidender Bedeutung, gerade weil die Aussagefreiheit dem betroffenen Personenkreis nicht immer ohne weiteres verständlich ist. Möglicherweise sieht sich der Betroffene ohne eine derartige Belehrung unter Druck gesetzt, etwas möglicherweise zu Unrecht gestehen zu müssen.

Es ist auch kein Grund ersichtlich, warum die Belehrung über bestehende Aussageverweigerungsrechte mit den erzieherischen Prinzipien unverträglich sein soll. Schließlich sollte der betroffene Jugendliche zu einem verantwortungsbewussten und auch kritischen Menschen erzogen werden.

Die geforderte negative Folge auf die vielleicht begangene Straftat erfolgt dann zum Ende der Hauptverhandlung noch früh genug. Es wäre zum Zeitpunkt des Ermittlungsverfahrens auch unter Berücksichtigung der erzieherischen Aspekte verfrüht, mit einer Sanktion zu reagieren, zumal noch nicht einmal ein ordnungsgemäßes Verfahren stattgefunden hat und auch nicht einmal sicher feststeht, ob der Jugendliche die ihm vorgeworfene Tat tatsächlich begangen hat. Im Jugendstrafverfahren gilt zunächst grundsätzlich die Unschuldsvermutung.

Insofern sollte unter allen Umständen eine umfassende Belehrung des Jugendlichen im Ermittlungsverfahren in Anwesenheit des Erziehungsberechtigten oder des gesetzlichen Vertreters erfolgen. Damit werden sowohl der Jugendliche selbst als auch der Erziehungsberechtigte oder der gesetzliche Vertreter umfassend aufgeklärt. Erst dann besteht für den Erziehungsberechtigten oder gesetzlichen Vertreter die Möglichkeit, den Jugendlichen sachgerecht zu beraten und zu unterstützen.[321]

### 2.3.2.1.5 Anwesenheitsrecht und Teilnahme an richterlichen Terminen außerhalb der Hauptverhandlung

#### 2.3.2.1.5.1 Inhalt und Umfang der Teilnahmerechte

Neben den Anwesenheits-, Unterstützungs- und Beratungsrechten während der Vernehmungen durch Polizei und Staatsanwaltschaft im Ermittlungsverfahren, erstreckt sich das Anwesenheitsrecht des Erziehungsberechtigten und des gesetzlichen Vertreters auch auf die außerhalb der Hauptverhandlung stattfindenden richterlichen Termine.

---

[321] Im Ergebnis zustimmend Brunner/Dölling, § 2 Rdn. 10; § 67 Rdn. 20.

Gem. § 149 Abs. 3 StPO hat der gesetzliche Vertreter grundsätzlich im Strafverfahren gegen Erwachsene[322] und zudem der Erziehungsberechtigte gem. § 67 Abs. 2 JGG im Jugendstrafverfahren das Recht, nicht nur an polizeilichen und staatsanwaltschaftlichen Vernehmungsterminen im Vorverfahren, sondern auch an allen richterlichen Vernehmungs- oder Untersuchungsterminen außerhalb der Hauptverhandlung teilzunehmen.

Dogmatisch ist hierzu grundsätzlich anzumerken, dass der Beistand nach § 149 StPO im Erwachsenenstrafverfahren nicht mit dem Beistand im Jugendstrafverfahren nach § 69 JGG zu vergleichen ist[323], denn als Beistand nach § 149 StPO kommt nur der Ehegatte in Betracht, der im Einzelnen wesentlich weniger Rechte hat als der nach § 69 Abs. 3 JGG berufene Beistand eines Jugendlichen.

Das Anwesenheitsrecht des Erziehungsberechtigten und des gesetzlichen Vertreters an richterlichen Terminen außerhalb der Hauptverhandlung leitet sich aus dem Recht des Jugendlichen selbst her, der als Beschuldigter bzw. Angeschuldigter selbstverständlich an allen richterlichen Terminen auch außerhalb der Hauptverhandlung teilnehmen kann bzw. darüber hinaus sogar zur Teilnahme verpflichtet ist.

Ergänzend zu dem aus den Rechten des Jugendlichen abgeleiteten Anwesenheitsrecht des Erziehungsberechtigten und des gesetzlichen Vertreters lassen sich die Teilnahmerechte im Jugendstrafverfahren aus den Normen der Strafprozessordnung herleiten und begründen. Grundsätzlich können diese Vorschriften der Strafprozessordnung das Jugendgerichtsgesetz ergänzen und ausfüllen, wenn das Jugendgerichtsgesetz als lex specialis zur Strafprozessordnung nichts Gegenteiliges bestimmt.[324]

§ 149 Abs. 1 StPO meint mündliche Verhandlungstermine während des Vorverfahrens.[325] Das ergibt sich aus der Formulierung des Gesetzeswortlauts des § 149 Abs. 1 und der Verwendung des Wortes "Beistand", welches auf eine mündliche Verhandlung hindeutet.[326] Aus diesem Grunde meint diese Vor-

322 Allerdings muss im Erwachsenenverfahren zwischen § 149 Abs. 1 und Abs. 3 differenziert werden. Dem Wortlaut nach hängt das Teilnahmerecht des gesetzlichen Vertreters im Vorverfahren von der Ermessensentscheidung des zuständigen Richters ab.

323 Diemer/Schoreit/Sonnen, § 69 Rdn. 3; Eisenberg, § 69 Rdn. 3; dagegen lediglich Ostendorf, § 69 Rdn. 3, der den Beistand dieser beiden Normen personenidentisch angesehen wissen will.

324 Diemer/Schoreit/Sonnen, § 2 Rdn. 1.

325 Löwe-Rosenberg/Dünnebier, § 149 Rdn. 6; Schmidt, § 149 Rdn. 8.

326 Vgl. §§ 378 S. 1; 387 Abs. 1 StPO; § 90 Abs. 1 ZPO; § 67 Abs. 2 VwGO, so auch bei Meyer-Gerhardts, S. 63.

schrift ausschließlich richterliche Termine, weil die Strafprozessordnung für das Erwachsenenstrafverfahren ausdrücklich die Teilnahme des gesetzlichen Vertreters an staatsanwaltschaftlichen oder polizeilichen Terminen nicht vorsieht.[327] Die Teilnahmeberechtigung des gesetzlichen Vertreters im Erwachsenenstrafverfahren kann in diesem Fall nicht aus den Rechten des Beschuldigten hergeleitet werden.

Zum Vorverfahren im Sinne des § 149 Abs. 3 StPO gehören alle bis zur Hauptverhandlung stattfindenden Termine, also die Termine des Vor- und Zwischenverfahrens.[328]

Dieser Gesetzesauslegung wurde jedoch von einer vorherrschenden Auffassung in der Literatur widersprochen. Die Vertreter dieser Auffassung haben angenommen, dass die nach Beendigung des Ermittlungsverfahrens und nach Eröffnung des Hauptverfahrens stattfindenden richterlichen Termine nicht mehr zum Vor- oder Zwischenverfahren gehören können, weil es sich bei den in diesem Verfahrensstand stattfindenden Terminen um vorweggenommene Teile der Hauptverhandlung handele.[329] Dieser Auffassung kann jedoch nicht gefolgt werden, weil die Vertreter dieser Literaturmeinung anscheinend eine Differenzierung zwischen Hauptverfahren und Hauptverhandlung unterlassen.

Außerdem könnte gerade mit dem Argument, es handele sich bei diesen richterlichen Terminen um vorweggenommene Teile der Hauptverhandlung, auch ein unbedingtes Teilnahmerecht des gesetzlichen Vertreters an den in der Voruntersuchung nach § 195 Abs. 1 und 2 StPO stattfindenden Terminen begründet werden.[330] Soweit will diese abzulehnende Auffassung, die nicht zwischen Hauptverfahren und Hauptverhandlung unterscheiden will, dennoch nicht gehen,[331] möglicherweise aus dem Grunde, weil in der Norm das Wort "Angeklagter" gebraucht wird. Die Terminologie "Angeklagter" wird erst nach Eröffnung des Hauptverfahrens verwendet. Im Ermittlungsverfahren wird der Betroffene mit der Bezeichnung "Beschuldigter", im Zwischenverfahren mit "Angeschuldigter" bezeichnet.

---

327 Löwe-Rosenberg/Dünnebier, § 149 Rdn. 6; Eb. Schmidt, § 149 Rdn. 8.

328 Kleinknecht/Meyer-Goßner, § 149 Rdn. 2; Meyer- Gerhardts, S. 63.

329 Felsenberger, § 149 Rdn. 3; Löwe-Rosenberg/Dünnebier, § 149 Rdn. 2; Müller-Sax, § 149 Rdn. 7; Sauer, ZStW 37, 195 (197); Schmidt, § 149 Rdn. 7; Stenglein, § 149 Anm. 2.

330 Kleinknecht/Meyer-Goßner, § 193 Rdn. 1; Schmidt, § 195 Rdn. 2.

331 Felsenberger, § 149 Rdn. 3; Löwe-Rosenberg/Dünnebier, § 149 Rdn. 2; Müller-Sax, § 149 Rdn. 7; Sauer, ZStW 37, 197; Eb. Schmidt, § 149 Rdn. 7; Stenglein, § 149 Anm. 2.

Des Weiteren steht dieser Auffassung der Wortlaut des § 149 StPO entgegen.[332] § 149 Abs. 1 StPO nimmt ausdrücklich auf die "Hauptverhandlung" Bezug. § 149 Abs. 3 StPO stellt demgegenüber auf das Vorverfahren ab: Daraus resultiert, dass mit Vorverfahren im Sinne dieser Vorschrift alles vor der Hauptverhandlung Liegende gemeint sein muss. Wenn der Gesetzgeber dem gesetzlichen Vertreter im Erwachsenenverfahren ein zwingendes unbedingtes Teilnahmerecht auch für die nicht der Hauptverhandlung angehörende Beweisaufnahme hätte einräumen wollen, so wäre es notwendig gewesen, bei der technischen Bedeutung des Wortes "Angeklagter" folgendermaßen zu formulieren: "Der Ehegatte des Angeklagten ist als Beistand zuzulassen". Hierdurch wäre deutlich geworden, dass das gesamte Hauptverfahren umfasst sein soll. Der Gesetzgeber der StPO hat aber ausdrücklich die Worte "in der Hauptverhandlung" verwendet. Damit entsprach es dem eindeutigen Willen des Gesetzgebers, das gesetzlich festgeschriebene Teilnahmerecht des gesetzlichen Vertreters im Erwachsenenverfahren klar auf diesen Verfahrensabschnitt begrenzen zu wollen. Eine darüber hinaus gehende Teilnahme des gesetzlichen Vertreters in Verfahrensabschnitten, die der Hauptverhandlung im Erwachsenenstrafverfahren vorausgehen, steht im richterlichen Ermessen gem. § 149 Abs. 3 StPO.

Diese differenzierenden Grundsätze lassen sich aber nicht uneingeschränkt auf das Jugendstrafverfahren übertragen: auch wenn die Strafprozessordnung das Jugendgerichtsgesetz ergänzen oder im Falle von Lücken inhaltlich ausfüllen soll, haben die Vorschriften des Jugendgerichtsgesetzes Vorrang. In § 67 Abs. 2 JGG wird bestimmt, dass der Erziehungsberechtigte und der gesetzliche Vertreter bei allen (richterlichen) Untersuchungshandlungen anwesend sein darf, bei denen auch der betroffene Jugendliche selbst zugegen ist oder teilnehmen muss. In dieser jugendgerichtsgesetzlichen Norm findet sich kein Hinweis darauf, dass zwischen einzelnen Verfahrensabschnitten differenziert werden sollte. Der Gesetzgeber des Jugendgerichtsgesetzes wollte nicht zwischen Vor- und Hauptverfahren oder Hauptverhandlung unterscheiden. Infolgedessen ist im Jugendstrafverfahren im Gegensatz zum Erwachsenenrecht der Erziehungsberechtigte oder gesetzliche Vertreter eines Jugendlichen auch bei richterlichen Untersuchungshandlungen außerhalb der Hauptverhandlung zu beteiligen wie der jugendliche Angeklagte selbst.

Dieses Ergebnis entspricht auch dem gesetzgeberischen Ziel des Jugendgerichtsgesetzes, das vom Erziehungsgedanken getragen ist und den betroffenen Jugendlichen einen besonderen Schutz gewähren will. Unter Berücksichtigung dieses Schutzbedürfnisses des Jugendlichen wäre es auch nicht im Sinne des Gesetzes, wenn das Anwesenheitsrecht des Erziehungsberechtigten und des gesetzlichen Vertreters nur auf bestimmte Verfahrensabschnitte beschränkt wäre.

---

[332] Dieses wurde umfassend von Köhler, S. 348 aufgezeigt.

Zu den dem Hauptverfahren vorausgehenden Verfahrensschritten gehören die Vernehmungen des Beschuldigten nach §§ 136, 192, 233 Abs. 2 StPO, die Vernehmungen der Zeugen und Sachverständigen nach §§ 193 Abs. 2, 223 StPO, die Augenscheinstermine nach § 193 Abs. 1, 225 StPO und die Termine im Haftverfahren nach §§ 118 Abs. 1, Abs. 2, 126 a StPO.[333] Auch in diesen Terminen des Ermittlungs- und Zwischenverfahrens hat der Erziehungsberechtigte oder gesetzliche Vertreter, wie bereits ausgeführt,[334] gerade im Jugendstrafverfahren die Rechte auf Teilnahme und Anwesenheit im Termin. Diese (verbindlichen) Rechte lassen sich auch für den gesetzlichen Vertreter im Erwachsenenstrafverfahren aus der Gesetzesformulierung in § 149 Abs. i. V. m. Abs. 3 StPO "zuzulassen" herleiten.

Da aber die Vernehmungstermine außerhalb der Hauptverhandlung im Jugendstrafverfahren genauso wie im Erwachsenenstrafrecht grundsätzlich nicht öffentlich sind, kann der Erziehungsberechtigte oder gesetzliche Vertreter nicht ohne weiteres an einer "Vernehmung" oder "Verhandlung" teilnehmen, sondern er muss gegenüber dem zuständigen Gericht darum "bitten", teilnehmen zu dürfen. Ein förmlicher, schriftlicher Antrag braucht im Jugendstrafverfahren nicht gestellt zu werden. Der Erziehungsberechtigte oder gesetzliche Vertreter muss lediglich zu erkennen geben, dass er von seinem Anwesenheitsrecht bei einem bestimmten Termin Gebrauch machen will. Hierzu genügt ein schlüssiges Verhalten, aus dem die Absicht des Erziehungsberechtigten oder des gesetzlichen Vertreters für das zuständige Gericht erkennbar wird, dass die betreffende Person am Termin teilnehmen will.

Der zuständige Richter prüft dann lediglich, ob die teilnahmewillige Person auch teilnahmeberechtigt, das heißt der Erziehungsberechtigte oder gesetzliche Vertreter des Beschuldigten bzw. des Angeklagten ist und ob die sonstigen Zulassungsvoraussetzungen erfüllt sind. Ist dies der Fall, so gestattet er der betreffenden Person die Anwesenheit im Termin, anderenfalls lehnt er bei Vorliegen eines Ausschließungsgrundes das Begehren auf Anwesenheit ab und versagt dem Betreffenden die Teilnahme. Ein förmlicher Beschluss mit Begründung ist nicht erforderlich.[335]

---

333 Hat der gesetzliche Vertreter im Haftverfahren gem. §§ 118 b, 298 Abs. 1 den Antrag auf mündliche Verhandlung selbst gestellt, so muss er zum Termin zugelassen werden, da § 298 Abs. 2 dem § 149 Abs. 3 vorgeht.

334 Vgl. hierzu die weiteren Ausführungen dieser Arbeit.

335 Müller-Sax, § 149 Anm. 2 b; Erbs, § 149 Anm. III; Kleinknecht/Meyer-Goßner, § 149 Rdn. 2; differenzierend Löwe-Rosenberg/Dünnebier, § 149 Rdn. 8.

Über das Teilnahmebegehren muss entschieden werden, bevor eine Veränderung der Verfahrenslage eintritt, damit der Erziehungsberechtigte oder gesetzliche Vertreter seine ihm gesetzlich eingeräumten Befugnisse in möglichst umfassender Weise ausüben kann. Das Begehren des Erziehungsberechtigten oder des gesetzlichen Vertreters darf also nicht in der Schwebe gehalten, sondern es muss umgehend abschließend von dem zuständigen Gericht über die Teilnahme oder den Ausschluss entschieden werden.[336]

#### 2.3.2.1.5.2 Entzug der Anwesenheitsrechte im Vor- und Zwischenverfahren

In allen Verfahrensabschnitten des Jugendstrafverfahrens hat der Richter bei der Frage des Entzugs des Teilnahmerechts dem Grundsatz nach kein gesetzlich eingeräumtes Entscheidungsermessen. Im Regelfall muss der Erziehungsberechtigte oder gesetzliche Vertreter als selbstständiger Verfahrensbeteiligter zugelassen werden. Der zuständige Richter kann den Erziehungsberechtigten und den gesetzlichen Vertreter nur bei Vorliegen der gesetzlich vorgesehenen Ausschlussgründe gem. § 51 Abs. 2 JGG in jeder Verfahrenslage von dem Verfahren ausschließen.

Die Zulassung des gesetzlichen Vertreters im Strafverfahren gegen Erwachsene nach § 149 Abs. 3 StPO hängt im Unterschied zum Jugendstrafverfahren vom Ermessen des Richters ab. Demgegenüber soll die Zulassung des Erziehungsberechtigten im Jugendstrafverfahren im Regelfall erfolgen. Von einem eingeschränkten Ermessen des Gerichtes kann im Zusammenhang mit § 51 JGG nur dann gesprochen werden, wenn triftige gesetzlich vorgesehene Gründe, die gegen eine Anwesenheit der betreffenden Person sprechen könnten, ersichtlich sind.[337] Grundsätzlich ist zwar keine Ermessensentscheidung des Richters möglich. Es kann im Ausnahmefall aber eine insoweit eingeschränkte Ermessensentscheidung des Jugendrichters geben, als dass zwingende Gründe zum Wohl des Jugendlichen gegen die Anwesenheit des Erziehungsberechtigten oder des gesetzlichen Vertreters sprechen müssen. Nur in diesem Fall soll das zuständige

---

[336] BGHSt 4, 203 (205) unter Heranziehung von RGSt 25, 185 (186) (bezogen auf die Hauptverhandlung).

[337] Auf diese Ausschließungsgründe nach den Vorschriften des Jugendgerichtsgesetzes wird im Verlauf dieser Arbeit noch genauer eingegangen.

Gericht den Erziehungsberechtigten oder gesetzlichen Vertreter von bestimmten Teilen des Verfahrens ausschließen.

Mit der Regelung des § 149 Abs. 3 StPO wurde aber dem zuständigen Gericht auch im Strafverfahren gegen Erwachsene nicht die Ermessensfreiheit eingeräumt, nach freiem Belieben darüber zu befinden, ob der gesetzliche Vertreter an einem bestimmten Termin teilnehmen darf oder nicht. Vielmehr muss das Gericht bei seiner Entscheidung die dieser Vorschrift zugrunde liegenden Werturteile und Ziele in seiner Ermessensentscheidung genau konkretisieren und im Einzelfall verwirklichen.[338] Grundsätzlich ist im Rahmen dieser Norm davon auszugehen, dass der Gesetzgeber auch in diesem Fall grundsätzlich die Beteiligung des gesetzlichen Vertreters will, damit dieser auch im Erwachsenenverfahren seiner Fürsorge gegenüber dem Beschuldigten, bei dem nachweislich körperliche oder geistige Defizite festzustellen sind, ausüben kann. Das Gericht hat deshalb bei seiner Entscheidung zu prüfen, ob es der Sinn und Zweck dieser Vorschrift ausnahmsweise erfordert, dem gesetzlichen Vertreter die Teilnahme an einem bestimmten Termin zu versagen. Bei dieser Entscheidung sind aber grundsätzlich insbesondere die Belange des Beschuldigten, dem ein gesetzlicher Vertreter zur Seite gestellt worden ist, zu berücksichtigen.

Nach dem Willen des Gesetzgebers soll § 149 Abs. 3 StPO dem Gericht die Möglichkeit eröffnen, die Gefahr einer Verdunkelung der Straftat durch den gesetzlichen Vertreter zu vermeiden.[339] Insoweit lassen sich Parallelen zu den Ausschließungsgründen im Jugendgerichtsgesetz erkennen. Auch im Jugendstrafverfahren muss das zuständige Gericht genau prüfen, ob eine möglicherweise bestehende "Verdunklungsgefahr" und eine damit verbundene Ausschließung des Erziehungsberechtigten oder des gesetzlichen Vertreters durch eine weniger einschneidende Maßnahme als durch eine generelle Ausschließung des Erziehungsberechtigten oder des gesetzlichen Vertreters abgewendet werden kann.[340] Zu denken wäre hier beispielsweise an einen teilweisen Ausschluss oder ein Verbot, mit dem Beschuldigten zu sprechen.[341]

Aufgrund des in § 149 Abs. 3 StPO festgeschriebenen Zieles ist das Gericht im Erwachsenenstrafverfahren in erster Linie insbesondere dann verpflichtet, den

---

338 Meyer-Gerhardts, S. 67; Warda, S. 111 mit weiteren Nachweisen.

339 Zu den möglichen Motiven des Gesetzgebers Meyer-Gerhardts, S. 86.

340 Löwe-Rosenberg/Dünnebier, § 149 Rdn. 6ff.

341 Hier fragt es sich jedoch, ob ein derartiges Verbot im Hinblick auf die Beistands- und Unterstützungsfunktion des Erziehungsberechtigten und des gesetzlichen Vertreters sachgerecht und verhältnismäßig wäre oder ob hierdurch das Erziehungsprinzip des Jugendstrafrechts unterlaufen würde und der betreffende Jugendliche nicht den ausreichenden Schutz bekommt. Diese Frage hat das Gericht bei einer interessengerechten Entscheidung zu berücksichtigen.

gesetzlichen Vertreter von einem Termin auszuschließen, wenn aufgrund von konkreten Tatsachen die Befürchtung begründet ist, der gesetzliche Vertreter werde seine Teilnahme an einem bestimmten Termin nachteilig für den Jugendlichen ausnützen oder zu Lasten des vertretenen Beschuldigten missbrauchen.

Die Zulassung des gesetzlichen Vertreters im Erwachsenenverfahren bei Terminen außerhalb der Hauptverhandlung ist nach dem Sinn und Zweck des Gesetzes auch dann zu verweigern, wenn ein wichtiger Grund vorliegt, dem gesetzlichen Vertreter seine Rechte zu entziehen.[342] Wenn ein genereller Entzug der Rechte gerechtfertigt ist, dann ist die zunächst weniger einschneidende Maßnahme der Ausschließung des gesetzlichen Vertreters von einzelnen (richterlichen) Terminen außerhalb der Hauptverhandlung in jedem Fall zulässig.[343] Im Erwachsenenstrafverfahren erscheint eine Ausschließung von Terminen außerhalb der Hauptverhandlung gerade geboten, wenn der betreffende gesetzliche Vertreter als Zeuge im gleichen Verfahren benannt wurde und seine Zulassung zu einem bestimmten, vorher stattfindenden Termin den Grundsätzen von §§ 58, 243 Abs. 2 Satz 1 StPO zuwiderlaufen würde. Mit diesen Vorschriften will der Gesetzgeber gerade sicherstellen, dass ein Zeuge seine Aussage unabhängig von den Angaben des Beschuldigten bzw. Angeklagten und anderer im Verlauf desselben Verfahrens zu vernehmender Zeugen macht. Dieser Gedanke kann jedoch gerade aufgrund der Anwesenheitsverpflichtung in der Hauptverhandlung zu einer Einschränkung der Rechte des gesetzlichen Vertreters führen. Aber gerade außerhalb der Hauptverhandlung sollte er ausreichende Beachtung finden,[344] zumal es in diesen Fällen in der Praxis auch einzeln stattfindende Vernehmungen geben kann, die in aller Regel ohnehin in der Hauptverhandlung wiederholt werden müssen, falls sie zur Grundlage eines Urteils gemacht werden sollen. Der gesetzliche Vertreter sollte daher von bestimmten Vernehmungen von Zeugen ausgeschlossen werden dürfen.

Das Gericht hat im Einzelfall sorgfältig die Bedeutung und Tragweite der Zulassung des gesetzlichen Vertreters zu einem bestimmten Termin für die Verteidigung des Beschuldigten gegen die aus §§ 58 Abs. 1, 243 Abs. 2 Satz 1 StPO zu entnehmenden Gesichtspunkte abzuwägen.[345] Demnach wird eine Ausschließung des gesetzlichen Vertreters beispielsweise dann nicht in Betracht kommen, wenn der gesetzliche Vertreter nur über Tatsachen aussagen soll, bezüglich derer eine Beeinflussung des gesetzlichen Vertreters durch andere

---

[342] Im Einzelnen wird hierauf noch einzugehen sein, vgl. auch Löwe-Rosenberg/Dünnebier, § 285 Rdn. 6 und 8.

[343] Eine Ausschließung des Erziehungsberechtigten oder gesetzlichen Vertreters von richterlichen Terminen außerhalb der Hauptverhandlung sagt noch nichts über die Teilnahme an der Hauptverhandlung selbst aus.

[344] Vgl. hierzu Meyer-Gerhardts, S. 84ff.

[345] BGH St 4, 205 (206/207).

Aussagen nicht zu befürchten ist oder vielleicht sogar hingenommen werden könnte.

Diese Argumentation für einen Ausschluss des gesetzlichen Vertreters im Erwachsenenstrafverfahren lässt sich nicht uneingeschränkt auf das Jugendstrafverfahren übertragen. Denn hier sind die Schutzbelange des Jugendlichen hochwertiger als die Bedürfnisse des Erwachsenen, der einen gesetzlichen Vertreter hat. Im Jugendstrafverfahren setzt die Entscheidung über den Ausschluss des Erziehungsberechtigten oder gesetzlichen Vertreters eine umfassende Einzelfallprüfung mit Interessenabwägung voraus.[346] Die Ausschließungsgründe sollten im Jugendstrafverfahren restriktiver ausgelegt werden.

Die Ausschließung des Erziehungsberechtigten oder des gesetzlichen Vertreters insbesondere von der verantwortlichen Vernehmung des Beschuldigten erscheint im Jugendstrafverfahren im Gegensatz zum Erwachsenenverfahren nur im absoluten Ausnahmefall möglich zu sein.[347]

Das Anwesenheitsrecht des gesetzlichen Vertreters im Erwachsenenstrafrecht sowie das des Erziehungsberechtigten oder des gesetzlichen Vertreters im Jugendstrafrecht bringt in beiden Fällen die selbstständige Verfahrensstellung der personensorgeberechtigten Personen zum Ausdruck und ist nicht zwingend von der gleichzeitigen Anwesenheit des Beschuldigten abhängig. Erscheint der Beschuldigte im Termin nicht oder lässt das Gericht ihn abtreten, so kann der Erziehungsberechtigte oder gesetzliche Vertreter im Falle der stattfindenden Verhandlung sowohl im Strafverfahren gegen Erwachsene als auch im Verfahren gegen Jugendliche gleichwohl anwesend bleiben.[348] Auch aus der Gesetzesformulierung des § 149 StPO "Beistand" ergibt sich nichts Gegenteiliges.[349] Allerdings gilt der abwesende Beschuldigte durch die Anwesenheit des Erziehungsberechtigten oder des gesetzlichen Vertreters nicht als vertreten, weil im Strafverfahren die Anwesenheit des Beschuldigten unverzichtbar und eine Vertretung insoweit ausgeschlossen ist.[350]

---

346 Auf das Zusammentreffen der verschiedenen Funktionen des Erziehungsberechtigten oder des gesetzlichen Vertreters wird im Fortgang dieser Arbeit noch eingegangen.

347 Im Erwachsenenverfahren kann der gesetzliche Vertreter auch von Terminen zur Vernehmung des Beschuldigten ausgeschlossen werden, wenn dieses geboten erscheint. Denn § 149 StPO stellt die Zulassung des gesetzlichen Vertreters dem Grundsatz nach in das Ermessen des Gerichtes. Allerdings ist auch ohne diese Ermessensnorm eine Ausschließung grundsätzlich zulässig, weil die allgemein anerkannten Ausschließungsgründe uneingeschränkt gelten.

348 Diese Auffassung vertritt für viele Meyer-Gerhardts, S. 70; so auch Löwe-Rosenberg/Dünnebier, § 149 Rdn. 3.

349 Vgl. hierzu Meyer-Gerhardts, S. 84.

350 Schaffstein/Beulke, S. 167.

### 2.3.2.1.6 Recht der Verteidigerwahl

Genau wie im Erwachsenenstrafrecht gem. § 137 Abs. 1 StPO kann sich der Beschuldigte auch im Jugendstrafverfahren in jeder Lage des Verfahrens der Unterstützung eines Wahlverteidigers bedienen. Den Verteidiger kann er aus dem Kreise derjenigen Personen, die zur Verteidigung fähig und befugt sind, wählen. Das Recht zur freien Verteidigerwahl für sich selbst steht dem Jugendlichen uneingeschränkt und unabhängig von dem Willen des Erziehungsberechtigten oder des gesetzlichen Vertreters zu.

Der Erziehungsberechtigte und der gesetzliche Vertreter können darüber hinaus gem. § 67 Abs. 3 JGG einen Verteidiger für den Jugendlichen bestellen.[351] § 67 Abs. 3 JGG stellt den Erziehungsberechtigten dem gesetzlichen Vertreter gleich und räumt ihm dieselben Rechte ein wie dem gesetzlichen Vertreter im Erwachsenenverfahren gem. § 137 Abs. 2 StPO. Die Vorschrift des Jugendgerichtsgesetzes billigt dem Erziehungsberechtigten genauso wie dem gesetzlichen Vertreter das Recht ein, einen Verteidiger für den Jugendlichen zu wählen und zu bestellen.

Darüber hinaus haben der Erziehungsberechtigte und der gesetzliche Vertreter im Jugendstrafverfahren das Recht, einen rechtskundigen Beistand für sich selbst zu wählen und zu bestellen. Das ergibt sich zwar noch nicht aus dem Wortlaut des § 67 Abs. 3 JGG. Auch wenn in dieser Vorschrift nur von dem Recht zur Verteidigerbestellung im Allgemeinen gesprochen und damit zunächst von einer Verteidigerwahl für den Jugendlichen ausgegangen wird, lässt sich das Recht des Erziehungsberechtigten und des gesetzlichen Vertreters, für sich selbst einen eigenen rechtskundigen Beistand bestellen zu können, aus der selbstständigen Verfahrensstellung der personensorge- und vertretungsberechtigten Personen ableiten, denn die Vorschrift des § 67 Abs. 3 JGG spricht nur von der Wahl eines Verteidigers, lässt aber offen, ob sie ausschließlich die Verteidigerwahl für den Jugendlichen regeln oder ob sie auch die Möglichkeit der Wahl eines rechtskundigen Beistands für den Erziehungsberechtigten eröffnen will. Da der Erziehungsberechtigte und der gesetzliche Vertreter im gesamten Jugendstrafverfahren die Stellung eines selbstständigen und unabhängigen Verfahrensbeteiligten haben und mit eigenen Rechten ausgestattet sind, kann diese Vorschrift dahingehend ausgelegt werden, dass diese Personen neben der Verteidigerbestellung für den Jugendlichen ein eigenes Recht zur freien Wahl eines rechtskundigen Beistands für sich selbst innehaben.

---

351 Diemer/Schoreit/Sonnen, § 67 Rdn. 20; Brunner/Dölling, § 67 Rdn. 10.

Im Erwachsenstrafverfahren steht das Recht zur freien Verteidigerwahl dem Beschuldigten selbst und wie § 137 Abs. 2 StPO ausdrücklich besagt, auch dem gesetzlichen Vertreter zu. Das bedeutet, dass hier das Verteidigerwahlrecht des gesetzlichen Vertreters neben dem des Beschuldigten besteht. Es ist aber dadurch noch nicht ausgeschlossen, dass der Beschuldigte selbst einen Verteidiger wählen kann; vielmehr tritt der von dem gesetzlichen Vertreter gewählte Verteidiger neben den des Beschuldigten.[352] Das gilt natürlich nur dann, wenn dieser nicht bereits drei Verteidiger hat. Auch im Jugendstrafverfahren tritt der vom Erziehungsberechtigten für den Jugendlichen bestellte Verteidiger möglicherweise neben den von dem Jugendlichen selbst bestellten Verteidiger.

Es wird aber grundsätzlich nicht vorausgesetzt, dass der (jugendliche) Beschuldigte selbst einen Verteidiger bestellt hat.[353] Sowohl § 137 Abs. 2 StPO wie auch § 67 Abs. 3 JGG wollen insbesondere dafür sorgen, dass der Erziehungsberechtigte und der gesetzliche Vertreter gerade die Möglichkeit haben sollen, vor allem für die Verteidigung des Beschuldigten, im umfassenden Maße zu sorgen, wenn dieser von seinem eigenen Recht der Verteidigerwahl keinen Gebrauch gemacht hat. Das Wahlrecht des Erziehungsberechtigten oder des gesetzlichen Vertreters, für den Beschuldigten einen Verteidiger zu bestellen, entfällt im umgekehrten Fall aber auch nicht dadurch, dass dem Beschuldigten von Seiten des Gerichts ein Verteidiger bestellt worden ist.[354] Durch die Bestellung eines Pflichtverteidigers wird das Recht des Beschuldigten auf einen Wahlverteidiger nicht ausgeschlossen und damit auch nicht das Recht des Erziehungsberechtigten und des gesetzlichen Vertreters. Denn es ist vom Gesetz anerkannt, dass ein Pflichtverteidiger neben einem Wahlverteidiger bestehen kann.

Es ist aber durch diese Normen noch nicht ausgeschlossen, dass der Erziehungsberechtigte und der gesetzliche Vertreter für die eigene rechtskundige Beratung einen Beistand hinzuziehen können.

Das Gesetz interpretiert das Verteidigerwahlrecht im Erwachsenenstrafverfahren als ein selbstständiges Recht des gesetzlichen Vertreters und demzufolge ist es auch gem. § 67 Abs. 3 JGG als Recht des Erziehungsberechtigten

---

352 H.M. vgl. Glaeser, S. 249; Löwe, § 137 Anm. 5; Löwe-Rosenberg/Dünnebier, § 137 Rdn. 5b; Müller-Sax § 137 Anm. 1; Eb. Schmidt, § 137 Rdn. 3; Stenglein, § 137 Rdn. 9; Thilo, § 137 Rdn. 3; a.A. lediglich John, S. 974.

353 Anders lediglich John, S. 974; hiergegen zutreffend: Köhler, S. 177 Fn. 4 und Glaeser, S. 249 Fn. 51; mit der h.M. auch Meyer-Gerhardts, S. 52.

354 Kohler, S. 177 Fn. 4 und Glaeser, S. 249 Fn. 51; mit der h.M. auch Meyer-Gerhardts, S. 52.

zu verstehen. Hierdurch kommt zum Ausdruck, dass es sich eindeutig um ein eigenes Verfahrensrecht des Erziehungsberechtigten und des gesetzlichen Vertreters handelt.[355] Dieser Personenkreis ist daher bei der Ausübung seines Wahlrechts von der Zustimmung anderer Verfahrensbeteiligter und auch von der des Beschuldigten unabhängig.[356]

Der Erziehungsberechtigte und der gesetzliche Vertreter kann zunächst frei entscheiden, ob er für sich selbst einen rechtskundigen Beistand wählen will oder nicht. Er ist nicht zu dieser Wahl verpflichtet. Darüber hinaus ist er auch nicht zur Verteidigerwahl für den Jugendlichen verpflichtet, die Entscheidung liegt vielmehr in seinem pflichtgemäßen, unter Berücksichtigung des Erziehungsgedankens getragenen Ermessen. Im Einzelfall kann aber die Wahl eines Verteidigers für den Jugendlichen so dringend geboten sein, dass der erziehungsberechtigte oder gesetzliche Vertreter seine Pflichten gegenüber dem Beschuldigten verletzen würde, wenn er keinen Verteidiger wählt.[357] Eine Verteidigerwahl kann ausschließlich im Namen des jugendlichen Beschuldigten erfolgen. Eine mögliche Pflichtverletzung kann aber allenfalls Maßnahmen des Vormundschaftsgerichtes oder Schadenersatzansprüche des Beschuldigten nach sich ziehen, an der Entschließungsfreiheit und Entscheidungskompetenz des Erziehungsberechtigten oder des gesetzlichen Vertreters kann hierdurch jedoch nichts geändert werden.

### 2.3.2.1.6.1 Wahlverteidigung neben Pflichtverteidigung

Sofern der Erziehungsberechtigte oder gesetzliche Vertreter für den Jugendlichen einen Verteidiger oder für sich einen rechtskundigen Beistand wählt, steht es ihm frei, wen er aus dem Kreise der zur Verteidigung befähigten Personen wählen will. Nach § 138 StPO können die bei einem deutschen Gericht zugelassenen Rechtsanwälte sowie die Rechtslehrer an deutschen Hochschulen gewählt werden, die Wahl anderer Personen bedarf nach § 138 Abs. 2 StPO der Genehmigung des Gerichts. Nicht wählbar sind Mitbeschuldigte, der Begünstigung Verdächtigte und Zeugen.[358] Wenn der Erziehungsberechtigte oder gesetzliche Vertreter die Voraussetzungen einer zur Verteidi-

---

355 Vgl. hierzu Meyer-Gerhardts, S. 13; 52.

356 Vgl. hierzu Meyer-Gerhardts, S. 83; Hahn, S. 141/142; Bennecke-Beling, S. 159; v. Hippel, S. 285 Fn. 3; Löwe, § 137 Anm. 5; Löwe-Rosenberg/Dünnebier, § 137 Anm. 5; Schmidt, § 137 Rdn. 3.

357 So auch Eisenberg, § 67 Rdn. 4; Meyer-Gerhardts, S. 52.

358 Henkel, S. 210, 211.

gung befähigten Person erfüllt, kann er sich auch selbst zum Verteidiger bestimmen, wobei es jedoch aufgrund der Personenidentität zu Schwierigkeiten im Verfahren kommen kann.[359] Dem Erziehungsberechtigten oder gesetzlichen Vertreter steht es weiterhin frei, wie viele Verteidiger er für den Jugendlichen bzw. rechtskundige Beistände für sich selbst wählen will. Die Wendung "einen Verteidiger" in § 137 StPO beschränkt den gesetzlichen Vertreter aber nicht auf die Wahl eines einzigen Verteidigers.[360] Hierbei ist jedoch der Erziehungsberechtigte bzw. gesetzliche Vertreter mit zu berücksichtigen, wenn er formal als Verteidiger des Jugendlichen auftritt. Es dürfen aber gem. § 137 Abs. 1 Satz 2 StPO nicht mehr als drei Verteidiger bestellt werden. Dies gilt entsprechend auch für die rechtskundigen Beistände.

§ 67 Abs. 3 JGG und § 137 Abs. 1 StPO gestatten dem (jugendlichen) Beschuldigten also nicht nur einen einzigen Verteidiger.[361] Die gewählten und die vom Gericht bestellten Verteidiger können gleichzeitig am Verfahren mitwirken und gegebenenfalls ihre Verrichtungen unter sich teilen oder ohne eine solche Teilung nebeneinander und nacheinander tätig sein.[362]

Der Erziehungsberechtigte und der gesetzliche Vertreter können genauso wie der Beschuldigte selbst weiter bestimmen, zu welchem Zeitpunkt des Verfahrens ein Verteidiger für den Jugendlichen bzw. ein rechtskundiger Beistand für sie selbst hinzugezogen werden soll. Das ergibt sich daraus, dass nach § 137 Abs. 1 StPO der Beschuldigte in jeder Lage des Verfahrens einen Verteidiger wählen kann. Dies gilt, wie bereits gesagt, auch für den Erziehungsberechtigten und gesetzlichen Vertreter. Er kann den Verteidiger bzw. rechtskundigen Beistand also schon im Vor- bzw. Zwischenverfahren oder erst im Hauptverfahren oder auch erst in der Hauptverhandlung hinzuzuziehen.

Im Ermessen des Erziehungsberechtigten oder des gesetzlichen Vertreters steht weiterhin, in welchem Umfang der oder die Verteidiger des Jugendlichen bzw. der oder die rechtkundigen Beistände tätig werden sollen. Der Erziehungsberechtigte oder der gesetzliche Vertreter braucht den Verteidiger oder rechtskundigen Beistand nicht für das gesamte Strafverfahren und für alle von einem

---

359 Bennecke-Beling, S. 154 Fn. 5; v. Holstendorf, S. 420; Löwe-Rosenberg/Niethammer, Vorbem. 3d vor § 137.

360 Müller-Sax, § 137 Rn. 1; Schmidt, § 137 Rdn. 3. Auch im Jugendstrafverfahren können mehrere Verteidiger gewählt werden, da sich hier die Rechte des Erziehungsberechtigten oder gesetzlichen Vertreters unmittelbar aus den Rechten des Beschuldigten herleitet.

361 Vgl. § 277 StPO; allgemeine Auffassung für alle Löwe-Rosenberg/Dünnebier, § 137 Rdn. 3.

362 BGHSt 13, 337 (341).

Verteidiger vorzunehmenden Verfahrenshandlungen zu wählen,[363] sondern er kann die Tätigkeit der zur Verteidigung befähigten Person sowohl zeitlich wie auch inhaltlich begrenzen oder ihm lediglich bestimmte Verfahrenshandlungen übertragen.[364]

Der Erziehungsberechtigte oder der gesetzliche Vertreter können dem Verteidiger aber nicht die Befugnis einräumen, den Beschuldigten bzw. Angeklagten zu vertreten, so dass dessen Anwesenheit entbehrlich wird.[365] Der von dem Erziehungsberechtigten und dem gesetzlichen Vertreter ausdrücklich für sich selbst gewählte rechtskundige Beistand hat ebenso wie der von dem Beschuldigten gewählte Verteidiger grundsätzlich nicht automatisch das Recht, den Beschuldigten zu vertreten.[366] Zu einer derartigen Verteidigerbestellung bedarf es vielmehr einer besonderen ausdrücklichen Vertretungsmacht des Beschuldigten selbst oder einer zusätzlich erteilten Vertretungsbefugnis, für den jugendlichen Beschuldigten handeln zu können.[367] Die ausdrückliche Vertretungsbefugnis kann einem Verteidiger grundsätzlich von dem, wenn auch minderjährigen Beschuldigten selbst oder von dem Erziehungsberechtigten oder gesetzlichen Vertreter in dessen Namen eingeräumt werden. Dieses gilt sowohl für das Jugendstrafverfahren als auch für das Erwachsenenstrafverfahren.

Der Erziehungsberechtigte oder gesetzliche Vertreter ist daher nicht dazu berechtigt, entsprechende Weisungen zu erteilen, da er nicht Vertreter des Beschuldigten in Bezug auf dessen prozessuale Rechte ist,[368] vielmehr stehen ihm eigene Rechte zu. Ebenso, wie es dem Erziehungsberechtigten oder gesetzlichen Vertreter freisteht, einen rechtskundigen Beistand zu wählen, steht es auch dem Beschuldigten frei, einen Verteidiger für sich selbst zu wählen oder auch einen bereits bestellten Verteidiger wieder zu entlassen. Das Recht, einen Verteidiger zu wählen, beinhaltet also auch das Entlassungsrecht. Ein derartiges Entlassungsrecht steht dem Erziehungsberechtigten und dem gesetzlichen

---

363 Löwe-Rosenberg/Dünnebier, § 138 Rdn. 4; Müller-Sax § 138 Anm. 6 b. Im Erwachsenenstrafverfahren kann der gesetzliche Vertreter auch nicht bewirken, dass der Verteidiger die Person des Jugendlichen vertritt, er kann den Verteidiger ausschließlich für sich selbst und damit nur mittelbar für den Beschuldigten bestellen.

364 Henkel, S. 209; Löwe-Rosenberg/Dünnebier, § 138 Rdn. 4.

365 Eine Vertretung des Beschuldigten durch den Verteidiger ist u.U. zulässig, in den Fällen, in denen das Gesetz die Möglichkeit einer Vertretung ausdrücklich vorsieht. Der Verteidiger kann aber nicht an die Stelle des Erziehungsberechtigten treten.

366 Dennoch ist zu bedenken, dass es sich in diesen Fällen häufig auch um eine mittelbare Vertretung des Beschuldigten handeln kann. In erster Linie tritt der vom Erziehungsberechtigten und gesetzlichen Vertreter zunächst bestellte Verteidiger ausschließlich für die erziehungs- und vertretungsberechtigte Person auf.

367 H.M. vgl. statt aller: Löwe-Rosenberg/Dünnebier, Vorbem. 3 vor §§ 137 ff.

368 Vgl. Meyer-Gerhardts, S. 9.

Vertreter auch für die von ihnen bestellten rechtskundigen Beistände zu. Der Erziehungsberechtigte und der gesetzliche Vertreter haben auch das Recht, den von dem Jugendlichen bestellten Wahlverteidiger grundsätzlich wieder zu entlassen, insbesondere dann, wenn dieser grob verfahrenswidrig nicht im Interesse des Jugendlichen handelt.

### 2.3.2.1.6.2 Art und Weise der Verteidigerbestellung

Die Verteidigerbestellung für den Jugendlichen vollzieht sich durch den Abschluss eines bürgerlich-rechtlichen Anwaltsvertrages, mit dem ausgewählten Verteidiger. Übernimmt der Gewählte die Verteidigung gegen Entgelt, so hat der Vertrag die Rechtsnatur eines Dienstvertrages, der eine Geschäftsbesorgung zum Gegenstand hat. Dies ergibt sich aus § 675 BGB. Erfolgt die Verteidigung unentgeltlich, so liegt ein Auftrag im Sinne des § 662 BGB vor.

Wenn der Erziehungsberechtigte oder gesetzliche Vertreter den Vertrag ausdrücklich oder jedenfalls aus den Umständen erkennbar als Erziehungsberechtigter oder gesetzlicher Vertreter im Namen und auch mit rechtlichen Wirkungen für und gegen den Beschuldigten und nicht im eigenen Namen mit einem rechtskundigen Beistand für sich selbst abschließt[369], wird der gewählte Verteidiger ausschließlich der Verteidiger der Jugendlichen und dieser ist, soweit es unter Berücksichtigung seiner Minderjährigkeit möglich ist, aus diesem Vertrag berechtigt und verpflichtet. Die bürgerlich-rechtliche Vertretungsmacht des Erziehungsberechtigten oder gesetzlichen Vertreters hat die Konsequenz, dass die Vertretungsperson selbst die sich aus dem Vertrag ergebenden Rechte für den Beschuldigten geltend machen kann, soweit es sich hier nicht um höchstpersönliche Rechte des Jugendlichen handelt. Darüber hinaus hat der Erziehungsberechtigte oder gesetzliche Vertreter auch für die Erfüllung der dem Beschuldigten obliegenden Gegenleistung Sorge zu tragen.

Das ist aber nur dann relevant, wenn der Erziehungsberechtigte oder der gesetzliche Vertreter bei dem Abschluss des Vertrages mit dem Verteidiger des jugendlichen Beschuldigten als Vertreter im Sinne des BGB auftritt, nicht jedoch, wenn es um den Vertragsabschluss mit seinem eigenen rechtskundigen

369 Sobald der geschäftliche Vertreter nicht vermögenssorgeberechtigt ist, kann er den Beschuldigten bürgerlich-rechtlich nur dann wirksam verpflichten und die Rechte des Beschuldigten aus dem Vertrag nur dann geltend machen, wenn er mit Zustimmung des vermögenssorgeberechtigten Vertreters handelt.

Beistand handelt. Wie bereits ausgeführt, ist es auch nicht ausgeschlossen, dass der Erziehungsberechtigte oder gesetzliche Vertreter einen Vertrag mit einer rechtskundigen, zur Verteidigung befähigten Person in eigenem Namen abschließt und sich auf diese Weise einen Rechtskundigen als Beistand zur Seite stellt. In diesem Fall ist er selbst aus dem Vertrag berechtigt und verpflichtet und muss bei Entgeltlichkeit desselben das Entgelt für den rechtskundigen Beistand ausschließlich aus seinen eigenen Vermögenswerten bezahlen.

Der Verteidigervertrag bzw. der Vertrag mit dem rechtskundigen Beistand, gleichviel ob er im Namen des Beschuldigten oder in eigenem Namen des Erziehungsberechtigten oder gesetzlichen Vertreters abgeschlossen ist, bestimmt den Umfang der Verteidigerrechte.

Ist über die Dauer der Verteidigung nichts anderes bestimmt, so ist der Verteidiger des Jugendlichen bzw. der rechtskundige Beistand der erziehungsberechtigten Person für das gesamte Verfahren, einschließlich des Vollstreckungsverfahrens, des Gnadenverfahrens und des Wiederaufnahmeverfahrens gewählt.[370] Ist in sachlicher Beziehung über den Umfang der Verteidigerrechte keine Sondervereinbarung getroffen, so ist der gewählte Vertragspartner zu allen von einem Verteidiger unter Beachtung aller Prozessmaximen vorzunehmenden Prozesshandlungen gewählt und damit auch zu deren Vornahme berechtigt und befugt.

Der Erziehungsberechtigte und der gesetzliche Vertreter können dem Verteidiger und auch dem rechtskundigen Beistand Weisungen erteilen, aber nur insoweit, als auch ein Weisungsrecht des Beschuldigten anerkannt ist und die vorzunehmende Handlung nicht den besonderen (Schutz-) Interessen des Beschuldigten zuwiderläuft.

Sowohl der Verteidiger des Beschuldigten als auch der rechtskundige Beistand des Erziehungsberechtigten nimmt als Organ der Rechtspflege eine besondere Verfahrensstellung ein, die ihn in der Führung seiner Verteidigung vom Beschuldigten weitgehend unabhängig macht. Diese Verfahrensstellung soll verhindern, dass der Verteidiger oder der rechtskundige Beistand jedem Begehren der Betroffenen entsprechen muss, soweit sich diese für das Verfahren nachteilig oder hinderlich auswirken können. Diesbezüglich besteht kein Unterschied zu einem normalen Strafverfahren gegen einen erwachsenen Beschuldigten ohne Erziehungsberechtigten oder gesetzlichen Vertreter. Der Verteidiger hat daher in jedem Strafverfahren das Recht, auch gegen den Willen des

---

[370] Löwe-Rosenberg/Dünnebier, § 138 Rdn. 4; Müller-Sax, § 138 Rdn. 6c; a.A. nur bis zur Rechtskraft der Urteile: Löwe-Rosenberg/Niethammer, § 138 Rdn. 7 sowie Schmidt, § 138 Rdn. 19.

Beschuldigten zu handeln, wenn dies in dessen Interesse und zu seiner Entlastung notwendig ist. Außerdem sollte es für den Fortgang des Verfahrens sachdienlich sein.[371]

Wenn der vom Erziehungsberechtigten oder gesetzlichen Vertreter gewählte Verteidiger gemäß § 139 StPO die Verteidigung des Beschuldigten einem anderen Rechtskundigen überträgt, so ist die Zustimmung des Auftraggebers erforderlich, nicht aber zwangsläufig die des Beschuldigten selbst.[372] Die Zustimmung des Beschuldigten ist nur dann erforderlich, wenn der gesetzliche Vertreter oder Erziehungsberechtigte im Namen des Beschuldigten den Verteidigervertrag geschlossen hat, nicht jedoch, wenn dieses im eigenen Namen geschah.

Die Entlassung des Verteidigers erfolgt formal durch Kündigung des Verteidigervertrages durch den gesetzlichen Vertreter oder Erziehungsberechtigten gegenüber dem Verteidiger. Die Kündigung ist grundsätzlich jederzeit zulässig, da der Verteidiger Dienste höherer Art zu leisten hat.[373]

Einer Kündigung bedarf es nicht, wenn der Verteidigerauftrag zeitlich oder auf bestimmte Verfahrensabschnitte begrenzt war und die vereinbarte Zeit oder der bestimmte Verfahrensabschnitt abgelaufen ist. Entsprechendes gilt, wenn der Verteidiger zur Vornahme einzelner bestimmter Prozesshandlungen gewählt war und er diese vorgenommen hat. In beiden Fällen endet das Vertragsverhältnis mit Ablauf oder mit Vornahme der bestimmten in Auftrag gegebenen Prozesshandlungen ohne weiteres.

Wenn der Erziehungsberechtigte oder der gesetzliche Vertreter, etwa nach einer Ausschließung vom Verfahren oder aufgrund der eintretenden Volljährigkeit des (jugendlichen) Beschuldigten, seine verfahrensrechtliche Stellung verloren hat, endet zwar automatisch der im eigenen Namen abgeschlossene Vertrag mit dem rechtskundigen Beistand, nicht jedoch zugleich der Vertrag, der im Namen des Beschuldigten geschlossen worden ist.[374] Der Beschuldigte kann unabhängig von dem (ursprünglichen) Erziehungsberechtigten oder gesetzlichen Vertreter das Vertragsverhältnis mit seinem eigenen Verteidiger selbstverständlich fortsetzen oder eigenständig kündigen.

---

371 RG St 17, 314 (315); BGHSt 12, 367 (369); Beling, S. 151, Henkel, S. 216; John, S. 62 ff.; Peters, S. 168 f.; Schmidt, vor § 137 Rdn. 16 m.w.N.

372 Löwe-Rosenberg/Dünnebier, § 139 Rdn. 4; Eb. Schmidt § 138 Rdn. 18.

373 Schmidt § 138 Rdn. 18.

374 Schmidt, § 298 Rdn. 3; dagegen: RGSt 42, 342 (343).

### 2.3.2.1.6.3 Recht auf Pflichtverteidigerbeantragung

Nach §§ 67 Abs. Abs. 1 JGG i.V.m. 117 Abs. 4 Satz 1 StPO haben der Erziehungsberechtigte und der gesetzliche Vertreter zudem das Recht, die Bestellung eines Pflichtverteidigers für den Beschuldigten zu verlangen, wenn der Beschuldigte sich mindestens seit drei Monaten in Untersuchungshaft befindet und noch keinen Verteidiger hat.[375] Im Gegensatz zu der Bestellung eines Wahlverteidigers kann der Erziehungsberechtigte oder gesetzliche Vertreter für sich selbst keinen Pflichtverteidiger beantragen. Er kann den Antrag nur im Namen des Jugendlichen stellen. Der Pflichtverteidiger ist ausschließlich für den jugendlichen Beschuldigten tätig. Das in diesem Zusammenhang bestehende Antragsrecht des gesetzlichen Vertreters ist ein eigenes, unabgeleitetes Recht des Erziehungsberechtigten und des gesetzlichen Vertreters.[376] Er kann daher von diesem Recht nach pflichtgemäßem Ermessen Gebrauch machen, ohne in seiner Entschließung von dem Willen anderer Verfahrensbeteiligter, insbesondere des Beschuldigten, abhängig zu sein.[377] Hierbei wird aber die Entscheidung, ob ein Pflichtverteidiger bestellt wird, ausschließlich von dem zuständigen Gericht getroffen.

Der Erziehungsberechtigte oder der gesetzliche Vertreter kann seinen Antrag entweder schriftlich oder mündlich zur Niederschrift in der Geschäftsstelle anbringen. Das Gericht muss dem Antrag stattgeben, und dem Beschuldigten einen Pflichtverteidiger bestellen, wenn der Beschuldigte in Haft genommen wurde und die Haft oder Unterbringung bereits 3 Monate oder länger gedauert und der Beschuldigte noch keinen Verteidiger hat.

Die Bestellung des Verteidigers liegt also in diesem Fall nicht im Ermessen des Gerichts. Im Falle des Vorliegens der gesetzlichen Voraussetzungen muss dem Beschuldigten in jedem Fall ein Pflichtverteidiger zur Seite gestellt werden. Es handelt sich hier um einen Fall der notwendigen Verteidigung, die in diesem besonderen Fall durch Stellung des betreffenden Antrags begründet ist.[378] Der Antrag ist aber im Allgemeinen Prozessvoraussetzung für die Pflichtverteidigerbestellung durch das Gericht.

---

[375] Im Jugendstrafverfahren hat dieses aber eine etwas andere Gewichtung. Gem. § 52 JGG gibt es auch im Jugendstrafverfahren Untersuchungshaft, wobei allerdings eine Anrechnung des Jugend- und Freizeitarrestes erfolgt.

[376] Das Antragsrecht kann aber nicht ohne weiteres auf das Jugendstrafverfahren übertragen werden, da in diesem Verfahren keine Untersuchungshaft oder Sicherungsverwahrung zulässig ist.

[377] Vgl. dazu Meyer-Gerhardts, S. 13.

[378] Die notwendige Verteidigung ist gesetzlich festgelegt. Es wird genau bestimmt, in welchen Fällen ein Pflichtverteidiger vom Gericht herangezogen werden muss.

Über den Antrag des Erziehungsberechtigten oder gesetzlichen Vertreters entscheidet nach Maßgabe der entsprechenden Normen in der Strafprozessordnung das im Ermittlungsverfahren zuständige Gericht, bei dem der Haftrichter seinen Amtssitz hat.

Wird der Antrag des Beschuldigten oder des Erziehungsberechtigten bzw. des gesetzlichen Vertreters abgelehnt, so kann der gesetzliche Vertreter oder auch der Beschuldigte selbst gem. § 304 Abs. 1 StPO die Beschwerde und nach Maßgabe des § 310 StPO eine weitere Beschwerde einlegen.

Ebenso wie der Erziehungsberechtigte oder gesetzliche Vertreter den von ihm gewählten Verteidiger wieder abrufen können, können sie auch die Ausschaltung des aufgrund seines Antrags bestellten Pflichtverteidigers erreichen, indem sie ihren Antrag auf Verteidigerbestellung zurücknehmen.[379] Mit der Rücknahme des Antrags fällt die Voraussetzung für den Fall der Bestellung des Verteidigers weg, so dass das Gericht diese zunächst von Amts wegen aufheben muss.

Gem. § 68 Nr. 4 JGG ist aber dem Jugendlichen unverzüglich ungeachtet eines Antrages ein Verteidiger zu bestellen, wenn er in Untersuchungshaft oder einstweilige Unterbringung gem. § 126a StPO kommt. In diesen Fällen ist der Antrag im Jugendstrafverfahren unbeachtlich.

§ 68 JGG sieht darüber hinaus die Bestellung eines Verteidigers als notwendig an, wenn einem Erwachsenen ein Verteidiger zu bestellen wäre oder dem Erziehungsberechtigten oder gesetzlichen Vertreter ihre Rechte entzogen sind oder wenn zur Vorbereitung eines Gutachtens über seinen Entwicklungsstand nach § 73 JGG die Unterbringung in eine Erziehungsanstalt in Frage kommt. In diesen Fällen ist daher kein Ermessen des Gerichts über die Frage der Pflichtverteidigerbestellung gegeben.

Ungeachtet dieser im Gesetz abschließend geregelten Sonderfälle kann eine Pflichtverteidigerbestellung bei Vorliegen einer notwendigen Verteidigung im Sinne des § 68 JGG i.V.m. § 140 StPO auch auf Antrag der Staatsanwaltschaft erfolgen, so dass in diesem Fall die Antragsrücknahme seitens des Beschuldigten oder des Erziehungsberechtigten oder gesetzlichen Vertreters noch nicht zwingend zu einem Wegfall einer Pflichtverteidigung führen muss. Denn gerade in den Fällen, in denen es an einem entsprechenden Antrag von Seiten des Beschuldigten fehlt, kommt die Staatsanwaltschaft als objektive Ermittlungsbehörde ihrer Pflicht nach, dazu beizutragen, dem Jugendlichen ein ordnungs-

---

[379] So auch RGSt 2, 764 (766); Löwe-Rosenberg/Dünnebier, § 140 Anm. 2a; Schmidt, § 140 Rdn. 6 und 12.

gemäßes Strafverfahren zu gewährleisten und den Antrag zu stellen, dass dem Beschuldigten ein Pflichtverteidiger zur Seite gestellt werden kann.

Nach §§ 68 JGG i.V.m. § 140 Abs. 2 StPO bestellt der zuständige Jugendrichter dem Beschuldigten auf Antrag der Staatsanwaltschaft oder des Beschuldigten bzw. Angeklagten oder des Erziehungsberechtigten oder des gesetzlichen Vertreters im Jugendstrafverfahren auch dann einen Pflichtverteidiger, wenn der Jugendliche noch keinen Verteidiger hat und wegen der Schwere der Tat oder der Schwierigkeit der Sach- und Rechtslage die Mitwirkung eines Verteidigers geboten erscheint und ersichtlich ist, dass der Beschuldigte auch unter Berücksichtigung der Mitwirkung von Erziehungsberechtigten oder gesetzlichen Vertretern sich nicht selbst umfassend verteidigen kann.

Zwar nennt weder § 68 JGG noch § 140 Abs. 2 StPO den Erziehungsberechtigten oder gesetzlichen Vertreter ausdrücklich als Antragsberechtigten, seine Befugnis ergibt sich aber dennoch aus Folgendem:

§ 68 JGG ist immer im Kontext zu § 140 Abs. 1 StPO zu bewerten.

§ 140 Abs. 1 StPO enthielt vor der Änderung der Strafprozessordnung durch das Gesetz zur Änderung der Strafprozessordnung und das Gerichtsverfassungsgesetz vom 19.12.1964 in Nr. 2 und Nr. 5 eine bedingt notwendige Verteidigung. Voraussetzung der Verteidigerbestellung war ein entsprechender Antrag der Staatsanwaltschaft, des Beschuldigten oder des gesetzlichen Vertreters. Auf diese Antragserfordernis nahm § 140 Abs. 2 StPO Bezug.[380] Auch wenn dieser Bezug auch durch die Änderung des § 140 Abs. 1 StPO nicht mehr ersichtlich ist, so ist er dennoch für die Auslegung des § 140 Abs. 2 StPO als Auffangtatbestand von entscheidender Bedeutung.[381]

§ 140 Abs. 1 StPO sieht eine Antragstellung nicht mehr vor, sondern regelt die Fälle der notwendigen Verteidigung. § 140 Abs. 2 sieht in einer Alternative den Antrag noch vor. Dieses Antragsrecht ist ein Verfahrensrecht, das neben dem Beschuldigten selbst aufgrund der selbstständigen und unabhängigen Rechtsposition im Hinblick auf § 68 JGG auch dem Erziehungsberechtigten oder dem gesetzlichen Vertreter Kraft eigenen Rechts aufgrund seiner Stellung als selbstständiger unabhängiger Verfahrensbeteiligter zusteht.[382]

Der antragsberechtigte Erziehungsberechtigte oder gesetzliche Vertreter kann sein Begehren bereits außerhalb der Hauptverhandlung schriftlich oder münd-

---

380 Löwe-Rosenberg/Niethammer, § 140 Rdn. 14.

381 Vgl. hierzu Müller-Sax, § 140 Anm. 6a. Hiernach folgt die Antragsbefugnis des gesetzlichen Vertreters aus seiner Befungnis, einen Verteidiger zu wählen und zu beauftragen.

382 Vgl. Meyer-Gerhardts, S. 13.

lich zu Protokoll der Geschäftsstelle formulieren. In der Hauptverhandlung kann der Antrag auf Pflichtverteidigerbestellung mündlich gestellt werden.[383] Hierbei ist aber zu berücksichtigen, dass die Bestellung eines Pflichtverteidigers in der Hauptverhandlung als verspätet zu bewerten ist, weil zum Zeitpunkt des Beginns der Hauptverhandlung bereits wesentliche Verfahrensabschnitte stattgefunden haben.

Dem Antrag ist in der Regel bereits vor Eröffnung des Hauptverfahrens stattzugeben, wenn die Voraussetzungen des § 140 Abs. 2 StPO vorliegen,[384] der Beschuldigte noch keinen Verteidiger hat und er gem. § 201 StPO zur Erklärung über die Anklageschrift aufgefordert worden ist. In diesem Falle muss das Gericht nach pflichtgemäßem Ermessen dem Beschuldigten einen Pflichtverteidiger bestellen.[385] Bei einem tauben oder stummen Beschuldigten ist das Ermessen des Gerichts beseitigt worden. In diesen Fällen kann der Beschuldigte sowie der Erziehungsberechtigte oder gesetzliche Vertreter die Bestellung des Pflichtverteidigers ohne Angabe von Gründen verlangen.[386]

Wenn der Beschuldigte noch nicht zur Erklärung über die Anklageschrift aufgefordert ist, so steht die Bestellung des Verteidigers, wenn die übrigen Voraussetzungen gegeben sind, immer im Ermessen des Gerichts.[387] Der Erziehungsberechtigte oder gesetzliche Vertreter kann in diesem Fall nur beanspruchen, dass das Gericht sein Ermessen betätigt und über den Antrag sachgemäß entscheidet.[388] Den Antrag des Beschuldigten sowie des Erziehungsberechtigten oder des gesetzlichen Vertreters bearbeitet der Vorsitzende Richter des Spruchkörpers des Gerichts, das für die Hauptverhandlung zuständig ist oder bei dem das Verfahren anhängig ist.

---

383 Müller-Sax, Einleitung 10 g 2, S. 64.

384 Im Jugendstrafrecht ist die Tat "schwer", wenn längere freiheitsentziehende Maßregeln oder Jugendstrafe zu erwarten ist, (OLG Hamm, NJW 1957, 1530 (1530)), die Sach- und Rechtslage schwierig ist und die Verhandlung vor einem erweiterten Schöffengericht stattfindet (OLG Bremen, NJW 1955, 1529 (1529)) oder wenn der Beschuldigte auch mit Hilfe seines Erziehungsberechtigten sich ohne eine Akteneinsicht nicht erfolgversprechend verteidigen kann (Kleinknecht/Meyer-Goßner, § 140 Rdn. 4). Der Beschuldigte im Erwachsenenverfahren ist "offenkundig nicht fähig sich zu verteidigen", wenn er beispielsweise hochgradig schwerhörig ist (OLG Hamm NJW 1952, 1190) oder infolge geistiger Schwäche die Reichweite und Relevanz seiner Verteidigung nicht erkennt.

385 Dieses wurde von Schulz-Knappe, a.a.O. überzeugend dargestellt. Zustimmend auch Löwe-Rosenberg/Dünnebier, §§ 141, 143 Rdn. 34 und Müller-Sax, § 140 Anm. 5; Kleinknecht/Meyer-Goßner, § 140 Rdn. 10.

386 Von einem Recht, die Beiordnung eines Amtsverteidigers zu verlangen spricht auch RG 58, 101 (102).

387 Dieses macht der Wortlaut des § 141 Abs. 3 Satz 1 StPO deutlich, er spricht von "kann bestellt werden", wohingegen § 141 Abs. 1 StPO "wird bestellt" lautet.

388 Müller-Sax, § 140 Anm. 6 b.

Wird der Antrag auf Pflichtverteidigerbestellung abgelehnt, so kann der Beschuldigte selbst oder der Erziehungsberechtigte bzw. der gesetzliche Vertreter entweder im eigenen oder im fremden Namen, also für den Beschuldigten, Beschwerde einlegen.

Ist die Hauptverhandlung, obwohl die Voraussetzungen der §§ 140 Abs. 2, 141 Abs. 1 StPO vorliegen, infolge der Ablehnung des Antrags des Erziehungsberechtigten oder des gesetzlichen Vertreters ohne einen Verteidiger eröffnet worden, so begründet dieser Verfahrensverstoß die Revision nach § 338 Nr. 8 StPO.[389]

Nimmt der gesetzliche Vertreter im Erwachsenenverfahren seinen Antrag nach Bestellung des Pflichtverteidigers zurück, so braucht das Gericht den Verteidiger nicht abzuberufen,[390] da bei Vorliegen der Voraussetzungen des § 140 Abs. 2 StPO auch ohne einen entsprechenden Antrag ein Pflichtverteidiger von Amts wegen zu bestellen wäre. Im Jugendstrafverfahren wird in diesen Fällen dem betroffenen Jugendlichen ein Pflichtverteidiger bzw. im Fall einer nicht notwendigen Verteidigung ein unterstützender Beistand zur Seite gestellt. Der Antrag auf Pflichtverteidigerbestellung im Sinne des § 140 Abs. 2 StPO ist demzufolge sowohl im Erwachsenenverfahren als auch im Jugendstrafverfahren im Fall der notwendigen Verteidigung nicht Voraussetzung für die Bestellung eines Pflichtverteidigers.[391]

Insgesamt kommt daher der Antragsberechtigung des Erziehungsberechtigten oder des gesetzlichen Vertreters keine besondere Bedeutung zu.

Neben den Fällen des § 140 Abs. 1 und Abs. 2 StPO i.V.m. § 68 Nr. 1 JGG liegt auch dann, wie bereits ausgeführt, ein Fall der notwendigen Verteidigung vor, wenn dem Erziehungsberechtigten oder gesetzlichen Vertreter ihre Verfahrensrechte entzogen sind. Auch in diesem Fall hat das Gericht dem jugendlichen Beschuldigten einen Verteidiger zu bestellen, ohne dass eine besondere Beantragung erforderlich ist.

Die Aufgaben eines Pflichtverteidigers im Jugendstrafverfahren unterscheiden sich von einer Pflichtverteidigung im Erwachsenenverfahren nicht wesentlich.[392] Der Verteidiger muss nur die Besonderheiten des Jugendstrafrechts als

---

389 Dieser Revisionsgrund ist umstritten. Löwe-Rosenberg/Dünnebier, §§ 141 143 Anm. III 3 b stellen diesen Meinungsstreit umfassend mit weiteren Nachweisen dar.

390 Anders ist der Fall im Erwachsenenstrafrecht bei § 117 Abs. 4 Satz 1; vgl. hierzu Meyer-Gerhardts, S. 59 und 62.

391 Müller-Sax, § 140 Anm. 6 a und 6 b.

392 Ostendorf, § 67 Rdn. 3.

ein Erziehungsrecht beachten und dementsprechend vorgehen. Er sollte daher Erfahrungen und Fachkenntnisse auf dem Gebiet des Jugendstrafrechts haben.[393] Des Weiteren sollte er sich auf jugendliches Verhalten einstellen können.[394] Den Verteidiger treffen allerdings nicht zwingend erzieherische Verpflichtungen.[395]

### 2.3.2.1.6.4 Wahlverteidigerbestellung und Bestellung eines Beistandes

Wenn demgegenüber kein Fall der notwendigen Verteidigung vorliegt, kann der Beschuldigte sich selbst nach den allgemeinen Grundsätzen einen Verteidiger wählen. Darüber hinaus kann das Gericht dem jugendlichen Beschuldigten gem. § 69 Abs. 1 JGG in jeder Lage des Verfahrens einen Beistand bestellen.[396] Im Unterschied zu einem Verteidiger soll der "Beistand" im Sinne des § 69 Abs. 1 JGG zur Betreuung und Fürsorge des Jugendlichen beitragen. Die in Frage kommenden Personen sollten dem Beschuldigten nahe stehen.[397] Es wäre daher an persönliche Bekannte und Verwandte des Jugendlichen zu denken. Es müssen aber nicht zwangsläufig der Erziehungsberechtigte oder der gesetzliche Vertreter sein. Sie sind aber nicht als Beistand ausgeschlossen. Amtspersonen kommen hingegen in aller Regel nicht in Betracht.

Die umstrittene Frage, ob die bestellten Personen erzieherische Kompetenz haben sollten, ist ein rein formaler Streit, der in diesem Zusammenhang nicht vertiefenswert erscheint.[398] Außerdem dürfte es auch in der Praxis bereits vor dem Verfahren schwierig festzustellen sein, ob Erziehungskompetenz vorhanden ist oder nicht.

---

393 Diemer/ Schoreit/Sonnen, § 68 Rdn. 5.

394 Diemer/Schoreit/Sonnen, § 68 Rdn. 4.

395 Diemer/Schoreit/Sonnen, § 68 Rdn. 4.

396 Der entscheidende Unterschied zwischen dem bereits erörterten Teilnahmerecht der Erziehungsberechtigten und der gesetzlichen Vertreter und des bestellten Beistandes ist der, dass der Beistand zur Unterstützung des Beschuldigten teilnehmen sollte und der bloß Teilnahmeberechtigte freiwillig von seinem Recht Gebrauch machen kann. Im Fall der Beistandsbestellung sieht das Gericht die Teilnahme als erforderlich und dringend an. Aus diesem Grunde bestellt es einen Beistand.

397 Diemer/Schoreit/Sonnen, § 69 Rdn. 7.

398 Eine erzieherische Kompetenz befürworten Diemer/Schoreit/Sonnen, § 69 Rdn. 7, Eisenberg, § 69 Rdn. 2. Eine Gegenauffassung vertritt lediglich Ostendorf, § 69 Rdn. 2, der Personen unabhängig von ihrer erzieherischen Eignung als Beistand zulassen will.

Für den Erziehungsberechtigten und gesetzlichen Vertreter als bestellten Beistand schafft § 69 Abs. 2 JGG eine Ausnahme. Diese Personen dürfen formal betrachtet nur dann als Beistand bestellt werden, wenn keine Nachteile für die Erziehung zu erwarten sind.

Das erscheint gerade aufgrund der ohnehin starken Stellung des Erziehungsberechtigten oder gesetzlichen Vertreters verständlich. Wenn der Erziehungsberechtigte oder gesetzliche Vertreter immer zwingend der Beistand des Jugendlichen sein müsste, könnte das dem Erziehungsinteresse zuwider laufen.[399]

Gleichwohl kann sowohl der Erziehungsberechtigte als auch der gesetzliche Vertreter selbstverständlich im Rahmen seiner sonstigen in § 67 Abs. 1 und Abs. 2 JGG Beistand des Jugendlichen sein, ohne dass er hierzu ausdrücklich formal bestellt werden müsste. Diese bloßen Teilnahme- und Mitwirkungsrechte müssten also von § 69 JGG losgelöst betrachtet werden.

Wenn gegen den Erziehungsberechtigten oder den gesetzlichen Vertreter keine Bedenken vorgebracht werden können, und er der bestellte Beistand ist, hat er neben den ihm sonst zustehenden Rechten folgende Rechte:

- Akteneinsicht bei Staatsanwaltschaften im Vorverfahren zu verlangen;
- Akteneinsicht bei Gericht im Zwischenherverfahren zu nehmen;
- die übrigen Rechte eines Verteidigers;
- das Recht, Fragen und Beweisanträge zu stellen;
- das Recht, den Schlussvortrag zu halten.

[399] Diemer/Schoreit/Sonnen, § 69 Rdn. 9.

### 2.3.2.1.7 Ergebnis

Es lässt sich insgesamt festhalten, dass der Erziehungsberechtigte und der gesetzliche Vertreter im Ermittlungs- und Zwischenverfahren folgende gesetzlich bestimmte Teilnahme- und Mitwirkungsrechte bzw. -pflichten haben:[400]

1. Recht auf Information; Recht auf Mitteilungen;
2. Recht auf Gehör und Fragerecht;
3. Recht auf Wahl und Bestellung eines rechtskundigen Beistand bzw. eines Verteidigers
   - für sich selbst
   - für den Beschuldigten
4. Recht auf Anwesenheit bei nichtrichterlichen Untersuchungshandlungen;
5. Recht auf Anwesenheit bei nichtrichterlichen Vernehmungen und Terminen;
6. Recht auf Anwesenheit bei richterlichen Vernehmungen und Terminen außerhalb des Hauptverfahrens;
7. Unter besonderen Umständen die genannten Rechte eines gem. § 69 JGG bestellten Beistands, die denen eines Verteidigers nahezu gleichstehen.

Diese "Rechte" sollten zugleich eine bisher gesetzlich nicht ausdrücklich normierte Verpflichtung der Erziehungsberechtigten oder gesetzlichen Vertreter zur Mitwirkung am Jugendstrafverfahren gegen die ihnen zur Erziehung unterstellten und anvertrauten Jugendlichen beinhalten. Diese Verpflichtung lässt sich zum einen aus dem Sinn und Zweck der Personensorge und zum anderen aus dem Prinzip der Gewährleistung einer ordnungsgemäßen und fairen Durchführung von Strafverfahren herleiten. Eine derartige Durchführung kann aber nur dann gewährleistet werden, wenn der Angeklagte sowohl geistig wie auch körperlich in der Lage ist, seine Rechte und Interessen zu erfassen und sachgerecht und erfolgversprechend im Rahmen der rechtlichen und tatsächlichen Möglichkeiten wahrzunehmen. Dieses dürfte aber für einen Jugendlichen

---

400 Diese Rechte gelten auch entsprechend für die Teile des Hauptverfahrens, die nicht gleichzeitig die Hauptverhandlung darstellen; sog. richterliche Verhandlungs- und Ortstermine.

aufgrund seiner körperlichen und geistigen Entwicklung nicht immer ohne weiteres und ohne jegliche Einschränkung möglich sein.

Daraus ergibt sich die Gefahr, dass der Jugendliche sich selbst im Verlauf des Ermittlungs- und Zwischenverfahrens für ihn unbeabsichtigt und auch unbemerkt Nachteile für den Jugendlichen hinsichtlich der Sanktionsauswahl zufügt. Denn gerade im Jugendstrafverfahren kommt es auf eine sachgerechte Sanktion an, damit dem Erziehungsgedanken ausreichend Rechnung getragen werden kann. Um gerade dieses zu vermeiden, hat der Erziehungsberechtigte oder der gesetzliche Vertreter als Inhaber der Personensorge die Pflicht mitzuwirken und gegebenenfalls einzugreifen, um so dem Jugendlichen ein faires und ordnungsgemäßes Strafverfahren zu gewährleisten.

Eine ausdrücklich gesetzlich vorgeschriebene Mitwirkungspflicht kann aber im Wege der Gesetzesauslegung und Normanalyse nur aus der Beistandsfunktion im Sinne des § 69 JGG hergeleitet werden. Aus den Teilnahme- und Mitwirkungsrechten lässt sich aber nicht unmittelbar eine Mitwirkungsverpflichtung herleiten.

### 2.3.2.2 Rechte und Pflichten im Hauptverfahren, insbesondere in der Hauptverhandlung

#### 2.3.2.2.1 Die gesetzlichen Vorschriften im Einzelnen

Das Jugendgerichtsgesetz legt die Stellung des Erziehungsberechtigten[401] und des gesetzlichen Vertreters in der Hauptverhandlung nur durch Einzelvorschriften im Gesetz fest. Ergänzungen hierzu finden sich in der Strafprozessordnung.

##### 2.3.2.2.1.1 Recht auf Teilnahme an der Hauptverhandlung

Nach § 149 Abs. 2 StPO i.V.m. § 149 Abs. 1 Satz 1 StPO i.V.m. § 67 Abs. 2 JGG sind der Erziehungsberechtigte und der gesetzliche Vertreter des Angeklagten in der Hauptverhandlung in jedem Fall zu hören. Diese Anhörungsverpflichtung beinhaltet gleichzeitig das Recht auf Teilnahme an der Haupt-

---

401 Zum Begriff des Erziehungsberechtigten vgl. die Abhandlung dieser Arbeit; wobei auch hier anzumerken ist, dass der Begriff des Erziehungsberechtigten in der geschichtlichen Entwicklung des JGG nicht einheitlich war.

verhandlung. Um dieses Recht zu verdeutlichen, muss im Einzelnen auf die Regelungen der Strafprozessordnung eingegangen werden. Das Recht zur Teilnahme umfasst alle Teile der Hauptverhandlung, die im Verlaufe des gesamten Verfahrens stattfinden, also auch Berufungs- oder Revisionsverhandlungen.

Eine Beschränkung auf die Hauptverhandlung in erster Instanz ist weder dem Gesetz noch dem Sinn und Zweck der Regelungen zu entnehmen.[402]

Zur Hauptverhandlung gehören aber dennoch nicht alle richterlichen Verhandlungstermine, die im Verlaufe eines gesamten Verfahrens, also im Vor- oder Zwischenverfahren stattfinden. Vielmehr folgt aus der Gegenüberstellung der § 149 Abs. 1 und Abs. 3 StPO, dass eine Ausdehnung des Begriffes Hauptverhandlung auf darüber hinaus gehende Termine unzulässig erscheint.[403] Das Recht zur Teilnahme an der Hauptverhandlung ist ein eigenes, selbstständiges Recht des Erziehungsberechtigten und des gesetzlichen Vertreters. Es besteht sowohl im Jugend- wie auch im Erwachsenenverfahren unabhängig von den Rechten des Angeklagten selbst.

In dem Wortlaut des § 149 Abs. 1 der Strafprozessordnung, der gesetzliche Vertreter des Angeklagten sei als Beistand zuzulassen, kommt diese Berechtigung im Unterschied zum Jugendstrafrecht[404] nur unzureichend zum Ausdruck. Nach der historischen Interpretation kennzeichnet das Wort "Beistand" im Erwachsenenstrafverfahren eine Person, die auf ausdrücklichen Wunsch einer bestimmten Person im Termin erscheint und mit deren Zustimmung Ausführungen rechtlicher oder tatsächlicher Art macht.[405] Der "Beistand" einer Person ist nach allgemeiner Gesetzesdogmatik von dessen Willen abhängig. Er kann nur dann vor Gericht erscheinen, wenn er ausdrücklich von der betreffenden Person aufgefordert wird, damit er im Namen derer handeln soll. Seine Angaben sind nur insoweit relevant, wie sie von dem Angeklagten genehmigt werden. In diesem Sinne wird der Begriff "Beistand" in vielen Gesetzen verwendet.[406]

---

402 Bennecke/Beling, S. 156; Löwe-Rosenberg/Dünnebier, § 149 Rdn. 2; Müller-Sax, § 149 Rdn. 3; Stenglein, § 149 Rdn. 2.

403 Ausführlich hierzu Meyer-Gerhardts, S. 63ff.

404 Das JGG bestimmt in seinem § 67 Abs. 2, dass der Erziehungsberechtigte und der gesetzliche Vertreter die gleichen Rechte wie der Beschuldigte selbst haben. Hierdurch wird deutlich, dass der Erziehungsberechtigte oder der gesetzliche Vertreter als Verfahrensbeteiligter an der Hauptverhandlung teilnehmen darf und eine eigenständige Verfahrensposition inne hat. Dieses kann die betreffende Person auch ohne eine förmliche Beschlussfassung erreichen. Eine Ermessensentscheidung seitens des Gerichts ist nicht notwendig.

405 Rosenberg, S. 110ff.

406 Vgl. hierzu §§ 378 Satz 1; 387 Abs. 1 StPO; 90 Abs. 1 ZPO; 13 Satz 1 FGG; 67 Abs. 2 VwGO; 22 Abs. 1 Satz 4 BVerfGG.

Ein solcher "Beistand" ist der gesetzliche Vertreter sowohl im Strafverfahren gegen Erwachsene als auch der Erziehungsberechtigte im Jugendstrafverfahren nicht.[407]

Der Erziehungsberechtigte und der gesetzliche Vertreter können unabhängig von dem Angeklagten während der Hauptverhandlung anwesend sein. Der Vorsitzende Richter des zuständigen Gerichts hat lediglich zu prüfen, ob die betreffende Person auch Erziehungsberechtigter oder gesetzlicher Vertreter des Angeklagten ist und ob keine Ausschließungsgründe vorliegen. Ein ausdrücklicher Gerichtsbeschluss ist im Jugendstrafrecht nicht notwendig.[408]

Das Recht des Erziehungsberechtigten und des gesetzlichen Vertreters auf Teilnahme an der Hauptverhandlung beruht vielmehr auf seiner eigenen gesetzlich festgelegten Stellung als selbstständiger Verfahrensbeteiligter und ist wie seine übrigen Verfahrensrechte von der eigenen Rechtsstellung allein abhängig. Das Teilnahmerecht steht ihm daher sowohl nach der Strafprozessordnung als auch nach dem Jugendgerichtsgesetz unabhängig von der Stellung und dem Willen sonstiger Verfahrensbeteiligter und auch von dem des Angeklagten selbst zu.[409]

Der Erziehungsberechtigte und gesetzliche Vertreter kann deshalb sein Teilnahmerecht auch gegen den Willen des Angeklagten und trotz dessen Widerspruchs ausüben.[410] Er ist auch nicht an die Anwesenheit des Angeklagten selbst gebunden[411] und unterliegt ferner nicht dem Grundsatz des Ausschlusses der Öffentlichkeit.[412] Lässt das Gericht den Angeklagten vorübergehend aus dem Sitzungssaal abtreten oder entfernen oder entfernt sich der Angeklagte selbst vorzeitig, so kann der Erziehungsberechtigte oder gesetzliche Vertreter unabhängig davon anwesend bleiben. Auch wenn ausnahmsweise die Hauptverhandlung ohne den Angeklagten stattfindet, kann dem Erziehungsberechtigten oder gesetzlichen Vertreter selbst nicht sein eigenes Recht auf Anwesenheit in der Hauptverhandlung abgesprochen werden.

---

407 Daher bemängeln v. Hippel, S. 304 Fn. 5 und S. 305 sowie v. Kries, S. 189 die Verwendung des Begriffes "Beistand" in § 149 StPO. Zutreffend auch Bennecke/Beling, S. 156 Fn. 24.

408 Im Erwachsenenstrafrecht wird hingegen ein Gerichtsbeschluss teilweise für erforderlich gehalten; dafür Erbs § 149 Anm. 3; inzident Kleinknecht/Meyer-Goßner, § 149 Rdn. 3; wohl auch BGH St 4, 203 (205); dagegen wie hier Müller-Sax, § 149 Anm. 2 b; Schmidt, § 149 Anm. 6; differenzierend Löwe-Rosenberg/Dünnebier, § 149 Rdn. 8.

409 Meyer-Gerhardts, S. 13 und S. 81.

410 RGSt 38, 106 (107); RG JW 1916, 857; RG JW 1924, 974; Löwe-Rosenberg/ Dünnebier, § 149 Rdn. 3; Müller-Sax, § 149 Anm. 2 a; Kleinknecht/Meyer-Goßner, § 149 Rdn. 2.

411 Meyer-Gerhardts, S. 81, 83ff.

412 Köhler, S. 346.

Auch von dem Willen der Gerichte und von deren Ermessen sind der Erziehungsberechtigte und gesetzliche Vertreter unabhängig. Dieses ergibt sich aber bereits aus der selbstständigen Verfahrensstellung, die sich aus der Gesetzesfassung im Jugendgerichtsgesetz begründet.[413] Daraus, dass der gesetzliche Vertreter im Erwachsenenstrafverfahren durch Gerichtsbeschluss zugelassen werden muss, resultiert nichts Gegenteiliges in Bezug auf dessen Verfahrensstellung.[414] Entscheidend ist im Jugendverfahren vielmehr, dass das Recht auf Anwesenheit und Teilnahme an der Hauptverhandlung unabhängig von dem richterlichen Ermessen und Willen besteht.

Auf die Problematik, inwieweit der Erziehungsberechtigte oder gesetzliche Vertreter in der Hauptverhandlung anwesend sein darf, wenn er zugleich als Zeuge aussagen soll, wird im Weiteren noch eingegangen werden.[415]

#### 2.3.2.2.1.2 Gehörsrecht

Gemäß § 43 Abs. 1 Satz 2 JGG sind die Erziehungsberechtigten oder gesetzlichen Vertreter, wie bereits ausgeführt, bereits im Vorverfahren zu hören. Aber auch in dem Verfahrensabschnitt des Hauptverfahrens haben sie, genau wie im Ermittlungs- und auch im Zwischenverfahren, gem. § 67 Abs. 2 JGG ein eigenständiges Gehörsrecht.[416]

Auch § 149 StPO beschreibt die Befugnisse des gesetzlichen Vertreters im Erwachsenenverfahren dahingehend, dass dieser in der Hauptverhandlung auf sein Verlangen hin zu hören sei. Der darüber hinaus gehende Inhalt dieses "Rechtes auf Gehör" ist weder vom Jugendgerichtsgesetz noch von der Strafprozessordnung weiter konkret bestimmt.

Unzweifelhaft umfasst dieses Gehörsrecht die Befugnis, gegenüber dem Gericht mündlich vortragen zu dürfen. Der Erziehungsberechtigte oder der gesetzliche Vertreter können also tatsächliche oder rechtliche Ausführungen machen, die Angaben des Angeklagten ergänzen, erläutern oder revidieren, Anregungen vorbringen oder weiterführende Hinweise geben.

Fraglich ist jedoch sowohl im Erwachsenen- wie auch im Jugendstrafrecht, ob der gesetzliche Vertreter bzw. der Erziehungsberechtigte Anträge, insbesondere

---

413 RG JW 1924, 974.
414 Meyer-Gerhardts, S. 82ff.
415 Vgl. hierzu die entsprechenden Ausführungen dieser Arbeit.
416 Brunner/Dölling, § 67 Rdn. 11; Eisenberg, § 67 Rdn. 17 Schaffstein/Beulke, S. 78.

Beweisanträge stellen, Fragen an Zeugen und Sachverständige richten kann und zur Ablehnung von Richterinnen und Richtern befugt ist. Es ist also zu prüfen, ob ihm die gleichen Rechte eingeräumt werden wie dem Angeklagten selbst.

Soweit es um das Fragerecht und um das Stellen von Anträgen geht, ist dieses dem Erziehungsberechtigten und gesetzlichen Vertreter im Jugendstrafverfahren gestattet, wie es sich ausdrücklich aus dem Gesetzestext ergibt. Denn § 67 Abs. 1 JGG räumt dem Erziehungsberechtigten und gesetzlichen Vertreter die gleichen Rechte ein wie dem Angeklagten selbst.[417]

Das Gehörsrecht ist dem Erziehungsberechtigten und gesetzlichen Vertreter aber nicht zwingend von Amts wegen, sondern entsprechend § 149 StPO auf sein Verlangen hin zu gewähren.[418] Dieses Recht muss also zumindest konkludent geltend gemacht werden. Im Einzelfall kann es aber im Jugendstrafverfahren gerade aufgrund der Fürsorgepflicht des Gerichts geboten sein, auf das selbstständige Anhörungsrecht des Erziehungsberechtigten oder gesetzlichen Vertreters ausdrücklich hinzuweisen.[419] Über die "Anhörung" entscheidet der Vorsitzende Richter des für die Hauptverhandlung zuständigen Gerichtes.[420] Wenn dieser dem Erziehungsberechtigten oder gesetzlichen Vertreter die Anhörung verweigert, kann eine Entscheidung des Gerichtes herbeigeführt werden.[421] Hierbei handelt es sich um eine förmliche Entscheidung des Gerichts.

#### 2.3.2.2.1.3 Beratungsrecht

Der Erziehungsberechtigte oder der gesetzliche Vertreter haben darüber hinaus das Recht, den minderjährigen Angeklagten während des gesamten Hauptverfahrens insbesondere in der Hauptverhandlung zu beraten.[422] Dieses folgt zunächst aus deren selbstständiger verteidigerähnlichen Position. Eine möglicherweise dadurch stattfindende Verdunklung kann durch entsprechende Maßnahmen des Gerichtes, im Ausnahmefall mit der Ausschließung der betreffenden Person vom Verfahren, verhindert werden.

---

[417] Die Frage, inwieweit der gesetzliche Vertreter dieselben Befugnisse im Erwachsenenverfahren hat, ist umstritten. Vgl. zum Streitstand Meyer-Gerhardts, S. 66 ff. Hierauf kommt es wegen der eindeutigen Formulierung im Jugendgerichtsgesetz nicht an.

[418] RGSt 41, 347 (348).

[419] So auch Meyer-Gerhardts, S. 89ff.

[420] Felsenberger, § 149 Anm. 1; Schmidt, § 149 Rdn. 6.

[421] Felsenberger, § 149 Anm. 1; Kleinknecht/Meyer-Goßner, § 149 Rdn. 2.

[422] Löwe-Rosenberg/Dünnebier, § 149 Rdn. 4; Köhler S. 346; Meyer-Gerhardts, S. 90 Stenglein, S. 172; Ullmann, S. 260.

### 2.3.2.2.1.4 Erklärungsrechte

Schließlich könnte den Erziehungsberechtigten und gesetzlichen Vertretern das Recht zustehen, nach den jeweiligen Verfahrensteilen hierzu entsprechende Erklärungen abzugeben.

Trotz der eindeutigen Formulierung in § 67 Abs. 2 JGG ist diese Vorschrift nicht ohne Schwierigkeiten. So ist in diesem Zusammenhang fraglich, ob insbesondere § 257 StPO auch für Erziehungsberechtigte und gesetzliche Vertreter gilt. Diese Bestimmung besagt, dass nach jeder Vernehmung eines Zeugen, Sachverständigen oder Mitangeklagten und auch nach jeder Verlesung eines Schriftstückes der Angeklagte befragt werden soll, ob er hierzu etwas zu erklären habe.

Dieses Recht auf Gelegenheit zur Äußerung stellt eine Ordnungsvorschrift dar und ist streng von der in § 240 StPO geregelten Befugnis zur Befragung von Zeugen und Sachverständigen zu trennen. Der Zweck dieser Vorschrift ist nur in Verbindung mit § 136 StPO zu verstehen. Die in der Hauptverhandlung stattfindende Vernehmung des Angeklagten soll ihm Gelegenheit geben, die gegen ihn bestehenden Verdachtsgründe zu beseitigen und die zu seinen Gunsten sprechenden Tatsachen deutlich zu machen.[423] Den gleichen Sinn hat nach den Ausführungen des Reichsgerichtes auch die Befragung nach § 257 StPO und die darin enthaltende Befugnis des Angeklagten, auf die entsprechenden Prozesshandlungen zu reagieren.[424]

Auf diesem Wege kann der Angeklagte beispielsweise eine vorher abgelehnte Erwiderung auf die Anklage nachholen oder seine früheren Angaben ergänzen, aufklären, berichtigen oder zurücknehmen. Auch kann er Bemerkungen zur Beurteilung des Beweisstoffes oder der Zeugen abgeben oder den Beweis widerlegen. Da alle diese Erklärungen sachlich denen bei der Vernehmung gleichstehen, müssen sie vom Angeklagten selbst abgegeben werden. Ein Verteidiger hat hingegen diese Rechte nicht.

Da der Erziehungsberechtigte oder der gesetzliche Vertreter im Gegensatz zum Verteidiger ein eigenes Gehörsrecht haben, müssten konsequenterweise auch sie die gleichen "Erwiderungsrechte" haben wie der angeklagte Jugendliche selbst. Im Jugendstrafverfahren brauchen die Erziehungsberechtigten und die gesetzlichen Vertreter aber nicht unmittelbar nach jeder Beweiserhebung befragt zu

---

423 Schnitzerling, UJ 1957, Heft 8, 367 (367).

424 RG St 44, 284 (284).

werden.[425] Vielmehr können sich der in der Hauptverhandlung anwesende Erziehungsberechtigte oder gesetzliche Vertreter ohnehin in jeder Lage des Verfahrens verbal in den Verfahrensverlauf einschalten.[426] Sie haben demzufolge wie jeder andere Verfahrensbeteiligte ein Recht darauf, in jeder Lage des Verfahrens einzugreifen und sich zu äußern. Hierzu brauchen sie aber nicht ausdrücklich befragt zu werden, es sei denn, erzieherische Gründe machen eine zusätzliche Befragung des Erziehungsberechtigten und des gesetzlichen Vertreters notwendig. Aber nur in diesem Fall ist eine ausdrückliche Befragung dieser Personen geboten. Wenn die Eltern als Erziehungsberechtigte über diese Rechte nicht bereits im Vorverfahren aufgeklärt worden sind, hat das Gericht die Fürsorgepflicht, die mangelnde Aufklärung durch ergänzende Hinweise zu heilen, indem es die Eltern ausdrücklich auf ihre Rechte aufmerksam macht.

Infolgedessen ist der § 257 StPO im Jugendstrafverfahren nicht ohne eine entsprechende Modifizierung anzuwenden. Der Erziehungsberechtigte oder gesetzliche Vertreter müssen also nicht in jeder Verfahrenslage ausdrücklich, sondern nur dann explizit zu einzelnen Sachverhalten befragt werden, wenn sie als Zeugen zur Sachverhaltsaufklärung beitragen sollen oder müssen.

Zusammenfassend haben der Erziehungsberechtigte bzw. der gesetzliche Vertreter im Hauptverfahren, insbesondere während der Hauptverhandlung, grundsätzlich folgende Rechte:

1. das Recht, sich zu äußern, wenn auch der Angeklagte das Recht zur Äußerung hat, nämlich
   - vor einer Entscheidung des Gerichts, die im Verlaufe der Hauptverhandlung ergeht;
   - nach der Vernehmung des Angeklagten zur Person und zur Sache;
   - nach der Antragstellung eines anderen Verfahrensbeteiligten;
   - nach der Vernehmung von Zeugen und Sachverständigen oder Mitangeklagten;

---

425 BGH DAR 77, 176 (176); Brunner/Dölling, § 67 Rdn. 6; dagegen Löwe-Rosenberg/Gollwitzer, § 257 Rdn. 9. Auch Eisenberg, § 67 Rdn. 9 hält die Anwendung von § 257 für unbedingt zulässig. Daraus folgt, dass auch die Erziehungsberechtigten und gesetzlichen Vertreter ausdrücklich befragt werden müssen. Diese Auffassung ist aber zu weit gefasst, weil es ausreicht, dass der Erziehungsberechtigte und gesetzliche Vertreter die bloße Gelegenheit haben, sich zur Sache zu äußern. Dieses kann selbstverständlich auch dann geschehen, wenn der Angeklagte Gelegenheit zur Äußerung bekommt. Eine ausdrückliche Befragung ist nicht notwendig.

426 Löwe-Rosenberg/Gollwitzer, § 257 Rdn. 9

- nach der Verlesung von Schriftstücken;
- nach Beendigung der Beweisaufnahme;
- insbesondere erhält der Erziehungsberechtigte genauso wie der Angeklagte das letzte Wort.[427] Dieses Recht leitet sich aus den Rechten des Angeklagten ab.

2. das Recht, selbstständig und unmittelbar Fragen an den Angeklagten, die Zeugen und Sachverständige zu richten.[428]

3. das Recht, Anträge zu stellen,[429] insbesondere Beweisanträge[430] und Ablehnungsgesuche gegenüber dem Richter.

Im Erwachsenenstrafverfahren werden diese Rechte in dieser uneingeschränkten Fassung dem gesetzlichen Vertreter von der überwiegenden Meinung in der Literatur abgesprochen.[431]

#### 2.3.2.2.2 Die verschiedenen Rechtsstellungen in der Hauptverhandlung

Es stellt sich weiterhin die Frage, ob und in welchem Umfang die dargestellten Rechte des Erziehungsberechtigten und des gesetzlichen Vertreters im Vorverfahren auch auf das Hauptverfahren, insbesondere auf die Hauptverhandlung, übertragen werden können.

Im Hauptverfahren, das heißt also auch in der Hauptverhandlung, wird dem Erziehungsberechtigten und dem gesetzlichen Vertreter eine selbstständige und von dem jugendlichen Angeklagten unabhängige Verfahrensstellung eingeräumt.

---

427 OLG Hamm NJW 1958, 34 (36)

428 Dieses Fragerecht ist mit dem Fragerecht außerhalb der Hauptverhandlung identisch. Vgl. hierzu ausführlich Meyer-Gerhardts, S. 70.

429 Vgl. hierzu in der StPO § 273 Abs. 3, wonach das Antragsrecht des gesetzlichen Vertreters auch im Erwachsenenstrafrecht unproblematisch vorliegt.

430 Aufgrund dieses Antrages muss ein förmlicher Ablehnungsbeschluss ergehen.

431 Für die herrschende Meinung im Erwachsenstrafrecht: RG GA 48, 131 (132); RG Recht 1907, Nr. 2843; Alsberg, S. 176; Bennecke-Beling, S. 156; Keller, § 149 Rdn. 1; Löwe, § 149 Anm. 3; Müller-Sax, § 149 Anm. 4 a; Schmitt, § 149 Rdn. 6; Stenglein, § 149 Anm. 1; Thilo, § 149 Anm. 1; Ullmann, S. 260; a. A. bezüglich der Beweisanträge Sauer ZStW 37, 195 (197). Im Ergebnis kommt auch Meyer-Gerhardts dazu, dass auch der gesetzliche Vertreter im Erwachsenenrecht die gleichen Rechte wie der Beschuldigte bzw. Angeklagte selbst hat.

Der Erziehungsberechtigte und der gesetzliche Vertreter haben auch in diesem Verfahrensabschnitt im Wesentlichen die gleichen Rechte und Pflichten wie der Angeklagte selbst. Darüber hinaus gibt es im Hauptverfahren auch noch Rechte und Pflichten des Erziehungsberechtigten und des gesetzlichen Vertreters, die unabhängig von den Rechten und Pflichten des jugendlichen Angeklagten festgeschrieben sind.

#### 2.3.2.2.2.1 Zeugenfunktion

Zunächst sollen Erziehungsberechtigte und gesetzliche Vertreter in jedem Fall zur Hauptverhandlung geladen werden, das ergibt sich aus § 50 Abs. 2 Satz 1 JGG.[432] Diese Regelung sieht nicht zwingend vor, dass die jeweilige Verfahrensstellung des Erziehungsberechtigten oder des gesetzlichen Vertreters bereits im Voraus eindeutig gegenüber den betroffenen Personen definiert wird. Der Grund der Ladung braucht dem betreffenden Personenkreis vorab nicht ausdrücklich mitgeteilt zu werden.

Die Ladung kann aus zwei Gründen erfolgen. Zum einen, weil die Erziehungsberechtigten oder gesetzlichen Vertreter in ihrer Erziehungs-, Beistands- oder Unterstützungsfunktion an der Hauptverhandlung teilnehmen und mitwirken oder weil sie vielleicht als Zeugen aussagen sollen. Hierbei kann dahingestellt bleiben, ob sie als Zeugen über die Tat, ihre Folgen oder den Täter aussagen und in dieser Funktion am Verfahren mitwirken sollen. Tatzeugen sind sie in der Regel nicht, weil sie in den seltensten Fällen aktiv oder passiv am Tatgeschehen mitgewirkt haben. Täterzeugen können sie aufgrund des persönlichen Näheverhältnisses zu dem jugendlichen Angeklagten sein. Ihre Angaben zu der Persönlichkeitsentwicklung sind im Hinblick auf die individuelle Sanktionsauswahl für den angeklagten Jugendlichen für das zuständige Gericht unverzichtbar. Hierbei ist jedoch zu bedenken, dass die Erziehungsberechtigten bzw. gesetzlichen Vertreter, soweit sie Angehörige des Jugendlichen sind, ein Zeugnisverweigerungsrecht haben und von diesem auch Gebrauch machen können.

Eine Ladung zur Hauptverhandlung hat in jedem Fall unabhängig von der Frage zu erfolgen, ob der Erziehungsberechtigte oder gesetzliche Vertreter als Zeuge

---

[432] Die Ladung des Erziehungsberechtigten und des gesetzlichen Vertreters zur Hauptverhandlung erfolgt aus verschiedenen Gründen. Zum einen, um das eigenständig garantierte Recht auf Gehör zu gewährleisten und zum anderen, um dem Jugendlichen auch in der Hauptverhandlung nicht den Schutz des Erziehungsberechtigten zu entziehen. Vgl. Ausführungen zur Entwicklung der Bestimmungen und Schulz-Knappe, RdJ 1967, 5 (7).

aussagen sollen oder nicht. Die Vorschriften über die Ladungen, die Folgen des Ausbleibens und die Entschädigung von Zeugen gelten, wie § 50 Abs. 2 Satz 2 JGG ausdrücklich regelt, entsprechend. Es ist denkbar, dass der Erziehungsberechtigte oder der gesetzliche Vertreter formal nicht als Zeuge auftreten, sondern nur zur Unterstützung und Beratung des Angeklagten selbst in der Hauptverhandlung anwesend sein müssen.

Auch wenn aus sachlichen Gründen in einem bestimmten Jugendstrafverfahren keine Zeugeneigenschaft für die Erziehungsberechtigten oder gesetzlichen Vertreter im engeren Sinne angenommen werden kann, können dennoch der Erziehungsberechtigte oder der gesetzliche Vertreter im Rahmen ihrer bloßen Unterstützungs- oder Beistandsfunktion im Verlaufe des Jugendstrafverfahrens über Tat- und Tatfolgenumstände Auskunft geben, soweit sie von ihnen wahrgenommen wurden. Auch können sie etwas über die aktuellen allgemeinen Persönlichkeitsumstände des jugendlichen Angeklagten berichten, die zum einen die Tat selbst betreffen oder die Umstände offen legen, die zu der Tat geführt haben können. Die Angaben der Erziehungsberechtigten können zum anderen den zuständigen Richter unterstützen, eine auf den Jugendlichen zugeschnittene angemessene Rechtsfolge zu finden, um sachgerecht auf die Tat reagieren zu können.

Die Mitwirkung des Erziehungsberechtigten und des gesetzlichen Vertreters geschieht im konkreten Fall im Verlauf eines Jugendstrafverfahrens auf unterschiedliche Art und Weise: Der Vertreter der Jugendgerichtshilfe sucht die Familie des Angeklagten, insbesondere die Eltern als Erziehungsberechtigte, bereits vor der Hauptverhandlung auf und befragt sie zu der in Rede stehenden Straftat und zu der Persönlichkeit sowie zu den konkreten Lebensumständen des straffällig gewordenen Jugendlichen.

Die Mitteilungen und Antworten der Erziehungsberechtigten hält der Vertreter der Jugendgerichtshilfe in seinem schriftlichen Bericht fest.[433] Dieser Bericht wird an das zuständige Gericht weitergeleitet und kann gegebenenfalls auch in Abwesenheit des Erziehungsberechtigten oder des gesetzlichen Vertreters in der Hauptverhandlung vom Jugendgerichtshelfer mündlich vorgetragen, auf diese Weise in das Hauptverfahren eingeführt und zur Grundlage einer gerichtlichen Entscheidung gemacht werden.

---

[433] Das ergibt sich aus § 43 Abs. 1 S. 2 JGG.

Die Jugendgerichtshilfe hat grundsätzlich die Pflicht, alle Mitglieder der Familie ausführlich zu befragen.[434] Der Inhalt einer solchen umfangreichen Befragung durch die Jugendgerichtshilfe kann aber unter Beachtung des Mündlichkeitsgrundsatzes eines Gerichtsverfahrens nicht immer ohne weiteres in vollem Umfang im Jugendstrafverfahren verwertet werden. Es ist allerdings eine mittelbare Einführung der Angaben der Erziehungsberechtigten oder des gesetzlichen Vertreters durch Vernehmung der Vertreter der Jugendgerichtshilfe denkbar. In diesem Falle handelt es sich bei dem Vertreter der Jugendgerichtshilfe um einen Zeugen vom Hörensagen. Eine entsprechende erforschende Befragung der zuständigen Vertreter der Jugendgerichtshilfe, die das Gespräch mit den Erziehungsberechtigten oder den gesetzlichen Vertretern durchgeführt haben, wäre im Falle der Abwesenheit der betreffenden Personen nur dann entbehrlich, wenn das zu Erforschende nicht von entscheidender Bedeutung für die jugendgerichtliche Abschlussentscheidung sein könnte und gleichzeitig in der gerichtlichen Entscheidung zur Entscheidungsgrundlage gemacht würde.[435] Gerade wegen dieser entscheidenden Bedeutung müssen die von dem Erziehungsberechtigten oder anderen Familienmitgliedern gemachten Angaben zu der Tat und zu der Persönlichkeit des Täters auch im Falle der Abwesenheit der Erziehungsberechtigten oder der gesetzlichen Vertreter in die Hauptverhandlung eingeführt werden können.[436]

Dieser Fall ist nicht nur als Ausnahme zu bewerten, weil es nach der derzeit geltender Rechtslage nicht zwingend ist, dass der Erziehungsberechtigte oder der gesetzliche Vertreter an der Hauptverhandlung in einem Jugendgerichtsverfahren teilnehmen muss.

Aufgrund der derzeit geltenden ungenauen Gesetzeslage ist im Schrifttum nicht eindeutig geklärt, ob "die Eltern als Erziehungsberechtigte" zu einer Hauptverhandlung - und zwar ausschließlich in dieser Funktion, das heißt, wenn sie nicht als normale Zeugen in dem Verfahren mitwirken sollen - geladen werden müssen und damit das Ausbleiben trotz Ladung rechtliche Konsequenzen zur Folge hätte.[437]

---

434 Schaffstein/Beulke, S. 140; Böhm, S. 89; Roestel, ZblJugR 1975, 325 (327); zur praktischen Durchführung Schulz-Knappe, RdJ 1967, 5 (7).

435 Vgl. aber hierzu Ullrich, RdJ 1967, 239 (240). Die prozessuale Bedeutung der Tätigkeit der Jugendgerichtshilfe sei ungeklärt. Das ergäbe sich etwa aus der Abgrenzung zur Ermittlungstätigkeit der Staatsanwaltschaft und Polizei im Vorverfahren. Auch meine § 136 StPO das Zeugnisverweigerungsrecht der Eltern, den Unmittelbarkeitsgrundsatz und die Wahrheitspflicht sowie Zeugenstellung i. S .d. §§ 153, 154 StGB.

436 Vgl. Bohnert, ZblJugR 1989, 232 (233).

437 Roestel, ZblJugR 1975, 327; Brunner, ZblJugR 1977, 366. Bei Heranwachsenden können die Eltern hingegen nur noch als "normale" Zeugen in der Hauptverhandlung mitwirken, weil die Erziehungsberechtigung erloschen ist.

Es wäre denkbar, den Erziehungsberechtigten und den gesetzlichen Vertreter als "unnormale Zeugen" nur in ihrer unterstützenden Funktion als Erziehungsberechtigte oder gesetzliche Vertreter zu laden. In diesem Fall wäre aber ihre Prozesssituation zumindest in einigen Teilen des Verfahrens undefiniert.[438] Allein schon durch ihr Tatsachenwissen über die Persönlichkeit des Angeklagten sind der Erziehungsberechtigte und auch der gesetzliche Vertreter unverzichtbares Aufklärungsmittel. Der Richter muss sich entsprechend der Aufklärungsmaxime zur Erforschung des wahren Sachverhaltes und zur Findung einer gerechten Entscheidung[439] sämtlicher zulässiger (Beweis-) Mittel bedienen.[440] Daher wäre auch der Erziehungsberechtigte und der gesetzliche Vertreter als Zeuge einzustufen und insgesamt zulässiges Beweismittel.

Generell erscheint eine Differenzierung nicht erforderlich zu sein, weil Erziehungsberechtigte und gesetzliche Vertreter in aller Regel Zeugen sein können, die in der Hauptverhandlung unverzichtbare Aussagen über die Persönlichkeit des jugendlichen Angeklagten machen können.

Durch § 43 Abs. 1 Satz 2 JGG ist die Aufklärungspflicht des zuständigen Richters konkretisiert worden. Sie ist grundsätzlich von den Rechten und Pflichten des Erziehungsberechtigten und des gesetzlichen Vertreters zu unterscheiden. Während die Ausübung der Erziehungsrechte in der Entscheidung der erziehungsberechtigten Personen steht, ist die Pflicht, nötige Aufklärungsmittel zu benützen, zwingende Verpflichtung des mit der Sache befassten Gerichts und wird durch das Recht des Erziehungsberechtigten oder des gesetzlichen Vertreters in keiner Weise begrenzt.

Gem. § 50 Abs. 2 JGG soll der Vorsitzende Richter allerdings die Ladung der Erziehungsberechtigten und des gesetzlichen Vertreters unabhängig von der Zeugenfunktion dieser Personen anordnen. Diese Norm setzt aber nicht voraus, dass der zu ladende Erziehungsberechtigte oder gesetzliche Vertreter Zeuge sein müssen. Es ist dem Gesetz lediglich zu entnehmen, dass die Vorschriften über die Ladung, die Folgen des Ausbleibens und die Entschädigung von Zeugen entsprechend gelten.[441]

---

438 Hierbei ist zu bedenken, dass sich keine Ladungsformen finden ließen.

439 Schmidt, S. 39 Nr. 11.

440 BGHSt 1, 94 (96); 10, 116 (118); 23, 176 (187f); Löwe-Rosenberg/Gollwitzer, § 244 Rdn. 38.

441 Brunner/Dölling, § 50 Rdn.12 ; Eisenberg, § 50 Rdn 24; Ostendorf, § 50 Rdn. 24.

Von Bohnert wird vertreten, dass Satz 2 des § 50 JGG um das Wort "entsprechend" zu lang sei und im Übrigen unvollständig erscheine.[442]

Es braucht nicht abschließend beurteilt zu werden, ob es in diesem Fall zu einer analogen oder direkten Anwendung der Ladungsvorschriften für Zeugen kommt. Insgesamt lässt sich aber festhalten, dass der Erziehungsberechtigte und auch der gesetzliche Vertreter in jedem Fall Zeugen sein können, aber dennoch zusätzlich in seiner Funktion als Erziehungsberechtigter oder gesetzlicher Vertreter geladen werden soll.

Denn auch in der jugendstrafrechtlichen Hauptverhandlung gelten die Regeln eines Strengbeweises.[443] Damit sind die zulässigen Beweismittel auf Zeugen, Sachverständige, Augenschein, Urkunden und - in einer gewissen Sonderstellung - den Angeklagten selbst [444] beschränkt.[445]

Diese Aufstellung scheint geschlossen zu sein, aber wie schon die Glaubhaftmachung[446] und die verschiedenen Formen des Strengbeweises[447] zeigen, ist die Beschränkung der Beweismittel nicht unabänderlich vorgegeben, sondern ein angestrebtes und gewolltes Ergebnis gezielter Gesetzgebung.[448]

Für eine Erweiterung dieses Kreises durch ein Sonderbeweismittel "Erziehungsberechtigter und gesetzlicher Vertreter" besteht kein Anlass, obwohl die Formulierung des Jugendgerichtgesetzes in § 15 Abs. 2, das Zeugenrecht solle entsprechend anzuwenden sein, den Ansatz dazu äußert.[449] Dennoch kann

---

442 Bohnert, ZblJugR 1989, 232 (234).

443 Albrecht, S. 217.

444 Rogall, S. 31, 58ff.; Prittwitz, S. 196, 200f. Die Zulässigkeit des Beschuldigten als Beweismittel wird von Amelunxen, GA 86, 386 (388) bestritten. Die Entscheidung dieses dogmatischen Streits würde den Rahmen dieser Arbeit sprengen und daher wird auf eine Entscheidung an dieser Stelle verzichtet.

445 Roxin, S. 138; Schlüchter, S. 493ff.

446 §§ 26 Abs. 2; 45 Abs. 2; 56 StPO.

447 Többens, Nutz, 1982, 184f (185).

448 Es wäre auch denkbar, dass Spezialgesetze den Kreis der Beweismittel erweitern. Von dieser Möglichkeit könnte das Jugendgerichtsgesetz in seinem § 38 Gebrauch gemacht haben, in dem es der Jugendgerichtshilfe eine gewisse Unterstützungsfunktion eingeräumt hat.

449 Eine gesonderte Einführung ist es schon deshalb, weil der Gesetzgeber mit der "entsprechenden Anwendung" der Zeugenvorschriften deutlich gemacht hat, dass er den Erziehungsberechtigten nicht übersehen hat, sondern vielmehr berücksichtigt, dass dieser ohnehin mit eigenen Rechten an der Hauptverhandlung des Jugendstrafverfahrens teilnehmen soll und darf. Dagegen könnte sprechen, dass er auch bei dem Sachverständigen von der entsprechenden Anwendung der Zeugenrechte spricht und dieser dennoch ein selbstständiges Beweismittel ist. Diese eindeutige Zuordnung wäre aber bei dem Erziehungsberechtigten wegen seiner vielschichtigen Position nicht vorzunehmen.

hieraus nicht der Schluss gezogen werden, dass die analoge Anwendung des Zeugenrechts den Erziehungsberechtigten oder gesetzlichen Vertreter als ein besonderes Beweismittel verstanden wissen will.

Denn zur Aufklärung von Tatsachen im Verfahren können der Erziehungsberechtigte und gesetzliche Vertreter auch nur Tatsachenwissen beitragen. Und wer "vor dem Richter seine Wahrnehmung über Tatsachen durch Aussage kundgeben"[450] soll, ist Zeuge.[451] Daran ändert auch das Problem nichts, unter welchem Namen der Vorsitzende den Erziehungsberechtigten oder den gesetzlichen Vertreter geladen hat. Er kann diese Personen entweder als Zeugen, lediglich als teilnahmeberechtigte Verfahrensbeteiligte oder auch in einer doppelten Funktion zum einen als Zeugen und zum anderen als erziehungsberechtigte Personen laden. Die Konstruktion, dass der Erziehungsberechtigte und der gesetzliche Vertreter in jedem Fall Angaben zu der Täterpersönlichkeit machen müssen und damit Zeugen sind, ist entbehrlich, weil der Erziehungsberechtigte oder gesetzliche Vertreter in jedem Fall zur Hauptverhandlung in einem Jugendstrafverfahren geladen werden soll.

Auch die Auffassung,[452] die den Erziehungsberechtigten mit der im Gesetz zu findenden Formulierung nur entsprechend eines Zeugen behandeln will, käme zu keinem gegenteiligen Ergebnis.

Ob das Zeugenrecht direkt oder indirekt anzuwenden ist, ist für dessen Inhalt und die genauere Beteiligtendefinition gleichgültig. Es gibt über Tatsachen nur falsche oder richtige und wahre Auskünfte, nicht aber Aussagen von echten und unechten Zeugen. Auskünfte können mit oder ohne Erziehungsziel erteilt werden.[453]

Daraus ergibt sich, dass das Zeugenrecht für den Erziehungsberechtigten und gesetzlichen Vertreter zumindest insoweit verbindlich anzuwenden ist, wie diese Personen in einem bestimmten Verfahrensabschnitt als Zeugen auftreten. Daraus resultiert, dass das gesamte Zeugenrecht unmittelbar zur Anwendung kommen muss.[454] Dass § 15 Abs. 2 Satz 2 JGG nur die Vorschriften über die Ladung, die Folgen des Ausbleibens und die Entschädigung von Zeugen

---

[450] RGSt 52, 288 (289).
[451] Roxin, S. 156.
[452] Eisenberg, § 50 Rdn. 11; Brunner/Dölling, § 50 Rdn. 7; Ostendorf, § 50 Rdn. 12.
[453] Zu diesem Schluss kommt auch Bohnert, ZblJugR 1989, 232 (234).
[454] Bohnert, ZblJugR 1989, 232 (234). Dagegen wird von Eisenberg, § 50 Rdn. 11 sowie Brunner/Dölling, § 50 Rdn. 7 und Ostendorf, § 50 Rdn. 12 vertreten, nur die gesetzlich ausdrücklich genannten Regelungen seien anzuwenden.

herausgreift, darf jedoch nicht den Umkehrschluss zulassen, es handele sich um eine abschließende Vorschrift, die gleichzeitig die Auslegung zulässt, jede übrige Anwendung des Zeugenrechts werde ausgeschlossen. Das wäre schon aus gesetzesdogmatischen Gesichtspunkten heraus nicht zu begründen. Eine eingeschränkte Anwendung des Zeugenrechts hätte die Konsequenz, dass dem Erziehungsberechtigten und dem gesetzlichen Vertreter eine nicht genau festgelegte Stellung zugewiesen würde. Der Erziehungsberechtigte oder gesetzliche Vertreter muss aber in jedem Verfahrensabschnitt eine eindeutig definierte Stellung mit bestimmten Rechten und Pflichten haben. Dem steht aber nicht entgegen, dass sich die Rolle während eines Jugendstrafverfahrens und auch innerhalb der Hauptverhandlung ändern kann.

Andererseits gibt es den Grundsatz, dass eine Person in einem Strafverfahren entweder Zeuge sein kann oder nicht. Einen halben oder ganzen Zeugen gibt es nicht. Dies begründet sich in erster Linie damit, dass der Zeuge unbeeinflusst und wahrheitsgemäß aussagen muss. Hierzu ist notwendig, dass er von einigen Teilen des Verfahrens, insbesondere der Vernehmung des Angeklagten, ausgeschlossen werden muss, damit er unbeeinflusst und unvoreingenommen seine Aussage machen kann. Nur auf diese Art und Weise ist das Gericht in der Lage, Unterschiede in der Sachverhaltsdarstellung und Gemeinsamkeiten zu der Aussage des Angeklagten festzustellen, um mögliche Widersprüche bewerten zu können.

Auch wenn dem Erziehungsberechtigten und dem gesetzlichen Vertreter aufgrund der besonderen Erziehungs- und Unterstützungsfunktion während des Jugendstrafverfahrens insgesamt keine eindeutige prozessuale Stellung zugewiesen werden kann, erscheint es sachgerecht, ihm wenigstens für einzelne abtrennbare Verfahrensteile eine genau definierte Verfahrensposition zuzuweisen.

Gegen eine Anwendung des gesamten Zeugenrechts kann auch nicht der Wortlaut des § 50 JGG sprechen. Bei der Auslegung dieser Norm ist vielmehr denkbar, dass es sich hierbei um eine beispielhafte Aufzählung der wichtigsten Normen handelt, die aber nicht als abschließend zu bewerten ist.

Demzufolge gilt das gesamte Zeugenrecht für den Erziehungsberechtigten und den gesetzlichen Vertreter. Damit hat das zuständige Gericht auch die Pflicht zur Zeugenbelehrung vor der Aussage mit Hinweis auf das Zeugnis- und gegebenenfalls Auskunftsverweigerungsrecht gem. § 55 StPO und darüber hinaus steht dem Gericht das Recht zu, gegebenenfalls auf Antrag eine Zeugenvereidigung vorzunehmen.

§ 49 JGG, welcher die Eidesleistungspflicht beschränkt, wird durch § 63 StPO modifiziert, in dem bestimmt wird, dass zeugnisverweigerungsberechtigte

Personen die Vereidigung verweigern können. Von einer nach § 49 Abs. 1 Satz 1 JGG nötigen Vereidigung kann nach § 61 Nr. 2 StPO abgesehen werden.

Der Erziehungsberechtigte und der gesetzliche Vertreter haben das Recht und die Pflicht aller Zeugen, im Zusammenhang wahrheitsgemäß zur Sache auszusagen.[455] Dieses Recht ist aber durch § 67 Abs. 1 JGG nicht mitgesichert, weder nach dem Wortlaut noch nach dem Sinn dieser Vorschrift. Der geschlossene Bericht über Wahrnehmungen, welche zur eigenen formellen Rechtsdurchsetzung im Verfahren in Beziehung stehen, kann nicht auf das Gehörte gestützt werden.[456]

Der Erziehungsberechtigte und der gesetzliche Vertreter sind in aller Regel mit dem Angeklagten näher verwandt, daher gilt § 52 Abs. 1 Nr. 3 StPO, und sie haben ein Zeugnisverweigerungsrecht.[457] Aus diesem Grunde ist die betreffende Person vor jeder Vernehmung entsprechend der Vorschrift des § 52 Abs. 3 Satz 1 StPO zu belehren.

Das Zeugnisverweigerungsrecht[458] schützt die engen Personenbeziehungen nicht bloß, wenn Kinder oder Jugendliche möglicherweise gegen ihre Eltern, sondern insbesondere auch dann, wenn Eltern als Erziehungsberechtigte gegen ihr Kind im Jugendstrafverfahren aussagen sollen. Ob diese die Aussage verweigern, liegt bei ihnen selbst.

Durch die Heranziehung dieser Vorschriften ist also die Normalsituation im Strafverfahren hergestellt. Der Jugendrichter schätzt im Rahmen von § 244 Abs. 2 StPO ab, ob er die Beweisaufnahme auf die Wahrnehmungen des Erziehungsberechtigten und des gesetzlichen Vertreters und demzufolge auf deren Aussagen erstrecken soll und muss.[459] Grundsätzlich sind der Erziehungsberechtigte und der gesetzliche Vertreter als Zeugen gem. § 50 Abs. 2 JGG zum

---

455 BGHSt 3, 281 (284); Löwe-Rosenberg/Dahs, § 69 Rdn. 6.

456 § 67 garantiert die Teilnahme und Mitwirkung an der Hauptverhandlung, gibt den Erziehungsberechtigten und gesetzlichen Vertretern aber nicht den umfassenden Zeugenschutz.

457 Für die Geheimumstände aus beruflichen Situationen (§§ 53, 53 a StPO) sieht das Gesetz einen größeren Schutz vor, auf welchen der Minderjährige selbstständig verzichten kann (Brunner/Dölling, § 67 Rdn. 4). Der Verzicht steht ihm zu, die Ausübung der Rechte aus § 52 StPO stehen ausschließlich den Familienangehörigen zu (Kleinknecht/ Meyer-Goßner, § 52 Abs. 1 Nr. 3 StPO). Ob diese verschiedenen Verfügungsdispositionen über den persönlichen Bereich der Angeklagten sinnvoll sind, kann hier dahinstehen. Sicher erscheint jedoch, dass diese Vorschriften nicht dadurch durchbrochen werden können, dass ein neues informatorisches Beweismittel geschaffen wird.

458 BGHSt 3, 149 (152); 12, 235 (239); Löwe-Rosenberg/Dahs, § 52 Rdn. 1.

459 Brunner/Dölling, ZblJugR 1977, 366.

Erscheinen verpflichtet. Sie können in diesem konkreten Fall ihre Mitwirkung nur unter bestimmten Umständen verweigern. Dementsprechend begründet sich gegebenenfalls die Verfahrens- und Aufklärungsrüge in der Revision.[460] Nur unter Berücksichtigung des Aufklärungsinteresses und der Aufklärungsverpflichtung sowie der in diesem Zusammenhang üblichen Abwägungen lässt sich das "soll" der Vorschrift in § 50 Abs. 2 JGG erklären.[461]

Allerdings bewahrt auch keine "Soll-Vorschrift die Tatsacheninstanz vor der Revision,[462] zumal jeder Strafrichter trotz einer sorgfältigen Abwägung zu einem fehlerhaften Ergebnis kommen kann, welches dann in der Revisionsinstanz korrigiert werden muss.

Die Aufklärungspflicht der Gerichte im Strafverfahren korrespondiert vielmehr mit der Pflicht zur Ladung gem. § 244 Abs. 2 StPO. Wenn Aufklärung fast ausschließlich durch den Erziehungsberechtigten oder den gesetzlichen Vertreter möglich und auch notwendig ist, dann muss er ausdrücklich als Zeuge geladen werden.

Das macht den Unterschied zu § 67 Abs. 2 JGG deutlich. Nach dieser Norm ist der Hauptverhandlungstermin dem Erziehungsberechtigten und gesetzlichen Vertreter lediglich informatorisch mitzuteilen, wodurch ihm die Möglichkeit einer Teilnahme eröffnet wird. Hierin ist aber noch keine Verpflichtung des Gerichts erkennbar, dem erziehungsberechtigtem Personenkreis eine förmliche Ladung zum Hauptverhandlungstermin zukommen zu lassen.

Geladen werden der Erziehungsberechtigte und der gesetzliche Vertreter hingegen nur als Zeugen wie andere "normale Zeugen" auch, wenn sie zur Tatsachenaufklärung und Persönlichkeitserforschung notwendig sind.[463]

---

460 Vgl. Bohnert, ZblJugR 1989, 232 (234). Nach Brunner/Dölling, ZblJugR 1977, 371 kann auch die Heranziehung der Akten der Familienfürsorge notwendig erscheinen, wenn sich die Eltern der Pflicht zur Aussage entziehen. Dieses ist aber unter Beachtung des Unmittelbarkeitsgrundsatzes kein Ersatz.

461 Alsberg, S. 19ff.

462 Bohnert, NStZ 1982, S. 5 (8).

463 Wie bereits dargelegt, können Erziehungsberechtigte oder gesetzliche Vertreter aufgrund des Näheverhältnisses zu dem angeklagten Jugendlichen fast immer als Zeugen angesehen werden, die insbesondere Angaben zur Persönlichkeit des Jugendlichen machen können. Diese Aussagen sind im Jugendstrafrecht als einem täterbezogenen Strafrecht unverzichtbar.

Deshalb ist es dogmatisch nicht zu begründen, das bloße Gehörsrecht des Erziehungsberechtigten oder des gesetzlichen Vertreters, das sich neben den anderen Informations- und Beteiligungsrechten für das gesamte Verfahren aus § 67 Abs. 1 JGG ergibt, mit den Zwangsmitteln des Zeugenrechts in Zusammenhang zu bringen. Gegen den Erziehungsberechtigten und gesetzlichen Vertreter können also - losgelöst von ihrer möglichen Zeugenfunktion - nicht ohne weiteres Zwangsmittel angewendet oder Zwangsgeld verhängt werden. Auch erscheint die Übertragung von § 67 Abs. 4 und 5 JGG auf den Erziehungsberechtigten oder gesetzlichen Vertreter zweifelhaft,[464] wenn die betreffenden Personen in einem bestimmten Verfahrensabschnitt nicht gleichzeitig als Zeugen auftreten müssen. Etwas anderes gilt, wenn der Erziehungsberechtigte oder der gesetzliche Vertreter in einem bestimmten, abtrennbaren Teil des Verfahrens als Zeuge vernommen werden. In diesem Fall können Zwangsmittel gegen die Person als Zeugen angewandt werden.

Die Austauschbarkeit des einzelnen Erziehungsberechtigten oder des gesetzlichen Vertreters im Falle der Verhinderung gem. § 67 Abs. 5 JGG kann nur für eigene Rechte im Sinne des § 67, nicht aber für die Zeugenpflichten zur Erfüllung von Aufklärungsmaximen zutreffen. Entsprechend genügen auch die Mitteilungen und Ladungen nach § 67 Abs. 5 Satz 3 JGG nicht, um Zwangsmittel für den nach § 50 Abs. 2 JGG zum Erscheinen verpflichteten Zeugen in Gang zu setzen. Um dieses zu erreichen, muss die betreffende Person für das Gericht als Zeuge für notwendig erachtet werden und auch bereits als Zeuge geladen worden sein.

Das Entsprechende trifft auch auf § 67 Abs. 4 JGG zu.

Hierzu ist jedoch zu bedenken, dass sich die Verfahrensstellung des Erziehungsberechtigten und des gesetzlichen Vertreters und diejenige als Zeuge nicht widerspruchsfrei miteinander vereinbaren lassen. Zum einen ist das Anwesenheitsrecht eines Zeugen in der Hauptverhandlung insbesondere während der Vernehmung des Angeklagten gegenüber dem dauerhaften Anwesenheitsrecht des Erziehungsberechtigten oder des gesetzlichen Vertreters eingeschränkt. Während diesen anwesenheitsberechtigten Personen das Recht zusteht, in der Hauptverhandlung ständig und dauerhaft anwesend zu sein, bestimmen §§ 243 Abs. 2, 244, 58 Abs. 1 StPO, dass die Verlesung des Anklagesatzes und die Vernehmung des Angeklagten in Abwesenheit der zu vernehmenden Zeugen erfolgt und die zuerst zu vernehmenden Zeugen wiederum in Abwesenheit des später zu vernehmenden Zeugen zu befragen sind.

---

464 So auch Bohnert, ZblJugR 1989, 232 (234).

Außerdem könnte der Erziehungsberechtigte oder der gesetzliche Vertreter in einen Interessenkonflikt geraten, wenn er gegen den Angeklagten aussagen muss, zumal er eigentlich auf der Seite des angeklagten Jugendlichen stehen sollte und müsste.

Aber nur insoweit der Erziehungsberechtigte als Zeuge unersetzbar ist, geht das Interesse der Wahrheitsfindung den eigenen Verfahrensrechten vor.[465] Dieses rechtfertigt aber noch nicht, den betroffenen Personen die eigenen Verfahrensrechte zu entziehen. Eine grundsätzliche Unvereinbarkeit der Verfahrensrolle des Erziehungsberechtigten und des gesetzlichen Vertreters mit der Rolle eines Zeugen ist aber dennoch nicht ohne weiteres erkennbar. Wenn der Erziehungsberechtigte oder der gesetzliche Vertreter beispielsweise nur als Zeuge für einen Nebenpunkt in Betracht kommen, der sich gesondert erörtern lässt, kann der Ablauf der Hauptverhandlung so gestaltet werden, dass sie dennoch an der Beweisaufnahme nahezu vollständig teilnehmen können. In diesem Fall werden ihre Funktionen als Erziehungsberechtigter oder gesetzlicher Vertreter auf der einen Seite und ihre Mitwirkung als Zeugen nur im geringen Maße beeinträchtigt, so dass eine Ausschließung im Hinblick auf den Grundsatz der Verhältnismäßigkeit nicht zulässig erscheint.[466] Hier sind ähnliche Gesichtspunkte maßgeblich, die auch bei der Ausschließung der als Zeugen bestimmten Verteidiger gelten können, da zumindest die Situation des gesetzlichen Vertreters mit der des Verteidigers ähnlich sein kann.[467]

Dem Erziehungsberechtigten und dem gesetzlichen Vertreter können daher die Beteiligungsrechte in aller Regel nicht vollkommen entzogen werden, wenn sie als Zeugen geladen worden sind. Dies soll nur im Ausnahmefall möglich sein, wenn die Zeugeneigenschaft des Erziehungsberechtigten oder des gesetzlichen Vertreters im Einzelfall dazu führt, dass er seine Schutzfunktion nicht mehr ausreichend erfüllen kann und die Belange des Jugendlichen es erfordern, dass entweder der andere Erziehungsberechtigte oder ein (anderer) gesetzlicher Vertreter die Schutz- und Beistandsfunktionen wahrnehmen.[468] In diesem Fall könnte ein Erziehungsberechtigter oder gesetzlicher Vertreter den anderen nicht automatisch vertreten, wie es dem Regelfall entspricht.

---

465 BGH LM § 67 Nr. 1.

466 Meyer-Gerhardts, S. 24, 25.

467 Unterschiede ergeben sich insbesondere daraus, dass die Ausschließung des Verteidigers in dessen Grundrecht auf Ausübung der Berufsfreiheit gem. Art. 12 GG eingreift.

468 Für den Verteidiger BVerfGE NJW 1963, 1771 mit weiteren Nachweisen.

Nach der zutreffenden Auffassung von Bohnert[469] hat das Gesetz also in § 67 JGG eine konkrete Anordnung getroffen. Diese Vorschrift hat die Rechte des Erziehungsberechtigten und des gesetzlichen Vertreters als unterstützende Personen des Jugendlichen geregelt. Deshalb müsste die Fassung des § 50 JGG, der die Stellung des Erziehungsberechtigten und gesetzlichen Vertreters auch in ihrer Zeugenfunktion regeln will, ihrem Inhalt nach korrigiert werden. In Satz 1 des § 50 sind die Worte "als Aufklärungsmittel" hineinzulesen.

Ob das Wort "entsprechend" in Satz 2 wegzudenken ist, wie Bohnert es fordert, kann hier offengelassen werden, zumal die unterschiedliche Stellung des Erziehungsberechtigten bzw. des gesetzlichen Vertreters zum einen als Zeuge und zum anderen als unterstützende Person des angeklagten Jugendlichen deutlich geworden ist.

Wenn der Erziehungsberechtigte oder gesetzliche Vertreter zum Zeugen wird, ist die Verfahrenssituation eindeutig gesetzlich festgelegt.

Ein Zeuge wird geladen, sein Zeugnis wird aufgerufen, er wird eventuell über sein Zeugnisverweigerungsrecht belehrt und zur Wahrheit ermahnt. Der Zeugnispflicht wird in aller Regel Genüge getan, wenn die betreffende Person entweder aussagt oder im Falle einer Berechtigung das Zeugnis verweigert, schließlich wird ein Zeuge nach abgeschlossener erfolgreicher oder erfolgloser Vernehmung des Zeugen aus dem Zeugenstand entlassen.[470]

Ohne eine derartige Formalisierung der Verfahrensstellung ginge diese bedeutende und wichtige Funktion eines Zeugen im Verlaufe eines Strafverfahrens im allgemeinen Sinne in die andere, nicht näher bestimmbare Verfahrensstellung über.

Das hätte zur Folge, dass die mit dem Ermittlungsgrundsatz eng zusammenhängende Auskunfts- und Wahrheitsfunktion mit der zweiten Hauptfunktion der Erziehungsberechtigten bzw. des gesetzlichen Vertreters, der Beistands- und Unterstützungsfunktion, in einem Spannungsverhältnis stände. Nur diese notwendige Unterscheidung lässt eine differenzierte Stellung des Erziehungsberechtigten oder des gesetzlichen Vertreters im Jugendstrafverfahren zu und hält die Auskunftspflicht in ihrer gesetzlich zulässigen Grenze. Auf diese Weise kann auch der geforderte Schutz des Jugendlichen durch seinen Erziehungsberechtigten oder gesetzlichen Vertreter eintreten, anderenfalls liefe die Beistands- und Schutzfunktion im Interesse des Jugendlichen ins Leere.

---

[469] Bohnert, ZblJugR 1989, 232 (235).
[470] Vgl. dazu Roxin, S. 156.

Denn für die Wahrheit und Vollständigkeit von Aussagen im Allgemeinen gelten die §§ 153, 154 und 163 StGB, hauptsächlich aber nur bei Vernehmung von Zeugen und Sachverständigen. Die aufgeführten Normen setzen infolgedessen eine eindeutige Klärung der Verfahrenssituation sowie die genaue Bestimmung der Beteiligtenstellung voraus.[471]

Der Wahrheitsfindung wäre nicht gedient, wenn der Erziehungsberechtigte oder gesetzliche Vertreter während des gesamten Verfahrens im Gegensatz zu anderen Zeugen unkoordiniert und unkontrolliert sprechen könnten, ohne dabei an gesetzliche Grenzen zu stoßen. Hier wäre an eine Strafbarkeit wegen Aussagedelikten oder Strafvereitelung zu denken.

Wenn der Erziehungsberechtigte oder der gesetzliche Vertreter jedoch Zeugen sind, unterliegen sie in dieser konkreten Verfahrenssituation zwingend der Wahrheitspflicht, unabhängig von ihrer sonstigen Verfahrensstellung.

Im Rahmen ihrer Beistands- und Schutzfunktion gegenüber dem (angeklagten) Jugendlichen haben sie genau wie der Angeklagte selbst ein Recht darauf, nicht in jeder Verfahrenssituation von materiellen Strafdrohungen angegriffen zu werden.

Der Erziehungsberechtigte und der gesetzliche Vertreter müssten ansonsten ausschließlich alles das sagen, was wahr ist. Dieses wäre sowohl prozessual als auch persönlich schwer mit ihrer eigentlichen Verfahrensstellung zu vereinbaren. Insofern erscheint ein gesetzlicher Schutz sachgerecht. Dieser wird insbesondere dadurch erreicht, dass der Erziehungsberechtigte oder der gesetzliche Vertreter quasi dem Angeklagten mit seinen Rechten und Pflichten gleichgestellt werden.

Auch eine übermäßige Ausdehnung von § 52 StPO würde dem Erziehungsberechtigten oder gesetzlichen Vertreter nicht helfen, weil sie in ihrer eigentlichen Beistands- und Schutzfunktion innerhalb desselben Verfahrens zum Schweigen "gezwungen" würden. Sie könnten sich hingegen nicht auf ein Zeugnisverweigerungsrecht berufen, wenn sie zuvor nicht eindeutig als Zeugen verfahrensprozessual klassifiziert worden wären.

Es ist daher kein Grund ersichtlich, Erziehungsberechtigte oder gesetzliche Vertreter, die im Wege der Aufklärungspflicht über Tatsachen oder Personen eine Aussage machen müssten oder sollen, anders als andere Zeugen zu behandeln, außer im Fall des § 50 Abs. 2 JGG. Demgegenüber dürfen sie aber nicht zwingend während des gesamten Verfahrens an die Rechte und Pflichten von Zeugen gebunden sein, sondern müssen im weiteren Verfahren eher dem

---

[471] Bohnert, ZblJugR 1989, 232 (235).

Angeklagten zum Schutz und zur Unterstützung oder beim Vorliegen der gesetzlichen Voraussetzungen als Beistand mit dessen Rechten und Pflichten zugeordnet werden.

Hierin liegt ein erheblicher Rollenkonflikt. Da der Erziehungsberechtigte bzw. gesetzliche Vertreter einerseits durch seine Aussage als Zeuge der Wahrheitspflicht unterliegt und dem Angeklagten damit Schaden zufügen könnte, er aber andererseits aufgrund seiner Stellung im Jugendstrafverfahren in erster Linie zum Schutz und zur Unterstützung seines Schützlings während des Verfahrens beitragen soll, ist dieser Rollenkonflikt in der Praxis unvermeidbar. Er kann nur dadurch entschärft werden, dass der Erziehungsberechtigte oder gesetzliche Vertreter in vertretbarem Maße von einzelnen abtrennbaren Teilen der Hauptverhandlung ausgeschlossen wird, wenn er nicht zuvor von seinem Zeugnisverweigerungsrecht Gebrauch gemacht hat.

#### 2.3.2.2.2.2 Gehörsbeteiligung

Die Befugnis zur Teilnahme an allen Verfahrensterminen und damit auch an den Terminen des Hauptverfahrens, insbesondere des Hauptverfahrens eines Jugendstrafverfahrens, sichert dem Erziehungsberechtigten oder gesetzlichen Vertreter nach § 67 Abs. 1 JGG, wie bereits angesprochen, außerdem das Recht auf rechtliches Gehör in der Hauptverhandlung als Eigenrecht im Sinne des Art. 103 Abs. 1 GG. Dieses Recht beinhaltet auch ein Recht auf Erteilung des "letzten Wortes", das grundsätzlich jedem Angeklagten nach den Schlussplädoyers vor der Schließung des Hauptverfahrens gewährt wird. Der Erziehungsberechtigte bzw. gesetzliche Vertreter ist zwar nicht angeklagt, jedoch leiten sich seine Rechte und Pflichten gem. § 67 Abs. 1 JGG aus denen des Angeklagten her. Daraus ergibt sich, dass dem Erziehungsberechtigten bzw. gesetzlichen Vertreter genauso wie dem Angeklagten selbst das letzte Wort vor Schließung der Hauptverhandlung gewährt werden muss.

Der Grund hierfür liegt insbesondere in dem Charakter des Jugendstrafverfahrens. Denn die Schlussentscheidung des Gerichts sollte ihrem Inhalt nach vom Erziehungsgedanken getragen sein und im Ergebnis auch erzieherische Absichten haben. Aus diesem Grund greift die gerichtliche Schlussentscheidung in das Erziehungsrecht aus Art. 6 Abs. 3 Satz 1 GG ein. Daher dürfen die erzieherischen Interessen der Erziehungsberechtigten oder der gesetzlichen Vertreter nicht außer Acht gelassen werden. § 67 JGG zieht die Konsequenz aus Art. 6, 103 GG.

Ihrem Grundsatz nach legt diese Norm fest, dass derjenige in jedem Fall im Verlauf des Verfahrens gehört werden soll, in dessen Rechte aufgrund des Verfahrens oder durch die gerichtliche Schlussentscheidung eingegriffen wird oder werden kann.[472]

Für das Jugendstrafverfahren bedeutet dies, dass in jedem Fall in die Erziehungsrechte des Erziehungsberechtigten und/oder in die Rechte des gesetzlichen Vertreters eingegriffen werden könnte. Deshalb muss dem Erziehungsberechtigten oder dem gesetzlichen Vertreter in jedem Fall unter Beachtung sonstiger Prozessmaxime ein eigenes Gehörsrecht eingeräumt werden.

Von diesem Recht muss der Erziehungsberechtigte oder gesetzliche Vertreter aber nicht zwingend Gebrauch machen. Entscheidend ist die theoretische Möglichkeit, sich aktiv am Verfahren gegen den jugendlichen Schützling zu beteiligen. Dem Erziehungsberechtigten und dem gesetzlichen Vertreter ist zwar vom Verfahren und von der Hauptverhandlung eine Mitteilung zu machen, wie es § 67 Abs. 2 JGG vorschreibt. Aus dieser bloßen Mitteilung und der damit zusammenhängenden Mitwirkungsgelegenheit resultiert aber noch keine Pflicht zu erscheinen oder sich in sonstiger Form am Hauptverfahren zu beteiligen oder am Verfahrensgang aktiv mitzuwirken.

Demgegenüber hat das Gericht aber auch keine eigene Befugnis, das Eigenrecht auf Gehör mit Zwangsmitteln im Sinne des § 50 Abs. 2 StPO durchzusetzen, es sei denn, der Erziehungsberechtigte oder gesetzliche Vertreter sind Zeugen und haben daher eine Mitwirkungsverpflichtung.

In jedem Fall soll durch § 67 JGG aber zumindest die theoretische Möglichkeit zu einer Mitwirkung geschaffen werden.

Dem Inhalt nach beinhaltet diese formelle Beteiligung die Befugnis, die eigene Anschauung des Erziehungsberechtigten oder gesetzlichen Vertreters zu seinem Erziehungsrecht im Verfahren zur Sprache zu bringen. Hierbei kann sich aber die Rechtsposition des Erziehungsberechtigten oder des gesetzlichen Vertreters durchaus mit den Interessen des angeklagten Jugendlichen berühren, überschneiden oder sogar unabhängig davon im Gegensatz zu den Erziehungs- und Schutzinteressen stehen.

---

[472] Bohnert, JZ 1978, 710 (713).

Der Gehörsberechtigte ist, wie schon angeführt, auch im Hauptverfahren, insbesondere in der Hauptverhandlung, kein reines Beweismittel, er hat formell eine stärkere und vor allem unabhängige und selbstständige Stellung im Verfahren.[473] Daher kann sich der einzelne aus § 67 Abs. 1 JGG Berechtigte zur Wahrnehmung seiner Interessen gem. § 67 Abs. 5 JGG vertreten lassen.[474]

#### 2.3.2.2.2.3 Verhältnis von Gehörsrechten und Zeugenfunktion

Bei der Frage nach dem Verhältnis des Rechts des Erziehungsberechtigten oder des gesetzlichen Vertreters auf Gehör im Rahmen der Unterstützungsfunktion zum allgemeinen Zeugenrecht schließt sich auch das Problem der Verwertbarkeit der Aussagen des Erziehungsberechtigten oder des gesetzlichen Vertreters an, wenn die betreffenden Personen nicht als Zeugen vernommen und auch nicht als solche belehrt worden sind.

Die in diesem Zusammenhang entscheidende Frage ist, ob das zuständige Jugendgericht das, was der Erziehungsberechtigten oder der gesetzliche Vertreter auf Befragen des Richters über den jeweils möglicherweise straffällig gewordenen Jugendlichen aussagt, ohne Zeugen zu sein, seiner Entscheidung zur Grunde legen darf und im Strafurteil verwerten kann.

Dieses Problem stellt sich dem betreffenden Richter insbesondere dann, wenn das Verhalten oder die Erklärungen der Erziehungsberechtigten oder der gesetzlichen Vertreter die Art und auch den Umfang der gerichtlichen Maßnahmen beeinflussen, zum Beispiel weil der im Jugendgerichtshilfebericht erwähnte Milieuschaden durch das Elternhaus eindrucksvoll in persona der Erziehungsberechtigten während des Haupttermins bestätigt wird.

In diesem Fall können die gewonnenen Eindrücke und Erkenntnisse über die Person des Erziehungsberechtigten oder des gesetzlichen Vertreters im Sinne eines Augenscheinbeweises zur tatsächlichen und rechtlichen Würdigung des Inhalts des Berichts der Jugendgerichtshilfe herangezogen werden.

Die zweite, sich daran anschließende Frage ist, ob der Richter die Bekundungen oder Angaben der Erziehungsberechtigten oder gesetzlichen Vertreter zur Beurteilung des Jugendlichen verwerten darf, wenn er die betreffenden Personen wie

---

473 Bohnert, ZblJugR 1989, 232 (236).

474 Der Gehörsberechtigte kann sich nicht anwaltlich vertreten lassen, weil § 67 JGG eine abschließende Regelung darstellt.

ein Zeuge vernommen, nicht aber darauf hingewiesen hat, dass sie berechtigt seien, das Zeugnis zu verweigern oder formlos nichts zu sagen.[475]

Dieser Problemkreis ist nicht nur rein akademischer Art, zumal in der Literatur darauf hingewiesen wurde, dass zum Beispiel die Jugendgerichtshilfe derartige Bekundungen der Erziehungsberechtigten oder gesetzlichen Vertreter, die ihnen gegenüber im Ermittlungsverfahren geäußert worden sind, nicht verwerten darf, wenn die betreffende Person von ihrem Zeugnisverweigerungsrecht Gebrauch gemacht hat.[476] Konsequenterweise müssten demnach die Erziehungsberechtigten vor ihrer ersten Anhörung bereits über ihr Zeugnisverweigerungsrecht belehrt werden, ohne dass sie bereits in der Funktion eines Zeugen handeln. Das widerspricht aber nicht nur den pädagogischen Erwägungen im Jugendstrafverfahren, sondern auch dem Grundsatz, dass der Erziehungsberechtigte oder gesetzliche Vertreter angehört werden soll. In aller Regel werden die Erziehungsberechtigten oder gesetzlichen Vertreter über sehr persönliche Angelegenheiten und zu der Entwicklung des betreffenden Jugendlichen befragt und haben im Allgemeinen auch das Bedürfnis, sich hierüber zu äußern und sich zu entlasten. Manche schweigen aus sehr persönlichen Gründen, wie innerer Gehemmtheit oder aus Scham heraus. Sie können natürlich nicht zum Sprechen gezwungen werden. Hieraus ergibt sich zwangsläufig das Problem, dass sich Erziehungsberechtigte und gesetzliche Vertreter möglicherweise vor Gericht belasten, ohne dass sie wissen und merken, dass dieses Nachteile bei der Urteilsfindung haben kann.[477]

Daher erscheint es in jedem Fall sachgerecht, die Erziehungsberechtigten oder gesetzlichen Vertreter bereits bei der bloßen Anhörung unabhängig von der Belehrung über ein Zeugnisverweigerungsrecht zu fragen, ob sie sich bewusst seien, dass ihre Erklärungen bei dem zu fällenden Urteil von Bedeutung sein und unter Umständen zum Nachteil des Jugendlichen verwertet werden könnten. Die Erziehungsberechtigten oder gesetzlichen Vertreter könnten dann entscheiden, ob sie trotz der möglicherweise zu erwartenden Nachteile als Zeugen verbindlich zur Sache aussagen oder sich zu der Persönlichkeit des jugendlichen Angeklagten äußern wollen oder nicht.

---

[475] Es handelt sich hier zum einen um die Zeugenbelehrung und zum anderen um die Belehrung des Angeklagten. Diese Belehrungen sind beide gegenüber den Erziehungsberechtigten und gesetzlichen Vertretern auszusprechen, da diesen Personen im Jugendstrafverfahren, wie bereits angedeutet keine eindeutige Stellung zugewiesen werden kann. Sie können sowohl Zeuge wie auch Beistand des Jugendlichen sein.

[476] Mit weiteren Nachweisen: Roestel, RdJ 1967, 239 (240).

[477] Roestel, RdJ 1967, 239 (240)

Die Durchführung einer Belehrung über ihr Zeugnisverweigerungsrecht ist bei einer bloßen ersten Anhörung der Erziehungsberechtigten oder der gesetzlichen Vertreter nicht zwingend.[478] Die Erziehungsberechtigten oder gesetzlichen Vertreter sind zwar zu laden, aber nicht zwingend als Zeugen zu vernehmen. Nur in dem Fall, in dem sie als Zeugen zur Aufklärung notwendig sind, müssen sie als solche geladen und über ihre Zeugnisverweigerungs- und Aussageverweigerungsrechte belehrt und auch vernommen werden. Ohne diese formale Verpflichtung zur Zeugenaussage im Einzelfall sind sie jedoch nur in die Reihe der übrigen Betreuungspersonen aufzunehmen und am Jugendstrafverfahren zu beteiligen.

Daraus folgt, dass das Gehörsrecht des Erziehungsberechtigten sowie des gesetzlichen Vertreters und das Zeugenrecht in einem Spannungsverhältnis zueinander stehen, und daher in einzelnen Verfahrensabschnitten zumindest formal voneinander getrennt werden müssen.[479] Anderenfalls gibt es Probleme mit der Verwertbarkeit der Aussagen für die aus dem Strafverfahren resultierenden Entscheidungen.

Eine derartige zumindest formale Trennung erscheint trotz der Einheitlichkeit der Hauptverhandlung praktikabel. Einzelne Teile der Beweisaufnahme mit einer Zeugenaussage lassen sich formal von den übrigen Teilen der Hauptverhandlung trennen.

#### 2.3.2.2.2.4 Beistandsfunktion[480]

Des Weiteren besteht auch in der Hauptverhandlung genauso wie im Vor- und Zwischenverfahren für den Erziehungsberechtigten oder den gesetzlichen Vertreter gem. §§ 149 Abs. 2 StPO i.V.m. 69 Abs. 2 JGG die Möglichkeit, formal als Beistand bestellt zu werden und in dieser formalisierten Funktion in der Hauptverhandlung gehört zu werden. Als Beistand können grundsätzlich alle geeigneten Personen, das heißt auch nicht-erziehungs- und -vertretungsberechtigte Personen bestellt werden. Der Beistand hat nach überwiegender Meinung in der Literatur und Rechtsprechung neben seinen rechtlich definierten

---

478 Nach Roestel soll diese Belehrungsverpflichtung grundsätzlich entfallen können.

479 Auf die zumindest formale Trennung wird im weiteren Verlauf der Arbeit noch einzugehen sein.

480 Zur genaueren Begriffsbestimmung: Grotenbeck, ZblJugR 1977, 422 (426); Schulz-Knappe, RdJ 1967, 5 (7).

Aufgaben auch primäre und sekundäre Erziehungsaufgaben zu erfüllen.[481] Demgegenüber werden die Aufgaben des Beistandes als Aufgaben ohne erzieherischen Charakter definiert.[482]

Schon allein der Gesetzeswortlaut des § 69 Abs. 2 JGG zeigt, dass dem erzieherischen Bestandteil bei der Wahrnehmung der Aufgabe eines Beistandes ein erheblicher Anteil zukommen soll. Wenn die erzieherischen Interessen bei der Aufgabenerfüllung eines Beistandes unerheblich wären, dann wäre ein entsprechender Hinweis, wie er in § 69 Abs. 2 zu finden ist, überflüssig. Der Nachteil für die Erziehung des Jugendlichen, auch im Hinblick auf die Sanktionsauswahl, soll nach der eindeutigen Gesetzesformulierung in jedem Fall ausgeschlossen werden. Daher ist es mit der Mindermeinung nicht zu begründen, warum der Hinweis auf § 69 Abs. 2 nicht genügt.[483] Hieraus ergibt sich nicht, welche Funktionen und Aufgaben der Beistand eines Jugendlichen haben muss und in welchen Fällen ein Beistand heranzuziehen ist. Der Ausschluss der Erziehungsberechtigten oder gesetzlichen Vertreter von der Erfüllung der Aufgabe eines Beistandes kann nur aus erzieherischen Gründen vorgenommen werden.

Die Beistandsfunktion geht über die bloße Teilnahmeberechtigung im Sinne des § 67 Abs. 2 JGG hinaus. Ein Beistand muss unter Berücksichtigung der gesetzlichen Voraussetzungen des § 69 JGG formal bestellt werden.

Wenn die Erziehungsberechtigten oder gesetzlichen Vertreter formal als Beistand zugelassen werden und demzufolge von den bereits an früherer Stelle erörterten Rechten Gebrauch machen, können sie in der Hauptverhandlung vom Zeitpunkt an, ab dem sie formal als Beistand bestellt worden sind, als (Quasi-) Verteidiger agieren.[484]

Aus all dem ergibt sich die Konsequenz, dass im Verlauf eines Hauptverfahrens, das heißt in einer Hauptverhandlung, nach § 50 JGG Zeugenrecht und nach § 67 JGG ein entsprechend den Rechten des Angeklagten vergleichbares eigenes Gehörsrecht sowie nach § 69 die Rechte eines Beistandes und damit Verteidigerrechte für den Erziehungsberechtigten oder gesetzlichen

---

481 OLG Stuttgart, Justiz 1976, 267 (268); Brunner/Dölling, § 69 Rdn. 6; Eisenberg, § 69 Rdn. 6; Hauber, Zbl 1982, 216 (217).

482 Ostendorf, AK, § 69 Rdn. 2; Hinrichsen, S. 130, siehe auch Schaffstein /Beulke, S. 146; Potrykus, § 69 Anm. 1, 3.

483 Vgl. hierzu Ostendorf, AK, § 69 Rdn. 2, der in dem Hinweis auf § 69 Abs. 2 JGG eine Auflösung der Erziehung und Beistandschaft sieht. Im Vordergrund der Aufgabe eines Beistands stehe die verfahrensrechtliche Unterstützungsfunktion.

484 Zu den Rechten des Beistands siehe im Einzelnen die weiteren Ausführungen dieser Arbeit.

Vertreter maßgeblich sein können. Grundsätzlich kann der betreffende Personenkreis von allen Rechten innerhalb eines Verfahrens Gebrauch machen.

Die sich hier unmittelbar aufdrängende Frage ist, wie diese einzelnen und zudem verschiedenartigen Vorschriften zueinander stehen und wie sie im Verlauf eines einheitlichen Hauptverfahrens in Einklang zu bringen sind.

Das allgemeine Strafprozessrecht gibt grundsätzlich jedem einzelnen Verfahrensbeteiligten, wozu auch der Erziehungsberechtigte oder der gesetzliche Vertreter im Hinblick auf ihre gesetzlich normierten Rechte gehören,[485] in der Regel einen einheitlichen rechtsinstitutionsähnlichen, eindeutig bestimmbaren Gesamtcharakter mit einer genau definierten Verfahrensstellung. Wie der Richter und der Staatsanwalt als selbstständige und unabhängige Organe der Rechtspflege haben der Angeklagte, der Zeuge, der Beistand, der Verteidiger und auch der Erziehungsberechtigte oder der gesetzliche Vertreter als selbstständige und unabhängige Verfahrensbeteiligte eigenständige prozessuale Gestalt.[486]

Eine solche eindeutig prozessual festgelegte und während des Hauptverfahrens unveränderliche Verfahrensstellung muss dem Erziehungsberechtigten und dem gesetzlichen Vertreter im Hinblick auf seine Mehrfachrechte im Verlauf eines Jugendstrafverfahrens eingeräumt werden. Er wird zwar unstreitig als selbstständiger Verfahrensbeteiligter anerkannt,[487] wodurch er aber noch keine genau definierte eindeutige Verfahrensstellung mit den dazugehörigen genau festgelegten Befugnissen hat.

Entweder beansprucht er lediglich die bloße Teilnahmeberechtigung im Rahmen seiner Unterstützungsfunktion und hat damit zwar eine eigenständige Verfahrensstellung, aber keine Prozessgewalt im engeren Sinne inne, oder er handelt sogar in mehreren prozessrechtlich relevanten Verfahrensstellungen, zum Beispiel als Beistand oder als Zeuge in dem gleichen Verfahren.

Hierbei ist zu bedenken, dass diese Verfahrensstellungen zum Teil sich widersprechende Interessen beinhalten. Dieser Widerspruch kann nur dadurch aufgelöst werden, dass ein Verfahrensabschnitt, in dem die betreffende Person in einer bestimmten Funktion handelt, von einem anderen darauf folgenden Verfahrensabschnitt getrennt wird.

---

485 Verfahrensbeteiligter zu sein, sagt noch nichts über dessen prozessuale Gestalt aus. Grundsätzlich kann ein Verfahrensbeteiligter selbstständig, abhängig oder weisungsgebunden sein.

486 Bohnert, ZblJugR 1989, 232 (232).

487 Diemer/Schoreit/Sonnen, § 67 Rdn. 3; Brunner/Dölling, § 67 Rdn. 10.

§ 149 Abs. 2 StPO gibt dem gesetzlichen Vertreter im Erwachsenenstrafverfahren[488] grundsätzlich den Anspruch, in der Hauptverhandlung als Beistand zugelassen und auf sein Verlangen hin angehört zu werden. Der Beistand im Erwachsenen- und auch im Jugendstrafverfahren unterstützt den Angeklagten durch seine Anwesenheit bei Terminen außerhalb sowie innerhalb der Hauptverhandlung. Die Unterstützung des Angeklagten kann auch durch vorherige Beratung des Angeklagten, wenn dieser gegenüber dem Gericht Stellungnahmen abgeben soll, erfolgen.

Abweichend von der Beistandsbestellung im Erwachsenenverfahren gem. § 149 Abs. 1 StPO ist die Rechtsstellung eines Beistands im Jugendstrafverfahren nach § 69 Abs.1 JGG weitgehend der Rechtsstellung eines Verteidigers angeglichen.[489] Ein Beistand im Sinne des § 69 Abs. 1 JGG darf nur bestellt werden, wenn kein Fall einer notwendigen Verteidigung vorliegt. Dieses begründet sich in erster Linie damit, dass im Fall einer notwendigen Verteidigung eine Kollision bei der Ausübung der Verteidigerrechte vermieden werden soll.

Zum anderen muss im Fall einer notwendigen Verteidigung ein Pflichtverteidiger bestellt werden, denn die erziehungs- und vertretungsberechtigte Person kann im Hinblick auf die Schwierigkeit der Sach- und Rechtslage im Einzelfall überfordert werden, wenn sie den (Pflicht-) Verteidiger ersetzen müsste. Im Fall einer notwendigen Verteidigung wird der angeklagte Jugendliche in ausreichendem Maße geschützt und unterstützt, so dass sich die Bestellung eines Beistands, der gerade dem Schutz und der Unterstützung des Jugendlichen dienen soll und mit Verteidigerrechten ausgestattet wäre, erübrigt.

§ 69 Abs. 2 JGG verengt den Anspruch eines Beistands im Gegensatz zu der Regelung des § 149 StPO zunächst dahin, dass der Erziehungsberechtigte und der gesetzliche Vertreter nicht zum Beistand bestellt werden dürfen, wenn hierdurch ein Nachteil für die Erziehung des angeklagten Jugendlichen zu erwarten ist. Im Erwachsenenverfahren erübrigt sich diese Einschränkung, weil der im Jugendstrafrecht geltende Erziehungsgedanke im Erwachsenenstrafverfahren keine Rolle spielt.

---

488 Die StPO spricht ausschließlich vom gesetzlichen Vertreter, den Begriff "Erziehungsberechtigter" kennt nur das JGG als Sondergesetz, da die StPO nicht uneingeschränkt auf Jugendliche anzuwenden ist. Nur im Fall einer Regelungslücke oder Ergänzungsbedürftigkeit greift die Strafprozessordnung auch im Jugendstrafverfahren ein. Vgl. hierzu allgemein: Diemer/Schoreit/Sonnen, § 2 Rdn. 18.

489 Ostendorf, AK, § 69 Rdn. 6.

Demgegenüber erweitert § 69 Abs. 3 JGG die Rechtsposition des Erziehungsberechtigten und des gesetzlichen Vertreters, wenn diese formal zum Beistand bestellt worden sind.[490] Durch diese Vorschrift werden dem Beistand im Sinne des Jugendstrafrechts neben dem Recht auf Akteneinsicht auch die sonstigen Rechte eines Verteidigers eingeräumt.

Die Anregung, den Erziehungsberechtigten oder den gesetzlichen Vertreter als Beistand des Angeklagten zu bestellen, kann von dem zuständigen Gericht oder von dem Erziehungsberechtigten bzw. dem gesetzlichen Vertreter selbst ausgehen. Dies ergibt sich aus der Formulierung des § 149 StPO, der als ergänzende Vorschrift zu § 69 JGG herangezogen werden kann.

§ 69 Abs. 2 JGG lässt aber offen, wann der Erziehungsberechtigte oder gesetzliche Vertreter oder eine dritte Person zum Beistand bestellt werden müssen oder in welchen Fällen das bloße Teilnahmerecht des Erziehungsberechtigten oder des gesetzlichen Vertreters für eine effektive Unterstützung ausreicht. Der zuständige Vorsitzende Richter kann dem Angeklagten nach Ausübung seines pflichtgemäßen Ermessens einen Beistand in jeder Verfahrenslage bestellen, wenn es aufgrund der schwierigen Sach- und Rechtslage des Einzelfalles notwendig erscheint. Der zuständige Jugendrichter ist aufgrund des besonderen Schutzbedürfnisses des Angeklagten zur Bestellung eines Beistands verpflichtet, wenn der Jugendliche offenkundig zur Rechtswahrung nicht in der Lage ist, eine umfassende rechtlich und tatsächlich unterstützende Betreuung durch den Erziehungsberechtigten und gesetzlichen Vertreter nicht in ausreichendem Maße gesichert zu sein scheint und zudem die Voraussetzungen einer notwendigen Verteidigung nach § 68 JGG bzw. § 140 Abs. 2 StPO noch nicht vorliegen.[491]

---

490 Nach allgemeiner Auffassung (Dallinger/Lackner, § 69 Rdn. 2; Bohnert, ZblJugR 1989, 232 (235)) sind § 149 StPO und § 69 JGG nicht wesensverschieden, sie ergänzen sich lediglich. Dagegen wird von Hauber, ZblJugR 1982, 218 vertreten, es handele sich um unterschiedliche Normen. Dieses ist jedoch nicht zutreffend, weil das JGG lediglich die StPO ergänzt. Lediglich weil der Anspruch nicht selbst wirkt, sondern durch gerichtliche Bestellung realisiert werden muss, geben § 149 Abs. 2 StPO und § 69 Abs. 2 JGG nur unterschiedliche Anfänge und die Einschränkung von § 69 Abs. 2 JGG wirkt nur als Einschränkung bei der Bestellung, nicht jedoch bei der Auswahl.

491 Hier ist der Grad der Unfähigkeit des Beschuldigten, sich selbst verteidigen zu können, entscheidend. Auch ein Jugendgerichtshelfer kann theoretisch zum Verteidiger bestellt werden. Aber ihn in die Verteidigerrolle in der Hauptverhandlung hineingeraten zu lassen, wäre trotz des Harmoniebedürfnisses widersinnig, denn der Helfer des Gerichtes kann nicht zum Verteidiger des Angeklagten bestellt werden.

Keine (Ermessens-) Entscheidungsfreiheit hat demgegenüber der Vorsitzende Richter im Erwachsenenstrafverfahren bei einem Antrag nach § 149 StPO. Unabhängig davon, wer im Verfahren gegen Jugendliche die Initiative ergriffen hat: Es gilt im Jugendstrafverfahren der Grundsatz des § 69 Abs. 2 JGG uneingeschränkt.

Ein Nachteil für die Erziehung ist in erster Linie in den von § 67 Abs. 4 JGG genannten Hindernis- oder Ausschließungsgründen zu sehen. Dies ergibt sich aus der Gesetzesformulierung als logische Konsequenz. Denn das Gehörs- und Unterstützungsrecht und die Verteidigungsrechte, die einem Beistand zustehen, können nicht unterschiedlich beschränkt werden, vielmehr bleibt das Gehörsrecht des Erziehungsberechtigten oder des gesetzlichen Vertreters parallel bestehen, auch wenn sie oder eine dritte Person möglicherweise als Beistand bestellt worden sind.

Wenn ein Fall der notwendigen Verteidigung gem. § 140 Abs. 1 und 2 StPO vorliegt, muss kein Beistand im Sinne von § 69 JGG, sondern gem. § 68 JGG ein Verteidiger im Sinne von § 137 StPO bestellt werden.

Dass neben einem bestellten Verteidiger ein Beistand vom Gericht berufen wird,[492] ist zur Gewährleistung eines ordentlichen gerichtlichen Verfahrens nicht notwendig, ebenso wenig braucht neben einem Beistand notwendigerweise ein (Wahl-) Verteidiger bestellt zu werden. Das widerspricht dem Sinn und Zweck der Regelung des § 69 JGG.

Wenn aber dennoch neben einem Verteidiger ein Beistand bestellt wird, wird hierdurch der ordnungsgemäße Ablauf des Verfahrens nicht in Frage gestellt.

Demgegenüber gewährleistet § 149 StPO i.V.m. § 69 JGG dem jugendlichen Angeklagten, dem Erziehungsberechtigten und dem gesetzlichen Vertreter den uneingeschränkten Anspruch, dass neben einem Pflicht- oder Wahlverteidiger ein Beistand bestellt werden kann. Diese Entscheidung obliegt aber dem Ermessen des Richters.

Auch wenn der Beistand in der Hauptverhandlung formal zwar nicht zum Verteidiger wird, darf trotzdem die Zahl der Verteidiger den gesetzlich vorgeschriebenen Rahmen nicht überschreiten.[493] Der Beistand ist bei der Berechnung der Verteidigeranzahl aber nicht einzubeziehen. Durch die verschiedenartige Füh-

---

[492] Brunner/Dölling, § 68 Rdn. 11; Potrykus, NJW 1957, 1135 (1137).

[493] Jeder Angeklagte darf höchstens drei Verteidiger haben. § 137 Abs. 1 S. 2 StPO.

rung der Verteidigung und mögliche Widersprüche zwischen den Verteidigern können aber möglicherweise erzieherische Nachteile für den Angeklagten entstehen.[494] Diese Konsequenz sollte bei der Frage, ob eine Person zum Beistand bestellt wird, berücksichtigt werden. Die mögliche Kollision ist aber keine Besonderheit des Beistandsrechts, sondern allenfalls des Jugendrechtes und wird auch bei mehreren Wahlverteidigern in aller Regel in Kauf genommen.

In diesen Fällen erscheint es aus erzieherischen und pädagogischen Gründen ratsam, sowohl von Seiten des Gerichts als auch durch eine Verständigung der Verteidiger untereinander auf eine einheitliche Verteidigungsstrategie hinzuwirken.

Die Bestellung des Erziehungsberechtigten oder des gesetzlichen Vertreters zum Beistand erfolgt in aller Regel auch gegen den Willen des minderjährigen Angeklagten.[495] Der nicht geschäftsfähige Minderjährige kann zwar seinen Verteidiger frei wählen, aber seinen gesetzlichen Vertreter und Erziehungsberechtigten muss er bis zur Volljährigkeit ertragen.[496] Genauso liegt der Fall bei der Bestellung eines Beistandes.

Welcher Erziehungsberechtigte oder gesetzliche Vertreter als verteidigender Beistand ernannt werden kann, wird nicht gesetzlich vorgeschrieben, sondern ergibt sich aus der pflichtgemäßen Einschätzung des Gerichtes oder aus dem Antrag des Jugendlichen selbst bzw. aus dem Vortrag seines Verteidigers.

Inhaltlich stehen dem zum Beistand bestellten Erziehungsberechtigten oder gesetzlichen Vertreter die gleichen Rechte zu wie dem, der sonst zur Verteidigung befugt und gleichsam berechtigt ist. Das ergibt sich aus § 138 Abs. 1 StPO. Allein aus der Formulierung "er hat die Rechte eines Verteidigers" ergeben sich noch nicht seine Rechte im Einzelnen. Vielmehr ist der Gesetzestext so zu verstehen, dass er Verteidiger[497] "ist", dies aber gem. § 69 Abs. 3 Satz 2 JGG nur auf die Hauptverhandlung beschränkt ist. Aufgrund dieser Rechtsstellung hat er das Recht, Akteneinsicht bei Staatsanwaltschaft

---

494 Potrykus, NJW 1957, 1135 (1137).

495 Löwe-Rosenberg/Dünnebier, § 149 Rdn. 4. Vereinzelt wird vertreten, dass der Beistand ohnehin immer eine Vertrauensperson des Angeklagten sei (Hauber, ZblJugR 1982, 217). Gerade weil der gesetzliche Vertreter auch zum Beistand ernannt werden kann, ist diese Argumentation nicht zutreffend, zumal sich der gesetzliche Vertreter nicht durch Vertrauensmerkmale bestimmt, sondern seine Stellung kraft Gesetzes erhält.

496 Bohnert, ZblJugR 1989, 232 (235).

497 Dieser Begriff des Verteidigers ist nicht streng juristisch zu verstehen. Es sind in diesem Fall nicht alle zur Verteidigung berufenen und aufgrund ihrer Ausbildung befugten Personen gemeint. Bei der Auswahl eines Beistandes spielen daher nicht in erster Linie juristische Kenntnisse eine Rolle, sondern es sind vielmehr persönliche Bezüge und pädagogische Fähigkeiten relevant.

gem. § 69 Abs. 1 Satz 1 im Rahmen von § 147 StPO zu bekommen.[498] Zu der Hauptverhandlung ist der Beistand als (Quasi-) Verteidiger zu laden.[499] Hierin liegt der entscheidende Unterschied zu der bloßen Mitteilung in den Fällen, in denen der Erziehungsberechtigte oder gesetzliche Vertreter noch nicht vom Vorsitzenden Richter zum Beistand bestellt wurde, sondern lediglich teilnahmeberechtigt war. In der Hauptverhandlung selbst unterscheidet sich die Stellung des Beistands von den üblichen Verteidigern im Wesentlichen nicht. Auch der Beistand trägt eine gewisse Obliegenheitsverpflichtung, selbstverständlich hat sein Unterlassen aber keine über den Rechtsverlust hinausgehende Konsequenz.[500]

Dennoch sollte aus praktischen Erwägungen heraus § 69 Abs. 3 Satz 2 JGG doppelt erweitert werden.

Die Rechte eines "normalen" Verteidigers bestehen auch nach Beginn der Hauptverhandlung bis zu deren Ende, also auch in dem Teil des Hauptverfahrens, das die Hauptverhandlung begleitet. Hierbei ist zu beachten, dass sich eine Hauptverhandlung über einen längeren Zeitraum erstrecken kann. Hierzu ist zu bedenken, dass der Erziehungsberechtigte oder gesetzliche Vertreter an vorweggenommenen Teilen der Hauptverhandlung beteiligt werden soll.[501] Über diesen Bereich hinausgehende Verteidigerrechte vor und auch nach Beendigung der Hauptverhandlung, insbesondere das Recht der Antragstellung für die Ladung von Personen zu Beweiszwecken gem. § 220 StPO, können ihm wegen § 69 Abs. 3 Satz 2 JGG nicht gewährt werden. Der jugendliche Angeklagte selbst muss in den der Hauptverhandlung vorausgehenden Terminen, wenn auch unter Mitwirkung seines Beistands, beispielsweise Beweisanträge stellen oder die Ladung von bestimmten Zeugen selbst anregen,[502] wenn kein Verteidiger für ihn handelt.

---

498 Zu Recht wird hier zwischen Verteidigerstellung in der Hauptverhandlung und Akteneinsicht unterschieden. Akteneinsicht kann bereits schon im Vorverfahren entstehen, in jedem Fall entsteht sie aber mit dem Ende des Ermittlungsverfahrens, das heißt vor Beginn der Hauptverhandlung.

499 Dallinger/Lackner, § 69 Rdn. 18.

500 Besonders beim Beweisantragsrecht neigt die Rechtsprechung dazu, ein Schweigen des Verteidigers unter Revisionsgesichtspunkten als Desinteresse aufzufassen. Dieses kann in diesem Fall nicht geschehen (Bohnert, ZblJugR 1989, 232 (235)).

501 Dallinger/Lackner, § 69 Rdn. 17; Hauber, ZblJugR 1982, 217. Zu denken wäre hier an eine kommissarische Vernehmung oder den richterlichen Augenschein.

502 Bohnert, ZblJugR 1989, 232 (236).

Allenfalls die vorbereitenden Anträge können von einem Beistand vor Beginn der Hauptverhandlung angekündigt werden. Sie müssen aber ohnehin in der Hauptverhandlung wiederholt werden.[503]

Die Befugnis auf Einlegung von Rechtsmitteln hat § 69 Abs. 1 JGG mit Recht außer Acht gelassen. Denn der Erziehungsberechtigte und der gesetzliche Vertreter haben das Recht auf Rechtsmitteleinlegung bereits ohne Zulassung zum Beistand, wie sich aus §§ 67 Abs. 1 JGG i.V.m. 298 StPO ergibt. Unter diese Berechtigung auf Einlegung von Rechtsmitteln fallen gem. § 336 StPO auch die urteilsvorbereitenden Beschlüsse. Die anderen Rechtsbehelfe, sofern sie innerhalb der Hauptverhandlung entweder geltend gemacht werden dürfen oder müssen, stehen ohnehin dem Beistand grundsätzlich gem. §§ 69 Abs. 3 Satz 2 i.V.m. 67 Abs. 3 JGG zu. Diese Rechte hat nicht nur der gesetzliche Vertreter, sondern auch der Erziehungsberechtigte und der bestellte bzw. gewählte Verteidiger, wenn er entweder zum Verteidiger des Angeklagten oder aber zum Verteidiger des Beistands bestellt worden ist.

Wenn ein Beistand und auch der Beistandsverteidiger einmal bestellt worden sind, können diesen Personen die ihnen jeweils zustehenden Rechte und die damit verbundene Stellung nicht beliebig aberkannt oder streitig gemacht werden. Eine wenn auch nur zeitweilige Ausschließung im Hinblick auf seine Funktion als Erziehungsberechtigter oder gesetzlicher Vertreter in der Hauptverhandlung ist im Gegensatz dazu gem. § 51 Abs. 2 JGG zulässig. Gegenüber dem Gericht muss die Selbstständigkeit der Verteidigung in jedem Fall gewahrt bleiben.

Nur wenn sich das Vorgehen des Beistands und damit die Verteidigung als rechtswidrig erweist oder der Beistand Ausschlussgründe nach § 138 a StPO erfüllt, ist die Zurücknahme der Zulassung eines Beistands, der mit den Rechten eines Verteidigers ausgestattet ist, angezeigt.[504]

---

[503] Kleinknecht/Meyer-Goßner, vor § 137 Rdn. 8.

[504] Kleinknecht/Meyer-Goßner, vor § 138 Rdn. 17. Hierbei soll der Streit, ob das Ausschlussverfahren der §§ 138 ff. StPO für sämtliche Verteidiger oder nur für Wahlverteidiger gilt, dahinstehen, weil der Erziehungsberechtigte nicht als ein gesetzlich bestimmter Verteidiger im Sinne der Regeln des Strafprozessrechts angesehen werden kann. Vgl. zum Streitstand, Kleinknecht/Meyer-Goßner, § 138a Rdn. 3.

Dieser Ausschließungsgrund gilt nicht nur im Erwachsenenstrafverfahren, sondern konsequenterweise auch für den bestellten Beistand des angeklagten Jugendlichen.[505] Der Beistand, der fast mit den gleichen Rechten und Pflichten ausgestattet ist wie der bestellte oder gewählte Verteidiger, darf nicht besser gestellt werden als die rechtskundige Verteidigerperson.

### 2.3.2.2.2.5 Unterstützungsfunktion

§ 67 Abs. 1 JGG gibt dem Erziehungsberechtigten und dem gesetzlichen Vertreter eine doppelte Rechtsstellung, die Unterstützungsbeistandschaft und das bereits erörterte Recht auf rechtliches Gehör. Die Unterstützungsbeistandschaft von der Beistandschaft nach §§ 149 StPO i.V.m. 69 JGG abzugrenzen, ist schwierig.

Zum einen könnte die These vertreten werden, dass § 67 Abs. 1 JGG zwar selbstständige, aber nur abgeleitete Rechte beinhaltet. Dann wäre der Erziehungsberechtigte oder gesetzliche Vertreter von dem Willen und Handeln des jugendlichen Angeklagten und lediglich als Überbringer von Rechtserklärungen des minderjährigen Angeklagten anzusehen und nicht als unterstützender "Verteidiger" mit selbstständigen Verfahrensrechten aufgrund der eigenen Rechtsstellung.

Die andere Möglichkeit ist, die Rechte und Befugnisse des Erziehungsberechtigten oder gesetzlichen Vertreters inhaltsidentisch mit denen eines Beistands aufzufassen, die sich rein formell betrachtet unterscheiden. Unter Zugrundelegung dieser Prämisse ist der Beistand bei Vorliegen der gesetzlichen Voraussetzungen zu bestellen und hat ein eigenes unabhängiges Akteneinsichtsrecht. Außerdem wird er wie ein Verteidiger förmlich geladen und ist in seiner verteidigerähnlichen Stellung nur in der Hauptverhandlung tätig.

Dagegen beteiligt sich der Erziehungsberechtigte oder gesetzliche Vertreter nach § 67 Abs. 1 JGG an dem gesamten Jugendstrafverfahren und erhält von allen Terminen Mitteilungen und ihm wird konkret die Möglichkeit eingeräumt,

---

505 In diesem Zusammenhang ist streitig, ob das Ausschließungsverfahren gem. § 138 a StPO sowohl für Wahl- wie auch für Pflichtverteidiger gelten soll. Dieser Streit soll aber hier außer Acht gelassen werden, weil kein Grund offenkundig ist, warum Wahl- und Pflichtverteidiger unterschiedlich behandelt werden sollten. Des Weiteren geht es nicht um die Frage der Unterscheidung von Wahl- und Pflichtverteidigung, sondern allenfalls darum, ob der Beistand gem. § 69 JGG ausgeschlossen werden darf, vgl. hierzu auch Bohnert, ZblJugR 1989, 232 (236).

an allen Terminen teilzunehmen. Demgegenüber stehen ihm aber nicht die formellen "Verteidigerrechte" eines Beistands, wie z. B. das Recht auf Akteneinsicht, zu. Etwas anderes unterscheidet die beiden Verteidigungsformen nicht.[506] Als mit einer Unterstützungsfunktion ausgestattete Person ist der Erziehungsberechtigte oder gesetzliche Vertreter in jeder der beiden Rechtspositionen in erster Linie auf den Schutz und eine Interessenwahrung des Jugendlichen gerichtet.[507]

Wenn ein Erziehungsberechtigter oder gesetzlicher Vertreter dem Gericht gegenüber die Absicht kundtut, dem Jugendlichen beistehen zu wollen, muss der zuständige Richter ihm die unterschiedlichen Rechtsstellungen erläutern und ihn umfassend aufklären und entsprechend befragen, ob die Unterstützungsbeteiligung nach § 67 Abs. 1 JGG oder die Beistandsfunktion im Sinne des § 69 Abs. 1 JGG angestrebt wird. Im letzteren Falle müssen die weiteren Voraussetzungen des § 69 JGG gegeben sein. Erst nach umfassender Prüfung kann die betreffende Person nach § 69 JGG zum Beistand bestellt werden.

Die genaue Prozesssituation wird durch einen Gerichtsbeschluss nach § 69 Abs. 1 JGG oder durch dessen Unterlassung bestimmt. In diesem Falle hat der Erziehungsberechtigte oder gesetzliche Vertreter lediglich Unterstützungsfunktion im Sinne des § 67 JGG. Wenn sich der Erziehungsberechtigte oder gesetzliche Vertreter nicht äußert oder seine Äußerung zweideutig ist, bleibt die vordem gegebene Rechtssituation, die in aller Regel eine Unterstützungsfunktion darstellt, bestehen. Das gilt auch dann, wenn es nach Würdigung der Sach- und Rechtslage des Einzelfalles für das zuständige Gericht nicht erforderlich erscheint, dem Jugendlichen einen Beistand im Sinne des § 69 JGG zu bestellen.

#### 2.3.2.2.2.6 Verhältnis der einzelnen Verfahrensbeteiligungen untereinander

Die Beteiligung des Erziehungsberechtigten oder gesetzlichen Vertreter zur Aufklärung des Sachverhalts, zur Unterstützung und zum Schutz des Jugendlichen und zur Wahrnehmung des eigenen Rechts an einem Strafverfahren gegen einen Jugendlichen erfolgt ungeachtet der jeweiligen Rechtsposition des Mitwirkenden. Die einzelnen Rechte des Erziehungsberechtigten und des gesetzlichen Vertreters bestehen unabhängig voneinander und sie sind sowohl

---

506 Anstelle des Verteidigerplädoyers spricht der Erziehungsberechtigte oder der gesetzliche Vertreter für den Angeklagten, bei der Vorschrift des § 257 StPO befragt er nicht nach Abs. 2 sondern nach Abs. 1.

507 Vgl. hierzu auch Bohnert, ZblJugR 1989, 232 (235).

untereinander als auch von den Rechten des Jugendlichen unabhängig und selbstständig. Der Erziehungsberechtigte und der gesetzliche Vertreter handeln nicht ausschließlich als eine erziehungsberechtigte Person, sondern zumindest formal betrachtet nur in einer der drei oben genannten Funktionen in einem bestimmten Verfahrensabschnitt während des Verfahrens.

Infolgedessen ist es Aufgabe des zuständigen Richters, die verschiedenen Verfahrensbeteiligungen in den jeweiligen Verfahrensabschnitten zumindest formal gesehen zu trennen.

Diese formale Trennung ist deshalb für das Gericht ohne größere Schwierigkeiten durchführbar, weil sich die Initiativen zu bestimmten Funktionen innerhalb eines Verfahrens voneinander unterscheiden und auch unterschiedliche Rechtsfolgen festlegen.

Der Aufruf des Erziehungsberechtigten oder des gesetzlichen Vertreter als Zeuge geht vom Gericht aus, ebenso seine Bestellung zum verteidigenden Beistand. Hierfür gilt zum einen der Grundsatz der Amtsermittlung und Aufklärungspflicht und zum anderen die Gewährleistung einer gesicherten Verteidigung gerade zum Schutz des jugendlichen Angeklagten. Hierbei sollen und dürfen allerdings die erzieherischen Aspekte nicht außer Acht gelassen werden.

Dagegen müssen der Erziehungsberechtigte und der gesetzliche Vertreter zur Wahrung und Durchsetzung ihres Gehörs- und Unterstützungsrechts nach § 67 Abs. 1 JGG sich selbst bemerkbar machen und aktiv handeln. Sofern sie als Beistand agieren möchten und die Initiative von ihnen ausgehen soll, müssen sie den Antrag nach §§ 149 Abs. 2 StPO i.V.m. 69 JGG stellen.

Ohne eine ausdrückliche formale Entscheidung des Gerichts treten der Erziehungsberechtigte oder gesetzliche Vertreter nur gem. § 67 Abs. 1 JGG zur Unterstützung des Jugendlichen und zu dessen Interessenwahrung auf. In diesem Fall haben sie im gesamten Verfahren keine darüber hinausgehende Rechtsposition.[508] Sie können die Rechte eines Beistandes nicht wahrnehmen.

Innerhalb der jugendgerichtlichen Hauptverhandlung müssen Übergänge zwischen den verschiedenen Formen der Verfahrensbeteiligung mit einiger Trennschärfe bezeichnet werden. Aufgrund der unterschiedlichen Abschnitte im Ver-

---

508 Hier kommt die schon lange bekannte Streitfrage zum Tragen, ob § 257 StPO im Jugendstrafverfahren gilt. Dabei muss hier je nach Funktion des Erziehungsberechtigten unterschieden werden. Für den Erziehungsberechtigten als Beistand gilt die Vorschrift des § 257, wohingegen die Anwendbarkeit für die Gehörsperson abzulehnen ist, BGH DAR 1977, 176; Löwe-Rosenberg/Gollwitzer, § 257 Rdn 9; Kleinknecht/Meyer-Goßner, § 257 Rdn. 1; Eisenberg, § 67 Rdn. 9; Ostendorf, AK, § 67 Rdn. 11.

lauf einer Hauptverhandlung ist eine derartige Trennung auch in der Praxis umsetzbar.

Aus der Phase der bloßen Gehörsbeteiligung, in der sich der Erziehungsberechtigte und der gesetzliche Vertreter freiwillig zur Sache und auch zur Person des angeklagten Jugendlichen äußern können, treten die betreffenden Personen ausschließlich durch einen formalen Akt, den Antrag, sie zum Beistand zu bestellen, heraus. Der umgekehrte Weg wird durch den Antrag, sie als Beistand zu entlassen, eingeschlagen. Der gerichtliche Beschluss macht zumindest formal betrachtet jeweils den Übergang zwischen zwei verschiedenen Verfahrenspositionen deutlich.

Wenn der Erziehungsberechtigte oder gesetzliche Vertreter entsprechende Anträge, zu deren Einbringung er berechtigt ist, stellt, ist es ohne Bedeutung, ob dies im eigenen Namen oder für den minderjährigen Schützling, gegen den das Verfahren geführt wird, erfolgt.

Die entscheidendere Frage, ob sie den Antrag als bestellter Beistand mit Verteidigerrechten oder lediglich im Rahmen seiner Unterstützungsfunktion nach § 67 Abs. 1 JGG stellen, klärt sich durch die zuvor genau bestimmte Rechtsstellung und die daraus resultierende allgemeine Beteiligungsform.

Relevant ist in erster Linie der Wechsel von der Beistandsfunktion in die Rolle einer unterstützenden Auskunftsperson. Solange der Erziehungsberechtigte oder gesetzliche Vertreter als Unterstützungsperson, ohne formal als Zeuge oder Beistand bestellt zu sein, Auskünfte geben, sind diese prozessual nur bedingt verwertbar[509] und entsprechend nur eingeschränkt zur Urteilsfindung oder -begründung tauglich. Diese Auskünfte werden neben den Angaben des angeklagten Jugendlichen abgegeben und sind daher im Hinblick auf die Urteilsbegründung vergleichbar mit den Auskünften des Angeklagten selbst oder denen eines Verteidigers im normalen Strafverfahren. In diesem Fall sind der Erziehungsberechtigte und der gesetzliche Vertreter ein Prozesssubjekt, das nicht zwingend zur Aussage über Tatsachen verpflichtet ist und auch nicht der Wahrheitspflicht unterliegt.

Die abschließende Entscheidung des Gerichts gründet aber auf den Inbegriff der Hauptverhandlung, wie sich aus § 264 Abs. 2 StPO ergibt und stützt sich dort auf die förmlichen gesetzlich zugelassenen Beweise. Entscheidungserhebliches Sachwissen von Auskunftspersonen ist nur dann verwertbar, wenn diese Auskunftspersonen aufgrund einer gerichtlichen Entscheidung formal zum Beweis-

[509] Sie sind demzufolge formal gesehen genauso zu behandeln wie die Bekundungen und Angaben des angeklagten Jugendlichen selbst.

mittel geworden sind. Das kann zum Beispiel dann geschehen, wenn der bestellte Beistand, der Erziehungsberechtigte, der gesetzliche Vertreter oder auch der Verteidiger in den Zeugenstand treten müssen.[510] In diesem Fall wäre die betreffende Person in jedem Fall zur Aussage und zur Wahrheit verpflichtet, es sei denn, sie kann sich auf ein Zeugnis- oder Aussageverweigerungsrecht berufen.

Zum Teil wird in der Literatur vertreten, dass ein derartiger Wechsel zwischen zwei Prozessstellungen nicht möglich sei.[511] Einer derartigen grundsätzlichen Ablehnung kann nicht gefolgt werden. Gerade im Jugendstrafverfahren kommt dem Erziehungsberechtigten oder gesetzlichen Vertreter eine sehr vielschichtige Funktion zu.[512] Wenn in der Praxis alle vom Gesetzgeber festgeschriebenen Rechte und Pflichten erfüllt und zugleich noch alle im allgemeinen Strafprozess geltenden Grundsätze beachtet werden sollen, kann das vom Gesetzgeber festgesetzte Ziel in keiner anderen Weise erreicht werden als durch eine Trennung der Verfahrensstellungen des Erziehungsberechtigten oder gesetzlichen Vertreters. Hier können auch keine dogmatischen Gründe entgegengehalten werden. Die möglicherweise auftretenden Kollisionen von Verfahrensgrundsätzen können durch eine strikte, zumindest formale Trennung, weitestgehend vermieden werden. Interessenkollisionen, die in der Person des Erziehungsberechtigten oder gesetzlichen Vertreters liegen könnten, lassen sich auch nicht dadurch vermeiden, dass sie in einem Verfahren nur als Beistand oder nur als Zeugen oder nur als unterstützende Personen beteiligt werden dürfen. Außerdem würde in diesem Fall gegen Prozessmaximen, wie zum Beispiel den Aufklärungsgrundsatz, oder andere gesetzliche Vorschriften und Besonderheiten des Jugendgerichtsgesetz verstoßen. Daher können der Erziehungsberechtigte und gesetzliche Vertreter in einem Jugendstrafverfahren zeitlich voneinander getrennt innerhalb desselben Strafverfahrens zugleich Unterstützungsperson, Beistand und auch Zeuge sein.

Die Zeugeneinvernahme schließt mit der Entscheidung über die Vereidigung und danach tritt der Erziehungsberechtigte oder gesetzliche Vertreter wieder in seine ursprüngliche Position, wie z. B. die Beistandsfunktion zurück.[513]

---

510 BGH, NJW 1967, 404 (405); Roxin, S. 157; Schlüchter, S. 138.
511 Gössel, S. 67; BT -Drucksache 7/2989, S. 4.
512 Vgl. zum Ganzen Bohnert, ZblJugR 1989, 232 (236).
513 Die Frage der Bestellung eines Pflichtverteidigers als notwendige Verteidigung stellt sich im Jugendstrafverfahren wegen § 69 Abs. 1 JGG nicht.

Während die aufgeführten Funktionen formell im Verfahren deutlich voneinander zu trennen sind, kann es zu einem materiellen Konflikt innerhalb der Unterstützungsfunktion kommen. Die darin enthaltenen Funktionen eines Verteidigers, einer Unterstützungsperson und eines Zeugen sind in der praktischen Umsetzung nicht ohne weiteres miteinander zu vereinbaren, insbesondere dann nicht, wenn der Erziehungsberechtigte und der gesetzliche Vertreter in der Hauptverhandlung eigene Zwecke verfolgen oder möglicherweise sogar verfolgen müssen, die den Interessen des Jugendlichen widersprechen. Normalerweise hat der Beistand, der mit verteidigerähnlichen Rechten ausgestattet ist, insbesondere die Aufgabe, ausschließlich dem Schutz des Jugendlichen zu dienen und dessen Interessen wahrzunehmen. Der möglicherweise auftretende Konflikt folgt aus der inhaltlichen Selbstständigkeit des Gehörs- und Zeugenrechts.

Auf diesen Konflikt hat das Gericht keinen Einfluss. Er ist infolgedessen formell betrachtet nicht lösbar.[514] In diesem Fall gibt es nur die Möglichkeit, dass der Erziehungsberechtigte und der gesetzliche Vertreter selbst den Widerspruch aufklären oder das Gericht den widersprüchlichen Vortrag zur Kenntnis nimmt und diese Umstände bei der Urteilsfindung entsprechend würdigt.

Zur Vermeidung von Missständen kann eine rein formale funktionale Trennung nur durch Antrag des Erziehungsberechtigten oder des gesetzlichen Vertreters auf Entlassung aus der Beistandsfunktion des § 69 JGG erfolgen. Demgegenüber kann das Gericht die betreffende Person aus der Wahrnehmung ihres Eigenrechts auf Gehör genauso wenig entlassen wie aus ihrer erzieherischen Funktion gem. § 67 Abs. 1 JGG.

### 2.3.2.2.2.7 Gründe für die Einschaltung des Erziehungsberechtigten oder des gesetzlichen Vertreters im Hauptverfahren

Um die Stellung des Erziehungsberechtigen oder des gesetzlichen Vertreters und die Gründe für eine Einbeziehung im Hauptverfahren, insbesondere in der Hauptverhandlung, umfassender bewerten zu können, müssen die Gründe für eine Beteiligung der Erziehungsberechtigten an der Hauptverhandlung des Jugendstrafverfahrens näher betrachtet werden. Es stellt sich also die Frage, warum die Erziehungsberechtigten und die gesetzlichen Vertreter in die Hauptverhandlung gegen einen Jugendlichen einbezogen werden sollen und müssen und inwieweit sich zum Teil mehrfache Verfahrensbeteiligungen miteinander vereinbaren und begründen lassen.

---

514 Vgl. Kahlert, S. 49, 50.

Der jugendliche Angeklagte gilt nicht in Bezug auf einzelne Verfahrensziele und -inhalte, aber in der Verfahrensdurchführung als autonomes Rechtssubjekt. Aufgrund dieser Verfahrensstellung kann er sämtliche ihm nach dem Gesetz zustehenden "prozessualen" Handlungen und Rechte grundsätzlich ohne fremde Unterstützung selbstständig wahrnehmen.[515]

In diesem Zusammenhang darf aber nicht außer Acht gelassen werden, dass der Jugendliche insbesondere als Angeklagter prozessual hilfs- und unterstützungsbedürftig ist.[516] Seine Erziehungsberechtigten und gesetzlichen Vertreter dürfen ihn aus diesem Grunde unterstützen und ihm "beistehen". Das zuständige Gericht hat darüber hinaus für ihn eine gewisse Fürsorgepflicht und hat demzufolge neben der Heranziehung des Erziehungsberechtigten und des gesetzlichen Vertreters für eine entsprechende sachgerechte und fachlich qualifizierte Verteidigung zu sorgen.[517]

Darüber hinaus ist die Beteiligung des Erziehungsberechtigten und des gesetzlichen Vertreters insbesondere zu einer sachdienlichen Aufklärung von Tatumständen und zur Persönlichkeitserforschung des Angeklagten in vielen Fällen hilfreich oder sogar notwendig. In dem Erziehungsberechtigten und dem gesetzlichen Vertreter liegt ein unabdingbares Beweismittel. Dies ist insoweit zu relativieren, dass die Personen als Angehörige des Jugendlichen von ihrem Zeugnisverweigerungsrecht Gebrauch machen können. Grundsätzlich kennen die Eltern als Erziehungsberechtigte und der gesetzliche Vertreter die Persönlichkeitsumstände sowie das Umfeld des Jugendlichen in aller Regel aber sehr genau.[518] Auch sind sie darüber hinaus in der Lage, Angaben zu den Hintergründen der Tat zu machen. In einigen Fällen wissen sie sogar über den Tathergang selbst Bescheid. Zudem können sie meistens dazu beitragen herauszufinden, welche Sanktionen unter Berücksichtigung der Tatfolgen für den Jugendlichen und seine individuelle Entwicklung am angemessensten wären.[519]

Demzufolge sind die Eltern und Erziehungsberechtigten sowie der gesetzliche Vertreter auch für die abschließende gerichtliche Entscheidung von erheblicher Bedeutung. Nur durch die Auswahl einer auf die Täterpersönlichkeit abge-

---

515 Der Jugendliche wird in der vorherrschenden Literatur nicht immer als Prozesssubjekt bewertet, das die eigenen Rechte wahrzunehmen vergisst. Es wird allerdings vermutet, dass Jugendliche aufgrund ihres körperlichen und geistigen Entwicklungsstandes nicht immer in der Lage sind, ihre Rechte in einem Jugendstrafverfahren sach- und interessengerecht wahrzunehmen; vgl. dazu Bohnert, ZdJR 1989, 232 (233).

516 Molketin, ZblJugR 1981, 201.

517 Albrecht, S. 259; Brunner/Dölling, § 68 Rdn. 10; Eisenberg, § 68 Rdn. 12.

518 Schulz-Knappe, RdJ 1967, 5 (10); Schaffstein/Beulke, S. 150; Dallinger/Lackner, § 50 Rdn. 13; Brunner/Dölling, § 67 Rdn. 2; so auch Albrecht, S. 307.

519 Schulz-Knappe, RdJ 1967, 5 (10), Brunner/Dölling, § 50 Rdn. 7.

stimmten Schlussentscheidung des Gerichts kann die im Sinne des Jugendgerichtsgesetzes beabsichtigte erzieherische Wirkung erreicht werden.

Dass der Erziehungsberechtigte und der gesetzliche Vertreter im Jugendstrafverfahren insgesamt unter anderem als Beweis- und Aufklärungsmittel aufzufassen sind, ohne rein formal als Zeuge geladen zu sein, ergibt sich aus der unbestrittenen Auffassung in der Literatur, wonach in einer unterlassenen Beteiligung dieses Personenkreises sowie in der fehlenden Heranziehung und Würdigung ihrer Aussagen eine Verletzung der gerichtlichen Aufklärungspflicht liegen könnte, die sich sogar mit dem Rechtsmittel der Revision angreifen ließe.[520] Denn ein Gericht ist in einem Strafverfahren aufgrund des Amtsermittlungsgrundsatzes verpflichtet, grundsätzlich alle zur Verfügung stehenden Beweismittel heranzuziehen und ihren Beweisgehalt zu bewerten.

Eine derartige Aufklärungsregel begründet sich nicht ausschließlich in einem möglichen Formverstoß gegen §§ 50 Abs. 2, 67 Abs. 2 JGG, sondern beruht nach Auffassung der Literatur vielmehr darauf, dass unter Benutzung aller vorhandenen und auch tauglichen Hilfsmittel dem Gericht eine bessere Aufklärungsmöglichkeit gegeben wäre.[521] Hilfsmittel sind aber nicht zwangsläufig mit Beweismitteln gleichzusetzen. In diesem Zusammenhang wird in der Literatur weiterhin ausgeführt, eine engere Einbindung sowie die Anhörung des Erziehungsberechtigten oder des gesetzlichen Vertreters wecke "Verständnis und Bereitschaft zur Mithilfe"[522], um ein möglicherweise erziehungswidriges Gegeneinander zu vermeiden. Auf diese Weise können die betreffenden Personen ohne Probleme am gesamten Hauptverfahren einschließlich Schlussentscheidung mitwirken.

Es verstärkt auch das erzieherische Eingreifen des Jugendrichters, wenn es ihm gelingt, die aufgrund der Familienbindung und kraft Gesetzes zur Erziehung berufenen Personen im Verfahren gegen den Jugendlichen im sinnvollen und für alle Beteiligten zumutbaren Ausmaß mit einzuschalten.[523] Nur auf diese Weise kann dem in erster Linie erzieherischen Zweck des Jugendstrafverfahrens Rechnung getragen werden.

---

520 BGH, MDR 1952, 564 (565); Schulz-Knappe, RdJ 1967, 37 (41); Dallinger/Lackner, § 67 Rdn. 12; Brunner/Dölling, § 67 Rdn 11; Eisenberg, § 67 Rdn. 22.

521 So auch Bohnert, ZblJugR 1989, 232 (233).

522 Böhm, S. 89.

523 BGH St 18, 21 (25); Brunner/Dölling, § 67 Rdn. 2.

Zusammengefasst lassen sich für die Heranziehung und Einbeziehung des Erziehungsberechtigten und des gesetzlichen Vertreters in das Hauptverfahren eines Jugendstrafverfahrens insbesondere zwei Gründe nennen, die auch dem Grundgedanken des Jugendgerichtsgesetzes entsprechen:[524]

Der Erziehungsberechtigte und gesetzliche Vertreter sollten deshalb am Jugendstrafverfahren mitwirken, weil diese Personen aufgrund ihrer Stellung über bestimmte Kompetenzen verfügen, die auf andere Weise nicht wahrgenommen werden können.

Der Erziehungsberechtigte oder der gesetzliche Vertreter können im Hauptverfahren, insbesondere in der Hauptverhandlung:

1. den Minderjährigen unterstützen;
2. die eigenen Erziehungsprinzipien durchsetzen;
3. zur Aufklärung der Tatumstände beitragen;
4. Angaben zur Tat, zum Täter und zu dessen Persönlichkeit machen;
5. das Gericht bei der Auswahl einer täterbezogenen Sanktion unterstützen;
6. die eigene Rechtsposition durchsetzen und realisieren.

In der Hauptverhandlung während eines Erwachsenenstrafverfahrens sind die Funktionen Aufklärung und Unterstützung streng voneinander getrennt. Es ist deshalb im Gegensatz zum Jugendgerichtsverfahren nicht denkbar, dass dieselbe Person zugleich den Angeklagten unterstützen und gleichzeitig zur Wahrheitsfindung in demselben Strafverfahren beitragen kann. Denn hierzu ist zu bedenken, dass ein Zeuge, der unter Verstoß gegen die Wahrheitspflicht den Angeklagten unterstützt, eine Straftat begeht.[525] Auch ein Verteidiger, der in einem Strafverfahren, in dem er als Verteidiger beteiligt ist, zur Aufklärung der Tat beiträgt, verletzt seine Verteidigerpflicht gegenüber seinem Mandanten. Dies ist natürlich nicht der Fall, wenn er durch seine Angaben zum Freispruch seines Mandanten beiträgt.

---

524 So auch Bohnert, ZblJugR 1989, 232 (233). Diese Grundgedanken haben bereits bei der Abfassung des Jugendgerichtsgesetzes von 1953 eine Rolle gespielt. Schulz-Knappe hat es so ausgedrückt: "Der Gesetzgeber wollte a) die Person des Täters genau erforschen, um b) eine diese Persönlichkeit berücksichtigende, täterbezogene Maßnahme ergreifen zu können und c) den Jugendlichen dennoch in dessen Obhut belassen." (Schulz-Knappe, RdJ 1967, 5 (9). In der Hauptverhandlung kommt aber das hier genannte dritte Ziel, die Verfolgung der eigenen Rechtposition des Erziehungsberechtigten aus § 67 JGG hinzu.

525 Hier wäre an Strafvereitelung oder Begünstigung zu denken.

Es fragt sich, ob dieser Grundgedanke ohne weiteres auf das Jugendstrafverfahren übertragbar ist. Auf diese Weise könnten die bereits ausgeführten nebeneinander bestehenden Beteiligungsformen in Frage gestellt werden.

Wenn auch dem Erziehungsgrundsatz im Jugendstrafrecht eine sehr hohe Bedeutung zukommt und es deshalb gleichzeitig bei der Einschaltung des Erziehungsberechtigten oder gesetzlichen Vertreters zu Kollisionen kommen kann, so lässt sich auch in diesem Strafverfahren die materielle Strafbarkeit in Ausnahmefällen dennoch nicht immer uneingeschränkt vermeiden. Daher liegt es nahe, dass der herangezogene Interessenvertreter des (jugendlichen) Angeklagten, in diesem Fall der Erziehungsberechtigte oder der gesetzliche Vertreter des Jugendlichen, sich oft am Rande der Strafbarkeit bewegen.

Nach dem bereits Ausgeführten könnte der Anschein erweckt werden, als nehme die jugendstrafgerichtliche Praxis die Verfahrensbeteiligung des Erziehungsberechtigten oder gesetzlichen Vertreters grundsätzlich als einen einheitlichen Vorgang an und bewerte dieses als einen prozessualen Gesamtakt, der keine nennenswerten Probleme mit sich bringt.[526] In einer jugendstrafgerichtlichen Hauptverhandlung sind der Erziehungsberechtigte und der gesetzliche Vertreter zunächst nur anwesend, im weiteren Verfahren äußern sie sich, stellen Anträge, das Gericht und die Staatsanwaltschaft reden mit ihnen und befragen sie gegebenenfalls zu Themen, an denen im Hinblick auf die angeklagte Tat und deren Bewertung unter besonderer Berücksichtigung einer jugendstrafrechtlichen Sanktion Interesse besteht. Grundsätzlich lassen sich diese Verfahrensphasen formal voneinander abgrenzen, ohne dass dies in der Praxis auffällt.

Das angesprochene dogmatische Problem entsteht in der Praxis insbesondere erst in dem Augenblick, wenn der Erziehungsberechtigte und gesetzliche Vertreter eine Zeugenentschädigung verlangen.

Im Übrigen sind die Probleme im Zusammenhang mit der Stellung des Erziehungsberechtigten oder gesetzlichen Vertreters im Jugendstrafverfahren erfahrungsgemäß theoretischer Art.

Auch unter Berücksichtigung der Tatsache, dass die Literatur das Jugendstrafverfahren nicht als ein derart strenges Verfahren, wie es im Erwachsenenstrafrecht gefordert wird, ansieht, kann also die Betrachtungsweise der einheitlichen Position des Erziehungsberechtigten und gesetzlichen Vertreters durchaus untermauert werden.[527]

---

526 Vgl. Bohnert, ZblJugR 1989, 232 (233).
527 Bohnert, ZblJugR 1989, 232 (233).

Der Erziehungsberechtigte und der gesetzliche Vertreter haben zwangsläufig mehrere Funktionen und Aufgaben im Hauptverfahren, insbesondere in der Hauptverhandlung des Jugendstrafverfahrens zu erfüllen, und daher lässt sich eine strikte Trennung von einzelnen Verfahrensfunktionen lediglich durch rein formale Akte vollziehen, nicht jedoch vollständig vermeiden.

Da es auch dem beabsichtigten Sinn und Zweck der Regelungen im Jugendstrafrecht widerspricht, die dem Erziehungsberechtigten oder gesetzlichen Vertreter durch Gesetz ausdrücklich zugewiesenen Aufgaben an dritte Personen zu übertragen, kann dem Erziehungsberechtigten und gesetzlichen Vertreter in der jugendstrafrechtlichen Hauptverhandlung insgesamt keine eindeutig abgrenzbare, genau definierte prozessuale Verfahrenstellung zugewiesen werden. Die hieraus resultierende Verfahrensstellung erscheint unvermeidbar.

Demgegenüber wird jedoch von einem Teil in der Literatur zu Recht darauf hingewiesen, dass die bereits aufgezeigten unterschiedlichen Verfahrensstellungen und -funktionen in einem krassen Gegensatz zueinander ständen und sich eine zwangsläufig notwendige einheitliche prozessuale Charakteristik schon aus dogmatischen Gründen heraus nicht ergäbe.[528] Hieraus ist die Konsequenz zu ziehen, dass diese Funktionen zumindest formal voneinander getrennt werden und anschließend in ihr prozessual korrektes Verhältnis zueinander zurückversetzt werden müssen. Nur so kann ein Einklang mit dem geltenden Rechtssystem hergestellt und eine mögliche Strafbarkeit der erziehungsberechtigten Personen vermieden werden.

Schon allein aus diesem Grunde ist hier zumindest formal betrachtet die Trennung zwischen Zeugenfunktion, Beistandsfunktion, Verteidigerfunktion und allgemeinen Rechten der Erziehungsberechtigten vorzunehmen, auch wenn diese Trennungen kaum praktische Auswirkung für den Ablauf des jugendgerichtlichen Hauptverfahrens haben. Die Übergänge von einer Funktion in die nächste sind fließend.

### 2.3.2.2.2.8 Mehrfache Verfahrensbeteiligung

Die bisher erörterte Verfahrensbeteiligung des Erziehungsberechtigten oder des gesetzlichen Vertreters im Hauptverfahren basiert in erster Linie auf den gesetzlichen Regelungen und resultiert weiterhin zum überwiegenden Teil aus

---

528 Bohnert, ZblJugR 1989, 232 (233).

der besonderen rechtlichen Beziehung zwischen dem Erziehungsberechtigten und dem betroffenen angeklagten Jugendlichen.[529]

Der Erziehungsberechtigte und der gesetzliche Vertreter könnten aber darüber hinaus aus anderen Gründen zu selbstständigen Verfahrensbeteiligten werden. Es wäre in diesem Zusammenhang theoretisch auch denkbar, dass sie zum gesetzlichen Richter des Angeklagten berufen sind,[530] als Sitzungsvertreter der Staatsanwaltschaft am Verfahren mitwirken, als Privat- oder Nebenkläger auftreten oder als Verteidiger für den Jugendlichen aktiv werden.

Diese Arten der Verfahrensbeteiligung lassen sich im Gegensatz zu der bloßen Mitwirkungs-, Unterstützungs- oder Zeugenfunktion nicht mit der selbstständigen und unabhängigen Verfahrensbeteiligung als Erziehungsberechtigter oder gesetzlicher Vertreter vereinbaren.

Aus dieser Überlegung lässt sich der Schluss ziehen, dass der Erziehungsberechtigte oder der gesetzliche Vertreter im Falle der Ausübung derartiger Rechte eines Richters, eines Staatsanwaltes oder eines Verteidigers im einzelnen Verfahrensabschnitt nur in der einen oder anderen Rolle am Verfahren teilnehmen könnten.[531] Die Rolle muss genau definiert sein.

Grundsätzlich kann der Erziehungsberechtigte oder der gesetzliche Vertreter aufgrund des verwandtschaftlichen Näheverhältnisses nicht der gesetzliche Richter[532] des angeklagten Jugendlichen sein. Er ist nach § 22 Nr. 2 StPO aufgrund der Befangenheit von der Ausübung des Richteramtes ausgeschlossen. Diese Vorschrift nennt ausdrücklich zwar weder den Erziehungsberechtigten,

---

529 Dieses gilt immer dann, wenn den betroffenen Personen eine eigene Verfahrensstellung eingeräumt wird. Ausgenommen ist hierbei die Zeugenfunktion. Wenn der Erziehungsberechtigte oder der gesetzliche Vertreter Zeugen sind, haben sie zwar eine genau definierte Stellung im Jugendstrafverfahren. Diese gibt ihnen aber noch keine selbstständige Verfahrensbeteiligung; vgl. hierzu Meyer-Gerhardts, S. 17, der diese Problematik für den gesetzlichen Vertreter nach der StPO untersucht.

530 Wobei in diesem Fall mit an Sicherheit grenzender Wahrscheinlichkeit an eine eventuelle Ausschließung zu denken wäre. Ein entsprechender Antrag hätte Aussicht auf Erfolg.

531 Bohnert, ZblJugR 1989, 232 (236); vgl. auch hierzu die Ausführungen zu der Frage nach dem Verhältnis der verschiedenen Mitwirkungsfunktionen des Erziehungsberechtigten und gesetzlichen Vertreters.

532 Hierzu zählen auch Schöffen. Zudem ist der Urkundenbeamte wird mit einzubeziehen, weil dieser im Falle des bestehenden Näheverhältnisses zum Beschuldigten Gefahr läuft, ein unrichtiges Protokoll zu fertigen. Gerade dieses Protokoll ist im Hinblick auf den darin verkörperten Beweiswert von erheblicher Bedeutung.

den Pfleger oder Betreuer, noch den gesetzlichen Vertreter, aber auch diese sind der in Rede stehenden Personengruppe zuzurechnen.[533]

Die Gründe, die zur Ausschließung eines Richters führen können, treffen aufgrund des verwandtschaftlichen Näheverhältnisses nicht nur auf den Erziehungsberechtigten, sondern auch auf den gesetzlichen Vertreter zu, weil auch diese Personen aufgrund der Nähebeziehung oder zum Teil sogar verwandtschaftlichen Verhältnisses zum Jugendlichen im gleichem Ausmaß wie die Erziehungsberechtigten voreingenommen sein können.[534] Gerade diese Gründe rechtfertigen einen Ausschluss der betreffenden Personen aus der Funktion als gesetzlicher Richter. Aus den gleichen Gründen ist auch im Zivilprozess der gesetzliche Vertreter einer Partei von vornherein als gesetzlicher Richter ausgeschlossen. Der Ausschluss dieser Personen dient nicht nur dem eigenen Schutz, sondern auch dem Schutz des angeklagten Jugendlichen selbst, der Anspruch auf ein ordnungsgemäß durchgeführtes Strafverfahren hat. Dieser Grundsatz könnte im Falle der Mitwirkung des Erziehungsberechtigten oder des gesetzlichen Vertreters nicht gewährleistet werden. Aufgrund des bestehenden Näheverhältnisses kann eine derartige Objektivität nicht herbeigeführt werden.

Die Gegenauffassung zu dieser herrschenden Meinung begründet sich aus der rein formalistischen Auslegung des Gesetzeswortlautes. Sie lässt zwar nicht den Erziehungsberechtigten, demgegenüber jedoch den gesetzlichen Vertreter als Richter im Jugendstrafverfahren gegen einen Jugendlichen zu. Hieraus resultiert eine unterschiedliche Behandlung des Erziehungsberechtigten und des gesetzlichen Vertreters, die sich aus sachlichen Gründen heraus nicht rechtfertigen lässt.

Die Begründung anhand des Gesetzeswortlautes erschien aber bereits entsprechend der derzeit geltenden Rechtslage als inkonsequent, wenn sie über den Gesetzeswortlaut hinaus auch einen Gegenvormund als Richter für ausgeschlossen hält.[535] Die Ausschließung eines Ergänzungspflegers, der die Aufgaben des früheren Vormunds wahrnimmt, ist eher notwendig als die des Gegenvormunds, der den Vormund lediglich überwachen sollte und damit mit den betroffenen Jugendlichen in keinem besonderen Näheverhältnis steht.[536]

---

533 Zustimmend Meyer-Gerhardts, S. 18; anderer Ansicht die h.M: Löwe-Rosenberg/ Dünnebier, § 23 Rdn 3; Müller-Sax, § 22 Rdn 3; Schmidt, § 22 Rdn 9, wonach der Pfleger und Betreuer nicht zwangsläufig ohne nähere Prüfung als als Richter befangen angesehen werden soll.

534 BGH St 14, 219 (219).

535 Vgl. hierzu BGH St 11, 223 (223) und darüber hinaus Meyer-Gerhardts, S. 18.

536 Dieser Meinungsstreit ist aufgrund der Abschaffung der Entmündigung im Bürgerlichen Recht nicht mehr von praktischer Bedeutung.

Die Ausschließung des Erziehungsberechtigten und des gesetzlichen Vertreters als Richter kann sich des Weiteren aus einer analogen Anwendung des § 22 Nr. 4 StPO ergeben, da die Stellung des Erziehungsberechtigten und des gesetzlichen Vertreters in einem Jugendstrafverfahren eine verteidigerähnliche Verfahrensstellung ist.

Voraussetzung für eine Ausschließung der betroffenen Personen als Richter ist allerdings, dass der Erziehungsberechtigte oder gesetzliche Vertreter in dem Verfahren diese Funktion angezeigt haben, zur Mitwirkung im Strafverfahren bereit und in dieser Eigenschaft bereits selbst aktiv geworden sind. Zur Erfüllung dieser Voraussetzung genügt aber bereits jede Art der Beteiligung im Verlauf des Vorverfahrens.

Der Erziehungsberechtigte und gesetzliche Vertreter können darüber hinaus auch nicht Staatsanwalt in dem Verfahren gegen den Jugendlichen sein. Ausdrücklich sieht das Gesetz zwar in diesem Zusammenhang eine Ausschließung des Staatsanwaltes nicht vor; dennoch ist allgemein anerkannt, dass der Dienstvorgesetzte des bestellten zuständigen Staatsanwalts gem. § 145 GVG einen anderen Staatsanwalt mit der weiteren Strafverfolgung gegen den Beschuldigten oder Angeklagten - im Jugendstrafverfahren gegen den Jugendlichen - beauftragen muss, wenn ein Grund ersichtlich ist, der bei einem Richter zu einem Ausschluss wegen Befangenheit führen würde.[537]

Privat- oder Nebenkläger können der Erziehungsberechtigte und der gesetzliche Vertreter auch nicht sein, da sie im Falle einer selbstständigen Verfahrensstellung als Verletzte zwangsläufig von einer Verfahrensbeteiligung als Erziehungsberechtigte oder gesetzliche Vertreter ausgeschlossen sind.[538] In einem solchen Falle käme es zu einer Interessenkollision und der Erziehungsberechtigte oder gesetzliche Vertreter wären zugleich "Ankläger" und "Verteidiger". Dieser Interessenkonflikt könnte im Gegensatz zu einer mehrfachen Verfahrensbeteiligung auch nicht durch eine formale Trennung von einzelnen Verfahrensabschnitten auszuschalten sein.

Das Gleiche gilt auch, wenn ein Erziehungsberechtigter oder gesetzlicher Vertreter in dieser Funktion an einem bestimmten Jugendstrafverfahren mit-

---

537 Henkel, S. 182; Löwe-Rosenberg/Dünnebier, vor §§ 22 ff. Rdn. 3; Meyer-Gerhardts, S. 19.

538 Vgl. zum Problem des gesetzlichen Vertreters Meyer-Gerhardts, S. 23ff. Im Fall der eigenen Verletzung durch die Tat des Jugendlichen können der Erziehungsberechtigte und der gesetzliche Vertreter ihre eigentlichen Hauptpflichten der Fürsorge und Unterstützung nicht mehr erfüllen.

wirkt und der andere Erziehungsberechtigte formal die Voraussetzungen für die Wahrnehmung des Angeklagtenvertreters besitzt und demzufolge als Staatsanwalt den Fall vor Gericht in der Hauptverhandlung vertreten könnte. Dieses ist aber aus zwei Gründen heraus nicht realisierbar. Zum einen kommt es möglicherweise zu Interessenkonflikten zwischen den beiden Erziehungsberechtigten. Zum anderen hat auch der als Staatsanwalt tätige Erziehungsberechtigte das gleiche besondere Näheverhältnis zu dem jugendlichen Angeklagten wie der Erziehungsberechtigte, der ausschließlich in dieser Funktion am Jugendstrafverfahren mitwirkt.

Zum Verteidiger können der Erziehungsberechtigte und der gesetzliche Vertreter, wie bereits im Zusammenhang mit der Beistandsfunktion ausgeführt wurde, unbedenklich gewählt oder ernannt werden, wenn die Voraussetzungen des § 138 StPO erfüllt sind und den Erziehungsinteressen gegenüber dem Jugendlichen hierdurch ausreichend Rechnung getragen wird. Dieses entspricht auch dem Regelungsgehalt des Jugendgerichtsgesetzes, wenn man berücksichtigt, dass der Erziehungsberechtigte ausdrücklich zum Beistand bestellt werden kann und dieser im Wesentlichen die gleichen Rechte wie ein Verteidiger hat.

Mit einer Mitwirkungs- oder Beteiligungsform des Erziehungsberechtigten und des gesetzlichen Vertreters als Verteidiger sollte aber auch der Jugendliche selbst einverstanden sein. Hierzu ist jedoch im Gegensatz zu den anderen aufgezeigten Konstellationen zu bedenken, dass sowohl ein Verteidiger als auch der Erziehungsberechtigte und der gesetzliche Vertreter in ihrer primären Funktion gleichermaßen zur Unterstützung des Jugendlichen berufen sein können und diese Funktionen beide verteidigerähnlich sind und sich in ihrer Grundaussage nicht widersprechen.

Grundsätzlich kann sich der Erziehungsberechtigte oder gesetzliche Vertreter selbst zum Verteidiger wählen oder bestimmen lassen.

Allenfalls werden dem Erziehungsberechtigten und dem gesetzlichen Vertreter dadurch unter Umständen seine Möglichkeiten zumindest zum Teil vereitelt, dass neben ihnen noch bis zu drei weitere sachkundige Verteidiger für den angeklagten Jugendlichen auftreten könnten. Denn dem Jugendlichen bleibt es unbenommen, sich weitere Wahlverteidiger zu bestellen. Ein möglicherweise daraus entstehender Konflikt zwischen den Erziehungsberechtigten bzw. gesetzlichen Vertretern und den Wahlverteidigern ist unvermeidbar.

Diesem Ergebnis steht auch nicht entgegen, dass sich der Erziehungsberechtigte und der gesetzliche Vertreter selbst bis zu drei Verteidiger zur Seite stellen können.

### 2.3.2.2.2.9 Verletzung der Teilnahmerechte

Wenn dem Erziehungsberechtigten oder gesetzlichen Vertreter die Teilnahme und die Beteiligung am Hauptverhandlungstermin zu Unrecht verweigert wird, obwohl diese Personen das Recht zur Teilnahme haben, dann können die anderen Verfahrensbeteiligten, insbesondere die ausgeschlossene Person selbst, der Angeklagte oder der Verteidiger eine Entscheidung des Gerichtes nach § 238 Abs. 2 StPO beantragen.

Wenn das zuständige übergeordnete Gericht die Entscheidung des Vorsitzenden bestätigt, dann besteht noch die Möglichkeit, gegen diesen Beschluss des Gerichts eine Beschwerde nach § 304 StPO einzulegen.

§ 305 Satz 1 StPO ist in diesem Zusammenhang nicht anwendbar, weil der Beschluss in keinem inneren Zusammenhang mit der Urteilsfindung steht.

Wenn das Beschwerdegericht den die Zulassung verweigernden Beschluss aufhebt und die Hauptverhandlung noch nicht beendet ist, dann müssen die Teile der Hauptverhandlung wiederholt werden, an denen der Erziehungsberechtigte oder gesetzliche Vertreter zwar teilnahmeberechtigt war, aufgrund der Entscheidung des Vorsitzenden Richters aber nicht teilnehmen konnte. Daher ist es für die Gerichte effizienter und empfehlenswert, die Hauptverhandlung bis zu einer Entscheidung des Beschwerdegerichts auszusetzen.

Ist die Hauptverhandlung dagegen beendet, bevor das Beschwerdegericht eine Entscheidung über die Zulässigkeit des Ausschlusses des Erziehungsberechtigten oder gesetzlichen Vertreters getroffen hat, so wird die Beschwerde als prozessual überholt und damit als unzulässig zurückgewiesen.[539] Dann ist nur noch das auf die Hauptverhandlung ergangene Urteil mit den dann zulässigen Rechtsmitteln angreifbar.

In einem Revisionsverfahren unterliegt das ergangene Urteil der Aufhebung, weil nicht ausgeschlossen werden kann, dass es auf einer Verletzung des Teilnahmerechtes beruht.[540] § 338 Nr. 5 StPO ist nicht anwendbar, weil sowohl § 67 Abs. 2 JGG als auch § 149 Abs. 1 Satz 1 StPO den Erziehungsberechtigten bzw. dem gesetzlichen Vertreter zwar ein Recht auf Teilnahme an der Hauptverhandlung einräumt, ihre Teilnahme hingegen nicht verlangt.[541]

---

539 Müller-Sax, S. 304 Anm. 1 d.

540 RG GA 50, 120 (121); BGH St 4, 204 (205); zustimmend Löwe-Rosenberg/Dünnebier, § 149 Rdn. 8; Müller-Sax, § 149 Anm. 5; Schmitt, § 149 Rdn. 5.

541 Diemer/Schoreit/Sonnen § 67 Rdn. 3; Brunner/Dölling, § 67 Rdn. 10; Löwe-Rosenberg/Dünnebier, § 149 Rdn. 8.

Diese Revisionsrüge können sowohl der Erziehungsberechtigte bzw. der gesetzliche Vertreter wie auch der Angeklagte bzw. sein Verteidiger und die übrigen rechtsmittelberechtigten Personen einlegen. Voraussetzung ist aber, dass die Verfahrensrüge nicht durch eine fehlende Anrufung des Gerichtes gegen die Entscheidung des Vorsitzenden verwirkt ist.[542]

Das gleiche eben dargestellte Verfahren gilt auch dann, wenn die sonstigen Befugnisse des Erziehungsberechtigten zu Unrecht beschnitten worden sind.[543]

### 2.3.2.2.3 Rechtsmittelrechte

Gem. § 67 Abs. 3 JGG ist der Erziehungsberechtigte und gesetzliche Vertreter im Hauptverfahren berechtigt, eigenständig gem. § 298 StPO alle zulässigen Rechtsbehelfe und Rechtsmittel gegen Entscheidungen, Verfügungen und sonstige Maßnahmen, durch welche er oder der Angeklagte beschwert sind, einzulegen. Er kann dies sowohl im eigenen Namen als auch im Namen des Jugendlichen tun. Es ist ihm gesetzlich eingeräumt, die Verletzung von eigenem Recht und auch die Verletzung des Rechtes des Minderjährigen, die wegen mittelbarer Verletzung seines eigenen Rechts auch durch den Erziehungsberechtigten oder des gesetzlichen Vertreters erheblich wird, zu rügen.

Zunächst einmal kann er gegen alle ihn selbst betreffenden Beschlüsse die Beschwerde einlegen, hierzu zählt zum Beispiel die Beschwerde gegen den Ausschließungsbeschluss. Hält er eine bestimmte Verfahrensleitung oder Anordnung des Vorsitzenden für unzulässig oder weigert sich dieser, einem Protokollierungsantrag zu entsprechen, dann können der Erziehungsberechtigte und der gesetzliche Vertreter gem. §§ 238 Abs. 2, 273 Abs. 3 Satz 2 StPO das erkennende Gericht anrufen.

Über dieses allgemeine Rechtsbehelfsrecht hinaus räumt das JGG unter Bezugnahme auf die Strafprozessordnung eine erweiterte Befugnis zur Einlegung von Rechtsmitteln ein. §§ 67 JGG i.V.m. 298 StPO gestattet dem Erziehungsberechtigten und gesetzlichen Vertreter darüber hinaus weitere

542 Müller-Sax, § 238 Anm. 5 m.w.N.
543 Meyer-Gerhardts, S. 92.

Rechtsbehelfe, die ihnen bereits wegen der eigenen Beschwer zustehen.[544] Insofern sind der Erziehungsberechtigte und gesetzliche Vertreter dem Angeklagten in einem Strafverfahren gleichgestellt.

### 2.3.2.2.3.1 Selbstständigkeit des Rechtsmittelrechtes

Nach §§ 67 JGG, 298 Abs. 1 StPO können der Erziehungsberechtigte und der gesetzliche Vertreter alle zulässigen Rechtsmittel selbstständig einlegen. Das Gesetz kennzeichnet dieses Recht damit als originäres Verfahrensrecht des Erziehungsberechtigten und des gesetzlichen Vertreters, das grundsätzlich unabhängig von den Verfahrensrechten des angeklagten Jugendlichen besteht und das der Erziehungsberechtigte und gesetzliche Vertreter nach ihrem Ermessen für sich selbst oder auch im Namen des Jugendlichen einsetzen können. Sie sind in diesem Zusammenhang grundsätzlich nicht von dem ausdrücklichen Willen des Angeklagten abhängig.

Allerdings wird das in diesem Zusammenhang eingeräumte Ermessen von der Schutzaufgabe des Erziehungsberechtigten und des gesetzlichen Vertreters gegenüber seinem Schützling eingeschränkt. Aus dieser Erziehungs- und Schutzaufgabe, die gegenüber dem Jugendlichen erfüllt werden muss, resultiert aber, dass der Rechtsbehelf nur zu Gunsten des Angeklagten eingelegt werden darf.[545] Dies ergibt sich bereits daraus, dass ein von dem Erziehungsberechtigten oder gesetzlichen Vertreter angefochtenes Urteil nicht zu Lasten des Angeklagten geändert werden darf.[546] Außerdem müssen der Erziehungsberechtigte oder gesetzliche Vertreter die Kosten eines ohne Erfolg eingelegten Rechtsmittels selbst tragen.[547] Sie können in diesem Fall nicht auf eine Verpflichtung des Jugendlichen hinweisen.

---

544 Zum Teil wird diese Rechtsbehelfsberechtigung mit einer Analogie zu § 298 begründet; ausführlich zu den Rechtsbehelfen des gesetzlichen Vertreters im Erwachsenenstrafrecht bei Meyer-Gerhardts, S. 93, 102ff.

545 Dies ist allgemeine Meinung. Vgl. statt aller BGH 19, 196 (198); OLG Celle NJW 1964, 417; OLG Hamm NJW 1973, 1850; Löwe-Rosenberg/Jagusch, § 298; Müller-Sax, § 298 Rdn. 2; Kleinknecht/Meyer-Goßner, § 298 Rdn. 1.

546 Dieses gilt im Erwachsenenverfahren auch bei Einspruch gegen einen Strafbefehl oder eine Strafverfügung. Löwe-Rosenberg/Sarstedt, § 409 Rdn. 4; Meyer-Gerhardts, S. 94.

547 Meyer-Gerhardts, S. 120.

Grundsätzlich sind die Rechtsbehelfe des Erziehungsberechtigten und des gesetzlichen Vertreters unabhängig von den entsprechenden Rechten des Angeklagten und auch selbstverständlich losgelöst von den Rechten der Staatsanwaltschaften. Dieses zeigt sich im Folgenden:

Die Einlegung eines Rechtsbehelfs wird nicht etwa dadurch ausgeschlossen, dass sich die Staatsanwaltschaft und der Angeklagte selbst mit dem Urteil zufrieden geben und deshalb keine Rechtsbehelfe einlegen oder darauf verzichten.[548] In diesen Fällen kann der Erziehungsberechtigte oder gesetzliche Vertreter im eigenen Namen Rechtsbehelfe oder Rechtsmittel einlegen.

Umgekehrt kann der Erziehungsberechtigte auch einen Rechtsbehelf einlegen, wenn derselbe Rechtsbehelf zuvor von dem Angeklagten selbst oder auch von der Staatsanwaltschaft eingelegt worden ist.[549] Die Rechtsbehelfsbefugnis des Erziehungsberechtigten oder des gesetzlichen Vertreters ist nicht subsidiär. Im Gegenteil, die Rechtsbehelfe des Angeklagten, des Erziehungsberechtigten oder des gesetzlichen Vertreters und die der Staatsanwaltschaft stehen unabhängig und selbstständig nebeneinander. Auch dann, wenn der Angeklagte und die Staatsanwaltschaft ihre Rechtsbehelfe zurücknehmen, berührt dieses die Befugnisse des Erziehungsberechtigten nicht.[550] Wurde durch ihn die Entscheidung im weiteren Umfang angegriffen als durch den Angeklagten selbst, so ist das Gericht an das weiter gefasste Rechtsmittel gebunden und muss aufgrund dessen seine Entscheidung in vollem Umfang überprüfen.

Allerdings erfährt die Unabhängigkeit des Rechtsbehelfs- und Rechtsmittelrechts einige Einschränkungen:

Wenn der Angeklagte oder die Staatsanwaltschaft Berufung und der Erziehungsberechtigte oder gesetzliche Vertreter Revision eingelegt haben, so wird die Revision gem. § 335 Abs. 3 StPO als Berufung behandelt, weil zunächst das Rechtsmittel der Berufung Vorrang hat.[551]

---

548 RGSt 5, 50 (51); OLG Düsseldorf GA 72, 380 (382) ; KG JW 1933, 2076; Löwe-Rosenberg/Jagusch, § 298 Rdn. 3; Müller-Sax, § 298 Anm. 3a; Kleinknecht/Meyer-Goßner, § 298 Rdn. 3, 4.

549 Vgl. hierzu Meyer-Gerhardts, S. 95 f.

550 Löwe-Rosenberg/Jagusch, § 298 Rdn. 3; Müller-Sax, § 298 Anm. 3 a.

551 Vgl. zu den sich anschließenden Fragen: Löwe-Rosenberg/Jagusch, § 335 Rdn. 6.

Außerdem gibt es noch eine weitere Einschränkung im Rahmen einer Beschwerde gegen einen Haftbefehl. Wenn der Erziehungsberechtigte gegen einen die Verhaftung des Jugendlichen anordnenden Haftbefehl Beschwerde eingelegt hat, wird diese in dem Augenblick unzulässig, wenn der Angeklagte oder auch die Staatsanwaltschaft einen Antrag auf Haftprüfung gestellt haben.[552]

Bei der Einlegung eines Rechtsbehelfs oder Rechtsmittels ist der Erziehungsberechtigte grundsätzlich frei und unabhängig. Sowohl die Frage des "Ob" als auch die Frage nach dem "Wie", das heißt in welchem Umfang er seine Entscheidung überprüft wissen will, steht in seiner Entscheidungsbefugnis.[553]

Die Gründe, die dazu geführt haben, dem Angeklagten mindestens einen Erziehungsberechtigten oder gesetzlichen Vertreter während des Jugendstrafverfahrens zur Seite zu stellen und die Gründe, die den Gesetzgeber veranlasst haben, diesem Personenkreis ein eigenes Rechtsmittelrecht einzuräumen, rechtfertigen das aufgezeigte Ergebnis. Das selbstständige Rechtsmittelrecht des Erziehungsberechtigten und des gesetzlichen Vertreters soll den Jugendlichen insbesondere vor Rechtsnachteilen schützen, die vor allem dadurch entstehen können, dass der Jugendliche selbst möglicherweise in unzulänglicher Weise von seinen eigenen Rechtsmittelrechten Gebrauch gemacht hat.[554]

#### 2.3.2.2.3.2 Rechtsbehelfe, von denen der Erziehungsberechtigte oder gesetzliche Vertreter selbstständig Gebrauch machen kann

Von den in § 298 StPO genannten Rechtsbehelfen können der Erziehungsberechtigte und gesetzliche Vertreter in aller Regel selbstständig Gebrauch machen. Hierunter sind nach allgemeiner Ansicht nur die Rechtsmittel im technischen Sinne zu verstehen. Unter diese Norm fallen aber nicht die Rechts-

552 Löwe-Rosenberg/Jagusch, § 298 Rdn. 3.

553 Vgl. hierzu § 298 StPO "kann Gebrauch machen". Der Meinungsstreit, inwieweit die Unabhängigkeit des gesetzlichen Vertreters bei der Rechtmitteleinlegung eingeschränkt werden kann und muss, soll in diesem Zusammenhang außer Acht bleiben. Vertiefend dazu Meyer-Gerhardts, S. 97 unter Bezugnahme auf Bennecke-Beling S. 447; Fn. 8; Keller § 344 Fn. 12, v. Kries, S. 644; Fuchelt, § 344 Anm. 2; Rosenfeld, S. 249; Stenglein, § 344 Anm. 7; Voitus, § 344 Anm. 2; Ullmann, S. 567; RG St 26, 385 entscheidet diesen Fall auch nicht. Hier hatte der gesetzliche Vertreter das Rechtsmittel nicht im eigenen Namen, sondern namens des Beschuldigten eingelegt. Die spätere Rücknahme des Rechtsmittels betraf demzufolge das Rechtsmittel des Beschuldigten selbst und konnte demzufolge nur wirksam sein, wenn der Beschuldigte den gesetzlichen Vertreter zur Rücknahme ermächtigt hatte. Gerade daran fehlte es.

554 Meyer-Gerhardts, S. 102.

behelfe. Zu den Rechtsmitteln zählen die Beschwerde, die Berufung und die Revision. Das Gesetz versteht unter Rechtsmitteln in allen seinen Vorschriften Rechtsmittel im technischen Sinne.[555] Wenn es die Rechtsmittelvorschriften auf sonstige Rechtsbehelfe ausgedehnt wissen will, ordnet der Gesetzeswortlaut eine entsprechende Anwendung an. Der Sprachgebrauch des Gesetzes ist in diesem Zusammenhang eindeutig formuliert.[556]

Grundsätzlich lässt sich aber für das Jugendstrafrecht festhalten, dass in diesem Zusammenhang alle Rechtsbehelfe und nicht nur die Rechtsmittel auch dem Erziehungsberechtigten oder gesetzlichen Vertreter zustehen.

Dieses entspricht auch dem Willen des Gesetzgebers, der dem Jugendlichen einen umfassenden Schutz gewährleisten will.

Daher ist die Diskussion um die Anwendbarkeit des § 298 StPO auf weitere Rechtsbehelfe im Zusammenhang mit den Befugnissen des Erziehungsberechtigten oder des gesetzlichen Vertreters unerheblich.

Auf die im Einzelnen den Erziehungsberechtigten oder gesetzlichen Vertreter zustehenden Rechtsmittel soll nun im Folgenden eingegangen werden.

Der Erziehungsberechtigte und der gesetzliche Vertreter können gem. § 67 Abs. 2 JGG i.V.m. § 298 StPO nach Mitteilung und Übersendung der Anklageschrift gegen diese Einwände erheben. Gem. § 201 Abs. 2 StPO entscheidet über die formalen Einwände im Zusammenhang mit der Zustellung der Anklageschrift, z. B. wenn nicht an den in der Anklageschrift aufgeführten Angeklagten zugestellt worden ist, das zuständige Gericht, dessen Entscheidung aber unanfechtbar ist. Denn weitere Fehler können im Verlauf des Hauptverfahrens noch abschließend geklärt und entschieden werden.

Darüber hinaus können der Erziehungsberechtigte und der gesetzliche Vertreter aufgrund derselben Gesetzesvorschriften Einwände gegen die Zulässigkeit der Strafvollstreckung gem. § 458 StPO erheben.[557] Das Gericht muss hierüber durch Beschluss entscheiden. Gegen diese Entscheidung können der Erziehungsberechtigte und gesetzliche Vertreter nach Maßgabe des § 462 Abs. 4 StPO sofortige Beschwerde einlegen.

---

555 OLG Celle NdsRpfl. 1964, 23 (24).

556 Vgl. hierzu Meyer-Gerhardts, S. 101, 102, der hierzu Beispiele exemplarisch aufzählt.

557 Löwe-Rosenberg/Schäfer, § 458 Rdn. 4, im weiteren Sinne auch Schmidt, § 458 Rdn. 6, der auf die materielle Berechtigung des Verteidigers abstellt. Anderer Ansicht ist zumindest für den gesetzlichen Vertreter im Erwachsenenverfahren Müller-Sax, § 458 Anm. 2.

Wenn der Jugendliche selbst eine Frist, zum Beispiel die Rechtsmittelfrist, versäumt hat, kann der Erziehungsberechtigte oder gesetzliche Vertreter die Wiedereinsetzung in den vorigen Stand dem Grundsatz nach aus eigenem Recht nicht verlangen.[558] In diesem Fall hätte der Erziehungsberechtigte oder gesetzliche Vertreter die negative Folge für den Jugendlichen nur durch Einlegung eines eigenen Rechtsmittels verhindern können.

Nur im Ausnahmefall soll ein Wiedereinsetzungsantrag möglich sein, wenn der Erziehungsberechtigte und der gesetzliche Vertreter von einer richterlichen Entscheidung nicht rechtzeitig Kenntnis hatten oder hätten haben können und in der Hauptverhandlung nicht anwesend waren.[559] Dieses ist aber bei Urteilen nicht der Fall, wenn der Erziehungsberechtigte oder gesetzliche Vertreter zur Hauptverhandlung ordnungsgemäß geladen wurden. Denn in diesem Fall ist der Erlass eines Urteils zu erwarten und eine dementsprechende Erkundigung ist zumutbar und zu erwarten.[560]

Der Grund für diese fehlende Antragsberechtigung zur Wiedereinsetzung in den vorigen Stand folgt nicht daraus, dass § 298 StPO nicht analog angewendet werden darf,[561] sondern resultiert insbesondere aus Folgendem: Die Wiedereinsetzung wird in diesem Fall gegen die Versäumung einer Frist zur Vornahme einer Prozesshandlung gewährt. Mit dem Gesuch auf Wiedereinsetzung ist zugleich die versäumte Prozesshandlung nachzuholen. Würde man dem Erziehungsberechtigten oder dem gesetzlichen Vertreter das Recht zubilligen, dann würde man ihnen gleichzeitig die Befugnis einräumen, eine bestimmte Prozesshandlung für den Jugendlichen vorzunehmen bzw. nachzuholen. Hierzu sind der Erziehungsberechtigte oder der gesetzliche Vertreter nach allgemeinen Grundsätzen nicht berechtigt. Diese Personen vertreten den Jugendlichen nicht in der Prozessführung. Sie nehmen vielmehr die dem Angeklagten zugebilligten Verfahrensrechte in eigener Person als eigenes Recht wahr.[562] Wenn die Vornahme der versäumten Prozesshandlung ausnahmsweise ausschließlich vom Willen des Jugendlichen abhängt, dann liegt auch dessen Nachholung selbst-

---

[558] Löwe-Rosenberg/Dünnebier, § 44 Rdn. 3; May, S. 92; John, § 44 Anm. 2; anderer Ansicht Bennecke-Beling, S. 306 Fn. 20; Löwe, § 44 Anm. 3b; Fuchelt, § 340 Anm. 3; Thilo, § 44 Anm. 5.

[559] OLG Düsseldorf, HRR 41 Nr. 749.

[560] BGH St 18, 22 (23); Brunner/Dölling, § 67 Rdn. 10; Dallinger-Lackner, § 67 Rdn. 19; Eisenberg, § 67 Rdn. 23; Potrykus, § 67 Anm. B 5; Potrykus, NJW 1954, 1836; anderer Ansicht BayObLG 54, 51; OLG Stuttgart NJW 1960, 2353; Ostendorf, § 67 Rdn. 20. Die Vertreter dieser Meinung sind der Auffassung, die geforderte Erkundigungspflicht würde die Erziehungsberechtigten und gesetzlichen Vertreter überfordern.

[561] So aber früher RG JW 1891, 376 (377) für die entsprechende Frage, ob die Staatsanwaltschaft zugunsten des Beschuldigten einen Wiedereinsetzungsantrag stellen kann.

[562] Meyer-Gerhardts, S. 9, 105.

verständlich beim Angeklagten selbst.[563] Sie ist nur von dem Angeklagten selbst oder ausdrücklich in seinem Namen wahrzunehmen. Der Erziehungsberechtigte oder gesetzliche Vertreter kann in diesen Fällen daher kein Wiedereinsetzungsgesuch aus eigenem Recht heraus stellen.[564]

Vielmehr bedarf er in diesen Fällen einer besonderen Vollmacht des Jugendlichen, wenn der Erziehungsberechtigte oder gesetzliche Vertreter ausdrücklich in dessen Namen handeln können soll.[565] Demgegenüber wird die Auffassung vertreten, dass es einer derartigen Zustimmung durch den Jugendlichen nicht bedarf. Diese Gegenansicht[566] beruht auf einem Missverständnis der Kommissionsprotokolle.[567]

Nicht zu verwechseln mit der hier abgelehnten Befugnis des Erziehungsberechtigten oder gesetzlichen Vertreters, wegen der Versäumung einer vom Jugendlichen selbst vorzunehmenden Prozesshandlung Wiedereinsetzung zu beantragen, ist das Recht des Erziehungsberechtigten und des gesetzlichen Vertreters, wegen eigener Versäumung einer Prozesshandlung Wiedereinsetzung beantragen zu können. In diesem Fall kann er für sich selbst Wiedereinsetzung in der vorigen Stand verlangen, denn § 44 StPO gilt für alle Prozessbeteiligten, die eine Frist für eine eigene Prozesshandlung versäumt haben. Insofern ist allgemein anerkannt, dass der Erziehungsberechtigte und gesetzliche Vertreter für sich selbst im eigenen Namen die Wiedereinsetzung in den vorigen Stand beantragen können, wenn sie selbst an der Einhaltung einer Frist für die Einlegung eines Rechtsmittels[568] oder dessen Begründung[569] durch für sie unabwendbare Zufälle verhindert waren.

---

563 Aus den gleichen Gründen verneint die herrschende Meinung auch die auf eine Analogie zu § 296 StPO begründete Befugnis, der Staatsanwaltschaft, ein Wiedereinsetzungsgesuch für den Beschuldigten stellen zu können; vgl. hierzu RGSt 22, 30 (31); OLG Bremen GA 1957, 86 (87); Felsenberger, § 44 Anm. 1; Müller-Sax, § 44 Anm. 2; Schmidt, § 44 Rdn. 5; Löwe-Rosenberg /Lingemann, § 44 Rdn. 3.

564 John, § 44 Anm. 2; May, S. 92; etwas unklar ausgedrückt: Schmidt, § 44 Rdn. 5, die von ihm herangezogene Entscheidung des BayObLG betrifft einen Fall, in dem der gesetzliche Vertreter im Erwachsenenverfahren sein eigenes Rechtsmittel versäumt hatte.

565 May, S. 92.

566 Bennecke-Beling, S. 306 Fn. 20; Löwe, § 44 Anm. 3 b; Fuchelt, § 340 Anm. 3; Thilo, § 44 Anm. 6.

567 May, S. 93.

568 RG Recht 1920 Nr. 2978; OLG Düsseldorf HRR 1941, 749; BayObLG 1954, 1377 (1378); BGH St 18, 21 (21); Löwe-Rosenberg/Dünnebier, § 44 Anm. I 3; Müller-Sax, § 298 Anm. 3b.

569 Löwe-Rosenberg/Dünnebier, § 298 Rdn. 4; Schmidt, § 298 Rdn. 8.

Daneben erscheint die Wiedereinsetzung in den vorigen Stand insbesondere dann angezeigt zu sein, wenn dem Erziehungsberechtigten oder gesetzlichen Vertreter weder der Termin zur Hauptverhandlung mit Ort und Zeit rechtzeitig bekannt gemacht noch das Urteil dem Abwesenden nach dessen Erlass mitgeteilt worden ist.[570]

In diesem Fall können der Erziehungsberechtigte und der gesetzliche Vertreter selbstverständlich wegen ihrer eigenen Säumnis den Wiedereinsetzungsantrag stellen. Wenn sie beispielsweise einen Termin nicht nur aufgrund mangelnder Kenntnis, sondern aufgrund eines zufälligen Ereignisses unverschuldet nicht wahrnehmen konnten, dann kann die betreffende Person die Wiedereinsetzung verlangen.[571]

Auch wenn der Jugendliche einen Termin der Hauptverhandlung versäumt hat, können der Erziehungsberechtigte und gesetzliche Vertreter gem. § 67 JGG i.V.m. § 298 StPO in analoger Anwendung selbstständig einen Antrag auf Wiedereinsetzung stellen.[572] Denn der Wiedereinsetzungsantrag ist in diesen Fällen nicht mit der Nachholung einer Prozesshandlung verbunden, die nur der Jugendliche selbst vornehmen könnte.[573] Hiermit ist auch gleichzeitig das entscheidende Argument gegen die Analogie ausgeräumt worden. Im Fall des § 235 StPO spricht für eine analoge Anwendung des § 298 auch im Jugendstrafrecht, dass der Erziehungsberechtigte und der gesetzliche Vertreter das Urteil ohnehin mit eigenen Rechtsmitteln anfechten könnten. Aus diesem Grunde müssen sie konsequenterweise erst recht befugt sein, den weniger einschneidenden Rechtsbehelf der Wiedereinsetzung geltend zu machen.

Nach der Auffassung in der Literatur findet eine Wiedereinsetzung in den vorigen Stand jedoch bei Säumnis der Revisionstermine nicht statt.[574] Ein derartiger Antrag wäre unbegründet.

---

570 OLG Hamm GA 61, 181 (181).

571 Dies ergibt sich sowohl für das Jugend- wie auch für das Erwachsenenstrafrecht, aus der analogen Anwendung des § 329 StPO.

572 So auch im Erwachsenenstrafrecht Meyer-Gerhardts, S. 107; anderer Ansicht Müller-Sax, § 235 Anm. 2 a. Zwar bezieht sich Müller-Sax ausdrücklich nur auf die Staatsanwaltschaft, wobei allerdings für den gesetzlichen Vertreter hiernach dasselbe gelten würde.

573 § 45 Abs. 2 StPO findet keine entsprechende Anwendung. OLG Rostock GA 40, 185; Löwe-Rosenberg/Geier, § 235 Rdn. 4; Müller-Sax § 235 Anm. 5.

574 Löwe-Rosenberg/Jagusch, § 310 Anm. 4 m.w.N.

Für die Anrufung der Rechtsmittelgerichte im Falle der Berufung oder Revision lehnte die früher herrschende Meinung zumindest für das Erwachsenenstrafverfahren die analoge Anwendung des § 298 StPO ab.[575] Diese Auffassung erschien schon vor der Gesetzesänderung verwunderlich, da ein entsprechender Antrag der Sache nach derzeit allgemein vorherrschender Rechtsprechung als eine sofortige Beschwerde angesehen wurde,[576] so dass die Analogie zu § 298 wegen der Rechtsmittelähnlichkeit nahe liegen würde.

Allein aus diesem Grund überzeugte die früher herrschende Meinung nicht. Außerdem hindert auch die Verwendung des Begriffes "Beschwerdeführer" die analoge Anwendung des § 298 StPO nicht, da es sich lediglich um eine gesonderte Bezeichnung für den erwachsenen Angeklagten oder für einen angeklagten Jugendlichen handeln könnte.

Der Begriff "Beschwerdeführer" untermauert keineswegs die Annahme, dass es sich ausschließlich um einen Erwachsenen handeln muss. Im übrigen liegt auch kein Eingriff in das selbstständige Rechtsmittelrecht des jugendlichen Angeklagten vor. Diesem bleibt es unbenommen, das Rechtsmittel jederzeit zurückzunehmen. Für eine analoge Anwendung dieser Norm spricht in erster Linie der Sinn des § 298 StPO. Denn der Angeklagte, insbesondere der jugendliche Angeklagte, soll in jedem Fall vor Rechtsnachteilen geschützt werden, die ihm durch eine mangelhafte Inanspruchnahme seiner rechtlichen Möglichkeiten drohen würden. Dieser Grundgedanke trifft auch auf Entscheidungen des Rechtsmittelgerichtes zu. Hieraus lässt sich folgern, dass der Antrag auf Wiedereinsetzung in den vorigen Stand auch in den Rechtsmittelinstanzen eines Jugendstrafverfahrens sowohl von dem Jugendlichen selbst als auch von den Erziehungsberechtigten oder gesetzlichen Vertreter angewendet werden kann.

Dennoch ist es in diesem Zusammenhang nicht zweifelsfrei, ob ein im Anschluss an die Urteilsverkündung von einem Erziehungsberechtigten oder gesetzlichen Vertreter abgegebener Rechtsmittelverzicht auch den abwesenden Erziehungsberechtigten binden sollte, oder ob dieses Rechtsmittel nur für und gegen den Handelnden gelten soll. Hieraus wäre die Konsequenz zu ziehen,

---

575 RGSt 38, 8 (9); RG Recht 1920 Nr. 2978; BayObLG 7, 40; Löwe-Rosenberg/Jagusch, § 298 Rdn. 2; Müller-Sax, § 319 Anm. 4; Schmidt, § 319 Rdn. 8; anderer Ansicht Kleinknecht/Meyer-Goßner, § 298 Rdn. 1, der die direkte Anwendung des § 298 StPO dem Wortlaut entsprechend annimmt. Begründen ließe sich das mit dem Wort "selbstständig". Allerdings bezieht sich diese Norm auch ausschließlich auf die eigenen Rechtsmittel des gesetzlichen Vertreters.

576 Löwe-Rosenberg/Jagusch, § 319 Rdn. 6; Müller-Sax, § 319 Rdn. 4; Schmidt, § 304 Rdn. 3.

dass der abwesende Erziehungsberechtigte ungeachtet der Vorgehensweise des in der Hauptverhandlung anwesenden Erziehungsberechtigten noch handeln kann.

Gemäß § 67 Abs. 5 Satz 2 JGG wird in der Hauptverhandlung der eine abwesende Erziehungsberechtigte als durch den anwesenden vertreten gewertet. Diese Wertung stellt eine Vermutung dar, die nicht gilt, wenn von einem der Erziehungsberechtigten ausdrücklich ein abweichender Wille bekundet wird. Es kann entweder durch einen Rechtsverzicht oder durch einen Vorbehalt des eigenen Rechtes geschehen.

Im Zusammenhang mit dem Problem des Rechtsmittelverzichtes wird bemängelt, dass die Hauptverhandlung durch die Urteilsverkündung geschlossen ist[577] und ein Rechtsmittelverzicht daher zwar im unmittelbaren Anschluss an den Hauptverhandlungstermin, jedoch formal betrachtet außerhalb der Hauptverhandlung abgegeben wird. Der Rechtsmittelverzicht findet aber in einer "sonstigen Verhandlung vor einem Richter" statt, denn die Sitzung, also eine "sonstige Verhandlung", dauert noch nach der Urteilsverkündung fort und zwar so lange wie das Gericht bedarf, um in der seiner Würde angemessenen Art ohne Hast die mit der endgültigen Abwicklung der Sache zusammenhängenden Verrichtungen zu erledigen und in Ruhe den Sitzungssaal zu verlassen.[578] Dass während dieser Zeit Gespräche geführt werden, steht demnach der angeführten Entscheidung dann nicht entgegen, wenn der unmittelbare zeitliche Zusammenhang mit der verhandelten Sache noch gegeben ist. Danach dauert die Sitzung im Allgemeinen de facto auch dann noch an, wenn der Vorsitzende bereits erklärt hat, die Sitzung sei geschlossen. Daher kann der Rechtsmittelverzicht eines Erziehungsberechtigten nach der Urteilsverkündung verbindlich sein, es sei denn der andere Erziehungsberechtigte hat ausdrücklich einen entgegenstehenden Willen bekundet.

Zu der Frage, was aus dem von dem Erziehungsberechtigten oder gesetzlichen Vertreter eingelegten Rechtsmittel wird, wenn dessen Vertretungs- oder Erziehungsbefugnis erloschen ist, wurde entschieden, dass der "Vertreter" die von ihm eingelegte Revision dann nicht mehr begründen könne und damit das Rechtsmittel wegen der fehlenden Erziehungsberechtigung und der erloschenen Vertretungsbefugnis unzulässig werde.

---

577 RG St 66, 417 (418).

578 OLG Hamm NJW 1956, 1452 (1453) zustimmend Schnitzerling, UJ 1957 Heft 8, 367 (368).

Nach § 23 ff. EGGVG kann der Erziehungsberechtigte oder der gesetzliche Vertreter einen Antrag auf gerichtliche Entscheidung im eigenen Namen oder im Namen des jugendlichen Angeklagten stellen.[579]

Das resultiert aus § 29 Abs. 2 EGGVG, wonach auch auf Verfahren vor einem Strafsenat die Vorschriften über das Beschwerdeverfahren sinngemäß anzuwenden sind. Aus dieser Vorschrift ergibt sich ferner der Grundsatz, dass auch im Jugendgerichtsgesetz die Vorschriften der StPO und des GVG für das (Jugendstraf-)Verfahren zur Lückenausfüllung heranzuziehen sind.[580] Infolgedessen sind auch die Vorschriften über die StPO anwendbar, die die Beschwerdeberechtigung regeln. Wenn dieser Ansicht nicht gefolgt werden soll, so ist schon seinem Sinn und Zweck entsprechend § 298 StPO analog anzuwenden.

Die Gefahr einer Popularklage, die durch § 24 Abs. 1 EGGVG ausgeschlossen werden soll, droht durch die Zulassung des Erziehungsberechtigten oder des gesetzlichen Vertreters nicht.

Ob der Erziehungsberechtigte oder gesetzliche Vertreter in einem Jugendstrafverfahren selbstständig Verfassungsbeschwerde einlegen kann, wenn der Beschuldigte in einem seiner in § 90 BVerfGG genannten Rechte verletzt werden kann, erscheint zweifelhaft.

Die Frage würde sich nicht stellen, wenn der nach bürgerlichem Recht beschränkt geschäfts- oder geschäftsunfähige Beschuldigte eine Verfassungsbeschwerde wegen mangelnder Prozessfähigkeit nicht einlegen könnte und somit ohnehin durch seinen Erziehungsberechtigten oder gesetzlichen Vertreter vertreten werden müsste. Hierin liegt jedoch in diesem Zusammenhang nicht das Problem. Denn die Prozessfähigkeit im Sinne der Verfassungsbeschwerde ist gegeben, wenn der Schutzzweck der Verfassungsbeschwerde sowie das Wesen des geltend gemachten Grundrechts eine Anerkennung der Prozessfähigkeit im Verfassungsbeschwerdeverfahren fordern würde.[581] Dieses ist für Verfassungsbeschwerden gegen Entscheidungen des Strafgerichtes auch für den im bürgerlich-rechtlichen Sinne nicht nur beschränkt Geschäftsfähigen zu bejahen. Denn jeder Beschuldigte muss sich dem Strafverfahren unterziehen, wenn er auch nur verhandlungsfähig ist.[582] Aus diesem Grunde muss daher auch jeder Beschuldigte Verfassungsbeschwerde gegen ihn betreffende Entscheidungen einlegen können, der faktisch dazu fähig ist, eine Verfassungsbeschwerde zu formulieren und einzureichen. Auf eine eigentliche Verhandlungsfähigkeit kann es nach

---

579 Löwe-Rosenberg/Schäfer, § 26 EGGVG Rdn. 6.
580 Löwe-Rosenberg/Schäfer, § 29 EGGVG Rdn. 3.
581 Maunz/Sigloch/Schmidt-Bleibtreu/Klein, § 90 Rdn. 35 (S. 42).
582 Henkel, S. 284ff.

§ 22 Abs. 1 Satz 1 Halbsatz 2 BVerfGG nicht ankommen.[583] Demnach kann der Beschuldigte in aller Regel selbst die Verfassungsbeschwerde einlegen. Hieran schließt sich aber gleichzeitig die Frage an, ob auch der Erziehungsberechtigte und der gesetzliche Vertreter selbstständig Verfassungsbeschwerde wegen Verletzung der Rechte des Jugendlichen einlegen können.

Dieses ist im Hinblick auf §§ 67 Abs. 2 JGG i.V.m. 298 StPO zu bejahen. Die durch diese Vorschriften angestrebte Sicherheit des Rechtsschutzes des Jugendlichen wäre unvollkommen, wäre der Erziehungsberechtigte oder gesetzliche Vertreter nicht berechtigt, auch ohne oder gegen den Willen des Jugendlichen von der Verfassungsbeschwerde Gebrauch zu machen, die dem Jugendlichen als besonderes Rechtsschutzmittel zur prozessualen Durchsetzung von Grundrechten und ihnen gleichgestellten Rechten zustehen. Dem steht auch nicht entgegen, dass die Verfassungsbeschwerde grundsätzlich nur auf die Verletzung eigener Rechte des Beschwerdeführers gestützt werden kann.[584] Damit soll aber lediglich die Klage eines jeden beliebigen Dritten, der als Sachverwalter des Betroffenen oder der Allgemeinheit auftritt, ausgeschlossen werden.[585] Aber bereits durch § 67 JGG und somit auch durch § 298 StPO hat der Gesetzgeber anerkannt, dass der Erziehungsberechtigte oder gesetzliche Vertreter der berufene Sachverwalter des Jugendlichen in Bezug auf die diesem zustehenden Rechtsmittel ist.

Um eine Popularklage handelt es sich aber bei der Klage des Erziehungsberechtigten oder gesetzlichen Vertreters dennoch nicht. Der Verfassungsbeschwerde dieser Personen steht auch zudem nicht die besondere Natur der Grundrechte entgegen. Diese Grundrechte sind nicht in der Weise höchstpersönliche Rechte, dass sie ohne einen entsprechenden Antrag des Betroffenen nicht verteidigt werden können,[586] der Erziehungsberechtigte oder der gesetzliche Vertreter verteidigt bei der Einlegung von Rechtsmitteln im Sinne des § 67 JGG und des § 298 StPO auch gleichzeitig die Grundrechte des Jugendlichen, insbesondere dessen Freiheitsrechte.[587]

---

583 Zweigert, S. 325. Nach BVerfGE 1, 86 (87) konnte aber ein Entmündigter, wenn der entscheidende Grund für die Entmündigung in seiner querulantorischen Veranlagung liegt, sein geistiger Mangel also gerade in seinem geistigen Verhalten bei dem gerichtlichen Verfahren zu Tage tritt, nicht selbst Verfassungsbeschwerde erheben.

584 Vgl. BVerfGE 4, 210; 15, 208 (209).

585 Maunz/Sigloch/Schmidt-Bleibtreu/Klein, § 90 Rdn. 38 (S. 44).

586 Arndt, DRiZ 1959, 368 (369).

587 Entsprechend der hier vertretenen Ansicht wird auch der Staatsanwaltschaft unter Beachtung des § 296 Abs. 2 die selbstständige Befugnis eingeräumt, eine Verfassungsbeschwerde für den Jugendlichen einzulegen. So auch Arndt, DRiZ 358 (359) und NJW 1962, 1194; MeyerGerhardts, S. 111; anderer Auffassung Kleinknecht/Meyer-Goßner, Einleitung Rdn. 232.

### 2.3.2.2.3.3 Die Auswirkung der Verfahrensstellung auf die Anfechtbarkeit von Entscheidungen

Wie bereits angesprochen, gibt es Rügebefugnisse des Erziehungsberechtigten oder des gesetzlichen Vertreters wegen Verletzung von eigenem Recht und wegen Verletzung fremden Rechts, nämlich des Rechts des Minderjährigen. Alle Rechtsverletzungen können wegen der zumindest mittelbaren Betroffenheit des Erziehungsberechtigten oder des gesetzlichen Vertreters in eigenen Rechten in Form eines Rechtsmittels geltend gemacht werden. Es fragt sich nur weiterhin, ob und gegebenenfalls welche Auswirkung die jeweilige Verfahrensstellung auf die Geltendmachung der einzelnen Rechte hat.

Soweit die Verletzung des eigenen Rechts des Erziehungsberechtigten oder des gesetzlichen Vertreters in Frage steht, muss nach dessen Funktion im Verfahren unterschieden werden.

Wenn der Erziehungsberechtigte bzw. gesetzliche Vertreter lediglich als Zeuge in einem Jugendstrafverfahren mitwirkt, hat er grundsätzlich keine rügefähigen Eigenrechte.[588] Sobald der Erziehungsberechtigte und der gesetzliche Vertreter zum Beistand oder Verteidiger bestellt sind,[589] stehen ihm die prozessbegleitenden Rechte eines Beistandes gem. § 69 JGG bzw. die eines Verteidigers zu. Diese sind aber, wie auch die Rechte eines "normalen Verteidigers", abgeleitete Rechte und damit nur aufgrund der Verfahrensstellung und demzufolge aus eigenem Recht heraus nicht verfolgbar.[590] Verteidiger können Rügen nur für und im Namen des jeweiligen Mandanten vorbringen.

Ein eigenes Recht gibt es nur aus dem gesetzlich festgelegten Status und den damit zusammenhängenden Entscheidungen, insbesondere bei Bestellung oder Entlassung aus der Beistandsfunktion durch das Gericht. In diesem Zusammenhang hat der Erziehungsberechtigte die Beschwerdebefugnis gem. § 304 StPO.[591]

---

588 Hiervon ausgenommen sind die Kostenrechte, auf die an dieser Stelle nicht eingegangen werden soll.

589 Die Bestellung zum Verteidiger erfolgt sehr selten, nur dann, wenn der Verteidiger aufgrund seiner Ausbildung eine entsprechende Verteidigerstellung einnehmen kann.

590 Zum Beispiel das Fragerecht nach § 240 Abs. 2, die Gehörs- und Äußerungsrechte im Verlauf der Beweisaufnahme und das Recht Anträge zu stellen.

591 Kleinknecht/Meyer-Goßner, § 304 Rdn. 6.

Wenn im Übrigen der Ansicht gefolgt wird, auf die Ausschließung der Verteidiger im Jugendstrafverfahren seien die §§ 138a ff. StPO anwendbar,[592] ist die sofortige Beschwerde gegen eine in diesem Kontext ergehende Entscheidung nach § 138b Abs. 6 StPO zulässig. Wenn die einfache Rücknahme genügen sollte, ist gegen den Rücknahmebeschluss die einfache Beschwerde nach § 304 StPO eröffnet.[593]

Grundlage für beide Anfechtungsverfahren ist der Anspruch auf Bestellung zum Beistand gem. § 69 JGG oder auf Beiordnung aus § 149 StPO.

Nicht geklärt ist die Rügebefugnis des Gehörberechtigten, wenn das Gericht die Mitteilung nach § 67 Abs. 2 JGG unterlassen hat oder trotz Anwesenheit des Erziehungsberechtigten und des gesetzlichen Vertreters und deren Geltendmachung ihm das Recht verwehrte, sich innerhalb der Hauptverhandlung in der Form zu äußern, die § 67 Abs. 1 JGG ihm als selbstständigen Prozessbeteiligten zuweist.

Es ist zwar vertretbar, die zuerst genannte Rügebefugnis mit dem Hinweis auf die "Soll"-Formulierung in § 67 Abs. 2 JGG und der damit zusammenhängenden Ermessensentscheidung abzuweisen.[594] Dieses Argument ist aber kein Hinweis auf eine Verletzung des § 67 Abs. 1 JGG und ist somit revisionsrechtlich ohne größere Bedeutung. Zu beachten ist daher die Gegenauffassung, die in dem Fall, in dem dem Erziehungsberechtigten oder gesetzlichen Vertreter ihre Rechte in der Hauptverhandlung entweder gar nicht ermöglicht oder sogar verwehrt wurden, der betreffenden Person eine selbstständige Rügebefugnis einräumt,[595] weil es sonst im eigenständigen Belieben des Gerichts stände, den Erziehungsberechtigten und den gesetzlichen Vertreter zu beteiligen. Dieses läuft dem mutmaßlichen Willen des Gesetzgebers und dem Sinn und Zweck des Jugendgerichtsgesetzes zuwider.

Der Hinweis auf eine Verfassungsbeschwerde wegen Verstoßes gegen Art. 103 Abs. 1 GG, der möglicherweise diese Lücke schließen könnte, greift zu weit, der Hinweis auf § 33a StPO ist zu kurz. Es gilt also § 304 StPO.

---

592 Dieser Meinungsstreit wurde bereits angesprochen. Eine Entscheidung ist aber für den Fortgang dieser Arbeit nicht erforderlich. Vgl. zum Streitstand Kleinknecht/Meyer-Goßner, vor § 138 Rdn. 17.

593 Kleinknecht/Meyer-Goßner, § 304 Rdn. 5.

594 Dallinger/Lackner, § 67 Rdn. 12; Brunner/Dölling, § 67 Rdn. 11.

595 Kremer, S. 170 ff.

Der Erziehungsberechtigte und der gesetzliche Vertreter sind auch dann beschwerdebefugt, wenn das Gericht keine ausdrückliche Entscheidung über ihre Beteiligung traf und wortlos das Gehörsbegehren überging.[596]

Als Zulässigkeitsvoraussetzung dieser Beschwerde muss in der Begründung dargelegt und glaubhaft gemacht werden, der Erziehungsberechtigte oder gesetzliche Vertreter habe sich um das rechtliche Gehör bemüht. Demgegenüber ist es nicht erforderlich, dass das Gericht ausdrücklich Aktivität entfaltet, um ihm rechtliches Gehör zu ermöglichen. Eine Rügebefugnis des Erziehungsberechtigten bzw. des gesetzlichen Vertreters wegen Verletzung von eigenem Recht ist demzufolge zu bejahen

In Bezug auf das Rügerecht im Falle einer Rechtsverletzung der Rechte des Minderjährigen ist wiederum zwischen drei unterschiedlichen Funktionen zu unterscheiden:

Wenn der Erziehungsberechtigte oder gesetzliche Vertreter in einem Jugendstrafverfahren als Zeuge vernommen worden ist, dann gelten die Vorschriften der Revision wegen Verletzung von Zeugenvorschriften, die lediglich dem eigenen Schutz dienen, ohne Besonderheit.

Wenn die genannten Personen dagegen nicht als Zeugen vernommen worden sind, hat das Gericht möglicherweise seine Amtsermittlungspflicht gem. § 244 Abs. 2 StPO verletzt. Dieses könnte die Revision in Form der Aufklärungsrüge begründen. Die Revision könnte in diesem Fall von jedem den Prozessbeteiligten angestrebt werden.

Hiermit korrespondiert aber nicht die Befugnis des Prozesssubjekts, einen Beweisantrag nach § 244 Abs. 3 StPO zu stellen. Dann hätte das zuständige Gericht im Einzelfall die angebotenen Beweismittel zu überprüfen und ihnen gegebenenfalls nachzugehen. Ob eine unterlassene Zeugenvernehmung die Aufklärungsrüge beeinträchtigen oder begründen kann, ergibt sich aus dem allgemeinen Recht des Angeklagten,[597] auch wenn es sich hier um einen Minderjährigen handelt.

---

596 Hierzu ist aber § 238 Abs. 2 StPO zu beachten.

597 Sarstedt/Hamm, Rdn. 252; Bohnert, ZblJugR 1989, 232 (238); Kleinknecht/Meyer-Goßner, § 244 Rdn. 80 grenzt dieses noch etwas genauer ein: Er hält eine Aufklärungsrüge nur dann für zulässig, wenn das Gericht sich gedrängt sehen müsste, eine Ermittlungsmaßnahme, etwa eine Zeugenvernehmung, durchzuführen.

Allenfalls bei der Prüfung, ob das Gericht zum Gebrauch eines Beweismittels veranlasst oder gedrängt war,[598] ist dem Jugendrichter eine höhere Pflicht im Einzelfall zuzumuten, Andeutungen nachzugehen, die nicht zum Beweisantrag führten.

Wenn der Erziehungsberechtigte und der gesetzliche Vertreter bei Vorliegen der sonstigen gesetzlichen Voraussetzungen trotz ihres einschlägigen Antrags nicht zum Beistand bestellt werden, so dass sie nicht mit den Rechten des Verteidigers ausgestattet worden sind und als solche nicht gehört werden konnten, verstößt das Gericht gegen §§ 149 Abs. 2 StPO, 69 JGG. Daraus folgt, dass die Verteidigung unzulässig eingeschränkt wird. Die hierin zu sehende Rechtsverletzung stellt einen Revisionsgrund nach § 338 Nr. 8 StPO dar. Auf die streitige Frage, ob in einer derartigen Rechtsverletzung ein absoluter Revisionsgrund zu sehen ist,[599] ist nur dann einzugehen, wenn der Jugendliche sonst keinen Verteidiger - also auch keinen Wahlverteidiger - hat.

Wenn der Erziehungsberechtigte und der gesetzliche Vertreter die einzigen Beistände und Verteidiger gewesen wären, ist das "Beruhen" der Entscheidung auf dem Rechtsfehler der Möglichkeit nach nicht auszuschließen. Die Rechtswahrung nach § 68 Abs. 1 JGG gleicht den Mangel in der Verfahrensführung nicht aus.

Dagegen kann sich der Minderjährige in der Revision nicht auf die Verletzung des Gehörsrechts aus § 67 Abs. 1 JGG stützen, denn diese Vorschrift hat insofern ausschließlich die eigenen Rechte des Erziehungsberechtigten oder des gesetzlichen Vertreters zum Gegenstand und kann demzufolge auch nur von den berechtigten Personen geltend gemacht werden.

Die Verletzung fremder Rechte kann von dem Minderjährigen auch dann nicht gerügt werden, wenn das Urteil möglicherweise auf dieser Verletzung beruht,[600] es sei denn, es würde der Rechtsreflex für ausreichend erachtet.[601]

---

598 BGH St 3, 169 (175); 30, 131 (140).

599 Vgl. zum Streitstand Kleinknecht/Meyer-Goßner, § 338 Rdn. 58 m.w.N.

600 BGH St 10, 119 (121); 11, 212 (213f). vorher schon RG St 8, 153 (155). § 339 StPO kommt hier nicht zur Anwendung, weil § 67 Abs. 1 JGG keine Rechtsnorm ist, "die lediglich zugunsten des Angeklagten gegeben ist". Gleichzeitig muss aber auch der Staatsanwaltschaft die Befugnis eingeräumt werden, ein Rechtsmittel auf die Verletzung von § 67 Abs. zu stützen. Grundsätzlich gilt: Worauf sich der Angeklagte nicht berufen kann, kann auch von der Staatsanwaltschaft nicht geltend gemacht werden. Vgl. auch hierzu Bohnert, ZblJugR 1989, 232 (238 Fn. 71).

601 Roxin, S. 143; Schmidt, JZ 1958, 596.

Wenn dagegen aber dem Jugendlichen die bloße Unterstützung des Minderjährigen durch den Erziehungsberechtigten oder gesetzlichen Vertreter unter Verstoß des § 67 Abs. 1 JGG verwehrt wird, ist das Rechtsmittel der Revision in aller Regel gemäß § 337 StPO begründet.

#### 2.3.2.2.3.4 Art und Weise der Einlegung der Rechtsbehelfe durch den Erziehungsberechtigten oder gesetzlichen Vertreter

Will der Erziehungsberechtigte und gesetzliche Vertreter von seinem besonderen Rechtsbehelfsrecht Gebrauch machen,[602] so muss er den in Betracht kommenden Rechtsbehelf auf jeden Fall im eigenen Namen einlegen.

Die Einlegung des Rechtsmittels im eigenen Namen ist notwendig, damit klargestellt wird, dass der Erziehungsberechtigte sein eigenes Verfahrensrecht ausübt, und den Rechtsbehelf bzw. das Rechtsmittel nicht etwa als Vertreter des Jugendlichen für diesen einlegt.[603] Ob der Erziehungsberechtigte oder gesetzliche Vertreter in eigenem oder in fremdem Namen handelt, muss gegebenenfalls durch Auslegung seiner Erklärungen ermittelt werden, wenn es nicht ausdrücklich aus dem Erklärungsinhalt ermittelt werden kann. Zunächst ist unter Beachtung aller Umstände der objektive Sinn der Erklärung zu erforschen. Ist dieser eindeutig, so gilt in jedem Fall das Erklärte, auch wenn der Betreffende etwas anderes gemeint hat.[604] Wenn er den Rechtsbehelf "namens" und "im Auftrage" oder "in Vollmacht" des Jugendlichen einlegt, so ist der Sinn eindeutig, dass der Handelnde lediglich als Vertreter aufgetreten ist.[605] Die Einlegung des Rechtsbehelfes in eigener Bezugnahme auf § 67 Abs. 5 JGG ist eindeutig im umgekehrten Sinne zu verstehen, nämlich dass der Erziehungsberechtigte und der gesetzliche Vertreter von ihrem Rechtsbehelf im eigenen Namen Gebrauch machen möchten.

---

602 Hier ist das Rechtsbehelfsrecht im doppelten Sinne gemeint, zum einen das eigene Rechtsbehelfsrecht und zum anderen das Rechtsbehelfsrecht des Jugendlichen, das vom Erziehungsberechtigten oder gesetzlichen Vertreter geltend gemacht werden soll.

603 Zur Vertretung des Beschuldigten durch den gesetzlichen Vertreter im Erwachsenenstrafverfahren vgl. Meyer-Gerhardts, S. 11.

604 Vgl. BGHSt 7, 162 (165), Henkel, S. 297; Löwe-Rosenberg/Schäfer, Einleitung, Rdn. 4.

605 Vgl. für das Rechtsmittel des nach § 340 a. F. dem gesetzlichen Vertreter gleichgestellten Ehemannes im Erwachsenenstrafrecht RG RRSt 3, 175, 602; RG RRSt 4, 479; OLG Celle GA 61, 368.

Bleibt dagegen der objektive Sinn der Erklärung mehrdeutig, so ist durch Befragung des Erziehungsberechtigten oder des gesetzlichen Vertreters das Gewollte zu ermitteln.[606]

Wenn es sich um einen fristgebundenen Rechtsbehelf handelt, dann müssen der Erziehungsberechtigte oder der gesetzliche Vertreter den Rechtsbehelf[607] binnen der für den Jugendlichen laufenden Frist einlegen.[608] Denn die Rechtsbehelfe sind an die gegenüber dem Jugendlichen geltenden Fristen gebunden.[609]

### 2.3.2.2.3.4.1 Länge von Fristen

Die Länge der Frist hängt davon ab, ob eine gesetzliche oder richterliche Frist in Gang gesetzt worden ist. Die gesetzliche Frist von einer Woche[610] ist für die Einlegung der Berufung oder Revision maßgeblich; eine richterliche Frist, die nach Ermessen des Richters festgesetzt wird, ist zum Beispiel für die Erhebung von Einwendungen gegen die Eröffnung des Hauptverfahrens festgelegt.

Grundsätzlich müssen Fristen - gesetzliche oder richterliche Fristen - genau fixiert und von allen Beteiligten beachtet und eingehalten werden.

---

606 Henkel, S. 297 unter Bezugnahme auf Beling, S. 198ff.; anderer Auffassung RGSt 21, 335; im Zweifel sei im Erwachsenenstrafrecht anzunehmen, dass der gesetzliche Vertreter von seinem eigenen Recht Gebrauch gemacht habe. Bestehenden Zweifel hat das Gericht durch Befragung zu klären.

607 Rechtsbehelfe, die keiner gesetzlich bestimmten Frist unterliegen, wie zum Beispiel die einfache Beschwerde nach § 304 StPO, der Einwand nach § 181 StPO, unterliegen auch einer zeitlichen Einschränkung insofern, als sie durch den Fortgang des Verfahrens gegenstandslos und damit unzulässig werden könnten; vgl. Löwe-Rosenberg/Jagusch § 306 Rdn. 2 m.w.N.

608 Das ergibt sich zum einen aus der Auslegung des § 298 StPO sowie aus dem Grundsatz des § 67 Abs. 1 i.V.m. Abs. 3 JGG.

609 Dieses ergibt sich daraus, dass dem Erziehungsberechtigten bzw. dem gesetzlichen Vertreter die gleichen Rechte zustehen wie dem Jugendlichen selbst. Das bedeutet, dass auch die geltenden Fristen für und gegen den Jugendlichen gelten.

610 Dieses sind die Regelfristen, nur im Ausnahmefall laufen die Fristen länger. Vgl. Löwe-Rosenberg/Dünnebier, §§ 42ff Rdn.

### 2.3.2.2.3.4.2 Beginn von Fristen

Der Beginn der Frist ist je nach Art der Frist und nach Lage des Einzelfalles verschieden. Die gesetzlichen Fristen für die Anfechtung von richterlichen Entscheidungen beginnen bei Anwesenheit des Angeklagten bzw. des Erziehungsberechtigten oder gesetzlichen Vertreters regelmäßig mit der Verkündung, bei Abwesenheit des Angeklagten bzw. der erziehungs- und personensorgeberechtigten Personen mit der Zustellung der Entscheidung. Gleiches gilt auch für richterliche Fristen, die auch der Angeklagte zu beachten hat.

Die Art des Rechtsbehelfs oder Rechtsmittels bestimmt, welche Form erforderlich ist, z. B. kann das Wiederaufnahmegesuch nur mittels eines von dem Verteidiger oder Rechtsanwalt unterzeichneten Schriftsatzes eingelegt oder zu Protokoll der Geschäftsstelle des zuständigen Gerichts gegeben werden.

Der Rechtsbehelf oder das Rechtsmittel des Erziehungsberechtigten oder des gesetzlichen Vertreters sind bei der Stelle einzulegen, bei der Angeklagte auch seinen Rechtsbehelf hätte vorbringen oder sein Rechtsmittel hätte einlegen müssen. Aber auch hier bestimmen die gesetzlichen Vorschriften zu einer bestimmten Art des Rechtsbehelfs oder des Rechtsmittels Näheres. So ist z.B. die Berufung bei dem Gericht des ersten Rechtszuges einzulegen.

### 2.3.2.2.4 Die Verfahrensstellung des Erziehungsberechtigten oder des gesetzlichen Vertreters nach Einlegung der Rechtsbehelfe und Rechtsmittel

In dem Verfahren, das sich nach der Einlegung des Rechtsbehelfs oder des Rechtsmittels durch den Erziehungsberechtigten oder den gesetzlichen Vertreter anschließt, haben der Erziehungsberechtigte und der gesetzliche Vertreter, genau wie in dem ursprünglichen Verfahren, die gleiche Stellung wie der Beschuldigte oder Angeklagte selbst. D. h. der Rechtsbehelf oder das Rechtsmittel sind grundsätzlich so zu behandeln, als wären sie von dem betroffenen Jugendlichen selbst eingelegt worden.[611]

Das Verfahren gestaltet sich je nach dem eingelegten Rechtsbehelf oder Rechtsmittel unterschiedlich:

---

[611] Herrschende Meinung vgl. Meyer-Gerhardts, S. 87.

In allen sich an das Hauptverfahren anschließenden Verfahren ist dem Erziehungsberechtigten bzw. dem gesetzlichen Vertreter grundsätzlich gem. § 67 JGG i.V.m. Art. 103 GG rechtliches Gehör zu gewähren. Entscheidungen auf einen Rechtsbehelf oder ein Rechtsmittel hin sind den betroffenen Personen ausdrücklich bekannt zu machen. Kann eine (richterliche) Entscheidung durch ein Rechtsmittel angefochten werden, das an eine bestimmte Frist gebunden ist, dann sind der Erziehungsberechtigte oder gesetzliche Vertreter, die zur Einlegung des jeweiligen Rechtsmittels berechtigt sind, über die Möglichkeiten einer Anfechtung mit den dafür vorgeschriebenen Formen und Fristen zu belehren.[612]

Wenn im Rechtsbehelfsverfahren eine mündliche Verhandlung stattfindet, dann können sich der Erziehungsberechtigte oder der gesetzliche Vertreter im Ausnahmefall gegebenenfalls wie auch im Ausgangsverfahren durch einen mit schriftlicher Vollmacht ausgestatteten Bevollmächtigten vertreten lassen, weil in diesem Verfahren zweiter Instanz die persönliche Anwesenheit in einem Berufungs- oder Revisionsverfahren nicht immer zwingend geboten ist.[613]

### 2.3.2.2.4.1 Berufung

Wenn der Erziehungsberechtigte und der gesetzliche Vertreter im eigenen Namen oder im Namen des Jugendlichen Berufung eingelegt haben, dann ist ihnen vor der Berufungsverhandlung das angefochtene Urteil zuzustellen. Von diesem Zeitpunkt an läuft die Frist zur Begründung der Berufung.[614] Zur Berufungsverhandlung sind der Erziehungsberechtigte und der gesetzliche Vertreter unter dem ausdrücklichen Hinweis auf die Folgen des Ausbleibens zu laden. Erscheinen sie dennoch nicht und werden sie auch nicht ordnungsgemäß vertreten, so wird die von ihnen eingelegte Berufung verworfen, es sei denn der Jugendliche selbst ist anwesend und verlangt ausdrücklich die Durchführung der Berufung.[615] In der Berufungsverhandlung haben der Erziehungsberechtigte

---

612 Der gesetzliche Vertreter und der Erziehungsberechtigte sind Betroffene im Sinne von § 35 a StPO, weil über ihren Rechtsbehelf entschieden wird. Vgl. hierzu Löwe-Rosenberg/Dünnebier, § 35a Rdn. 3; Schmidt II, § 35a Rdn. 4 und 7. Die Streitfrage, ob der Erziehungsberechtigte oder der gesetzliche Vertreter auch sonst als Betroffene angesehen werden, braucht hier nicht entschieden zu werden.

613 Nur dann, wenn in dem Rechtsmittelverfahren eine zweite Tatsacheninstanz erforderlich wird, ist die Anwesenheit ratsam. Vgl. für das Erwachsenenverfahren Löwe-Rosenberg/Jagusch, § 330 Rdn. 2.

614 Schmidt II. § 298 Rdn. 8.

615 Hierzu ist der Beschuldigte nach überwiegender Meinung berechtigt vgl. Löwe-Rosenberg, § 330 Rdn. 3; Kleinknecht/Meyer-Goßner, § 330 Rdn. 2; anderer Auffassung Beling, S. 406.

und der gesetzliche Vertreter dieselben Befugnisse wie der Jugendliche, insbesondere das Recht auf Anwesenheit,[616] auf Gehör, auf Befragung von Zeugen und Sachverständigen sowie das eigenständige Recht, Anträge zu stellen.

Diese Rechte bleiben dem Jugendlichen trotz der Einschaltung des Erziehungsberechtigten oder des gesetzlichen Vertreters neben dessen Rechten unbenommen. Dies geschieht auch unabhängig davon, von wem das entsprechende Rechtsmittel eingelegt wurde.

#### 2.3.2.2.4.2 Revision

Für die Verfahrensstellung des Erziehungsberechtigten und des gesetzlichen Vertreters im Falle der Einlegung der Revision gilt das Gleiche wie im Fall der Berufung. Auch in diesem Fall ist das Urteil dem Erziehungsberechtigten oder dem gesetzlichen Vertreter vor einer möglichen Revisionsverhandlung zuzustellen. Die Zustellung des Urteils setzt wiederum die Frist zur Revisionsbegründung in Gang. Zur Revisionsverhandlung sind der Erziehungsberechtigte und der gesetzliche Vertreter gegebenenfalls genau wie der Jugendliche selbst zu laden, unabhängig davon, ob die Revision von dem Erziehungsberechtigten oder gesetzlichen Vertreter selbst oder im Namen des Jugendlichen eingelegt wurde. Auch in einem Revisionsverfahren müssen der Erziehungsberechtigte und gesetzliche Vertreter neben dem Jugendlichen gesondert angehört werden. Diese Anhörung erfolgt unabhängig davon, wer die Revision in wessen Namen eingelegt hat. Allerdings ist im Revisionsverfahren nicht unbedingt eine mündliche Verhandlung erforderlich. Deshalb braucht die Anhörung nicht notwendig in einer mündlichen Verhandlung vorgenommen zu werden. Da in einem solchen Verfahren im Rahmen der Sachrüge der Verstoß gegen Verfahrensvorschriften überprüft wird, geschieht dies in aller Regel schriftlich.

#### 2.3.2.2.4.3 Verfassungsbeschwerde

Das Verfahren auf die von dem Erziehungsberechtigten oder von dem gesetzlichen Vertreter oder möglicherweise von dem Jugendlichen selbst erhobene Verfassungsbeschwerde hin bestimmt sich nach den Vorschriften des Bundesverfassungsgerichtsgesetzes (BVerfGG). Wenn dem Erziehungsberech-

---

[616] Befindet sich der Erziehungsberechtigte oder der gesetzliche Vertreter in Haft, so muss das Berufungsgericht ihn auf seinen Antrag hin zur Berufungsverhandlung vorführen lassen. RG 64, 364.

tigten eine Abschrift der anzufechtenden Entscheidung in vollständiger Form nicht erteilt worden ist, dann kann er verlangen, dass ihm eine solche zugesandt wird. Auch hier beginnt mit der Zustellung der gerichtlichen Entscheidung die Monatsfrist zur Einlegung der Verfassungsbeschwerde beim Bundesverfassungsgericht. Sie ist schriftlich anzubringen und nach Maßgabe des § 93 BVerGG gegenüber dem Bundesverfassungsgericht in Schriftform zu begründen. Der Erziehungsberechtigte und auch der gesetzliche Vertreter sind genau wie im gerichtlichen Verfahren der ordentlichen (Straf-) Gerichtsbarkeit von allen Beweisterminen und sonstigen richterlichen Terminen zu benachrichtigen. Diese Personen können genau wie im Ausgangsverfahren neben dem Jugendlichen auch jeder Beweisaufnahme beiwohnen und Fragen an alle Verfahrensbeteiligten, insbesondere an Sachverständige und Zeugen richten. Allerdings müssen sie zwingend in der mündlichen Verhandlung vor dem Bundesverfassungsgericht durch einen mit schriftlicher Vollmacht ersuchten Rechtsanwalt oder Hochschullehrer des Rechtes vertreten werden. Dieser Grundsatz gilt ausnahmslos für alle Beschwerdeführer vor dem Bundesverfassungsgericht.

### 2.3.2.2.4.4 Beendigung des Rechtsbehelfsverfahrens

Mit Beendigung des Rechtsbehelfsverfahren und der damit eingetretenen Rechtskraft der richterlichen Entscheidung endet das gerichtliche Verfahren und demzufolge zwangsläufig auch die besondere Rechtsstellung des Erziehungsberechtigten und des gesetzlichen Vertreters, die ihnen einerseits durch das Jugendgerichtsgesetz, nämlich den § 67 JGG und andererseits ergänzend durch § 298 StPO eingeräumt worden war.

In dem Fall, dass das Rechtsmittelgericht die Sache an eine frühere Instanz zurückverweist, gelten entsprechend des erstinstanzlichen Verfahrens wieder die allgemeinen Vorschriften für die Beteiligung von dem Erziehungsberechtigten und gesetzlichen Vertreter.[617]

Wenn der Erziehungsberechtigte und der gesetzliche Vertreter einen von ihnen eingelegten Rechtsbehelf oder ein eingelegtes Rechtsmittel zurücknehmen oder

---

617 RG GA 48, 132 (133); zustimmend: Löwe-Rosenberg/Dünnebier, § 298 Rdn. 5; Schmidt II, § 298 Rdn. 11. Die Entscheidung des Reichsgerichts ist insoweit überholt, als dass angenommen wird, der gesetzliche Vertreter habe keinen Anspruch auf eine Benachrichtigung von der Hauptverhandlung.

dieses nach durchlaufendem Verfahren erfolglos bleibt, dann sind ihnen den allgemeinen Regeln entsprechend die Kosten des Verfahrens aufzuerlegen.[618]

In diesem Zusammenhang ist die Frage der Kostenübernahme von nicht ganz untergeordneter Relevanz.

Nach vorherrschender Meinung zur Kostenübernahme bezogen auf das Erwachsenenstrafrecht soll der gesetzliche Vertreter im Fall einer Verpflichtung zur Kostenübernahme für die Kosten nicht mit seinem eigenen Vermögen sondern aus dem Vermögen des vertretenen Beschuldigten bzw. Angeklagten haften, soweit dieses Vermögen seiner Verwaltung untersteht.[619] Hiervon ist im Falle einer gesetzlichen Vertretung im Erwachsenenstrafverfahren auszugehen. Im Jugendstrafverfahren ist die Frage der Vermögensverwaltungskompetenz im Hinblick auf die ohnehin bestehende beschränkte Geschäftsfähigkeit des betroffenen Jugendlichen ohne Belang.

Dieser soeben aufgezeigten Auffassung kann sowohl für das Erwachsenenstrafrecht als auch für das Jugendstrafrecht nicht gefolgt werden. Denn § 473 Abs. 1 StPO, der im Grundsatz sowohl für das allgemeine Strafverfahren als auch für das Jugendstrafverfahren gilt, knüpft die Kostentragungspflicht an die bloße Tatsache, dass überhaupt ein Rechtsmittel von Seiten des Jugendlichen eingelegt worden ist. Die Frage, ob der Beschwerdeführer mit der Einlegung des Rechtsmittels ausschließlich die Interessen des Angeklagten, in diesem Fall des Jugendlichen, oder möglicherweise daneben auch eigene Interessen[620] verfolgt, ist für die Frage der öffentlich-rechtlichen Kostentragungspflicht gleichgültig. Dieser Umstand kann lediglich für die möglicherweise intern bestehenden zivilrechtlichen Erstattungsansprüche des gesetzlichen Vertreters gegenüber dem Jugendlichen oder dem Vertretenen von Bedeutung sein.[621]

Im Übrigen haften im Jugendstrafverfahren die Erziehungsberechtigten, die in aller Regel gleichzeitig die Eltern des Jugendlichen sind, nach den allgemeinen Grundsätzen des Bürgerlichen Gesetzbuches für ihre Kinder. Diese Konsequenz des zivilrechtlichen Erstattungsausgleichs erkennt die herrschende Meinung auch für diejenigen gesetzlichen Vertreter sowohl im Jugend- wie auch im Erwachsenenstrafverfahren an, denen das Vermögen eines (erwachsenen) Be-

---

618 Den Rechtsmitteln stehen nach ausdrücklicher Vorschrift die Wiederaufnahme und die Wiedereinsetzung in den vorigen Stand gleich. Vgl. hierzu § 473 Abs. 2 StPO.

619 Vgl. BGH NJW 1956, 518 (520) Leitsatz; BGH LM § 67 JGG Nr. 1; Müller-Sax, § 473 Anm. 6; Löwe-Rosenberg/Schäfer, § 473 Rdn. 7 m.w.N.

620 In diesem Zusammenhang ist allerdings zu beachten, dass die Interessen des Erziehungsberechtigten oder des gesetzlichen Vertreters den Interessen des Jugendlichen nicht zuwiderlaufen dürfen.

621 So auch zutreffend Palandt-Lauterbach, vor § 179 Rdn 10.

schuldigten bzw. Angeklagten ausnahmsweise nicht zwangsläufig zur Verwaltung untersteht.

Für die Verpflichtung zur Kostenübernahme kann es aber keinen Unterschied machen, ob der gesetzliche Vertreter den Angeklagten auch in vermögensrechtlichen Belangen vertreten kann oder ob er lediglich personensorgeberechtigt ist. Denn wie bereits dargelegt, billigt das Gesetz auch dem nichtvermögenssorgeberechtigten gesetzlichen Vertreter[622] das Recht zu, zu Gunsten des Beschuldigten Rechtsmittel einlegen zu können, um somit eine Besserstellung zu erwirken. Deshalb haften nicht nur der Erziehungsberechtigte, sondern auch der gesetzliche Vertreter für die Kosten des Verfahrens persönlich und unabhängig vom Vermögen des Jugendlichen selbst, wenn die Rechtsmittel eigenständig eingelegt worden sind.[623] Das gilt insbesondere dann, wenn der Erziehungsberechtigte und der gesetzliche Vertreter das Rechtsmittel selbstständig unabhängig von dem Willen des Jugendlichen oder des Vertretenen eingelegt haben. Allenfalls können der Erziehungsberechtigte und der gesetzliche Vertreter von dem zu Vertretenden oder Minderjährigen unter besonderen Voraussetzungen, oder wenn sie in dessen Namen gehandelt haben, Erstattung der entstandenen Kosten verlangen.

#### 2.3.2.2.5 Ordnungsrechtliche Maßnahmen gegen den Erziehungsberechtigten oder gesetzlichen Vertreter in der Hauptverhandlung

Gegen den anwesenden Erziehungsberechtigten und gesetzlichen Vertreter können im Falle der Zuwiderhandlung gegen die Ordnung in der Sitzung und deren ordnungsgemäßen Ablauf sitzungspolizeiliche Maßnahmen nach §§ 176 ff. GVG ergriffen werden.

§ 176 GVG ist diesbezüglich so zu verstehen, dass derartige polizeiliche Maßnahmen auch gegen den Erziehungsberechtigte oder gesetzlichen Vertreter möglich sein sollen, auch wenn diese Personen eine besondere Rechtsstellung zu den Jugendlichen haben. Diese Konsequenz ist deshalb möglich, weil sich aus dieser Vorschrift keine Aufzählung konkret bestimmbarer Personen ergibt. Daher gilt sie für alle in der Hauptverhandlung anwesenden Verfahrensbetei-

---

622 Wie bereits dargelegt, kommt es bei einem gesetzlichen Vertreter nicht auf die Befugnis zur Vertretung in vermögensrechtlichen Angelegenheiten an, maßgeblich ist allein die Befugnis zur Übernahme der Personensorge.

623 So auch Bennecke-Beling, S. 461; Keller, § 505 Anm. 4; v. Kries, S. 780; Löwe, § 505 Rdn. 4; Fuchelt, § 505 Anm. 3; Sauer, ZStW 37, 197.

ligten.[624] Es sind keine Gründe ersichtlich, die auf einen Ausschluss von bestimmten Personen hindeuten könnten.

Daher kann dem Erziehungsberechtigten und dem gesetzlichen Vertreter vom Gericht aufgegeben werden, zur Abgabe von bestimmten Erklärungen vorzutreten. Oder es kann seitens des Gerichts verlangt werden, dass bei dem bestimmten Vortrag unnötige Erläuterungen unterlassen werden und eine kurze und prägnante Ausdrucksweise gewählt oder ungehörige Äußerungen abgebrochen werden.

Die Anwendbarkeit der §§ 177, 178 GVG, die die Rechtsfolgen von Ungehorsam und Ungebühr in einem strafgerichtlichen Verfahren regeln, auf den Erziehungsberechtigten oder gesetzlichen Vertreter als direkte Verfahrensbeteiligte erscheint demgegenüber zweifelhaft.

Der Erziehungsberechtigte oder der gesetzliche Vertreter lassen sich unter den Geltungsbereich dieser Norm nicht eindeutig subsumieren. Denn dieser Personenkreis fällt nicht unmittelbar unter die Begriffe "Beschuldigter", "Zeuge" oder "Sachverständiger". Aber sie sind auch keine "an der Verhandlung nicht beteiligten Personen". Vielmehr nehmen die in Rede stehenden Personen demgegenüber, neben dem jugendlichen Angeklagten mit eigenen Verfahrensrechten ausgestattet, selbstständig an dem Hauptverfahren teil.[625] Deshalb können diese personensorge- und erziehungsberechtigten Personen allenfalls unter den Begriff "Partei" fallen. Hierbei lassen sich im Strafverfahren grundsätzlich die Staatsanwaltschaft auf der einen Seite und der Angeklagte auf der anderen Seite als Partei definieren.

Der Erziehungsberechtigte ist trotz seiner engen persönlichen und familiären Beziehung zum angeklagten Jugendlichen zwar nicht selbst Partei, hat aber nach einhelliger Meinung in der Literatur eine parteiähnliche Stellung,[626] auch

---

624 Schmidt, III § 176 Rdn 4.

625 Vgl. zur Mitwirkung des gesetzlichen Vertreters im Erwachsenenverfahren Meyer-Gerhardts, S. 12, 30.

626 Dies ergibt sich auch aus der persönlichen Mitwirkung des Erziehungsberechtigten und des gesetzlichen Vertreters. Genau wie der Angeklagte sollte der Erziehungsberechtigte oder gesetzliche Vertreter während der Hauptverhandlung anwesend sein. Nur in Ausnahmefällen sollte eine Vertretung möglich sein. Vgl. hierzu Diemer/Schoreit/ Sonnen, § 67 Rdn. 4; BGH bei Herlan GA 61, §58 (358); Brunner/Dölling, § 67 Rdn. 2a; Eisenberg, § 67 Rdn. 4 will im Einzelfall geprüft wissen, ob es sinnvoll erscheint, dass sich Erziehungsberechtigte im Jugendstrafverfahren gegen ihre Kinder vertreten lassen können. Insgesamt kann hieraus der Schluss gezogen werden, dass der Erziehungsberechtigte oder gesetzliche Vertreter eine selbstständige Verfahrensstellung neben dem Jugendlichen haben. Ihre Stellung ist parteiähnlich neben dem Jugendlichen.

dann, wenn er gem. § 69 JGG offiziell zum Beistand des Jugendlichen bestellt werden soll und daher mit Verteidigerrechten ausgestattet sein wird. Deshalb sind gegen den Erziehungsberechtigten oder gesetzlichen Vertreter nach dem Gesetzeswortlaut Ordnungsmittel und Ordnungshaft zulässig.

Ob auch der gesetzliche Vertreter im Erwachsenenverfahren zu dem Begriff Partei im Sinne des Gerichtskostengesetzes zu rechnen ist, ist in der Literatur nicht eindeutig geklärt.[627] Nach überwiegender Auffassung ist diese Frage zusammen mit Meyer-Gerhards zu bejahen.[628] Nach herrschender Meinung sind zwar lediglich der Neben- und Privatkläger ausdrücklich als Parteien im Sinne der §§ 177, 178 GVG anzusehen.[629] Wenn aber alle sich auf der Seite der Anklage befindenden Personen unter den Parteibegriff fallen sollen, so erscheint es auch konsequent und sachgerecht, alle Verfahrensbeteiligten auf der Seite des Jugendlichen vom Parteibegriff zu erfassen, da kein Grund für eine unterschiedliche Behandlung von Anklage- und Verteidigerseite ersichtlich ist.

Deshalb werden nicht nur der gesetzliche Vertreter im Erwachsenenverfahren, sondern auch der gesetzliche Vertreter wie auch der Erziehungsberechtigte eines Jugendlichen vom Parteibegriff im Jugendstrafverfahren erfasst, mit der Folge, dass auch gegen diese Personen ordnungsrechtliche Maßnahmen in oder am Rande der Hauptverhandlung zulässig sein sollen.

### 2.3.2.2.6 Verfahrenswechsel zum Heranwachsendenrecht

Mit Erreichen der Volljährigkeit des beschuldigten oder angeklagten Jugendlichen fallen die Erziehungsberechtigung und auch das gesetzliche Vertretungsrecht und die damit verbundenen Befugnisse wegen der fehlenden Minderjährigkeit des Beschuldigten oder Angeklagten weg.[630]

§ 109 Abs. 2 und 3 JGG machen klar, dass die §§ 67, 69 JGG im Verfahren gegen Heranwachsende nicht gelten sollen, auch wenn grundsätzlich gegen Heranwachsende Jugendstrafrecht angewendet werden kann. Dieses Ergebnis erscheint insgesamt sach- und interessengerecht, gerade weil das Erziehungsbedürfnis und die Schutzbedürftigkeit des Jugendlichen mit Erreichen des

---

627 Ablehnend Voitus, § 178 GVG Anm. 2 (S. 260); zustimmend Köhler, S. 345; v. Kries, S. 548, der den gesetzlichen Vertreter als Nebenpartei auffasst; v. Holzendorff, S. 421.

628 Meyer-Gerhardts, S. 30.

629 Vgl. für alle Löwe-Rosenberg/Schäfer, § 177 Rdn. 2; Schmidt, III § 177 Rdn. 3.

630 BGH DRiZ 1956, 235 (236); Schnitzerling, UJ 1957, 368; Brunner, ZblJugR 1977, 366ff.; Brunner/Dölling, § 67 Rdn 18.

achtzehnten Lebensjahres weggefallen sein dürften, so dass ein Eingreifen des Erziehungsberechtigten oder gesetzlichen Vertreters aufgrund der positiv vermuteten Reifung der Persönlichkeit nicht mehr für erforderlich erachtet werden dürfte.

Zu bedenken ist aber, dass auch gegen einen Heranwachsenden ein Jugendstrafverfahren eröffnet wird und bei Vorliegen der gesetzlichen Voraussetzungen Jugendstrafrecht mit den entsprechenden Rechtsfolgen zur Anwendung kommen kann. Unter Berücksichtigung der ausgeführten Erwägungen können bei einem Jugendgerichtsverfahren gegen einen Heranwachsenden, der grundsätzlich nicht mehr der gesetzlichen Vertretung durch Eltern oder sonstige Dritte unterliegt, der ehemals Erziehungsberechtigte und gesetzliche Vertreter nicht zur Mitwirkung am Verfahren herangezogen werden. Aufgrund dieser mangelnden Mitwirkungsmöglichkeit kann es zu keiner prozessualen Überschneidung verschiedener Beteiligungsfunktionen kommen.

Allerdings können der Erziehungsberechtigte und der gesetzliche Vertreter in jedem Fall entsprechend der strafprozessualen Regelungen über § 138 Abs. 2 StPO dennoch zum Verteidiger des Heranwachsenden bestellt werden, wenn sie die weiteren gesetzlich vorgeschriebenen Voraussetzungen einer zur Verteidigung berufenen Person erfüllen. In diesem Fall können sie in die Rechte und Pflichten eines normalen Verteidigers eintreten. Diese Funktion beinhaltet aber keine Kompetenzen, die sich aus der besonderen Stellung als Erziehungsberechtigter oder gesetzlicher Vertreter oder aus der Erziehungsbefugnis herleiten lassen.

Das Gehörsrecht, welches dem ehemals Erziehungsberechtigten bzw. gesetzlichen Vertreter aus Art. 103 Abs. 1 und nicht aber ausschließlich aus § 67 Abs. 2 JGG zustand, entfällt unabhängig von den konkreten Regelungen im Jugendgerichtsgesetz bereits seinem Inhalt nach, weil ein Erziehungsrecht der Eltern bzw. des gesetzlichen Vertreters gegenüber einem Heranwachsenden nicht mehr besteht. Das Recht, einem Heranwachsenden im Jugendgerichtsverfahren beizustehen, beschränkt sich genauso wie in einem Strafverfahren gegen einen Erwachsenen auf Zulassung des Ehepartners im Erwachsenenstrafverfahren gem. § 149 Abs. 1 StPO.[631] In diesem Fall besteht daneben selbstverständlich das allgemeine Recht auf Verteidigung.

Wenn ein Beschuldigter oder Angeklagter während eines Jugendgerichtsverfahrens volljährig wird, bleiben die bis dahin vorgenommenen Prozesshandlungen des Erziehungsberechtigten oder des gesetzlichen Vertreters jedoch

---

631 Brunner, ZblJugR 1977, 366 (367).

dennoch wirksam, soweit sie nicht einer ausdrücklichen Genehmigung des Beschuldigten oder Angeklagten bedürfen.[632] Rechtsmittel, die nicht im Namen des Angeklagten, sondern aus eigenem Recht des bisher Erziehungsberechtigten oder des gesetzlichen Vertreters eingelegt worden sind, können nur ausnahmsweise weiter betrieben werden, wenn der Angeklagte der Einlegung des jeweiligen Rechtsmittels nachträglich ausdrücklich zustimmt.[633] Dann kann das jeweilige Rechtsmittel im Namen des Angeklagten mit allen Konsequenzen für und gegen den Heranwachsenden fortgeführt werden.

Umstritten war nur, ob das Gericht in Kenntnis des Alters des Jugendlichen die Ladung des Erziehungsberechtigten oder des gesetzlichen Vertreters anzuordnen hatte, wenn der Betroffene zur Tatzeit und auch zu Beginn des Jugendstrafverfahrens bzw. der Hauptverhandlung noch nicht volljährig war, im Laufe des Verfahrens aber nach den heutigen im Jugendrecht geltenden Vorschriften volljährig und demzufolge Heranwachsender wurde, und sich demzufolge selbst vertreten und seine Interessen in einem Strafverfahren selbst und eigenverantwortlich sachgerecht wahrnehmen konnte.[634]

Die gesetzliche Regelung über Ladungen im Strafverfahren sagt hierüber ausdrücklich nichts aus. Von Potrykus wurde die von seiner bis dahin vertretenen Ansicht[635] abweichende Auffassung vertreten, am Verfahren gegen Heranwachsende seien der Erziehungsberechtigte und der gesetzliche Vertreter auch dann zu beteiligen, wenn der Angeklagte vor oder nach Anhängigwerden des Strafverfahrens das Volljährigkeitsalter erreicht habe.[636] Denn es werde grundsätzlich bei der Beurteilung einer Sanktionierung der Straftat auf den Zeitpunkt der Verübung der Tat abgestellt und aufgrund dessen entschieden. Der Zeitpunkt der Aufdeckung der Tat dürfe hierbei keine Rolle spielen. Entscheidend sei vielmehr der Zeitpunkt der Tatbegehung.

---

[632] Eisenberg, § 67 Rdn. 26.

[633] RG St 42, 342 (342); Schnitzerling, UJ 1957, 367 (368).

[634] Hierbei ist zu bedenken, dass in den betreffenden Entscheidungen noch von einem Volljährigkeitsalter von 21 Jahren ausgegangen wird, wobei die Volljährigkeit heute mit 18 Jahren erreicht wird. Die Frage, ob sich die Differenzierung jugendlicher Heranwachsender von der heutigen unterscheidet kann dahingestellt bleiben, weil die Erziehungsberechtigung und die gesetzliche Vertretungsbefugnis in jedem Falle mit Erreichen der Volljährigkeit wegfällt.

[635] Potrykus, NJW 1955, 246. Hier spricht Potrykus auch von der Volljährigkeit, stellt auf die Fähigkeit des Betroffenen ab, sich selbst sachgerecht verteidigen zu können und verweist auf den Wegfall der Erziehungsberechtigung und mangelnde Vertretungsbefugnis.

[636] Potrykus, § 67 Bem. 3. Er verweist auf die Übereinstimmung mit § 1 Abs. 2 JGG (Zeit der Tat) und spricht hier natürlich von der Vollendung des 21. Lebensjahres.

Dasselbe gelte hinsichtlich der Rechtsbehelfs- oder Rechtsmitteleinlegung, so dass entsprechend dieser Auffassung der Erziehungsberechtigte und der gesetzliche Vertreter, auch nachdem der Angeklagte volljährig geworden sei, ein zulässiges eigenes Rechtsmittel hätten einlegen können. Dieses sei lediglich die Konsequenz der Beteiligung des Erziehungsberechtigten oder des gesetzlichen Vertreters am Strafverfahren gegen Heranwachsende. Dieser Grundsatz resultiere aus § 109 Abs. 1 Satz 1 JGG, der diesbezüglich anders als § 298 StPO in Bezug auf das Erwachsenenverfahren auszulegen sei. Wenn ein Erziehungsberechtigter und ein gesetzlicher Vertreter einmal beteiligt worden seien, stünden ihnen auch alle weiteren Rechte und Pflichten des Verfahrens zu.

Diese Ansicht wurde jedoch zu Recht umgehend vom Bundesgerichtshof angegriffen. Das Gericht entschied anhand der geltenden gesetzlichen Bestimmungen, dass die Vorschriften über die Ladung der Erziehungsberechtigten und der gesetzlichen Vertreter im Verfahren gegen Heranwachsende nicht mehr in Betracht kommen, wenn der Beschuldigte bzw. der Angeklagte vor der Hauptverhandlung volljährig geworden ist.[637] Dieser Auffassung ist zuzustimmen, denn wenn ein Jugendlicher volljährig und aufgrund dessen mit eigenen Rechten ausgestattet ist, ist er diesbezüglich einem Erwachsenen gleichzustellen, der grundsätzlich auch in der Lage ist, sich in einem gegen ihn gerichteten Strafverfahren selbst sachgerecht zu verteidigen. Er bedarf nicht mehr den bei einem Jugendlichen erforderlichen Schutz. Außerdem kommt es bei der Frage der Wirksamkeit der Erziehungsberechtigung oder der Vertretungsbefugnis nicht darauf an, ob es sich um ein Jugendstrafverfahren handelt oder nicht, sondern inwieweit die Vertretungsbefugnis aufgrund des Alters des Angeklagten besteht oder untergegangen ist.

Hierbei ist zu bedenken, dass auch ein Heranwachsender, der bekanntlich volljährig ist und demzufolge keinen gesetzlichen Vertreter mehr hat, grundsätzlich nach den Regeln des Jugendgerichtsgesetzes in einem Jugendstrafverfahren verurteilt wird. Insofern ist es für die Frage der Erziehungs- und Vertretungsbefugnis irrelevant, ob der Beschuldigte oder Angeklagte zum Zeitpunkt der Tatbegehung möglicherweise noch Jugendlicher war, denn es ist für die Frage der Heranziehung des Erziehungsberechtigten oder gesetzlichen Vertreters nicht der Zeitpunkt der Tatbegehung von Belang, sondern die Frage der Schutzbedürftigkeit, dass heißt die Fähigkeit einer sinnvollen Verteidigung und eine sachgerechte Wahrnehmung berechtigter Interessen. Das Alter des Jugendlichen ist nur insoweit maßgeblich, als dass es für die Frage, ob Jugendstrafrecht oder allgemeines Strafrecht zur Anwendung kommen soll, von Bedeutung ist. Wenn nach der Volljährigkeit des Angeklagten der Erziehungsberechtigte und der gesetzliche Vertreter im engeren Rechtssinne gar nicht mehr

---

[637] BGH NJW 1956, 1607 (1607 ) und DRiZ 1956, 236 (236).

existieren, so kann ihre Ladung nur noch insoweit erforderlich sein, wie sie als Zeugen benötigt werden, um beispielsweise Auskünfte über den Reifegrad des Jugendlichen zur Tatzeit zu geben oder um Angaben zu dem Ausmaß der Schuld unter Berücksichtigung der Umwelteinflüsse zu geben. Gerade dieses ist im Hinblick auf eine altersgerechte jugendstrafrechtliche Sanktion von erheblicher Bedeutung. Der ehemals Erziehungsberechtigte und der gesetzliche Vertreter können nach Wegfall ihrer Vertretungsbefugnis wirksam in Ausübung der eigenen Rechte keine eigenen Rechtsmittel mehr einlegen. Verlieren der Erziehungsberechtigte und der gesetzliche Vertreter erst nach Einlegung des Rechtsmittels ihre Vertretungsbefugnis, so können sie dieses Rechtsmittel aus eigenen Rechten nicht mehr betreiben.[638] Allenfalls kann es der Angeklagte übernehmen und selbst verfolgen.[639]

Die bis zur Volljährigkeit des Angeklagten Erziehungs- und Vertretungsberechtigten können aber nach dessen Volljährigkeit noch als Bevollmächtigte, also im fremden Namen handeln, soweit sie vom Angeklagten mit einer Vollmacht bedacht worden sind.[640] Die erfolgte Bestellung zum Beistand gem. § 69 Abs. 1 JGG i.V.m. § 159 Abs. 2 StPO entfällt dagegen nicht von selbst, sondern ist durch einen contrarius actus zurückzunehmen.[641] Dieses Ergebnis, dass die bis dahin erziehungs- und personensorgeberechtigten Personen ihre Rechte des Jugendstrafverfahrens mit dem Erreichen der Volljährigkeit verlieren, zeigt sich auch in der Formulierung des § 109 JGG, der das Verfahren gegen einen Heranwachsenden regelt. In dieser Vorschrift wird ausdrücklich kein Bezug auf diese Mitwirkungsvorschriften genommen.

---

638 RG St 42, 342 (342).

639 Löwe-Rosenberg/Dünnebier, § 298 Rdn 4.

640 Schnitzerling, UJ 1957, Heft 8, 367 (368).

641 Bohnert, ZblJugR 1989, 232 (236); dagegen wird die Auffassung vertreten, dass auch diese Stellung von selbst entfiele, OLG Stuttgart, Die Justiz 1976, 67; Hauber, ZblJugR 1982, 217.

### 2.3.3 Entziehung der Mitwirkungsrechte

#### 2.3.3.1 Die Möglichkeit der Entziehung der Rechte des Erziehungsberechtigten oder des gesetzlichen Vertreters im Jugendstrafverfahren

##### 2.3.3.1.1 Der vollkommene Rechtsentzug

Dem Erziehungsberechtigten und dem gesetzlichen Vertreter können gem. § 67 Abs. 4 JGG die gesamten ihm im Jugendstrafverfahren zustehenden strafverfahrensrechtlichen Befugnisse vollkommen entzogen werden, wenn er verdächtig ist, an der betreffenden angeklagten Straftat beteiligt gewesen zu sein oder wenn er bereits wegen einer derartigen Beteiligung verurteilt oder verfolgt worden ist. In diesem Fall kann der zuständige Richter auch beiden Erziehungsberechtigten sowie auch gesetzlichen Vertretern die Mitwirkungsbefugnisse vollkommen entziehen, wenn zu befürchten ist, dass der mitwirkende Erziehungsberechtigte seine Rechte im Verlauf des Jugendstrafverfahrens möglicherweise sogar zum Nachteil des Jugendlichen missbraucht oder missbrauchen wird.

Eine Straftatbeteiligung des Erziehungsberechtigten und des gesetzlichen Vertreters an der Tat des Jugendlichen im Sinne dieser Vorschrift liegt dann vor, wenn sie Mittäter, Gehilfe, Anstifter, Begünstigter oder Hehler derselben Straftat sind.[642] Verdächtig sind der Erziehungsberechtigte und der gesetzliche Vertreter, wenn tatsächliche Anhaltspunkte dafür zu verzeichnen sind, dass sie an der Tat beteiligt sind. "Dringend" im Sinne der Haftbefehlsvoraussetzungen muss der gegen sie gerichtete Tatverdacht nicht sein.[643]

Im Falle einer Beteiligung des Erziehungsberechtigten oder gesetzlichen Vertreters an der sanktionswürdigen Verfehlung des Jugendlichen wäre durch die Verfahrensbeteiligung des Erziehungsberechtigten oder des gesetzlichen Vertreters an dem Jugendstrafverfahren das staatliche Interesse an der Wahrheitsfindung und die geschützten Belange des Beschuldigten oder Angeklagten bedroht. Zum einen wird der Erziehungsberechtigte oder der gesetzliche Vertreter bestrebt sein, aufgrund der eigenen Beteiligung an der in Rede stehenden Straftat dieselbe möglichst zu verdunkeln, zumindest den eigenen Tatbeitrag zu verbergen oder zu verharmlosen, und zu diesem Zweck seine ihm im Jugendstrafverfahren zugebilligten Verfahrensrechte missbrauchen. Das

---

642 Dallinger-Lackner, § 67 Rdn. 27.
643 Dallinger-Lackner, § 67 Rdn. 27; a.A. für die Ausschließungsgründe eines Verteidigers BGH St 8, 194 (196); Schmidt, vor § 137 Rdn. 12.

stünde nicht nur der Wahrheitsfindung entgegen, sondern verhinderte zudem einen ordnungsgemäßen Verfahrensablauf. Darüber hinaus erscheint es naheliegend, dass die persönlichen eigenen Interessen den Erziehungsberechtigten und den gesetzlichen Vertreter daran hindern, dem Jugendlichen eine für ihn bestmögliche Unterstützung im Verfahren zukommen zu lassen, selbst wenn sie hierzu normalerweise bereit und in der Lage gewesen wären. Im Fall einer möglichen Tatbeteiligung besteht aber die Gefahr, dass sich der Erziehungsberechtigte und der gesetzliche Vertreter auf Kosten des Jugendlichen in ein besseres Licht rücken wollen, um die eigene Tatbeteiligung zu verharmlosen oder zu verdecken und aus diesem Grunde den Jugendlichen belasten. Es ist deshalb naheliegend, dass der Erziehungsberechtigte und der gesetzliche Vertreter in diesem Zusammenhang von ihren Verfahrensrechten zum Nachteil des Jugendlichen Gebrauch machen werden. Hierdurch würde die im Jugendgerichtsgesetz herausgestellte eigentliche Schutzfunktion des Erziehungsberechtigten oder des gesetzlichen Vertreters in ihr Gegenteil verkehrt.

Diese Erwägungen rechtfertigen es in diesen konkreten Fällen, den erziehungsberechtigten und personensorgeberechtigten Personen ihre Verfahrensrechte zu entziehen.[644]

Unabhängig von der Frage der Tatbeteiligung des Erziehungsberechtigten oder gesetzlichen Vertreters können die betreffenden Personen darüber hinaus auch von der Hauptverhandlung ausgeschlossen werden, wenn gegen die bloße Anwesenheit aus weiteren Gründen Bedenken bestehen.[645]

Derartige Gründe und damit zusammenhängend entsprechende Bedenken wären dann zu bejahen, wenn der Erziehungsberechtigte und der gesetzliche Vertreter selbst durch die Tat des Jugendlichen nicht nur unerheblich verletzt worden sind.

Auch in diesem Fall sind nicht nur die Wahrheitsfindung und das Schutzinteresse des Jugendlichen, sondern auch ein ordnungsgemäßer Verfahrensablauf gefährdet. Denn der Erziehungsberechtigte oder gesetzliche Vertreter könnte sich in dieser Situation aufgrund der eigenen Verletzung zum Nachteil des Betreffenden verhalten. Einer Teilnahme des Erziehungsberechtigten und des gesetzlichen Vertreters stehen ähnliche Bedenken wie im Falle der Tatbeteiligung entgegen. Insbesondere wird der Erziehungsberechtigte oder gesetzliche Vertreter auch in diesem Fall daran gehindert sein, seinen Schutzaufgaben

---

644 § 67 Abs. 4 Satz 1 sagt dies ausdrücklich; vgl. hierzu auch § 1796 BGB.

645 Vgl. gesetzliche Bestimmungen im JGG, z.B. §§ 67 Abs. 4, 51 Abs. 2 worauf noch näher eingegangen wird.

im Interesse des Jugendlichen voll gerecht zu werden. Allein eine derartige Interessenkollision im Hinblick auf das eigene Betroffensein kann bereits die Entziehung der Rechte des Erziehungsberechtigten oder des gesetzlichen Vertreters im Hinblick auf eine Verfahrensbeteiligung rechtfertigen.[646]

Demgegenüber hat die Ausschließung der betreffenden erziehungs- und personensorgeberechtigten Personen zwingend zu erfolgen, wenn der Erziehungsberechtigte und der gesetzliche Vertreter sich in demselben Verfahren als Nebenkläger, Privatkläger oder Antragsteller im Klageerzwingungsverfahren gemeldet haben. Im Falle einer Verfahrensbeteiligung zum Schutz und zur Unterstützung des Jugendlichen würden sie dann zugleich auf Angreifer- und Verteidigerseite stehen.[647] Diese Fallkonstellation ist in der Praxis nicht relevant. Denn wenn jemand ein Klageerzwingungsverfahren oder eine Nebenklage in einem gegen seinen Zögling gerichteten Verfahren anstrebt, wird er nicht gleichzeitig in der Lage und bereit sein, den Jugendlichen im Rahmen seiner Möglichkeiten zu schützen und zu unterstützen.

Weiterhin können der Erziehungsberechtigte und der gesetzliche Vertreter auch dann ausgeschlossen werden, wenn sie dem Einfluss und den Weisungen verfahrensfremder Stellen unterliegen.

Auch in einem solchen Fall werden die Wahrheitsfindung und die Schutzinteressen des Jugendlichen gefährdet. Grundsätzlich müssen der Erziehungsberechtigte und der gesetzliche Vertreter im Falle einer Verfahrensbeteiligung im Sinne der Interessen des Jugendlichen unabhängig sein. Sind sie dies nicht, so können verfahrensfremde Einflüsse den ordentlichen Verfahrensablauf erschweren oder sogar hindern. Außerdem kann die gesetzlich vorgesehene Schutzfunktion gegenüber dem Jugendlichen nicht mehr erfüllt werden. Es ist vielmehr naheliegend, dass der Erziehungsberechtigte oder gesetzliche Vertreter zum bloßen Spielball sachfremder Interessen gemacht werden. Damit wäre seine Verfahrensbeteiligung prozessordnungswidrig.[648]

Da aber ein Strafverfahren grundsätzlich von Amts wegen von ungesetzlichen Einflüssen freigehalten werden muss, erscheint die Ausschließung des Erziehungsberechtigten oder des gesetzlichen Vertreters gerade in diesem Fall geboten.[649]

646 Dies ergibt sich aus § 1796 Abs. 2 BGB.
647 Müller-Sax, vor § 137 Anm. 2 c.
648 Meyer-Gerhardts, S. 25.
649 BGH St 11, 326 (328).

Ein weiterer Grund der Ausschließung des Erziehungsberechtigten oder gesetzlichen Vertreters ist der, dass die Staatssicherheit im umfassenden Sinne gefährdet wird. Ein derartiger Fall ist dann anzunehmen, wenn im Verlauf des Verfahrens Staatsgeheimnisse aufgedeckt werden (müssen) und anzunehmen ist, dass der Erziehungsberechtigte und gesetzliche Vertreter diese verraten werden. Der Schweigebefehl seitens des Gerichtes an den Erziehungsberechtigten oder gesetzlichen Vertreter wird diese Gefahr nicht zwangläufig beseitigen können. Daher erscheint es auch in diesem Ausnahmefall vertretbar, dass dem Erziehungsberechtigten und dem gesetzlichen Vertreter ihre Verfahrensrechte entzogen werden können.[650]

Schließlich können der Erziehungsberechtigte und der gesetzliche Vertreter auch dann ausgeschlossen werden, wenn sie ihre Verfahrensrechte im Verlauf des Verfahrens missbrauchen. Ein Missbrauch soll aber nicht bereits bei jedem Fehlverhalten des Erziehungsberechtigten oder des gesetzlichen Vertreters angenommen werden können, sondern nur dann, wenn die Verfahrensbeteiligung dazu ausgenutzt wird, dass sie den Jugendlichen der nach dem Stand des Prozesses zu erwartenden Bestrafung zu entziehen versuchen und zugleich eine strafrechtlich verfolgbare Begünstigung begehen, oder darüber hinaus seine besondere verfahrensrechtliche Stellung dazu ausnutzen, dass sie die Wahrheitsfindung in sonstiger Weise zu erschweren versuchen, z. B. durch Bedrohung oder Nötigung des Gerichts oder anderer Verfahrensbeteiligter.

Ein vergleichbarer Rechtsmissbrauch liegt auch dann vor, wenn der Erziehungsberechtigte und der gesetzliche Vertreter ihrer Schutz- und Beistandspflicht in gröblicher Weise zuwider handeln und sie dem Jugendlichen Schaden zufügen, indem sie im Rahmen ihrer Unterstützungsfunktion willkürlich Verteidigungsmöglichkeiten preisgeben oder Belastungsmaterial zum Nachteil des Jugendlichen selbst in das Verfahren einführen. Auch ein derartiger Missbrauch kann den Ausschluss des Erziehungsberechtigten oder gesetzlichen Vertreters rechtfertigen.[651]

---

650 Sogar für Verteidiger wurde von Rechtsprechung und Lehre anerkannt, dass die Vertretungsbefugnis gem. § 138 b StPO entzogen werden kann, wenn die Gefahr der Preisgabe von Staatsgeheimnissen besteht. BGH St 8, 192 (194); Anschütz, S. 70 f.; Kalbach, S. 596; Ostler, S. 173.

651 Meyer-Gerhardts, S. 27 unter Hinweis auf den Gesetzestext des § 67 JGG, wonach bereits die bloße Gefahr des Missbrauchs die Entziehung des Rechts rechtfertigen kann.

In all diesen Fällen werden dem Erziehungsberechtigten oder gesetzlichen Vertreter die ihnen im Jugendgerichtsgesetz zugebilligten Rechte vollständig entzogen. Die erforderliche Unterstützung des Jugendlichen kann gegebenenfalls durch eine andere Person, wie z. B. den Beistand oder den Verteidiger wahrgenommen werden.

### 2.3.3.1.2 Der partielle Rechtsentzug

In einigen weiteren Fällen erscheint es jedoch sachgerecht zu erwägen, den Erziehungsberechtigten oder gesetzlichen Vertreter nicht vom gesamten Verfahren, sondern nur von einzelnen abtrennbaren Teilen, zum Beispiel von einem Teil des Hauptverfahrens bzw. der Hauptverhandlung oder während der Befragung des Jugendlichen zu seinen persönlichen und familiären Verhältnissen auszuschließen.

Über eine derartige partielle Ausschließung des Erziehungsberechtigten oder des gesetzlichen Vertreters im Jugendstrafverfahren muss konkret im Einzelfall unter Abwägung der einander gegenüberstehenden Interessen von dem zuständigen Richter entschieden werden.

Eine entsprechende gesetzliche Regelung gibt es im Jugendgerichtsgesetz nicht. Der partielle Rechtsentzug lässt sich nur analog § 67 Abs. 4 JGG herleiten.

Sodann erhebt sich die Frage, ob der Vorsitzende Richter des zuständigen Jugendgerichts verpflichtet ist, den dauerhaft oder auch nur zeitweise ausgeschlossenen Erziehungsberechtigten und gesetzlichen Vertreter von dem, was in ihrer Abwesenheit verhandelt ist, zu unterrichten, soweit es für die Verteidigung des Angeklagten erforderlich ist.

Im Gegensatz zur zeitweisen Ausschließung des Angeklagten, der später zu seiner Verteidigung vom Verhandelten zu unterrichten ist, enthält § 51 Abs. 2 JGG diese gleiche Pflicht zugunsten des Erziehungsberechtigten und gesetzlichen Vertreters nicht.

Zum Teil wird in der Literatur diese Regelung entsprechend dem Wortlaut dahingehend ausgelegt, dass im Fall der partiellen Ausschließung des Erziehungsberechtigten oder des gesetzlichen Vertreters das Recht auf eine Unterrichtung als nicht existent angesehen wird.[652] Diese Auslegung ist grundsätzlich

---

[652] Dallinger/Lackner, § 51 Anm. 24; Potrykus § 51 Bem. 6.

aber mit der Stellung des Erziehungsberechtigten oder des gesetzlichen Vertreters im Jugendstrafverfahren nicht zu vereinbaren.[653] Das Jugendgerichtsgesetz räumt dem Erziehungsberechtigten und dem gesetzlichen Vertreter überwiegend dieselben Rechte wie dem Angeklagten selbst ein. Diese Rechte sollen und werden im großen Ausmaß zum Schutz und zur Verteidigung des jugendlichen Angeklagten eingesetzt. Deshalb ist es im Fall der Ausschließung aus rechtsstaatlichen Gründen heraus geboten, auch den erziehungs- und personensorgeberechtigten Personenkreis insoweit zu unterrichten, wie es für eine sachgerechte Unterstützung oder Verteidigung notwendig erscheint, ohne Rücksicht darauf, ob der Erziehungsberechtigte oder gesetzliche Vertreter allein oder zusammen mit dem angeklagten Jugendlichen ausgeschlossen waren. Der Erziehungsberechtigte und der gesetzliche Vertreter erhalten infolgedessen Kenntnis über alles in ihrer Abwesenheit Verhandelte, denn die Ausschließung ist nicht wegen des Inhalts des Verhandelten, sondern im Hinblick auf einen ordnungsgemäßen Verfahrensablauf erfolgt.

### 2.3.3.2 Die gerichtliche Entscheidung über den Ausschluss des Erziehungsberechtigten oder des gesetzlichen Vertreters

Liegen die Voraussetzungen für eine dauerhafte oder zeitweise Ausschließung der personensorgeberechtigten Personen vor, so hat das Gericht dem Erziehungsberechtigten oder gesetzlichen Vertreter seine ihm durch das Jugendgerichtsgesetz zugebilligten Rechte formell durch Beschluss zu entziehen.[654]

Zuständig für den Ausschluss ist das für das Jugendstrafverfahren anzurufende Jugendstrafgericht, nicht etwa das Vormundschaftsgericht. Die Zuständigkeit des Strafgerichts ergibt sich zum einen aus der Verantwortung für ein ordnungsgemäßes Verfahren sowie aus den Gründen der Praktikabilität bei der Durchsetzung der Entscheidung.

Außerdem ordnet § 67 Abs. 4 JGG bei Vorliegen der gesetzlichen Voraussetzungen die Ausschließung des Erziehungsberechtigten und des gesetzlichen Vertreters ausdrücklich an. Aus dieser Vorschrift ergibt sich das zwingende Erfordernis einer formellen Entscheidung.

Welches sachlich zuständige Gericht zu einer derartigen Entscheidung befugt ist, entscheidet sich nach der aktuellen Verfahrenslage.

---

[653] Zustimmend mit anderen Schnitzerling, UJ 1957 Heft 8, 367 (369).
[654] Löwe-Rosenberg/Dünnebier, § 138 Anm. III 5 für den Ausschluss von Verteidigern.

Im Ermittlungsverfahren entscheidet der für die Ermittlungen zuständige Jugendrichter[655] und nach dessen Abschluss das für das Hauptverfahren sachlich und örtlich zuständige Jugendgericht mit dem jeweiligen Spruchkörper. Dieser Aufteilung steht nicht entgegen, dass in der Praxis die aufgeführten Zuständigkeiten von einem Richter in einer Person, aber in den unterschiedlichen Funktionen wahrgenommen werden können.

Die Entscheidung über die Ausschließung liegt anders als im Erwachsenenstrafrecht[656] bei Vorliegen der gesetzlichen Voraussetzungen des § 67 Abs. 4 JGG unter Berücksichtigung des Erziehungsgedankens sowie der Schutzbedürftigkeit des Jugendlichen im Ermessen des Gerichts.[657] In diesem Fall besteht im Ausnahmefall ein Beurteilungsspielraum. Grundsätzlich ist das Gericht auch im Jugendstrafverfahren jedoch verpflichtet, das Verfahren von Amts wegen von gesetzwidrigen Einflüssen freizuhalten.[658]

Nach der Ausschließung des Erziehungsberechtigten ist das Verfahren zunächst einmal zeitlich "anzuhalten", das bedeutet auch, die Hauptverhandlung auszusetzen, damit dem Jugendlichen der andere Erziehungsberechtigte oder ein (weiterer) gesetzlicher Vertreter bestellt werden können.

Denn der im Jugendstrafrecht im Vordergrund stehende Schutz des Jugendlichen muss auch im Fall der Ausschließung des Erziehungsberechtigten oder des gesetzlichen Vertreters umfassend gewährleistet werden. Im Fall der Bestellung eines gesetzlichen Vertreters ist das Vormundschaftsgericht zu beteiligen.

Die erforderliche Unterstützung kann im Fall des Ausfalls des Erziehungsberechtigten oder des gesetzlichen Vertreters gegebenenfalls auch durch den gem. § 69 JGG zu bestellenden Beistand oder einen Verteidiger wahrgenommen werden.

Versäumt das Gericht trotz Vorliegens der tatsächlichen und sachlichen Voraussetzungen für einen Ausschluss des Erziehungsberechtigten oder gesetzlichen Vertreters seine Pflicht zur Ausschließung der betreffenden Personen und

---

655 Wie sich aus §§ 67 Abs. 4, 104 Abs. 4 JGG ergibt, ist grundsätzlich eine richterliche Anordnung erforderlich.

656 Im Erwachsenenrecht ist das Gericht verpflichtet, die Ausschließung des gesetzlichen Vertreters auszusprechen, wenn die Voraussetzungen hierfür vorliegen.

657 Dallinger-Lackner, § 67 Rdn 31.

658 BGH St 15, 326 (328, 331).

wirken der betreffende Erziehungsberechtigte und der gesetzliche Vertreter trotz Vorliegens eines Ausschließungsgrundes dennoch am Verfahren mit, dann liegt ein formaler Verfahrensverstoß vor, weil die Tatsache, dass eine entsprechend der gesetzlichen Vorgaben auszuschließende Person an der Hauptverhandlung teilnimmt, der Strafprozessordnung zuwiderläuft.

Ein derartiger Verfahrensfehler führt auf eine Revision hin zur Aufhebung des ergangenen Urteils und zu einer Zurückweisung an das zuständige Gericht, wenn nicht die Prüfung im Einzelfall ergibt, dass das Urteil nicht auf dieser Rechtsverletzung beruht.[659]

Gegen einen Ausschließungsbeschluss können der betroffene Erziehungsberechtigte bzw. gesetzliche Vertreter, der Beschuldigte oder Angeklagte, der Verteidiger oder die Staatsanwaltschaft Beschwerde einlegen, soweit der Beschluss nicht nach § 304 Abs. 4 StPO unanfechtbar ist.

Auch ein Beschluss des erkennenden Gerichtes unterliegt der Beschwerde, weil er nicht in einem unmittelbaren engeren Zusammenhang mit dem Urteil steht (§ 305 StPO).[660]

Wenn der Erziehungsberechtigte und der gesetzliche Vertreter zu Unrecht ausgeschlossen sind, dann unterliegt das aus dem Verfahren resultierende Urteil auf eine Rüge hin der Aufhebung in der Revision, weil nicht mit Sicherheit ausgeschlossen werden kann, dass das Urteil bei Teilnahme des zu Unrecht ausgeschlossenen Erziehungsberechtigten oder des gesetzlichen Vertreters am Verfahren anders, vielleicht für den Jugendlichen günstiger ausgegangen wäre.[661]

#### 2.3.3.3 Die verfassungsmäßige Zulässigkeit der Entziehung der Rechte des Erziehungsberechtigten oder des gesetzlichen Vertreters im Jugendstrafverfahren

Nach Art. 6 Abs. 2 GG ist auf dem Gebiet der den Eltern allein eingeräumten Erziehung ihrer Kinder dem Staat lediglich eine Wächter- und Schutzfunktion übertragen worden. Diese Funktionen berechtigen den Staat aber nicht schon in jedem Fall von sich aus zum Eingreifen. Sie besagen im Zusammenhang mit

---

659 Für den Ausschluss des Verteidigers im Erwachsenenverfahren: § 138 a StPO.
660 Für den Ausschluss des Verteidigers im Erwachsenenverfahren: § 138 a StPO.
661 Vgl. hierzu RG GA 50, 119 (120); BGH St 4, 204 (205); zustimmend Müller-Sax, § 149 Anm. 5; Schmidt, § 149 Rdn 3.

Art. 6 Abs. 3 GG vielmehr, dass der Staat "in Erfüllung seiner Wächteraufgabe" die Kinder gem. Art. 6 Abs. 2 Satz 2 GG nur unter der Voraussetzung des Art. 6 Abs. 3 GG von seinen Eltern trennen darf.[662] Der Staat ist also nur befugt, in die Rechte der Eltern einzugreifen, wenn ein offenkundiges Versagen des Erziehungsberechtigten (und auch des gesetzlichen Vertreters) vorliegt oder die Kinder aus anderen Gründen zu verwahrlosen drohen.[663]

Darüber hinaus unterliegt die Ausübung der elterlichen Erziehungsrechte verfassungsmäßigen Beschränkungen durch Art. 2 Abs. 1 GG insoweit, als durch sie nicht gegen die Rechte anderer, die verfassungsmäßige Ordnung oder das Sittengesetz verstoßen werden darf.[664]

#### 2.3.3.3.1 Die totale Entziehung der prozessualen Rechte des Erziehungsberechtigten oder des gesetzlichen Vertreters im Jugendstrafverfahren

Der Gesetzgeber hat die Möglichkeit der völligen Entziehung der Befugnisse von Erziehungsberechtigten und gesetzlichen Vertretern im Jugendstrafverfahren davon abhängig gemacht, ob der Erziehungsberechtigte oder gesetzliche Vertreter an der Straftat beteiligt gewesen oder einer solchen Beteiligung zumindest verdächtig ist.

Es fragt sich diesbezüglich aber dennoch, ob durch diese Bestimmung hinreichend dafür gesorgt ist, dass eine totale Entziehung der elterlichen Erziehungsrechte im Strafverfahren gegen ihr Kind nur unter den verfassungsmäßig festgelegten und auch zulässigen Voraussetzungen erfolgen kann.

Es sind auch unter Berücksichtigung der verfassungsrechtlichen Prinzipien durchaus Fälle denkbar, in denen die Ausübung der strafprozessualen Befugnisse durch den Erziehungsberechtigten und gesetzlichen Vertreter zulässigerweise versagt werden können. Das kann beispielsweise dann der Fall sein, wenn der Erziehungsberechtigte oder gesetzliche Vertreter ihre Schützlinge zu Verbrechern oder zum Kampf gegen die verfassungsmäßige Ordnung erzogen oder veranlasst haben.[665]

---

662 v. Mangoldt/Klein, Art. 6 Erl. IV 5 c.

663 Schulz-Knappe, RdJ 1967, 5, 37 (38).

664 Maunz-Dürig-Herzog-Scholz, Art. 2 Rdn. 14.

665 Schulz-Knappe, RdJ 1967, 5, 37 (38); Brunner/Dölling, § 67 Rdn. 12.

Der allgemeine Wortlaut des § 67 Abs. 4 JGG in der Fassung von 1990 ermöglicht es dem Richter, bei einer nur möglichen Beteiligung des Erziehungsberechtigten an der Straftat des Jugendlichen in das elterliche Erziehungsrecht einzugreifen und den Erziehungsberechtigten oder gesetzlichen Vertreter von dem Strafverfahren gegen seinen Schützling auszuschließen. Hierbei braucht er im Einzelfall nicht die Verletzung der Rechte anderer, der verfassungsmäßigen Ordnung, des Sittengesetzes oder das möglicherweise bestehende Versagen des Erziehungsberechtigten bzw. des gesetzlichen Vertreters zu prüfen und umfassend darzulegen.[666]

Obwohl auch der Richter gem. Art. 1 Abs. 3 GG bei seiner Rechtsfindung den Grundrechten als unmittelbar geltendes Recht unterworfen ist, kann es aber dennoch von ihm in aller Regel nicht verlangt werden, dass er ein nach In-Kraft-Treten des Grundgesetzes erlassenes Gesetz in jedem Einzelfall vor dem Erlass seiner eigenen Entscheidung auf die Verfassungsmäßigkeit hin überprüft. Diese Aufgabe unterliegt in aller Regel den besonderen Prüfungskompetenzen des Bundesverfassungsgerichts.

Selbst der Aspekt, dass die Wahrheitsfindung gerade im Falle einer Beteiligung des Erziehungsberechtigten oder gesetzlichen Vertreters an derselben Straftat durch seine Anwesenheit erschwert werden kann, rechtfertigt die Einschränkung des Erziehungsrechtes nicht ohne weiteres. Denn es kommt hier eine umfassende Güterabwägung, wie sie bei einer Kollision zwischen verschiedenen Grundrechten vorgenommen werden muss,[667] nicht in Betracht.

Denn auch wenn die Mitwirkung des "verdächtigen" oder "an derselben Straftat beteiligten" Erziehungsberechtigten oder gesetzlichen Vertreters die Wahrheitsfindung möglicherweise erschweren könnte, stellt eine derartige Verfahrensbeteiligung dennoch keine Verletzung der verfassungsmäßigen Ordnung, der Rechte anderer oder des Sittengesetzes dar. Auch kann hieraus nicht gefolgert werden, dass sie zugleich die eventuelle Verwahrlosung des Jugendlichen durch ein Versagen des Erziehungsberechtigten indiziert.

Allenfalls ist durch eine derartige Verfahrensbeteiligung die Möglichkeit der Beeinträchtigung des Staatsinteresses gegeben. Es wäre hier der Anspruch auf absolute Wahrheitsfindung im Strafverfahren möglicherweise in Frage gestellt.

---

[666] Schulz-Knappe, RdJ 1967, 5, 37 (38).

[667] v. Mangoldt/Klein, Vorbem. B XV 2b.

Als Rechte Dritter, deren Schutz nach Art. 2 Abs. 1 GG die Einengung des Rechtes auf Persönlichkeitsentfaltung zur Wahrnehmung von Erziehungsinteressen rechtfertigt, kommen allgemeine öffentliche Interessen, die nicht als subjektive Rechte bestimmter Rechtsträger gesetzlich festgelegt sind, nicht in Betracht.[668]

Die Vorschrift des § 67 Abs. 4 JGG lässt also in ihrer noch heute geltenden allgemein gehaltenen Fassung verfassungsrechtlich unzulässige Eingriffe in das elterliche Erziehungsrecht zu.

In diesem Zusammenhang wird gleichzeitig in eine Sphäre privater Lebensgestaltung der Familie eingegriffen, obwohl diese individuelle Privatsphäre dem einzelnen Bürger verfassungsmäßig vorbehalten sein soll und damit einen letzten unantastbaren Bereich menschlicher Freiheit darstellt, innerhalb dessen der Einzelne Eigenständigkeit und Eigenverantwortlichkeit besitzt.[669]

Insgesamt könnte daher durchaus vertreten werden, dass die Vorschrift des § 67 Abs. 4 JGG als verfassungswidrig angesehen werden kann.[670]

Infolgedessen ist die totale Rechtsentziehung des Erziehungsberechtigten oder des gesetzlichen Vertreters in einem Jugendstrafverfahren verfassungsrechtlich nicht ohne jegliche Bedenken zu rechtfertigen. Im Einzelfall ist jedoch das Verhältnismäßigkeitsprinzip zu beachten.

#### 2.3.3.3.2 Die partielle Entziehung des prozessualen Rechtes des Erziehungsberechtigten oder des gesetzlichen Vertreters im Hauptverfahren

Es fragt sich weiterhin, ob dem Erziehungsberechtigten oder gesetzlichen Vertreter in Teilen des Verfahrens, z. B. im Hauptverfahren, die Rechte entzogen werden können, ohne dass hierbei verfassungsrechtliche Bedenken auftreten.

---

668 BGHSt 4, 383 (385) Leitsätze Nr. 4b.

669 BVerfGE 6, 39 (41); BVerfGE 6, 70 (71).

670 So auch Schulz-Knappe, RdJ 1967, 5, 37 (38), wobei anzumerken ist, dass eine mögliche Verfassungswidrigkeit der Norm diese noch nicht außer Kraft setzt, hierzu wäre zunächst eine Überprüfung durch das Bundesverfassungsgericht sowie eine entsprechende Entscheidung notwendig.

Während der Hauptverhandlung können der Erziehungsberechtigte oder der gesetzliche Vertreter von dieser ausgeschlossen werden, wenn gegen ihre Anwesenheit Bedenken bestehen. Als Gründe für einen partiellen Verfahrensausschluss können sinngemäß erzieherische Erwägungen, eine mögliche Beeinträchtigung der Wahrheitsfindung und ein Missbrauch der Rechte des Erziehungsberechtigten in Frage kommen.[671]

Wenn in der Teilnahme des Erziehungsberechtigten oder gesetzlichen Vertreters an der Hauptverhandlung zugleich eine Erschwerung der Wahrheitsfindung liegen sollte, kann auf das oben Dargelegte verwiesen werden.

Bei einem Missbrauch der Rechte des Erziehungsberechtigten oder des gesetzlichen Vertreters könnte hier nur dann eine Ausschließung der erziehungsberechtigten Personen in der Hauptverhandlung verfassungsrechtlich zulässig sein, wenn dieser Missbrauch sich nicht zugleich als Verletzung der verfassungsmäßigen Ordnung, der Rechte anderer, des Sittengesetzes im Sinne des Art. 2 GG oder ein Versagen des Erziehungsberechtigten oder gesetzlichen Vertreters darstellt.

Es ist aber keineswegs in jedem Fall mindestens einer dieser den Ausschluss rechtfertigenden Gründe gegeben. Die verfassungsmäßige Berechtigung eines Ausschlusses kann daher global auf diese Gründe nicht gestützt werden.[672]

Hinsichtlich der erzieherischen Gründe, die zum Ausschluss führen könnten, ist zu bemerken, dass diese als Grundlage für eine verfassungsmäßige Berechtigung von staatlichen Eingriffen in das Erziehungsrecht deshalb nicht herangezogen werden können, weil auf dem Gebiet der Erziehung dem Staat lediglich eine überwachende Funktion zugewiesen worden ist, welche ohne verfassungsmäßige Vorbehalte ein darüber hinausgehendes Eingreifen des Staates nicht zulassen kann.

Außerdem ist bei dem Ausschluss des Erziehungsberechtigten oder gesetzlichen Vertreters aus erzieherischen Gründen zu bedenken, dass es einer subjektiven Beurteilung bedarf, wann der Erziehungsberechtigte oder auch der gesetzliche Vertreter in seiner Erziehung dem Jugendlichen gegenüber versagt oder die vorgebenden Ziele verfehlt haben könnte. Es kann also nicht zutreffend sein, dass eine derart subjektive Betrachtungsweise die Frage einer Verfassungsmäßigkeit oder Verfassungswidrigkeit eindeutig beantworten kann.

---

671 Eisenberg, § 67 Rdn 23; Brunner/Dölling, § 67 Rdn. 12.

672 Schulz-Knappe, RdJ 1967, 5, 37 (38).

Die verfassungsmäßige Rechtmäßigkeit des § 51 Abs. 2 JGG von 1953 in der Fassung von 1990 lässt sich also durch keinen Gedanken, der gegen eine Abwesenheit des Erziehungsberechtigten oder des gesetzlichen Vertreters hervorgebracht werden kann, allgemein gültig begründen.

Dennoch kann nach dieser gesetzlich normierten und verbindlichen Bestimmung jeder Richter, ohne die Voraussetzung für einen verfassungsmäßig zulässigen Eingriff zu prüfen, in die elterlichen Rechte eingreifen und sie zumindest zum Teil beschränken. Dieses Vorgehen widerspricht dem staatlichen Erziehungsschutz.

Daher lässt sich in diesem Zusammenhang gut vertreten, den partiellen Rechtsentzug entsprechend der Bestimmung des § 51 Abs. 2 JGG aus dem Jahre 1953 als verfassungswidrig anzusehen.[673]

Dennoch ist es nicht Aufgabe dieser Arbeit, diese möglicherweise als verfassungswidrig einzustufende Norm in Frage zu stellen oder sie möglicherweise sogar abzuschaffen. Das wäre allenfalls die Befugnis des Gesetzgebers. Vor einer formalen Streichung dieser Norm müsste aber das Bundesverfassungsgericht die Verfassungsmäßigkeit der Vorschrift überprüfen und gegebenenfalls einen Verstoß gegen Rechte mit Verfassungsrang feststellen.

Bis dieses nicht erfolgt ist, sind diese Normen bestandskräftig und als solche anzuerkennen.

Insgesamt sind daher sowohl der partielle als auch der totale Entzug der Rechte des Erziehungsberechtigten oder gesetzlichen Vertreters als zulässig zu bewerten.

---

[673] So auch Schulz-Knappe, RdJ 1967, 5, 37 (38), wobei auch hier anzumerken ist, dass eine mögliche Verfassungswidrigkeit der Norm diese noch nicht außer Kraft setzt, hierzu wäre zunächst eine Überprüfung durch das Bundesverfassungsgericht sowie eine entsprechende Entscheidung notwendig.

## 2.4 Gesamtergebnis

Insgesamt lässt sich festhalten, dass nach der derzeit geltenden Rechtslage eine Mitwirkung des Erziehungsberechtigten und gesetzlichen Vertreters im Jugendstrafverfahren ermöglicht wird. Das Jugendgerichtsgesetz sieht grundsätzlich die Beteiligung des Erziehungsberechtigten und gesetzlichen Vertreters am Jugendstrafverfahren zur Unterstützung und zum Schutz des betroffenen Jugendlichen vor.

Diese Mitwirkung schreibt das Gesetz für den personensorgeberechtigten Personenkreis aber nicht verpflichtend vor, sondern eröffnet ihnen die Mitwirkungsmöglichkeit. Die genannten Personen können daher frei entscheiden, ob sie von ihren Mitwirkungs- und Mitgestaltungsrechten Gebrauch machen oder ob sie sich diesen entziehen. Die Polizeibehörden, Staatsanwaltschaften oder Gerichte können eine Mitwirkung also nicht herbeiführen, wenn nicht der Mitwirkungswille und die notwendige Bereitschaft dazu vorliegt, dem betroffenen Jugendlichen während eines gegen ihn eingeleiteten Strafverfahrens zu unterstützen und ihm beizustehen. Es besteht lediglich eine Mitteilungs- oder Informationsverpflichtung seitens der Behörden, die es dem Erziehungsberechtigten oder gesetzlichen Vertreter ermöglicht, seine Rechte in einem Jugendstrafverfahren sach- und interessengerecht ausüben zu können.

Nur in Ausnahmefällen ist eine Ladung des Erziehungsberechtigten und gesetzlichen Vertreters notwendig und erforderlich.

# 3 Praktische Auswirkungen und Effizienz der gesetzlichen Normen

## 3.1 Mitwirkung des Erziehungsberechtigten oder gesetzlichen Vertreters in der Praxis

Zur genaueren und sachgerechten Bewertung der bestehenden gesetzlichen Vorschriften muss die Auswirkung auf die gerichtliche Praxis erörtert werden.

Es ist daher zu untersuchen, ob in der jugendgerichtlichen Praxis die Beteiligung des Erziehungsberechtigten und gesetzlichen Vertreter möglicherweise zu Problemen führt und Schwierigkeiten im Verfahrensablauf sowie bei der Schlussentscheidung des Gerichts aufgetreten sind.

Zunächst ist festzustellen, ob und inwieweit die erziehungs- und personensorgeberechtigten Personen überhaupt an einem Jugendstrafverfahren mitwirken. In diesem Zusammenhang schließt sich dann die Frage an, wie sich die Mitwirkung des Erziehungsberechtigten oder des gesetzlichen Vertreters am Jugendstrafverfahren konkret auf die Eltern-Kind-Beziehung auswirkt. Anhand der Ergebnisse dieser Untersuchung wird sich dann feststellen lassen, ob die bestehenden Vorschriften des Jugendgerichtsgesetzes den Besonderheiten des Jugendstrafverfahrens gerecht werden können oder ob Defizite zu bezeichnen und aufgrund dessen die Vorschriften des Jugendgerichtsgesetzes veränderungsbedürftig sind, so dass Handlungsbedarf seitens des Gesetzgebers besteht.

Vor diesem Hintergrund ist also zunächst einmal zu erfassen, in welcher Weise und Intensität die Erziehungsberechtigten und gesetzlichen Vertreter von ihren gesetzlich normierten Rechten im Verlauf eines Jugendstrafverfahrens Gebrauch machen und sich damit (möglicherweise) sinnvoll und effektiv für die Belange und für das Wohl ihrer Zöglinge während eines Jugendstrafverfahrens einsetzen. Wie sich aus den Ausführungen zu den rechtlichen Grundlagen in Kapitel 1 der vorliegenden Arbeit ergibt, sind die Erziehungsberechtigten oder gesetzlichen Vertreter zwar grundsätzlich berechtigt, aber nicht verpflichtet, an einem Jugendstrafverfahren mitzuwirken. Sie sind grundsätzlich in ihrer Entscheidung frei, an dem Verfahren mitzuwirken.

### 3.1.1 Einschätzung der Mitwirkung in der Praxis durch Praktiker in der Jugendgerichtsbarkeit

Die Verfasserin hat zu dieser Problematik Jugendrichter aus der niedersächsischen Justiz mittels eines Fragebogens befragt.[674] Als alternatives Mittel zur Erforschung der Mitwirkung der Erziehungsberechtigten oder der gesetzlichen Vertreter in einem Jugendstrafverfahren wäre eine Auswertung von jugendgerichtlichen und staatsanwaltschaftlichen Akten in Betracht zu ziehen gewesen. Diese Methode ist aber aus zwei Gründen von der Verfasserin nicht angewendet worden.

Der erste Grund liegt in der Aussagekraft der Akten. Aus den Akten lässt sich anhand der Protokolle zu Vernehmungs- und Verhandlungsterminen lediglich feststellen, ob der Erziehungsberechtigten oder der gesetzliche Vertreter überhaupt an dem Jugendstrafverfahren beteiligt gewesen ist. Eine Aussage über die Intensität der Mitwirkung ist dem Inhalt der Akten nicht zu entnehmen.

Der zweite Grund für die Ablehnung einer Aktenauswertung liegt darin, dass die Auswertung der Prozessakten nicht die Einschätzung der zuständigen Richter über den Umfang und die Effizienz der Mitwirkung des Erziehungsberechtigten und gesetzlichen Vertreters im Jugendstrafverfahren wiedergeben kann. Die subjektive Einschätzung der Jugendrichter ist aber für die Bewertung der bestehenden Vorschriften in ihrer praktischen Anwendung von entscheidender Bedeutung.

Die Mitwirkung des Erziehungsberechtigten und des gesetzlichen Vertreters in der Praxis wurde daher durch Befragung von Jugendrichtern in Niedersachsen mit Hilfe eines Fragebogens ermittelt.

Der Fragebogen enthält neben Fragen zu der Person des Richters, seiner Tätigkeit als Jugendrichter und der Dauer seiner Berufserfahrung Fragen zu der Intensität der Mitwirkung des Erziehungsberechtigten und gesetzlichen Vertreters und der Auswirkung auf das Verfahren. In diesem Zusammenhang sollten die befragten Richter ein Votum abgeben, inwieweit sich in der jugendgerichtlichen Praxis eine Abhängigkeit zwischen Mitwirkungsbereitschaft und Zugehörigkeit zu einer bestimmten gesellschaftlichen sozialen Schicht erkennen lässt. Des Weiteren wurde nach der Konsequenz einer fehlenden Mitwirkung für das Verfahren als solches und für die richterliche Schlussentscheidung gefragt. Abschließend sollten die befragten Personen eine Wertung der bestehenden gesetzlichen Vorschriften abgeben und ihre Meinung zu der Notwendigkeit eines möglichen Novellierungsbedarfs darlegen.

---

[674] Der hierzu erstellte Fragebogen befindet sich als Anlage am Ende dieser Arbeit.

Es sind insgesamt 25 Fragebögen versandt worden. 20 Fragebögen sind beantwortet zurückgesandt worden, d.h. die Rücklaufquote betrug 80 %.

Bei der Auswertung der Fragebogen war die Auffälligkeit zu beobachten, dass sich bei den Antworten auf die Fragen zu der Mitwirkung des Erziehungsberechtigten oder des gesetzlichen Vertreters und der daraus resultierenden Konsequenzen keine wesentlichen Differenzen erkennen ließen.

Die befragten Jugendrichter[675] verfügten über eine zwei- bis fünfzehnjährige (Berufs-) Erfahrung in der jugendgerichtlichen Praxis.

Als grundsätzliche Bemerkung wurde zunächst einmal von fast allen befragten Jugendrichterinnen und Jugendrichtern herausgestellt, dass es das oberste Gebot in einem Jugendstrafverfahren sei, die Persönlichkeit des Jugendlichen umfassend zu erforschen, nur so könne eine sachgerechte Entscheidung getroffen werden. Dieses sei nicht nur aufgrund des Amtsermittlungsgrundsatzes notwendig, sondern ergebe sich zwangsläufig aus dem Charakter des Jugendstrafrechtes, das als ein Täterstrafrecht einzuordnen sei.[676] Gerade aus diesem Grunde müsse in erster Linie die Person des Täters in den Vordergrund des Verfahrens gestellt und mit allen zur Verfügung stehenden Mitteln genau erfasst werden.

Es bestand bei allen befragten Personen aus der jugendgerichtlichen Praxis weiterhin Einigkeit darüber, dass der Erziehungsberechtigte bzw. gesetzliche Vertreter zu einer umfassenden Ermittlung der Täterpersönlichkeit in jedem Falle beitragen können, weil diese in den meisten Fällen aufgrund des in aller Regel engen persönlichen Verhältnisses zu dem Beschuldigten bzw. Angeklagten wichtige Personen seien, die umfassende und zudem konkrete Angaben zu der Person des Täters sowie zu seinem sozialen Umfeld machen können.

Unabhängig von diesen persönlichen Einschätzungen der befragten Richter grundsätzlicher Art haben die Beobachtungen und Erfahrungen der Richter in der jugendgerichtlichen Praxis dennoch einheitlich zu dem Ergebnis geführt, dass in einer erheblichen Anzahl der Fälle der Jugendstrafverfahren der Erziehungsberechtigten oder gesetzlichen Vertreter in keiner Weise mitgewirkt

675 Im Folgenden wird zumeist auf eine geschlechterspezifische Differenzierung verzichtet.

676 Dieses wird auch von der herrschenden Meinung in der Literatur und Rechtsprechung vertreten, vgl. für viele Brunner/Dölling, § 2 Rdn. 5.

hätten. Der geschätzte durchschnittlich feststellbare Wert der Nichtmitwirkung liegt bei etwa 70 %. Infolgedessen kann der straffällig gewordene Jugendliche nur aus der Sicht der Jugendgerichtshilfe beurteilt werden. Die meisten Erziehungsberechtigten oder gesetzlichen Vertreter seien in keiner Weise bereit und motiviert, an den im Jugendstrafverfahren aufgeworfenen Fragestellungen mitzuarbeiten oder sich an den Verfahren in irgendeiner Form zu beteiligen. Sie seien weder an einer Erziehung oder Unterstützung des Jugendlichen noch an einer sonstigen Einflussnahme auf das Jugendstrafverfahren und dessen Ausgang interessiert.

Aufgrund der in diesen Fällen zu beobachtenden mangelnden Mitwirkung der Erziehungsberechtigten oder der gesetzlichen Vertreter[677] konnten die von der Verfasserin befragten Richter die Persönlichkeit des betreffenden jugendlichen Straftäters ausschließlich mit Hilfe der Jugendgerichtshilfe und demzufolge nur aus deren Sicht beurteilen.[678] Die befragten Jugendrichter gaben hieraus aufgrund ihrer praktischen Erfahrungen an, dass diese Vorgehensweise sehr häufig zu nicht vermeidbaren Fehleinschätzungen der Täterpersönlichkeit führe.

Auf die sich daran anschließende Frage der Verfasserin, ob nach Einschätzung der gerichtlichen Praxis die Zugehörigkeit zu einer bestimmten sozialen gesellschaftlichen Gruppierung in einer Abhängigkeit zu erhöhter oder verminderter Mitwirkungsbereitschaft seitens des Erziehungsberechtigten oder der gesetzlichen Vertreter stehe, konnte von den befragten Jugendrichtern und Jugendrichterinnen nur mit sehr vagen Vermutungen geantwortet werden.

---

677 Diese mangelnde Mitwirkung konnten die zuständigen Richter bei den Jugendgerichten bei den Erziehungsberechtigten bzw. gesetzlichen Vertretern feststellen. Immer dann, wenn ein gesetzlicher Vertreter, der nicht zugleich Erziehungsberechtigter ist, mit den Erziehungsaufgaben betraut war, habe dieser in aller Regel am Verfahren mitgewirkt. Hierzu muss aber berücksichtigt werden, dass der gesetzliche Vertreter lediglich in den Fällen in das Verfahren einbezogen wird, in denen der Erziehungsberechtigte selbst entweder vorübergehend oder auch dauerhaft verhindert sein sollte. Zudem hat der gesetzliche Vertreter nicht zwingend mit denselben sozialen und persönlichen Defiziten zu kämpfen wie der Erziehungsberechtigte.

678 Hierzu ist allerdings anzumerken, dass die Jugendgerichtshilfe häufig in die negative Kritik geraten ist. Dennoch sollte die Kompetenz der Jugendgerichtshilfe nicht als zu gering beurteilt werden. Aufgrund ihrer Ausbildung und beruflichen Erfahrung sind die Mitarbeiter dieser Institution in aller Regel in der Lage, ein umfassendes Persönlichkeitsbild des betroffenen Jugendlichen und seiner Familie abzugeben. Trotz dieser Möglichkeiten der Jugendgerichtshilfe kann hierdurch die Mitwirkung der Erziehungsberechtigten nicht ersetzt werden.

Die ungenaue Beantwortung dieser Frage habe in erster Linie ihren Grund darin, dass es den eigenen Angaben zufolge den befragten Personen in den einzelnen Jugendstrafverfahren an einer detaillierten Information über den sozialen Hintergrund fehlt.[679]

Nach der wenn auch sehr pauschalen Einschätzung der Richter ist aber durchaus in den ihnen bekannt gewordenen Fällen zu beobachten, dass Erziehungsberechtigte aus den sogenannten unteren oder niedrigen sozialen Schichten in der Regel weniger Mitwirkungsbereitschaft zeigten als Angehörige höherer bzw. gehobener sozialer oder auch mittlerer sozialer Schichten. Bei dieser Aussage ist allerdings zu berücksichtigen, dass ein Jugendstrafverfahren in aller Regel gegen Jugendliche aus sozial niedrigen Schichten, insbesondere aus weniger intakten oder zerrütteten Familien ohnehin häufiger anhängig sei als gegen ihre Altersgenossen, die der höheren oder gehobenen sozialen Gesellschaftsschicht angehören und zudem in einer intakten Familienstruktur leben. Das ergebe sich aus den bisherigen Erfahrungswerten, die allerdings nicht als absolut zwingend angesehen werden müssen.

Als entscheidende Begründung für eine fehlende Mitwirkungsbereitschaft wurde von den befragten Richtern insbesondere mangelnde geistige Reife des Erziehungsberechtigten oder des gesetzlichen Vertreters aus den sozial schwächeren Familien genannt, wobei allerdings das spezifische juristische Wissen ohne Belang sei. Hieraus resultiere dann auch in aller Regel ein vermindertes Interesse an dem betroffenen Jugendlichen und seiner Entwicklung. Bereits allein aufgrund der geistigen und zum Teil auch körperlichen Defizite seien die betroffenen Erziehungspersonen oftmals nicht in der Lage, die Ernsthaftigkeit der Situation ihres Schützlings zu erkennen und sachgerecht zu reagieren, unabhängig davon, ob hierzu überhaupt der Wille bei den betroffenen Erziehungsberechtigten persönlich bestehe. Der eigentliche Wille ist zum Teil nicht immer deutlich erkennbar.

Im Umkehrschluss könne dem in Rede stehenden Erziehungsberechtigten oder gesetzlichen Vertreter nicht zwangsläufig ein fehlender Wille oder ein bewusstes Unterlassen unterstellt werden. Vielmehr seien die betroffenen Erziehungsberechtigten oder gesetzlichen Vertreter oftmals geistig und zum Teil auch körperlich nicht in der Lage, adäquat zu reagieren, und die Interessen des Jugendlichen im Verfahren sachgerecht im Sinne des Beschuldigten bzw. Angeklagten zu vertreten und Unterstützung zu bieten.

---

679 Es bestehen zwar aussagekräftige Statistiken darüber, welcher sozialen Schicht der straffällig gewordene Jugendliche angehört. Diese sind aber für die in der Praxis tätigen Juristen ohne Belang. Auf eine genauere Analyse soll in diesem Zusammenhang aber verzichtet werden.

Die angeführten Gründe für die Untätigkeit des Erziehungsberechtigten oder gesetzlichen Vertreters ließen sich nach der Einschätzung der befragten Jugendrichter insbesondere in den Fällen aus dem Verhalten der Erziehungsberechtigten herleiten, in denen die Erziehungsberechtigten am Anfang eines Verfahrens zumindest einen Ansatz von Interesse gezeigt und auch den konkreten Versuch unternommen hätten, dem Jugendlichen im Verlaufe des Verfahrens zur Seite zu stehen und gerade bei dieser Aktivität an die Grenzen ihrer geistigen Fähigkeiten oder auch körperlichen Belastbarkeit gestoßen seien.

Allerdings sind nach Auffassung der befragten Richter selbst diese Angaben nicht sehr aussagestark oder repräsentativ, weil die Einschätzung nicht auf wissenschaftlich begründeten Studien beruhe, sondern lediglich auf nicht unbedingt repräsentativen subjektiven Einschätzungen und partiellen Erfahrungswerten in der jugendgerichtlichen Praxis. Des Weiteren sei bei der Beurteilung der Angaben zu berücksichtigen, dass bei den von den befragten Richtern berücksichtigten straffällig gewordenen Jugendlichen die überwiegende Anzahl aus sozial schwachen und zerrütteten Familien stammen. Auch diese Aussage ist nicht repräsentativ.

In Bezug auf die Erziehungsberechtigten der straffällig gewordenen Jugendlichen aus Familien der gehobenen und höheren sozialen Schicht konnten keine zuverlässigen Angaben aus der Praxis erzielt werden, weil es hier nach Angabe der Jugendrichter bereits an einer repräsentativen Auswahl fehlt. Die Fälle, dass Jugendliche aus sog. gehobenen bzw. höheren sozialen Schichten strafrechtlich in Erscheinung treten, sind nach Einschätzung der gerichtlichen Praxis eher selten.[680] Der einzige Schluss, der überhaupt gezogen werden könne, ist der, dass Jugendliche aus derartigen Familien offenkundig weniger straffällig würden.[681]

Die möglichen Gründe für eine Abhängigkeit zwischen der Zugehörigkeit zu einer bestimmten sozialen gesellschaftlichen Schicht und der Häufigkeit der auftretenden Straffälligkeit sind nach Einschätzung des befragtem Personenkreises sehr vielschichtig, sie sollen an dieser Stelle aber nicht erörtert und vertieft werden, weil die Abhängigkeit zwischen Straffälligkeit von Jugendlichen und Zugehörigkeit zu einer bestimmten sozialen Schicht nicht zum Gegenstand dieser Untersuchung gemacht werden soll.

Es wurde von den befragten Richtern in diesem Kontext ergänzend hervorgehoben, dass unabhängig von den Problemen der tatsächlichen Bereitschaft

---

680 Diese Ergebnisse lassen sich zumindest aus den Zuständigkeiten der Jugendgerichte Göttingen, Hannover, Hildesheim und Celle herleiten.

681 Dieses ergibt sich zum einen aus den Angaben der befragten Jugendrichter.

beider Erziehungsberechtigten oder der gesetzlichen Vertreter zur Mitwirkung an einem Jugendstrafverfahren die Jugendgerichtshilfe angesichts ihres verantwortungsvollen und umfassenden Auftrages immer auch oder gerade in den Fällen einer fehlenden Mitwirkung des Erziehungsberechtigten oder gesetzlichen Vertreters bemüht sei, alle in Betracht kommenden Möglichkeiten auszuschöpfen, und trotz des möglichen Widerstandes alle Personen, die dem sozialen Umfeld des betroffenen Jugendlichen zuzuordnen sind und ihm nahe stehen, zu befragen.

Im Rahmen ihrer Befragung weist die Jugendgerichtshilfe auch auf die Rechte des Erziehungsberechtigten oder des gesetzlichen Vertreters in einem Jugendstrafverfahren hin, wobei gleichzeitig das Ziel verfolgt werden soll, die personensorgeberechtigten Personen zu einer effektiven Mitarbeit zu bewegen. Im Verlauf dieser Besprechungs- und Beratungstermine mit der Jugendgerichtshilfe sollten dem Erziehungsberechtigten und dem gesetzlichen Vertreter die Notwendigkeit und die positiven Folgen ihrer Mitwirkung ausführlich und zugleich eindringlich erläutert werden.[682]

Diese Vorgehensweise ist nach Einschätzung der Jugendrichter für die zuständigen Sozialarbeiter bei der Jugendgerichtshilfe selbstverständlich und braucht unabhängig von der Erfolgsgarantie nicht in Frage gestellt zu werden.

Zweifel an dem erzielten Ergebnis der Jugendgerichtshilfe ließen sich allenfalls insoweit anmelden, als dass die Einbeziehung sowie eine Befragung der in Betracht kommenden Personen nicht möglich ist, weil sich beispielsweise der Erziehungsberechtigte oder gesetzliche Vertreter bereits in diesem Stadium des Verfahrens ihrer Mitwirkungspflicht vollständig entziehen.[683]

---

682 Ob dieses ausreicht oder ob möglicherweise eine Gesetzesänderung notwendig erscheint, die einen gesetzlichen Zwang bewirken kann, wird im weiteren Verlauf dieser Arbeit noch erörtert werden.

683 In diesem Zusammenhang kann von einem Mitwirkungsgebot gesprochen werden. Denn gegenüber der Jugendgerichtshilfe sind die Erziehungsberechtigten zwar nicht aus gesetzlich normierten Gründen zu einer Mitwirkung verpflichtet, dennoch ergibt sich diese Verpflichtung bereits daraus, dass ohne ihre Mitwirkung die Persönlichkeitserforschung des Jugendlichen sowie die Erfassung des sozialen Umfeldes durch die Sozialarbeiter der Jugendgerichtshilfe ins Leere liefe. Aus der Tatsache, dass sich die Erziehungsberechtigten ihrer Mitwirkungsverpflichtung entziehen, können allenfalls negative Rückschlüsse gezogen werden, die dem Jugendlichen z.B. bei der Frage der Besserung im Hinblick auf seine Straffälligkeit eine negative Prognose und eine fehlende Sozialbindung bescheinigen. Dieses kann sich wiederum bei der Auswahl von Sanktionen zu Lasten des betroffenen Jugendlichen auswirken. Daher sollten die Erziehungsberechtigten zunächst verpflichtet werden können, die Sozialarbeiter der Jugendgerichtshilfe bei ihrer Arbeit sinnvoll durch ihre aktive Mithilfe zu unterstützen.

Dieses ist insbesondere deshalb kontraproduktiv, weil gerade die Erziehungsberechtigten als Eltern des Jugendlichen als einzige in der Lage wären, wirklich brauchbare und sichere Informationen über ihren nunmehr möglicherweise straffällig gewordenen Schützling sowie zu seiner Persönlichkeit weiterzugeben und damit wirklich verwertbare Angaben zur Persönlichkeitsentwicklung des Jugendlichen zu machen. Denn sie gehören dem Personenkreis an, der dem Jugendlichen über einen langen Zeitraum nahe steht, ihn demzufolge in aller Regel auch mit all seinen Stärken und Schwächen kennt und ihn infolgedessen auch einschätzen und eine bestimmte Entwicklung beurteilen kann.

Trotz alldem weigern sich die in Rede stehenden Personen, effektiv an einem Jugendstrafverfahren im Sinne des betroffenen Jugendlichen mitzuwirken, weil sie, aus welchen Gründen auch immer, nicht in der Lage sind, sachdienlich mitzuwirken oder weil sie gegenüber dem Jugendgerichtshelfer die gleichen Vorbehalte oder Vorurteile hegen wie gegenüber dem Gericht oder der Staatsanwaltschaft und sich daher ihrer Mitwirkungsverpflichtung entziehen.[684]

Die Gründe für eine fehlende Mitwirkungsbereitschaft des Erziehungsberechtigten oder auch der gesetzlichen Vertreter bereits bei den Terminen mit Vertretern der Jugendgerichtshilfe können, genau wie im staatsanwaltschaftlichen und gerichtlichen Verfahren wie bereits in diesem Zusammenhang angedeutet, ganz unterschiedlicher Art sein.[685]

Nach den Einschätzungen und Erfahrungen der befragten Richter weigert sich ein Teil der Erziehungsberechtigten mitzuwirken, weil sie grundsätzlich nicht den Willen haben, sich während eines Strafverfahrens für den betroffenen Jugendlichen einzusetzen. Diese kontraproduktive Einstellung tun sie sowohl gegenüber den Mitarbeitern der Jugendgerichtshilfe als auch gegenüber der Staatsanwaltschaft und den Gerichten in der Weise offen kund, indem sie auf Befragungen nicht oder nur unzureichend reagieren oder auch Mitteilungen, Benachrichtigungsschreiben oder sogar Ladungen zu bestimmten (Verhandlungs-) Terminen schlicht ignorieren.

---

684 Die im Rahmen dieser Arbeit aufgestellte These, dass die Erziehungsberechtigten oftmals nicht in der Lage oder bereit sind, an einem Strafverfahren mitzuwirken wird durch diese auch in der Praxis bestätigte Beobachtung über die Schwierigkeiten der Tätigkeit der Jugendgerichtshilfe untermauert.

685 Einer der Gründe kann die bereits angesprochene Zugehörigkeit zu einer bestimmten niedrigen sozialen Schicht und die sich allein hieraus ergebenden Schwierigkeiten sein.

Ein anderer Teil der Erziehungsberechtigten oder gesetzlichen Vertreter macht nach Einschätzung der Jugendrichter deshalb keine Angaben, weil es für diese Gruppe von Erziehungsberechtigten oder gesetzlichen Vertretern aus vielschichtigen Gründen heraus im Hinblick auf ihre geistigen oder auch körperlichen Fähigkeiten nicht möglich ist, das Wesentliche der Probleme des Jugendlichen und auch des Jugendstrafverfahrens selbst zu erfassen und in der konkreten Verfahrenssituation erfolgversprechend zu reagieren.

Den Aussagen der Richter zufolge beteuerten dennoch häufig gerade diese Eltern ihre Fähigkeit und Bereitschaft zur Erziehung. Entgegen den eigenen Beteuerungen sind diese Erziehungsberechtigten oder gesetzlichen Vertreter in aller Regel aber nicht in der Lage, den Jugendlichen eine ordnungsgemäße Erziehung und damit auch erfolgversprechende Unterstützung und effektiven Beistand im Verlauf des Jugendstrafverfahrens zu gewährleisten. Diese Eltern sind schlicht überfordert und es erscheint ohnehin schwierig und auch zugleich fernliegend zu sein, von erziehungsschwachen, inkonsequenten oder auch disharmonisierenden Elternpaaren eine überzeugende Erklärung über eine möglicherweise stattgefundene Fehlentwicklung sowie deren Ursachen zu erhalten, zumal sich einige Erziehungsfehler oder auch Entwicklungsdefizite sicher auf ein Fehlverhalten der Erziehungsberechtigten selbst zurückführen ließen.[686] Die befragten Richter meinen, dass sich in vielen Fällen diese Erziehungsberechtigten ihrer unheilvollen Rolle als Eltern während der Entwicklung der Jugendlichen gar nicht bewusst werden. Oft erst zu dem Zeitpunkt, wenn die Jugendlichen durch sanktionswürdiges Verhalten in Erscheinung getreten sind, fragen sie erstmals nach den Gründen und die erziehungsberechtigten Personen suchen häufig die Schuld für eine Fehlentwicklung ihrer Kinder in der Gesellschaft oder in der Umwelt. Das eigene Verhalten wird selten kritisch reflektiert.

Bei der Beurteilung dieser Problematik muss aber trotz aller Kritik an dem Verhalten der Erziehungsberechtigten dennoch berücksichtigt werden, dass sehr häufig die im Verlauf eines Jugendstrafverfahrens zu Protokoll gegebenen Hinweise der Eltern zur Person des betroffenen Jugendlichen oder zu dessen Persönlichkeitsentwicklung so wenig brauchbar sein könnten, dass die Gerichte sie für den konkreten zu verhandelnden Fall nicht unbedingt benötigen, weil es bei den hierbei zugrunde liegenden Taten nur selten um das Ergebnis einer echten und dauerhaften Fehlentwicklung der Persönlichkeit geht, sondern es sich bei der Tat in der überwiegenden Anzahl der Fälle um eine phasenbedingte Reaktion auf ein bestimmtes einschneidendes Erlebnis oder eine bestimmte Behandlung handelt.

---

686 So auch die Feststellungen bei Ulrich, RdJ 1967, 240 (240).

Die befragten Richter legen dar, dass für das jeweilige konkrete Gerichtsverfahren in aller Regel eine eher kurzfristigere Einschätzung und Beurteilung des Jugendlichen in seinem konkreten Umfeld zur Persönlichkeitserfassung ausreiche.

Eine sehr ausführliche und detaillierte Information zu der langfristigen und dauerhaften Persönlichkeitsentwicklung des Betroffenen kann allenfalls zu einem besseren Verständnis der Person des Jugendlichen, der in Rede stehenden Tat und deren Umständen beitragen sowie im Zusammenhang mit der Sanktionsauswahl zu einem sachgerechteren und personenbezogenen Ergebnis führen, ist aber vielfach für die konkrete Verfehlung im Ergebnis nicht entscheidend. Anhand dieser, wenn auch möglicherweise untergeordneten Bedeutung der Aussage, wird jedoch deutlich, dass auf die Mitwirkung der Erziehungsberechtigten unter keinen Umständen gänzlich verzichtet werden kann.

Die eigene Auffassung der Erziehungsberechtigten oder der gesetzlichen Vertreter zu der Frage ihrer Mitwirkung im Verfahren selbst bleibe nach Angaben der befragten Richter und Richterinnen aufgrund der in diesen Fällen fehlenden Angaben notwendigerweise offen.[687] Es könne daher im Regelfall auch nicht ergründet werden, ob sich die Erziehungsberechtigten bewusst aufgrund eines detaillierten Überlegungsprozesses, spontan oder nur aus Gleichgültigkeit oder Unwissen gegen eine Mitwirkung in dem entsprechenden Jugendstrafverfahren entschieden hätten. Allein daraus, dass die Erziehungsberechtigten in sehr vielen Fällen kein irgendwie geartetes Interesse an einer Verfahrensmitwirkung zeigten, kann noch kein zwingender Schluss auf deren Meinung über die Effizienz ihrer Mitwirkungsrechte und Mitwirkungsmöglichkeiten gezogen werden.

Aufgrund dieser Überlegungen und Beobachtungen in der jugendgerichtlichen Praxis ist der Sozialarbeiter bei der Jugendgerichtshilfe in dieser Situation dazu aufgerufen, sich selbst mit Hilfe seines Sachverstandes und Erfahrungsschatzes anhand von Besuchen und Gesprächen ein eigenes Bild von der Persönlichkeit des jugendlichen Täters zu machen. Dieses sollte aber trotz allem mit Vorsicht und mit allen Vorbehalten geschehen.[688] Aufgrund der Ausbildung zum Sozialarbeiter und auch wegen seiner Berufserfahrung dürfte es dem Jugendgerichtshelfer aber auch ohne eine Mitwirkung des Erziehungsberechtigten

---

687 Diese Feststellung wurde bereits in der Literatur von Ulrich, RdJ 1967, 240 (240) getroffen.

688 Ulrich, RdJ 1967, 240 (240); Ostendorf, § 38 Rdn. 12, 16.

möglich sein, trotz aller Widrigkeiten ein möglichst umfassendes Bild von der Täterpersönlichkeit abzugeben und entsprechende Vorschläge zu einer Sanktion möglicherweise in Form einer sozialpädagogischen Behandlung zu unterbreiten.

Dieses von dem zuständigen Sozialarbeiter der Jugendgerichtshilfe erarbeitete Bild dürfte auch nach Einschätzung des befragten Personenkreises in jedem Fall umfassender und zutreffender sein als das, welches die mit dem Verfahren befasste Richterin bzw. der Richter oder die Staatsanwältin bzw. der Staatsanwalt während der relativ kurzen Begegnung in der Hauptverhandlung gewinnen kann.

Diese bestehenden, in der Praxis zu verzeichnenden Missstände lassen aber nicht den Schluss zu, die Mitwirkung der Erziehungsberechtigten sei aufgrund der Einschaltung der Jugendgerichtshilfe für entbehrlich zu halten.

Um ein besseres Verständnis für die Vorgehensweise der Erziehungsberechtigten oder gesetzlichen Vertreter zu erlangen, müssten im Einzelfall die Gründe für eine Verweigerung der Mitwirkung im Jugendstrafverfahren und auch die Anzahl der Verweigerungsfälle genauer analysiert und in ein Verhältnis zu den Fällen gesetzt werden, in denen eine Mitwirkungsbereitschaft seitens der Erziehungsberechtigten oder gesetzlichen Vertreter zu beobachten war. Zudem müsste im Einzelfall erfragt werden, ob eine grundsätzliche oder eine nur bedingte Mitwirkungsverweigerung zu beobachten ist.

Denn es wäre auch denkbar, dass ein Teil der Erziehungsberechtigten oder gesetzlichen Vertreter nur bei der Jugendgerichtshilfe ihre Mithilfe oder Mitwirkung verweigern. Möglicherweise könnten sie hingegen im weiteren Verlauf des Jugendstrafverfahrens zur Mitwirkung bereit sein und den Willen haben, eine Aussage vor einem Richter oder vor einem Staatsanwalt zu machen.

Wenn dieses der Fall wäre, würden sie im Vergleich zu ihrem Verhalten bei der Jugendgerichtshilfe ganz anders reagieren, weil sie möglicherweise diesen "Amtspersonen" mit mehr Respekt und Pflichtgefühl gegenüberstehen oder auch weil sie ihnen mehr Vertrauen entgegenbringen können als dem Sozialarbeiter der Jugendgerichtshilfe.

Außerdem dürfte bei den Erwägungen der erziehungsberechtigten Personen die Überlegung mitspielen, dass eine (verweigerte) Aussage vor einem Richter oder einem Staatsanwalt in Hinblick auf die gesetzlichen Vorschriften Konsequenzen nach sich ziehen könnte, zumindest dann, wenn der Erziehungsberechtigte als

Zeuge im Verlaufe eines Verfahrens aussagen soll.[689] Hierbei ist jedoch zu beachten, dass die Angehörigen ein Zeugnisverweigerungsrecht haben.

In diesem Zusammenhang ist nach Auffassung der befragten Richterinnen und Richter zu bemerken, dass sich die Erziehungsberechtigten oder gesetzlichen Vertreter trotz sozial sehr schwieriger Umstände selten vollständig verweigern und sich zumindest an der Arbeit der Jugendgerichtshilfe beteiligen. Dies bedeutet allerdings noch keine Mitwirkung an weiteren Terminen oder der Hauptverhandlung im Jugendstrafverfahren.

Gerade dort, wo örtlich bedingt eine höhere Verweigerungsquote sowohl bereits bei der Befragung durch die Jugendgerichtshilfe als auch bei weiteren Termin des Jugendgerichtsverfahrens auftritt, könnte möglicherweise auch ein Fehlverhalten bei der zuständigen örtlichen Jugendgerichtshilfe und deren Mitarbeitern gesucht werden, weil diese möglicherweise ihrer sehr schwierigen Aufgabe in der Praxis nicht in jedem Fall gewachsen sein könnten.

Das wiederum kann sehr unterschiedliche und vielschichtige Ursachen haben, zum Beispiel die personelle Besetzung und auch die interne Organisation der örtlichen Jugendgerichtshilfestelle.[690]

---

689 Grundsätzlich ergab sich aus der Befragung der Jugendrichter auch eine Einschätzung der Arbeit der Jugendgerichtshilfe. Hieraus wurde deutlich, dass nach Auffassung und Beobachtung der Jugendgerichtshilfe sich die Erziehungsberechtigten im Regelfall entweder konsequent für oder strikt gegen eine Mitwirkung entschieden hätten. In den Fällen, in denen sich die Erziehungsberechtigten gegenüber dem Sozialarbeiter der Jugendgerichtshilfe kontraproduktiv gezeigt hätten, seien die entsprechenden Eltern auch im Verlauf des Hauptverfahrens nicht in Erscheinung getreten. Eine genauere Betrachtung des Verhaltens der Erziehungsberechtigten gegenüber der Jugendgerichtshilfe soll an dieser Stelle nicht erfolgen, denn eine möglicherweise vorzuschlagende Gesetzesänderung könnte nur bewirken, dass die Erziehungsberechtigten stärker in das Strafverfahren selbst einbezogen würde. Eine stärkere und bessere Mitwirkung bei den Terminen der Jugendgerichtshilfe würde sich noch nicht unmittelbar erfolgversprechend auswirken, weil diese Angaben dann wieder nur mittelbar durch das Gutachten der Jugendgerichtshilfe in die Hauptverhandlung des Strafverfahrens eingebracht werden könnten. Eventuell aufgetretene Missverständnisse oder Unstimmigkeiten zwischen den Angaben der Jugendgerichtshilfe und den Bekundungen von Erziehungsberechtigten könnten zum Beispiel im Falle der Abwesenheit der Erziehungsberechtigten nicht ausgeräumt werden, sondern sie blieben ungeklärt.

690 Auch wenn es örtlich zu Schwierigkeiten bei den Jugendämtern gekommen sein mag, kann nicht von einer mangelnden Kompetenz der Mitarbeiter in Jugendämtern gesprochen werden, zumal das Jugendamt nach heutiger Auffassung eine modern organisierte Behörde ist, die sich die Wahrung der Interessen der Jugendlichen aus allen sozialen Schichten zur Aufgabe gemacht hat und wo es in der Regel eine sehr gute Zusammenarbeit zwischen Eltern und Behörde gibt. Vgl. dazu Ulrich, RdJ 1967, 240 (240).

In diesem Zusammenhang ist darüber hinaus zu bedenken, dass es nach Einschätzungen der befragten Richter demgegenüber aber auch einen beträchtlichen Anteil an Erziehungsberechtigten gibt, für die eine Mitwirkung bei den Terminen der Jugendgerichtshilfe leichter zu bewältigen zu sein scheint, als wenn sie dazu aufgerufen sind, an einem förmlicheren Gerichtsverfahren mitzuwirken. Gerade wenn eine derartige Mitwirkung auf freiwilliger Ebene erfolgen soll, bestehen für manche Erziehungsberechtigte größere Schwierigkeiten, die eigene innere Angst und die Hemmschwelle gegenüber Behörden, der Staatsanwaltschaft und Gerichten, die gerade bei den Erziehungsberechtigten oder gesetzlichen Vertretern aus unteren sozialen Schichten besteht, zu überwinden.

Anders ist der Fall gelagert, wenn diese Personen durch gesetzliche Normen verpflichtet sind, vor dem Staatsanwalt oder Richter zu erscheinen und auszusagen bzw. wenn ein Nichterscheinen finanzielle oder auch persönliche Konsequenzen nach sich ziehen kann.[691] Dies gilt nach der derzeitigen Rechtslage nur dann, wenn die betreffenden Personen als Zeugen geladen werden.

Aus dem Gesagten ergibt sich, dass nach Einschätzung der richterlichen Praxis auch unter Berücksichtigung der genauen und umfassenden Tätigkeit der Jugendgerichtshilfe die persönliche Mitwirkung der Erziehungsberechtigten während des Jugendstrafverfahrens unter keinen Umständen entbehrlich sein kann.

Denn auf die Mitwirkung des Erziehungsberechtigten oder des gesetzlichen Vertreters kann in doppelter Hinsicht nicht verzichtet werden. Der erste Grund liegt in der Unterstützung und dem Schutz des Jugendlichen selbst. Die Notwendigkeit des besonderen Schutzbedürfnisses hebt das Jugendgerichtsgesetz gerade hervor. Darüber hinaus ist die Mitwirkung des Erziehungsberechtigten oder des gesetzlichen Vertreters im Hinblick auf den im Strafrecht geltenden Amtsermittlungsgrundsatz notwendig.

---

691 Das wird insbesondere dadurch deutlich, dass dann, wenn der Erziehungsberechtigte förmlich unter Beifügung einer entsprechenden Belehrung über die Konsequenzen des Ausbleibens als Zeuge geladen wird, der Anteil der Mitwirkungsverweigerung nicht sehr hoch ist, weil die meisten Betroffenen die Belehrung verstehen und auch ernst nehmen. Sie können so zumindest aufgrund der rein formalen Konsequenzen den Sinn und Zweck besser erfassen, als wenn ihnen das persönliche Erscheinen anheimgestellt wird.

### 3.1.2 Unterstützung des Jugendlichen durch einen einzelnen Erziehungsberechtigten bzw. einen gesetzlichen Vertreter in der Praxis

Neben der festgestellten mangelnden Mitwirkung der Erziehungsberechtigten oder der gesetzlichen Vertreter ist es auch negativ zu bewerten, wenn nur ein Elternteil als Erziehungsberechtigter von der Jugendgerichtshilfe oder von einem Staatsanwalt bzw. vom zuständigen Gericht angehört wird und ausschließlich dessen Angaben im Jugendgerichtshilfebericht oder schließlich im Endurteil verwertet werden.

Aufgrund von möglicherweise bestehenden Interessenunterschieden zwischen den beiden Erziehungsberechtigten oder auch sonstigen Familienangehörigen ist es auch nach der Auffassung der befragten Richterinnen und Richter sinnvoll, in jedem Fall beide Elternteile zumindest durch die Jugendgerichtshilfe zu befragen. Dem Bericht der Jugendgerichtshilfe sind konkretere Angaben zu der Situation in einer Familie und auch Hinweise auf die Persönlichkeitsentwicklung des Jugendlichen zu entnehmen. Deshalb kann sich bei der sich anschließenden Befragung durch den zuständigen Staatsanwalt oder Richter herausstellen, dass möglicherweise die Befragung von nur einer erziehungsberechtigten Person ausreichend sein kann. Unter Zuhilfenahme des Jugendgerichtshilfeberichts ist dann in der jugendgerichtlichen Praxis eine notwendige Würdigung der Angaben ermöglicht.

Sicherlich gibt es verschiedene objektiv feststellbare Gründe, die eine Befragung beider Eltern - zumindest gleichzeitig - unmöglich machen. Dies ist zum Beispiel bei einer längeren Abwesenheit eines Elternteils oder bei einer Unerreichbarkeit der Fall.

Insbesondere stellt sich in diesem Zusammenhang die Frage, was die Jugendgerichtshilfe oder die Staatsanwaltschaft bzw. die Gerichte konkret zu veranlassen haben, wenn ein Erziehungsberechtigter über einen längeren Zeitraum dauerhaft nicht zu erreichen ist oder sich dem Bemühen um persönlichen Kontakt beharrlich entzieht. In diesen Fällen kann nach den praktischen Erfahrungen in aller Regel eine zwangsweise Vorführung bei der Jugendgerichtshilfe oder bei Gericht möglicherweise unterbleiben, weil durch eine derartige Aktion der erwartete und gewünschte Erfolg aller Wahrscheinlichkeit nach ausbleiben wird.[692]

---

[692] Wie bereits mehrfach angesprochen, können Erziehungsberechtigte nur dann zur Aussage veranlasst werden, wenn sie ausdrücklich als Zeuge im Ermittlungs- oder auch Hauptverfahren geladen und als solche vernommen werden; in der Regel können sie sich aber auf ihr Zeugnis- oder Aussageverweigerungsrecht berufen.

Die Gründe für ein unterschiedliches Verhalten der beiden Erziehungsberechtigten oder auch für ein vollkommen destruktives Verhalten der Erziehungsberechtigten können verschiedenartig sein. Insbesondere dort, wo tiefgreifende Zerrüttungen menschlicher Bande in der (ehelichen) Beziehung vorgelegen haben, kann die Anwesenheit des betreffenden und bisher schweigenden Erziehungsberechtigten für den jeweils anderen erschwerend wirken und stellt den erhofften Erfolg in Frage. Selbst wenn eine grundsätzliche Bereitschaft zu einer Mitwirkung an dem Jugendgerichtsverfahren bei dem betreffenden Erziehungsberechtigten besteht, kann die Anwesenheit des anderen Erziehungsberechtigten kontraproduktiv wirken und eine Mitwirkung gänzlich verhindern.

Auch die Jugendgerichte haben sich nach ausdrücklichen Bekundungen der befragten Jugendrichter längst daran gewöhnt, dass in den Fällen, in denen überhaupt eine Mitwirkung stattfindet, in der überwiegenden Anzahl der Fälle nur ein Erziehungsberechtigter zu bestimmten Terminen oder zur Hauptverhandlung erscheint.

In den Fällen, in denen noch weitere Familienmitglieder, wie zum Beispiel Kleinkinder, zu versorgen sind oder hoher Lohnausfall zu erwarten ist, kann diese Verhaltensweise der Erziehungsberechtigten sogar ausdrücklich nachvollzogen werden. Das Fernbleiben eines Erziehungsberechtigten indiziert noch nicht eine zwischen den Eltern bestehende Disharmonie.

Anders liegt der Fall, wenn beide Erziehungsberechtigten sich gänzlich ihrer Mitwirkung am Jugendstrafverfahren und damit ihrer Verantwortung entziehen.

Grundsätzlich sollten aber nach richterlicher Einschätzung dennoch nach Möglichkeit beide Erziehungsberechtigte erscheinen, um mit ihrer Hilfe eine sachgerechtere und umfassendere Beurteilung des jugendlichen Täters bzw. seiner Persönlichkeit und auch der Tat erreichen zu können. Zudem können sich die Angaben der beiden Personen in diesem Fall ergänzen oder aufgetretene Widersprüche in den Aussagen beseitigt werden. Auf diese Weise lässt sich möglicherweise die eine oder andere Fehlentwicklung oder Verhaltensstörung besser erklären und verstehen.

Auch wenn die Forderung, dass beide Erziehungsberechtigte am Jugendstrafverfahren mitwirken und in der Hauptverhandlung anwesend sein sollen, im Hinblick auf die möglicherweise stattgefundenen inneren familiären Zerrüttungen und Missstände zwischen den beiden Erziehungsberechtigten schwer zu realisieren scheint, gibt es keinen Grund, der den Gesetzgeber im Falle der

Gesetzesänderung ermächtigen oder dazu veranlassen könnte, die beiden Erziehungsberechtigten ohne sachlichen Grund vor dem Gesetz unterschiedlich zu behandeln. Sollten sich dennoch während der Termine oder im Verlauf des Hauptverfahrens Differenzen ergeben, die sich eventuell verfahrenshemmend auswirken, kann immer noch der Richter eingreifen und gegebenenfalls einen Erziehungsberechtigten ermahnen oder im Extremfall ausschließen.

Grundsätzlich erscheint es unter Berücksichtigung der herausragenden Bedeutung der Erziehungsberechtigten in einem Jugendstrafverfahren sinnvoll, den Erziehungsberechtigten bzw. den gesetzlichen Vertreter verpflichtend an einem Jugendstrafverfahren zu beteiligen.

### 3.1.3 Auswirkungen der Mitwirkung des Erziehungsberechtigten bzw. des gesetzlichen Vertreters in der Praxis

Es fragt sich aber weiter, ob mit der grundsätzlichen Forderung der richterlichen Praxis, den Erziehungsberechtigten bzw. den gesetzlichen Vertreter verpflichtend am Jugendstrafverfahren zu beteiligen, trotz allem möglicherweise von den Betroffenen nicht etwas zuviel erwartet wird und gleichzeitig zu hohe Anforderungen an die betreffenden Personen gestellt werden. Der Erziehungsberechtigte oder der gesetzliche Vertreter sind in aller Regel nicht mit den Gepflogenheiten des Strafverfahrens vertraut, sind unsicher und häufig kaum in der Lage, dem Strafverfahren im Detail zu folgen. Sie fühlen sich zum Teil schlicht überfordert. Viele erfassen selbst das Urteil nicht und bedürfen danach der intensiven Belehrung und Aufklärung. Die notwendige Aufklärung kann nur zum geringen Teil von dem zuständigen Gericht, in erster Linie sollte sie aber durch die Jugendgerichtshilfe oder auch durch sachkundige Verteidiger erfolgen. Diese Personen stehen dem Erziehungsberechtigten oder gesetzlichen Vertreter während des Hauptverfahrens näher als das Gericht.

In diesem Zusammenhang darf nicht vergessen werden, dass die Sprache der Gerichte zum Teil unverständlich sein mag und einige Jugendrichter die Urteilsbegründung mehr auf eine juristische Zielgruppe als auf den Angeklagten oder den anwesenden Erziehungsberechtigten oder gesetzlichen Vertreter beziehen, auch wenn das Jugendgerichtsgesetz von einem Jugendrichter besondere pädagogische Fähigkeiten erwartet. Auch wenn das, was der Erziehungsberechtigte oder der gesetzliche Vertreter dem Richter zu sagen hat, für den direkten Ausgang des Verfahrens nur eine untergeordnete Rolle spielen mag und in aller

Regel einer pädagogischen Bankrotterklärung gleichkommt, können diese Angaben doch zum besseren Verständnis des Täters und seiner Tat entscheidend beitragen, was gerade im Jugendstrafrecht von zentraler Bedeutung ist.[693] Selbstverständlich kann und darf weder die Jugendgerichtshilfe noch das zuständige Gericht von dem Erziehungsberechtigten oder gesetzlichen Vertreter pädagogisch begründete Erklärungen für ganz bestimmte Auffälligkeiten des Jugendlichen erwarten.

Trotz all dieser Bedenken ist die Mitwirkung von Erziehungsberechtigten oder gesetzlichen Vertretern in keinem Fall entbehrlich, sondern wie bereits dargelegt dringend erforderlich. Vor allem weil sich immer Abweichungen zwischen dem Bericht der Jugendgerichtshilfe und den Angaben der Erziehungsberechtigten oder gesetzlichen Vertreter ergeben, sollten diese personensorgeberechtigten Personen immer in das Hauptverfahren einbezogen werden müssen. Denn nur dann kann erklärt werden, worin sich mögliche Abweichungen in Aussagen und Einschätzungen bestimmter Umstände und Sachverhalte begründen.

Hierbei sollte aber berücksichtigt werden, dass sowohl der Jugendliche selbst und auch seine Erziehungsberechtigten in einigen Fällen dazu neigen, großzügige und auch unzutreffende Aussagen zu machen. Der Nachweis, wer unrichtige Angaben gemacht hat, ist in der Regel schnell erbracht. Diese auftretende und auch zu berücksichtigende Schwierigkeit spricht aber nicht gegen eine umfassende Mitwirkungsverpflichtung des Erziehungsberechtigten bzw. des gesetzlichen Vertreters.

Auch die befragten Richter waren trotz oder gerade aufgrund ihrer gegenteiligen praktischen Erfahrung einer umfassenderen Mitwirkungsverpflichtung von Erziehungsberechtigten und gesetzlichen Vertretern gegenüber sehr positiv eingestellt. Sie haben sich nachdrücklich dafür ausgesprochen.

Eine derartige Mitwirkung würde nach Meinung der jugendgerichtlichen Praxis gerade das Jugendstrafverfahren und auch die ergehenden Schlussentscheidungen im Sinne des betroffenen Jugendlichen positiv beeinflussen. Es wurde aber nicht nur eine günstige Auswirkung auf das Verfahren selbst, sondern auch ein umfassenderer erzieherischer Einfluss und damit eine bessere weitere Entwicklung des betroffenen straffällig gewordenen Jugendlichen prognostiziert. Außerdem bestehe die Möglichkeit, möglicherweise schwierige oder problematische Eltern-Kind-Beziehungen nachhaltig zu verbessern. Ein derartiges Verfahren kann bewirken, dass den Jugendlichen und dem betroffenen Erzie-

---

[693] Anderer Ansicht Ulrich, RdJ 1967, 240 (240).

hungsberechtigten oder gesetzlichen Vertretern eine neue Möglichkeit für den weiteren Weg eröffnet wird.

Insgesamt entsprach es der Meinung der in der Praxis tätigen Jugendrichter, dass eine größere Mitwirkung der Erziehungsberechtigte bzw. der gesetzlichen Vertreter sehr wünschens- und auch erstrebenswert wäre. Das wäre auch im Sinne des Jugendgerichtsgesetzes.

Eine Gesetzesänderung, die beiden Erziehungsberechtigten oder im Falle der Verhinderung dem gesetzlichen Vertreter eine Mitwirkung auferlegt, wurde von den befragten Richterinnen und Richtern durchaus für erwägenswert nicht aber für zwingend erforderlich gehalten. Durch eine garantierte Mitwirkung des Erziehungsberechtigten oder gesetzlichen Vertreters könnten nach Einschätzung der gerichtlichen Praxis die bisher aufgetretenen Missstände im Verlauf des Jugendstrafverfahrens aller Wahrscheinlichkeit nach im Wesentlichen vermieden werden.

Darüber hinaus wurde erwogen, ob es sinnvoll sei, im Jugendgerichtsgesetz die Regelung aufzunehmen, die nicht nur die Möglichkeit der Mitwirkung (beider) Erziehungsberechtigten oder gesetzlichen Vertreter eröffnet, sondern die außerdem die Erziehungsberechtigten und gesetzlichen Vertreter verpflichtet, an einem Jugendstrafverfahren mitzuwirken, wobei allerdings zu berücksichtigen ist, dass diese Mitwirkungspflicht nicht unbedingt mittels Zwang herbeigeführt werden sollte.

In diesem Fall müssten die Regelungen, die derzeit die Mitwirkung der Erziehungsberechtigten im Jugendstrafverfahren und deren Umfang als eine Ermessensentscheidung festschreiben, geändert werden. Das bedeutet, es müsste das Ermessen der Staatsanwaltschaft oder des Gerichts durch eine Vorschrift, die eine gebundene Entscheidung vorsieht, ersetzt werden.

Dieses würde eine Änderung der maßgeblichen Vorschriften des Jugendgerichtsgesetzes voraussetzen.

## 3.2 Möglichkeiten der erzieherischen Einflussnahme auf die Jugendlichen

### 3.2.1 Grundsätzliche Familiensituation

Bevor erörtert wird, welche Konsequenzen eine Mitwirkungsverpflichtung der Erziehungsberechtigten bei einer (möglichen) Novellierung des Jugendgerichtsgesetzes erfordert, muss zunächst einmal ergründet werden, ob und inwieweit der Erziehungsberechtigte und auch der gesetzliche Vertreter erzieherisch auf ihren Schützling im Alter von 14 bis 18 Jahren Einfluss nehmen können. Zu beachten ist, dass der Zeitpunkt eines – erzieherisch intendierten – Jugendstrafverfahrens auch später liegen kann, da für die Anwendung des Jugendstrafrechts das Alter des Betroffenen zum Zeitpunkt der Tatbegehung relevant ist. Dadurch wird die erzieherische Wirkung auf den Heranwachsenden aufgrund seines Alters zum Teil relativiert.

Erst nachdem die real bestehenden erzieherischen Einflussmöglichkeiten der Erziehungsberechtigten und ihre Wirkungen auf den Jugendlichen und sein Verhalten erfasst und bejaht werden können, kann beantwortet werden, ob es sinnvoll und erstrebenswert erscheint, dem Erziehungsberechtigten und gesetzlichen Vertreter nicht lediglich als bloßes Aufklärungsmittel zu werten,[694] sondern anzustreben, dass diese Personen möglicherweise unter Zwang zu einer erzieherischen Unterstützung des Jugendlichen im stärkeren Ausmaß herangezogen werden sollten, als es nach der gegenwärtigen Gesetzeslage möglich ist.

Wenn die Möglichkeit einer Erziehung im Jugendalter bejaht werden kann, erscheint es erwägenswert, die bestehenden gesetzlichen Vorschriften dahingehend so zu ändern, dass es den Staatsanwaltschaften und Gerichten in letzter Konsequenz ermöglicht wird, die Erziehungsberechtigten zu einer Mitwirkung im Jugendstrafverfahren zwingen zu können.

Nur in diesem Fall könnten der Erziehungsberechtigte und der gesetzliche Vertreter garantiert ihren erzieherischen Einfluss in der Praxis in einem Jugendstrafverfahren zum Wohl der Jugendlichen einsetzen und zudem in einem nicht unerheblichen Umfang zur Unterstützung des Jugendlichen in dem Jugendstrafverfahren geltend machen.

---

[694] In diesem Fall müsste der betroffene Erziehungsberechtigte ohnehin förmlich als Zeuge zum Zwecke einer umfassenden Aufklärung geladen werden. Interessanter erscheint dagegen der Fall, wenn der Erziehungsberechtigte nicht als Zeuge im streng formalen Sinne benötigt wird.

Dem kann auch nicht entgegenstehen, dass möglicherweise jemand, der lediglich unter Zwang an einem Jugendstrafverfahren teilnimmt, aufgrund dieses Zwanges von vornherein keinen positiven erzieherischen Einfluss geltend machen kann oder will. Denn im Falle einer "erzwungenen" Teilnahme an dem Jugendstrafverfahren wird dem Erziehungsberechtigten oder gesetzlichen Vertreter die tatsächliche Möglichkeit und Notwendigkeit ihrer Mitwirkung am Jugendstrafverfahren bildhaft vor Augen geführt, so dass sich die betreffenden Personen eher zu einer positiven Einflussnahme auf das Verfahren veranlasst sehen, als wenn sie überhaupt nicht zum Erscheinen verpflichtet werden können. In diesem Fall würde ihnen die Konsequenz und das Ausmaß eines derartigen Verfahrens für den Jugendlichen und für sich selbst möglicherweise gar nicht deutlich.

Zur genaueren Analyse der Einflussmöglichkeiten ist auf die verschiedenen Erziehungsmöglichkeiten und -ziele unter besonderer Berücksichtigung von sehr unterschiedlichen und konfliktbehafteten Familienstrukturen mit ihrem jeweiligen Konfliktpotential einzugehen.

Es scheint offenkundig zu sein, dass sich verschiedenartige Familienstrukturen automatisch unterschiedlich auf die Erziehung der Kinder und Jugendlichen auswirken.

Die Familie, die sich im Zeitalter der Industrialisierung bis zur heutigen Zeit mehr und mehr von der Groß- zu einer Kleinfamilie, bestehend aus drei bis vier Personen entwickelt hat, hat die Schlüsselfunktion sowohl für den Sozialisierungsprozess als auch für die persönliche Entwicklung eines Jugendlichen sowohl im Positiven wie auch Negativen inne. Hier wird der Grundstein für eine bestimmte Erziehung und gleichzeitig für eine bestimmte Entwicklung gelegt.[695] In diesem Sozialgefüge bilden sich bei dem betreffenden Kind bzw. Jugendlichen die ersten sittlichen Gefühle sowie Empfindungen für Recht und Unrecht.[696] Außerdem wird das menschliche Mit- und Gegeneinander zum ersten Mal entdeckt und anerkannt.[697] In diesem gesellschaftlichen Gefüge wird der Grundstein für die weitere Entwicklung des Kindes gelegt.

---

695 Peters, S. 16; Mühlfeld, S. 10.

696 Storch, S. 46; Peters, S. 13, der diese Lernprozesse als einen Teil der Persönlichkeitsbindung verstanden wissen will. Hierzu gehört auch eine differenzierte Unterscheidung zwischen Recht und Unrecht, wobei von den Erziehungsberechtigten selbstverständlich hierbei ein gewisser Wertungsmaßstab und das entsprechende Empfinden gesetzt wird.

697 Storch, S. 14, 104/105. Hier wurde die unterschiedliche Entwicklung zwischen Jungen und Mädchen genauer analysiert, wobei deutlich auf die Spannungsverhältnisse im Jugendalter hingewiesen worden ist.

Deshalb kann eine mit Störungen belastete Familie zur Hauptquelle von negativen Sozialentwicklungen bei Jugendlichen bis hin zum Erwachsenenalter werden.[698] Insbesondere individuelle Probleme des einen oder anderen Elternteils oder auch in der Beziehung können nicht nur das Sozialgefüge und das soziale Umfeld des Jugendlichen nachhaltig negativ beeinflussen, sondern haben auch einen sehr starken Einfluss auf die individuelle Entwicklung des betroffenen Jugendlichen, weil persönliche Probleme es dem Erziehungsberechtigten nur sehr schwer ermöglichen, mit aller Konsequenz bestimmte zuvor genau überlegte Erziehungskonzepte und -ziele zu erreichen.

Erziehungsfehler der Erziehungsberechtigten stören in Zeiten schwieriger Persönlichkeitsentwicklung des Jugendlichen zusätzlich seinen Sozialisierungsprozess und tragen sogar ein nicht unerhebliches Mitverschulden daran, dass die Jugendlichen ihr Grundvertrauen in die Eltern und auch in ihre sonstige soziale Umwelt verlieren[699] und sie sich danach im menschlichen Miteinander sowie im Handeln mit sozialer Verantwortung als unfähig erweisen. Es fällt ihnen aufgrund dessen schwer, sich sozialadäquat zu verhalten.

Im Gegensatz zu den Erziehungsberechtigten, die sich ihren Kindern aus den unterschiedlichsten Gründen heraus nicht oder nur unzureichend zuwenden oder auch nicht die richtige Mischung zwischen Verstehen und Entgegnen finden können, verzichten andere Elternpaare demgegenüber ganz auf Erziehung, weil sie sich entweder geistig und körperlich dazu nicht in der Lage fühlen, oder weil sie diese Vorgehensweise für modern und auch sachgerecht halten und zusätzlich erkannt haben, dass dieses Verhalten für sie selbst sehr bequem ist.[700]

Im engen Zusammenhang mit dieser Vorgehensweise steht die sog. antiautoritäre Erziehung.

Es erscheint zunächst einmal grundsätzlich vertretbar zu behaupten, dass die sog. antiautoritäre Erziehung[701] nicht besser ist als die autoritäre oder die gar nicht so seltene Schaukelerziehung, das heißt der willkürliche Wechsel zwischen den beiden extremen Erziehungsmethoden.[702]

---

698 Brunner/Dölling, Einf. I, Rdn. 28 a. E. und 29.

699 Hollstein, S. 98, Seelmann, S. 157.

700 Allerdings ergibt sich auch aus der Studie von Storch, a.a.O., dass auf eine Erziehung gänzlich nicht verzichtet werden kann, sondern nur auf die Anwendung von bestimmten Erziehungsmethoden. Ein wenn auch untergeordneter erzieherischer Einfluss kann aber nicht vermieden werden.

701 Auf die genauere Differenzierung und die Inhalte von autoritären und antiautoritären Erziehungsmodellen wird im weiteren Verlauf der Arbeit noch eingegangen werden.

702 So auch Brunner, Einf. I, Rdn. 28 a. E. und 29.

Dem Grundsatz nach ist es aufgrund keiner der pädagogischen Theorien vertretbar, dass der Mensch grundsätzlich bereits als ein sozial angepasstes Wesen in die ihn umgebende Welt hineingeboren wird und er sich danach nur noch in Ruhe zu entwickeln brauche und sich seinem gesellschaftlichen und persönlichen Umfeld anpassen müsse.

Das Unzutreffende an dieser pädagogisch nicht zu untermauernden Aussage wird insbesondere dadurch deutlich, dass bereits das Kleinkind versucht, an Grenzen des Erlaubten zu stoßen oder seine Fähigkeiten auszutesten und auf diese Weise seinen Erfahrungsschatz zu erweitern. Aus dieser Beobachtung wird deutlich, dass das Kind in seiner frühen Entwicklungsphase in keiner Weise sozial angepasst ist.

Vielmehr muss der junge Mensch im Laufe seiner Entwicklung erst lernen, auf andere Menschen sowie auf bestimmte ihm nicht bekannte Sachverhalte und Umstände Rücksicht zu nehmen[703] und mit bestimmten Dingen und Situationen sach- und interessengerecht umzugehen. Bei der erzieherisch unterstützten Entwicklung hat eine Unterforderung negativere Auswirkungen als eine Überforderung.

Deshalb fordert Schwind von den Erziehungsberechtigten mehr Mut zu einer arbeitsintensiveren, unbequemen und damit auch anstrengenderen Erziehung, denn gerade eine detailliert auf den Einzelfall bezogene Erziehung könnte den Erfolg für eine positive und gleichzeitig konstante soziale Entwicklung darstellen.[704]

So ist beispielsweise die eigene Straffälligkeit der Erziehungsberechtigten eine sehr ungünstige Prognose für die Entwicklung des Jugendlichen. In den meisten Fällen sind straffällig gewordene Erziehungsberechtigte aufgrund ihrer eigenen Entwicklung nicht in der Lage, dem Kind oder Jugendlichen die notwendige Unterstützung zu geben und eine Vorbildfunktion darzustellen. Eine registrierte Straffälligkeit der Eltern des Jugendlichen gibt auch nach offiziell erwiesenen und in der Literatur beschriebenen Erkenntnissen in vielen Fällen bereits den ersten Hinweis auf eine möglicherweise stattgefundene negative Entwicklung des Jugendlichen aufgrund eines bestimmten Lernverhaltens.[705] Der betreffende

---

703 Storch, S. 20 macht diese Problematik dadurch deutlich, dass es auch zu dem ersten Entwicklungsprozess gehört, dass Jungen und Mädchen erst im Kindesalter ihr eigenes Geschlecht entdecken können. Hierbei können allenfalls äußere Faktoren den Entwicklungsprozess steuern oder manchmal erleichtern.

704 Schwind, ZRP 1981, 297, so auch im Ergebnis Lamers, S. 91.

705 Brunner/Dölling, Einf. I, Rdn. 30.

Jugendliche übernimmt sozusagen ein negatives "soziales Erbe".[706] Unabhängig von dieser sozialen Entwicklung eines Jugendlichen kann aber zudem eine fehlerhafte Erziehung als eine Grundlage und als Nährboden für eine kriminelle Veranlagung wirken. Geringschätzung und Zurückweisung durch die Eltern kann zu einem negativen Selbstbild eines Jugendlichen führen. Der Erziehungsberechtigte bzw. gesetzliche Vertreter und auch der Jugendliche selbst sehen sich in diesen Fällen ausschließlich in einer negativen Rolle.[707]

Welche Faktoren, ob außereheliche Geburt, Verwaisung oder die Trennung der Eltern, den Jugendlichen im Einzelfall negativ beeinflusst haben mögen, lässt sich nicht immer ohne weiteres feststellen. Entsprechende Feststellungen lassen sich höchstens im Einzelfall bei Bedarf durch eine genauere Analyse der Familiensituation erfassen. Die bereits angesprochene und auch von den befragten Richtern in den Jugendstrafverfahren beobachtete Überrepräsentation der Jugendlichen aus derartigen Elternhäusern unter den mehrfach zu Jugendstrafe Verurteilten unterstreicht wiederum die Zugehörigkeit zu einer bestimmten gesellschaftlichen Gruppierung, wobei allerdings zusätzlich soziale Randständigkeit aus Wohnverhältnissen, mangelnde Ausbildung und der meistens fehlende Arbeitsplatz des Erziehungsberechtigten und des gesetzlichen Vertreters zu berücksichtigen sind.[708]

Mit Recht wird in der Literatur die überragende Bedeutung der sozialen Rolle des Erziehungsberechtigten bzw. der Familie für die Entwicklung des Kindes und des Jugendlichen und dessen Persönlichkeit aufgezeigt sowie auch die Rollenverteilung innerhalb der Familie und in anderen Bezugsgruppen hervorgehoben.[709]

Gerade ein Jugendlicher neigt dazu, zu glauben, eine rasch bis zur Stigmatisierung[710] fortschreitende Rollenentwicklung erfüllen zu müssen. Der Erziehungsberechtigte und der gesetzliche Vertreter haben in diesen Fällen nur sehr selten die Gelegenheit, gegenzusteuern und eine (andersartige) Vorbildfunktion anzunehmen.

---

706 Eisenberg, § 5 Rdn. 56 m.w.N.
707 Brunner/Dölling, Einf. I, Rdn. 32.
708 Brunner/Dölling, Einf. I, Rdn. 4; 31; 32; 33 und 47.
709 Schüler-Springorum, MschKrim. 1969, 7.
710 Eine derartige Stigmatisierung kann durch persönliche und gesellschaftliche Auffälligkeiten in dem Moment bewirkt werden, wenn der betroffene Jugendliche von den gesellschaftlich vorgegebenen Normen einer durchschnittlichen bürgerlichen Familie abweicht, durch z. B. Straffälligkeit der Eltern, Unehelichkeit, finanzielle Armut der Eltern. Das ist auch den Ausführungen bei Fischer/Eggerndorfer, S. 75 zu entnehmen.

Die in diesen Fällen zuständigen Richter, Jugendstaatsanwälte und Sozialarbeiter der Jugendgerichtshilfe[711] sowie alle, die im Verlauf eines Jugendgerichtsverfahrens mit dem Jugendlichen und seiner Familie arbeiten, sollten sich immer der Gefahr bewusst sein, dass sie möglicherweise selbst durch eigenes Verhalten zu einer derartigen Entwicklung beitragen könnten.

Menschen lassen sich grundsätzlich leichter von bestehenden sozialen Gefügen beeinflussen als aus eigenem Antrieb gegenzusteuern. Der Versuch des Gegensteuerns ist in diesen Fällen äußerst schwierig und erfordert viel Arbeit und Verständnis.

Innerhalb von bestimmten gesellschaftlichen Schichten oder auch innerhalb einer Familie kann eine von außen nicht erkennbare Struktur sozialer Bindungen das Rätsel einer sogenannten Milieuschädigung lösen. Das hat möglicherweise zu bedeuten, dass ein Jugendlicher aus einem Elternhaus mit kriminellen Karrieren wahrscheinlich trotz aller Hilfen in das rückfallträchtige Milieu ein- oder zurückkehren wird.[712] Der heute immer relevanter werdenden Bedeutung der negativen Eigendynamik des Rückfalls kommt wesentlich mehr Relevanz zu als den persönlichen Merkmalen der einzelnen Personen.[713]

An dieser Stelle fragt es sich daher insbesondere, welche Maßstäbe an eine sinnvolle und gleichzeitig effektive Erziehung in heutiger Zeit gestellt werden können und müssen.

### 3.2.2 Erziehung und Familienstrukturen

Zur genaueren Erfassung der Erziehungsmethoden und -ziele soll nun zunächst die Situation der Erziehung im Spannungsfeld der unterschiedlichen Familienstrukturen erörtert werden.

Es fragt sich zunächst, welche Erwartungen an die heutige Erziehung und auch an die Erziehungsberechtigten gestellt werden müssen und können. Zu diesem Zweck sollen zunächst einmal die Entwicklung der Erziehung dargestellt und einzelne Erziehungsmodelle erläutert werden.

---

711 Moersberger, S. 17.

712 Kaiser, Jugenddelinquenz in rollentheoretischer Sicht, Familie und Jugendkriminalität, S. 45; Schüler-Springorum, MKrim. 1969, 7.

713 Brunner/Dölling, Einf. I, Rdn. 32.

### 3.2.2.1 Die Situation der Erziehung

Dieses Jahrhundert geht mit einer besonderen Erscheinung zu Ende, die, auf einen Nenner gebracht, in folgender Weise zusammengefasst werden kann.

**Der Glaube an das, was Erziehung bewirken und leisten kann, ist allenthalben zwar sehr groß, aber Erziehung selbst ist nicht mehr gefragt.**[714]

In dieser Aussage scheint zunächst bereits ein innerer Widerspruch zu liegen. Dieser Widerspruch ist aber nur scheinbar und lässt auch leicht auflösen, wenn statt des Begriffes Erziehung der Begriff "Lernen" verwendet wird. In der Tat wird die Erziehung auch nach heutiger Auffassung als ein Lernen verstanden, in aller Regel wird die Terminologie noch dahin erweitert, dass ein Lernen von gesellschaftlich relevanten Verhaltensweisen und die Anpassung an bestimmte Normen gemeint sein soll. Für ein derartiges "Lernverhalten" kann auch der Begriff "Sozialverhalten" oder "Sozialisation" gebraucht werden.

Der zuletzt genannte Begriff stammt, wie sich bereits aus dem Wort selbst ergibt, aus der Soziologie wird und in einem soziologischen Fachwörterbuch folgendermaßen umschrieben:

"Sozialisation oder Sozialisierung, wofür auch das im Deutschen selten gebrauchte Wort "Vergesellschaftung" gebraucht werden kann, bezeichnen einen Prozess, durch den ein Individuum in eine soziale Gruppe eingegliedert wird, indem es die in dieser Gruppe geltenden sozialen Normen, insbesondere die an das Individuum als Inhaber bestimmter Positionen gerichteten Rollenerwartungen, die zur Erfüllung dieser Rollen und Erwartungen erforderlichen Fähigkeiten und Fertigkeiten und auch die zur Kultur dieser Gruppe gehörenden Wertmaßstäbe und Überzeugungen erlernt und in sich aufnimmt."[715]

Dieses ist inhaltlich betrachtet nur ein Teil von dem, was den Erziehungsbegriff ausmacht. Der Teilaspekt wird insbesondere dann deutlich, wenn der Erziehungsbegriff genauer betrachtet wird. In einem neueren pädagogischen Handwörterbuch heißt es unter anderem:

"Erziehung betrifft den Menschen in seiner individuellen (als Naturwesen), sozialen (als Gesellschaftswesen), kulturellen (als sittliches Geisteswesen) und metaphysischen (als begnadetes Wesen) Dimension."[716]

---

714 Zitiert nach Braun, ZfJ 1989, 331 (331).

715 Klima, Sozialisation; in Lexikon zur Soziologie, Hrsg. W. Fuchs, S. 777.

716 Böhm, Wilfried (Hrsg.), Wörterbuch der Pädagogik, S. 158 (S. 157, 158).

Diese Definition macht deutlich, dass die Erziehung auf den Menschen nicht nur in einzelnen Komponenten, sondern in seinem ganzheitlichen Wesen Einfluss nehmen kann. Erziehung beinhaltet demnach vielschichtige Komponenten. Es muss also nicht nur die Persönlichkeitsstruktur sondern auch das kulturelle und soziale Umfeld betrachtet werden.

Aus dieser Erkenntnis heraus wird auch verständlich, dass sich aus der Geschichte ein die Zeiten überdauernder allgemeingültiger Erziehungsbegriff nicht ableiten lässt. Denn ein einheitlicher Erziehungsbegriff kann die Vielschichtigkeit der Erziehung nicht abdecken. In den in der Literatur zu findenden Begriffsbestimmungen der Erziehung sind durchaus widersprüchliche Aspekte, wie zum Beispiel jüdischer, christlicher, aufklärerischer und humanistischer Tradition zu erkennen. Die inhaltliche Bestimmung des Erziehungsbegriffes ist also von der jeweiligen Gesellschaftsform abhängig und wird von ihr immer wieder neu ausgestaltet.

Erziehungsverantwortung besteht vor allem in Orientierungshilfe, Vorbildfunktion und Diskursbereitschaft.[717]

Im Prinzip werden im Wesentlichen zwei unterschiedliche Erziehungsformen unterschieden: Die funktionale Erziehung und die intentionale Erziehung. Die funktionale Erziehung bezeichnet die von selbst gegebenen Einflüsse einer Gesellschaftsform, eines Kulturkreises mit seinen Normen und Erwartungen auf eine bestimmte Person. Im Unterschied dazu meint die intentionale Erziehung alle absichtlichen Maßnahmen der pädagogischen Beeinflussung einer Person. In diesem Sinne lässt sich Erziehung als ein dialogisches Geschehen auffassen, wobei allerdings die Rechte, Interessen und Bedürfnisse der erziehungsbedürftigen Person besonders berücksichtigt werden müssen.

Im Hinblick auf die Untersuchung in der vorliegenden Arbeit erscheint es sinnvoll, das Augenmerk in erster Linie auf die intentionale Erziehung zu richten. Denn der Erziehungsberechtigte und der gesetzliche Vertreter können in erster Linie durch intentionale Erziehung auf den Jugendlichen einwirken.

Die als funktionale Erziehung bezeichneten Vorgänge scheinen präziser und zudem logisch von dem Begriff "Sozialisation" erfasst zu sein. Die funktionale Erziehung erfolgt in erster Linie durch Einflüsse von außen, durch die Gesellschaft oder das übrige soziale Umfeld. Auf diese Einflüsse haben der Erziehungsberechtigte und der gesetzliche Vertreter im Regelfall nur sehr geringen Einfluss.

---

[717] Zitiert nach Braun, ZfJ 1989, 331 (331).

Der Unterschied zwischen Erziehung und Lernen kann im Wesentlichen dahingehend bestimmt werden, dass der Erzogene nicht nur andere Dinge zu sehen begreift, als der, der schlicht nur bestimmte Sachverhalte lernt, darüber hinaus aber auch die Fähigkeit hat, zu differenzieren und verschiedene Dinge bewertend zu betrachten bzw. verschiedene Sachverhalte unter Zuhilfenahme eines bestimmten Erfahrungsschatzes einfach anders zu erfassen und einzuordnen.

Im Verlauf dieses Prozesses bildet sich anhand der Erfahrungen ein eigener Wertmaßstab heraus, der es der betreffenden Person ermöglicht, bestimmte Sachverhalte und Wahrnehmungen entsprechend dem eigenen Erfahrungsschatz zu bewerten. Der Erzogene setzt bestimmte Sachverhalte nicht einfach um, sondern ordnet sie entsprechend seines Erfahrungsschatzes sachgerecht ein. Die gewonnenen Eindrücke stehen bei dem Menschen in einem Horizont, der ihn als Wesen einer bestimmten Welt mit bestimmten Erfahrungswerten und eigenen Stärken und Schwächen und nicht lediglich als ein Wesen auszeichnet, das von einer bestimmten Umwelt gekennzeichnet wird.

Der Mensch, der Erfahrungen und Eindrücke nach bestimmten Werten einordnen kann, ist in aller Regel in der Lage, eigenverantwortlich und bewusst zu handeln und zu entscheiden. Aufgrund dieser Eigenschaften besteht nicht die Gefahr, dass dieser Mensch leicht beeinflussbar und manipulierbar ist. Er kann entsprechend seiner eigenen Prinzipien handeln, denken und urteilen. Diese Eigenschaften befähigen ihn, in einer Gesellschaft zu leben und zu arbeiten, ohne in erheblichem Ausmaß auffällig zu werden.

Dieser Entwicklungsprozess mit einem positiven Ergebnis soll durch die Erziehung eines Menschen bewirkt werden. Der Erzogene soll zu verantwortungsbewusstem Handeln herangeführt werden.

Nach allgemeinem Verständnis ist demnach eine ethisch-soziale Maßgabe in den Wertvorstellungen des erzogenen Menschen gemeint. Erziehung befähigt den Menschen also zu einer bestimmten Verantwortung gegenüber anderen Menschen und Sachen.

Zur Erreichung dieses Zieles sind nicht nur die Eltern als Erziehungsberechtigte oder gesetzliche Vertreter, sondern auch die Erziehungs- bzw. Erzieherberufe bzw. Sozialarbeit gefragt und notwendig. Die Angehörigen dieser Berufsgruppen können mit ihrem Erfahrungsschatz dazu beitragen, dass mit bestimmten Erziehungsstrategien entsprechende Erziehungsziele verfolgt und Erziehungsdefizite der Eltern als Erziehungsberechtigte kompensiert werden.

Denn allein durch ein bestimmtes Lernverhalten kann noch keine Erziehung im umfassenderen Sinn gewährleistet werden. Das Erlernte muss mit Hilfe von bisherigen Erfahrungen zusätzlich bewertet und eingeordnet werden. Die Einordnung soll anhand von bestimmten Wertmaßstäben, die sich im Verlauf der Entwicklung im Kindes- und Jugendalter, aber auch im Verlauf des weiteren Lebens fortlaufend weiterentwickeln, erfolgen.

In dieser Entwicklung zeigt sich jeweils die augenblickliche gesellschaftliche oder gesellschaftsverändernde Situation.

Bereits zu Beginn der siebziger Jahre wurde von einem Vertreter[718] einer empirisch rationalen pädagogischen Schule darauf hingewiesen, dass die Erziehung zu einem bloßen Epiphänomem gemacht werden soll. Das hieße, das Produkt der Erziehung würde zu einer Begleiterscheinung der von psychologischen, soziologischen und nicht zuletzt politologischen Faktoren abhängigen Sozialisation. Der Erziehungserfolg kann auch nicht als eine erwünschte Nebenfolge verstanden werden, weil er die gesellschaftliche Wirklichkeit als den eigentlich bedingenden Faktor letztlich nur verschleiert.[719]

Hierzu führt der Verfasser im Einzelnen Folgendes aus:

"Die pädagogischen Schlussfolgerungen, die aus einer Deutung der Erziehung als Epiphänomem zu ziehen sind, führen zwangsläufig zu einer Lähmung des pädagogischen Engagements, denn wer nach diesen (Erziehungs-) vorgaben pädagogisch tätig werden will, muss sich eigentlich auf politischem, sozialem, biologischem oder weltanschaulichreligiösem Gebiet betätigen, nicht aber auf dem Gebiet der Erziehung selbst."[720] Dieser Verfasser stellt dem Grundsatz nach den Zusammenhang zwischen funktionaler und intentionaler Erziehung in Frage und lehnt gleichzeitig die funktionale Erziehung ab. Er stellt in diesem Zusammenhang die Einflussmöglichkeiten der Gesellschaft und Umwelt auf den Menschen indirekt in Frage.

Diese strikte Auffassung über die Auslegung der Erziehungsmodelle erscheint jedoch kritikwürdig, auch wenn es grundsätzlich zwischen funktionaler und intentionaler Erziehung zu differenzieren gilt. Denn den psychologischen Aspekt der Erziehungsproblematik hat der Vertreter dieser Meinung vernach-

---

718 Klauer, Revision des Erziehungsbegriffes, S. 75.

719 Klauer, Revision des Erziehungsbegriffes, S. 76 f. Er weist darauf hin, dass grundsätzlich die Erziehung als ein Lernprozess und ein genaueres Erfassen der Umwelt und Gesellschaft aufgefasst werden soll. Darüber hinausgehende Erziehungsmethoden versteht er nur dann als mit dem Lernprozess vereinbar, wenn sie die Prinzipien der Umwelt und Gesellschaft als Erziehungsvorgaben berücksichtigen.

720 Klauer, Revision des Erziehungsbegriffes, S. 76 f.

lässigt. Er war aber dennoch eine der wichtigen und entscheidenden Persönlichkeiten, der mit seinen neu entwickelten Theorien das bis dahin gekannte Gebäude der Pädagogik und Erziehung zum Einsturz brachte.

In diesem Kontext ist zu bedenken, dass nach dem zweiten Weltkrieg im Zuge der Umerziehung die zuvor zu Unrecht vertriebene Psychoanalyse vor allem Freudschen Ursprungs mit elementarer Gewalt nach Deutschland zurückkehrte und die ohnehin kümmerlichen Reste einer rein geisteswissenschaftlichen Pädagogik nach Deutschland zurückbrachte.

Die Psychoanalyse wurde von ihrem Begründer Sigmund Freud als wissenschaftliche Disziplin mit im Wesentlichen drei Aufgabenfeldern beschrieben.

Zunächst ist sie eine Nachforschungsmethode, die darauf abzielt, die unbewusste Bedeutung der Worte, der Handlungen, der Bildvorstellungen eines Menschen deutlich zu machen. Das zweite Aufgabenfeld der Psychoanalyse ist eine psychotherapeutische Methode, die auf dieser Forschung begründet ist und sich spezifischer Interventionsmittel bedient, wie zum Beispiel der Deutung der geheimen Wünsche und Widerstände, die ihrer freien Äußerung entgegengebracht werden. Das dritte Aufgabenfeld ist die Entwicklung eines Systems von psychologischen und psychopathologischen Theorien, das auf dem System der Deutungsmethode und der Therapie aufbaut.[721]

In der Psychoanalyse als psychotherapeutische Methode geht es um das Bewusstmachen verdrängter Erlebnisinhalte, und zwar mit Hilfe des freien Assoziierens des Betroffenen und des Deutens von Äußerungen und Trauminhalten durch einen Therapeuten. Wichtig für einen erfolgreichen Therapieverlauf ist es, dass der Vorgang der Übertragung gelingt, in dem sich die Gefühle gegenüber Schlüsselfiguren aus der Kindheit und damit verbundene frühe Beziehungen auf den Therapeuten richten und auf diese Weise be- und verarbeitet werden können. Bei diesem Prozess in der Psychoanalyse besteht immer die Gefahr der Gegenübertragung, wenn der Therapeut oder eine sonstige dritte Person die Gefühlsäußerungen des Betroffenen auf sich selbst bezogen interpretiert.

Eine Therapie im engeren Sinne gilt als abgeschlossen, wenn die Übertragung im Sinne des Bewusstmachens der verdrängten Erlebnisinhalte aufgelöst werden kann und der Betroffene seinen inneren Zwiespalt und die innere Spannung nicht mehr verspürt.

---

[721] Ancona, Band 3, S. 12 -13.

Die Werte der Psychoanalyse werden aber nicht nur als ein Bestandteil einer Therapie sondern auch als wesentliche Elemente der Erziehung angesehen. Diese Maßstäbe der Psychoanalyse etablierten sich in den 50er Jahren erneut, nachdem zuvor die extremen Erziehungsstrategien der Nazizeit vorherrschten.

Aber nach den zwölf Jahren des Naziregimes, in denen der Mensch nicht als Individuum erzogen, sondern allenfalls durch die vorherrschende Gesellschaftsform unter- oder auch überfordert worden war, war die Psychoanalyse eine Art Heilsbotschaft, mit der vieles erklärt werden konnte und mit deren Hilfe der Mensch wirklich entdeckt zu werden glaubte.[722] Es erschien sogar erstrebenswert, dass der Mensch, vor allem aber das Kind, aus allen Restriktionen und Einengungen der Gesellschaft und auch der Umwelt befreit werden konnte.

Im Zusammenhang mit dieser Theorie der Selbsteinschätzung des Menschen als Individuum verbreitete sich aber zum Teil gleichzeitig fälschlicherweise bei den Eltern als Erziehungsberechtigten und sonstigen Erziehern die Auffassung, dass nunmehr überhaupt nichts mehr von dem eigentlich noch erziehungsbedürftigen Individuum gefordert werden dürfe und daher alle Grundsätze der Erziehung ihre Bedeutung verloren hätten, weil das Kind in seiner selbstständigen Entwicklung nicht gestört werden dürfte, zumal das Unbewusste ohnehin nicht zu bändigen sei.[723]

Aber auch nach dieser Auffassung kann sich der Mensch aus sich heraus nur dann selbst entwickeln, wenn er vorher zur Ich-Stärke herangeführt ist.[724] Dieser Grundgedanke stellt den Grundsatz der Ich-Pädagogik dar.

Hierzu wird in der Literatur zutreffend angemerkt, dass die Ich-Pädagogik nicht etwa eine besonders anzuwendende Maßnahme während einer psycho-

---

722 Braun, ZfJ 1989, S. 331 (332).

723 Hier ist aber fraglich, ob ein Kind im sehr frühen Alter überhaupt schon etwas "Unbewusstes" verkörpern kann, oder ob sich dieses "Unbewusste" zusammen mit dem Unterbewusstsein erst durch Erfahrungen und Erziehung bilden kann. Hierzu soll auf die Diskussion von den verschiedenen tiefenpsychologischen theoretischen Ansätzen verzichtet werden.

724 Dieses Ziel kann aber bekanntlich nur durch eine bestimmte Heranführung erreicht werden. Ob dieses bereits "Erziehung" genannt werden kann, soll an dieser Stelle offen bleiben. Zur genaueren Differenzierung erfordert es eine Überprüfung von bestimmten Erziehungszielen.

analytischen Behandlung darstellt, sondern lediglich ein immaterieller Bestandteil der Analyse ist.[725]

Durch die Überlegungen werden die eigentlichen bisher bekannten Grundsätze der Pädagogik aus dem Gedankengut der Gesellschaft, in der Mitmenschen leben sowie Aufgaben gelöst und Lösungen verantwortet werden müssen, verdrängt. Den Grundsätzen der Psychoanalyse zufolge weicht die Pädagogik nun in eine "Innenwelt" aus, in der Probleme in Form einer Fiktion aufgeworfen und als "real" bezeichnet werden, wohingegen die wirklichen Probleme in der Gesellschaft und im menschlichen Miteinander als "ideal" heruntergespielt werden, was aber wiederum nur soviel aussagen soll, dass sie eigentlich nicht wirklich existent sind. Die grundlegenden Prinzipien, die bislang in der Pädagogik entwickelt worden waren, wurden durch eine Überbewertung der Psychoanalyse insgesamt in Frage gestellt.

Nach heutiger Auffassung in der Literatur hätte an dieser Stelle aufgehört und umkehrt werden sollen, denn jede pädagogische Theorie, die die Wirklichkeit der Welt verlässt, und stattdessen das Kind oder den Jugendlichen zu einer selbstständigen und unabhängigen Welt macht, muss zwangsläufig in eine falsche Richtung gehen.[726]

Allerdings hätten die Erkenntnisse der Psychoanalyse nicht grundsätzlich über Bord geworfen werden, sondern lediglich im Kontext der Pädagogik relativiert werden müssen. Dieses wurde unter anderem auch bereits von Freud, dem Befürworter einer Psychoanalyse zum Zwecke der Erziehungsunterstützung, selbst gefordert, wenn er beispielsweise gesagt hat:

"Die Erziehungsarbeit sei etwas sui generis, das nicht mit psycho-analytischer Behandlung oder Beeinflussung verwechselt und auch nicht durch sie ersetzt werden kann und darf. Die Psychoanalyse des Jugendlichen oder Kindes darf allenfalls in Ausnahmefällen nur als Therapie und damit als Hilfsmittel zur Erziehung herangezogen werden. Sie ist aber nicht dazu geeignet, die Erziehung des Betroffenen gänzlich zu ersetzen."[727] Das bedeutet also, dass das Handeln des Erziehungsberechtigten oder des gesetzlichen Vertreter unverzichtbar ist. Nur auf diese Weise kann auf das Kind bzw. den Jugendlichen und seine Entwicklung positiv (erzieherisch) Einfluss genommen werden.

---

[725] Balint, S. 101 (S. 92 102).
[726] Braun, ZfJ 1989, 331 (332).
[727] Sigmund Freuds Geleitwort zur ersten Auflage von August Aichhorn, "Verwahrloste Jugend, S. 8.

### 3.2.2.2 Die Pädagogik der Ich-Stärke

Aber all diese aufgeführten Warnungen zu den Überlegungen zur Erziehung wurden von den in diesem Gebiet Verantwortlichen nicht ernst genommen. Gerade in der Zeit nach dem Zweiten Weltkrieg wurde die Psychoanalyse auf die Erziehung, die Gesellschaftstheorien und nicht zuletzt auf die Politik ausgedehnt. Man versuchte in der Psychoanalyse einen allumfassenden Erklärungsansatz für jedes gesellschaftliche oder menschliche Verhalten zu finden.

Die Rückwendung der Pädagogik von den allgemeinen Gesellschaftswerten zum ICH und zur Ich-Stärke hat dazu geführt, dass der einzelne Mensch sich verstärkt und ausschließlich mit sich selbst beschäftigte und nicht mit seiner Umwelt. Aus diesem Grund führte die Übertragung der Prinzipien der Psychoanalyse auf die Gesellschaft auch dazu, dass diese sich nicht mehr zu einem anonymen Machtinstrument entwickelte, das zwar die Interessen der Einzelnen vertreten sollte, aber de facto eigene Wege ging und die einzelnen Menschen zu beherrschen begann.

Vielmehr wurden zwar die Belange des Einzelnen innerhalb dieser Gesellschaft im starken Ausmaß berücksichtigt. Aber die gesellschaftlichen Werte hatten immer höchste Priorität. Dieses hatte zur Konsequenz, dass jeder, der sich nicht im Sinne der Gesellschaft verhielt, nicht ihrem vorgegebenen Verhalten, ihren Forderungen und Zielen entsprach oder entsprechen konnte, zu einem Außenseiter wurde. Dies bedeutete gleichzeitig, dass diese Person als ein Mensch angesehen wurde, der nicht von der Gesellschaftsnorm getragen wurde, sich also quasi zu einem asozialen Menschen entwickelte, der außerhalb der Gesellschaft steht.

Diese Auslegung der Entwicklungen galt übrigens nicht nur für die Richtungen von Politologie und Soziologie, die in der Psychoanalyse zum Ausdruck kommen, sondern war auch maßgebend für die Erziehung. Diese Denkstrukturen etablierten sich als Systeme, die dem Menschen wegweisend sein wollten und zudem eine Art Heilscharakter haben sollten.[728] Von Braun werden sie deshalb als Metasysteme bezeichnet.[729] Wer sich nach diesen Grundprinzipien nicht in einem Gesellschaftssystem konform verhält, der ist auch gleichzeitig nicht in der Lage, sich in der betreffenden Gesellschaft konform und damit "richtig" im Sinne der geltenden Gesetze zu verhalten.

Hier setzt der Erziehungsgedanke nach dieser Theorie an. Erziehung soll also dazu beitragen, dass dem betreffenden jungen Menschen ein entsprechendes

---

728 Braun, ZfJ 1989, 331 (333).
729 Braun, Pädagogische Rundschau 38 (1983), Heft 6, S. 741 (744).

Verhalten im Sinne der geltenden gesellschaftlichen Normen näher gebracht wird. Aus diesen Überlegungen resultiert, dass in diesem Kontext von der Gesellschaft selbst und den darin verkörperten Normen bestimmt wird, was "richtig" und was "falsch" ist.

Aus alledem wird deutlich, dass der Mensch und insbesondere das Kind bzw. der Jugendliche, der noch erzogen werden muss, nur noch im Sinne der oben genannten Definition als ein Gemeinschaftswesen gesehen werden musste und nicht ein Wesen mit natürlichen und geistigen Eigenschaften darstellen konnte. Selbst die Ich-Stärke, zu der der Jugendliche erzogen werden sollte, betrifft nicht ausschließlich seine Individualität, denn was die Ich-Stärke ausmacht, bestimmt nach dieser Auffassung auch zumindest mittelbar die Gesellschaft.

Diese Art der "Sozialität", die in diesem Kontext immer wieder zum Ausdruck gebracht wird, kann aber als Erziehungsinhalt nur als sachfremd bezeichnet werden, wie es unter anderem von Buber beschrieben wird.[730] Dieser führt dazu Folgendes aus:

"Überall kam es nur noch auf lückenlose Organisation der Kräfte, auf fraglose Befolgung der verschiedenen Parolen, auf Durchsetzung des wirklichen oder vermeintlichen Staatsinteresses durch die Gesellschaft an, und damit hängt auch eine bestimmte innere Entwicklung des Einzelnen zusammen. Der Mensch wird aus dem lebenden Glied eines Gemeinschaftskörpers zum Zahnrad der Kollektivmaschine. Wie der Mensch in der entarteten Technik im Begriff ist, das Gefühl des Werkes und des Maßes einzubüßen, so ist in der entarteten Sozialität das Gefühl der Gemeinschaft, und zwar gerade während er von der Illusion erfüllt ist, in vollkommener Hingabe an seine Gemeinschaft zu leben."[731]

Aus diesem Zitat wird deutlich, dass es bei dieser Pädagogik, die in ihrem Ursprung eigentlich einmal von der Ich-Stärke ausgegangen ist, in ihrem jetzigen Verständnis nur noch um die Umsetzung bestimmter Werte der Gesellschaft geht. Die Theorie der Ich-Stärke bezeichnete in ihrem Ursprung das Ausmaß an Selbstbewusstsein und Selbstsicherheit, mit dem sich ein Individuum in den Ausbau seiner Ich-Identität einbringt bzw. einbringen kann. /

Merkmale einer ausgeprägten Ich-Stärke sind demgegenüber Aktivität, Kreativität, Entschlussfähigkeit, Sicherheit, Ausgeglichenheit und Toleranz. Diese

---

730 Buber, S. 248 f.
731 Buber, S. 248 f.

Grundsätze sind aber nicht, wie in der ursprünglichen Theorie vorgesehen, auf das Individuum übertragen worden, sondern auf die Gesellschaft. Deshalb kann sich der Mensch nur im Sinne der Gesellschaft orientieren und entsprechend ihrer Werte erzogen werden. Er kann aber keine eigenen Wertmaßstäbe entwickeln, die nicht im Einklang mit der Gesellschaft stehen.

Der einzelne Mensch stand nach dieser Theorie dabei nicht im Vordergrund, er hatte vielmehr eine lediglich untergeordnete Bedeutung.

Unabhängig von dieser Erziehungsmethode und der damit verbundenen Kritik wurde die konkrete Möglichkeit einer Erziehung der jungen Menschen nicht in Frage gestellt.

Der junge Mensch gilt dieser Theorie zur Folge als erziehbar. Erzieherische Einflussnahme ist insgesamt immer lohnend.

#### 3.2.2.3 Antiautoritäre Erziehung

Die Theorie der Ich-Stärke findet sich auch in weiteren Entwicklungen der Erziehungstheorien wieder.

Es ist allerdings der Unterschied festzustellen, dass in den weiteren Tendenzen der Pädagogik die Ich-Stärke in ihrer ursprünglichen Form wieder zur Anwendung gekommen ist. Der enge und untrennbare Bezug zur Gesellschaft und ihren gesellschaftlichen Werten wird nicht mehr hergestellt.

Die erste bedeutende und bekannt gewordene Welle der Pädagogik der Ich-Stärke war zweifellos die antiautoritäre Erziehung. Die antiautoritäre Erziehung lässt sich zum einen nicht exakt inhaltlich eindeutig definieren noch ist zum anderem ihr Erziehungskonzept als stringent zu bewerten. Die antiautoritäre Erziehung reicht von der Absage an einen autoritären Erziehungsstil bis zu einem Entwurf von Zielsetzungen, die wiederum divergierende Erziehungskonzepte beinhalten. Die antiautoritäre Erziehung geht in ihrem Grundsatz davon aus, dass der Mensch als solcher gut ist und nur einer gelegentlichen Anleitung bedarf.

Zum Teil wird die antiautoritäre Erziehung auch mit einem demokratisch-sozial-integrativen Erziehungsstil gleichgesetzt.

Im Ansatz dieser Erziehungsmethode wurde nach dem Konzept der Psychoanalyse eine Autorität in der Person des Erziehenden schlechthin abgelehnt, indem sie als eine Art "Machtstellung" denunziert wurde.[732] Autorität wurde als etwas Negatives darstellt und in einem direkten Zusammenhang mit dem Begriff "autoritär" verwendet, obwohl diese Begriffe in keinem inhaltlichen Zusammenhang stehen.[733] Autorität ist nicht zwangsläufig in erster Linie Macht, sondern Autorität ist eine ganz wesentliche und entscheidende Form von (positiver) Menschlichkeit und menschlicher Stärke. Sie schafft eine innere Verbindung von der bloßen Bewusstseinsebene eines Menschen zu dem Verständnis der Wertmaßstäbe der den Menschen umgebenden Welt mit ihren gesellschaftlichen Normen, in die er hineingeboren ist und die er immer als Gegenüber, sozusagen als Leitmotiv für seine Erziehung hat. Der Autorität Besitzende übt aufgrund eigener Erfahrungen und Wertvorstellungen im weitesten Sinne (positiven) Einfluss auf andere Menschen aus. Dieses macht auch einen wesentlichen Anteil von Erziehung aus.

Dahingegen zeichnet sich der autoritäre Erziehungsstil dadurch aus, dass von der Erziehungsperson Richtlinien, Techniken und Tätigkeiten festgelegt und vorgeschrieben werden, ohne jedoch im Einzelnen auf die Bedürfnisse und Wünsche des zu erziehenden Jugendlichen einzugehen. Auch wird bei der autoritären Erziehung oftmals die Würdigung des Einzelfalles außer Acht gelassen.

Bei aller Kritik, die an einem derartigen autoritären Erziehungsstil geübt werden kann und muss, ist jedoch zu bedenken, dass die antiautoritäre Erziehung die Tatsache leugnet, dass der junge Mensch ein noch nicht angepasstes Wesen in einer Welt mit festen Bestandteilen und Gepflogenheiten ist, die sich nicht ohne weiteres ändern lassen, ohne eine festgefügte Gesellschaft mit der in ihr vorherrschenden und zum Teil sehr bewährten Strukturen zu zerstören. Daher muss ein bestimmter Anpassungsprozess bei den einzelnen jungen Menschen herbeigeführt werden. Dieses kann überwiegend nur unter Anleitung erfolgen.

Die Theorie der antiautoritären Erziehung beschränkt sich aber vielmehr auf die Feststellung, dass der Mensch ein (weitgehend unabhängiges) Gesellschaftswesen ist, das sich in einer Gesellschaft frei entwickeln kann. Auf diese Weise kann der Mensch die Grenzen des Erlaubten selbst erfahren.

Der Begriff "Selbstregulierung", der von den Vertretern der Theorie der antiautoritären Erziehung immer wieder verwendet wird, verkennt oder übersieht, dass der Mensch allein nicht ausschließlich vom Bewusstsein begrenzt und bestimmt wird, sondern in der Offenheit der Welt und gleichzeitig in den Zwängen der Gesellschaft steht.

---

732 Braun, Der Vater im familiären Erziehungsprozess, S. 62ff.

733 Autoritär beinhaltet aber in Gegensatz zu Autorität eine rücksichtslose und kritikfeindliche Machtstellung, die keine Widersprüche gegen sich dulden kann.

Um diese Zwänge mit dem eigenen Bewusstsein, Wünschen und Bedürfnissen in Einklang bringen zu können, muss er selbstverständlich "gezogen" bzw. "erzogen" werden. Dass es bei dieser Selbstregulierung, die grundsätzlich dasselbe meint wie "Ich-Stärke", nicht unbedingt einen Gegensatz zur Gesellschaft geben muss, sondern sich diese beiden Komponenten nur ergänzen sollen, ergibt sich auch aus einer Äußerung eines Kinderladen-Teams.[734]

Das Kinderladenkonzept stellt eine Tendenz innerhalb des antiautoritäreren Erziehungsgedankens dar. Der Begriff Kinderladen geht auf eine Initiative von Elternvereinigungen zurück, die in Berlin in den sechziger Jahren leerstehende Ladenlokale für eine Gruppenbetreuung ihrer Kinder mieteten. Kinderläden setzten sich bewusst in einen Widerspruch zu herkömmlichen Kindergärten. An diesen kritisieren sie die Überfüllung der Gruppen ebenso wie das weltanschauliche und im Sinne der Gesellschaft methodisch aufgearbeitete Konzept.

Die Betreuung ihrer Kinder nahmen die Eltern im Kinderladen selbst oder ein Betreuer wahr, der mit den erzieherischen Konzept der Eltern übereinstimmte. Das Erziehungskonzept der Kinderläden wurde in einer offenen Diskussion selbst festgelegt. Es verfolgt eine repressionsfreie Erziehung, deren Ziele in erster Linie die Selbstregulierung und Emanzipation der Gruppe und des einzelnen Gruppenmitglieds sowie häufig auch der Aufbau einer Gruppensolidarität in marxistisch-leninistischen Sinne waren. Den Kindern wurde auf dem Wege zu diesem Ziel die Gelegenheit gegeben, ihre durch konventionelle gesellschaftliche Normen aufgebauten Aggressionen ungehindert auszuleben und ihre Bedürfnisse, auch die sexuellen, zu befriedigen.[735]

Zu dem Konzept der Kinderläden wurde unter anderem in der Literatur Folgendes ausgeführt:

Der zur Selbstregulierung (der Kinder und Jugendlichen) antithetisch verwendete Begriff "Selbstregulierung" ist aus sozialpsychologischer Sicht nicht nur ungeschickt, sondern auch gefährlich oder sogar falsch. Jede Entwicklung, auch die eines einzelnen Menschen, verläuft konfliktreich und ungleichmäßig.

Das Fremde ist nicht automatisch im Sinne der Freund-Feind-Theorie als die Alternative, sondern gesellschaftsdynamisch komplementär zu sehen. Die Grundbedürfnisse eines Menschen und die gesellschaftlichen Vorgaben, die zum Teil in einem Widerspruch zueinander stehen, sind nicht als fremd oder

---

[734] Kinderläden sind Erziehungseinrichtungen, die bestimmte Erziehungsstrategien und -modelle in Form eines Kindergartens oder auch im Vor- und Grundschulbereich verwirklichen. Kinderläden vertreten in heutiger Zeit nicht mehr ausschließlich die Theorie der "antiautoritären Erziehung".

[735] Lamers, S. 89.

feindlich zu werten, sondern sie werden es nur, wenn die Produktivkräfte mit der Ideologie in einem krassen Missverhältnis zueinander stehen.[736]

Hieraus wird deutlich, dass auch nach Auffassung des Kinderladen-Teams Konflikte in einer Erziehung weitestgehend, jedoch nicht gänzlich vermieden werden können und auch nicht sollen, weil sie sich im Ergebnis in aller Regel positiv für die betroffenen Kinder und Jugendlichen auswirken. Nur so können diese erfahren, welche Konflikte innerhalb eines Zusammenlebens in der Gesellschaft auftreten können und welche Verhaltens- und Vorgehensweisen es erfordert, sie möglichst der eigenen Vorstellung entsprechend zu lösen. Auf diese Weise bilden sich zwangsläufig eigene Wertvorstellungen, die gerade einen Menschen in seiner Persönlichkeit ausmachen.

Ein Widerspruch im Erziehungskonzept des Kinderladen-Teams ergibt sich unter anderem aus ihrer Verpflichtung zur antiautoritären Erziehung einerseits und aus ihrem Erziehungsziel andererseits, in höchstem Maße disziplinierte gesellschaftsverändernde Verhaltensweisen bei ihren Kindern zu fördern. Wenn aber ein Mensch gesellschaftsverändernde Prozesse fördern soll, dann muss er zwangsläufig kritisch an die bestehende Gesellschaft mit ihren Normen herangeführt werden. Anderenfalls fehlen ihm die Fähigkeiten, gesellschaftsverändernde Prozesse einleiten zu können.

Zusammengefasst ist in der Literatur zu dem Kinderladenkonzept und der antiautoritären Erziehung Folgendes zu finden:

"Antiautoritäre Erziehung bedeutet zugleich auch immer den Versuch, auf eine Klassengesellschaft vorzubereiten, die es radikal zu verändern gilt, und deshalb soll "bewusst" gegen die kapitalistischen Herrschafts- und Ausbeutungsinteressen erzogen werden."[737] Diese Interessen sind in einer sozialen Marktwirtschaft nur in einem sehr geringem Ausmaß ausgeprägt.

Aber auch dieses soeben dargestellte Erziehungskonzept ist natürlich nicht gänzlich ohne einen gesellschaftlichen Bezug realisierbar, obwohl dieser Erziehungsansatz eigentlich nur das individuelle Glück des zu Erziehenden in den Vordergrund stellt.[738] Selbst wenn das Kinderladenkonzept in seiner ursprünglichen Fassung in höchstem Maße einseitig gesellschaftlich und politisch gefärbt ist, so muss diesen Kritikern vorgeworfen werden, dass gerade in den gesteigerten Glücks- und Lusterwartungen, die das Konzept in den zu erzie-

736 Kinderladen Stuttgart, Bericht über einen Prozess; in Bott (Hrsg.), S. 19.
737 Paffrath, S. 41.
738 Paffrath, S. 21.

henden Jugendlichen wecken soll, ein unausgesprochenes Bild einer Gesellschaft entworfen wird, das es in dieser Idealkonstellation in einer tatsächlich funktionierenden Gesellschaft nicht gibt.[739]

In beiden Fällen, sowohl nach dem Kinderladenkonzept als auch nach dem modifizierten Erziehungsmodell, wird der Mensch nicht so verstanden, wie er eigentlich ist, sondern im Sinne der Psychoanalyse, die den Menschen nicht als freies Wesen, das sich bestimmten gesellschaftlichen Werten angepasst hat, sieht, sondern vielmehr als Gefangenen seines Systems anerkennt, aus dem er sich dringend befreien muss. Nach dieser Auffassung scheint der Mensch stets ein Getriebener zu sein, aber nie eine Person oder gar eine Persönlichkeit, die in freier Entscheidung handeln kann.

Bei aller Kritik an dieser Erziehungstheorie ist insbesondere der Aspekt hervorzuheben, dass jede Person nicht immer selbst unmittelbar den Hintersinn ihres Handels kennt, der ihre Existenz bestimmt; das wissen andere Personen hingegen im Regelfall besser.[740] Hiermit sind die (Erziehungs-) Fachleute gemeint, die das Metasystem im Kontext zu den einzelnen Menschen genauer analysieren können und demzufolge besser verstehen. Aufgrund dieses Verständnisses und der eigenen Erfahrungen können sie erzieherischen Einfluss auf den jungen Menschen nehmen.

Auch nach diesem theoretischen Ansatz ist eine Erziehung von Jugendlichen grundsätzlich möglich.

#### 3.2.2.4 Die emanzipatorische Erziehung

Ein ähnlicher Eindruck wie bei der Theorie der antiautoritären Erziehung kann aus einem weiteren Erziehungsansatz gewonnen werden, wenn eine andere von einer kritischen Theorie, der sogenannten Frankfurter Schule, entwickelte emanzipierte Pädagogik betrachtet wird.

Diese kritische Theorie wird im konkreten Fall von Adorno, Habermas, Horkheimer und Marcuse vertreten. Sie setzt in ihrem Gesamtverständnis eine totale Gesamtsicht der Gesellschaft voraus. Alles wird als Teil der Gesellschaft gewertet. Jegliche Wissenschaft wird als Bestandteil des Gesellschaftssystems aufgefasst und nicht etwa wie eine empirische Forschung, die sozusagen von

---

739 Braun, ZfJ 1989, 331 (333).
740 Dienelt, S. 79.

außen die Gesellschaft betrachtet und bewertet und über diese als ihren Untersuchungsgegenstand befindet und unter Umständen gesellschaftliche Reformvorschläge erarbeitet.

Adorno hat in seiner Schrift "Erziehung zur Mündigkeit"[741] feststellt, dass zur Mündigkeit eines Menschen eine bestimmte Festigkeit des Ichs, die sogenannte Ich-Bindung gehört, wie sie am Modell des bürgerlichen Individuums in aller Regel ausgebildet ist.[742]

Die Möglichkeit, sich auf stets wechselnde Situationen einzustellen, anstelle ein starkes Ich herauszubilden, harmoniert mit der Ich-Schwäche, die aus den Ansätzen der Psychoanalyse heraus bekannt geworden ist, nur in einer sehr problematischen Weise.[743] In diesem Denkansatz wird das Phänomen deutlich, dass der Mensch erst einmal zu sich selbst geführt werden und seine eigenen Stärken und Schwächen kennen muss, damit er überhaupt die Möglichkeit bekommt, sich mit sich selbst im Kontext zu gesellschaftlichen Normen auseinanderzusetzen und zu beschäftigen.

Ein solches gewisses Maß an Selbsterkenntnis und Selbstbeschäftigung ist für den Entwicklungsprozess eines Menschen in der Gesellschaft unabdingbar. Der Mensch muss sich zwar nicht zwingend mit seinem Unbewussten beschäftigen, aber mit dem Hintergrund, der sich hinter bestimmten gesellschaftlichen Verhältnissen und damit zusammenhängenden Verhaltensweisen verbirgt. Sie müssen erkannt und analysiert werden.

Dieser Inhalt findet sich insbesondere auch in der rechtsphilosophisch kritischen Theorie wieder. Es geschah vordergründig in der Schrift "Erkenntnis und Interesse" von Habermas.[744] Er bezeichnet diese Art der Entwicklung zwar nicht als emanzipatorische Erziehung, sondern stellt eine Parallele mit den aufgezeigten theoretischen Hintergründen in der Entwicklung des Menschen her. Habermas sieht die Selbsterkenntnis eines Menschen für seine Entwicklung in einer Gesellschaft als unabdingbar an.[745]

---

741 Abgedruckt in Vorträge und Gespräche mit Helmut Becker 1959-1969, hrsg. von Gerd Kadelbach.

742 Abgedruckt in Vorträge und Gespräche mit Helmut Becker 1959-1969, hrsg. von Gerd Kadelbach.

743 Vorträge und Gespräche mit Helmut Becker 1959-1969, hrsg. von Gerd Kadelbach, S. 143.

744 Habermas, abgedruckt mit einem Nachwort, Frankfurt am Main, 1973.

745 Habermas, abgedruckt mit einem Nachwort, Frankfurt am Main, 1973.

Ob in diesem konkreten Fall wirklich von einer emanzipatorischen Erziehungstheorie gesprochen werden kann, soll an dieser Stelle nicht genauer analysiert werden.[746] Dazu sind die in dem rechtphilosophischen Gedankengut von Habermas festgelegten Grundsätze nicht systematisch genug. Habermas sieht den Menschen in einem Gesamtkontext zur Gesellschaft, außerdem orientiert er den Menschen zu sehr an der Gesellschaft und einer Gesellschaftsveränderung und nicht etwa an anderen einzelnen Menschen, die lediglich instrumentalisiert werden sollen im Sinne eine politische Revolution.[747] Hiernach kommt es darauf an, dass der einzelne Mensch sich in oder an der Gesellschaft orientieren kann. Es wurde insbesondere in diesem Zusammenhang kein direkter Bezug zu einem bestimmten Erziehungsmodell hergestellt.

Von einer emanzipatorischen Erziehung kann aber bei einem Akt der Befreiung eines Individuums aus einem rechtlichen, sozialen, politischen oder ökonomischen Abhängigkeitsverhältnis und der Heranführung zu eigenverantwortlichem Handeln durchaus gesprochen werden. Die grundsätzliche Aufgabe einer emanzipatorischen Erziehung ist es, den einzelnen Menschen in die Regeln und Gepflogenheiten einer Gesellschaft einzuüben und gegen sie zu immunisieren, wo sie Zwänge ausüben will.

Wesentlich für das Verständnis praktizierter emanzipatorischer Erziehung und ihrer theoretischen Grundlagen ist über die beschriebene Bedeutung hinaus ihre ideologische Interpretation, die im Wesentlichen von der kritischen Theorie der Frankfurter Schule beeinflusst worden ist. Diese ideologische Interpretation zielt auf eine emanzipatorische Erziehung als politische Praxis, als Anleitung zu Solidarität und Parteilichkeit zum Zwecke der Systemveränderung. Maßstab der Befreiung und der erstrebten Freiheiten ist der Mensch, der von Natur aus gut sei und deshalb auch aus sich heraus dazu befähigt, in befriedeten Beziehungen zu leben.

Als Leitziele der emanzipatorischen Pädagogik fungieren zum Beispiel kritische Rationalität, Mündigkeit, Fähigkeit zur Selbstbestimmung und Selbstverwirklichung, allseitige Entfaltung der individuellen Möglichkeiten, Bewusstsein des Rechts auf individuelles Glück, emanzipierte Identität, das kritische Individuum mit der Bereitschaft zum Widerstand.[748]

---

[746] Dieses ist an dieser Stelle für den Fortgang der Arbeit nicht relevant, weil hier nur festgestellt werden soll, ob und inwieweit Erziehung von Jugendlichen mit Hilfe der anerkannten Erziehungsmodelle noch möglich ist. Hierzu kann eine differenzierte Bewertung der Erziehungsmodelle nicht beitragen.

[747] Braun, ZfJ 1989, 331 (334).

[748] Brezinka, S. 217.

Zum Teil wird in der Literatur in dem Zusammenhang mit der emanzipatorischen Theorie auch von einer "Befreiung der Subjekte" gesprochen.[749] Bezogen auf die Thematik der vorliegenden Arbeit sind in dieser Theorie die Jugendlichen in dieser Gesellschaft gemeint, die aus bestimmten gesellschaftlichen Zwängen, die ihre Rationalität und die damit verbundene rationale Handlungsfähigkeit beschränken, befreit werden sollen.[750]

Zu diesem Denkansatz innerhalb der antiautoritären Erziehungstheorien konnte Bath zusammenfassend feststellen: "Die antiautoritäre Herkunft der emanzipatorischen Erziehungsstrategie wird insbesondere an ihrem veränderten Verhältnis zu Leistung und auch zu Sexualität deutlich.

Das pädagogische Leistungsprinzip fördert Vereinzelung und individuelle Konkurrenzhaltung, Angst und Leistungsneurosen, tötet aber Phantasie und Genussfähigkeit und verhindert politische Solidarisierung mit bestimmten (Rand-) Gruppierungen. Das Leistungsprinzip der kapitalistischen Schule kann den Menschen zum disponiblen Produkt allmächtiger Apparate machen. Nach Darstellung in der Literatur ist diese Entwicklung mit dem Ergebnis des bereits von Marx beschriebenen Entfremdungsvorgangs im Kapitalismus vergleichbar."[751]

Wenn diese Zeilen kritisch betrachtet werden, so scheint es, als ob gerade durch diese kritische Theorie die Diskussion über Erziehungsziele und Erziehungsstrategien und ihre Verschiedenartigkeiten in Gang gekommen ist.[752]

Demgegenüber wird von Brezinka zu diesem Erziehungsmodell festgestellt, dass die emanzipatorische Erziehung den Wegfall der Gesellschaft oder ihr Auseinanderbrechen fördert,[753] wobei der Verfasser auch selbst nicht zu einer Ergründung von bestimmten auch realisierbaren Erziehungszielen für unsere heutige Zeit beitragen kann.

In diesem Zusammenhang bleibt festzustellen, dass es in dem letzten Jahrzehnt keinen bedeutenden Fortschritt bei der Entwicklung von zeitangemessenen Erziehungszielen dieser Art gegeben hat. Der Grund hierfür dürfte auch in der in der Praxis fehlgeschlagenen Entwicklung der antiautoritären Erziehungsmethoden liegen. Überall dort, wo ein bestimmter Hintergrund von Verhaltensmustern ins Spiel gebracht wird, gibt es immer Extrempositionen.

---

[749] Mollenhauer, S. 11.
[750] Mollenhauer, S. 12.
[751] Bath, S. 22.
[752] Vgl. Kerstins, S. 42; so auch Dienelt, S. 16.
[753] Brezinka, S. 217.

Es ist zwischen zwei Gruppen zu differenzieren, bei denen unterschiedliche Fähigkeiten in verschiedener Intensität ausgeprägt sind.

Die Gruppen können eine bestimmte Situation auf unterschiedliche Art und Weise erfassen und zudem verschiedenartig reagieren. Die eine Gruppe hat zwar ein bestimmtes Bewusstsein, mit der Situation umgehen zu können, kann sich aber rhetorisch und auch inhaltlich nicht ausreichend mit der Situation oder einem bestimmten Lebenssachverhalt auseinandersetzen, weil bestimmte Fähigkeiten fehlen oder nicht genügend ausgeprägt sind und ist deshalb gezwungen, sich zurückzuhalten, obwohl sie über aussagekräftige Argumente verfügt.

Die andere Gruppe, die zwar eine Situation auf der Bewusstseinsebene nur zum Teil zutreffend beurteilen und verarbeiten kann, verfügt andererseits gerade über die notwendigen körperlichen oder rhetorischen Fähigkeiten, die eine sachgerechte Reaktion ermöglichen würden, wobei es diesem Personenkreis an aussagekräftigen Argumenten fehlt. Aus dieser Differenzierung kann gefolgert werden, dass das Bewusstsein eines Menschen unterschiedlich reagieren kann und deshalb nicht grundsätzlich jedem Menschen ein bestimmtes Modell der Lebensführung im Wege der Erziehung vermittelt werden kann.

Aus dieser Überlegung kann nur der Schluss gezogen werden, dass es zwangsläufig nicht die Schuld des Einzelnen sein muss, wenn ein Mensch nicht so funktioniert, wie es von ihm durch das gesellschaftliche System verlangt und ihm vorgegeben wird. In diesem Fall wird lediglich der tägliche Umgang des einzelnen Individuums mit Teilen der Gesellschaft schwierig für den Einzelnen selbst, nicht etwa für die gesamte Gesellschaft.

Der einzelne Mensch kann dann weder Gnade noch Entschuldigung von anderen Mitmenschen erwarten, wie es in Zeiten des "finsteren Mittelalters" unter der Herrschaft des Christentums möglich war.

Hierzu ist zu bedenken, dass insbesondere in diesem Konzept der Mensch in seiner Menschlichkeit nicht gesehen wird, sondern nur in seiner Funktionalität.

Die Menschlichkeit des Einzelnen zeichnet sich aber gerade durch einen bestimmten Standpunkt in der Welt und damit gleichzeitig in Freiheit, aber auch in der Geschichtlichkeit aus. Deshalb kommt es für die Begründung und Erfassung von bestimmten Erziehungsmethoden in erster Linie auf den Menschen an, nicht dagegen auf irgendwelche Gesellschaftssysteme. Die Erziehung sollte daher den Menschen als Ganzes in den Mittelpunkt stellen.

Trotz aller Vorbehalte an dieser emanzipatorischen Erziehungstheorie wird auch hiernach die Erziehung grundsätzlich für notwendig und auch realisierbar erachtet.

### 3.2.2.5 Die Antipädagogik

Aus der Entwicklung der verschiedenartigen Erziehungssituationen heraus schien es nur einen Ausweg zu geben, die sogenannte Antipädagogik.

Sie ist sowohl eine konsequente Zu-Ende-Führung des bisher aufgezeigten Denkens als auch eine Gegensteuerung, auch wenn der Begriff "Antipädagogik" zunächst verwirrend und befremdlich wirken mag.

Die Antipädagogik betont eine konsequente Orientierung am Kind oder Jugendlichen als eigentlichen Ausgangspunkt aller Erziehung gegenüber dem Anpassungs- und Uniformierungsdruck der Sozialisierungsinstanzen. Hierzu zählen insbesondere Schule, Familie und Kirche.

Mit psychoanalytischer Begründung plädieren die Vertreter der Antipädagogik für eine Erziehung als naturgemäßes Wachsenlassen. Nach ihrer Ansicht dient anders geartete Erziehung eher der eigenen Bedürfnisbefriedigung der Erwachsenen und nicht jener der Kinder. Daher sei diese Art der Erziehung abzuschaffen. Mit von ihnen selbst festgelegten Normen, Regeln und Verhaltenserwartungen ergreife die Erwachsenengeneration über den Erziehungsprozess Besitz von der nachfolgenden Generation, statt der jeweils eigenständigen Entwicklung der einzelnen Kinder oder Jugendlichen ihre Chance zu lassen.

Erziehung im Sinne der Antipädagogik ist also eine freundschaftliche Begleitung der Kinder durch ihre Eltern oder sonstige nahestehende Personen. Zur praktischen Umsetzung werden sogenannte ICH-Botschaften ausgesandt, Kinder und Jugendliche akzeptieren sich gegenseitig, es erfolgt eine gemeinsam ausgehandelte Gestaltung der Lebensumstände.[754] Bei dieser Festlegung sollen die Interessen der Kinder und Jugendlichen gleichermaßen ins Gewicht fallen.

Neben der nach meiner Auffassung unzulässigen Verallgemeinerung der bisherigen Erkenntnisse aus der Erziehung, die insbesondere in der psychoanalytischen Praxis gewonnen wurden, bleibt die Antipädagogik für die Erziehungspraxis nicht die einzige Antwort auf die Frage nach der angemessenen Art und Weise für die Ausrüstung der jungen Menschen mit Fähigkeiten und Wertvorstellungen, die tatsächlich zu einer erfolgreichen Lebensverwirklichung notwendig sind.

Von Braunmühl hat hierzu ein Buch unter dem Titel "Antipädagogik" verfasst. Hierin schreibt er unter anderem: "Obwohl die Arbeit zu dieser Erziehungs-

---

[754] von Braunmühl, Antipädagogik, S. 149.

theorie einen Beitrag zur Sozialisationsforschung darstellen soll, beschränkt sie sich auf einen kleinen Sektor der Sozialwissenschaften. Dieser Sektor umgreift im Wesentlichen die Grundsatzaussagen der Fachpädagogik, der Tiefenpsychologie und der Anthropologie. Aus praktischen Gründen werden dabei die erheblichen, teils historischen, teils politisch-weltanschaulich und teils wissenschaftstheoretisch begründeten Positionsunterschiede einzelner Autoren außer Acht gelassen. Diese Unterschiede sind solche des Überbaus, wohingegen sich die Grundgedanken der Antipädagogik[755] mit Basisphänomen befassen, insbesondere damit, was in der Kindheit während der ersten Lebensjahren passiert."[756]

Hieraus sollte nach Auffassung des Autors dann die Konsequenz für bestimmte Erziehungsmodelle und -strategien gezogen werden, indem auf individuelle Entwicklungsdefizite eingegangen wird. Die eben zitierte Aussage von Braunmühl ist typisch für die Antipädagogik und führt in die zentralen Probleme dieser Thematik ein. Wenn in diesem Zusammenhang mit den Begriffen "Basis" und "Überbau" gearbeitet wird und lediglich Basisprobleme erörtert werden sollen, dann ist dieses ein Indiz dafür, dass mit dieser Theorie jede Art von Meta- und Gesellschaftssystem, die dem Bewusstsein sozusagen als Leitfaden an die Hand gegeben sind, abgelehnt werden müssen.[757]

Die Begriffe Basis und Überbau stammen aus dem Materialismus. Nach dieser Auffassung darf durch die Erziehung das Bewusstsein nicht von "außen" instrumentalisiert werden, sondern es kann sich aus sich heraus nur eigenständig entwickeln. Eine direkte (erzieherische) Einflussnahme auf Kinder und Jugendliche ist nicht notwendig oder erforderlich.

In der Weise wie die Antipädagogik die Erziehung versteht, ist jede Art von Erziehung in Form von aktiven Handeln tatsächlich der "kleine Mord"[758], eine "Gehirnwäsche"[759] oder auch ein "gigantisches, mit wissenschaftlicher Akribie aufgebautes und organisiertes Bordell", in dem Kinder und Jugendliche prostituiert werden und zudem sich und auch den jungen Menschen eingeredet wird, es geschähe zu deren Vorteil und um ihrer selbst Willen.[760] Das gesamte Prinzip diene eher der Selbstbestätigung der Erziehungsberechtigten, nicht aber dem Wohl ihrer Kinder. Mit dieser radikalen Beschreibung wird die Grundaussage in der Theorie der Antipädagogik genau getroffen, auch wenn der aufge-

---

755 Gemeint sind hier die Studien zur Abschaffung der Erziehung, München/Basel 1976, S. 22.

756 Studien zur Abschaffung der Erziehung, Einführung, S. 10.

757 Braun, ZfJ 1989, 331 (334).

758 Vgl. Studien zur Abschaffung der Erziehung, Einführung S. 80.

759 Vgl. Studien zur Abschaffung der Erziehung, Einführung, S. 84.

760 Studien zur Abschaffung der Erziehung, Einführung, S. 123.

stellte Vergleich etwas drastisch erscheinen mag. Auch wenn die aktive Erziehung grundsätzlich abgelehnt wird, hält die Antipädagogik eine Gegenreaktion auf bestimmtes Verhalten von Kindern und Jugendlichen für notwendig.

Diese Art von "Erziehung" beinhaltet tatsächlich einen inneren Widerspruch, wenn man zugrunde legt, was eigentlich unter Erziehung verstanden werden muss. Es erscheint insofern richtig, wenn in einem Teil der Literatur die These aufgestellt wird, die Antipädagogik stelle auch eine Theorie zu einer besonderen Erziehungsmethode dar.[761] Es wird davon gesprochen, dass die "implizite Pädagogik die Defizite der Antipädagogik ausfüllt, die in der Ausbildung von Lehrern und Erziehern entstanden sind und die von einer modernen sozialwissenschaftlich ausgerichteten Erziehungswissenschaft bestimmt werden."

Die Antipädagogik befriedigt also das Bedürfnis der Erziehungspersonen nach einer Orientierung für das "pädagogische Handeln".[762]

Aber gerade dieses Handeln wird dadurch konterkariert, dass man ihm nur das Selbst vorgibt, das nach von Braunmühl auch "existenzielle Autonomie" oder "Spontanautonomie" genannt wird.[763] An dieser Stelle muss aber nach der Herkunft der "Spontanautonomie" gefragt werden.

Es stellt sich in diesem Zusammenhang das Problem, ob diese Autonomie wirklich so spontan und autonom ist, wie der Verfasser es beschreibt, oder ob sie nicht vielmehr aus einem Gesamtzusammenhang, der insgesamt als "Welt" bezeichnet wird, bestimmbar ist.[764] In diesem Kontext schließt sich die Frage an, ob sich in dem Begriff "Spontanautonomie" nicht vielmehr eine Antwort oder Reaktion auf das In-der-Welt-Sein des Menschen offenbart. Denn wenn ein Mensch in einer Welt mit einer bestimmten Gesellschaft lebt, kommt es zwangläufig zu Konflikten, die gelöst werden müssen. Zur Konfliktbewältigung werden dieser Theorie entsprechend bestimmte Vorgehens- und Verhaltensweisen eingesetzt, die von den betreffenden Personen im Einzelfall ausgewählt werden.

Es ist weiterhin zu fragen, ob es eine "Spontanautonomie" überhaupt gäbe, wenn der Mensch selbst nicht in diesem Urgrund allen Daseins und Seins stünde? Dieses Erscheinungsbild gibt es jedenfalls in der Tierwelt nicht, weil es hier in einem Kausal- und nicht in einem "Spontanzusammenhang" steht.

---

761 Winkler, Zeitschrift für Pädagogik 31 (1985), S. 59.
762 Winkler, Zeitschrift für Pädagogik 31 (1985), S. 65 (73).
763 von Braunmühl, Antipädagogik, S. 149.
764 Braun, ZfJ 1989, 331 (335).

Aus diesem Grunde kann zusammen mit Winkler von dem gesprochen werden, was an der Antipädagogik pädagogisch ist. Sie fordert nämlich eine neue Pädagogik, die den Menschen nicht nur im Rahmen des Gesellschaftssystems zu verstehen und zu erklären versucht, sondern in jener Weise, die einfach von Braun mit Weltbezug ausdrückt wird.[765]

Auch wenn der Begriff Antipädagogik zunächst etwas Gegenteiliges vermuten lässt, ist selbst nach dieser Erziehungstheorie Erziehung möglich. Erziehung wird zwar zunächst außer Acht gelassen, aber auf ein bestimmtes Verhalten hin wird eine Gegenreaktion notwendig. Und diese Gegenreaktion stellt gleichzeitig eine erzieherische Einflussnahme dar.

Insgesamt wird daher selbst nach dieser Theorie eine Erziehung für möglich und unabdingbar gehalten.

#### 3.2.2.6 Beschäftigung mit dem ICH und Weltbezug

Aufgrund der Überlegungen zur Antipädagogik fragt sich, wie die praktische Erziehung und auch die wissenschaftliche Pädagogik aus ihrer zum Teil sehr widersprüchlichen Situation herauskommen könnten.

Denn die gegenwärtig praktizierte Pädagogik gibt entweder Antworten auf bestimmte Verhaltens- oder Vorgehensweisen oder sie wirft Fragen auf, die nicht aktuell sind, bzw. sie hat sich in der systematischen Fragestellung die Thematik der Human- und Sozialwissenschaften aufdrängen lassen. Dieses sind im Wesentlichen Psychologie, Soziologie und Politologie.

Das bedeutet, dass die Pädagogik in sehr viele und unterschiedliche wissenschaftliche Richtungen zerfällt. Es gibt in der Pädagogik allgemein verschiedene Strömungen. Es gibt den Ansatz, der sich an der zeitlichen Entwicklung der Erziehung orientiert, wohingegen eine andere Tendenz in der Pädagogik sich eher der Systematik der Erziehungsmodelle annähert.

Dass die historische Pädagogik in ihrem Kern nicht immer aktuelle Fragen aufwirft, sondern in ihre Geschichte und damit auch in die der Geschichte vorangehende Gedankenwelt einführt, ist unter Beachtung ihres Grundansatzes eine zwingende Notwendigkeit. Sie knüpft ausschließlich an die geschichtliche Entwicklung des Menschen, seines Umfelds und der gesellschaftlichen Strömungen an.

---

[765] Braun, ZfJ 1989, 331 (335).

Bedenklich erscheint in diesem Zusammenhang nur, dass die Denkanstöße der historischen Pädagogik zu einer systematischen Pädagogik nicht mehr passen. In der historischen Pädagogik ist der Mensch immer als Ganzes thematisiert worden, so wie es unter anderem von Commenius formuliert worden ist: "Vernunft und Erfahrung zeigen offensichtlich, dass sich das menschliche Vermögen als Ganzes nicht immer im Gleichklang halten kann, sondern dass es vielmehr in schädlicher Weise aus dem Gleichgewicht gerät, wenn es sich nur an andere verschwendet und sich nicht dem gesamten Sachverhalt zuwendet. Daraus geht hervor, dass das Ganze unverkürzt hingenommen werden muss und nicht brockenweise dieses oder jenes aufgenommen werden darf."[766]

Aus diesem Zitat wird deutlich, dass die historische Pädagogik den Menschen in der Gesellschaft als Ganzes betrachtet. Denn der Mensch kann unter keinen Umständen losgelöst von seinem Umfeld erzogen werden. Demgegenüber stellt die systematische Pädagogik den Menschen als Individuum in den Vordergrund. Nach dieser pädagogischen Strömung werden die Einflüsse der Gesellschaft nur am Rande berücksichtigt.

Meines Erachtens kann keine dieser pädagogischen Richtungen für sich genommen allein zutreffend sein, vielmehr ist Kombination aus beiden Richtungen der Pädagogik die zutreffende Lösung.

Bei einer effizienten Erziehung muss der einzelne Mensch selbstverständlich im Vordergrund stehen. Er kann aber nicht unabhängig von seinem gesellschaftlichem Umfeld erzogen werden.

Damit ist festzustellen, dass es Erziehung in verschiedenen Abstufungen gibt, wie sie von Braun in eine Welt und ein In-der-Welt-Sein eingeteilt wird.[767] Hiermit meint er zum einen die Persönlichkeit des einzelnen Menschen und zum anderen die jeweilige Gesellschaft, die den einzelnen Menschen umgibt. Eine Erziehungsmethode, die diese beiden Komponenten berücksichtigt, beinhaltet gleichzeitig eine Erziehung zum Ich und zur Ich-Stärke und ist somit eine Verbalharmonisierung der Erziehung und auch der wissenschaftlichen Pädagogik.

Schon ein Kind wird bereits in frühen Kindertagen häufig auf die Vorgänge seines Bewusstseins hingewiesen, die auch später gerne als Bedürfnisse bezeichnet werden. Gerade diese Entwicklung soll eine Erziehung zum Ich und zur Ich-Stärke darstellen.

---

766 Commenius, Pampedia, S. 95.
767 Braun, ZfJ 1989, 331 (335).

Bei einer derartigen Überlegung wird aber häufig übersehen, dass es keine allgemein verbindliche menschliche Bedürfnisskala gibt, wenn einmal von den Grundbedürfnissen, wie Hunger, Durst und Schlaf abgesehen wird. Gegen diese These sind bereits vor Jahrzehnten Zweifel angemeldet worden. Es wurde in diesem Zusammenhang festgestellt:

"Die psychoanalytisch betonten Grundtriebe sind gar keine Triebe im engeren Sinne, sie sind zu partiell. Sie schlagen nicht so eindeutig durch wie etwa der Hunger, der psychoanalytisch überall als ein sehr ausgelassenes Bedürfnis betrachtet wird. Sie sind nicht so die letzte Instanz wie der schlichte Trieb, sich am Leben zu erhalten.[768] Dieser Trieb sei als der Selbsterhaltungstrieb zu bezeichnen, er allein dürfte so grundlegend sein, dass er die anderen Triebe überhaupt ins Werk setzt."[769]

Daher ist grundsätzlich zwischen Grundbedürfnissen und sonstigen individuellen Vorgängen des Bewusstseins zu unterscheiden.

Die Erziehung muss daher doppelt ansetzen. Im Vordergrund sollte aber meines Erachtens das Einwirken auf die sonstigen individuellen Vorgänge des Bewusstseins stehen. Denn Grundbedürfnisse sind in der Regel nicht oder nur sehr wenig zu beeinflussen.

Neben der Differenzierung zwischen historischer und systematischer Pädagogik gibt es noch die Unterscheidung in rationalistische und technologische Pädagogik. Diese Abgrenzung innerhalb von pädagogischen Strömungen setzt fast ausschließlich auf das Einwirken auf Bewusstseinszustände bei der Erarbeitung und Formulierung von Erziehungszielen.[770]

Brezinka, der zwar im Grundsatz die Aufgabengebiete der Erziehung voneinander abzugrenzen versucht, definiert "Erziehung" als jene soziale Handlungen, durch die Menschen versuchen, das Gefüge der psychischen Disposition anderer Menschen der nachfolgenden Generation dauerhaft zu verbessern oder die eigenen als wertvoll beurteilten Komponenten zu erhalten und auszubauen.[771] Erst in neuerer Zeit ist "Tüchtigkeit als Erziehungsziel"[772] wiederentdeckt worden.

---

768 Bloch, Band 1, S. 71.
769 Bloch, Band 1, S. 71.
770 Vgl. Rülcker; Bildung-Gesellschaft-Wissenschaft, Heidelberg 1976.
771 Brezinka; Erziehungsziele, Erziehungsmittel, Erziehungserfolg, S. 11.
772 Brezinka; Pädagogische Rundschau 41 (1987), S. 549.

Hieraus ergibt sich also insgesamt, dass in der Pädagogik und damit auch in der Erziehung der Psycho- und Sozialgedanke eine entscheidende Rolle spielt.

Zu welchem Zeitpunkt sich dieses ändern wird, ist nicht vorauszusehen, auch wenn eine Kehrtwendung in dieser Definition der Pädagogik von größter Wichtigkeit wäre. Denn sowohl bei der jetzigen praktischen Pädagogik als auch bei der Anwendung der Erziehung als solche besteht immer wieder die Gefahr, dass die zu erziehende Person häufig wieder in die Dunkelheit und Leere ihres eigenen Bewusstseins geführt wird und damit gleichzeitig zum Teil in die Sinn- und Wertlosigkeit des eigenen Daseins.

Infolgedessen erscheint es besser vertretbar zu sein, die mit diesem Erziehungskonzept befürwortete Art der Pädagogik und Erziehung eher als Therapie zu bezeichnen als eine wirkliche Pädagogik.

Denn es geht bei dieser Erziehungsmethode häufig lediglich darum, dass das Bewusstsein eines jungen Menschen einer gesellschaftlichen Realität angepasst werden soll. Durch diese Methode wird der junge Mensch nicht aber in seine Verantwortung und Freiheit in der gegenwärtigen Welt hineinversetzt oder herangeführt, sondern er wird immer in einer bestimmten Abhängigkeit von dem eigenen ICH und der Gesellschaft gehalten. Hierdurch entsteht ein Teufelskreis von subjektiver Wertung, Selbstbezogenheit, Unreife und eine gewisse Sinnlosigkeit, die mit der Weltlosigkeit einhergehen kann.

Im Gegensatz zu den durch dieses Konzept aufgestellten Zielen sollte es einer Pädagogik, die eine derartige Bezeichnung verdient, nicht darum gehen, das Subjekt seiner Umwelt anzupassen und gegebenenfalls zu zerstören, sondern die Ziele der Pädagogik sollten bewirken, dass die einzelnen Menschen sich zu Wesen entwickeln, die sich als selbstständig handelnde Individuen in das jeweilige Geschehen in einer bestimmten gesellschaftlichen Struktur einbringen kann. Das kann selbstverständlich erst dann geschehen, wenn der Stand in der Welt und im Leben von dem Individuum zunächst einmal erkannt worden ist. Ein derartiges Ziel in einer Pädagogik wäre ein Schritt in die richtige Richtung.

Das aufgezeigte Ziel lässt sich aber in erster Linie mit einer entsprechend orientierten Erziehung zumindest den Ansätzen nach erreichen. Die verschiedenartigen Ziele, die das Leben eines einzelnen Menschen als solches vorgibt, sind eine besondere Art der Bewusstseinspflege; sie kann aber nicht erzieherische Einflussnahme durch Erziehungsberechtigte oder sonstige dem Jugendlichen nahestehenden Personen ersetzen.

Einige Erziehungsberechtigte handeln und denken in ihren eigenen Werten und Denkmodellen, die nur sehr bedingt an die Maßstäbe und Anforderungen der heutigen Gesellschaft angepasst sind. Es ist auch nicht vermeidbar, dass sie ihre eigenen höchstpersönlichen Werte und Wertvorstellungen an ihre Kinder weitergeben. Das hat zur Folge, dass die Kinder dieser Eltern mit ihren Wertvorstellungen und Denkmustern zum Teil nur schwer in der Gesellschaft zurechtkommen und insgesamt weltfremd erscheinen, wobei allerdings zu bedenken ist, dass der Mensch in seiner späteren Entwicklung auch den Einflüssen anderer Menschen ausgesetzt ist. In einigen Fällen, in denen der elterliche Einfluss überwiegt, kann sich der Mensch nicht zwangsläufig an menschlichen Werten und auch nicht an den Werten der heutigen Gesellschaft orientieren. Das zeigt sich insbesondere daran, dass sich auch Kinder aus normal angepassten Elternhäusern in der Gesellschaft auffällig verhalten. Hier ist in erster Linie an Wohlstandskriminalität oder Rebellion gegen bestimmte Normen oder die Spießigkeit des Elternhauses zu denken.

Bereits vor mehr als zwanzig Jahren hat sich Albert Görries die Frage gestellt: "Kennt die Psychologie den Menschen?". In diesem Zusammenhang hat er Folgendes beschrieben:

"Wer im Bewusstsein der Unsicherheit der Psychologien nach festen Standpunkten sucht und endlich einige verlässliche Ergebnisse und Lehren gefunden zu haben glaubt, muss den Widerspruch des Lebens erkennen und vor diesem erblassen. Er erfährt immer wieder, wie neue Erkenntnisse und eine veränderte Lebenseinstellung das einmal Gesicherte in Frage stellen können. Außerdem bemerkt er, dass die scheinbar Handelnden sich jahrzehntelang vom Abfall vollmundiger, aber auch widerlegter Meinungen ernähren. Psychologie scheint am einfachsten in Abfallprodukten, handlichen Simplikationen und Verallgemeinerungen, die in den Nachbargebieten wie Pädagogik, Medizin, aber auch in den eigenen Bereichen ihren wissenschaftlichen Untergang erstaunlicherweise überdauern."[773]

Zu diesem Zitat ist zu bedenken, dass das Bewusstsein eines Menschen immer seine Vorstellungen hat, die selbstverständlich nicht alle der Phantasie entspringen, sondern insbesondere auch durch andere Menschen und gesellschaftliche Vorgaben bestimmt werden. Aufgrund der sehr subjektiven Wahrnehmungen kann also ein Konfliktfeld zwischen individuellen Vorstellungen und Realität entstehen.

Die moderne Pädagogik pflegt häufig unter dem Druck der Human- und Sozialwissenschaften gerade jene Auffassungen, die der Phantasie entspringen. Eine in der Phantasie bestehende Welt kann häufig leichter gerade von jungen

[773] Görries, Fragen zwischen Psychotherapie, Anthropologie und Christentum, S. 39.

Menschen ertragen werden als die Realität in einer Gesellschaft. Durch diesen pädagogischen Ansatz wird gerade bei Jugendlichen die Flucht in eine Ersatzwelt gefördert, die in vielen Fällen im Alkohol oder Drogenkonsum endet. Diese (Rausch-)Mittel sollen dazu beitragen, dass die real existierende Welt, in der wir leben (müssen), umgangen, ausgeschaltet oder sogar übergangen wird. In diesen Fällen wird häufig von einer Bewusstseinserweiterung durch Drogen gesprochen, die das Leben lebenswert machen, aber offensichtlich die Tatsache übergangen, dass das Leben in der Welt eine Droge ist, die zu einer bestimmten Verwirklichung drängt und die Realität aus dem Auge verliert. Dazu müssen selbstverständlich die Bewusstseinszustände des Ichs zu Gunsten der Beziehungen des Menschen zu seiner Umwelt überwunden werden. Hierzu gehören Freiheit und Verantwortlichkeit als zentrale Funktionen, die die Erziehung im verantwortungsvollen Bewusstsein künftiger Generationen zu verkörpern haben.

Grundtenor einer solchen Erziehung sind demnach nicht Bedürfnisse des Ichs, wie sie die Pädagogik der Ich-Stärke thematisiert, sondern wie der Einzelne seiner Aufgabe als Mensch, Werte der Gesellschaft weiterzugeben sowie eigene Wertvorstellungen zum Wohl anderer in die Gesellschaft einzubringen, gerecht werden kann. In dieser Aufgabe soll zugleich die Darstellung der eigenen Würde beinhaltet sein.[774]

Auch wenn dieses Erziehungsmodell in seinem Ergebnis zweifelhaft erscheinen mag, ist festzuhalten, dass auch dieses grundsätzlich Erziehung für realisierbar hält. Ein Mensch kann sich nicht ohne eine erzieherische Einflussnahme in einer Gesellschaft mit ihren vielschichtigen Regeln zu einer Persönlichkeit entwickeln.

#### 3.2.2.7 Ergebnis

Im Ergebnis lässt sich, unabhängig davon, welcher Erziehungstheorie gefolgt wird, Folgendes festhalten:

Es ist mit allen pädagogischen Theorien zur Erziehung und den damit verbundenen unterschiedlichen Erziehungsansätzen, die ich zum Teil versucht habe in ihren Grundzügen darzustellen, zu vereinbaren, wenn behauptet wird, dass die Erziehung eines Kindes und eines Jugendlichen in jedem Fall möglich,

---

[774] So auch Braun, ZfJ 1989, 331 (335).

sinnvoll und zudem für die weitere Entwicklung des einzelnen Menschen in der Gesellschaft erfolgversprechend erscheint.

Fraglich ist für den Einzelfall lediglich, welcher erzieherische Ansatz für den einzelnen Jugendlichen gewählt werden sollte.

Für eine erfolgreiche Entwicklung der jungen Menschen scheint es nicht sehr aussichtsreich und realisierbar zu sein, wenn Kinder und Jugendliche sich ausschließlich aus sich heraus ohne weitere Erziehungseinflüsse zu einer starken Persönlichkeit entwickeln und sich als solche in eine funktionierenden Gesellschaft eingliedern sollen. Daher ist Erziehung grundsätzlich notwendig und unverzichtbar.

Streitig könnte lediglich sein, mit welcher Erziehungsmethode oder Erziehungstheorie sich die meisten auftretenden Konflikte in der Eltern-Kind- Beziehung vermeiden lassen.

Eine Entscheidung, welcher der Erziehungstheorien gefolgt werden sollte, braucht an dieser Stelle aber nicht getroffen zu werden, da alle Theorien Erziehung grundsätzlich bejahen und die Erziehung in ihrer Sinnhaftigkeit nicht ablehnen. Ein Ergebnis könnte in diesem Fall sein, dass zur Regelung von Konflikten im Einzelfall eine Mischung aus verschiedenen Erziehungsmodellen die sachgerechteste Entscheidung sein kann.

Selbst die Theorie der Antipädagogik - auch wenn sich aus ihrem Namen Gegenteiliges herleiten ließe - verneint die Erziehung nicht grundsätzlich, sondern lehnt lediglich ein konkretes Erziehungskonzept ab. Vielmehr hält diese Theorie indirekte Einflussmöglichkeit im konkreten Fall für ausreichend. Auf diese Weise könne der Jugendliche zunächst eigene Erfahrungen machen und werde nicht entsprechend des Erziehungsideals der Eltern geprägt.

Unter Berücksichtigung des Ergebnisses, dass Erziehung von jungen Menschen notwendig, sinnvoll und auch realisierbar ist, sollte dennoch eine differenziertere Bewertung der Erziehungsmöglichkeiten konkret bei Jugendlichen im Alter von 14 bis 18 Jahren unter Berücksichtigung der Entwicklung in der Eltern-Kind-Beziehung im Jugendalter vorgenommen werden.

### 3.2.2.8 Entwicklung der Eltern-Kind-Beziehung im Jugendalter

Bisher wurde nur auf den Inhalt der Erziehung und ihre Einflussmöglichkeiten auf die Entwicklung der Jugendlichen im Allgemeinen eingegangen. Die Fragen, ob auch 14- bis 18-jährige Jugendliche noch erzogen werden können und welche Konsequenzen die Eltern-Kind-Beziehung für die Erziehung im Jugendalter habe, bleiben dennoch bestehen.

Ausgangspunkt für die sich anschließende Betrachtung ist die Annahme, dass eine erhebliche Veränderung der Eltern-Kind-Beziehung in der Adoleszenz stattfindet, die das bestehende Eltern-Kind-Verhältnis zum Teil in Frage stellt und damit die Erziehungsmöglichkeiten zweifelhaft erscheinen lassen könnte. Die Veränderung der Eltern-Kind-Beziehung ist ein sozialer Prozess, der sich im Regelfall in der alltäglichen Beziehungsarbeit vollzieht.

Interessant ist in diesem Zusammenhang noch die Frage, wie dieser Entwicklungsprozess im Jugendalter, der in ein episodisches Konfliktgeschehen eingebunden ist, psychologisch gesehen werden kann. Es ist insbesondere die Tatsache von Bedeutung, dass es in aller Regel nicht zu einer völligen Ablösung der Eltern von ihren Kindern und umgekehrt kommt oder zumindest kommen sollte.

Nicht ausschließlich die Jugendlichen selbst, sondern auch ihre Eltern erleben in der Adoleszenz gravierende entscheidende Veränderungen. Die Veränderungen, die sich als Resultate der Entwicklungsprozesse der Kinder im Familiensystem manifestieren, setzen auch bei den Eltern individuelle Anpassungsprozesse an die veränderten Lebenssituationen in Gang. Es wurde in der Literatur in Untersuchungen über die Lebensplanung von Menschen festgestellt, dass das mittlere Alter eines Menschen als eine Lebensphase mit gesteigerter innerpsychischer Unruhe, die sich zum Teil bis hin zur Unzufriedenheit darstellt, gekennzeichnet werden kann.[775]

Es fragt sich in diesem Kontext, ob und gegebenenfalls welche Zusammenhänge zwischen Veränderungen in der Eltern-Kind-Beziehung und dem Wohlbefinden der Eltern bestehen. In diesem Kontext ist von Bedeutung, dass die Individuationsprozesse der Kinder und Jugendlichen bei den Eltern psychische Reaktionen auslösen können.

Nach Silverberg und Steinberg gibt es zwei Möglichkeiten, die Auswirkungen, die Veränderungen der Kinder auf ihre Eltern haben können, theoretisch zu fassen.[776]

---

[775] Silverberg, S. 290f.
[776] Silverberg und Steinberg, S. 294.

Die erste Möglichkeit, auf identifikatorische Prozesse abzuheben, kommt aus der psychoanalytischen Tradition.[777] Es wird davon ausgegangen, dass Eltern sich mit ihren Kindern identifizieren und sich selbst angesichts der Veränderungen, mit denen ihre Kinder jetzt konfrontiert werden, neu bewerten. Zu dem Zeitpunkt, zu dem die Kinder sich emotional von den Eltern zu entfernen beginnen und bis dahin bewährte Familientraditionen der eigenen Familie in Frage stellen, werden die Eltern als Erziehungsberechtigte ambivalent und defensiv in Bezug auf sich selbst, ihre momentane Lebenssituation und ihr Wertesystem. Diese Erscheinung kann sich kontraproduktiv auf die Erziehung und ihre Erfolge auswirken.

Ein zweiter, eher theoretischer Ansatz versteht die adoleszenzspezifischen Transformationen der Eltern-Kind-Beziehung als Stressfaktoren. In diesem Zusammenhang wird in der Literatur festgestellt, dass insbesondere Familien mit Kindern, die sich im Übergang zum Jugendlichenstatus befinden, einem erhöhten Familienstress ausgesetzt zu sein scheinen als Familien mit Kleinkindern.[778]

Die alterstypisch kritischen und zum Teil besserwisserischen Einwände der Jugendlichen gegenüber ihren Eltern können von diesen als Bedrohung der eigenen Person und auch der elterlichen Erziehung und Kontrolle verstanden werden. Es erfordert ein höheres Maß an Selbstkritik und Selbsthinterfragung, um auf die Einwände und Kritik ihrer Zöglinge einzugehen.

Probleme und Konflikte zwischen Eltern und Jugendlichen erfordern von den Eltern als Erziehungsberechtigte vollkommen andere Fähigkeiten als die Auseinandersetzung mit Kleinkindern. Diese veränderten Situationen können dazu führen, dass die betreffenden Eltern sich in ihrer Elternrolle wesentlich unsicherer fühlen als vorher. Im Regelfall müssen sie mehr Überzeugungskraft und stärke Argumentationstechnik einsetzen.

Silverberg und Steinberg haben Untersuchungen dazu angestellt, inwieweit die Angaben der Erziehungsberechtigten zu ihrem eigenen Wohlbefinden mit Konflikten zwischen Eltern und Jugendlichen verknüpft waren und auf welche Weise die Konflikte wiederum mit der emotionalen Autonomie der Jugendlichen in einen Zusammenhang zu bringen sind.[779] Die Wissenschaftler fanden heraus, dass Identitätskrisen bei dem jeweiligen Elternteil öfter zu beobachten sind, der das Geschlecht des Jugendlichen hat (z.B. Mütter und Töchter), wenn der betreffende Jugendliche im Verlauf seiner Lebensentwicklung mehr emotionale Autonomie und Widerstand zeigt.[780]

---

777 Benedek, S. 21f.; Farrell, S. 47; Rosenberg, S. 51f.
778 Schneewind, S. 124.
779 Silverberg und Steinberg, S. 295.
780 Silverberg und Steinberg, S. 296.

Außer den empirischen Untersuchungen zu den individuellen innerpsychischen Prozessen der Eltern sind außerdem auch noch Überlegungen bedeutsam, welche sich allgemein auf die unterschiedliche Position der einzelnen Familienmitglieder auf das Entwicklungskontinuum beziehen.

Zum Zeitpunkt der Adoleszenz der Kinder befinden sich in aller Regel drei Generationen der Familie in entscheidenden Abschnitten ihres Lebens.[781]

Die Verbindung dieser unterschiedlichen Interessen bringt mehrere Aspekte für die Elternperspektive mit sich:

- unterschiedliche Zukunftsperspektiven;
- unterschiedliche Entwicklungsaufgaben;
- unterschiedliche Integration in das gesellschaftliche System.

In der Literatur wurde unter anderem auch der Aspekt hervorgehoben, dass Eltern zum Zeitpunkt der Adoleszenz ihrer Kinder an einem Punkt ihres Lebens stehen, an dem die Karrieren sich in aller Regel auf dem Höhepunkt befinden.[782] Dieses erfordert dann erhöhten beruflichen Einsatz, der sich möglicherweise negativ auf das Familienleben insgesamt und vor allem die Einflussmöglichkeiten der berufstätigen Eltern auf ihre Kinder auswirkt.

Zu dem Zeitpunkt, in dem ihre Kinder anfangen, die Welt zu erobern und sich eine eigene Welt zu schaffen, und es für die jungen Menschen so aussieht, als könnten sie unter vielen Möglichkeiten wählen, stehen die Eltern vor der Aufgabe, Bilanz zu ziehen und zu überlegen, ob die vor Jahren getroffene Entscheidung in der Frage Beruf und Kinder oder ausschließlich Kinder die richtige war. Während sich für die eine Generation aufgrund der derzeitigen gesellschaftlichen Randbedingungen Wege eröffnet haben, muss die andere Generation sich damit auseinandersetzen, dass die eigenen Möglichkeiten zunehmend weniger werden.

Zur gleichen Zeit ist die Großelterngeneration damit beschäftigt, den eigenen Altersruhestand vorzubereiten und mit gesundheitlichen Problemen zu kämpfen. In vielen Fällen kann es auch dazu kommen, dass ein Teil des Großelternpaares aufgrund des Todes des Ehepartners eine erhöhte Aufmerksamkeit von der mittleren Generation erfordert. Die mittlere Generation, also die Elterngeneration, befindet sich dann in einer komplizierten Lage: Die Kinder werden

---

781 Grotevant, S. 38.
782 Levinson, S. 147.

langsam erwachsen, dies verlangt eine Neudefinition der Elternrolle und darüber hinaus der Beziehung als solcher. Gleichzeitig werden die eigenen Eltern oft in zunehmenden Maße von ihnen abhängig. Sie benötigen in vielen Fällen eine umfassende Fürsorge wie ein Kind.[783] In dieser Situation ist die erzieherische Einflussmöglichkeit auf ihre Kinder zwar erschwert, aber nicht gänzlich verloren.

Grundsätzlich ist die Fähigkeit der Jugendlichen, sich von ihren Eltern zu individuieren, nicht ausschließlich von der Beziehung zu ihren Eltern bestimmt, sondern auch durch die Beziehung, die die Eltern wiederum zu ihren Eltern, also zu den Großeltern der Jugendlichen, unterhalten.

In der Literatur wird zum Teil auf die Tatsache hingewiesen, dass die Individuen zu jedem Zeitpunkt ihres Lebens gewisse Entwicklungsaufgaben zu bewältigen haben. Während sich die Jugendlichen - allgemein formuliert - darauf vorbereiten, ein selbstständiges Leben zu führen und einen eigenen Hausstand zu gründen, müssen sich die Eltern auf die Phase des "empty nest" einstellen.[784]

Lange Jahre war vielleicht die elterliche Beziehung unter die Maßgabe des gemeinsamen Aufziehens der Kinder gestellt. In sehr vielen Fällen muss die elterliche Partnerbeziehung neu definiert werden, wenn das "Bindeglied Kind" zwischen den Partnern wegfällt. Häufig geraten Elternpaare in schwere Beziehungskrisen. Gelingt eine Neudefinition der Elternbeziehung nicht, dann fühlt sich der Jugendliche durch eine unausgesprochene Botschaft der Eltern: "Wir brauchen dich, geh nicht weg", weiterhin auf maligne Weise an die Eltern gebunden, und eine altersgerechte Transformation der Beziehung zwischen Eltern und Kind bleibt aus.

So kann es z. B. eintreten, dass ein Jugendlicher oder sogar Erwachsener psychisch weiterhin Kind bleiben muss, um die Ehe der Eltern zu retten. Anderenfalls lebt er mit einem ständig schlechten Gewissen, wenn er nicht alles tut, um die Beziehung und Ehe der Eltern zu retten. Unter dieser Prämisse kann weder Erziehung funktionieren, noch eine stetige Entwicklung der Jugendlichen vorangebracht werden.

---

[783] Kesselmann hat sich in seinem Werk "Wenn Eltern Kinder werden ... und doch Eltern bleiben - die Doppelbotschaft der Altersdemenz" mit diesem Problem der mittleren Generation befasst.

[784] Braun, S. 157; Lange, S. 47.

Gerade aus der Familientherapie von Jugendlichen sind zahlreiche Fälle dieser Art bekannt, wenn die Jugendlichen zu Sorgenkindern werden und entweder in die Psychose abgleiten, suizidal werden oder in die Rauschgiftabhängigkeit geraten, um - vereinfacht ausgedrückt - ihre Eltern mit etwas zu versorgen, worüber sie sprechen können und worüber sie sich beide Sorgen machen können und müssen. Dieses Gesprächsthema schafft zunächst verbindenden Gesprächsstoff. Wenn das Sorgenkind als Gesprächsthema ausfällt, würde die Sprachlosigkeit und Leere in der elterlichen Beziehung offenkundig werden, und die Ehe der Eltern wäre möglicherweise gefährdet. In diesem Zusammenhang ist es besonders wichtig, die Perspektive der Eltern für ihre eigene Partnerschaft mit einzubeziehen.

In der familientherapeutischen Praxis zeigt sich, dass, wenn es gelungen ist, eine betroffene Person zu heilen, ein anderes Familienmitglied Symptome zu zeigen beginnt und die Aufgabe eines Sorgenkindes übernimmt. Solange nicht am Problem der Eltern gearbeitet wird, können Therapeuten dann bestenfalls ein Zirkulieren der Symptome bei den Eltern erreichen, das System Familie bleibt jedoch weiterhin unfähig, sich der Entwicklungsaufgabe gerade der Eltern, die sich mit der Adoleszenz der Kinder stellt, entsprechend adäquat zu verändern. Solange es an einer derartigen Veränderung fehlt, kann eine normale altersgerechte Entwicklung der Kinder und Jugendlichen, die mit den notwendigen erzieherischen Einflussmöglichkeiten unterstützt wird, nicht oder nur unter erheblich erschwerten Bedingungen gewährleistet werden.

Nach der Auffassung von Peters sind die Mitglieder der älteren Generation bereits in das gesellschaftliche System integriert, während sich die Jugendlichen diesbezüglich in der Phase des Erstkontaktes mit bestimmten gesellschaftlichen Strukturen befinden.[785]

Bengsten und Black sind der Auffassung, dass unbekannte Größen in bestehenden Systemen einer Gesellschaft für den Neuankömmling leichter zu identifizieren sind. Jugendliche mit ihrem Wunsch, ein eigenes, möglichst widerspruchsfreies Weltbild zu formen, werden aufgrund dessen für die Elterngeneration zu denen, die Schwächen und Mängel an dem System aufdecken, an das sich die Eltern gewöhnt haben und mit dem sie sich bis zu einem gewissen Grad verwachsen fühlen.[786]

---

785 Peters, S. 21f.

786 Bengsten und Black, zitiert nach Peters, S. 23.

Zinnecker schreibt in diesem Zusammenhang: "Die Beschäftigung mit den Jüngeren ist für die Eltern-Generation zugleich eine privilegierte Lernsituation. Über die eigenen Kinder werden die Erwachsenen mit einer Vielzahl kultureller Freisetzungsprozesse konfrontiert, die den Erfahrungsschatz der eigenen Generation in Frage stellen.[787] Hieraus ließe sich der Umkehrschluss ziehen, dass in der Entwicklung der Kinder auch gleichzeitig eine Chance liegt, den eigenen Erfahrungsschatz zu erweitern und gegebenenfalls neu zu definieren.

Wichtig für das Verhältnis der Generationen in einer Familie ist die Frage, ob die Erwachsenen die Kritik der Jugendlichen als Bedrohung oder als Bereicherung erleben. Nach Zinneckers Untersuchungen sind Erwachsene mit einem hohen Maß an Jugendfeindlichkeit dazu fähig, die Bedrohung der einmal fixierten persönlichen und kulturellen Identität besonders hervorzuheben. In diesen Fällen ist eine Konfliktsituation vorgezeichnet.

Insgesamt lässt sich aber feststellen, dass es oberstes Ziel von allen Betroffenen, insbesondere aber der Elterngeneration sein sollte, ihre eigene Position insoweit zu festigen, dass sie Fähigkeiten besitzen, die eigenen Konflikte und Probleme zu lösen und insoweit im Griff zu haben, dass sie in der Lage sind, unabhängig von eigenen Konflikten in sachgerechter Form erzieherischen Einfluss auf die Jugendlichen zu nehmen. Je weniger die Elterngeneration konfliktbelastet ist, desto höher ist die Wahrscheinlichkeit einer überzeugenden Einflussnahme auf den Jugendlichen mit der erwünschten Wirkung. Denn die Jugendlichen akzeptieren Argumente ihrer Eltern eher, wenn diese selbst in einer harmonischen, intakten und stabilen Beziehung leben und aufgrund dessen überzeugender wirken.

Trotz dieser aufgezeigten Schwierigkeiten, die in der Adoleszenz auftreten können, können insgesamt die Erziehungsmöglichkeiten bei Jugendlichen im Alter von 14 bis 18 Jahren im Grundsatz nicht in Frage gestellt werden.

---

[787] Zinnecker, S. 93.

### 3.2.2.9 Zusammenfassende Stellungnahme

Für die Frage, inwieweit der Erziehungsberechtigte und auch der gesetzliche Vertreter noch auf 14- bis 18-jährige Jugendliche einwirken können, lässt sich anhand der theoretischen pädagogischen Aspekte zur Erziehung und aufgrund der Ausführungen zu der Entwicklung der Eltern-Kind-Beziehung während der Adoleszenz feststellen, dass der Erziehungsberechtigte oder auch der gesetzliche Vertreter eines Jugendlichen grundsätzlich noch erzieherische Einflussmöglichkeiten auf ihren Schützling besitzen, zumal eine komplette Ablösung von Eltern und Kindern in aller Regel selbst bis zum Eintritt in die Volljährigkeit nicht stattfindet und auch nicht stattfinden muss.

Es ist lediglich festzustellen, dass mit zunehmendem Alter des Jugendlichen eine Veränderung der Eltern-Kind-Beziehung eintritt und diese auch notwendig ist. Diese Veränderung der Eltern-Kind-Beziehung kann ein beachtliches Ausmaß haben. Sie nimmt aber dennoch nicht das Ausmaß an, dass der Erziehungsberechtigte oder gesetzliche Vertreter derart gehindert wird, seine Erziehung geltend zu machen. Eine erzieherische Einflussnahme ist daher auch bei 18-Jährigen noch möglich.

Aufgrund der dennoch bestehenden engen Bindung zwischen Eltern und Kindern können Erziehungsberechtigte und Jugendliche sich im Fall einer positiven Entwicklung gegenseitig beeinflussen. Demzufolge ist auch eine erzieherische Einwirkung durch die Erziehungsberechtigten auf einen straffällig gewordenen Jugendlichen nicht nur denkbar, sondern auch in der Praxis möglich. Dieses lässt sich auch auf den gesetzlichen Vertreter eines Jugendlichen, der in aller Regel auch in einem räumlichen und persönlichen Näheverhältnis zu dem straffällig gewordenen Jugendlichen steht, übertragen.

Infolgedessen ist es sowohl aus pädagogischer bzw. erzieherischer als auch aus psychologischer Sicht wünschenswert, für jedes Jugendstrafverfahren eine gesetzlich vorgeschriebene Anwesenheits- und Mitwirkungsverpflichtung des Erziehungsberechtigten und des gesetzlichen Vertreters zu fordern.

Nur in diesem Fall kann das vorhandene starke Bindungspotential der Eltern-Kind-Beziehung für das Jugendstrafverfahren und im Ergebnis im Sinne des Jugendlichen eingesetzt werden.

Es fragt sich aber, ob zur Realisierung einer Mitwirkungsverpflichtung des Erziehungsberechtigten und des gesetzlichen Vertreters die bestehenden Vorschriften, die dem Erziehungsberechtigten oder gesetzlichen Vertreter die Mitwirkung grundsätzlich ermöglichen, die betreffenden Personen aber nicht zu einer Teilnahme und Mitwirkung an Terminen des Jugendstrafverfahrens zwingen können, ausreichen. Nach dem derzeit geltenden Recht, steht es dem Erziehungsberechtigten oder gesetzlichen Vertreter grundsätzlich frei, an Terminen des Jugendstrafverfahrens mitzuwirken.

Eine Erscheinungsverpflichtung, die für den beschuldigten bzw. angeklagten Jugendlichen selbst gilt, gibt es nach derzeit geltenden Vorschriften im Jugendgerichtsgesetz nicht.

Ein Erscheinen bei bestimmten Terminen im Jugendstrafverfahren ist nur dann für den Erziehungsberechtigten und gesetzlichen Vertreter verpflichtend, wenn sie als Zeuge zu dem jeweiligen Termin des Verfahrens geladen worden sind.

Um ein Erscheinen zu gewährleisten, müssten die bestehenden Ermessensvorschriften im Jugendgerichtsgesetz in Vorschriften umformuliert werden, damit sie eine Pflicht zum Erscheinen für den Erziehungsberechtigten und gesetzlichen Vertreter vorschreiben. Diese Normen müssten eine gebundene Entscheidung der handelnden Behörden, der Staatsanwaltschaften und der Gerichte einfordern.

Nach geltendem Recht müssen alle Erziehungsberechtigten und gesetzlichen Vertreter zwar über den Verfahrensablauf sowie über bestimmte Termine im Verfahren informiert werden, ihnen ist aber gleichzeitig ein Entscheidungsspielraum eingeräumt worden. Sie können an bestimmten Terminen teilnehmen oder auch fernbleiben, ohne dass für sie im Falle des Fernbleibens bestimmte Konsequenzen zu erwarten sind. Eine Ausnahme besteht nur dann, wenn sie als Zeugen geladen worden sind.

Die zuständige Polizeibehörde sowie das zuständige Gericht kommen nach derzeit geltender Rechtslage ihrer gesetzlichen Mitteilungsverpflichtung schon dann nach, wenn es den Erziehungsberechtigten oder gesetzlichen Vertreter über das Verfahren und die stattfindenden Termine informiert.

Die Pflicht zum persönlichen Erscheinen des Erziehungsberechtigten oder des gesetzlichen Vertreters kann durch die bloße Informationspflicht nicht erreicht werden.

Aufgrund der Gesetzesformulierung "soll" in § 67 Abs. 2 JGG hat weder die Polizeibehörde oder die Staatsanwaltschaft noch das zuständige Gericht eine gesetzliche Ermächtigung, Zwangsmittel oder gar die Vorführung gegenüber dem Erziehungsberechtigten oder gesetzlichen Vertreter anzuwenden. Die jeweils zuständige Stelle muss dem Erziehungsberechtigten oder gesetzlichen Vertreter lediglich die Teilnahme an den Terminen des Jugendstrafverfahrens ermöglichen. Die Entscheidung über die tatsächliche Teilnahme und Mitwirkung des Erziehungsberechtigten oder des gesetzlichen Vertreters an dem Jugendstrafverfahren obliegt den teilnahmeberechtigten Personen selbst.

Die Entscheidung, ob eine Beteiligung der Erziehungsberechtigten oder des gesetzlichen Vertreters stattfindet, allein von dessen Willen abhängig zu machen, erscheint aber gerade unter dem Grundsatz, dass jedem Jugendlichen ein grundsätzlich faires Verfahren gewährleistet werden soll, zweifelhaft. Denn es kann durchaus der Fall eintreten, dass ein Jugendstrafverfahren, an dem der Erziehungsberechtigten oder gesetzlichen Vertreter des betreffenden Jugendlichen teilnehmen, für den jugendlichen Angeklagten im Ergebnis günstiger verlaufen und seiner Persönlichkeit gerechter wird bzw. auch eine sach- und personengerechtere Rechtsfolge beinhaltet.[788]

Es ist nahe liegend, dass ein relativ personengerechtes Ergebnis eines solchen Strafverfahrens im nicht unerheblichen Umfang auf den Einfluss des Erziehungsberechtigten bzw. des gesetzlichen Vertreter zurückzuführen sein kann. Ein derartiges günstiges Ergebnis kann im Falle des Fernbleibens des Erziehungsberechtigten oder des gesetzlichen Vertreters in Frage gestellt werden.

Um gerade die Fälle zu verhindern bzw. zu vermeiden, in denen ein unterschiedlicher Verfahrensablauf von anwesenden oder fehlenden Erziehungsberechtigten oder gesetzlichen Vertretern abhängt, ist gerade im Jugendstrafverfahren, das nach den Regeln des Jugendstrafrechts durchgeführt wird, die Anwesenheit der Erziehungsberechtigten oder gesetzlichen Vertreter sach- und interessengerecht. Deshalb ist es nicht nur im Sinne des betreffenden Jugendlichen, sondern für einen fairen Verfahrensablauf notwendig, den Erziehungsberechtigten oder gesetzlichen Vertreter grundsätzlich zum Erscheinen zu verpflichten.

---

[788] Diemer/Schoreit/Sonnen, § 50 Rdn. 14.

Selbstverständlich ist eine derartige Verpflichtung des Erziehungsberechtigten oder gesetzlichen Vertreters höchst problematisch. Denn ein zum Erscheinen gezwungener gesetzlicher Vertreter oder Erziehungsberechtigter wird sich in aller Regel erzieherisch kontraproduktiv verhalten. Es sollte deshalb in jedem Fall auf eine polizeiliche Vorführung als Zwangsmaßnahme verzichtet werden. Wenn die Erziehungsberechtigten oder gesetzlichen Vertreter trotz ihrer Verpflichtung nicht erscheinen, sollten sie nochmals vom Gericht auf ihre Mitwirkungspflichten hingewiesen werden. Bleibt diese Aufforderung fruchtlos, muss das Verfahren dennoch durchgeführt werden und dem Jugendlichen ist ein Beistand zur Seite zu stellen.

Allerdings kann eine gesetzlich normierte Verpflichtung zum Erscheinen bewirken, dass der in Terminen des Jugendstrafverfahrens anwesende Erziehungsberechtigte oder gesetzliche Vertreter die wirkliche Situation in ihrer Tragweite erfasst und sich aufgrund dieses Eindrucks de facto zumindest moralisch mehr verpflichtet sieht, mitzuwirken und den Jugendlichen zu unterstützen, als wenn es sich hierbei um eine bloße Kann-Bestimmung handelt.

Nur auf diese Weise kann verhindert werden, dass der möglicherweise positive Einfluss des Erziehungsberechtigten oder gesetzlichen Vertreters auf das Verfahren gegen den Jugendlichen und die abschließende Rechtsentscheidung nur deshalb vereitelt wird, weil niemand aus dem Personenkreis des Erziehungsberechtigten oder gesetzlichen Vertreter sich entweder in der Lage sieht noch willens ist, zu den Terminen in einem Jugendstrafverfahren gegen ihren Zögling zu erscheinen und entsprechend ihrer Fähigkeiten mitzuwirken.

Ein ordnungsgemäßes und vor allem für den Jugendlichen selbst faires Jugendstrafverfahren mit einer sachgerechten Endentscheidung sollte in jedem einzelnen Fall gewährleistet werden können.[789] Eine derartige Gewährleistung kann und darf aber nicht im Wesentlichen von dem Willen des Erziehungsberechtigten oder gesetzlichen Vertreters abhängen.

Vielmehr sollte ein ordnungsgemäßes und faires Jugendstrafverfahren durch die Polizeibehörden und Gerichte unter Anwendung der geltenden gesetzlichen Vorschriften gewährleistet werden können.

Nach geltendem Recht kann aber die Beteiligung des Erziehungsberechtigten oder gesetzlichen Vertreters nicht erzwungen werden, sie ist nur auf freiwilliger Basis herbeizuführen.

---

[789] Eisenberg, § 50 Rdn. 20, 21; Ostendorf, § 50 Rdn. 11.

Bevor eine Gesetzesnovellierung angestrebt wird, ist in diesem Zusammenhang allerdings zu bedenken, dass sich eine Erscheinens- und Mitwirkungsverpflichtung möglicherweise auch negativ auf den Verfahrensablauf auswirken könnte, wenn sich die betreffenden mitwirkenden Personen aus Gründen des Protests kontraproduktiv verhalten könnten, weil sie sich in ihrer Entscheidungskompetenz und Entscheidungsfreiheit, am Verfahren teilnehmen zu können oder auch fernzubleiben, eingeschränkt fühlen. Im Hinblick auf die den betreffenden Personen potentiell auferlegte Verpflichtung zum Erscheinen ist es im Ausnahmefall denkbar, dass sich die zwingende Anwesenheit des Erziehungsberechtigten oder des gesetzlichen Vertreters für den Verfahrensablauf und die Schlussentscheidung negativ auswirkt.

Diese vage Annahme, dass die Anwesenheit des Erziehungsberechtigten oder des gesetzlichen Vertreters mit einem möglicherweise kontraproduktiven Verhalten sich insgesamt negativ auf das Strafverfahren auswirken könnte, kann die in Betracht gezogene Erscheinensverpflichtung für den erziehungsberechtigten oder personensorgeberechtigten Personenkreis nicht in Frage stellen.

Im Fall von erheblichen Auffälligkeiten der betreffenden Personen im Verfahrensverlauf haben die Polizei, die Staatsanwaltschaft und das Gericht zur Vermeidung des aufgezeigten Problems immer noch die Möglichkeit, den erschienenen Erziehungsberechtigten oder gesetzlichen Vertreter vom gesamten Verfahren oder auch von bestimmten Terminen auszuschließen.

Denn eine Entziehung der Rechte sieht das Gesetz in §§ 51 Abs. 2 und 67 Abs. 4 JGG in jedem Fall vor. Diese Regelungen bedürfen auch keiner Änderung.

Insofern erscheint es unter Abwägung aller Vor- und Nachteile sachgerecht, eine Gesetzesänderung zu fordern, die eine Teilnahmeverpflichtung der Erziehungsberechtigten oder der gesetzlichen Vertreter ohne Anwendung von Zwangsmaßnahmen in einem Jugendstrafverfahren fordern. Mögliche Nachteile für den betroffenen Jugendlichen und auch für den Verfahrensablauf können durch die gesetzlich bereits vorgesehenen Ausschließungstatbestände vermieden werden.

## 3.3 Vorschläge zur Gesetzesänderung

Die vorstehende darstellende Untersuchung hat gezeigt, dass der Erziehungsberechtigte und der gesetzliche Vertreter erzieherisch auf den betroffenen Jugendlichen Einfluss nehmen und darüber hinaus den Gang und den Inhalt des Jugendstrafverfahrens maßgeblich mitbestimmen und gestalten kann. Darüber hinaus ist der Erziehungsberechtigte und der gesetzliche Vertreter aufgrund des persönlichen Näheverhältnisses zu dem jugendlichen Beschuldigten oder Angeklagten in der Lage, konkrete und detaillierte Angaben zu der Täterpersönlichkeit zu machen. Außerdem kann durch seine Angaben die mögliche Sanktionierung des Jugendlichen angemessener ausfallen.

Daher sollten die Voraussetzungen für eine Mitwirkungsverpflichtung der Erziehungsberechtigten oder der gesetzlichen Vertreter herbeigeführt werden.

Aus der vorstehenden Untersuchung hat sich ergeben, dass die derzeitige Regelung der Verfahrensstellung des Erziehungsberechtigten oder gesetzlichen Vertreter im Jugendstrafverfahren einige Mängel aufweist, die darin bestehen, dass die Mitwirkung des Erziehungsberechtigten und gesetzlichen Vertreters auf freiwilliger Basis erfolgen kann und eine Teilnahme an einem Jugendstrafverfahren von deren Willen abhängen.

Infolgedessen sollte es Aufgabe einer künftigen Reform des Jugendgerichtsgesetzes sein, diesen Schwächen abzuhelfen.

Grundsätzlich soll die eigentliche Stellung des Erziehungsberechtigten und des gesetzlichen Vertreters im Jugendstrafverfahren, wie sie die geltende Fassung des Jugendgerichtsgesetzes vorsieht, beibehalten werden. Dieser Personenkreis soll der gleiche sein und nach wie vor als ein mit eigenen Rechten und Pflichten ausgestatteter Verfahrensbeteiligter angesehen werden.

Ein wenn auch beschränktes Recht zur Vertretung des jugendlichen Beschuldigten oder des Angeklagten in der Prozessführung sollte dem Erziehungsberechtigten oder gesetzlichen Vertreter nicht zugestanden werden.[790] Denn hierdurch würde in unverhältnismäßiger Weise in die höchstpersönlichen Rechte des Beschuldigten bzw. Angeklagten eingegriffen.

---

[790] Dieses wurde von Engisch, S. 118ff. vorgeschlagen.

Maßgeblich für die Wahrung der eigenen Rechte und Pflichten in einem (Jugend-)strafverfahren ist die Verhandlungsfähigkeit und nicht die Geschäftsfähigkeit im Sinne des Bürgerlichen Rechts. Verhandlungsfähig bedeutet, dass der Beschuldigte oder Angeklagte körperlich und geistig in der Lage sein muss, den Verfahrensvorgängen sowie dem Ablauf eines Strafverfahrens zu folgen und die eigenen Verfahrensrechte sach- und interessengerecht wahrzunehmen. Solange ein Beschuldigter oder Angeklagter – unabhängig davon, ob Jugendlicher oder Erwachsener – verhandlungsfähig ist, hat er das uneingeschränkte Recht und gleichzeitig die Pflicht, sich grundsätzlich selbst mit den von ihm gewählten Mitteln zu verteidigen.[791] Dieses Recht kann und darf ihm nicht entzogen werden. Das resultiert insbesondere aus Art. 1 und 103 GG.[792]

Insgesamt sollte aber eine Verpflichtung des Erziehungsberechtigten und des gesetzlichen Vertreters zur Mitwirkung an einem Jugendstrafverfahren gesetzlich festgeschrieben werden.

In welchem Umfang diese Forderung Veränderungen in den gesetzlichen Bestimmungen notwendig macht und inwieweit diese im Einzelnen zur Realisierung der Einführung einer Mitwirkungsverpflichtung des Erziehungsberechtigten und des gesetzlichen Vertreters sinnvoll, durchsetzbar und zudem mit dem geltendem und insbesondere auch höherrangigem Recht vereinbar sind, soll im Folgenden erörtert werden.

### 3.3.1 Anwesenheitsrechte außerhalb der Hauptverhandlung

Gem. § 67 Abs. 1 JGG haben der Erziehungsberechtigte und der gesetzlichen Vertreter während des Verfahrens außerhalb der Hauptverhandlung das Anwesenheitsrecht im gleichen Umfang wie der Beschuldigte selbst. Dieses gilt insbesondere für Vernehmungen außerhalb des Hauptverfahrens,[793] für die

---

791 Zustimmend auch für das Verfahren gegen Erwachsene Meyer-Gerhardts, S. 124; ablehnend aber Henkel, S. 285 Fn. 20.

792 Vgl. hierzu auch Art. 6 Abs. 3 c der Konvention zum Schutze der Menschenrechte und Grundfreiheiten vom 04. November 1950: "Jeder Angeklagte hat insbesondere das Recht, sich selbst zu verteidigen."

793 Lediglich Ostendorf § 67 Rdn. 10 will die Anwesenheitsberechtigung bei der Vernehmungsvorführung richtigerweise ausschließen, zumal dieses wenig praktikabel und zudem verfahrensverschleppend sein kann und auch keine Nachteile für den jugendlichen Beschuldigten zu bringen droht.

Vorführung außerhalb des Hauptverfahrens und die erste Vernehmung nach der Verhaftung, sofern die Wahrnehmung dieses Rechtes nicht zu einer gesetzwidrigen Verzögerung des Verfahrens führt.

Weiterhin gilt das Anwesenheitsrecht des Erziehungsberechtigten oder gesetzlichen Vertreters auch für Haftprüfungen, für die kommissarische Beweisaufnahme und zudem für jugendgerichtliche Entscheidungen im Vollstreckungsverfahren.

Eine Begrenzung des Anwesenheitsrechts des Erziehungsberechtigten und des gesetzlichen Vertreters im Verlauf des Vorverfahrens ergibt sich lediglich aus der entsprechenden Anwendung des § 51 Abs. 2 StPO.[794]

§ 67 Abs. 1 JGG ist eine Vorschrift, die dem Erziehungsberechtigten oder gesetzlichen Vertreter uneingeschränkt dieselben Rechte zubilligt wie dem jugendlichen Beschuldigten selbst. Dieses Rechte bestehen im Grundsatz unabhängig von den Einzelfallentscheidungen der Gerichte fort.

Bei den Rechten des Erziehungsberechtigten oder gesetzlichen Vertreters handelt es sich im Gegensatz zu der Rechtsstellung des Beschuldigten um Teilnahme- und Mitwirkungsrechte, nicht aber um Pflichten. Das bedeutet also, dass der betreffende Erziehungsberechtigte und der gesetzliche Vertreter nach eigenem Ermessen entscheiden können, ob sie von den ihnen im Jugendgerichtsgesetz zugebilligten Rechten auf Teilnahme und Mitwirkung Gebrauch machen oder ob sie sich ihrer Teilnahme- und Mitwirkungsmöglichkeit in dem Jugendstrafverfahren entziehen, ohne eine rechtliche Konsequenz erwarten zu müssen. Denn es ist mit dem derzeit geltenden Recht zu vereinbaren, wenn sich der Erziehungsberechtigte und der gesetzliche Vertreter entscheiden, sich einer Mitwirkung an einem Jugendstrafverfahren gänzlich zu entziehen und dieses auch durchsetzen.

Insgesamt ist festzustellen, dass die bestehende Gesetzesfassung bezüglich des Anwesenheitsrechts der Forderung nach einer garantierten Teilnahme und einer möglichst umfassenden Mitwirkung des Erziehungsberechtigten und gesetzlichen Vertreters an einem Jugendgerichtsverfahren nicht gerecht werden kann.

Problematisch an der geltenden Rechtslage ist zudem, dass der Erziehungsberechtigte und der gesetzliche Vertreter trotz der im Jugendgerichtsgesetz

---

794 So die herrschende Meinung. Für viele Eisenberg, § 67 Rd. 11; dagegen lediglich Ostendorf, § 67 Rdn. 10, der § 51 Abs. 2 StPO nur auf die Hauptverhandlung angewendet wissen will.

verankerten Rechte in der Praxis sehr häufig von diesen keinen Gebrauch machen und entgegen ihren Möglichkeiten den Terminen des Jugendgerichtsverfahrens fernbleiben.

Denn grundsätzlich sind der Erziehungsberechtigte und der gesetzliche Vertreter nicht verpflichtet, zu den Terminen im Vorverfahren und auch des weiteren Jugendstrafverfahrens zu erscheinen, es sei denn sie sind ausdrücklich als Zeugen verpflichtet und zu einem bestimmten Termin geladen worden.

Um das in der jugendgerichtlichen Praxis häufig kritisierte Ausbleiben des Erziehungsberechtigten oder des gesetzlichen Vertreters bei allen Terminen des Jugendstrafverfahrens außerhalb des Hauptverfahrens zu vermeiden, wäre zu erwägen, ob die §§ 133 Absatz 2 StPO und 163 a StPO auch für den Erziehungsberechtigten und gesetzlichen Vertreter gelten sollten.

Grundsätzlich ist im Vorverfahren nach § 133 Abs. 2 StPO nur der schriftlich geladene Beschuldigte zum Erscheinen verpflichtet.[795] Hierbei ist aber unerheblich, ob der Beschuldigte sich zur Sache äußern will oder ob er sein Schweigen bereits im Voraus ausdrücklich angekündigt hat.[796]

Voraussetzung für ein gesichertes Erscheinen des Erziehungsberechtigten oder des gesetzlichen Vertreters zu allen Terminen im Verlauf des Vorverfahrens wäre demzufolge die Ladung dieses Personenkreises zu diesen Terminen.

Die Vorschrift des § 133 Abs. 2 StPO gilt aber nur für richterliche Vernehmungen außerhalb der Hauptverhandlung.[797]

Auch wenn in der Literatur zum Teil die Auffassung vertreten wird, dass das Anwesenheitsrecht des Erziehungsberechtigten oder gesetzlichen Vertreters gerade bei diesen Vernehmungsvorführungen nicht gelten soll, weil diese Vernehmung vor einem Richter stattfindet und somit ein ausreichender Schutz für den Jugendlichen gewährleistet ist, erscheint auch die ausdrückliche Ladung der betreffenden Personen zu richterlichen Vernehmungsterminen sinnvoll. Nur wenn die betreffenden Personen von Anfang an in ein Jugendstrafverfahren einbezogen werden, kann der Erziehungsberechtigte oder gesetzliche Vertreter

---

[795] Pfeiffer/Fischer, § 133 Rdn. 3.

[796] Kleinknecht/Meyer-Goßner, § 133 Rdn. 5.

[797] Pfeiffer/Fischer, § 133 Rdn. 1; Kleinknecht/Meyer-Goßner, § 133 Rdn. 1.

die Bedeutung seiner Mitwirkung an diesem Verfahren realisieren und seiner Fürsorge- und Erziehungsverpflichtung gegenüber dem Jugendlichen bereits von Beginn des Jugendstrafverfahrens an gerecht werden.

Außerdem könnten bereits bei einer ersten richterlichen Vernehmung des jugendlichen Beschuldigten erhebliche Nachteile für diesen entstehen. Wenn er sich beispielsweise in seiner Aussage selbst unnötig belastet oder Widersprüche erkennen lässt, kann sich dieses während des gesamten Verfahrens erschwerend für ihn auswirken, zumal richterliche Vernehmungsprotokolle auch während der späteren Hauptverhandlung durch Verlesung zum Verfahrensgegenstand gemacht werden können.[798] Das trifft jedoch nur dann zu, wenn er sich durch seine Aussage im Hinblick auf die Beweisbarkeit der Tatbegehung Nachteile zufügt. Nachteile hinsichtlich der Sanktionen kann er selbst nicht bewirken. Auch wenn das Jugendstrafverfahren ein auf Erziehung gerichtetes Verfahren ist, setzt es voraus, dass dem Jugendlichen die Tatbegehung bewiesen werden muss.

Daher erscheint es unter Berücksichtigung des Erziehungs- und Fürsorgeprinzips im Jugendgerichtsverfahren sach- und interessengerecht, den Erziehungsberechtigten und gesetzlichen Vertreter zu den richterlichen Terminen zu laden und sie somit zum Erscheinen zu verpflichten.

Eine Ladung zu Vernehmungen durch die Polizei ist demgegenüber aber nicht zwingend erforderlich, da mögliches Fehlverhalten des jugendlichen Beschuldigten durch eine Richtigstellung der Aussage vor dem Richter oder durch eine veränderte Darstellung in der Hauptverhandlung revidiert werden kann.

Insofern ist die Anwesenheit des Erziehungsberechtigten oder des gesetzlichen Vertreters durch eine Ladung zu richterlichen Vernehmungsterminen für das Verfahren außerhalb der Hauptverhandlung im ausreichendem Maß gewährleistet.

Diese Ladung stellt auch keinen rechtswidrigen Eingriff in die Persönlichkeitsrechte des Erziehungsberechtigten und des gesetzlichen Vertreters dar, weil sie lediglich zur Wahrnehmung ihrer Erziehungs- und Fürsorgeaufgaben veranlasst werden sollen.

---

[798] Sie können dem Beschuldigten während der Hauptverhandlung in jedem Fall entgegengehalten werden oder sogar im Falle seiner Anwesenheit in der Hauptverhandlung durch Verlesen in das Verfahren eingeführt werden.

Der Erziehungsberechtigte und der gesetzliche Vertreter haben zwar grundsätzlich gem. § 67 JGG die gleichen Rechte wie der Beschuldigte selbst. Hieraus kann aber noch nicht der Schluss gezogen werden, dass der § 133 Abs. 2 StPO entsprechend für den Erziehungsberechtigten oder gesetzlichen Vertreter gilt. Denn hinter der Ladung des Beschuldigten verbirgt sich nicht zwangsläufig das Recht des Beschuldigten, sich zur Sache zu äußern oder zu schweigen. Daher kann dieses Recht nicht automatisch dem Erziehungsberechtigten oder gesetzlichen Vertreter zustehen.

Das Ziel, den Erziehungsberechtigten oder gesetzlichen Vertreter zu richterlichen Vernehmungen zu laden, kann durch eine Erweiterung des § 67 JGG erreicht werden.

Es sollte ein weiterer Absatz im Anschluss an den Abs. 1 eingefügt werden.

Die entsprechend der zuvor dargestellten Ausführungen geänderte Gesetzesformulierung könnte folgendermaßen lauten:

***"Der Erziehungsberechtigte und der gesetzliche Vertreter sind außerdem zu allen richterlichen Vernehmungsterminen zu laden. Die Vorschriften über die Ladung und die Folgen des Ausbleibens gelten entsprechend. § 50 Abs. 2 JGG bleibt unberührt."***

Trotz der Parallele zu § 50 Abs. 2 JGG kann diese Vorschrift die vorgeschlagene Gesetzesänderung nicht ersetzen oder entbehrlich erscheinen lassen.

Denn zum einen gilt § 50 Abs. 2 JGG ausschließlich für die Hauptverhandlung, und zum anderen sieht diese Norm den Erziehungsberechtigten und den gesetzlichen Vertreter im weiteren Sinne ausschließlich als einen Zeugen an. In diesem Fall soll der Erziehungsberechtigte zu der Aufklärung bestimmter Sachverhalte oder zur Klärung bestimmter Teilfragen beitragen. Die Erziehungs- und Fürsorgefunktion wird gänzlich außer Acht gelassen.

Die vorgeschlagene Änderung soll hingegen nur eine möglichst umfassende Mitwirkung des Erziehungsberechtigten oder des gesetzlichen Vertreters bereits im Vorverfahren sicherstellen.

### 3.3.2 Anwesenheitsrechte in der Hauptverhandlung

Es fragt sich darüber hinaus, ob der Forderung nach einer umfassenderen Anwesenheitsverpflichtung des Erziehungsberechtigten oder des gesetzlichen Vertreters insbesondere auch in der Hauptverhandlung bereits durch den in § 50 Abs. 2 JGG zu findenden Gesetzestext gerecht wird.

Auch wenn in der Literatur bereits mehrfach gefordert worden ist, dass § 50 Abs. 2 JGG in eine Mussvorschrift umgedeutet werden müsste, erscheint diese Auslegung der Vorschrift nicht ausreichend,[799] denn es ist immer noch der Wortlaut des Gesetzes maßgeblich. Hierzu ist insbesondere zu bedenken, dass die Gerichte nicht gegen das Gesetz verstoßen, wenn sie aufgrund des eingeräumten Ermessens zu dem Schluss gelangen, dass der Erziehungsberechtigten oder gesetzlichen Vertreter nicht zur Hauptverhandlung geladen werden müssen. Diese theoretisch denkbare und aufgrund dessen naheliegende Konstellation dürfte nach dem zuvor Geforderten in der Praxis nur in seltenen Fällen vorkommen. Das wäre beispielsweise dann denkbar, wenn ein Erziehungsberechtigter oder gesetzlicher Vertreter deshalb abwesend sein muss, weil er selbst zu einer Haftstrafe verurteilt wurde.

Infolgedessen ist unter Zugrundelegung dieser praktischen Erwägungen kein Fall denkbar, wann auf eine Ladung verzichtet werden sollte. Denn es lässt sich nicht konstruieren, in welcher Fallkonstellation der Richter einmal sein Ermessen dahingehend ausüben sollte, dass er von einer Ladung des Erziehungsberechtigten und des gesetzlichen Vertreters gänzlich absehen soll. Hierdurch würde er die Rechte dieses Personenkreises gem. § 67 Abs. 1 JGG gänzlich vereiteln.

Da das vom Gesetzgeber eingeräumte Ermessen der Gerichte de facto nicht besteht, ist diese Vorschrift nicht der Praxis entsprechend und insofern änderungsbedürftig.

Aufgrund dieser Diskrepanz zwischen Gesetzesformulierung und der geltenden Praxis ist es sinnvoll, dass die bestehende "Soll-" Vorschrift in eine "Ist-" Norm umgewandelt wird.

Durch eine derartige Änderung können nicht nur Missverständnisse in der Anwendung des Gesetzes sondern auch gerichtliche Fehlentscheidungen vermieden werden.

---

[799] Ostendorf, § 50 Rdn. 11; Nothacker, S. 346; so auch Kremer, der diese Forderung unter Hinweis auf A rt. 6 Abs. 2 und 3 GG befürwortet; kritisch hierzu allerdings Eisenberg, § 50 Rdn. 21.

Eine "Soll-" Vorschrift und die damit zwangsläufig verbundene Ermessensentscheidung ist entbehrlich, wenn de facto überhaupt kein Ermessen ausgeübt werden kann.

Nur durch diese Gesetzesänderung würde eine umfassende Anwesenheitsverpflichtung des Erziehungsberechtigten und gesetzlichen Vertreters erreicht und auch auf Dauer garantiert, weil es auch die nur theoretisch bestehende Möglichkeit nicht mehr gibt, die es ermöglicht, dass dem zuständigen Richter Ermessen eingeräumt wurde und er somit zumindest theoretisch gesehen über die Ladung des Erziehungsberechtigten und des gesetzlichen Vertreters entscheiden konnte. Der Fall, in dem der Richter auf eine Ladung des Erziehungsberechtigten verzichtet, wäre rechtmäßig entschieden worden. Derartige Entscheidungsspielräume des zuständigen Richters würden dem straffällig gewordenen Jugendlichen unter Umständen einen entscheidenden Teil seiner "Schutz- und Beistandsrechte" nehmen.

Eine geänderte Fassung des § 50 Abs. 2 JGG müsste wie folgt lauten:

***"Der Vorsitzende Richter hat die Ladung des Erziehungsberechtigten und des gesetzlichen Vertreters anzuordnen. Die Vorschriften über Ladung, die Folgen des Ausbleibens und die Entschädigung von Zeugen gelten entsprechend."***

Mit dieser Gesetzesformulierung wäre in jedem Fall ein umfassendes Anwesenheitsrecht des Erziehungsberechtigten und des gesetzlichen Vertreters gewährleistet, wodurch die hier aufgestellte Forderung nach einer umfassenden Mitwirkung des Erziehungsberechtigten oder des gesetzlichen Vertreters an einem Jugendstrafverfahren und die damit verbundene Unterstützung des Jugendlichen in die Realität umgesetzt worden wäre.

### 3.3.3 Mitteilungsansprüche des Erziehungsberechtigten und des gesetzlichen Vertreters

Darüber hinaus ist fraglich, wie sich diese Forderung nach einer stärkeren und vor allem dauerhaft gewährleisteten Einbindung der Erziehungsberechtigten oder des gesetzlichen Vertreters in das gesamte Jugendstrafverfahren auf die Regelung der Mitteilungsverpflichtung auswirkt.

Nach der derzeit geltenden Rechtslage "soll der Erziehungsberechtigte und der gesetzliche Vertreter in den Fällen, in denen eine Mitteilung an den Beschuldigten bzw. Angeklagten vorgeschrieben ist, auch eine derartige Nachricht erhalten." [800]

Genauso wie bei der Ladung zur Hauptverhandlung ist hier dem Staatsanwaltschaft oder dem zuständigen Gericht ein Entscheidungsermessen durch den Wortlaut des Gesetzes eingeräumt worden. Das bedeutet, dass der zuständige Staatsanwalt oder Richter entscheiden kann, ob er dem Erziehungsberechtigten und dem gesetzlichen Vertreter Mitteilung von der Einleitung eines Jugendstrafverfahrens sowie den Verlauf der einzelnen Verfahrensabschnitte macht.

Wie bereits bei den Anwesenheitsrechten angesprochen wurde, erscheint diese Regelung auch im Hinblick auf die Gewährleistung einer umfassenden Teilnahme und Mitwirkung des Erziehungsberechtigten und des gesetzlichen Vertreters an einem Jugendstrafverfahren nicht sachgerecht zu sein. Denn der Erziehungsberechtigte und gesetzliche Vertreter können dem Jugendlichen in ihrer Teilnahme- und Mitwirkungsverpflichtung nur dann gerecht werden und dem Jugendlichen den umfassenden Schutz bieten, wenn sie über die Einleitung des Verfahrens überhaupt sowie über bestimmte Termine im Verfahren und über besonders relevante Verfahrensabschnitte und Geschehnisse umfassend informiert worden sind.

Deshalb sollte auch diese Vorschrift des § 67 Abs. 2 JGG nicht als Ermessensvorschrift bestehen bleiben, sondern eine gebundene Entscheidung des Gerichtes verlangen, so dass der Erziehungsberechtigte und der gesetzliche Vertreter im ausreichenden Ausmaß Mitteilungen erhalten.

---

[800] Das ergibt sich aus dem Wortlaut des § 67 Abs. 2 JGG.

Daher wird folgender Gesetzestext für den § 67 Abs. 2 JGG vorgeschlagen:

***"Ist eine Mitteilung an den Beschuldigten vorgeschrieben, so ist eine entsprechende Mitteilung an den Erziehungsberechtigten und den gesetzlichen Vertreter zu richten."***

Diese Formulierung stellt klar, dass immer dann, wenn der Beschuldigte eine Mitteilung zu erhalten hat, diese auch an den Erziehungsberechtigten oder gesetzlichen Vertreter zu machen ist. Auf diese Weise wird jedes Wissensdefizit bei dem Erziehungsberechtigten oder dem gesetzlichen Vertreter vermieden. Der betreffende Personenkreis ist auf diese Weise garantiert mit den Kenntnissen ausgestattet, die ihn dazu befähigen, die Unterstützungs- und Beistandsfunktion in vollem Umfang wahrzunehmen.

### 3.3.4 Recht auf Gehör

Ein weiteres in Frage zu stellendes derzeit geltendes Recht ist das Recht des Erziehungsberechtigten und des gesetzlichen Vertreters auf eigenes Gehör im Jugendstrafverfahren sowie in der jugendgerichtlichen Hauptverhandlung.

Der gegenwärtige Wortlaut des Gesetzes gewährt dem Erziehungsberechtigten und dem gesetzlichen Vertreter grundsätzlich ein eigenständiges Recht auf Gehör. Hierin ist auch im Falle der Notwendigkeit ein Recht zur eigenen Antragstellung umfasst.[801]

Das bedeutet, dass der Erziehungsberechtigte oder gesetzliche Vertreter nicht nur im Namen des Jugendlichen, sondern auch bei vorliegender Notwendigkeit und im Fall der Zulässigkeit einen Antrag im eigenen Namen stellen kann.

Infolgedessen ist durch den geltenden Gesetzestext der Forderung nach einer garantierten umfassenden Mitwirkung des Erziehungsberechtigten und des gesetzlichen Vertreter gerecht geworden, so dass es bezüglich des Anhörungsrechts keiner Änderung bedarf. Denn der Erziehungsberechtigte und gesetzliche Vertreter dürfen nur im eigenen Namen handeln.

---

[801] Der genaue Inhalt dieser Rechte wurde bereits am Anfang dieser Arbeit ausführlich dargestellt.

### 3.3.5 Pflicht zur Aussage

Demgegenüber ist insbesondere die sich anschließende Frage von erheblicher Bedeutung, ob der Erziehungsberechtigte und der gesetzliche Vertreter nicht nur ein Recht auf ein eigenes Gehör haben sollte, oder ob es darüber hinaus sogar sinnvoll erscheint, den Erziehungsberechtigten und den gesetzlichen Vertreter in bestimmten Fällen zu einer Aussage verpflichten zu können.

Daher wäre zu erwägen, ob der Erziehungsberechtigte nicht nur ein Recht auf Gehör, sondern darüber hinaus eine Aussageverpflichtung haben sollte.

Erst wenn die nachfolgenden Überlegungen zu dem Ergebnis gelangen, dass eine Aussageverpflichtung nicht nur sinnvoll, sondern auch notwendig wäre, müsste sich eine derartige Aussageverpflichtung aus den bestehenden Gesetzen herleiten und mit diesen vereinbaren lassen. Erst in dem Fall, wenn beide Faktoren eindeutig bejaht werden könnten, würde auch dieses eine Änderung des Gesetzes erfordern.

Eine Pflicht zur Aussage des Erziehungsberechtigten oder des gesetzlichen Vertreters könnte im Hinblick auf die im § 244 Abs. 2 StPO gesetzlich verankerte Aufklärungsverpflichtung notwendig erscheinen. Angehörige können sich jedoch immer auf ihr Zeugnisverweigerungsrecht berufen.

Die Aufklärungsverpflichtung erstreckt sich im Jugendstrafverfahren nicht nur auf die Tatsachenaufklärung, sondern auch auf die Erforschung der Täterpersönlichkeit.[802] Aus dieser Überlegung heraus ergibt sich das Erfordernis einer Aussageverpflichtung des Erziehungsberechtigten und des gesetzlichen Vertreters im Jugendstrafverfahren. Denn diese Personengruppe ist das ausschließliche und zugleich verfügbare Beweismittel zur Erforschung der Täterpersönlichkeit. Insofern erscheint eine Aussageverpflichtung sinnvoll zu sein.

Unabhängig davon, ob eine Aussageverpflichtung des Erziehungsberechtigten oder des gesetzlichen Vertreters durch die Ladung dieser Personen als Zeugen im Jugendstrafverfahren herbeigeführt werden kann, ist fraglich, ob eine Aussageverpflichtung des Erziehungsberechtigten oder gesetzlichen Vertreters im formalen Sinne nicht bereits durch den Umstand entbehrlich werden könnte, dass die Mitarbeiter der Jugendgerichtshilfe die Erziehungsberechtigten und das weitere soziale Umfeld des Jugendlichen ergründen und somit maßgeblich an der Erforschung der Täterpersönlichkeit mitwirken.

---

[802] Schaffstein/Beulke, S. 45.

Hierbei ist aber zu bedenken, dass auch die Jugendgerichtshilfe maßgeblich auf die Mitarbeit und Mitwirkung des Erziehungsberechtigten, gesetzlichen Vertreter sowie auf sonstige dem betroffenen Jugendlichen nahe stehende Personen angewiesen sind. Bei einem Besuch der Jugendgerichtshilfe können sich der Erziehungsberechtigte und der gesetzliche Vertreter nach der geltenden Rechtslage gänzlich der Mitwirkung entziehen. Ein Mitwirkungszwang bei dem Besuch der Jugendgerichtshilfe erscheint in dieser Situation nicht möglich zu sein und ließe sich zudem nicht mit geltendem Recht vereinbaren. Es wäre zumindest als ein Verstoß gegen die allgemeine Handlungsfreiheit, die das Grundgesetz gewährleistet, zu bewerten.

Die erwünschte Mitwirkung und die formale Verpflichtung zur Aussage lässt sich nur mit einer Aussageverpflichtung vor Gericht begründen.

Daraus folgt, dass auch die Tätigkeit der Jugendgerichtshilfe die hier geforderte Aussageverpflichtung des Erziehungsberechtigten und gesetzlichen Vertreters nicht sinnlos erscheinen ließe.

Daher ist eine Aussageverpflichtung der betreffenden Personengruppe zur Erfüllung des Aufklärungsgrundsatzes im Hinblick auf die Täterpersönlichkeit nicht nur sinnvoll sondern auch notwendig.

Entscheidend ist aber insbesondere, aus welchen gesetzlichen Normen oder aus welcher Funktion des Erziehungsberechtigten oder des gesetzlichen Vertreters sich diese Aussageverpflichtung herleiten ließe.

Es könnte zunächst in Erwägung gezogen werden, eine uneingeschränkte Aussageverpflichtung des Erziehungsberechtigten oder des gesetzlichen Vertreters in der Form zu begründen, dass die besagten Personengruppen vom Gesetz während des gesamten Jugendgerichtsverfahrens ausschließlich als Zeugen im Sinne der Strafprozessordnung behandelt werden. Denn ein zu einem (Jugend-) Strafverfahren förmlich geladener Zeuge hat die Pflicht zu erscheinen, auszusagen und im Fall der Notwendigkeit diese Aussage auch zu beeiden.[803] Diese Aussageverpflichtung eines Zeugen kann insbesondere durch die gesetzlich vorgeschriebenen Fälle des Aussageverweigerungs- oder des Zeugnisverweigerungsrechtes eingeschränkt werden.

803 Kleinknecht/Meyer-Goßner, vor § 48 Rdn. 2.

Fraglich ist aber zunächst, ob der Erziehungsberechtigte und der gesetzliche Vertreter überhaupt während des gesamten Verfahrens ausschließlich als Zeugen angesehen werden können. Einer derartigen Konstellation könnten besonders die verschiedenartige Funktionen des Erziehungsberechtigten oder gesetzlichen Vertreters während eines Jugendstrafverfahrens entgegenstehen.

Grundsätzlich ist ein Zeuge zunächst ein Beweismittel personifizierter Art, der Wahrnehmungen über Vorgänge und Geschehnisse aus der Vergangenheit wiedergeben soll.[804] Ein Zeuge kann aber nicht durch andere Beweismittel oder weitere Zeugen ohne Einschränkungen ersetzt werden.[805] Eine Differenzierung, von welcher Art die wiederzugebenen Vorgänge und Geschehen sein müssen, wird von der Strafprozessordnung, die im Fall einer Regelungslücke auch im Jugendstrafverfahren zur Anwendung kommt, nicht festgelegt.[806]

Nach dieser Definition des Aussagegegenstandes kann im Hinblick auf die Funktion des Erziehungsberechtigten oder gesetzlichen Vertreters kein Widerspruch zu der Zeugendefinition nach der Strafprozessordnung festgestellt werden. Denn auch diese Personen können nur aufgrund ihrer eigenen spezifischen Wahrnehmungen Angaben zur Person des Täters oder auch zur Tat selbst machen.

Genau an dieser Stelle schließt sich aber das Problem nach dem Inhalt des Gegenstandes eines Zeugenbeweises an. Gegenstand eines Zeugenbeweises sind Tatsachen, nicht bloße Meinungen, Schlussfolgerungen, Werturteile oder Rechtsfragen.[807] Gegenstand eines Beweisantrages auf Vernehmung eines Zeugen können demnach nur solche Umstände oder Geschehnisse sein, die mit dem benannten Beweismittel unmittelbar bewiesen werden können.[808] Soll aus den Wahrnehmungen eines Zeugen auf ein weiteres Geschehen geschlossen werden, ist nicht das fragliche weitere Geschehen der taugliche Beweisgegenstand, sondern nur die Wahrnehmungen des einzelnen jeweiligen Zeugen.[809] Ein Zeuge kann grundsätzlich nur über seine eigene Wahrnehmung bestimmter Tatsachen vernommen werden.[810]

---

804 Pfeiffer/Fischer, vor § 48 Rdn. 1.
805 RGSt 47, 103 (104), BGHSt 22, 346 (348).
806 Pfeiffer/Fischer, vor § 48 Rdn. 1.
807 Kleinknecht/Meyer-Goßner, vor § 48 Rdn. 2.
808 Kleinknecht/Meyer-Goßner, vor § 48 Rdn. 2.
809 BGHSt 39, 151 (151).
810 BGHSt 40, 5 (6).

Der Erziehungsberechtigte und der gesetzliche Vertreter sollen aber nicht nur zu bestimmten Tatsachen ihre Wahrnehmungen vortragen, sondern auch subjektive Einschätzungen und Meinungen zu der Persönlichkeit des angeklagten Jugendlichen und dessen Entwicklung abgeben. Diese subjektiven Einschätzungen stellen aber keinen tauglichen Beweisgegenstand für einen Zeugenbeweis dar. .

Auf Grund dessen können Erziehungsberechtigte und gesetzliche Vertreter im Verlaufe des (Jugend-) Strafverfahrens nicht ausschließlich als Zeugen behandelt werden. Hierdurch würden ihre anderen Funktionen, die schwerpunktmäßig in der Unterstützungs- oder Beistandsfunktion liegen, in einer unzulässigen Weise beschnitten.

Die angesprochene Aussageverpflichtung ist deshalb nicht ausschließlich aus einer möglichen Zeugenfunktion zu folgern. Dem steht aber dennoch nicht entgegen, dass der Erziehungsberechtigte oder gesetzliche Vertreter während des Jugendstrafverfahrens wenigstens teilweise in abgetrennten Teilen des Verfahrens als Zeugen auftreten müssen und sollen, soweit dieses der Beistands- und Unterstützungsfunktion nicht zuwiderläuft.

In diesen Teilen des Verfahrens ist der Erziehungsberechtigte oder gesetzliche Vertreter zur Aussage verpflichtet, soweit er nicht von seinem Auskunfts- oder Zeugnisverweigerungsrecht Gebrauch machen kann. Auch wenn dies bei Eltern in aller Regel der Fall sein wird, ist aufgrund des Erziehungsgedankens im Jugendstrafverfahren davon auszugehen, dass Eltern nur dann die Aussage veweigern werden, wenn sie dem Jugendlichen durch eine Aussage schaden könnten. Demgegenüber werden sie unabhängig von ihren Rechten aussagen, wenn sie dem Jugendlichen dadurch helfen oder unterstützen können.

Hieran knüpft sich der Gedanke an, ob möglicherweise darüber hinaus eine Aussageverpflichtung des Erziehungsberechtigten oder des gesetzlichen Vertreters aus der grundsätzlich bestehenden und zudem im Grundgesetz verankerten Erziehungspflicht[811] oder auch aus der Beistands- und Unterstützungsfunktion hergeleitet werden könnte.

Allein aus der Erziehungspflicht des Erziehungsberechtigten und des gesetzlichen Vertreters kann eine Aussageverpflichtung der betreffenden Personen in einem Jugendstrafverfahren nicht hergeleitet werden.

---

811 Die Erziehungspflicht resultiert aus dem Umkehrschluss des im Grundgesetz verankerten Erziehungsrechtes des Art. 6 GG.

Die Erziehungspflicht beinhaltet lediglich eine Pflicht zur Unterstützung des Jugendlichen zu dessen Schutz sowie allenfalls eine Beistandspflicht, nicht aber eine Aussageverpflichtung.

Diese Schlussfolgerung ergibt sich auch aus den Regelungen der Strafprozessordnung, wonach Personen, die dem Beschuldigten oder Angeklagten nahe stehen oder mit ihm verwandt sind, ein Zeugnisverweigerungsrecht haben.

Dieses Zeugnisverweigerungsrecht erfolgt aus einem doppelten Schutzgedanken heraus. Zum einem hat es Schutzfunktion gegenüber dem Angeklagten, zum anderen dient es dem Schutz der als Zeuge geladenen Person. Daher kann eine Pflicht zur Aussage für den Erziehungsberechtigten oder gesetzlichen Vertreter nicht bestehen.

Im Ergebnis sollten der Erziehungsberechtigte und der gesetzliche Vertreter dem Jugendlichen gleichgestellt werden. Der Jugendliche hat in einem gegen ihn gerichteten Jugendstrafverfahren grundsätzlich das Recht zur Aussageverweigerung, weil er Beschuldigter ist.

Er ist lediglich verpflichtet, seine Personalien anzugeben. Darüber hinaus braucht er als Beschuldigter oder Angeklagter keine Angaben zur Sache, zur angeklagten Tat oder zu seiner Person zu machen.

Eine Aussageverpflichtung des Erziehungsberechtigten und des gesetzlichen Vertreters kann infolgedessen nur insoweit gefordert werden, als dass die erziehungsberechtigten Personen als Zeugen geladen worden sind. Auch wenn sie von vornherein erklärt haben sollten, nicht aussagen zu wollen, kann dieses eine Ladung nicht unabdingbar machen. Denn die Anwesenheit in einer jugendgerichtlichen Hauptverhandlung kann ihre ursprüngliche Intention, die Aussage zu verweigern, beeinflussen. Wenn sie bemerken, dass durch eine Aussage dem Jugendlichen helfen können, werden sie sich aller Wahrscheinlichkeit nach umentscheiden und eine Aussage machen, die dem Jugendlichen hilft.

Darüber hinaus kann im Sinne eines effektiven Jugendstrafverfahrens mit einer adäquaten Rechtsfolge nur eine Mitwirkungspflicht des Erziehungsberechtigten oder des gesetzlichen Vertreters gefordert werden. Eine Pflicht zur Aussage würde diesem Verfahren entgegenstehen, weil es dem Mitwirkungs- und Unterstützungsgebot zuwiderläuft, wenn der Erziehungsberechtigte aufgrund eines gesetzlichen Gebotes zur wahrheitsgemäßen Aussage verpflichtet wäre. Aufgrund des sich möglicherweise ergebenden inneren Konflikts ist die betreffende Erziehungsperson nicht in der Lage, den Jugendlichen sachgerecht zu unterstützen, wenn sie gleichzeitig die uneingeschränkte Pflicht zu einer wahrheitsgemäßen Aussage hat. Außerdem wäre der Erziehungsberechtigte oder der gesetzliche Vertreter besser bzw. anders gestellt als der Jugendliche selbst.

Infolgedessen ist die Regelung einer gesetzlich vorgeschriebenen Aussageverpflichtung für den Erziehungsberechtigten und gesetzlichen Vertreter entbehrlich. Sie ließe sich zudem weder mit der Stellung des Erziehungsberechtigten noch mit anderen gesetzlichen Vorgaben vereinbaren.

Es ist also meines Erachtens in diesem Zusammenhang eine Gesetzesänderung entbehrlich.

## 4 Schlussbemerkung

Aus den Feststellungen dieser Untersuchung lässt sich der Schluss ziehen, dass das derzeit geltende Jugendstrafrecht die Mitwirkung des Erziehungsberechtigten und des gesetzlichen Vertreters an einem Jugendstrafverfahren zwar im Grundsatz festlegt, jedoch keine Verpflichtung zur Teilnahme an bestimmten Terminen des Jugendstrafverfahrens vorsieht. Die Art und Wiese sowie die Intensität der Mitwirkung des Erziehungsberechtigten und des gesetzlichen Vertreters hängt ausschließlich von deren eigenem Willen ab.

Grundsätzlich ist die eingeräumte Entscheidungsfreiheit für den Erziehungsberechtigten oder gesetzlichen Vertreter, sich an einem Jugendstrafverfahren zu beteiligen oder es zu unterlassen, als sehr positiv zu bewerten.

Allerdings kann eine ausgeübte Zurückhaltung, die von dem Erziehungsberechtigten und dem gesetzlichen Vertreter nicht immer sehr bewusst, sondern vielmehr aus Unachtsamkeit, Unfähigkeit oder auch aus bloßer Gleichgültigkeit bzw. aufgrund von schlichten Terminschwierigkeiten heraus erfolgt, sehr nachteilige Folgen für den Jugendlichen sowohl in dem konkreten Verfahren als auch für die seine weitere Persönlichkeitsentwicklung haben.

Da eine erzieherische Einflussnahme durch den Erziehungsberechtigten oder gesetzlichen Vertreter unter Berücksichtigung der besonderen Entwicklung der Eltern-Kind-Beziehung im Jugendalter dennoch möglich erscheint, sollte auf eine Mitwirkung und ein Erscheinen dieses Personenkreises in einem Jugendstrafverfahren mit seinen verschiedenen Terminen Wert gelegt werden.

Daher ist im Ergebnis dieser Arbeit eine Mitwirkungs- und Teilnahmeverpflichtung für den Erziehungsberechtigten oder gesetzlichen Vertreter gefordert worden.

Auch wenn eine derartige Verpflichtung bestimmte Trotzreaktionen und Negativhaltungen des Erziehungsberechtigten und des gesetzlichen Vertreter nicht vermeiden kann, ist der sich aus einer umfassenden Beteiligung des personensorgeberechtigten Personenkreises ergebende Nutzen für das Verfahren, den Verfahrensablauf und vor allen Dingen für den Jugendlichen selbst von derart erheblicher Bedeutung, dass eine Mitwirkungsverpflichtung für den Erziehungsberechtigten und gesetzlichen Vertreter unverzichtbar erscheint.

# 5 Literaturverzeichnis


Albrecht, Peter-Alexis: Jugendstrafrecht, 2. Aufl., München 1993.

Alsberg, Max: Das Weltbild des Strafrichters, Mannheim 1930.

Ancona, Francesco Aristide: Writing the absence of the father, Lanham 1986.

Anschütz, Horst: Die Entziehung der Verteidigungsbefugnis, Heidelberg 1959.

Arndt, Adolf: Staatsanwaltschaft und Verfassungsbeschwerde, in DRiZ 1959, S. 368.

Balint, Michael: Ichstärkeres, Ichpädagogik und "Lernen", in Psychologie und Erziehungspraxis, München 1981.

Ballbier, Ralf-Werner: Brauchen wir ein neues Jugendstrafrecht, in DRiZ 1989, S. 404.

Bath, Herbert: Emanzipation als Erziehungsziel, Überlegungen zum Gebrauch und zur Herkunft als Begriff, Bad Heilbrunn 1974.

Beling, Ernst: Deutsches Reichsstrafprozessrecht mit Einschluß des Strafgerichtsverfassungsgesetzes, Berlin, Leipzig 1928.

Benedek: Parenthood as a developmental phase, A contribution to the libido theorie, in Journal of the American Psychoanalytic Association 1959, S. 389f.

Bengtsen-Black: Intergenerational relations and continuities in socialization, New York 1973.

Benneke, Hans, Beling, Ernst: Lehrbuch des Deutschen Reichsstrafprozeßrechts, Breslau 1900.

Beulke, Werner: Strafprozessrecht, 4. Aufl., Heidelberg 2000.

Birkmeyer, Karl: Deutsches Strafprozeßrecht mit eingehender Bezugnahme auf die preussischen und bayerischen Ausführungsbestimmungen, Berlin 1898.

Bloch, Ernst: Das Prinzip Hoffnung in drei Bänden, 1. Band, Frankfurt am Main 1959.

Böhm, Alexander: Einführung in das Jugendstrafrecht, 3. Aufl. München 1996.

Böhm, Hans: Wörterbuch der Pädagogik, 14. Aufl., Stuttgart 1994.

Bohnert, Hans: Die Erziehungsberechtigten in der jugendstrafgerichtlichen Hauptverhandlung, in Zbl JupR 1989, S. 232ff.

Bohnert, Joachim: Strafe und Erziehung im Jugendstrafrecht, in JZ 1987, S. 517.

Bohnert, Joachim: Ordnungsvorschriften im Strafverfahren, in NStZ 1982, S. 5.

Bohnert, Joachim: Zum Problem des Anhörungsrechts Dritter im Strafverfahren, in JZ 1978, S. 710.

Bott, Gerhard: Erziehung zum Ungehorsam, Antiautoritäre Kinderläden, Frankfurt a.M. 1970

Braun, Walter: Erziehung - noch gefragt?, in ZPJ 1989, S. 331ff.

Braun, Walter: In - der - ICH - Welt – Sein als Problem der Pädagogik, Frankfurt am Main, Berlin, München 1983.

Braun, Walter: Ist der Mensch ein Wesen der Reflexivität oder ein reflektierendes Wesen?, in Pädagogische Rundschau 1983, S. 741.

Braun, Walter: Der Vater im familiären Erziehungsprozeß, Bad Heilbrunn 1980.

Braunmühl, Ekkehard von: Antipädagogik, München 1984.

Brezinka, Wolfgang: Erziehung und Kulturevolution, Die Pädagogik der Neuen Linken, München, Basel 1974.

Brezinka, Wolfgang: Erziehungsziele, Erziehungsmittel, Erziehungserfolg, München, Basel 1981.

Brox, Hans: Bürgerliches Recht, Allgemeiner Teil, 23. Aufl., Köln 1999.

Brunner, Rudolf, Dölling, Dieter: Jugendgerichtsgesetz, Kommentar, 10. Aufl., Berlin, New York 1996.

Brunner, Rudolf: Die Eltern des volljährigen Heranwachsenden im Jugendgerichtsverfahren, insbesondere bei der Erforschung des Jugendlichen ohne den Jugendgerichtshelfer, in ZblJugR 1977, S. 366 f.

Buber, Martin: Pfade in Utopia. Über Gemeinschaft und deren Verwirklichung, 3. Aufl., Darmstadt 1986.

Cohnitz, Wolf-Günther: Zur Verfassungsmäßigkeit von Erziehungsmaßregeln, in RdJ 1955, S. 139ff.

Commenius, Johann Amos: Pampaedia, hrsg. v. D. Ischischinsky in Gemeinschaft m. H. Geissler und K. Scheler, 2. Aufl., Heidelberg 1985.

Dallinger, Wilhelm, Lachner, Karl: Jugendgerichtsgesetz, 2. Aufl., München 1965.

Dienelt, Karl: Das neue Denken in der Erziehungswissenschaft, Wien 1989.

Diemer, Herbert, Schoreit, Armin, Sonnen, Bernd-Rüdiger: Kommentar zum Jugendgerichtsgesetz, 2. Aufl., Heidelberg 1995.

Eisenberg, Ulrich: Jugendgerichtsgesetz mit Erläuterungen, 9. Aufl., München 1999.

Eisenberg, Ulrich: Zum Schutzbedürfnis jugendlicher Beschuldigter im Ermittlungsverfahren, NJW 1988, S. 1250.

Engisch, Karl: Prozeßfähigkeit und Verhandlungsfähigkeit, Festgabe für Leo Rosenberg, 1949, S. 101.

Erbs, Georg: Strafrechtliche Nebengesetze, München 1984.

Erman, Ulrich: Handkommentar zum Bürgerlichen Gesetzbuch, hrsg. Von Harm Peter Westermann, Münster 1977.

Ermann, Michael: Verstrickung und Einsicht, Psychoanalyse in Deutschland, Tübingen 1996.

Farrell: Parent – child relations at middle age, in Understanding the family, Stress and change in American family life, New York 1981.

Felsenberg, Hans: Strafprozeßordnung und Gerichtsverfassungsgesetz, München 1926.

Felsenberger, Alexander: Statusbericht der deutschen Pilotprojekte Interaktives Fernsehen, Siegen 1995.

Fischer, Alois, Eggendorfer, Franz-Xaver: Jugenderziehung, München 1962.

Freud, Sigmund: Geleitwort zur ersten Auflage von August Aichborn "Verwahrloste Jugend", 7. Aufl., Stuttgart, Wien 1971.

Fuchelt: Die Strafprozeßordnng für das Deutsche Reich, Leipzig 1881.

Gernhuber, Joachim: Bürgerliches Recht, 4. Aufl., München 1998.

Gernhuber, Joachim: Lehrbuch des Familienrechts, 5. Aufl., München 1997.

Glaser, Julius: Handbuch des Strafprozesses, 2. Band 1885, (Bindnigs systematisches Handbuch der Deutschen Rechtswissenschaft IX 4,2).

Görries, Albert: Fragen zwischen Psychotherapie, Anthropologie und Christentum, München 1978.

Gössel, Karl-Heinz: Empfehlen sich Änderungen des Strafverfahrensrechts mit dem Ziel - ohne die Preisgabe rechtsstaatlicher Grundsätze – insbesondere die Hauptverhandlung zu beschleunigen, München 1994.

Grethlein, Gerhard: Jugendgerichtsgesetz, Kommentar, 2. Aufl., München 1965.

Grotenbeck, Walter: Beistandsschaft nach dem Jugendgerichtsgesetz, in ZblJugR 1977, S. 424.

Grotevant: Child development within the family context, in Dandu, Child today and tomorrow, San Francicso 1989.

Habermas, Jürgen: Moralbewußtsein und kommunikatives Handeln, Frankfurt am Main 1996.

| | |
|---|---|
| Hahn, Max: | Die gesamten Materialien zur Strafprozeßordnung und zu den Einführungsgesetzen zu derselben, Band I 1880, Band II 1881. |
| Hanack, Ernst-Walter: | Denkschrift zur Reform des Rechtsmittelrechts und Wiederaufnahme des Verfahrens im Strafprozeß, Tübingen 1971. |
| Hauber, Rudolf: | Der Beistand als Sachverwalter des Jugendlichen im Strafprozeß, in ZblJugR 1982, S. 215. |
| Hellmer, Joachim: | Zur Verfassungswidrigkeit von Erziehungsmaßregeln im Jugendgerichtsgesetz, in RdJ 1955, S. 137f. |
| Henkel, Heinrich: | Strafverfahrensrecht, Ein Lehrbuch, 2. Aufl. 1953. |
| Hinrichsen, Axel: | Zuständigkeiten im Strafprozeß, Kiel 1993. |
| Hippel, Gottlieb von: | Über Gesetzgebung und Staatenwohl, Berlin, Königsberg 1978. |
| Hofer, Manfred: | Familienbeziehungen: Eltern und Kinder in der Entwicklung, Göttingen 1992. |
| Hollstein, Walter, Mainhold, Marianne: | Erziehung und Veränderung, Neuwied 1975. |
| Hollstein, Walter: | Die Gegengesellschaft, 3. Aufl., Bonn 1986. |
| Holtzendorff, Franz von (Hrsg.): | Handbuch des Deutschen Strafprozeßrechts, Band 1, 1897, Artikel "Verteidigung, S. 385. |
| John, Uwe: | BGB – Allgemeiner Teil, Berlin 1972. |
| Kadelbach, Gerd: | Vorträge und Gespräche mit Helmut Becker 1959-1969, Frankfurt am Main 1973. |
| Kahlert, Christian | Verteidigung in Jugendstrafsachen 2. Auflage, Heidelberg 1986 |
| Kaiser, Eberhard: | Leitfaden zur kleinen Strafprozeßrechtsreform, München 1965, Artikel "Schlußgehör". |
| Kalbach, Rudolf: | Zur Frage der Ausschließung des Verteidigers im Strafprozeß, in JZ 1961, S. 593. |
| Keller, Heidi: | Handbuch der Kleinkindforschung, Bern 1997. |

Kerstins, Ludwig: Erziehungsziele – neu gefragt, Bad Heilbrunn 1978.

Klauer, Karl Josef: Revision des Erziehungsbegriffes, Düsseldorf 1973.

Kleinknecht, Theodor, Meyer-Goßner, Lutz: Strafprozeßordnung, Gerichtsverfassungsgesetz, Nebengesetze, 42. Aufl., München 1995.

Kesselmann: Wenn Eltern Kinder werden und doch Eltern bleiben, Bern, Stuttgart 1990.

Klima, Rolf: Sozialisation, in Lexikon der Soziologie, hrsg. von W. Fuchs, 2. Aufl., 1978.

Köhler, August: Die Lehre von der Verteidigung nach der Reichsstrafprozeßordnung, in GA 1953, S. 161, 321.

Kohler, Josef Scheel, Willy: Peinliche Gerichtsordnung Karls V. Constitutio Criminalis Carolina, Halle 1968.

Kremer, Bruno: Der Einfluß des Elternrechts auf die Rechtmäßigkeit der Maßnahmen nach dem Jugendgerichtsgesetz, Jur. Diss., Mainz 1984.

Kries, August von: Lehrbuch des Deutschen Strafprozeßrechts, Heidelberg 1892.

Lamers, Gabriele: Erziehung zu einem "Neuen Denken"?, Hildesheim, Univ. Diss. 1994.

Lange-Wragger, Irmhild: Beiträge zur Kultur von Kinderfesten, Achilla Press 1999.

Levinson: A concept of adult development, in American Psychologist 41, 1986.

Liszt, Franz von: Lehrbuch des Deutschen Strafrechts, 25. Aufl., Berlin 1927.

Löwe: Die Strafprozeßordnung für das Deutsche Reich nebst dem Gerichtsverfassungsgesetz und den das Strafverfahren betreffenden Nebenbestimmungen der übrigen Reichsgesetze, 1879.

Löwe-Rosenberg: Die Strafprozeßordnung und das Gerichtsverfassungsgesetz, Großkommentar

Band I, Einleitung, §§ 1-111n, 24. Aufl., Berlin 1988;

Band II, §§ 112-197, 24. Aufl., Berlin 1989;

Band III, § 198-295, 24. Aufl., Berlin 1987;

Band IV, §§ 296-373a, 24. Aufl., Berlin 1988;

Band V, §§ 374-474, Nachtrag und EGSTPO, 24. Aufl., Berlin 1989.

Mangoldt, Hermann von, Klein, Friedrich: Das Bonner Grundgesetz, Kommentar, 3. Aufl., München 1996.

Mannheim, Hermann: Beiträge von der Lehre von der Revision wegen materiell rechtlicher Verstöße im Strafverfahren, Berlin 1925.

Maunz, Theodor, Sigloch, Heinrich, Schmidt-Bleibtreu, Bruno, Klein, Herbert: Bundesverfassungsgerichtsgesetz, Kommentar, München 1997.

Maunz, Theodor, Dürig, Günther, Herzog, Roman, Scholz, Günther: Grundgesetz, Kommentar, München 1994.

Maurach, Reinhard: Deutsches Strafrecht, Allgemeiner Teil, 4. Aufl., Karlsruhe 1971.

May, Hans: Die Berechtigung Dritter zum selbstständigen Gebrauch der Rechtsbeistandschaft des Mandatsverfahrens, in GA 1955, S. 65f.

Mayer, Hellmuth: Strafrecht, Allgemeiner Teil, Stuttgart 1967.

Meyer-Gerhardts, Gerhard: Die Stellung des gesetzlichen Vertreters im Straf prozeß, jur. Diss., Hamburg 1967.

Miehe, Olaf: Unbewußte Verfügungen, Heidelberg 1989.

Moersberger, Thomas: Jugendgerichtshilfe - quo vadis?, 2. Aufl., Bonn 1993.

Molketin, Rüdiger: „Pflichtverteidigung" im Jugendstrafverfahren, in ZblJugR 1981, S. 199.

Mollenhauer, Klaus: Erziehung und Emanzipation, 3. Aufl., München 1970.

Mühlfeld, Claus: Soziologische Theorie, Hamburg 1974.

Müller-Sax, Walter: KMR Kommentar zur Strafprozeßordnung und zum Gerichtsverfassungs- oder Ordnungswidrigkeitenrecht, Band 1: Strafprozeßordnung, München 1966.

Nothacker, Gerhard: Jugendstrafrecht, Fälle und Lösungen, Baden-Baden 1998.

Oppenhoff, Friedrich C.: Das Strafgesetzbuch für die Preußischen Staaten nebst dem Gesetze und die Verordnung über die Einführung desselben, Frankfurt am Main 1991.

Ostendorf, Heribert: Jugendgerichtsgesetz, Kommentar, 5. Aufl., Köln, Berlin, Bonn, München 2000.

Ostendorf, Heribert: Kommentar zum Jugendgerichtsgesetz (Reihe Alternativkommentar), 2. Aufl., Neuwied 1987.

Ostendorf, Heribert: Verteidigung am Scheideweg, in JZ 1979, S. 251.

Ostler, Larry J.: The closing of American library schools, Greenwood Press 1995.

Paffrath, F. Hartmut: Das Ende der antiautoritären Erziehung? Eine Konfrontation mit der Schulwirklichkeit, Bad Heilbrunn 1972.

Palandt (Hrsg.): Bürgerliches Gesetzbuch, 58. Aufl., München 1999.

Peters, Karl: Strafprozeß, Ein Lehrbuch, 42. Aufl., Heidelberg 1985.

Peters, Meinolf: Eltern und Jugendliche: Konflikte, Konfliktbewältigung und Ablösung, Unveröff. Diss., Univ. Gießen 1986.

Pfeiffer, Gerd, Fischer, Hans: Strafprozessordnung und Gerichtsverfassungsgesetz, 2. Aufl., München 1999.

Potrykus, Gerhard: Kommentar zum Jugendgerichtsgesetz, 4. Aufl., Nürnberg, Düsseldorf, Berlin, Frankfurt 1995.

Potrykus, Gerhard: Zum Wiedereinsetzungsrecht des gesetzlichen Vertreters in Jugendsachen, in NJW 1954, S.1934.

Prittwitz, Cornelius: Der Mitbeschuldigte im Strafprozeß, Frankfurt am Main 1984.

Riess, Peter: Die Vernehmung des Beschuldigten im Strafprozeß, JA 1980, S. 293ff.

Roestel, Günter: Änderungen im Jugendstrafverfahren, in ZblJugR 1975, S. 325.

Roestel, Günter: Ist die Persönlichkeitserforschung in der Hauptverhandlung gegen einen Jugendlichen nur begrenzt zulässig, in RdJ 1967, S. 239.

Rogall, Klaus: Der Beschuldigte als Beweismittel gegen sich selbst, Berlin 1977, (jur. Diss. Bonn).

Rosenberg: Self-concept as psychological well being in the adolescence, in The development of the self, London Academic Press.

Rosenfeld, Ernst-Heinrich: Der Reichsstrafprozeß, Ein Lehrbuch, 4. und 5. Aufl., 5. Aufl., Berlin 1912.

Roxin, Claus: Strafverfahrensrecht, 4. Aufl., München 1995.

Rülcker, Tobias: Bildung, Gesellschaft, Wissenschaft, Heidelberg 1976.

Ruscheweyh, Herbert: Die Entwicklung des Deutschen Jugendgerichts, Weimar 1912.

Sarstedt, Werner, Hamm, Rainer: Die Revision in Strafsachen, 6. Aufl., Berlin 1998.

Sauer: Selbständige Rechte Dritter im Strafverfahren, in ZStW 37 (1916), S. 186.

Schaffstein, Friedrich, Beulke, Werner: Jugendstrafrecht, Eine systematische Darstellung, 12. Aufl., Stuttgart, Berlin, Köln, Mainz 1996.

Schlüchter, Ellen: Strafprozessrecht in aller Kürze, 2. Aufl., Thunersheim 1999.

| | |
|---|---|
| Schmidt, Eberhard: | Lehrkommentar zur Strafprozeßordnung und zum Gerichtsverfahrensgesetz, Teil I, Die rechtstheoretischen und rechtspolitischen Grundlagen des Strafverfahrens, Mannheim 1973. |
| Schmidt, Eberhard: | Die Verletzung der Belehrungspflicht nach 55 II StPO als Revisionsgrund, in JZ 1958, S. 596f. |
| Schmidt, Eberhard: | Einführung in die Strafrechtslehre, Dritte Auflage, München 1965. |
| Schneewind: | Familienpsychologie, Stuttgart 1991. |
| Schnitzerling, Ulrich: | Probleme um die Stellung des Erziehungsberechtigten und des gesetzlichen Vertreters im Jugendstrafrecht, in UJ 1957, S. 367f. |
| Schönke, Adolf, Schröder, Horst: | Kommentar zum Strafgesetzbuch, 25. Aufl., Heidelberg 1996. |
| Schulz-Knappe, Carlos: | Zur Stellung des Erziehungsberechtigten im deutschen Jugendstrafverfahren, in RdJ 1967, S. 5. |
| Schwarze, Friedrich Oskar von: | Erörterungen praktisch wichtiger Materien aus dem Deutschen Strafprozeßrecht, Band 1, Hamburg 1881. |
| Schwind, Hans-Dieter | Zur Jugendrevolte aus kriminologischer und politischer Sicht, ZRP 1981, 294 |
| Seelmann, Kurt: | Kind, Sexualität und Erziehung, 4. Aufl., München, Basel 1960. |
| Silverberg, Steinberg: | Adolescent autonomy, parent adolescent conflict and parential well being, in Journal of Youth and Adolescence 1987 (16), S. 293f. |
| Stenglein, Melchior: | Commentar über das Strafgesetzbuch für das Königreich Bayern und über die Einführung des Strafgesetzbuches, Frankfurt 1911. |
| Storch, Maja: | Das Eltern-Kind-Verhältnis im Jugendalter, Univ. Diss., Zürich 1993, Weinheim 1994. |
| Tausch, Reinhard, Tausch, Annemarie: | Erziehungspsychologie, 7. Aufl., Göttingen 1973. |
| Thilo, Hans-Joachim: | Wie ein Stachel im Fleisch, Aggressionen und Sexualität in den Religionen, München 1993. |

Többens, Hans-Werner: Der Freibeweis und die Prozeßvoraussetzungen im Strafprozeß, in NStZ 1982, S. 184f.

Ullmann, Arndt: Handbuch der soziologischen Forschung, hrsg. Von Horst Berger, Berlin 1989.

Voitus, C.A.: Kommentar zu der Strafprozeßordnung für das Deutsche Reich und den dieselbe ergänzenden Vorschriften des Gerichtsverfassungsgesetzes, München 1877.

Walter, Christiane: Verhaltenstherapeutisch orientierte Intervention bei Aggressivität im Kindesalter, Mainz 1998.

Warda, Günther: Dogmatische Grundlage des gerichtlichen Ermessens im Strafrecht, Köln 1962.

Wessels, Johannes: Strafrecht, Allgemeiner Teil, 26. Aufl., Heidelberg 1996.

Winkler, Michael: Über das Pädagogische in der Antipädagogik, in Zeitschrift für Pädagogik 1985, S. 65f.

Wolf, Gerhard: Strafe und Erziehung nach dem Jugendgerichtsgesetz, Univ. Diss., Marburg 1984.

Wulff, Margarethe: 52 Sonntage oder Tagebuch dreier Kinder, 2. Aufl., Berlin 1986.

Zinnecker, Jürgen: Eltern und Jugendliche '85. Jugendwerk der Deutschen Shell AG, Jugendliche und Erwachsene im Vergleich, Opladen 1985.

Zweigert, Konrad Die Verfassungsbeschwerde in: JZ 1952, 321

Zweigert, Konrad, Kötz, Hein: Einführung in die Rechtsvergleichung auf dem Gebiete des Privatrechts, 3. Aufl., Tübingen 1996.

# 6 Anhang

**Fragebogen zu der Mitwirkung des Erziehungsberechtigten und des gesetzlichen Vertreters an einem Jugendstrafverfahren**

Wie lange üben Sie schon die Tätigkeit der Jugendrichterin / des Jugendrichters aus?

---

Können Sie nach Ihrer bisherigen Erfahrungen Angaben zu der Häufigkeit der Mitwirkung des Erziehungsberechtigten und des gesetzlichen Vertreters an einem Jugendstrafverfahren gegen ihren Schützling machen ?

---

---

---

In welchem Umfang wird im Fall der Mitwirkungsbereitschaft eine effektive Unterstützung durch den Erziehungsberechtigten oder des gesetzlichen Vertreters wahrgenommen ?

---

---

---

Hat Ihrer Meinung nach die Mitwirkung des Erziehungsberechtigten und des gesetzlichen Vertreters am gesamten Strafverfahren, insbesondere die Teilnahme an der Hauptverhandlung eine positive Folge für den Ablauf des Verfahrens und dessen Ausgang ?

Kann sich nach Ihrer Einschätzung diese möglicherweise positive Einflussnahme durch den Erziehungsberechtigten oder gesetzlichen Vertreter auch auf die Sanktion und die Sozialprognose auswirken ?

Lassen Sie sich bei der Auswahl der Sanktion am Ende des Jugendstrafverfahren von dem Auftreten und der Argumentation des Erziehungsberechtigten oder gesetzlichen Vertreters beeinflussen ?

Konnten Sie in Ihrer bisherigen jugendgerichtlichen Praxis feststellen, dass es eine Abhängigkeit zwischen der Zugehörigkeit zu einer bestimmten sozialen gesellschaftlichen Schicht und der Bereitschaft zur Mitwirkung am Jugendstrafverfahren gibt ?

Erleben Sie in Ihrer richterlichen Praxis auch Fälle, in denen der Erziehungsberechtigte oder gesetzliche Vertreter am Jugendstrafverfahren zwar mitwirken, sich aber eher kontraproduktiv verhalten oder sogar zum Nachteil des betroffenen Jugendlichen handeln ?

Wenn ja, in welcher Häufigkeit treten diese Fälle auf ?

Wann sehen Sie in der jugendgerichtlichen Praxis die Notwendigkeit, Erziehungsberechtigte oder gesetzliche Vertreter von bestimmten Terminen während des Jugendstrafverfahrens oder von der Hauptverhandlung auszuschließen ?

Wie beurteilen Sie die Bedeutung des § 51 in der Praxis ? Halten Sie einen Ausschluss des Erziehungsberechtigten oder des gesetzlichen Vertreters für zulässig ? Wie häufig sind die Fälle, in denen ein Ausschluss erfolgt ?

Verhalten sich die betroffenen Jugendlichen im Regelfall in Anwesenheit des Erziehungsberechtigten oder des gesetzlichen Vertreters anders als allein?

Benachrichtigen Sie die Erziehungsberechtigten oder gesetzlichen Vertreter über die Straftat des Jugendlichen und teilen ihnen in jedem Fall die Termine des Verfahrens sowie auch Ort und Zeit der Hauptverhandlung mit, auch wenn es sich bei den einschlägigen Normen teilweise nur um Ermessensvorschriften handelt, die Sie nicht zwingend zum Handeln verpflichten ? Gibt es Fälle, in denen Sie sich nicht zu einer Mitteilung verpflichtet sehen ?

Glauben Sie, dass eine umfassendere Unterstützung jedes Jugendlichen während eines Jugendstrafverfahrens sinnvoll erscheint ? Halten Sie eine gesetzlich normierte Anwesenheitsverpflichtung des Erziehungsberechtigten oder gesetzlichen Vertreters während des gesamten Verfahrens, insbesondere in der Hauptverhandlung für erstrebens- und wünschenswert ?

Halten Sie im Bereich der Mitwirkung des Erziehungsberechtigten oder gesetzlichen Vertreters im Jugendstrafverfahren eine Gesetzesänderung für erwägenswert, die den Erziehungsberechtigten oder den gesetzlichen Vertreter zur Wahrnehmung seiner Erziehungs- und Unterstützungsfunktion verpflichten?

Wie sehen Sie die Funktion und die Stellung der Jugendgerichtshilfe ? Könnte sie aus Sicht der jugendrichterlichen Praxis die Mitwirkung des Erziehungsberechtigten oder gesetzlichen Vertreters zumindest in der Hauptverhandlung ersetzen, in dem das, was die Mitarbeiter der Jugendgerichtshilfe durch die vorangegangene Befragung von den Erziehungsberechtigten oder gesetzlichen Vertretern erfahren haben, durch die Jugendgerichtshilfe in das Verfahren eingeführt wird ?

Haben Sie Anregungen allgemeiner Art, wie die Stellung des Erziehungsberechtigten oder gesetzlichen Vertreters allgemein gesehen und vor allem zum Vorteil für das Verfahren und für den Jugendlichen selbst verändert werden sollte.

Peter Lang · Europäischer Verlag der Wissenschaften

Christian Irmer-Tiedt

# Jugendstrafverteidigung in den USA

## Eine Studie zur anwaltlichen Vertretung junger Beschuldigter in den USA mit vergleichenden Hinweisen zur Situation in Deutschland

Frankfurt/M., Berlin, Bern, Bruxelles, New York, Oxford, Wien, 2000. 178 S.
Europäische Hochschulschriften: Reihe 2, Rechtswissenschaft. Bd. 2949
ISBN 3-631-36556-X · br. € 35.30*

Im Mittelpunkt der Arbeit steht, neben der rechtshistorischen und zahlenmäßigen Entwicklung der amerikanischen Jugendstrafverteidigung, vor allem die Frage nach der Effizienz der Verteidigerarbeit. Der Autor gelangt zu dem überraschenden Befund, daß verteidigte Jugendliche in den USA härter sanktioniert werden als Minderjährige, die ohne Anwalt vor dem Jugendrichter stehen. Ausgehend von dieser Erkenntnis werden mögliche Ursachen für diese, wie es aussieht, Dysfunktionalität des amerikanischen Jugendstrafverteidigers aufgezeigt und überdies einige bemerkenswerte Parallelen zur Situation der Jugendstrafverteidigung in Deutschland konstatiert.

*Aus dem Inhalt*: Grundlagen des amerikanischen Jugendgerichtssystems · Auswirkungen der U.S.-Supreme Court Entscheidungen auf die Praxis der Jugendstrafverteidigung · Mögliche Ursachen der negativen Verteidigerwirkung · Ein systemtheoretischer Erklärungsversuch · Vergleichende Reflexionen zur Situation der Jugendstrafverteidigung in Deutschland

Kolibri 360 GmbH
Ferdinand-Jühlke-Straße 7
99095 Erfurt, Deutschland
produktsicherheit@kolibri360.de

Druck:
CPI Druckdienstleistungen GmbH
im Auftrag der
Kolibri 360 GmbH
Ferdinand-Jühlke-Str. 7
99095 Erfurt

# Kräutersegen

*Die Bedeutung unserer vorzüglichsten heimischen Heilkräuter in Sitte, Sage, Geschichte und Volksglauben; ihr wirtschaftlicher und industrieller Nutzen und ihre praktische Verwendung als Hausmittel.*

*Für die Jugend, das Volk und deren Freunde zur Belebung einer religiös-sinnigen Naturanschauung gesammelt und herausgegeben von Emma Maria Zimmerer.*

*Mit 56 Pflanzen-Tafeln in Vierfarbendruck nach Aquarellen von M. v. Lautphöus.*

**Oldtimertools-Verlag Diekholzen**

Reprint der Auflage von 1927

Softcover: ISBN 978-3-98979-245-6

2024er Reprint der 4.Auflage von 1927 (Buch-Erstveröffentlichung 1895)

Titel: Kräutersegen
Untertitel: Die Bedeutung unserer vorzüglichsten heimischen Heilkräuter in Sitte, Sage, Geschichte u. Volksglauben; ihr wirtschaftlicher und industrieller Nutzen und ihre praktische Verwendung als Hausmittel
Text: Zimmerer, Emma Maria

Verlag: Oldtimertools-Verlag,
Im Winkel 24,
31199 Diekholzen
www.oldtimertools-verlag.de

Kontakt: vertrieb@oldtimertools-verlag.de

Druck: CPI Druckdienstleistungen GmbH,
Ferdinand-Jühlke-Straße 7, 99095 Erfurt

# Vorwort zum Reprint

Liebe Leser und Freunde vergangener Wissensschätze,

Wir haben es uns zur herzlichen Aufgabe gemacht, die bibliophilen Juwelen der Vergangenheit für Sie erneut zugänglich zu machen. In einer Zeit, wo rasante Fortschritte und die Flut von Neuem oft das Alte in den Schatten stellen, sehen wir einen unermesslichen Wert darin, das reiche Erbe unserer Vorfahren zu bewahren und zu teilen. Durch den Reprint dieser Werke, begeben wir uns auf eine spannende Reise durch die Zeit, um die Wurzeln unseres Wissens und unserer Kultur erneut zu erforschen.

Der Prozess der Wiederbelebung dieser alten Werke ist sowohl eine Herausforderung als auch ein Privileg. Wir bemühen uns, die alte Schrift von Fraktur in die heute gebräuchliche Form zu übertragen, um Ihnen eine angenehme Leseerfahrung zu ermöglichen. Die sorgfältige Aufbereitung jedes Reprints ist ein liebevolles Unterfangen, das darauf abzielt, die Authentizität und den Charakter des Originals zu erhalten.

Mit diesen Reprints wollen wir eine Brücke zwischen der Vergangenheit und der Gegenwart schlagen. Sie ermöglichen uns, die Evolution von Ideen und das Fortschreiten von Wissen zu erkunden. In den Seiten dieser Werke finden wir die Saat der Ideen, die die Basis für unsere heutige Welt gebildet haben.

Die Themen, die in diesen Reprints behandelt werden, sind vielfältig und spiegeln die Neugier und die breite Palette des menschlichen Interesses wider. Von den Naturwissenschaften bis zur Philosophie, von der Kunst bis zur Technik, diese wiederbelebten Werke bieten eine reiche Quelle des Wissens und der Inspiration.

Aus wissenschaftlicher und dokumentarischer Verantwortung heraus, haben wir die Texte in ihrer ursprünglichen Form belassen. Auch wenn manche Ansichten und Ausdrucksweisen heute überholt oder kontrovers erscheinen mögen, glauben wir fest daran, dass es von unschätzbarem Wert ist, die Gedanken und die Sprache der Vergangenheit in ihrem authentischen Kontext zu erleben. Jeder Reprint ist eine Einladung, die Welt durch die Augen vergangener Generationen zu betrachten, ihre Herausforderungen, ihre Entdeckungen und ihre Träume zu verstehen. Es ist eine Gelegenheit, einen Moment innezuhalten und die tiefe Verbindung zwischen der Vergangenheit, der Gegenwart und der Zukunft zu erkennen.

Wir hoffen, dass Sie durch die Seiten unserer neuen Reprints nicht nur Wissen, sondern auch Inspiration und eine tiefere Wertschätzung für das

Erbe unserer Vorfahren finden werden. Es ist eine Ehre, diese Reise durch die Zeit mit Ihnen zu teilen und wir wünschen Ihnen viele erkenntnisreiche und bereichernde Stunden mit den Schätzen, die in diesen Reprints geborgen sind.

Ihr Michael Kirchgässler und

Ihr Team vom Oldtimertools-Verlag

# Inhalt


| | |
|---|---|
| Vorwort. | 12 |
| Erstes Keimen, erstes Blühen. | 21 |
| Bei den Großen und Mächtigen. | 83 |
| Unsere Hausfreunde. | 124 |
| Auf Waldpfaden. | 170 |
| Frühlingsfülle und Sommerahnung. | 226 |
| Heublumen. | 287 |
| Blumenduft und Küchenwürze. | 320 |
| Jahresneige. | 427 |
| Schluß-Bemerkungen. | 469 |
| Alphabetisches Verzeichnis | 471 |
| Alphabetisches Pflanzenverzeichnis. | 472 |
| Alphabetisches Textverzeichnis. | 481 |

„Gepriesen sei der Herr des Lebens“

Lobt den Herrn, der Erde Festen,
Berg und Hügel, hüpft vor Freude;
Lob‘ ihn, Ackerflur und Wiese,
Lob‘ ihn, Wald und grüne Heide!...

Lobt den Herrn, ihr Menschenkinder!...

Alle, die ihr hohen Hauptes
Geht die weiten Erdenpfade.
Lobt den Herrn für seine Treue,
Lobt den Herrn für seine Gnade.

F. W. Weber, „Dreizehnlinden“

# Vorwort.

Ringsum steile Felsen, harte Steine! Zwischen ihnen schleppen sich verirrte Wanderer mit bleischweren Gliedern mühsam fort. Nirgends Labung im Sonnenbrand! Nirgends Stärkung für den ermatteten Körper! Was nützt der Fernblick auf die lichten Höhen? Wie schmerzt die Sehnsucht nach den schönen Tälern tief dort unten, mit den schattigen Wäldern, mit den reichen Feldern, mit den grünen Auen und den blauen Rauchwölkchen auf den Dächern!! Zurück, ehe es zu spät ist! Die Füße versagen den Dienst, die Zunge vertrocknet, die Augen fallen zu! Die Verirrten kriechen sterbend über das harte Gestein hinab, einen langen Schreckensweg. — Da endlich ein Freudenschrei: das erste Kräutlein ist gefunden. Nur Mut! dort unten schimmert es grün durch die Felsenklüfte; dort beginnt der Kräutersegen!

Endlich grüner Boden, weiches Moos. Die Verirrten saugen den Tau von den Pflänzlein. Die Kräuter strecken sich und bieten besten Wein in feinen Fäßchen. Weiches Lager, würzige Nahrung, duftende Labung zaubern neues Leben in die Sterbenden. Sie sind gerettet!

Dir sei Dank, o guter Gott, für deinen Kräutersegen!

Wie wenige Menschen wissen die Wohltaten zu schätzen, die uns der Vater im Himmel durch die Kräuter spendet! Selbst die Wissenschaft hat diesen realen und idealen Segen noch nicht berechnet. Die Alltagsmenschen stolpern gedankenlos und gefühllos über all die Pflanzen, ahnen ihren Zweck nicht, nicht ihre Schönheit und sehen die Weisheit und die Liebe nicht, die aus ihnen leuchten.

Wie wunderbar groß erscheint dem denkenden Menschen die Tatsache — um nur eins zu erwähnen — daß der liebe Gott in den Kräutern so reichen Segen für die Armen und für die Kranken verborgen hat! Tausende von Wertstücken liegen in Gottes schöner Natur für die Armen bereit, das ganze lange Jahr hindurch — und niemand nimmt sie!

Auch die Heilkraft der Pflanzen wurde Jahrzehnte verkannt, Jahrzehnte verachtet; die Heilkunde spazierte stolz auf luftigen Höhen und dokterte mit mineralischen Giften keck darauf los, bis eine trostlose Erfahrung wieder hinabführte zu den Mitteln der alten Volksmedizin, zu Wurzeln und Kräutern.

In diesen Gedanken liegen zwei Aufgaben, die das gegenwärtige Buch sich gestellt hat. Die eine dieser Aufgaben ist eine wirtschaftliche. Der „Kräutersegen“ soll nämlich dazu verhelfen, daß unbemittelte, namentlich schwache Menschen, die Kinder und die Alten und schwächliche Personen, die Reichtümer finden lernen, die Gottes Güte in der Pflanzenwelt ausgestreut hat. Es wird wohl manche Leserin, mancher Leser dieses Buches gerne den Armen und den Schwachen jene Schätze zeigen und sie anleiten, diese zu sammeln und zu verwerten. Sie selber aber werden wohl manchen materiellen Vorteil aus dem „Kräutersegen“ schöpfen.

Die andere Aufgabe dieses Buches ist eine gesundheitliche. Der „Kräutersegen“ soll dem Volke die Mittel zeigen, durch die wir Menschen unsere Gesundheit bewahren und sie — wenn sie gestört ist — wieder herstellen können.

Es geht eine gewaltige Strömung durch unsere Zeit, „der naturgemäßen Lebensweise und der naturgemäßen Heilmethode wieder die verdiente Beachtung und die segensreichste Anwendung zu verschaffen". Der „Kräutersegen" möchte diese Bestrebungen bestens fördern.

Dabei unterscheidet sich unser Buch von anderen ähnlichen Werken dadurch, daß es nicht einseitig diese und jene Gruppe der Kräuterkunde behandelt (daß es etwa nur die in Deutschland bekannten Verwendungsarten der Kräuter oder nur die „Kneippschen Heilkräuter" beschreibt), sondern daß es auch das Wissen und die Erfahrung fremder Völker, namentlich die reichen Schätze der französischen Volksheilkunde, sammelt.

Gegenwärtiges Buch verdankt einem unermüdlichen Sammeleifer und einem staunenswerten Sammelgeschicke sein Entstehen.

Der „Kräutersegen" vermeidet auch jene Einseitigkeit ähnlicher Kräuterbücher, die darin liegt, daß nur die Heilkraft der Kräuter beschrieben wird. Unser Buch schildert auch die Verwendung der Kräuter zu wirtschaftlichen und industriellen Zwecken.

Dadurch wird das Kräuterbild erst vollständig, dadurch macht uns das Buch die Kräuter erst recht lieb und wert.

Unser Buch schildert dann die Kräuter nicht etwa bloß nach ihren charakteristischen äußern Merkmalen; es bietet uns keine trockene, gelehrte Beschreibung der einzelnen Pflanze und ihrer einzelnen Teile: nein! es zeigt uns das Kräutlein draußen in seiner reizenden Umgebung, zeigt es uns im Zauberscheine der Volkssagen und im Märchenlicht und läßt uns ihr geheimnisvolles Flüstern vernehmen, erzählend von der zarten Liebe Gottes für seine Menschenkinder.

Wahrhaftig! der müßte kein Herz im Leibe haben, dem es bei den sinnigen, duftigen Schilderungen dieses Buches nicht warm würde unterm Brustfleck. Dieses Buch, der „Kräutersegen", sprudelt von den zartesten Auffassungen, von den tiefsten Empfindungen, von den reizendsten Sprachformen.

Das ist's, was uns ganz besonders dazu bewogen hat, für den Druck des Buches die nötigen großen Opfer zu bringen.

Einer sinnigen Betrachtung der Natur Bahn zu brechen: das ist die größte, die schönste Aufgabe unseres Buches.

Wer unser Volksleben kennt und seine Entwicklung beobachtet, der mußte schon längst die traurige Tatsache beklagen, daß unser Volk sich in den letzten Jahrzehnten mit Riesenschritten mehr und mehr der Natur entfremdet.

Früher waren die Landleute und die Handwerksleute innig mit Gottes schöner Natur verwachsen. Jedes Weib kannte jedes Kräutlein und wußte die würzigsten Sagen über seine Entstehung und seine Bedeutung zu erzählen. Bürger und Bauer und jung und alt und Mann und Weib fanden ihr schönstes Vergnügen in Gottes schöner Natur. Jedes Wolkengebilde wurde beachtet, die Berggruppen wurden immer wieder staunend betrachtet, jeder Baum in seinem Bau und in den Licht- und Schattenpartien bewundert; an der grünen Au konnte man sich nicht satt sehen; im Wald jauchzte man hoch auf ob seiner Schönheit und seiner Kraft; die silbernen Bänder der Flüsse und das Gemurmel der Wellen fand man reizend; den bunten Wiesenteppich konnte man stundenlang betrachten, jedes Moossträußchen, jedes Blümlein verursachte tiefes Empfinden, reines, edles, hohes Vergnügen.

So war es einst. Zeugen dafür gibt es genug. Wir nennen hier nur die alten Kräuterbücher, die alte Volksmedizin und die alten Wetterregeln. Und wie steht es jetzt? Unsere Industriellen kennen kaum mehr eine Weide und die Brennessel voneinander. Sie wühlen den ganzen Tag im Staub und vergnügen sich nachts im Tabakrauch. Und wenn sie einmal einen Ausflug machen oder in die Sommerfrische wandern: dann sehen sie nicht und hören nicht, und schwätzen vom guten Bier, von gebratenen Hühnern und — — schwarzäugigen Kellnerinnen.

Auch unser Landvolk hat das Gefühl und das Verständnis für die Natur schon viel mehr verloren, als mancher Volksfreund ahnt. Im sozialen Kampf ums Dasein, im Abgrund der gegenwärtigen Habsucht und Genußsucht hat unser Landvolk seinen schönsten Edelstein, sein tiefes Fühlen für die Schönheiten der Natur, verloren.

Was nicht zum Essen und Trinken dient und was man nicht verkaufen kann, das beachtet unser Volk nicht mehr; dafür hat es keinerlei Interesse mehr. In wenigen Familien haben sich noch Spuren der alten Heilkräuterkunde erhalten. Selbst diese eminent praktische Seite der Naturkenntnis ist fast ganz verlorengegangen.

Diese Naturentfremdung ist ein grenzenloses Unglück für unser Volk. Sie ist eine geistige, sittliche und religiöse Entartung der allerschlimmsten Art, von den allerschrecklichsten Folgen.

Wie arm ist ein Mensch, der die Schönheiten der Natur nicht wahrnimmt und sie nicht tief empfindet! Blind und taub und ohne Gefühl und Geschmack durch die Welt wandern, ist ein schreckliches Los. Wer aber Verständnis hat für die großen und kleinen, zarten und gewaltigen Naturschönheiten: der steht erhaben da in Gottes Licht und in Gottes Kraft, erhaben über allen niedern, tierischen Trieben, mit hellem Blick für alles Edle, Schöne, Gute, mit starkem Sinn für die Wahrheit und für die Gerechtigkeit.

Es gibt — wir behaupten das mit aller Bestimmtheit — auch keine klare religiöse Erkenntnis und keine lebendige Tatkraft im Dienste Gottes, wenn der Mensch nicht lesen gelernt hat in der natürlichen Offenbarung, wenn er die Briefe nicht lesen kann, die uns der Himmelvater alle Tage in seiner Schöpfung neu vor Augen hält. Es ist ein unberechenbarer Schaden, daß in der religiösen Volksbildung das Buch der Natur so oft viel zu wenig benutzt wird. Wer die natürliche Offenbarung nicht versteht, dem bleibt die übernatürliche Offenbarung — trotz aller theologischen und dogmatischen Belehrungen — stets ein verschlossenes Buch.

Die unzähligen Beweise der Liebe und der Weisheit Gottes, die er in der Natur alle Tage frisch niederlegt, dürfen nicht länger so allgemein unbeachtet mit Füßen getreten werden: das ist eine der allerersten Bedingungen für die Rettung unseres Volkes aus all den Gefahren unserer Zeit. Oh, führen wir doch unser Volk wieder zurück aus den kalten, steilen Höhen geschäftlicher Spekulation und materieller Konkurrenz in die grünen Gefilde idealer Gefühle!

Darum begrüßen wir gegenwärtiges Buch so begeistert als ein Mittel, „einer sinnigen Naturbetrachtung wieder Bahn zu brechen". Gerade die Pflanzen, und unter ihnen die Kräuter, stehen unserm Volke in Gottes großer Natur am nächsten. Darum hoffen wir aber auch zuversichtlich, daß alle Freunde des Volkes freudig alles aufbieten werden, um dieses Buch, um den „Kräutersegen" möglichst im Volke zu verbreiten.

Dieser Wunsch erinnert uns an eine weitere hochwichtige Aufgabe, welche sich der „Kräutersegen" stellte, und die wir freudigst unterstützen.

Unser Volk will lesen! Unser junges Volk liest sehr viel! Aber welches Zeug! Unsere Volks- und Jugendliteratur ist zu einem gewaltigen Strome angewachsen, leider zu einem Strome meist schmutzigen, trüben, ungesunden Wassers, der Tausende von Menschen ins zeitliche und ewige Verderben hinabreißt.

Wer viel liest, soll dadurch geistig immer selbständiger werden. Unsere Volks- und Jugendliteratur vereitelt aber diese geistige Reife dadurch immer mehr, daß sie die Leser fast immer wieder herausreißt aus ihrem Lebenskreise, sie hineinzerrt in fremde Gesellschaftskreise, in fremde — Gott weiß, welch lügnerische — Schilderungen. Der einzig richtige Grundsatz für die Volks- und Jugendliteratur ist der: „Aus dem Leben (der Leser) und für das Leben (der Leser)."

Die Bildung besteht nicht in einer oberflächlichen Überreizung und Überfütterung des Geistes, sondern in gesunder Nährung, in steter Vertiefung und Klärung der eigenen Wahrnehmung und des eigenen Urteils.

Der „Kräutersegen" ist ein Buch aus der Umgebung, aus dem Leben des Volkes, aus dem Leben unserer jungen Leute. Es entspricht in seinem Stoffe und in dessen Behandlung den eben angedeuteten Forderungen an die Volks- und Jugendliteratur in einem seltenen Grade. Wir möchten deshalb den „Kräutersegen“ unserm Volke und unserer Jugend vor manchem Tausend anderer Volks- und Jugendschriften dringendst empfehlen.

Dieses Buch enthält ebenso einfache als nützliche Belehrungen für das Leben. Es leitet zum eigenen Beobachten, zum eigenen Urteilen, zum eigenen Handeln in idealen und praktischen Lebensbeziehungen an. Es lehrt in ganz vorzüglicher Weise die eigene sinnige Naturbetrachtung und die vernünftige Anwendung der Naturerzeugnisse. Es hilft dadurch wesentlich dazu, den Menschen — nach Gottes Willen — zum glücklichen Herrn der Erde zu machen.

Die überaus vorzügliche Darstellungsform unseres Buches befähigt den „Kräutersegen“ ferner noch zur Erreichung eines wichtigen, schwierigen, pädagogischen Zieles. Unser Buch eignet sich nämlich vorzüglich für den schwierigen Übergang von der zuckersüßen Roman- und Novellenleserei zu einer ernsten, kräftigenden Lektüre.

Es müßte jemand schon sehr verwöhnt und geistig angekränkelt sein, wenn er am Inhalte des gegenwärtigen Buches kein Gefallen fände. Der „Kräutersegen“ ist wirklich „herzig“ geschildert. Bei der Lesung unseres Buches wird aber jedermann so viele ernste Wahrheit — in duftigster, zartester, zierlicher Form — in sich aufnehmen, er wird sich dadurch so gehoben und veredelt fühlen, daß es sonderbar zugehen müßte, wenn er nach dieser Lektüre noch die frühere Luft an leeren, erlogenen Geschichten fände.

Solche Bücher braucht unsere Jugend und unser Volk — bei der jetzt herrschenden allgemeinen Geschmacksrichtung — äußerst notwendig, damit sie endlich auch zugänglich werden für alle jene rein moralischen und religiösen Schriften, die ihnen jetzt vielfach zu trocken erscheinen, die ihnen aber in den Wirren unserer Zeit zu leuchtenden Sternen werden sollen Der „Kräutersegen“ ist eine Sammlung von vorzüglichen Geistes- und Herzensblüten, geeignet, viele heilende und kräftigende

Wirkungen in seinen Lesern hervorzurufen und ihnen reichen Segen zu verschaffen.

Gegenwärtiges Buch sei deshalb noch einmal allen wahren Volks- und Jugendfreunden zur eifrigsten Verbreitung dringendst empfohlen.

Möge der gute Gott die fleißige und geschickte Hand immer in der seinen halten, die unser Buch zu seiner Ehre geschrieben und zum Besten des Volkes.

Donauwörth, im September 1895.

**Onkel Ludwig.**
**(Ludwig Auer, Direktor des Cassianeums.)**

Erstes Keimen – erstes Blühen

# Erstes Keimen, erstes Blühen.

Frühling! Gottlob, daß er nun gekommen ist! Zwar gibt es noch gar manchen Tag des Kampfes, noch manchen brausenden Windstoß und kalten Regenschauer, gefolgt vielleicht von weißen Flocken und wohl gar noch von Frost und Eis! Allein das ist nur das letzte zornige Aufbrausen des überwundenen und zur Flucht gezwungenen Winters, der den Triumphzug des jungen Lenzes nicht mehr aufzuhalten vermag. Wie haben wir nicht gefürchtet und gezagt, bis endlich seine Macht gebrochen und der Sieg über ihn errungen war! Aber nun hat sich das stille Seufzen der Kreatur nach Licht, Luft und Sonne in ein auferstehungsfreudiges Hoffen gewendet, und allerorten regt und rührt, keimt und knospet, wächst und blüht es schon. Der gravitätische Storch hält vom Turme herab Umschau in seinem Revier; der lustige Star singt und pfeift seine Frühlingsmelodie; im Hofe liebkosen sich die zärtlichen Tauben und streiten die wieder übermütig gewordenen Spatzen, da nun die Hungertage des Winters vorüber sind. Im Felde aber steigt die Lerche dem Lichte entgegen und jubelt ihr Loblied in die Luft. Die fleißige Biene geht jetzt wieder aus, uns ein Honigbrot zu suchen; die geschäftige Ameise macht schon ihre Raubzüge, und die Käfer streichen über die Pfade.

Auch an Wegen und Rainen, in Busch und Hecke, am grünumsäumten Wiesenbächlein und auf sonnigem Felde, überall sind unter den Tritten des Lenzes schon Blumen erblüht; jene Blumen, welche, gleichsam seine Herolde, der ganzen Erde die frohe Botschaft seines Kommens verkünden und uns eine Vorahnung von der ihm nachfolgenden Pracht und Herrlichkeit geben. Und es ist etwas Rührendes um dieses erste schüchterne, man möchte sagen eifrige und doch so anspruchslose Keimen und Blühen, das hier vor sich geht, um dieses erste freundliche Lächeln eines wiederkehrenden neuen Lebens! Denn es ist gerade, als ob die Natur sich sehne, uns endlich wieder ihre Gaben anzubieten! Anscheinend mögen diese zwar noch klein und wertlos sein; allein es liegt in Wahrheit eine Fülle von Segen für den Menschen darin.

Diesen Segen nun zu erfassen und Gottes gütiges und vorsehendes Walten zu betrachten, gehen wir heute hinaus auf die Felder und Fluren, auf die Wiesen und Triften! Denn da finden wir diese bescheidenen Erstlinge, diese Kleinen und Demütigen unter den Pflanzenkindern, deren Dasein jedoch so viel Lebenskraft und Gesundheit für den Menschen bedeutet, daß sie ausschließlich zu seinem Heil und Wohlbefinden gewachsen zu sein scheinen!

Wir wollen ihren Spuren nachgehen und ihre Geheimnisse ergründen, während wir uns zugleich einen Frühlingstrauß binden, der ein wahres Schatzkästlein sein wird zu Freude und Nutzen aller! — Glaubt nicht, daß wir weit wandern müssen, um diesen Strauß zu finden,... laßt euch nur von den milden Strahlen der Frühlingssonne leiten, und sie werden euch recht führen!...

Seht, ich hatte mich nicht getäuscht; denn da haben wir schon einen lieben Gast; ich meine das sanfte, blaue Auge des Frühlings,

## das Veilchen.

Grüßen wir es mit besonderem Gruße. Kaum sind Eis und Schnee geschmolzen, so sproßt es unter dem welken Laube des vergangenen Jahres hervor und nickt uns von sonnigen Hecken und Rainen freundlich entgegen. Wir alle kennen diese Blume, denn sie ist von unsern ersten Kindheitsjahren an bis heute unser Liebling geblieben,

**1. Veilchen** (Viola odorata, L.). a) Frucht, geschlossen; b) aufgesprungene Frucht mit Samen. — **2. Hellblühendes Veilchen** [Roßveilchen]. — **3. Stiefmütterchen** (Viola tricolor, L.) [Ackerveilchen, Dreifaltigkeitsblume]. a) Geschlossene Frucht; b) durchschnittene Frucht.

den wir alljährlich sehnsuchtsvoll erwarten.

Wißt ihr wohl, wie das Veilchen entstanden? Das will ich euch erzählen. Als Adam in tiefster Reue und bitterstem Schmerze über seinen Ungehorsam viele hundert Jahre verbracht hatte, sandte ihm der liebe Gott den Erzengel Gabriel und ließ ihm Gnade und Vergebung seiner Sünde verkünden. Da schaute Adam dankenden Blickes zum Himmel empor. Allein bald senkte sich sein Haupt wieder, weil er Tränen der Freude und Demut vergoß. Diese fielen nieder zur Erde, und es sproßten daraus die ersten Veilchen. Seitdem ist das Veilchen das Zeichen der Demut und Bescheidenheit geblieben. — Doch es begnügt sich nicht damit, uns nur ein duftender Frühlingsbote und ein Sinnbild der lieblichsten Tugenden zu sein; dieses Pflänzchen empfiehlt sich uns auch noch ganz besonders durch seine heilkräftigen Eigenschaften, wodurch es ein wahrer Wohltäter für die Menschen wird. Alle seine Teile sind heilsam, und der liebe Gott scheint es gerade deshalb im Frühjahre wachsen zu lassen, um uns ein Mittel an die Hand zu geben, welches die in dieser Zeit des Übergangs durch den häufigen Witterungswechsel verursachten Übel und Leiden sofort wieder zu heilen vermag.

Hören wir, was uns die Erfahrung darüber lehrt:

## Anwendungen.

Die Blüten bergen schleimlösende, etwas schweißtreibende und — frisch angewandt—leicht laxative (abführende) Eigenschaften in sich.

1. Deshalb werden sie bei hartnäckigem Husten, auch Keuchhusten, und Katarrh, besonders auch der Kinder, mit vielem Vorteile als Teeaufguß verwendet.

Zu diesem übergießt man, je nach dem Alter des Patienten, 4—10 Gramm entweder frisch gepflückte oder getrocknete Blüten mit 1 Liter kochendem Wasser. Nach ein paar Minuten kann der Tee verwendet werden. Da er jedoch leicht etwas scharf wird und so hauptsächlich unsern Kleinen nicht mehr angenehm sein möchte, so ist es gut, immer nur so viel davon anzubrühen, als für den augenblicklichen Gebrauch nötig ist. Eine Prise, das heißt was zwischen zwei Finger genommen werden kann, genügt bei Kindern zu einem Tässchen; bei Erwachsenen wird etwas mehr genommen.

Frischgepflückte Blüten färben den Tee violett; man kann ihm für Kinder etwas Milch hinzufügen. Gewöhnlich trinken die Erwachsenen täglich 3—4mal diesen Aufguß und zwar je eine Tasse: morgens nüchtern; tagsüber zu beliebiger Zeit oder nach Bedürfnis und abends, wenn sie zu Bette gehen. Kindern reicht man auf alle Fälle kleinere Portionen; etwa 2—3 Eßlöffel voll, aber 6—8mal im Tage (zirka alle 2 Stunden).

2. Bei Blähungen, infolge von Gasanhäufungen, leistet dieser Tee ebenfalls gute Dienste, wenn man seinen Gebrauch einige Zeit hindurch fortsetzt.

3. Lau oder erkaltet ist er bei Halsweh, wenn Mandelanschwellung es verursacht, ein ausgezeichnetes Gurgelwasser. Man gurgle sich tagsüber öfters damit. Pfarrer Kneipp empfiehlt, den in diesem Falle anzuwendenden Halswickel anstatt in gewöhnliches Wasser, in diesen Tee zu tauchen.

4. Der Veilchentee wurde ebenfalls immer gern bei Ausschlägen, wie Masern usw., angewendet, da er das Heraustreten derselben befördert, die innerliche Beängstigung und Hitze verringert und den bei diesen Krankheiten gern auftretenden Husten mildert und bekämpft. Man gibt dem Patienten zu diesem Zwecke tagsüber zirka 4mal je ein Tässchen voll davon. Doch darf der Kranke der eigentlichen ärztlichen Behandlung nicht entbehren!

Die Veilchenblätter wirken in ähnlicher Weise wie die Blüten: hat man diese also nicht, so können sie durch jene vorteilhaft ersetzt werden. Außerdem mischt man beides.

5. Zugleich geben die frisch gepflückten und zerquetschten Blätter bei trägen und hitzigen Geschwulsten einen erweichenden, zerteilenden

und kühlenden Umschlag. Man versuche es nur!

6. Der große Wohltäter der Menschheit, Pfarrer Kneipp, weiß noch eine andere Verwendung für den Veilchenblättertee. Er empfiehlt, bei starkem Kopfweh und großer Hitze im Kopfe Umschläge auf die Stirne und Waschungen, besonders am Hinterkopfe, mit dem erkalteten Tee zu machen.

Die Wurzel besitzt ähnliche brechenerregende und abführende Eigenschaften wie das Ipekakuanha und könnte dieses sehr gut ersetzen. Möchten sich doch die Ärzte die Mühe nehmen, sie einem eingehenden Studium zu unterwerfen, anstatt, wie es leider noch so häufig geschieht, über die Anpreisung unserer einheimischen Heilpflanzen die Achseln zu zucken! Wir würden ein mit vollster Sicherheit anwendbares, in unsern Gärten sich vorfindendes, billiges Mittel gegen manche Mühseligkeit und Not an ihnen finden. Begnügen wir uns einstweilen, einen kleinen Vorrat davon für unsere Hausapotheke zu sammeln.

Wer Blätter und Blüten des Veilchens (wie überhaupt auch anderer Heilpflanzen) sammeln will, der pflücke sie an warmen, sonnigen Tagen, damit sie möglichst wenig feucht seien, trockne sie schnell im Schatten, an einem staubfreien Orte, etwa auf dem Boden (Speicher), möglichst nahe dem Dache und bewahre sie in wohlverschlossenen Gläsern oder Porzellanbüchsen auf.

Das Sammeln der Wurzeln muß im allgemeinen einige Zeit vor oder nach der Blütezeit geschehen, wenn die heilenden Säfte recht in ihnen konzentriert sind. Bei der Veilchenwurzel geschieht dies also im Sommer oder Herbste. Dann wird sie gereinigt und wie die Blätter und Blüten getrocknet und aufbewahrt.

Die sogenannten Pferde- oder Hundsveilchen, von Heller Farbe und ohne Geruch, sind für die Hausapotheke ohne Wert; ebenso die gefüllten Arten. Was den kleinen Kindern unter dem Namen „Veilchenwurzel“ als Mittel zum leichtern Zahnen gegeben wird, ist die Wurzel der deutschen Schwertlilie; man verwechsle also die beiden nicht.

Wer den Veilchen beim Trocknen den Duft erhalten will, der breite die Blumenblätter recht lose unter einem Glassturze (Glasglocke) aus, unter dem eine Schale geschmolzenes Chlorkalium steht. Sind sie ganz trocken geworden, so zerreibe man sie zu Pulver und bewahre sie luftdicht verschlossen auf. Seinen Duft entwickelt dieses Blütenpulver, sobald es mit ein wenig Wasser befeuchtet wird.

So hat der gütige himmlische Vater eine Menge des Segens und Heiles in dieses unscheinbare Pflänzchen gelegt, auf daß für und für zur Wahrheit werde, was der Prophet singt: „Aus dem Munde der Kleinen hast du dir Lob bereitet.“

*

Ei, kommt und seht doch dieses gedankenvoll und, wie es mir scheint, noch nicht ganz befriedigt dareinschauende Blümchen zu meinen Füßen hier!... Das Blühen mag ihm wohl noch ein wenig sauer werden! Es ist die Schwester des Veilchens,

## das Stiefmütterchen (Bild siehe Seite 23),

welches auch dreifarbiges Veilchen, Dreifaltigkeitsblümchen, Ackerveilchen, Freisamkraut, Tag- und Nachtblümchen und Nachtviole genannt wird. Es wächst überall auf Brachfeldern, Äckern, Triften, an Rainen und in Gärten, ist über ganz Europa, Nordafrika, Nordamerika, Kleinasien, bis hinauf nach Sibirien verbreitet und hat, wie alle Veilchengewächse, fünf ungleiche Blumenblätter, wovon das größte in einen Sporn endet. Das Stiefmütterchen blüht von April bis Winter.

Wenn wir das Blümchen fragten: „Stiefmütterchen, Stiefmütterchen, woher hast du deinen Namen?“ so würde es uns, wenn es reden könnte, tiefbetrübt antworten: „Die bösen Menschen, die immer nur nach dem Scheine urteilen, haben mir ihn gegeben, weil eines meiner Blätter die übrigen an Größe weit übertrifft, mit drei Farben, weiß, blau und gelb gezeichnet ist und außerdem noch gar bequemlich auf zwei Kelchblättern ruht. Die zwei ihm zunächststehenden Blumenblätter haben je zwei Farben, und jedes sitzt auf einem Kelchblatt. Die beiden kleinern hingegen sind nur einfarbig, und es gehört ihnen zusammen nur ein Kelchblatt als Stuhl. Das große Blumenblatt, sagen sie, gleiche einer putzsüchtigen Stiefmutter, die sich ziert und schmückt und im Hause breit macht; ihre zwei eigenen Töchter kleide sie noch standesgemäß und gebe ihnen, was recht sei; die beiden Stiefkinder aber müßten ein kümmerliches, unglückliches Leben führen. So sei ich ein Bild eigennütziger Selbstliebe. Ja sie fügen noch bei, der liebe Gott, erzürnt über mein hartes Herz, habe mich einfach umgedreht, so daß die Stiefkinder obenan kamen; mir habe er einen Höcker angehängt und meinen rechten Töchtern zur Strafe dafür, daß sie meine Stiefkinder verachteten, einen Bart wachsen lassen."

Das erzählt die böse Welt vom Stiefmütterchen. Und wenn wir es genau betrachten, so finden wir allerdings alles haarklein bestätigt. Ich aber weiß noch eine Geschichte, worin sich das Ackerveilchen so demutsvoll und selbstlos zeigt, daß es mit Recht auch den Namen „Dreifaltigkeitsblümchen" tragen darf.

Als nämlich der liebe Gott dieses Blümchen geschaffen, duftete es gar lieblich und fein und übertraf darin sogar das Veilchen. Bald auch genoß es eines großen Rufes von Heilkraft und wurde fleißig gesucht. Da sein Standort jedoch meistens auf den Äckern und Feldern war, kam das Korn dabei oft recht sehr zu Schaden, denn es wurde gar arg zertreten. Dem Blümchen tat das sehr leid, und da es den Leuten hauptsächlich durch seinen Duft verraten wurde, bat es die heilige Dreifaltigkeit, ihm diesen doch zu nehmen. Der liebe Gott erfüllte die bescheidene Bitte, und seitdem trägt das Stiefmütterchen auch den Namen „Dreifaltigkeitsblümchen".

## Anwendungen.

Als Heilpflanze besitzt das Stiefmütterchen blutreinigende Eigenschaften, die es bei allen Hautausschlägen, besonders aber beim Milchschorf der Kinder, bei fließenden Ohren und ähnlichem zu einem wirksamen Mittel gegen diese Übel machen. Es herrscht, besonders auf dem Lande, noch vielfach der Glaube, daß man derartige um sich fressende Ausschläge der Kinder nicht heilen dürfe, sondern „die Natur walten lassen müsse“. Diese Ansicht ist vollständig irrig. Leidet also ein Kind an einem dieser kleinen Übel, so wird man gut tun, ihm Stiefmütterchentee zu geben.

Einem 3—4jährigen Kinde macht man jeden Morgen ein Tässchen voll davon, indem man zirka 1 Eßlöffel Stiefmütterchen, 1 Teelöffel Fenchelsamen und etwas Süßholzwurzel ungefähr eine Viertelstunde im zugedeckten irdenen Topfe gelinde kocht und in 3 Portionen tagsüber gibt. Ganz kleine Kinder, das heißt solche unter einem Jahre, bekommen nur die Hälfte; schwächlichen sagt dieser Tee nicht zu. Er kann mit Milch gemischt genommen werden. Überhaupt beginne man mit ganz kleinen Gaben und vergrößere sie erst nach und nach. Man darf mit dem Tee äußerlich auch öfters den Ausschlag befeuchten.

Die Wurzel wirkt, wie die des Veilchens, brechenerregend; sie muß daher stets sorgfältig vom Kraute entfernt werden.

Das ganze blühende Kraut wird in den Frühlings- und Sommermonaten gesammelt und wie das Veilchen getrocknet und aufbewahrt. Doch muß dabei beachtet werden, daß blaublühende Stiefmütterchen wirksamer und daher wertvoller als andersfarbige sind.

Bis in unser Jahrhundert gab es nur das wilde „Ackerveilchen“. Seither hat man jedoch durch sorgfältige Pflege und Kultur eine Menge der schönsten Stiefmütterchen erhalten, die eine Zierde und Pracht unserer Gärten sind. Doch was sie unter der Hand des Menschen an äußerer Schönheit gewonnen, das haben sie verloren an innerem Werte: nur das wilde Stiefmütterchen, das Naturkind, ist heilkräftig!

*

Ein drittes Blümchen, und zwar unstreitig eines der lieblichsten unter den Frühlingsblüten, ist

## die Schlüsselblume.

Als der heilige Petrus, der ja-bekanntlich die Schlüssel zum Himmelreiche hat und die Türe aufschließt, hörte, daß man sich falsche, sogenannte Nachschlüssel gemacht hatte, um durch allerlei Hinterpförtchen in den Himmel zu kommen und sich so in die ewige Seligkeit einzuschmuggeln, ließ er vor Schreck den ganzen Schlüsselbund fallen, der von Stern zu Stern immer tiefer bis hinab zur Erde sank. Wohl sandte er ihm sogleich einen Engel nach, daß er ihn aufhebe und zu ihm zurückbringe, allein die Schlüssel hatten schon den Erdboden berührt und sich ihm eingedrückt. Sogleich entsprang der Stelle eine goldene Blume, welche die Gestalt der Himmelsschlüssel hat. Da sie uns diesen jedoch nicht zu öffnen vermag, so erschließt sie seither wenigstens dem ganzen großen, duftenden und geflügelten Heere des Frühlings alljährlich die Tore. Wenn sie also einmal aus Busch und Hecke, von Wiesen und Tristen dem nach Sonne und milder Luft sich sehnenden Menschen entgegenlacht, dann hat der Frühling seinen Einzug gehalten, und ein neues Leben beginnt. Darum trägt sie mit Recht ihren Namen.

Sie blüht von Ende März bis Mai. Wie ihr seht, ist die gelbe Blume trichterförmig und fünflappig und steckt in einem fünfzähnigen röhrigen Kelche, der selbst wieder aus einem nackten, zur Dolde sich teilenden Schafte ruht. Die ovalen, runzeligen und gekerbten Blätter kommen alle aus der faserigen Wurzel.

Die ganze Pflanze wird 16—20 Zentimeter, also eine Spanne, hoch; sie liebt einen trockenen Standort, und man findet sie nicht nur fast in ganz Europa, sondern auch in Nordafrika. Die Blüte hat einen angenehm aromatischen und die frische Wurzel einen anisartigen Geruch.

Die Schlüsselblume wird auch Primel, das heißt Erstling, Kuckucksblume, Himmelsschlüssel und Patinge genannt.

Im Altertume stand sie in hohem Ansehen, und bei den deutschen Völkerschaften genoß sie eines großen Ruhmes. Der Sage nach half sie,

1. Schlüsselblume (Primula offic., L.) [Primel, Himmelsschlüssel, Batinge, Kuckucksblume], a) Einzelne Blüte; b) Blüte der hellgelben, geruchlosen Schlüsselblume.

als Wundertrank zubereitet, in vielen, ja fast allen Leiden; dann fand man mit ihrer Hilfe Schätze. So wird von einem Schäfer erzählt, der mit einer Schlüsselblume ein Gewölbe aufschloß, in dem viele Kisten, mit Schafszähnen gefüllt, standen. Achtlos nahm er einige Hände voll davon und steckte sie ein. Die Schlüsselblume warf er weg und ging von dannen. Des andern Morgens fand er die Schafszähne in eitel Gold verwandelt, konnte aber die Schlüsselblume nicht mehr finden, um mit deren Hilfe den ganzen Schatz zu heben.

## Anwendungen.

Wurzel, Blätter und Blüten finden in der Heilkunde Verwendung. Namentlich sollten die Blüten in keiner Hausapotheke fehlen, denn sie wirken beruhigend auf die Nerven und sind schweißtreibend, schmerz- und krampfstillend, gleich der Lindenblüte, nur wirken sie etwas schwächer.

1. Hat man daher Migräne und Schwindel, fühlt man Zittern und nervöse Schwäche in den Gliedern, dann trinke man einige Zeit hindurch täglich eine oder zwei Tassen Schlüsselblumentee, den man wie den Veilchentee bereitet.

2. Das gleiche ist bei Gliederschmerzen, Gicht und ähnlichen Leiden zu tun. Zudem wasche oder bade man noch die kranken und schmerzenden Teile, sowie auch Wunden, Geschwülste und ähnliches, öfters in einem Absude von Schlüsselblumen. Dieser wird aus den Blumen, oder Blumen und Blättern gemacht, indem man eine tüchtige Handvoll davon während ungefähr 1 Stunde in etwa 1½—2 Liter Wasser absiedet, so daß das letztere um ungefähr ein Drittel vermindert wird.

3. Wenn Kinder, selbst 1-und 2jährige, abends den Schlaf nicht finden können, so gebe man ihnen ebenfalls, je nach dem Alter, ein Tässchen Schlüsselblumentee mit etwas Milch vermischt.

Wenn die Erfahrungen der Heilkunde jetzt auch dargetan haben, daß die Schlüsselblume keineswegs zu den energischen Mitteln gehört, und daß ihr Wert früher allzusehr überschätzt wurde, so wäre es trotzdem unrecht, sie aus der Hausapotheke zu verbannen, denn sie ist ein mildes, schleimlösendes, Schmerz und Hustenreiz verminderndes, höchst angenehmes Mittel, das auch bei kleinen Kindern immer gefahrlos angewendet werden kann.

Als Heilmittel ist nur die dunkelgelbe Schlüsselblume zu gebrauchen. Sie wird sorgfältig aus ihrem grünen Kelche ausgezupft, was leicht geht, und wie das Veilchen getrocknet und verwahrt.

Die Blätter verwendet man meistens nur in frischem Zustande.

Die Blüten werden von den Drogisten immer, die Wurzeln nur noch selten verlangt. Man gräbt letztere im Sommer und behandelt sie wie die des Veilchens.

Durch Kultur hat man aus der Schlüsselblume eine Menge der reizendsten Spielarten gewonnen, die im Frühjahre unsere Gärten schmücken, aber die heilkräftigen Eigenschaften ihrer bescheidenen Schwester verloren haben.

In dieselbe Familie gehört noch ein anderes Heilpflänzchen, der Gauchheil, welcher aber jetzt noch nicht blüht. Wir werden ihn später aufsuchen.

Nun kommen wir zu einem Kräutlein, das mit mehreren andern Pflanzen und im allgemeinen mit noch vielen nützlichen Dingen in der Welt das Schicksal teilt, nur deswegen gering geschätzt zu werden, weil es allgemein verbreitet, also leicht zu finden ist, darum auch nicht aus weiter Ferne beschafft und nichts weniger als teuer bezahlt werden muß. Der Mensch ist nun einmal so: er achtet nur dessen, was ihm zu erringen Mühe macht. Auch ihr habt diese Blume übersehen, denn ich finde sie nicht in unserm Strauße. Es soll aber wieder zu Ehren kommen, was ehrenwert ist.

Schauen wir auf die zu unsern Füßen liegende Wiese hin. Kaum hat sie angefangen zu grünen, und schon ist sie wie übersäet mit goldgelben, talergroßen, scheibenförmigen Blumen, die auf einem etwa 30 Zentimeter hohen, glatten, hohlen und leicht zerbrechlichen Schafte ruhen. Das ist

## der Löwenzahn,

auch Kuhblume, Pfaffenröhrlein, Mönchskopf, Ketten- und Butterblume, und in einigen Gegenden Schwabens „Sonnenwirbel" genannt. Er ist auf der ganzen nördlichen Halbkugel verbreitet und wird, wie ihr seht, massenhaft auf Wiesen, Triften, an Wegrändern, auf Grasplätzen und Äckern getroffen. In allen seinen Teilen enthält er einen bittern Milchsaft. Seine schrotsägeförmigen Blätter gaben ihm den Namen Löwenzahn. Sie kommen alle aus der saftreichen, spindelförmigen, außen rötlich braunen, innen aber weißen Wurzel. Der Samen bildet eine runde, weiße Kugel. Als Kinder haben wir aus dem Schafte Ketten gemacht, daher die Bezeichnung „Kettenblume", und den Samen, den wir „Lichtlein" hießen, gerne abgeblasen, da wir ihn als Orakel benutzten, um zu erfahren, wie lange wir leben würden.

Pfaffenröhrlein und Mönchskopf heißt die Blume deswegen, weil der Fruchtboden, wenn die Samen davon entfernt sind, einige Ähnlichkeit mit der Tonsur der Geistlichen hat.

Für die Biene ist der Löwenzahn eine ausgiebige Blume, und sie hält sich gern in dem runden, sonnengelben Blütenkorbe auf. Auch das Vieh frißt den Löwenzahn mit Vorliebe, trotz seines bittern Geschmackes, der aber selbst für den Menschen nichts Unangenehmes hat.

Der Löwenzahn ist so recht unser Freund, und es ist nur zu bedauern, daß — besonders im Frühjahre — bei uns so wenig Gebrauch von ihm gemacht wird. In dieser Jahreszeit, wo der Stoffwechsel in besonderer Weise stattfindet und in unserm Blute eine allgemeine Umwälzung vor sich geht, wäre er so recht das eigentliche Mittel, um eine günstige Ausscheidung alles Unreinen aus unserm Körper zu befördern und eine regelmäßige, gesunde Funktion der einzelnen Organe herbeizuführen.

1. Löwenzahn (Taraxacum offic.) [Ketten-, Kuh- und Milchblume, Sonnenwirbel, Butterblume, Pfaffenröhrlein]. a) Blütchen; b) Staubfädenbündel, ausgebreitet.

Wie viele Krankheiten könnten nicht durch seinen Gebrauch vermieden werden! Schon seine allgemeine Verbreitung läßt auf seine gesundheitliche Bedeutung für den Manschen schließen; denn die göttliche Vorsehung spendet in der Regel das reichlich, was für das Wohl des Menschen notwendig, und spärlich das, was ihm entbehrlich ist. Warum denn entfernt sich der Mensch von dieser Regel immer mehr und mehr?

## Anwendungen.

Der Löwenzahn gehört zu den tonischen, das heißt stärkenden und einzelne Organe zu einer größern Tätigkeit anregenden Heilmitteln. Er ist blutreinigend und säfteverbessernd. Seine Wirkung erstreckt sich auf die Verdauungs- und Ausscheidungsorgane, namentlich auf den Magen, die Leber, die Milz und Galle; deswegen ist er ein gutes Mittel gegen chronische Hautkrankheiten.

1. Wegen seiner blutreinigenden Eigenschaften eignet er sich vor allem zu allgemeinen Frühjahrskuren. Zu diesem Zwecke macht man einen Absud und trinkt täglich, morgens und abends, eine Tasse voll davon. Man kann ihm auch etwas schwache Fleischbrühe beimischen. Im übrigen gilt hier, was schon vom Veilchentee gesagt wurde: wenn dieser Absud jedesmal frisch gemacht wird, ist er angenehmer. Auch muß er in einem Glase oder irdenen Topfe aufbewahrt werden. Man setzt diese Kur einige Wochen hindurch fort.

2. Bei schlechter Verdauung, Verstopfung, bitterm Geschmack im Munde, bei Verschleimungen des Magens, der Leber usw., sowie auch bei Kopfschwindel, der von Verschleimung oder schlechter Verdauung herrührt, wende man den aus dem frischen Kraut oder der frischen Wurzel gepreßten Saft an und nehme während 5—6 Wochen täglich 2mal, etwa morgens und mittags, je 2 Eßlöffel voll davon. Außerdem kann mit dem Kraut und der Wurzel oder auch nur aus der letztern allein ein Absud zum gleichen Zwecke gemacht werden.

3. Wer rote, entzündete Augen hat, der bereite sich durch

24—36stündiges Einweichen der ganzen Pflanze oder auch nur der zerschnittenen Wurzel in lauwarmem Wasser ein Augenmittel, das ihm ausgezeichnete Dienste tun wird. Nur muß es vor dem Gebrauch filtriert, das heißt durch ein Tuch geseihet werden. Man wasche sich mit diesem immer etwas lau gehaltenen Wasser tagsüber öfters die Augen.

4. Chronische Hautkrankheiten heilt oder bessert man wenigstens, indem man innerlich längere Zeit hindurch den Absud oder den ausgepreßten Saft, und äußerlich Waschungen damit anwendet.

5. Der Löwenzahn ist außerdem im Haushalte ein nicht zu unterschätzendes Pflänzchen.

Wenn er im Frühjahre junge Blätter getrieben hat und recht zart und saftig ist — etwa im April, jedenfalls aber vor der Blütezeit — dann werden die Pflanzen mit einem Messer aus der Erde gestochen, die äußern, harten Blätter entfernt und die innern, zarten Blättchen als Salat zubereitet und entweder allein oder mit Kartoffeln oder Linsen vermischt, gegessen. Man bekommt so in dieser gemüsearmen Zeit nicht nur einen angenehmen und wohlschmeckenden, sondern hauptsächlich auch einen gesunden, erfrischenden und blutreinigenden Salat. In Italien und Frankreich fehlt er selbst auf der Tafel der Großen nicht, und ich möchte, daß er auch von irgend jemand bei uns einmal „in Mode" gebracht würde, denn er wäre eine Wohltat für viele Menschen. Warum sollten wir ihn nicht essen können? Er gehört ja zu den Lattich-, das heißt Salatarten, und wir essen gar manches, was weniger gut und gesund ist als der Löwenzahn! — Seine Blätter werden hauptsächlich nur im Frühjahr und frisch gepflückt verwendet.

Am saftigsten sind die Pflanzen, die auf einem fetten, lockern und etwas feuchten Boden wachsen, also auf Maulwurfshügeln und im Herbste vorher gepflügten Äckern usw.

Die Wurzel darf erst im Sommer, etwa von Ende Juli oder anfangs August an, gesammelt und getrocknet werden. Wie das letztere geschieht, wissen wir. Vor dem Gebrauche zerkleinert man sie. Die

Drogisten kaufen sie immer eifrig auf, da sie die gleichen Dienste leistet wie die Blätter.

So haben wir gesehen, daß der Löwenzahn kein Stiefkind unseres lieben Herrgotts ist, und ich würde mich glücklich schätzen, wenn ich dazu beigetragen hätte, gewisse Vorurteile zu besiegen und diesem Pflänzchen in Haus und Familie den Platz zu verschaffen, der ihm gebührt.

*

Als ich vorhin den Löwenzahn beschrieb, sagte ich, die Biene halte sich gerne in seinem „Blütenkorbe" auf.

Es gibt nämlich Pflanzen, die eine Menge dicht zusammengestellter Blüten haben, so daß sie eigentlich nur eine Blume bilden. Das, was wir also für ein einzelnes Blumenblättchen halten, ist jedesmal ein Blütchen; alle zusammen aber bilden eine Art Korb, daher der Familienname „Korbblütler". Sie umfassen gegen neuntausend Arten, die über die ganze Erde verbreitet sind und meistens, besonders als Gemüse- und Heilpflanzen, im Dienste des Menschen stehen. Jede Jahreszeit bringt einige Vertreter dieser Familie. Zu den im Frühjahre blühenden gehören, außer dem Löwenzahn und einigen andern, die für uns aber kein Interesse haben, auch der Huflattich und das Gänseblümchen. Vom Mai und Juni an vermehrt sich dann ihre Zahl bedeutend, und wir werden öfters Gelegenheit haben, uns mit ihnen zu beschäftigen.— Betrachten wir nun diese einfache, schwefelgelbe Strahlenblume, die wir an jenem lehmigen, lettigen Acker- und Grabenrande — denn da wächst sie am liebsten — gepflückt haben. Es ist

## der Huflattich.

Ein einziger Blick auf seine Blüte genügt, um uns zu zeigen, welcher Familie er angehört. Sehen wir diese Blüte näher an, so bemerken wir, daß sie auf einem kaum spannenhohen, schuppigen, weißlich wolligen Schafte sitzt. Blätter hat die Pflanze vorerst noch keine, denn, während

1. Huflattich (Tussilago farfara, L.) [Brustlattich, Pferdehuf, Husten- und St. Quirinskraut]. a) Randblütchen; b) Scheibenblütchen.

sich die Blume schon im Februar und März öffnet, schickt der tief in die Erde dringende Wurzelstock die Blätter erst im Sommer nach. Darum sagten unsere Vorfahren von dem Huflattich, der Sohn komme vor dem Vater. Diese Blätter sind herzförmig, rundlich und gezähnt. Oben sind sie grün und glatt, manchmal auch mit einem leichten Filz überzogen, unten aber immer weißgrau-filzig. — Der Huflattich hat verschiedene Namen, wie Roßhuf, Eselshuf, Brandlattich, Berglatschen, Brustlattich und Sankt Quirinskraut.

Er gehört gleich dem Veilchen, der Malve und der Königskerze (Wollkraut) zu den Brustmitteln.

## Anwendungen.

1. Die stark und unangenehm riechende Blume liefert einen von Geschmack milden, aromatischen Tee, der bei Lungenleiden, Katarrh und Husten mit viel Schleimauswurf, bei Engbrüstigkeit und Anlage zur Schwindsucht ein wirksames Heilmittel ist. Man wende ihn deshalb regelmäßig, wenigstens zweimal des Tages und längere Zeit hindurch an, denn manches, besonders nicht zu alte und schwere Brustübel kann durch ihn nicht nur gebessert, sondern ganz gehoben werden. Die Bereitung ist dieselbe wie beim Veilchentee.

2. Die Blätter besitzen die gleichen Eigenschaften wie die Blüten, werden also auch in den schon aufgezählten gleichen Fällen angewendet.

3. Von vorzüglicher Wirkung sind sie bei hitzigen Geschwulsten, Geschwüren und offenen Füßen. Das frische Kraut wird zerdrückt und das gedörrte leicht weich gekocht und so aufgelegt: es vermindert die Hitze und die Schmerzen, verhindert oder nimmt die sogenannte „Überröte“ und den Rotlauf und zieht alle krankhaften Stoffe nach außen.

4. Trinkt man den Huflattichtee oder den ausgepreßten Saft der frischen Blätter in Fleischbrühe oder warmer Milch nicht gern, so zerreibt man getrocknete Blätter zwischen den Fingern und nimmt täglich zirka dreimal von diesem Pulver ein paar Messerspitzen voll in dem

ersten Löffel voll Suppe oder anderer Kost.

Die Huflattichblätter kommen im Mai und Juni zum Vorschein und werden auch in diesen Monaten gepflückt. Es muß beim Trocknen derselben besondere Sorgfalt verwendet werden: man sammle sie nur an ganz Hellen, warmen Tagen, denn die Feuchtigkeit verdirbt sie; ebenso wissen wir, daß sie nicht an die Sonne gelegt werden dürfen.

Die frischen, jungen Blätter geben gekocht ein recht gutes Gemüse; getrocknet werden sie auch von den Ziegen gerne gefressen, und frisch in Fässer oder Gruben mit Salz eingestampft, bieten sie für die Schweine ein vorzügliches Mastfutter.

So lohnt also dieses den Bauern oft so lästige Unkraut reichlich das eigenmächtig gewählte Gastrecht auf den Feldern, und wenn wir seine verschiedenen Namen in Vergleich mit den verschiedenen Übeln und Leiden bringen, die es zu heilen vermag, so müssen wir gestehen, daß alle Namen, die sich darauf beziehen, gar wohl gegeben sind. Man sieht, daß dankbarere Geschlechter als die jetzigen den Huflattich benannt haben!

*

Und nun einige Worte über

## das Gänseblümchen.

Es ist, nächst dem Veilchen, das bekannteste und eines der verbreitetsten aller Blümchen. Die Kinder haben es vielleicht noch lieber als jenes. Man kann sich auch kaum eine niedlichere Pflanze denken. Schon beim ersten Sonnenblick des Frühlings sprießt es hervor und blüht bis in den kalten Winter hinein.

Fragen wir unsere Kleinen, warum es Gänseblümchen heißt, so antworten sie: „Weil es wie die Gans auf einem Fuße steht.“ In Wahrheit mag der Name daher kommen, weil die Blume da, wo die Gänse sich gern aufhalten, am häufigsten zu treffen ist und sie wohl auch gern von ihnen gefressen wird.

An seinen andern Namen „Marienblümchen" knüpft sich eine gar liebliche Sage: „Die Mutter Gottes", heißt es, „machte einmal zur Winterszeit zum Geburtstage des Heilandes künstliche Blumen. Die schönste davon soll eine Strahlenblume gewesen sein. Allein die heilige Jungfrau stach sich in den Finger, und von dem daraus fließenden Blute bekam die Blume rote Ränder. Sie gefiel indessen dem Jesuskinde so sehr, daß es ihr Leben verlieh. Seitdem hat das Gänseblümchen rötliche Spitzen." — Ein anderer Name ist „Maßliebchen", was Angerblume bedeutet.

Bei den nordischen Völkern hieß das Gänseblümchen „Osterblume". — Es ist nicht zu verwundern, daß einem solchen Liebling des Volkes auch allerhand geheimnisvolle Kräfte zugeschrieben wurden. So sollte das Maßliebchen, das in Frankreich Marguerite, das ist Perlblume, heißt, die Auszehrung heilen und noch andere Krankheiten aus dem Leibe treiben. Dem ist aber nicht so. Die Erfahrungen haben im Gegenteil dargetan, daß es zwar kühlende, schmerz- und krampfstillende Arzneikräfte hat, aber durch andere energischere Heilpflanzen mit Vorteil ersetzt wird. Doch gebraucht man es noch manchmal mit andern Kräutern, besonders mit Odermennig vermischt, bei lahmen Gliedern und Rheumatismus zu Schweißdampfbädern. Daher wird es in den Drogerien auch stetsfort noch gekauft. Wenn es also auch für unsere Hausapotheke nicht geeignet ist, so habe ich es dennoch erwähnt, weil ich darauf aufmerksam machen wollte, daß arme Kinder, die zu etwas anderm kaum noch zu gebrauchen sind, sich durch sein Einsammeln nützlich beschäftigen und fast mühelos ihren Eltern tagsüber einige Pfennige verdienen helfen können, abgesehen davon, daß sie sich dann nicht zwecklos und müßig auf den Angern herumtreiben! Außerdem möchte ich noch darauf hinweisen, daß die Blätter des Maßliebchens selbst im Winter zu Gemüse und Salat verwendet werden können und sehr gesund sind. — In unsern Gärten haben wir eine gefüllte Spielart unseres Gänseblümchens, das weiß und rot blüht und „Tausendschön" genannt wird.

*

Doch unsere Schätze sind nicht erschöpft, und ich sehe noch manche Blume für unsern Strauß, die, so klein und unscheinbar sie auch sein mag, vom gütigen Schöpfer dazu ersehen wurde, uns das köstliche Gut der Gesundheit zu erhalten oder wiederzugeben. Gehen wir also weiter in der Ergründung der in ihnen verborgenen Geheimnisse.

Da haben wir ein kleines Pflänzchen mit liegendem, auf der Erde wurzelndem Stengel; nur die Ästchen erheben sich. Es hat nierenförmige, gekerbte, dem Efeu etwas ähnliche Blätter. Die Blümchen sind blau und rachenförmig. Ihre Oberlippe ist zweispaltig, die Unterlippe dreilappig, mit ausgerandetem Mittellappen. Der Schlund ist etwas haarig, und die zwei nebeneinander stehenden Staubbeutel bilden ein Kreuz. Das ist

## die Gundelrebe,

auch Gundermann, Erdefeu, Erdenkränzlein, Donnerkraut genannt. Sie wächst an Zäunen, Wegen, Rainen, Mauern, in Gebüschen und Wäldern und blüht von April bis Juni. Ihr Geruch ist balsamisch und der Geschmack bitter und scharf. Die Gundelrebe gehört in die Familie der Lippen- oder Rachenblütler. Diese haben, wie ihr sehen könnt, eine einblätterige, dem Kelche zu röhrenförmige Blumenkrone, die nach oben verschiedengestaltete lippenförmige Lappen um den weiten Schlund trägt, von denen man Ober- und Unterlippe unterscheidet. Innen sind vier an die Wand der Blumenröhre angewachsene Staubgefäße, wovon zwei länger sind. Der gabelförmig gespaltene Stengel ist im fünfzähnigen Kelche angeheftet. Diese so geformten Blüten stehen in den Winkeln, welche von den Blättern und dem stets vierkantigen Stengel gebildet werden. Die Lippenblümler sind alle aromatisch, und besonders sind die Blätter wohlriechend. Wir werden noch oft Gelegenheit haben, auf sie zurückzukommen, sowie auch auf die ihnen nahe verwandten Rachenblütler oder Braunwurzgewächse, von denen indessen viele giftig sind. Bei unsern heidnischen Vorfahren war der Gundermann dem Donar geweiht; man hing deshalb gern ein Sträußchen davon

1. Gundelrebe (Glechoma hederacea, L.) [Gundermann, Erdefeu, Donnerrebe, Erdkränzlein, Donnerkraut]. a) Durchschnittene Blüte.

in den Wohnräumen auf, um vor dem Blitze gesichert zu sein. Auch wähnte man, mit seiner Hilfe die Hexen zu erkennen!

## Anwendungen.

Der Gundermann gehört zu den Kräutchen, die einen heilsamen Einfluß auf unsere Atmungs- und Urinwerkzeuge haben. Ferner ist er bei Wechselfieber und Gelbsucht ein gern und mit Erfolg angewandtes Mittel.

1. Wer also chronische Brust- und Lungenbeschwerden hat, der mache entweder mit dem frisch gepflückten oder getrockneten Kraute in der schon oft angegebenen Weise einen Teeaufguß und trinke täglich 2—3 Tassen zu verschiedenen Malen davon.

2. Man kann auch den Saft aus der frischen Pflanze pressen und zu demselben Zwecke in Wein oder schwacher Fleischbrühe täglich 2—3mal genießen. — Je nachdem es der Magen verträgt, wird man mehr oder weniger Saft in den Wein oder die Fleischbrühe tun.

3. Bei Gelbsucht, Wechselfieber, Erhitzung der Harnwerkzeuge und Steinleiden siedet man den Gundermann entweder in Wasser oder Wein und trinkt von diesem Absud tagsüber öfters.

4. Gundelrebe, Glockenblume (Aglei), Weinsteinöl und Weizenmehl zerstoßen und zu einer Salbe gemengt, heilt den sogenannten „Grind“ und andere ähnliche Schäden.

5. Kleinen Kindern werden einige Tropfen des ausgepreßten Saftes mit günstigem Erfolge gegen Leibschmerzen gegeben.

6. Auch ist Gundermann ein Kräutchen, das zu allgemeinen Frühjahrskuren verwendet werden kann. Es liefert, da es viel Salze enthält, eine vortreffliche Zugabe zu Salat, Gemüse und Kräutersuppen.

Das ganze Kraut sammelt man, sobald es angefangen hat zu blühen; getrocknet und aufgehoben wird es wie die bisher besprochenen Pflanzen.

Wenn ich das „Gundermännchen“ irgendwo einsam und versteckt

unter Busch und Hecke erblicke, so werde ich immer an ein wohltuendes Heinzelmännchen erinnert, das in der Stille seines geheimnisvollen Daseins menschenfreundliche Arbeiten vollbringt!

*

Denkt man sich die Pflanzenwelt als einen Staat mit seinen verschiedenen Rangordnungen und Ständen, in dem der Wert eines jeden nach seiner sozialen Stellung bemessen wird, so gehört unstreitig das Pflänzchen, das ich gerade hier am Wegrande gepflückt habe, in die verachtete Klasse der Bettler. Denn es gibt kein gemeineres Unkraut unter unsern einheimischen Pflanzen als

## das Hirtentäschelkraut.

Je mehr es getreten, mißhandelt und zerstampft wird, desto zäher klammert es sich an den Boden, der ihm Nahrung und Leben gibt. Nie seht ihr es im Feiertagskleide; stets ist es zerzaust, verstaubt, beschmutzt; es ist eben ein Lazzaroni der schlimmsten Sorte, und als solchen finden wir es an Wegrändern, Mauern, auf wüstem Boden, auf Äckern, Grasplätzen und überhaupt überall da, wo der Mensch oft geht. Es liebt zweifellos besten Nähe und, indem es sich auf allen Wegen und Stegen an ihn herandrängt, scheint es zu sagen: „Erbarm' dich meiner und nimm mich mit!"

Das Hirtentäschel blüht fast das ganze Jahr hindurch und wird fußhoch. Die Blüten sind klein und weiß. Der aufrechte, geästete Stengel hat wenige lanzettliche, stengelumfassende Blätter, die etwas ausgesägt sind. Die Frucht, welche der Pflanze den Namen gegeben hat, ist verkehrt-herzförmig und bildet ein Schötchen, das einem Hirtentäschchen gleicht. Die Pflanze gehört zur Familie der Kreuzblümler, von denen viele zu unsern wichtigsten Küchenkräutern und Ölgewächsen zählen.

Die Kreuzblümler haben ihren Namen daher, daß ihre Blüte, sowie auch ihr Kelch, vierblätterig ist und dadurch ein Kreuz bildet; sie haben sechs Staubgefäße, wovon zwei kürzer sind; die Frucht ist meist eine

1. Hirtentäschel (Capsella bursa pastoris, Mnch.) [Täschelkraut, Blutkraut]. a) Blüte; b) Frucht; c) Schötchen, geschlossen. — 2. Brunnenkresse (Nasturtium offic.). a) Blüte.

Schote.

## Anwendungen.

Das Hirtentäschel enthält viel ätherisches Öl und einen bittern Extraktivstoff, weshalb es zu den zusammenziehenden Mitteln gehört. Diese erhöhen die Lebens- und Widerstandskraft der Organe, indem sie die erschlafften Teile stärken und sozusagen enger aneinander schließen.

1. Deshalb dient das Täschelkraut gegen Leibschmerzen und ruhrartige Anfälle. Ferner stillt es Blutspeien und die zu starke Menstruation (monatliche Regel). Zu diesem Zwecke wird es entweder in Wein gesotten, oder getrocknet und pulverisiert (einige Messerspitzen voll) in demselben getrunken.

2. Gleiche Wirkung hat der aus der frischen Pflanze gepreßte Saft; tagsüber nimmt man 2—3 Löffel voll davon.

3. Hirtentäschelkraut heilt und vertreibt das Wechselfieber, das so gerne Milz- und Leberanschwellung in seinem Gefolge hat. In diesem Falle wendet man es als Tee an.

4. Der Harnabgang wird befördert, wenn man einen Absud von dem Kräutchen macht und tagsüber 2—3mal eine kleine Tasse davon genießt. Zu diesem Absud nimmt man blühende und fruchttragende Pflanzen; etwa eine Handvoll zu zirka 1 Liter Wasser. Wie er gemacht wird, wissen wir.

5. In den Apotheken bekommt man eine „Hirtentäscheltinktur", welche man aber auch selbst bereiten kann, indem man auf gleiche Teile frischausgepreßten Saft und Weingeist oder Kornbranntwein eine gelinde Wärme von zirka 30 Grad langsam einwirken läßt, bis sie gut vermengt sind. Es kann dies aus dem Herde bei ein wenig Kohlenglut geschehen.

6. Äußerlich stillt dieses gute Pflänzchen Blutungen aus Wunden oder der Nase, wenn man diese mit dem Aufguß oder mit dem durch Wasser etwas verdünnten Saft wäscht oder ihn in die Nase aufzieht.

7. Wunden werden geheilt, wenn man Pulver vom Hirtentäschel in diese streut oder mit einer aus dem Pulver bereiteten Salbe behandelt. Sie wird aus 1 Teil Hirtentäschelsaft und 2 Teilen Vaseline oder sonstigem feinen Fett gemacht, indem man beides innig mengt, auf dem Feuer erwärmt und zergehen und nachher wieder erkalten läßt.

Gesammelt und getrocknet wird das Kräutlein von April und Mai an.

Scheint uns das Hirtentäschel noch so ein lästiges Unkraut zu sein? Gönnen wir ihm nun nicht mit Freuden seinen Standort in der Nähe unserer Wohnungen? Und sind wir nicht froh, daß es so leicht zu finden ist und wir es immer bei der Hand haben können?...

So ändern sich unsere Gefühle, wenn wir achten und ehren gelernt haben, wem Achtung und Ehre gehört; denn dieser unscheinbare Paria der Pflanzenwelt kommt uns nun mit einem Male ehrfurchtgebietender vor als manches andere Kraut, das im schönsten Schmucke prangt. Ehre, wem Ehre gebührt!

*

Gehen wir an diesem Bache entlang. Gewiß werden wir da einen andern Kreuzblümler treffen, den ihr vielleicht schon kennt und dessen Würze ihr zu schätzen gelernt habet. Ich meine

## die Brunnenkresse (Bild siehe Seite 47).

Sie wächst in Europa, Asien, Afrika und Amerika überall an klaren Quellen, Bächen, an Teichrändern und in Gräben und blüht von Ende April oder Anfang des Mai bis September. Sie hat mehrere 1—2 Fuß lange im Wasser liegende und an den untern Gelenken Wurzeln treibende, ästige Stengel, die sich mit ihren Spitzen über das Wasser erheben. Die Blätter stehen wechselweise und sind aus 2—7 Paar gefiederten Blättchen gebildet, von denen das obere, endständige etwas größer ist. Ihre Form ist elliptisch (länglich-rund). Die weißen Blüten sind klein und haben gelbe Staubkolben. Der Same sitzt in länglichen

Schoten. Das Kraut schmeckt scharf und bitter wie die Gartenkresse und wird wie diese als Salat und zum Garnieren der Fleischspeisen verwendet.

## Anwendungen.

Die Brunnenkresse enthält Eisen, Jod, Schwefel und phosphorsaures Salz. Diese also an Mineralien so reiche Pflanze wirkt anregend und reizend, wasser- und schweißtreibend, heilt den Skorbut (Scharbock), die Skrofeln, Gelbsucht, langwierige Hautausschläge, gewisse Wassersuchten und die Milzverschleimungen, welche gewöhnlich das Wechselfieber begleiten. Sie wirkt auch grieß- und steinabtreibend und ist wurmwidrig.

1. Wer also an einer dieser Krankheiten leidet, der trinke täglich 60—150 Gramm von dem aus der Pflanze gepreßten Saft entweder in Milch oder Selterswasser. Man kann ihn auch mit andern einschlägigen Kräutersäften vermischt genießen. Benutzt man außerdem noch tagsüber gegen den Durst säuerliche Getränke, wie leichten Most, Zitronenlimonade usw., so wird die gute Wirkung verstärkt.

2. Überhaupt sollte man nie versäumen, dieses Kraut besonders im Frühjahre recht oft zu genießen. Es läßt sich, klein geschnitten, sehr wohl auf Butterbrot essen, und die Eltern würden gut tun, es so auch ihren Kindern zu verabreichen. Nur Frauen in gewissen Umständen dürfen die Kresse nicht gebrauchen.

3. Wenn man Brunnenkresse, Zwiebeln und Erdbeerblätter gut zerquetscht, diese Masse mit frischer, ungesalzener Butter oder mit Leinöl mischt und dann zusammen langsam, auf schwachem Feuer kocht, bis Brunnenkresse, Zwiebeln und Erdbeeren geröstet sind, und dann das Ganze durch ein Tuch drückt, so erhält man eine recht gute Brandwundensalbe, welche kühlt, die Hitze auszieht und die Wunden schnell heilt. Diese Salbe kann in Töpfchen oder Gläsern aufbewahrt werden (Ulsamer).

Kresse kann man fast das ganze Jahr hindurch pflücken; außerdem wird sie von den großen Gärtnereien, besonders Erfurts, stets frisch geschnitten überallhin versandt. — Was über ihre Eigenschaften und ihre Anwendung als Heilmittel gesagt wurde, gilt auch vom Löffelkraut, vom Meerrettich, vom Senf und Wiesenschaumkraut, ihren Geschwistern. Auf die drei erstern werden wir noch ganz besonders zurückkommen; das letztere jedoch ist kein eigentliches Heilkraut; es hat nur insofern Bedeutung für uns, als seine jungen Blätter wie Brunnenkresse zu Salat benutzt werden können. Hier ist es. Wie ihr seht, hat das Wiesenschaumkraut eine blaßlilafarbige Blütentraube und einen zirka einen Schuh hohen, meist unverzweigten Stengel. Im übrigen trägt die Blume ganz die Merkmale der Kreuzblümler an sich. Sie nimmt sich gar lieblich und zart aus inmitten des auf unsern Wiesen im Frühlinge ausgiebig vertretenen Sonnengelbs. Ihr Name kommt daher, daß man oft an Stengel und Blättern Schaum der Schaumzikade findet.

*

Verlassen wir nun den Wiesenpfad und biegen wir auf jenen Feldweg ein. Da werden wir gleich an seinem Rande eine Pflanze treffen, an die ihr gewiß nicht als Heilkräutchen gedacht habt. — Richtig, da ist sie schon. „Wie!" ruft ihr aus, „ist es möglich?" und ungläubig schaut ihr bald herauf zu mir, bald hinunter zu meinem Kräutchen, das ein wahres Kräutchen „Rühr' mich nicht an" ist. — Jawohl, ihr habt euch nicht getäuscht; dieses da meine ich, das böse Unkraut,

## die Brennessel.

Denkt an das Hirtentäschel! Zwar beißt und sticht und brennt es nicht, allein wenn wir von diesen drei abstoßenden äußern Charaktereigenschaften der Brennessel auf ihren innern Wert schließen, so muß er im Gegensatz zur allgemeinen Regel jenen des Hirtentäschels noch übertreffen. Dem ist auch wirklich so; denn die Brennessel ist eine der bedeutendsten Heil- und Nutzpflanzen.

Als letztere ist sie vor allem ein kräftiges und gesundes Futter für Rinder, Schafe, Schweine, Hühner und Gänse. Darum wird sie in Schweden und Norwegen sogar angebaut, da sie den Milchertrag der Kühe wesentlich steigert. Man füttert sie nicht frisch, sondern erst wenn sie ein paar Stunden gelegen und matt geworden ist. Für Hühner und Gänse bewirkt sie, zerhackt und unter das andere Futter gemischt, frühes und fleißiges Eierlegen. Im Elsaß werden die Gänse sogar mit Brennesseln gemästet.

Ferner werden in den nördlichen Ländern die Fasern ihrer Stengel benutzt, um gesponnen und gewoben zu werden, da man aus ihnen das bekannte Nesseltuch macht. Sie gehört also auch unter die „Gespinstpflanzen", wie der Hanf usw., der ja übrigens, wie auch der Hopfen, in die Familie der „Nesselgewächse" zählt. In frühern Jahrhunderten machte man auch die Schiffstaue von Nesselfasern, und sie sollen besonders fest und zähe gewesen sein!

Wie die Nesselfaser entdeckt wurde, darüber gibt eine liebliche Sage Aufschluß. Ich will sie euch erzählen. „Der böse Vormund eines Mündels wollte ihm nicht gestatten, ihren Liebsten zu heiraten, bis sie sich aus einem am Wege stehenden Unkraut ihr Brautkleid selbst gesponnen und gewoben habe. Da ging sie mit schwerem Herzen in ihr Kämmerlein und betete recht innig zum lieben Gott um Hilfe. Müde vom Weinen und Beten schlief sie ein. Siehe, da öffnete sich der Himmel, und zwei Engelein schwebten hernieder, nahmen die Maid bei der Hand und führten sie zur Nesselpflanze. Hier sagten sie ihr, daß sie die Brennessel vor Sonnenaufgang, zur Zeit des Morgentaues, ungefährdet ernten könne und zeigten ihr, wie sie die wunderbaren Fasern der Pflanze spinnen und weben mußte, um sich ihr Brautkleid daraus zu machen. Am andern Morgen dankte das brave Mädchen aus tiefstem Herzen Gott für seine Hilfe und Gnade und machte sich ans Werk. Bald war es beendet, und die Liebenden wurden vereint. Am Tage aber, an dem das Hochzeitskleid fertig geworden war, ereilte den bösen Vormund ein jäher Tod.

Man trieb auch allerlei Aberglauben mit der Brennessel. In der Schweiz und in Tirol wirft man jetzt noch Nesseln ins Feuer, wenn ein Gewitter im Anzuge ist, um vor dem Blitze gesichert zu sein.

Der Gesundheit des Menschen dient sie in folgenden

## Anwendungen.

1. Vor allem geben die jungen Sprossen der Brennessel ein dem Spinat ähnliches ausgezeichnetes, blutreinigendes Gemüse. Ich habe es selbst vielfach gegessen und kann einen Versuch nur empfehlen, sowie auch mit allen übrigen zu Gemüse taugenden Heilpflanzen! Ist es überhaupt schon aller Tage Abend gewesen; wissen wir, was uns bevorsteht? Es war schon so viel Elend in der Welt, das wiederkehren kann, und man denkt an keine Robinsonade, wenn man, beim Hinblick auf die ernsten Zeiten, in denen wir leben, jedem das warnende Wort zuruft: „Werdet wieder einfach und genügsam; verachtet den Tisch nicht, welchen Gott täglich unentgeltlich deckt!“

In Italien wird Brennessel auch zu Kräutersuppen verwendet; und „solche Knödel“, sagt Pfarrer Kneipp, indem er sich an seine knödelliebenden Bayern wendet, „sind ebensogut ein Gesundheits- als ein Nährmittel“.

2. Bei Brust- oder Lungenverschleimung nehme man frische Brennessel und mache, nachdem man sie getrocknet und gedörrt hat, einen Tee daraus, von dem man einige Zeit hindurch gebraucht.

Frisch ausgegrabene oder getrocknete Brennesselwurzeln wirken noch kräftiger.

3. Pfarrer Kneipp sagt außerdem: „Eine beginnende Wassersucht kann durch Brennesselwurzeltee gehoben werden. Er räumt überhaupt mit faulen Säften auf.“

4. Der aus dem Stengel und den Blättern ausgepreßte Saft stillt — bei einer Dosis von 100 bis 200 Gramm, je nach dem Alter des Patienten und der Heftigkeit des Anfalls, öfters wiederholt — den Blutfluß und

Blutsturz.

5. Hat man Nasenbluten, so träufle man Saft auf ein wenig Baumwolle und stecke diese in die Nase; das Bluten wird baldigst gehemmt sein.

6. Um sich fressende Geschwüre behandelt man folgendermaßen: Sie werden zuerst mit einem Brennesselabsud ausgewaschen und gereinigt; dann zerstößt man Blumen und Samen der Nessel, preßt sie durch ein Tuch und bestreicht des öftern die Wunde mit diesem Safte.

7. Wer Rheumatismus hat, der bestreiche und peitsche mit Brennesseln die kranken, schmerzenden Glieder (Kneipp).

8. Gegen Durchfall der Kinder ist die schleimige Abkochung der Samenkörnchen von ausgezeichneter Wirkung.

Das sind im allgemeinen die Fälle, in denen unsere Pflanze „Rühr' mich nicht an" zu helfen vermag. Doch verlasse man sich nicht — das sei wiederholt betont — auf seine eigene Einsicht, besonders bei plötzlich eintretenden, ernstern Krankheitserscheinungen, sondern hole zur richtigen Zeit den Arzt. — Man kann die Brennnesselwurzel im Sommer graben und nach der üblichen Weise trocknen, um sie im Winter, wo es so häufig infolge von Erkältungen Brust- und Lungenverschleimungen gibt, verwenden zu können.

*

Wenn wir unsern Weg verlassen und diese Halde, die noch recht braun und schmucklos aussieht, ersteigen, so bemerken wir, daß sich auf ihrem Rücken ein großes Ackerfeld ausdehnt, auf dem in regelmäßigen Zwischenräumen kleine Erderhöhungen zu bemerken sind. Gehen wir zu einem solchen wenig erhabenen halbverwischten Hügelchen hin und entfernen wir vorsichtig die Erde ein wenig, so werden wir gelblich-weiße, federkieldicke Sprossen entdecken, die eifrig schon dem Sonnenlichte zustreben. Wir sind, wie ihr wohl schon bemerkt habt, aus einem Hopfenfelde, und die jungen Sprossen sind

# Hopfen.

Der Hopfen ist eine bei uns so allgemein bekannte Pflanze, daß seine Beschreibung überflüssig ist. Wir alle wissen ja, daß er eine stattliche Schlingpflanze ist, die sich um hohe Stützen rankt.

Der Hopfen wurde uns wahrscheinlich von den Hunnen oder Goten aus Asien gebracht, kam aber erst viel später — etwa im 11. und 12. Jahrhundert — bei der Bierbereitung zunutzen, bei welcher er, wie wir wohl wissen, dazu verwendet wird, um dem Biere sowohl seinen angenehm bittern Geschmack zu geben, als es auch vor dem Sauerwerden zu bewahren.

Der Hopfenbau wird hauptsächlich in Deutschland und England sehr stark betrieben. Böhmen aber hat von jeher die schönste Ware geliefert. In Deutschland ist Bayern das Haupthopfenland. Er wächst jedoch auch wild in Hecken, an Rainen und in lichten Gehölzen. Für uns hat der Hopfen hauptsächlich deswegen Bedeutung, weil ihm unter den Heilmitteln im allgemeinen und besonders unter jenen, die für die Hausapotheke wertvoll sind, ein Ehrenplatz zukommt.

## Anwendungen.

Der Hopfen gehört zu den bittern, tonischen Mitteln, und es gibt kaum eine chronische Krankheit, in welcher er nicht durch seine Appetit anregenden, die Zirkulation des Blutes und die Tätigkeit der Organe befördernden Eigenschaften höchst nützlich werden könnte.

1. Seine Anwendung bei Genesenden befördert ihr Gesundwerden, indem er Magen und Blut reinigt und Appetit hervorruft.

2. Bei Skrofeln, Flechten, laufenden Geschwüren (offenen Füßen und dergleichen), sowie auch hauptsächlich bei hartem Leibe und jenem ihm entgegengesetzten Übel — bei chronischem Durchfall; ebenso auch bei Leber- und Milzverschleimung und Verstopfung und bei Skorbut ist der Hopfen das ausgezeichnetste Mittel, um, entweder allein für sich

angewendet, oder als Beigabe zur speziellen medizinischen Behandlung, eine Wendung zum Bessern und zur Gesundheit herbeizuführen. Man säume daher nie, ihn sofort zu gebrauchen und seinen Gebrauch längere Zeit hindurch fortzusetzen, sobald man steht, daß es an Verdauung und Appetit fehlt oder Anzeichen der andern genannten Übel und Leiden vorhanden sind. Oft schon hat Hopfen allein das Gleichgewicht der innern Funktionen wieder hergestellt.

3. Er wird auch mit Erfolg gegen die Eingeweidewürmer gebraucht, muß aber in starker Dosis angewendet werden.

4. Wer im Herbste von dem sogenannten „Herbstfieber“ befallen ist, der gebrauche nach einem Brech- und Abführmittel Hopfenabsud oder -tee, und er wird baldigst wieder seine volle Gesundheit erlangen. — Auch bei Gelbsucht leistet sein Genuß gute Dienste, nur darf eben die Behandlung dieser Krankheit nicht allein darauf beschränkt bleiben; ebenso bei Wassersucht.

5. Gegen Schlaflosigkeit ist er ein probates Mittel.

6. Die jungen Hopfensprossen, wie wir sie gesehen haben, werden im Frühjahre zu einem ausgezeichneten, wohlschmeckenden und äußerst gesunden Salat verwendet. Zu diesem Zwecke reinigt man sie, schneidet, schabt oder schält die faserige, zähe Haut davon ab, so daß nur das zarte Fleisch bleibt, siedet sie in gesalzenem Wasser ab und bereitet sie mit Essig und Öl. Auch als warmes Gemüse können diese jungen Sprossen gegessen werden, indem man sie wie die Schwarzwurzeln zubereitet.

Benutzt werden die „Blumen“, das heißt Zapfen, die aus ihren Schuppen den klebrigen, gelben, bittern Stoff, „Lupulin“ genannt, tragen, welcher dem Biere seine Würze gibt.
Die Blätter sind ein gutes Futter für das Vieh; die Ranken aber werden namentlich in Schweden wie Hanf behandelt, wo man ein vielbenutztes Garn daraus macht.

Als Hausmittel angewendet, macht man entweder einen Tee mit zirka 15—60 Gramm Hopfen auf 1 Liter Wasser, je nachdem es der

Patient verträgt, oder je nach seinem Alter, und genießt ihn tagsüber zu öftern Malen.

Auch der Absud, als noch kräftiger, ist gebräuchlich. Man kann ihn mit Wasser oder Wein bereiten, oder auch eine Einweichung ansetzen. Getrockneter Hopfen ist in jeder Brauerei leicht zu haben. Übrigens kann man ihn selbst im Backofen dörren, nachdem man ihn im August und September gesammelt hat. Er sollte in keiner Hausapotheke fehlen.

Da der Hopfen ein Sinnbild des Gedeihens und der Fruchtbarkeit ist, so besteht in Rußland die Sitte, die Braut am Hochzeitsmorgen mit Hopfen zu überschütten.

Bei uns sagt man aus demselben Grunde von einem Menschen, der trotz aller Ermahnungen und aller Fürsorge sich nicht bessern und gedeihen will: „An dem ist Hopfen und Malz verloren!"

*

Jede Pflanze hat, ähnlich dem Menschen, ihren besonderen Charakter, aus dem die eine oder die andere Eigenschaft vorzugsweise hervorsticht, jedoch mit dem ungeheuren Unterschiede, daß sie als unbewußtes Wesen ihre gute oder böse Wirkung, Heil oder Unheil, Segen oder Fluch auch unbewußt spendet, während der Mensch, zielbewußt, die Verantwortung dessen trägt, was durch ihn ausgestreut wird!

So ist uns die Brennessel ein Bild jener äußerlich rauhen, unfreundlichen und oft abschreckenden Menschen, die jedoch das edelste, menschenfreundlichste Herz in ihrer Brust tragen; — ebenso erinnert uns der Hopfen an gewisse anscheinend weiche, anschmiegende Naturen, die indessen überzeugungstreu, unbeirrt nach oben streben und auf ihren Pfaden Segen und Kraft spenden; — beide, Brennessel und Hopfen, sind des Menschen rückhaltslose Freunde und sozusagen nur auf sein Wohl bedacht. Doch die Glieder von ein und derselben Familie gleichen sich nur selten: sowohl die Betrachtung der Pflanzenwelt, als auch die Erfahrungen des täglichen Lebens geben uns Beweise genug dafür. Ähnlich verhält es sich also auch mit einem dritten Nesselgewächse, das uns allen so gut wie die Brennessel und der Hopfen bekannt ist und von dem wir uns aus dem Wege zu dem Waldhange dort unterhalten wollen. Ich meine nämlich den

## Hanf.

Er stammt, wie so viele andere Pflanzen, aus Asien und wurde dort von den Skythen und Thrakern zur Verfertigung ihrer Kleider benutzt. Den Ägyptern und Israeliten, sowie auch den Griechen und Römern war er hingegen unbekannt und genoß auch im spätern Altertume nicht der Verbreitung und des Ansehens wie der Flachs. Jetzt wird der Hanf in ganz Europa angebaut; der russische wird besonders geschätzt. Er liebt einen tiefgründigen, fetten, sehr gut bearbeiteten Talboden in warmer, geschützter Lage. Ein Hanffeld muß vor der Saat einem Garten ähnlich sehen; darum spricht der Bauer auch nicht von seinem „Hanfacker", sondern von seinem „Hanfgarten". Der rundliche, zweihäusige Samen wird anfangs Mai ausgesäet, wenn der Boden gehörig abgetrocknet ist; denn der Hanf liebt ebensowenig Feuchtigkeit wie große Trockenheit. Er wird gewöhnlich 1—2 Meter hoch, oft aber auch noch höher. Sein aufrechter, meist ästiger Stengel ist mit kurzen rauhen Haaren bedeckt; die Blätter sind gefingert. Seine Blütezeit fällt in die Monate Juli und August. Man unterscheidet einen männlichen und einen weiblichen Hanf; der erstere reift gewöhnlich früher, wird daher auch häufig vor dem zweiten ausgezogen, was der Landmann „femeln" heißt, und liefert einen feinern Bast. Wie mit dem Hanf verfahren werden muß, bis er zum Spinnen tauglich ist, wissen wir alle. Seine Fasern geben ein gröberes, aber viel dauerhafteres Gewebe als jene des Flachses. Darum werden sie auch nicht nur wie diese verwendet, sondern man macht außerdem noch Stricke, Schiffstaue, Zeltdecken und ähnliches daraus. In Preußen stellte man bisher aus der Hanffaser auch das Papiergeld her. Der Samen gibt ein gutes Brenn- und schnell trocknendes Maleröl; zudem ist er ein beliebtes Futter unserer Stubensänger. Man muß sich jedoch hüten, ihnen zuviel davon zu geben, da sie, besonders das Kanarienvögelchen, wenn sie nur mit Hanfsamen gefüttert werden, leicht die Auszehrung davon bekommen. Im Mittelalter wurde sogar eine sehr beliebte Suppe aus dem Hanfsamen gemacht.— Das ist in kurzen Zügen die Bedeutung des Hanfes als Industriepflanze; auch in der Heilkunde findet er seinen wohlverdienten Platz. Aber es gibt eine dunkle Seite in seiner Geschichte, die ihn für immer aus der Gesellschaft der Unschuldigen und Harmlosen verbannen wird, denen wir blindlings vertrauen dürfen...

Seid ihr jemals an einem warmen Sommertage an einem Hanffelde vorbeigegangen? Habt ihr da nicht einen scharfen, betäubenden Geruch wahrgenommen, der euch Kopfweh und Übelkeit verursachte? Er verdankt sein Entstehen einem von der Pflanze ausgedünsteten flüchtigen Öle und kann sich so steigern, daß die im Hanfe beschäftigten Arbeiter davon ohnmächtig werden. Es wäre darum auch die größte Unvorsichtigkeit, in der Nähe eines solchen Feldes zu schlafen.

Schon die Skythen und Thraker kannten die betäubende Eigenschaft des Hanfes und benutzten sie, um berauschende Getränke aus ihm zu bereiten. Die Indier, Perser und Türken machen heutzutage noch den sogenannten „Haschisch“ davon, der sie in den Zustand der Trunkenheit versetzt, der Gesundheit aber höchst schädlich ist. Denn sein starker Gebrauch erzeugt — nach vorübergehendem Wohlbehagen — Erschlaffung, Wahnsinn, Starrkrampf, Tod. — Leider sind bei dreihundert Millionen Menschen dem schrecklichen Übel des Haschisch verfallen, den die Orientalen seiner ersten Wirkung wegen den „Gelächtererwecker“, den „Vermehrer des Vergnügens“ und den „Kitt der Freundschaft“ nennen.

Also Vorsicht, wenn auch die Ausdünstungen des europäischen Hanfes weniger stark sind und ihre betäubenden Eigenschaften in diesem nicht so kräftig wirken wie im orientalischen! — Dieser Geruch ist übrigens für viele Insekten tödlich. Darum umpflanzt man Gemüsefelder in manchen Gegenden mit Hanf, um sie vor Verheerungen zu schützen. Ebenso empfiehlt es sich, vereinzelte Hanfpflanzen in Kartoffelfeldern anzubauen, um den so schädlichen Kartoffelkäfer davon abzuhalten. — Wanzen vertreibt man aus Betten, indem man frische Hanfpflanzen unter die Matratze legt. Doch schlafe man während dieser Zeit nicht darin.

Wenn wir uns beim Anblick des Hanfes also auch eines gewissen Mißtrauens nicht erwehren können und uns sagen müssen: „Hier ist eine Pflanze, die schon viel Unheil gestiftet hat, noch vieles stiften kann und vieles stiften wird," so dürfen wir uns jedoch auch nicht verhehlen, daß nur ein übermäßiger Genuß des Haschisch, erzeugt durch Leidenschaften und Laster, schuld an den Übeln ist, die auf Millionen von Menschen wie ein Fluch liegen, während bei richtigem Gebrauche die schlimme Eigenschaft auch hier, wie überhaupt überall, sich zum Guten wenden läßt. Wägen wir demnach den Nutzen des Hanfes gegen seinen Schaden ab, so übersteigt jener den letztern weit. Selbst in unserer Hausapotheke läßt sich der Hanf bei einiger Vorsicht mit Vorteil gebrauchen.

## Anwendungen.

Er wirkt in seinen Präparaten bei kleinen Dosen anregend und belebend auf das Nervensystem. Darum wird er bei großer Ermüdung und Schwäche nach starker körperlicher Anstrengung vom Arzte verordnet. Größere Gaben sind betäubend. Deswegen wurde er schon manchmal anstatt des Morphiums eingegeben.

Ferner ist er ein gutes Mittel in den Krankheiten der Harnwerkzeuge, bei schmerzendem Urinieren, bei Wassersucht, Nierensteinen, Nieren- und Blasenentzündungen usw.

1. Innerlich kann man ihn bei einiger Vorsicht als Hausmittel gebrauchen, indem man mit 30—50 Gramm Hanfsamen auf 1 Liter Wasser einen Teeaufguß (also keinen Absud) bereitet und ihn tagsüber trinkt. Er wurde bei chronischem Rheumatismus, Flechten, bei an-

fangender Wassersucht und Harnbeschwerden mit gutem Erfolge angewendet. Auf dem Lande wird er auch vielfach bei Gelbsucht gebraucht. Sobald aber sein Genuß Brechreiz oder Kopfweh verursacht, enthalte man sich desselben.

2. Man bereitet auch eine Tinktur aus dem Safte der eben ins Blühen gekommenen Spitzen der Hanfpflanze mit einem gleichen Quantum Weingeist oder Kornbranntwein, die man beide mischt. Von dieser Tinktur nimmt man täglich zweimal 5—6 Tropfen auf Zucker oder in etwas Wasser gegen die vorhin genannten Leiden. Ferner dient die Tinktur auch gegen Augenschwäche, Entzündung der Augen und Hornhautflecken, wenn mau einige Tropfen davon in ein wenig Wasser gießt und sich öfters während des Tages die Augen damit wäscht.

3. Diese Tinktur stärkt und belebt auch bei großer Ermüdung; ebenso stillt sie Nasenbluten.

4. Äußerlich angewandt, heilt der ungesponnene Hanf oder, in Ermanglung dessen, der zerstoßene Hanfsamen, den Rotlauf, wenn man ihn auf die schmerzende Stelle legt. Überhaupt wirkt Hanfsamenbrei, auf Geschwulsten und entzündete Körperteile übergeschlagen, zerteilend und schmerzstillend.

Der Hanfsamen wird im August gesammelt. Erst nachdem er einige Zeit an Lust und Sonne getrocknet hat, wird er in hölzernen Büchsen wohl verwahrt. — Man kann auch Blütenstände und Blätter trocknen, um den Tee daraus zu bereiten. Der Samen ist jedoch am wirksamsten.

*

Jetzt wollen wir aber die hochwichtige, in vieler Beziehung in die Kultur und in die Geschicke der Völker tief eingreifende Familie der Nesselgewächse verlassen und wieder zu den Kleinen und Bescheidenen zurückkehren.

Unter ihnen gibt es eine nicht geringe Zahl solcher Pflanzen, die, obwohl lange Zeit dem Menschen sehr wertvoll, heutzutage zu den fast gänzlich vergessenen Kräutlein zählen. Ihre Geschichte ist einfach und rührend.

Einstmals, als der Frühling Herr der Erde werden wollte, sprach er zu allen diesen Blumen: „Ihr seid der Kern meines Heeres; helft mir mein Reich gründen, und jedes unbesetzte, freie Plätzchen sei euch geschenkt zum Lohn. Als des Landmanns treue Freunde mögt ihr seine Wiesen und Triften zieren und würzen, seine Schmerzen lindern und Schäden heilen, dem Städter aber die Pfade lieb und erquickend machen, die er wandelt, wenn er sich aus dem Gewühle der Häuser und Menschen flüchtet, um Luft und Stille zu atmen."

Jahrhunderte hindurch geschah es so; man schätzte diese Kleinen und Demütigen und befand sich wohl dabei. Heute noch erfüllen sie die Mission, die ihnen Gott gab; doch der Mensch ist undankbar geworden. Der Landmann schaut sie mit Gleichgültigkeit, denn er hat ihre Dienste vergessen und kennt sie nicht mehr. Der Städter aber verachtet diese Kräutlein und Blumen, weil sie ihm zu unscheinbar und zu bescheiden sind. Den Kindern nur sind sie noch lieb geblieben, und manchmal sieht man auch ein Mütterchen, das den alten Glauben an ihre Heilkraft bewahrt hat, nach irgendeinem von ihnen suchen.

Ich habe euch schon einmal ein Glied dieser großen Familie vorgeführt, nämlich den kleinen Bettelmann: das Hirtentäschel. Dieses ist jedoch so sehr bemüht, seine Existenzberechtigung durch allerlei uns erwiesene, augenscheinlich sehr nützliche Dienste nachzuweisen, daß sie ihm nicht wohl abgesprochen werden kann. Aber es hat eine Menge Vettern und Basen, denen man gleiche Rechte nicht mehr einzuräumen gewillt ist und sie kurzweg zum „Gesinde!" zählt. Dennoch ist es ein gar fröhliches, liebes Völklein, das, wenn der erste Lerchenruf durch die Lüfte schmettert, sich ungesäumt aufmacht und überall da lagert, wo unseres lieben Herrgotts Sonnenstrahlen hinblicken können.

Unsere Vorfahren hielten große Stücke auf viele dieser Kräutlein, und die je nach ihren wirklichen oder vermeintlichen Wirkungen ihnen beigelegten Namen zeugen heute noch sowohl von der Dankbarkeit der frühern Geschlechter als auch von den Krankheitsfällen, in denen diese Pflanzen Verwendung fanden. So haben wir aus jener Zeit die Leber-, Milz-, Lungen-, Ruhr-, Pest- und andere ähnliche Kräuter. Wir sehen es: adeliges Geschlecht ist es nicht, wenn mitunter auch ein Raubritter oder ein Edelfräulein, wie der Lerchensporn und das Edelleberkraut, sich zu ihnen geschlagen haben. Aber ehrbare Bürgerzunft war es, als man sie noch etwas gelten ließ. Jetzt sind es Wegelagerer, Heckenbewohner, arme, verachtete Leute geworden, Ausgestoßene, die jedermann mit Füßen zu treten sich berechtigt glaubt. Freilich können nicht alle davon empfohlen werden; manche aber sind mit Unrecht (häufig nur der Mode wegen, denn auch die Heilkunde ist dieser Tyrannin in vielem unterworfen) in Mißkredit gekommen. Diesen Kräutlein nun soll auch wieder das Wort geredet werden überall, wo wir ihnen begegnen, und wir wollen uns mit ihrer Wirkungssphäre befreunden. Warum sollte sich ihr alter Ruf nicht bald wieder aufs neue bewähren?

So möchte ich gerade eure Aufmerksamkeit auf eine liebe und unschuldige Blume hinlenken, die meistens ganz unbeachtet und vergessen blüht. Kommt her zu mir, und seht sie selbst an ihrem Standorte, unter diesem Haselnußstrauche. Vergleicht sie einmal mit der Schlüsselblume! Hat das niedliche Pflänzchen nicht eine gewisse Ähnlichkeit mit dieser? Bei beiden ist der Kelch fünfzähnig, und selbst ihre Blüten scheinen bei oberflächlicher Beobachtung gleiche Form zu haben. Dem ist aber nicht so: jene der Schlüsselblume sind tellerförmig und bilden eine kleine Dolde; diese hier aber stehen in Büscheln und haben das Ansehen kleiner Trichter. Jetzt sind sie noch rot, weil sie eben erst sich öffneten; bald aber werden sie bläulich angehaucht werden; das ist eine Eigentümlichkeit, welche diese Blume mit mehreren andern teilt. „So auch muß die Liebe sich in Treue wandeln!“ Die Staubfäden sind kurz und sowohl die Wurzel- wie die Stengelblätter rauh, eiförmig, langgestielt und hellgefleckt. Sie sind das Merkzeichen der Familie, denn sie sagen uns, daß diese Blume zu den rauhblätterigen oder Boretschgewächsen gehört, von welchen die meisten dem Menschen sehr heilsam sind.

Dieses gute Pflänzchen, das bescheiden und demütig sich gern im hohen Grase oder unter Hecken und Gebüsch verbirgt, etwas feuchte Orte liebt und im ersten Frühlinge schon erscheint, wird verschiedentlich benannt. Die einen bezeichnen es mit „Wallwurz", „Hirschmangold" und „Hirschkohl"; die andern mit „Blaue Schlüsselblume". Der eigentliche Name aber ist

## Lungenkraut.

Unser himmelblaues Vergißmeinnicht gehört der gleichen Familie an. Während dieses aber — obwohl ohne jede Heilkraft und dem Vieh sogar schädlich — unser aller Liebling ist, verhaucht das Lungenkraut verschmäht und unbeachtet sein dem Wohl des Menschen gewidmetes Dasein. Was würden nicht selbst die Blumen vom Weltundanke zu erzählen wissen, wenn sie sprechen könnten!

Das Lungenkraut verdient seinen Namen; denn es enthält, wie die meisten Boretschgewächse, schleimige, der Lunge sehr zuträgliche Stoffe, die es auch wirklich zu einem schätzbaren Heilmittel in den Krankheiten machen.

### Anwendungen.

1. Wer daher an Heiserkeit, Brustverschleimung oder Husten und Keuchen, ja selbst an Blutspeien leidet, der bereite sich einen Tee aus den Blättern des Lungenkrautes und trinke ihn in der gebräuchlichen Weise. Man kann ihm auch zur Hälfte Spitzwegerichblätter beigeben. Die Kur muß aber längere Zeit hindurch fortgesetzt werden.

2. Ferner wird das getrocknete und pulverisierte Kraut mit Honig gemischt zu dem gleichen Zwecke tagsüber öfters in kleinen Mengen (etwa einen Kaffeelöffel voll) genossen.

Folgende Mischung gibt einen guten Brust- und Hustentee: Man nehme zu gleichen Teilen Lungenkraut, Waldmeister (Sternleberkraut),

1. Lungenkraut (Pulmonaria offic., L.) [Lungenwurz, Hirschmangold, Wallwurz, Hirschkohl]. a) Blüte. — 2. Beinwell (Syniphytum offic., L.) [Schmer-, Milch-, Schwarz- und Schmalzwurz]. a) Frucht.

Erdbeerkraut, Lindenblüte, Isländisch Moos, Süßholz und einige Feigen, zerkleinere alles, gieße siedendes Wasser darüber, lasse es noch bis auf die Hälfte über dem Feuer einsieden und trinke morgens, mittags und abends, wie schon öfters angegeben wurde, je eine Tasse davon, so warm als man ertragen kann. Fehlt das eine oder das andere Kräutlein, so kann es durch Huflattich, Johanniskraut, Schafgarbe oder Veilchen ersetzt werden.

3. Lungenkraut soll auch die rote Ruhr und sonstige Durchfälle heben.

4. Wenn es gepulvert auf frische Wunden gestreut wird, so heilen diese leicht und schnell.

5. Die jungen Blätter können für sich allein oder mit andern hierzu tauglichen Kräutern vermischt, als Salat genossen werden.

Vom Vieh wird die Pflanze gerne gefressen; auch ist sie ihm sehr heilsam. Darum hat man diesem schon oft sowohl das Kraut als auch die Wurzel, gepulvert unter Salz gemischt, gegen Keuchen und Husten eingegeben.

Mit dem Kraute kann man ferner wollene Tücher braun färben; die aus den Blüten entstandenen Nußfrüchtchen aber geben ein gesundes Hühnerfutter.

Den Bienen liefert das Lungenkraut einen guten Honig. Deshalb ist es nur zu empfehlen, eine in unsern Gärten vorkommende Spielart mit weißen Blumen recht reichlich anzupflanzen. Bienenzüchter und Blumenliebhaber könnten überdies gewiß lohnende Versuche machen, das wildwachsende Lungenkraut in der Nähe unserer Wohnungen einzubürgern.

Wer die Heilkraft unseres lieben Pflänzchens erproben will, der sammle das Kraut zur beginnenden Blütezeit im März und April. Es kann frisch, oder schnell im Schatten getrocknet, verwendet werden. Die Wurzel gräbt man am besten vor oder einige Zeit nach der Blüte, da sie dann am wirksamsten ist.

Man behauptet, daß Hirsche und Rehe, wenn sie verwundet oder krank sind, mit Vorliebe das Lungenkraut aufsuchen, um sich damit zu heilen. Warum sollte es auch nicht so sein? Gott hat den Kleinen und Unmündigen gar vieles geoffenbart, was den Großen verborgen bleibt. Darum könnten wir wahrscheinlich noch manche Weisheit von den Tieren lernen, wenn wir fleißiger ihren Spuren nachgingen und sie emsiger beobachteten, anstatt sie, wie es nur zu oft geschieht, im Unverstand mit Grausamkeit zu verfolgen.

*

Treten wir in den Wald ein. Noch ist er in Schweigen gehüllt. Aber schon wächst und blüht um diese Zeit in seinem Dunkel, unter Haselnußsträuchern und Gebüschen verborgen, eine Pflanze, die unter allen denen, welche unsere Vorfahren auf ihrem heimatlichen Boden zu finden wußten und mit denen sie sich sehr wohl zu heilen verstanden, als eine der nützlichsten bekannt war. Seit aber die ausländischen Produkte anfingen, die Apotheken zu füllen, ist das kleine Waldkraut — wie so manche andere einheimische Heilpflanze — immer mehr in Vergessenheit gekommen, und selbst die Erinnerung nur an seine ehemals erwiesenen Dienste lebt sogar bei den Landbewohnern kaum mehr fort.

Diese Pflanze ist die etwas düster und unfreundlich dreinschauende

## Haselwurz (Bild siehe Seite 74).

Ihr Name läßt sich leicht von ihrem gewöhnlichen Standorte her ableiten. Sie wird jedoch auch „Wildnagelwurz“, „wilder Nardas“, ja selbst „Spica“ genannt, und gerade die letztere Bezeichnung könnte Anlaß zur Verwechslung mit dem Lavendel geben, der auch vielfach Spica geheißen wird. Die Haselwurz liebt die Einsamkeit und Stille, und wer sie finden will, der darf sich die Mühe nicht verdrießen lassen, sie unter Moos und Laub hervorzuholen. Zu erkennen gibt sie sich uns durch ihren federkieldicken, horizontalen, das heißt wagrechtliegenden, kriechenden, graubraunen, knotigen Wurzelstock, der an verschiedenen Stellen mit zahlreichen weißlichen Wurzelfasern besetzt ist. Zwischen meistens drei Schuppen oder Scheiden erhebt sich der kurze, etwa drei Finger hohe Stengel, der in zwei langgestielten, nietenförmigen, harten, oben grünen und glänzenden, unten aber hellen und etwas behaarten Blättern endigt. Zwischen diesen sitzt auf kurzem Stiele eine in drei Lappen gespaltene, einsame Blüte, die innen bräunlichrot, außen aber bräunlichgrün ist.

Die Wurzel riecht im frischen Zustande stark und angenehm kampfer- und terpentinartig; dieser Geruch verliert sich jedoch nach dem Trocknen.

Welches ist nun die Bedeutung der Haselwurz für die Heilkunde?

## Anwendungen.

Ehe uns Amerika die Ipekakuanhawurzel sandte, war die Haselwurz das gebräuchlichste Brechmittel. Sie wirkt stark reizend auf den Magen- und Darmkanal und erregt daher Brechen und Abführen; auch ist sie ein Wurm- und Niesmittel.

1. Um Erbrechen hervorzurufen, gibt man 60 bis 80 Zentigramm (also ½ bis ¾ Gramm) der gepulverten Wurzel. Eine stärkere Dosis erregt zugleich noch Durchfall.

2. Ganz besonders gut wirkt die Haselwurz bei drei- und viertägigem Fieber. Wenn man die Behandlung durch ein Fiebermittel mit einer Dosis Haselwurz und nach erzieltem Brecherfolge, je nach Bedürfnis und Gutdünken, mit einer zweiten beginnt, wird man ihrer leicht Herr.

3. Ferner wird die Wurzel in der Wassersucht, bei Schleimanhäufung, Gelbsucht und Husten angewendet.

4. Die Tierärzte gebrauchen die Pflanze auch gegen Fäulnis und Würmer des Rindviehs und der Pferde.

5. Trunkenbolde benutzten schon die Haselwurz, um sich

der zu reichlich genossenen geistigen Getränke zu entledigen und wieder frisch zu trinken anfangen zu können. Allein sie ist an und für sich ein Mittel gegen dieses Laster, indem sie das Bedürfnis nach Spirituosen vermindert und Appetit erregt.

6. Die getrockneten und gepulverten Blätter sowie auch die Wurzel sind ein gutes Niesmittel und bilden einen Hauptbestandteil des Schneeberger Schnupftabakes.

7. Im frischen Zustande befördern die Blätter die Speichelabsonderung, wenn man sie kaut, ohne sie zu verschlucken! Es können dadurch gewisse Zahnleiden gehoben werden.

Wenn die Krankheitsfälle, in denen die Haselwurz mit Nutzen verwendet werden kann, auch fast gänzlich der Behandlung des Laien sich entziehen, so ist es doch nur empfehlenswert, immer einen Vorrat davon in der Hausapotheke aufzubewahren, um sie, wenn eine dringende Notwendigkeit es erheischt, unverzüglich gebrauchen zu können; gibt es doch Augenblicke im Leben, wo nur die schnellste Hilfe zu retten vermag, und da müssen dann alle Vorurteile schweigen! Schon im Interesse der ländlichen Bevölkerung wäre es daher zu wünschen, daß die in unsern Wäldern wachsende Haselwurz von den Ärzten wieder mehr in Gebrauch genommen würde! Vorerst aber Vorsicht!

Man sammelt die Blätter im Sommer. Sie besitzen die gleichen Eigenschaften — wenn auch in etwas geringerm Grade — wie die Wurzel. Diese muß man zweimal im Jahre suchen: im Frühjahr vor der Blüte und im Herbste; ihre Eigenschaften ändern sich nämlich schnell. Frisch gegraben ist sie brechenerregend und abführend; nach zirka sechs Monaten bewirkt sie nur noch das letztere; nach zwei Jahren führt sie kaum mehr ab, besitzt aber dann wasserabtreibende Eigenschaften (nach Dr. Saffray). Je nach der gewünschten Wirkung nimmt man demnach von der einen oder andern Sorte der Wurzel und erneuert sie zweckmäßig. Man trocknet Blätter und Wurzeln rasch in der Sonne und bewahrt sie wohlverschlossen auf.

Früher wurden der Haselwurz allerlei Zauberkräfte zugeschrieben. Namentlich sollte sie diese den Soldaten und Jägern zugute kommen lassen. Wir aber wissen, daß jegliche Kraft von oben kommt und daß auch das beste Kräutlein nicht mehr zu heilen vermag, wenn der Wille des Schöpfers die gebrechliche Menschenblume in die Gefilde der ewigen Heimat versetzen will.

*

Es gibt Pflanzen, deren Namen allein schon ein Gedicht ist. Zu diesen gehört, nächst dem Veilchen, dem Vergißmeinnicht, der Schlüsselblume und noch einigen andern Blumen, auch

## der Efeu.

Er ist das Bild ausdauernder, treuer Liebe. Seht an diesem verwitterten, halb abgestorbenen Eichbaum empor. Wie rührend ist doch die Zärtlichkeit, mit welcher der Efeu diesen seinen dahinwelkenden Freund umwindet und ihn über sein baldiges Schicksal hinwegtäuscht, indem er, die gebrechliche, stützebedürftige Ranke, dem Waldriesen seinen immergrünen, unwandelbaren Schmuck verleiht! Für ihn gilt so recht die Devise: „Bis in den Tod getreu." Denn entweder stirbt er an derselben Stelle, wo sein Freund starb, oder er wird mit ihm ausgerodet.

Früher zählte man den Efeu zu den Schmarotzern, die ihren Wohltätern das Lebensmark verkümmern. Jetzt aber weiß man, daß er eine echte und rechte Schlingpflanze ist, die nur eine Stütze sucht und sich selbständig ernährt. Merkwürdig ist auch, daß er nie immergrüne Bäume, wie zum Beispiel die Tannen, umschlingt. Seine Arme windet er nur um solche, die kahl und entlaubt im Schnee des Winters stehen müssen. Auch ziert er gerne Ruinen und alte Gebäude und verleiht diesen oft für viele Jahre hinaus noch Halt und Festigkeit. Nicht selten jedoch trifft man ihn auch, wie gerade hier an diesem Waldrande, im Laub und Grase fußend. Selbst um Hecken windet er seine Girlanden.

Immer aber weiß er mit einem unverwelklichen Kranze zu schmücken und das Auge besonders im Winter vom blendenden Weiß des Schnees abzulenken und auf eine wohltuende Art zu beschäftigen. Denn er verkündet unwandelbar ein Auferstehen aus Grabesnacht, ein neues, fortdauerndes Leben nach dem Tode.

Darum war er den ersten Christen auch ein Bild der Unsterblichkeit. Im Gegensatz zu den Heiden, die kein Wiedererstehen hofften und ihre Hingeschiedenen zum Zeichen der Trauer mit Zypressen schmückten, legten sie ihre Toten auf Efeuranken, um anzudeuten, daß, gleich dem Efeu, der Christ kein Sterben kennt und der Tod für ihn nur ein Übergang zu einem ewigen, schönern Leben ist. Deshalb auch pflanzen wir heute noch häufig Efeu auf die Gräber unserer Lieben.

Doch auch den Heiden war er schon bedeutungsvoll. So wollte ein schöner Brauch der alten Griechen, daß der Priester dem Brautpaare bei der Vermählung eine Efeuranke reichte, als sinnbildliches Zeichen ewiger Liebe und fortdauernden Glückes. Doch mußte der Efeu auch, als eine dem Gotte Bacchus geweihte Pflanze, bei Trinkgelagen die Häupter der daran Teilnehmenden schmücken, weil der Glaube herrschte, er mäßige die Trunkenheit, da er kühlend auf die erhitzte Stirne wirkt. Von Griechenland ist der Efeu über Italien uns gekommen. Zur Zeit des Hexenglaubens spielte er, wie so manches andere „Hexenkräntlein“, ebenfalls eine Rolle, weil er gar seltsame Eigenschaften besitzen sollte. Dem ist natürlich nicht so. Aber zu verwundern wäre es, wenn Gott in eine für das Gemüt so sinnreiche und zum Nachdenken anregende Pflanze nicht auch wohltätige Kräfte für den Körper gelegt hätte.

Zwar werden diese — bei uns wenigstens — kaum benutzt, wenn sie etwa auch bekannt sind. Allein es wäre unrecht, sie zu verwerfen, zumal sie immer und besonders auch gerade zu einer Zeit zu unsern Diensten stehen, wenn andere zur Heilung der gleichen Übel taugliche Mittel nicht mehr oder doch nicht so leicht und kostenlos zu haben sind.

## Anwendungen.

Alle Teile des Efeus können gebraucht werden.

1. Die aus den Blüten des vorigen Sommers entstandenen, erst im darauffolgenden März und April reifenden schwarzen Beeren sind in Frankreich das gewöhnliche Abführmittel der Landbewohner. Zu diesem Zwecke nehmen sie 8—12 Stück zu sich. Ich erwähne diese Tatsache, nicht weil ich sie unbedingt zur Nachahmung empfehlen möchte, sondern weil es wünschenswert wäre, daß vorerst Versuche unter ärztlicher Aufsicht damit angestellt würden.

2. Die Blätter, in Wasser zu einer Art Schleim eingekocht, haben als Umschläge einen günstigen Einfluß auf faule, träge Geschwüre, bösartige Wunden und Entzündungen.

3. Krätze kann man heilen, indem man eine Handvoll Efeublätter in Essig einweicht und sich während 8—10 Tagen morgens und abends die Hände damit wäscht.

Man rühmt die heilkräftigen Wirkungen des Efeus noch in andern Krankheitserscheinungen als den hier angeführten; diese jedoch können als wirklich zuverlässig angesehen werden. In Ostindien gibt es baumartigen Efeu, der sich durch den Wohlgeruch aller seiner Teile auszeichnet und daher zu Räucherungen sowohl als auch in der Heilkunde gebraucht wird.

Unsere Vorfahren nannten ihn gerne „Ewigheu“ seiner immergrünen, nie sterbenden Blätter wegen, und wer von uns bewahrt nicht irgendein solch mahnendes Blatt als Erinnerungszeichen eines immertreuen Gedenkens?

*

Noch wollen wir uns von diesem Eichbaum nicht entfernen, bevor wir von einer Schmarotzerpflanze geredet haben, welche ich auf einem seiner Äste üppig wuchern sehe und die bezüglich ihres Charakters das gerade Gegenteil des Efeus ist. Denn wenn dieser auch bei einem Stärkern, als er selber ist, Schirm und Stütze suchen muß, um zu seiner schönsten Entfaltung zu gelangen, so weiß er diese Wohltat durch die treueste, uneigennützigste Anhänglichkeit doch wieder zu vergelten.

## Die Mistel,

denn von dieser will ich ja reden, braucht ebenfalls der Hilfe eines andern, um zu leben. Allein welch ein Unterschied in der Benutzung dieser fremden Kraft!

Unfähig, durch sich selbst zu existieren und die ihr zuträglichen Nahrungssäfte unmittelbar aus der Erde zu ziehen und für sich zu verarbeiten, hackt die Mistel ihre Wurzeln, gleich den Krallen eines gierigen Raubvogels, in das Fleisch der verschiedenen Hölzer, namentlich der Eichen, Birken, Pappeln, Linden, Buchen, Fichten und der Apfel- und Birnbäume ein, verkümmert ihr Wachstum und entzieht ihnen den Lebenssaft, so daß sie oft sogar absterben müssen. Sie wird dadurch zum Bilde des greulichsten Undankes, denn sie mordet ihre Wohltäter, durch die sie lebt.

Wer die Mistel einmal gesehen hat, kennt sie für immer. Ihr vielfach und gabelförmig geästelter, kahler Stamm prangt selbst inmitten des Wintersturmes im Schmucke der etwas sichelförmigen, goldgrünen Blätter. Zwischen ihnen sitzen erbsengroße, schmutzigweiße oder gelbliche Beeren mit zähschleimigem Fleische, die sich aus den gelblichen Blüten des vorigen Frühjahrs entwickelt haben. Weder Eis noch Schnee, weder Frost noch Kälte vermögen die Mistel ihres Kleides zu berauben, und es ist, als ob eine gütige Fee ihren Zauberstab unablässig über dieses selbstsüchtigste aller Gewächse ausstrecke, damit es allen Witterungsunbilden ungestraft trotzen könne. Doch nein! die göttliche Vorsehung ist es, die auch zu diesem Schmarotzerstrauche gesagt hat: „Du sollst mir dienen; im Sturme des Winters sollst du mir dienen.“ Und die Mistel ist dem Herrn untertan, wie jegliches Erschaffene auf der Erde. Wenn die armen, in der Heimat zurückgebliebenen Sänger des

1. Mistel (Viscum album, L.) [Kreuzholz, Hexenbesen, Drudenfuß], a) Blüte; b) Blatt mit Blüten; c) Frucht. — 2. Haselwurz (Asarum europaeum, L.) [Wild-Nagelwurz, wilder Nardas, Spica]. a) Blüte.

Waldes, von Kälte und Frost erstarrt, kaum mehr ein Körnlein finden, um den Hunger zu stillen; wenn der Schnee fußhoch die Erde bedeckt und die sonst beerenspendenden Sträucher unter ihm begraben liegen, da lockt sie das schimmernde Grün der Mistel, und ihre schleimigen Früchte geben ihnen für die Zeit der Entbehrung ein nahrhaftes Futter. — Die alten Deutschen, die sich das Wachsen der Mistel auf Bäumen nicht zu erklären vermochten, betrachteten sie als ein Mittelding zwischen Himmel und Erde, das weder dem einen noch der andern angehöre und dessen Same vom Himmel gefallen sei. Darum stand sie bei den Germanen ebensowohl als auch bei den Galliern und Briten in sehr hohem Ansehen. Unter den größten Feierlichkeiten und Opfern wurde die Mistel am sechsten Tage nach dem Neumonde mit einer goldenen Sichel geschnitten, aus dem Walde geholt und, nachdem der Priester die Zweiglein geweiht hatte, unter die Anwesenden verteilt. Die Mistel sollte alle Krankheiten und Übel heilen, darum wurde sie die „Allesheilende" genannt. — Namentlich verlieh sie den Feldern Fruchtbarkeit und schützte gegen Gifte. Ferner wurde sie hauptsächlich bei Fallsucht angewandt, deswegen durste sie beim Schneiden nicht zu Boden fallen, sondern wurde in Tüchern aufgefangen. Auch bediente man sich ihrer als einer Art Wünschelrute, um Schlösser zu öffnen, Schätze zu finden, Diebe zu bannen! Selbst in unserer Zeit findet man den Glauben an die wundertätigen Eigenschaften der Mistelpflanze in manchen Gegenden Deutschlands, Frankreichs und Englands noch verbreitet. So tragen viele Leute Amulette, in denen Mistelholz, in Kreuzform geschnitten, eingenäht ist, um sich vor Hexerei und Zauberei zu schützen.

In der eigentlichen Heilkunde wird die Mistel jetzt wenig mehr verwendet. Pfarrer Kneipp aber hat ihr in der Hausapotheke einen ehrenvollen Platz angewiesen und empfiehlt sie angelegentlichst besonders den Müttern.

## Anwendungen.

Die Wirkungen der Mistel erstrecken sich vor allem auf das Blut und den Blutumlauf.

1. So stillt Misteltee den Blutfluß.

2. Wer fühlt, daß das Blut in seinen Adern nicht mehr gehörig zirkulieren will, daß es sich aus irgendeinem Teile des Körpers besonders weg und in einen andern hinzieht, der trinke ebenfalls auf den Rat des Pfarrers Kneipp Misteltee, dem man Zinnkraut oder eine Messerspitze Santalapulver beifügen kann.

3. Die auf Eichen gewachsene Mistel soll gepulvert, in Milch oder Honig gegeben, ein sehr gutes Wurmmittel für Kinder sein. Probieren schadet hier auf alle Fälle nichts.

4. Die namentlich auf Schwarzpappeln wachsende, sogenannte „weiße Mistel", weil ihre Beeren weiß sind, soll gegen Kinderkrämpfe und Epilepsie vortreffliche Dienste leisten. Man gibt zu diesem Zwecke den Kindern entweder alle 2—3 Stunden ½ bis 1 Gramm Mistelpulver oder einen Absud von 8—10 Gramm getrockneter Blätter und Zweige auf 180—200 Gramm Wasser.

Erwachsene können 3—4 Gramm Pulver oder 15—30 Gramm Blätter usw. benutzen. (Nach Dr. Jahn.)

Man sammelt die Mistelzweige im Spätherbst und Winter, trocknet sie und bewahrt sie entweder gepulvert oder nur zerschnitten in Gläsern wohlverschlossen auf. Zu einer Tasse Misteltee nimmt man einen Eßlöffel voll Blätter und zerkleinerter Zweige.

Die Beeren geben einen guten Vogelleim, wenn sie mit Öl und Terpentin vermischt werden.

Wie nun geschieht die Verbreitung und Fortpflanzung der Mistel? Ganz einfach durch die beerenfressenden Vögel, namentlich die Drossel und den Kreuzvogel. So will der Schöpfer und Erhalter des Weltalls, daß die Tiere, die der Mistel in den Wintermonaten vorzüglich ihre Erhaltung verdanken, sich diese ihre Nahrung auch selbst wieder aussäen und dadurch für ihre zukünftigen Tage sorgen, wenn dem einen oder andern der aus der Mistelbeere bereitete Leim auch Verderben bringt! Wann ist die Herrlichkeit des Allerhöchsten jemals erschöpft?

*

Jetzt aber wollen wir dem dornenbewaffneten, allzeit kampfbereiten

## Schlehenstrauch

noch einen Besuch abstatten. Da steht er an dem hohen Feldwege wie ein fröhlicher Bursche mit dem Strauß auf dem Hut und schaut siegesbewußt ins Wiesental hinab. Und von drunten nicken und rufen ihm die Blumen freundlich herauf: „Willkommen!" Denn eine jede weiß es:

*Erst wenn aus Ruten und Dornen sogar die Wonne des Frühlings*
*Sprießt in Blüten hervor, sind wir des Frühlings gewiß;*
*Erst wenn der Schwarzdorn blüht, ist überwunden der Winter,*
*Und er lässet dem Lenz, ohne zu murren, das Reich.*

Nur der Weißdorn, der von jeher mit dem Schwarzdorn in bitterster Feindschaft gelebt hat, ruft ihm höhnisch zu: „Ei, du vorwitziges Bürschlein, wo hast du denn dein grünes Blätterkleid gelassen, da du in der weißen Nachtmütze uns dich zeigst?" — „Neidling," antwortet ihm der Schlehstrauch und benutzt einen Windstoß, um dem andern die Haare ein wenig zu zerraufen, „du weißt so gut wie ich, daß meine weißen Blüten ein Ehrenkleid für mich sind." Und sich im Kreise umschauend, spricht er weiter: „Erfahren sollt ihr alle, warum die Farbe meiner Blüten die der Unschuld ist. Höret die Geschichte: „Als der Herr, von dem treulosen Jünger verraten, den Weg des Leidens ging, jammerte die ganze Natur. Auch mich durchbebte ein Schauer tiefsten Schmerzes, als ich von den rohen Kriegsknechten gebrochen und zu einer Dornenkrone geflochten wurde, die dem Heilande tiefe Wunden schlagen und seine heilige Stirne blutig reißen sollte. Verzweifelt wehrte und sträubte ich mich dagegen. Da hob der Herr, sich meines vergeblichen Ringens erbarmend, sein mildes Auge zu mir auf und sprach: „Oh, sei in Frieden! Denn dein ist nicht die Schuld, wenn du, von Schergenhänden gezwungen, meine Leiden vergrößern und mein Blut vergießen mußt, indem sie dich um mein Haupt winden und deine Dornen in mein Fleisch schlagen! Und damit die Welt deine Unschuld erfahre, so sollen am Gedächtnistage meiner Leiden die Engel dich mit weißem Gewande kleiden je und je.“ Dann breitete er segnend seine Hand über mich aus, und ich erglänzte zum ersten Male voll seliger Freude in der Pracht meiner weißen Blüten.“ — So der Schlehdorn. Und alle Zuhörer verharren unwillkürlich in ehrfurchtsvollem Schweigen. Der Weißdorn senkt beschämt seine Blicke zu Boden und errötet; denn das ist ja die Ursache des immerwährenden Streites der beiden, daß der Weißdorn, der sich edler und besser dünkt als der Schwarzdorn, die Welt glauben machen möchte, daß er es gewesen, aus dessen Zweigen die Dornenkrone des Heilandes geflochten worden sei und den der Herr huldvoll gesegnet habe. Dem aber ist durchaus nicht so, und der Schlehstrauch hat recht, sich solches nicht gefallen zu lassen. — Von alters her behauptet man auch, daß er, vermöge besonderer göttlicher Huld, nie von einem Blitzstrahl getroffen werde und daß man daher sichern Schutz unter ihm finde.

Der Schlehstrauch ist überhaupt dem Menschen sehr zugetan und stellt sich diesem zu dessen großem Nutzen zur Verfügung.

Vor allem wird der ganze Strauch beim Gradieren der Sole in Salzwerken gebraucht. Indem diese durch die aus der Schlehhecke gebildeten Dornenwände niedertropft, wird sie durch Verdichtung salzreicher und entledigt sich zugleich der in ihr enthaltenen fremden Bestandteile, die sich am Schlehdorn absetzen.

Dann gibt sein hartes, feines Holz auch gute Tischler- und Drechslerarbeiten. Aus den dünnen Stämmchen macht man sehr geschätzte Spazier- und Schirmstöcke. Die Rinde benutzt man zum Rotfärben und Gerben.

Die Früchte geben Branntwein und Essig. Auch werden sie auf dem Lande noch häufig gesammelt und gedörrt, um von den Spinnerinnen im Winter gekaut zu werden, da sie ihres herben Geschmackes wegen die Speichelabsonderung befördern und so den zum Netzen des Fadens nötigen Speichel geben. Auch von den Kindern werden sie gerne gegessen. Der Bauer wirft gewöhnlich auch einige Hände voll Schlehen in seinen neuen Apfelwein, da diese den Klärungsprozeß begünstigen und das Getränke vor dem Zähwerden bewahren.

Wurzel, Rinde, Blüten und Früchte des Schlehstrauches dienen außerdem dem Menschen noch in gesundheitlicher Beziehung. Namentlich wichtig werden sie für den Gebrauch als Hausmittel, wenn man sie anwendet, wie folgt.

## Anwendungen.

1. Die, bittern Extraktiv- und Gerbestoff enthaltende Rinde und Wurzel sind als Heilmittel bei Fieber, namentlich bei drei- und viertägigem Wechselfieber sehr geschätzt. Um sich von diesem zu befreien, bereitet man eine Abkochung und trinkt täglich einige Tassen davon, nachdem man vorher ein Brech- und dann ein Abführmittel genommen hat, wenn allgemeine Appetitlosigkeit vorhanden und die Zunge belegt und schleimig ist.

2. Die frischen oder getrockneten Blüten geben einen gesunden, Blut und Magen reinigenden und stärkenden Tee, der zugleich auch das leichteste und angenehmste Abführmittel ist, das es geben kann. Man sollte nie versäumen, diesen Tee sofort zu trinken, wenn man durch das allgemeine Befinden gemahnt wird, daß eine gründliche Reinigung not tut, um eine Krankheit zu vermeiden!

Auch dürfte es im Frühjahr und Herbst sehr zweckmäßig sein, 3—4 Tage lang sich je einer Tasse solchen Schlehblütentees zu bedienen; man könnte wahrscheinlich dadurch manchen Fieberanfällen und anderm Unwohlsein vorbeugen!

3. Kindern, die mit dem Milchgrind und andern Hautunreinigkeiten behaftet sind, ist dieser Tee ebenfalls sehr zuträglich. Er kann in diesem Falle zur Hälfte mit Stiefmütterchen bereitet werden.

4. Schlehenkompott ist für Blasen-, Nieren- und Harnleidende ein gesundes Essen.

5. Eine Abkochung gedörrter Schlehen heilt Durchfälle.

6. Wenn man Beeren oder Wurzelrinde mit ein wenig Alaun (1 Messerspitze voll) und Honig in ¼ Liter (oder 1 Schoppen) Wasser siedet, so bekommt man ein ausgezeichnetes Gurgelwasser bei Mund-, Hals- und Zahngeschwüren.

7. Auch soll der aus der Beere gepreßte Saft, in die Nase gezogen, das Nasenbluten stillen.

8. Gegen Schwäche und Erschlaffung des Magens bereitet man sich aus einer Handvoll zerdrückter Beeren, die in ½ Liter Wasser bis auf die Hälfte eingesotten und nachher etwas gezuckert werden, ein stärkendes, den Magen zur Tätigkeit anregendes Getränke, wovon man morgens und abends ein Tässchen trinken sollte.

Man sammelt die Schlehdornblüten an hellen warmen Tagen, trocknet sie schnell auf einem Tuche an der Sonne, wobei sie häufig gewendet werden müssen und verschließt sie dann in Gläsern oder Blechbüchsen.

Die Beeren werden im Herbste gepflückt, im Backofen gedörrt und an einem trockenen Orte aufbewahrt. — Ärmere Leute können sie zum Verkaufe von ihren Kindern in Massen sammeln lassen, da alljährlich danach gefragt wird. Sie würden sich damit einen Nebenverdienst verschaffen, der durchaus nicht so unbedeutend ist, um ihn außer acht zu lassen. Überhaupt sollte sich der arme Mann das ihm unmittelbar von der Natur oder von der göttlichen Vorsehung Gebotene noch viel mehr zunutze machen. Wer ihn darauf hinweisen würde, verdiente sich wahrlich nicht geringen Dank!

Rinde und Wurzeln des Schlehstrauches sind jederzeit frisch zu erhalten; man kann sie jedoch auch in der üblichen Weise trocknen.

So ist der verachtete „Dornstrauch“ nicht nur ein tapferer Kämpe des Frühlings, dessen Herrschaft über den Winter er feststellt, sondern auch der entschiedenste Wohltäter des Menschen, wenngleich er auch seine „Haken“ hat. Ferner erweist er sich den Bienen als der liebenswürdigste und freigebigste Wirt. Darum laden sie sich auch emsigst bei ihm zu Gaste. Für eines aber ist der Schlehdorn nicht tauglich: zur Einfriedigung von Gärten. Da er nämlich nicht nur den kleinen Vögeln, sondern auch allen möglichen Insekten Herberge gibt, so ist zu befürchten, daß diese auf verbotenen Wegen wandeln und das im Garten Gepflanzte verheeren.

*

Nun wollen wir aber unsere Schritte heimwärts lenken, denn schon neigt sich die Sonne dem Westen zu, und der schöne Frühlingstag mit seinem reichen Genusse will zur Ruhe gehen. Wie wehmütig müßten wir ihm nicht nachblicken, wenn wir in unsern Händen nicht die Bürgschaft trügen, daß er nur der Bote vieler anderer ist, die gleich ihm von Sonnenlicht und Blütenduft umflossen sind! Darum soll auch unsere Heimkehr fröhlich sein und hoffnungsfreudig für das kommende „Morgen“. Denn immer mannigfaltiger wird das Keimen und Knospen werden; immer üppiger das Wachsen und Blühen und immer reicher der Schmuck, womit Gott die Natur bekleidet, bis endlich die ganze Erde ein allgemeines Auferstehungsfest feiert und dem Himmel frohlockend ihr Alleluja zujubelt.

2

Bei den Gräsern und [illegible]

# Bei den Großen und Mächtigen.

Lassen wir die Kleinen des Pflanzenreiches einstweilen ihrem stillen Schaffen und Wirken, und wenden wir uns heute den Großen und Mächtigen zu, die im Haushalte der Natur eine so überwiegend wichtige Rolle spielen. Was wäre überhaupt die Erde ohne die Welt der Pflanzen? Eine ungeheure Wüste, jeden Lebens bar. Denn nach dem Willen des Schöpfers verdankt jedes Wesen sein Dasein täglich neu den Einwirkungen der Pflanzen auf unsere Atmosphäre. Sie nehmen deren schädliche Bestandteile in sich auf und teilen uns dafür Lebenslust mit. Wenn nun schon das kleinste ihrer Gebilde dieser Bestimmung gerecht und dadurch unser Wohltäter wird, was für einen ungeheuren Einfluß müssen erst dann die Riesen der Pflanzenwelt, die Bäume, auf das Gleichgewicht der Luftbestandteile haben, da sie aus tausend und tausend Blättern atmen! Doch das ist nicht alles, und sie tun noch mehr. Aber wir wollen nicht davon reden, wie sie die Feuchtigkeit anziehen und dadurch fruchtbringenden Regen und Quellen das Entstehen geben; wie sie rauhe oder versengende Winde mildern und abhalten und so das Klima ganzer Länderstrecken günstiger gestalten; wie sie Tiere und Insekten aller Art beherbergen, die für den Menschen in vieler Beziehung höchst wichtig sind; wir wollen auch nicht davon reden, wie sie uns Bau-, Brenn- und Nutzholz geben, dem wir größtenteils unsere häusliche Behaglichkeit verdanken; wie ferner manche aus ihnen uns geschätzte Lebensmittel spenden und vielen Gewerben notwendige

Stoffe liefern: das alles ist demjenigen bekannt und klar, der mit offenem Auge und Herzen, mit Glauben und Liebe die Wunderwerke Gottes in der Natur betrachtet und in sich aufnimmt.

Aber diese Bäume, durch die uns schon so viele Wohltaten zuteil werden, bergen, wie die bescheidenen Erstlinge des Pflanzenreichs, außerdem noch jene besondere Segensquelle in sich, die zum Besten unserer Gesundheit — eines der höchsten Güter des Menschen — unversiegbar fließt, sobald wir verstehen, aus dieser Quelle zu schöpfen, wenn wir ihrer bedürfen.

Und das zu lernen, soll heute der Zweck unseres Ausflugs sein.

Nehmen wir vorerst unsern Weg an dem Flußufer entlang.

Da winkt uns

## der Weidenbaum

ein freundliches „Grüß Gott" entgegen. Schon hat er seine rutenähnlichen Äste seit dem Monate Februar mit weichen Kätzchenblüten beladen, und wenn der Wind ihn etwas rauher als gewöhnlich anfaßt, dann stäubt ein wahrer Goldregen daraus hernieder. Auch die schmalen, lanzettlich zugespitzten Blätter brechen bereits aus ihren Knospen hervor und schillern silbergrau im Sonnenlichte. Hier sehen wir ihn als hohen Baum, der seine Wurzeln und überhängenden Äste das ganze Jahr hindurch im Wasser badet; dort steht einer seiner Abkömmlinge als üppig emporstrebender Strauch; inmitten der Wiese aber erblicken wir einen 2—3 Meter hohen, rissigen, fast ganz hohlen Strunk, den wir für einen abgestorbenen, faulenden Stamm halten müßten, wenn wir nicht beim Nähertreten neue, auf den Narben frisch und fröhlich wachsende Rutenäste wahrnehmen würden. Nicht wahr, alter Freund, man hat dir den Schopf gestutzt, damit du verjüngt wieder Gerten treibest, die der Landmann zum Anbinden seiner Obstbäume, oder der Korbflechter zu seinen zierlichen Arbeiten benutzt? Ja, so zähe ist das Leben der Weide, daß ihr gänzlich ausgehöhlter, des Kernes vollständig beraubter Strunk stetsfort neue Äste treibt, solange er nicht zu Moder und Staub zerfallen ist, und daß ein jeder abgeschnittene, schon welke und halbdürre Zweig wieder ausschlägt und wurzelt, wenn er in feuchtes Erdreich gesteckt wird.

Ein alter, zerborstener Weidenstamm hat wenig Erfreuliches und Anmutendes für das Auge; er flößt uns auch nicht das Mitleid ein, das wir andern gefallenen Größen des Pflanzenreichs nicht versagen können. Und denken wir uns ihn inmitten einer etwas wolkigen und stürmischen, vom unsichern Schimmer des Mondes erhellten Nacht stehend, so wird er leicht zum geisterhaften, gespenstischen Wesen, das mit seinen zum Himmel gereckten dürren Armen den furchtsamen Wanderer zu Tode erschreckt und ihn wohl auch manchmal in seiner Sinnesverwirrung gefährlichen Sümpfen zulockt.

Darum waren auch weder die alten Deutschen noch in spätern Zeiten unsere Vorfahren der Weide sehr gewogen und sie genoß nicht des besten Rufes.

Die Germanen sahen in ihr das Sinnbild des Todes, und der Gott des Schattenreiches, das heißt der Unterwelt, sollte in einem Weidengebüsche wohnen. Unsere abergläubischen Ahnen aber dachten sich die Weiden als die Zufluchtsstätten der Gespenster und Hexen und glaubten, daß sich diese sogar manchmal in einen solchen Baum verwandelten, um Verfolgungen zu entgehen. So bestand auch das Zepter der Hexenkönigin aus einer Weidenrute, und wenn Zauberinnen mit solchen Gerten den Morgentau abstreiften, verwandelte sich dieser in der kommenden Nacht in verderbenbringenden Frost. Gelang es, ein Gespenst zu bannen, dann wurde es, der Sage nach, in einen Weidenbaum eingeschlossen.

Da ist es freilich kein Wunder, wenn man diesen Baum möglichst mied und ein unheimliches Schaudern empfand, so oft man des Nachts an ihm vorbei mußte. Auch soll sich Judas an einer Weide erhängt haben und Christus mit Weidenruten gegeißelt worden sein. Der Baum aber, von dem sie genommen waren, neigte seither in untröstlichem Schmerze Krone und Blätter zur Erde, und so entstand die Trauerweide. In dieser Weise hat die christliche Sage auch von der Weide, diesem Baume des Aberglaubens, die Schrecken, die sich an ihn hefteten, zu bannen gewußt, indem sie diese mit dem allerlösenden Leiden des Heilandes verband.

Man findet den Weiden- oder, wie er auch genannt wird, Felbenbaum überall auf feuchten Plätzen sowie an den Ufern der Bäche, Flüsse, Seen und Teiche, wo er zur Befestigung des Bodens dient. Daß die jungen Zweige zu Flechtwerk verwendet werden, haben wir bereits gehört. Die stärkern gebraucht man zu Faßreifen, auch wohl zu lebendigen Zäunen. Die Samenwolle kann zu Polstern und Kissen und die Rinde zum Gerben benutzt werden. Außerdem macht man aus dem nicht leicht rissig werdenden Holz allerlei Schnitzarbeiten. Aber ganz besondere Beachtung verdient die Weide ihrer arzneilichen Kräfte wegen.

## Anwendungen.

In der Heilkunde wird vorzüglich die Rinde gebraucht und zwar hauptsächlich jene der 2—3jährigen Äste. Sie ist äußerst bitter und zusammenziehend, und wir dürfen sie als eines unserer besten einheimischen Fiebermittel ansehen.

1. Namentlich bewährt sie sich in Wechselfiebern, wenn man sie dem Patienten gepulvert vor dem Fieberanfall bei einer Dosis von 10—25 Gramm in ein wenig Wein oder irgendeiner süß eingemachten Frucht usw. verabreicht. Der Absud von zirka 60 Gramm Rinde auf ½ Liter Wasser leistet die gleichen Dienste.

2. Vermöge ihrer adstringierenden, das heißt zusammenziehenden Eigenschaften kann ein Aufguß oder besser ein Absud auch bei Abweichen, schleimigen Durchfällen und Blutbrechen von Nutzen werden.

3. Äußerlich, als Gurgelwasser gebraucht, ist der Weidenrindentee auch ein sehr gutes Mittel bei Mandelanschwellung, Zäpfchenver-

längerung, entzündetem Zahnfleisch und Zahngeschwüren.

Es gibt zahlreiche Weidenarten, die alle zu den aufgezählten verschiedenen Heilzwecken verwendet werden können. Man wird jedoch gut tun, sich hauptsächlich an die gemeine, weiße oder Silberweide zu halten, die beiderseitig silberschimmernde Blätter hat und deren Stamm und Äste grünlichgrau sind. Brauche ich noch beizufügen, daß unter „Rinde" die äußere Umhüllung des Holzes allein verstanden werden muß und daß zwischen beiden noch der Bast oder Splint liegt, der eine grüne oder weißliche Farbe hat und nicht zur Rinde gerechnet werden darf? — Man sammelt sie kurz vor der Blütezeit, das heißt im Januar und Februar und trocknet sie schnell. Aufbewahrt wird sie in Glas- oder Blechbüchsen.

Die Weide findet sich nicht nur in der ganzen gemäßigten, sondern auch in der kalten Zone. So erhält der Mensch gewöhnlich von der Vorsehung alles dasjenige mühelos und reichlich zugemessen, was ihm eine besondere Wohltat werden soll.

*

Ihr fraget mich, ob dieser in so schöner Eintracht neben der Weide hier wachsende Baum nicht auch in ihre Familie gehöre? Ja gewiß, denn es ist

## die Schwarzpappel,

Pappelweide, die Alberpappel, oder wie sie auch sonst genannt wird: der Salbenbaum. — Ihr seht mich höchst erstaunt an, denn an das Wort „Pappel" knüpft sich unwillkürlich die Idee eines Baumes in Pyramidenform, und es scheint euch unmöglich, daß diese weitausgebreiteten Äste und Zweige die einer Pappel sein können. Und doch ist es so. Denn nur die italienische oder Pyramidenpappel, wovon ihr dort oben am Straßenrande ein Exemplar seht, reckt und streckt sich wie ein ungeheures Ausrufzeichen zum Himmel empor. Ist es nicht höchst interessant, diese Mannigfaltigkeit in der äußern Form und Gestalt

1. Silberweide (Salix alba), weiße oder gemeine Weide, Wiede, Felbe. a) Blütenzweig b) einzelne Blüte. — 2. Schwarzpappel (Populus nigra, L.) [Wollenbaum, Pappelweide, Alberpappel, Salbenbaum]. a) Männlicher; b) weiblicher Blütenzweig; c) Blattzweig; d) weibliche Blüte ohne Deckschuppe; e) geöffnete Fruchtkapsel; f) Staubblätter.

der Pflanzengebilde im allgemeinen und im besondern derjenigen Gewächse zu beobachten, deren übereinstimmende Merkmale sie als zueinander gehörende Verwandte kennzeichnen? Gerade in diesen beiden Pappelbäumen einerseits und ihnen und der Weide anderseits haben wir ein sprechendes Beispiel dieser Formverschiedenheit, die zugleich wieder so sehr den Eindruck bestimmt, den wir vom Anblick eines Gewächses erhalten. Während die Schwarzpappel, die oft eine sehr beträchtliche Höhe und unglaubliche Dicke erreicht, ähnlich der Eiche uns einen Eindruck von Festigkeit und Kraft gibt, läßt sich nicht leugnen, daß die Pyramidenpappel infolge ihrer stammanschließenden Äste etwas Vornehmes und Stolzerhabenes hat, wenn sie uns gleich auch das Gefühl der Öde und Leere gibt. Geradezu lächerlich aber wirkt neben ihr die allen Winden preisgegebene Haltlosigkeit des zu Berge flehenden Schopfes der Weide. Diese gewinnt allerdings dann ein würdigeres Ansehen, wenn ihr nicht benommen wird, sich frei und ungehindert auszubreiten; doch mögen wir uns nicht gerne ihrer Stärke anvertrauen, denn wir wissen, daß ihre Kraft im weichen Biegen und Beugen und nicht im selbstbewußten Widerstande liegt.

Die Schwarzpappel hat einen geraden Stamm mit dunkelgrauer, und wenn sie jung ist, glatter, im Alter jedoch rissiger, ziemlich dicker Rinde. Jene der Äste ist indessen immer etwas gelblichbraun. Die Blätter sitzen an langen, elastischen Stielen, sind auf beiden Seiten glatt und bilden ein sehr zugespitztes, gezähntes Dreieck. Die Blüten, welche wie bei der Weide Kätzchen sind, kommen vor den Blättern im ersten Frühjahre zum Vorschein.

Die männlichen haben eine purpurrote und die kleinern und lockerer sitzenden weiblichen Blüten eine grünliche Farbe. Die Frucht ist eine grünlichbraune Kapsel mit zahlreichem Samen.

Die Schwarzpappel wird durch ganz Deutschland häufig an Ufern, auf feuchten Wiesen und in Wäldern angetroffen und blüht im April.

Außer ihr und ihrer italienischen Schwester, die man hauptsächlich an den Landstraßen entlang pflanzt, was diesen etwas Ermüdend-Einförmiges gibt, besitzen wir noch einige andere Arten, wie z. B. die Silber- und Balsampappel, welche gerne in Parkanlagen gezogen werden.

Das unserm Baume Eigentümliche ist das immerwährende Bewegen und Rauschen und Pappeln und Schwätzen der Blätter. Vielleicht kommt gerade der Name des Baumes davon her.

Die Zitterpappel jedoch, auch Espe geheißen, ist diesem immerwährenden Sichbewegen und Lispeln ganz besonders unterworfen. Der Sage nach soll es eine Strafe ihres Hochmuts sein, die ihr der Heiland, auch uns zur Warnung, bis zum Ende der Welt auferlegt hat.

Als nämlich der Erlöser einst mit seinen Jüngern einen Waldpfad ging, neigten sich alle Bäume rechts und links ehrfurchtsvoll vor ihm. Nur die hochmütige Espe tat, als kenne sie den Herrn nicht. Da wandte sich dieser zürnend zu ihr und sprach: „Da du die Liebe nicht grüßtest, als sie kam, um dich zu segnen, so sollst du deines Hochmutes wegen in immerwährender Furcht erzittern bis zum Ende der Welt!“ Und seither findet die Zitterpappel weder Ruhe noch Rast. — Selbst bei den alten Griechen war die Pappel schon mit Sagen umflochten. So wurden die Töchter des Sonnengottes Helios in Pappeln verwandelt, da sie in unversiegbaren Tränen und immerwährendem Jammer den Tod ihres Bruders Phaeton beklagten. Zeus endlich erbarmte sich ihres Schmerzes. „Allein selbst noch als Bäume schwitzten sie goldene Tränen aus, woraus der Bernstein, dortmals Elektron genannt, entstand.“

Zum Brennen taugt das Pappelholz nicht viel; da es aber weich und leicht ist und sich nicht „wirft“, so wird es gerne zu Trögen, Schaufeln, Mulden, Fußböden usw. verwendet. Die Wolle des Samens kann mit Baumwolle versponnen werden; vermischt mit Hasenhaaren macht man Hüte daraus. Die Rinde wird zum Färben gebraucht. — Für unsere Gesundheit leistet uns die Schwarzpappel besonders, sodann aber auch die italienische und Balsampappel gute Dienste.

## Anwendungen.

In der Heilkunde gebraucht man die Knospen der vorhin genannten drei Arten, welche vorzüglich Harz, ätherisches Öl und schleimigen Extraktivstoff enthalten. Aus ihnen bereitet man die sogenannte „Pappelsalbe“. Somit wissen wir nun, woher der Name „Salbenbaum“ kommt.

Nach Köhlers „Unsere Heilpflanzen“ wird die Salbe folgendermaßen bereitet: „Man mischt 1 Teil frisch zerquetschter Pappelknospen mit 2 Teilen gutem Schweineschmalz, kocht beides so lange gelinde, bis alle Feuchtigkeit verzehrt ist. Dann seiht man die noch flüssige Salbe durch Leinwand und läßt sie erkalten. Es ist sehr wesentlich, daß keine Knospenteilchen mit hindurchgehen. Sollte dies der Fall sein, so muß das Ganze nochmals bis zum Flüssigwerden erwärmt und durch Linnen gegossen werden. Die Salbe muß grünliche Farbe haben und balsamisch riechen. Sie ist im Kühlen aufzubewahren. Mit Lorbeer und dickem Terpentin vermischt, gibt sie eine sehr gute Salbe für geschwollene, dickgewordene Euter der Kühe.“

1. Diese Salbe ist bei Brandwunden, Entzündungen, bei gichtisch angeschwollenen und entzündeten Gliedern, sowie auch bei Verwundungen überhaupt anzuwenden. Diese letztern müssen immer sofort mit lauwarmem oder wenigstens kaltem Wasser gereinigt werden, bevor man sie verbindet.

2. Aus den Pappelknospen läßt sich auch „Pappelspiritus“ machen, indem man eine Quantität frischer, zerquetschter Knospen mit 70gradigem Spiritus übergießt, das Ganze öfters schüttelt und nach 8—10 Tagen sorgfältig abgießt, so daß der Bodensatz bleibt. Man kann die Flüssigkeit auch filtrieren.

Diesen Spiritus gebraucht man bei Quetschungen, Aufschürfungen und bei sogenannten „Verstauchungen“, indem man die kranken und schmerzenden Stellen damit des öfteren einreibt.

3. Die aus Pappelholz gewonnene Kohle wird wie Lindenkohle

gebraucht.

Außerdem ist sie zu 3—5 Kaffeelöffel voll, vor oder nach der Mahlzeit genommen, als die Verdauung befördernd erprobt worden. Sie verhindert und hebt Sodbrennen, saures Aufstoßen, Brechreiz, Kopfweh, das aus dem Magen kommt und Blähsucht.

Gesammelt müssen die Knospen vor dem Erschließen werden, das heißt im März und April. Wenn sie rasch und gut getrocknet sind, bewahrt man sie in Glas- oder Blechgefäßen wohlverschlossen auf.

Der arme Mann tut sich bei seinen beschwerlichen und häufig gefahrvollen Arbeiten, besonders auch im Winter, wo Wunden überhaupt schwerer heilen, öfters an seinen Gliedern weh, so zum Beispiel, wenn er „Holzhauen“ geht. Daher erweisen wir ihm sicherlich eine Wohltat, wenn wir ihn auf die heilenden Kräfte der Pappelknospen aufmerksam machen und ihn lehren, seine „Wundsalbe“ sich selbst zu bereiten, die ihm oft langdauernde Schmerzen, wenn nicht gar manche Tage der Arbeitsunfähigkeit erspart.

*

Und nun aber quer über die Wiese und Landstraße den Hügel hinan! Denn jetzt gilt es, einen Liebling des deutschen Volkes „heimzusuchen“, der es verstanden hat, durch alle Jahrhunderte der Geschichte hindurch die Gunst, die ihm zuteil ward, nicht nur zu wahren, sondern zu mehren. Es ist der den alten Deutschen heilig gewesene

## Wacholderbeerstrauch.

Freilich gehört er nicht gerade vermöge seiner Gestalt zu den „Großen“, denen unser heutiger Spaziergang besonders gilt; wohl aber hat er sich das Recht dieses Beinamens durch seine ausgezeichneten Eigenschaften erworben, die er ganz und gar — wie selten eine Pflanze — der Gesundheit des Menschen widmet, so daß ihm dessen Liebe und Dankbarkeit für ewige Zeiten gesichert bleiben.

Den Wacholderstrauch, Macholder, Recholder, Queckholder,

1. Lärche (Pinus larix). Blüte- und Fruchtzweig. a) Blütenschuppe mit Samenknospen; b) Zapfenschuppe von außen; c) Zapfen. — 2. Wacholder (Juniperus communis, L.) [Weck- und Reckholder, Kaddig, Krammetsbaum]. a) Reife Beere; b) weiblicher Blütenzapfen.

Reckholder, Weckholder, auch Kadick und Krammetsbaum genannt, kennt jedermann, der einmal an sonnigen Halden vorbeiging, in lichten Nadelgehölzen lustwandelte oder durch öde Heideländer zog. Er nimmt mit dem trockensten, magersten Boden vorlieb und wird darum auch gerade für solche Orte zur willkommenen Zierde, die sich sonst kahl und unschön unserm Auge darbieten würden. Seine niedergedrückten Äste, wovon die untersten meist auf dem Erdboden liegen, tragen hellgrüne, wie eine kleine Rinne gestaltete Nadeln, die immer zu dreien wagerecht voneinander abstehen. Die Blüte, welche im April erscheint, ist ein Kätzchen, wie ihr sehen könnt. Aber das weibliche wächst nach und nach zusammen und wird zur Beere, die erst im zweiten Jahre ihre Reife erlangt und von der grünen zur bräunlichschwarzen Farbe übergeht. Wurzeln, Holz, Blätter und Früchte atmen den würzigsten, angenehmsten Harzduft aus; darum wurde der Strauch, der auf günstigem Boden sogar zu einem kleinen Baume wird, auch von jeher zum Räuchern, besonders des Fleisches, benutzt.

Die Wacholderbeeren dienten in den ersten christlichen Zeiten anstatt des Weihrauches selbst beim Gottesdienste. Frühe schon hatte man auch die arzneilichen Kräfte des Strauches erkannt, allein man begnügte sich nicht, seiner Wirksamkeit nur das zuzuschreiben, was ihm wirklich zukommt, sondern er wurde zu einer Art Wunderpflanze gemacht, die eine Unmasse von Krankheiten heilen sollte. Dazu gesellte sich dann noch häufig der aus dem alten Heidentume herübergekommene Aber-, Hexen- und Koboldglaube, in dem der Wacholderstrauch als schützendes, dem Menschen wohlwollendes und zum Segen gereichendes Holz auftrat. War es daher zu verwundern, wenn der Fuhrmann nur einen Wacholderstock als Geißelstiel wollte, da dieser doch allein seine Pferde vor dem Festbannen schützen konnte? Oder daß der Bauer, der auch in jenen Zeiten schon gern sein Pfeifchen rauchte, freilich nur mit Ehrenpreis und Huflattich gefüllt, am liebsten ein solches aus Wacholderholz besaß? Auch war es ganz natürlich, daß der ermüdete Wanderer unter einem Wacholderstrauche ausruhte, da er dann geradezu verjüngt nach kurzer Zeit seine Reise wieder fortsetzen konnte!

Heute noch gibt es in einigen Gegenden alte Leute, die auf dem festen Glauben beharren, daß man den Wacholderstrauch in Buchenpflanzungen nicht ausroden dürfe, weil dieser Baum sonst nicht gut gedeihe oder gar zugrunde gehe! — Inwiefern, wird nun der Wacholderstrauch seinem alten Rufe gerecht?

Das will ich euch aufzählen, wobei ich dem Pfarrer Kneipp, wie billig, den Vorrang lasse.

## Anwendungen.

Die ausgedehnteste arzneiliche Verwendung finden die Beeren, welche hauptsächlich ätherisches Öl, Harz und Zucker enthalten; aber auch das Holz, namentlich von der Wurzel, und die jungen Zweige werden gebraucht.

1. Die Beeren, welche beim Zerbeißen zuerst süßlich, dann erwärmend, bitter und aromatisch schmecken, haben im allgemeinen einen anregenden, kräftigenden, belebenden Einfluß auf den menschlichen Organismus und wirken besonders günstig auf die Tätigkeit der Ausscheidungsorgane ein. Deswegen ist ihre Anwendung von so großem Nutzen bei Magenschwäche, Schleimanhäufungen, bei Stein-, Grieß-, Leber- und Nierenleiden, sowie auch in rheumatischen und skrofulösen Krankheiten. Pfarrer Kneipp empfiehlt folgende erprobte Kur allen jenen, die einen schwachen Magen haben: „Den ersten Tag sollen sie vier Beeren nehmen; den zweiten mit fünf Beeren fortsetzen, den dritten sollen sie sechs Beeren kauen und so mit Beeren und Tagen bis auf zwölf Tage und fünfzehn Beeren auf- und dann wieder auf fünf Beeren heruntersteigen, beim Absteigen jeden Tag eine Beere auslassend."

2. Da diese Beeren auf die Nieren und die Wasserausscheidung ganz besonders günstig wirken, so kann der aus ihnen bereitete Tee — der

sich auch aus jungen Sprossen machen läßt — nicht genug bei Anfängen namentlich der Haut- und Bauchwassersucht empfohlen werden. Man nimmt etwa eine Handvoll Beeren auf einen Liter Wasser.

3. Weil sie so ungemein gesund für den menschlichen Körper im allgemeinen und auch zugleich blutreinigend sind, so sollte man im Frühjahre nie ermangeln, sich einer „Wacholderkur" zu unterwerfen, indem man mehrere Tage hindurch morgens und abends solchen Tee trinkt, der das ganze Uhrwerk im Menschen wieder reinigt und regelt.

4. Wenn es sich darum handelt, Zimmer nach ansteckenden Krankheiten oder nach Todesfällen usw. von schädlichen Ausdünstungen, Miasmen, Gerüchen und sonstigen „Krankheitsverbreitern" zu reinigen, so sind Wacholderdämpfe geradezu geboten. Eine Handvoll Beeren oder auch das zerkleinerte Wurzelholz auf glühende Kohlen gestreut, erfüllen diesen Zweck ausgezeichnet. Öfteres Wiederholen ist ratsam.

Ferner kaue man bei Ansteckungsgefahr, zur Zeit von Epidemien, oder wenn man Kranke pflegen muß, tagsüber mehrere solcher Beeren. Pfarrer Kneipp gibt deren Zahl auf sechs bis zehn an.

5. Die Beeren entfernen zugleich jeden üblen Geruch aus dem Munde.

6. Man benutzt die Wacholderdämpfe auch zu Einreibungen bei rheumatischen Schmerzen und Entzündungen, indem man Flanellappen über auf Kohlen gestreute Beeren hält. Ein gleiches, vielleicht sichereres Resultat wird jedoch erlangt, wenn man in der Apotheke Wacholderöl kauft und dieses zu den Einreibungen verwendet.

7. Wer ein gutes schweißtreibendes Mittel braucht, der nehme ungefähr 60 Gramm zerkleinertes Wacholderholz auf einen Liter Wasser und mache sich einen Absud davon, den er zu öftern Malen genießt.

8. Ein solcher Absud kann ebenfalls zum Auswaschen träger, fauler Geschwüre benutzt werden.

9. Das Öl, welches, wie wir gehört haben, zu Friktionen (Einrei-

bungen) verwendet werden kann, wirkt ferner, in 2—5 Tropfen auf einem Stückchen Zucker genommen, innerlich stärkend und Appetit erregend; zugleich ist es, nach Ulsamer, blähungswidrig und verdauungsbefördernd.

10. Wer ein gesundes und leicht urintreibendes Getränke haben will, der kann sich auf folgende Weise einen „Wacholderbeerwein“ ansetzen:

In 50 Liter Wasser werfe man 25 Liter Beeren und eine kleine Handvoll Wermut. Hierauf läßt man das Ganze einen guten Monat lang im Keller gären und zieht das Getränke dann ab. Auf diese Beeren darf noch ein zweites Mal Wasser gegossen werden, um sie gären zu lassen.

11. Auch „Wacholdertinktur“ kann sich jeder selbst bereiten. Aus ein gewisses Quantum Beeren gießt man ein 4mal größeres Quantum Branntwein, Weingeist oder Wein und läßt es 10 bis 14 Tage an einem warmen Orte stehen, bis man es in Gebrauch nimmt. Diese Tinktur, täglich 2—3mal ein Kaffeelöffelchen voll davon genommen, wirkt äußerst belebend und anregend und befördert die Urinabsonderung.

12. Auch in einer andern Form findet der Wacholder Verwendung, nämlich als Saft. Ulsamer empfiehlt ihn besonders bei kleinen Kindern, die infolge zurückgeschlagener Schweiße an Harnverhaltung leiden. Eine Portion Beeren wird mit dem 4fachen Teile Wasser zu Sirupdicke langsam eingekocht. Zehn Pfund Beeren geben gewöhnlich 3 Pfund solchen Saft.

13. Wenn Schnaps überhaupt empfohlen werden könnte, so müßte man es beim Wacholderbranntwein tun, denn, als „Medizin“ betrachtet und in kleinen Gaben genossen, erwärmt er bei frostigem Wetter den Magen und verhütet dadurch Erkältungen. Man stellt ihn sich selbst her, indem man über eine Handvoll Beeren 1 Liter Kornbranntwein gießt, das Ganze mehrere Tage stehen läßt und dann abfüllt. Denn der gekaufte besteht oft nur aus gewöhnlichem Branntwein, dem man eine gewisse Quantität Wacholderöl beigefügt hat, um ihm das Eigentümliche des Wacholdergeruches zu geben.

14. In der Haushaltung werden die Beeren zum Einlegen des Sauerkrautes, der Bohnen, Gurken und zum Einpökeln des Fleisches gebraucht.

Die Wurzeln und jungen Zweige sammelt man im Mai und Juni und trocknet sie an der Luft.

Die Beeren pflückt man erst im Herbste bei gehöriger Reife und scheidet alle verkümmerten oder rötlich schimmernden davon aus. Sie müssen langsam an der Luft getrocknet werden.

Das sehr feste, glatte und gelbliche Holz des Wacholders wird zu feinen Tischler- und Drechslerarbeiten, sowie auch zur Verfertigung musikalischer Instrumente verwendet.

Die Birkhühner und Krammetsvögel lassen sich die Beeren gut schmecken und bekommen davon ihr würziges Fleisch; daher auch der Name „Krammetsbaum“.

So ist, wenn auch nicht im Sinne unserer abergläubischen Ahnen, der Wacholder doch wirklich ein Zauberbaum, in dem uns holde, immer wachende, gute Geister wohnen, die unablässig bemüht sind, Leben und Gesundheit spendende Kräfte für den Menschen zu schaffen.

*

Verweilen wir noch einige weitere Augenblicke bei den Nadelhölzern! Denn es wäre geradezu eine Undankbarkeit, allein des Wacholders lobend zu gedenken, da doch alle seine Geschwister — zwischen denen er sich wie das Nesthäkchen in einer Vogelbrut ausnimmt, Fichten, Tannen, Föhren und Lärchen, in der weitgehendsten Weise zu Diensten des Menschen stehen.

Schön ist es jetzt, bei diesen Bäumen zu verweilen; denn das ist die Zeit, wo auch sie sich erneuern und zarte, junge, blaßgrüne Triebe sich an die dunkelgrünen Zweigenden setzen. Und auch in ihren Wipfeln regt und rührt es sich schon; das sagt uns der gelbe Blütenstaub, den der Wind gleich einem Schwefelregen zu Boden jagt.

Die Nadelhölzer liefern uns außer einem ausgezeichneten Bau-,

Brenn- und Nutzholze noch höchst wichtige Handelsprodukte, als da sind: Terpentin, Harz, weißes und schwarzes Pech, Teer, Kohle, Ruß; dann in zweiter Linie verschiedene Ölessenzen, wie Benzin; ferner das Paraffin, aus dem man Kerzen macht; den sogenannten Holzessig, das Kreosot, die Karbolsäure usw. Und wollte man näher auf die verschiedene Verwendung dieser Produkte und ihren Nutzen eingehen, so müßte man ein ganzes Buch darüber schreiben, so ehrfurchtgebietend enthüllen sich diese Bäume unsern Blicken. Doch das ist noch nicht alles. In Lappland — denn man trifft diese Bäume mit Ausnahme der Lärche in der ganzen gemäßigten und nördlichen Zone — sowie auch schon in Norwegen wird aus der innern zweiten Rinde der Fichte Brot gebacken, und das nicht nur ausnahmsweise, sondern fast das ganze Jahr hindurch. Dabei befinden sich diese Leute äußerst wohl und gesund, denn es ist ja bekannt, daß der norwegische Bauer zum kräftigsten Menschenschlage gehört. Die äußere Rinde des Baumes ist leicht genug, um den Lappländern das Korkholz der Fischernetze vorteilhaft zu ersetzen. Der Samen der gemeinen Kiefer gibt ein gesundes Hühnerfutter, während die ganzen Zapfen den armen Leuten ein gutes Brennmaterial abgeben. Ferner gewinnt man aus den Nadeln, wenn sie in Lauge gekocht worden sind, die sogenannte Waldwolle, aus der man weiche und warme Gesundheitsflanelle macht, die besonders denjenigen höchst zuträglich werden, die an Gicht und Rheumatismus leiden. Und ist vielleicht die Freude und das selige Glücksgefühl nicht anzuschlagen, die jedermann, groß und klein, am Weihnachtsabende empfindet, wenn der Christbaum in seinem Lichterglanze strahlt und einen wonnigen, kräftigen Harzduft in den Zimmern verbreitet? Freilich wirken die Nadelwälder drückend auf unsere Stimmung; denn hier herrscht nicht das rege Leben des Laubwaldes; düster, stolz und kalt erheben sich die Bäume zu den Wolken empor, während zu ihren Füßen jedes Leben erstirbt. „Hier singt kein Vogel, keine Quelle springt, selbst die Luft steht still und schwül, nur das Heidekraut strickt unermüdlich sein dürres Büßergewand über das kraftlose Erdreich...

Der Eindruck der Verlassenheit überfällt in seiner ganzen Schwere den Sinn“ (Masius). Wer aber zählt die Kranken, denen der gesunde, harzige Atem der Nadelwälder wieder Kraft und Leben mitgeteilt hat? Denn nicht vergebens schickt man besonders Lungenleidende dahin! Liefern doch auch für sie diese Wälder die kostbarsten Mittel zur Heilung oder wenigstens Linderung ihrer Leiden. Freilich entziehen sich diese Mittel dem Wirkungskreise größtenteils der Hausapotheke, und wir können sie nur in wenigen Fällen für diese in Anspruch nehmen. Doch auch noch in dieser beschränkten Sphäre wissen uns die Nadelbäume wichtige Dienste zu leisten.— Lernen wir die vier hauptsächlichsten in unseren heimischen Wäldern voneinander unterscheiden.

Die gemeine Kiefer, Föhre, Forche, Waldfichte hat eine rötliche bis braunrote Rinde und viele aufsteigende Äste. Die Nadeln entwickeln sich stets zu zweien aus kurzen, häutigen Scheiden.

Die Tanne, auch Edel- und Weißtanne genannt, ist ein schlanker, hoher Baum mit weißgrauer Rinde. Die Blätter bilden ziemlich breite, an der Spitze stumpf abgerundete, oben grüne und unten weiße Nadeln, die stets zweireihig gestellt sind.

Die Fichte oder Rot-, Pech- und Harztanne hat eine rotbraune Rinde, einzelstehende, vierkantige, spitze Nadeln. Im Gegensatze zu der Tanne sind ihre großen Zapfen hängend und die Schuppen am Rande wie ausgenagt.

Die Lärche erkennt man vorzüglich daran, daß ihre Nadeln in Büscheln stehen, weich und lang sind, im Herbste abfallen und sich im Frühjahre wieder erneuern. Dadurch bildet sie den Übergang von den Nadel- zu den Laubbäumen. Sie liefert das feinste Terpentin.

Die Nadelhölzer waren schon im Altertume hochgeschätzt. So war bei den Griechen die Fichte dem Meeresgotte geweiht. Wer in den korinthischen Spielen als Sieger hervorging, dessen Stirne wurde mit Fichtenreisern bekränzt. Dagegen pflanzten die Römer zum Zeichen der Trauer vor das Haus, wo ein Toter lag, eine Tanne, und Tannenreiser wurden diesem auf den Scheiterhaufen mitgegeben.

Bei den Germanen waren die Nadelbäume keinem besondern Gotte geweiht; wo aber die Eiche fehlte, da wurde die Tanne für den Wohnsitz der Götter gehalten. Wie sehr dann die alten Deutschen solche geheiligten Bäume verehrten, beweist der Umstand, daß sie den heiligen Tandolin erschlugen, als er eine bei Ettenheimmünster flehende von den Heiden verehrte Tanne umhieb und ein Kreuz daraus zimmerte.

Auch schmückten unsere Ahnen den häuslichen Herd bei festlichen Gelegenheiten mit Tannenreisern, wie wir jetzt noch tun. Oder kennt ihr nicht die schöne Sitte, die Tür der Braut am Hochzeitsmorgen mit jungen Tannen zu umkleiden und grüne Reiser auf ihren Weg zu streuen? Gewiß habt ihr auch schon gesehen, wie man auf den Giebel des neu aufgerichteten Hauses eine mit Bändern und Blumen geschmückte kleine Tanne pflanzt? Das ist eine alte Sitte, die Blitz und Ungemach von dem Hause und seinen Bewohnern abhalten und es dem guten Hausgeiste anempfehlen soll. Denn auch die Nadelbäume besitzen allerlei geheimnisvolle Kräfte, das haben wir schon beim Wacholderstrauch gesehen. Ganz besonders wunderbar erging es aber einmal drei Handwerksburschen in Unterfranken. Dort zeigt sich nämlich häufig die sogenannte „schöne Frau". Auch unsern drei Burschen begegnete sie und gab jedem einen Fichtenzweig mit der Weisung, sie wohl in acht zu nehmen, da sie ihnen Glück bringen würden. Zwei der jungen Leute lachten darüber und warfen die Reiser weg; der dritte aber steckte das seinige an den Hut. Und siehe da: auf einmal war es in Gold verwandelt! Nun hätten die beiden andern ihre Zweige auch gerne wieder gehabt — aber es war umsonst; sie fanden sie nicht mehr!

Hören wir nun, inwiefern wir uns diese Bäume für die Hausapotheke nutzbar machen können.

## Anwendungen.

In der „Hausapotheke“ können hauptsächlich die jungen Sprossen der Kiefer und Fichte, die Zapfen der Tanne und hin und wieder auch das Terpentin benutzt werden. — Die Sprossen besitzen stärkende, anregende, wasser- und schweißtreibende Eigenschaften, vermöge derer sie die Natur höchst wirksam unterstützen, wenn es sich darum handelt, unreine Säfte zu verbessern, schlechte Stoffe auszustoßen, den Körper zu kräftigen und Herr einer allgemeinen Schwäche zu werden, wie dies bei Flechten, rheumatischen Leiden, bei Skorbut (Scharbock) und allen jenen chronischen Krankheiten der Fall ist, die durch schlechte Pflege und Ernährung oder ungesunde Wohnungsverhältnisse entstanden sind.

1. Aus diesen Sprossen bereitet man einen Tee, oder besser einen Absud, der, mit Wein, Most, Milch oder Bier gemischt, gegen Skorbut und mit ihm verwandte Krankheiten, gegen Hautausschläge, Skrofeln, Flechten, Rheumatismus, Zittern, Abspannung, Schwäche, Blasen- und Nierenleiden und Lungenverschleimung ein ausgezeichnetes Mittel gibt. Natürlich muß man sich seiner längere Zeit hindurch bedienen. Man kocht hierzu 60 Gramm zerschnittene Sprossen auf 1 Liter Wasser langsam bis etwa zur Hälfte ein und trinkt diesen Absud tagsüber. Kinder bekommen, je nach dem Alter oder ihrer Natur entsprechend, kleinere und schwächere Portionen.

2. Der gleiche, aber noch verstärkte Absud belebt träge Geschwüre, wenn sie damit öfters gewaschen werden und führt sie dem „Reifwerden“ zu.

3. Sehr zweckdienlich in den genannten Krankheiten sind auch Bäder, die unter dem Namen „Kiefernadelbäder“ bekannt sind. Man kann sich diese leicht selbst bereiten, indem man eine Schürze voll Nadeln oder zerkleinerter Kiefer- und Fichtenreiser in einem zugedeckten Topfe oder Hafen mit Wasser tüchtig sieden läßt und dann diesen Absud dem gewöhnlichen Bade beifügt. Vater Kneipp empfiehlt solche Bäder als sehr stärkend und die Haut zur Tätigkeit anspornend. Die Temperatur

1. Fichte (Pinus abies, L.) [Rot-, Schwarz- oder Pechtanne], Zweig mit Blüten und Blütenzapfen. a) Fruchtschuppe mit Samenknospen; b) Nadel. — 2. Tanne (Pinus picea, L.) [Silber-, Edel- oder Weißtanne], Blütenzweig. a) Deckschuppe von außen; b) Same mit Flügel. — 3. Kiefer, gemeine (Pinus silvestris, L.) [Föhre, Forche, Waldfichte), Blütenzweig. a) Nadel; b) geflügelter Same.

der Bäder soll nicht 26 bis 28 Grad Reaumur und die Badezeit keine halbe Stunde übersteigen. Schwächlichere Personen dürfen anfangs nur etwa zehn Minuten im Bade bleiben, um sich erst nach und nach an ein längeres Verweilen darin zu gewöhnen. — Wem es versagt ist, solche „Kiefernadelbäder“ zu nehmen, der wasche sich wenigstens den Körper täglich mit dem Absud oder betupfe, bei Hautausschlägen, die kranken Stellen damit, versäume aber nicht, auch innerlich die Kur zu gebrauchen. Schwächlichen Kindern oder zur Bleichsucht geneigten jungen Mädchen sollte immer Kiefernadelabsud zu Bädern beigefügt werden.

4. Sprossen der Kiefer und Fichte und die frischen Tannenzapfen — oder diese nur allein — zerkleinert und Spiritus oder Kornbranntwein darüber gegossen, geben ein Mittel, das gegen Gicht und Gelenkrheumatismus, äußerlich zu Einreibungen benutzt, sehr gerühmt wird.

5. Desgleichen das Terpentinöl mit Spiritus vermischt.

6. Ferner wird das Terpentinöl bei Verwundungen der Pferde und des Hornviehs als Verbandmittel gebraucht, da es „fäulniswidrig“ ist. So wird z. B. bei der sogenannten „Vernagelung der Pferde“ ein aus Hanf gedrehtes Zäpfchen mit diesem befeuchtet und in die durch den Nagel verursachte Wunde gesteckt, um ihrer Entzündung und Eiterung vorzubeugen. Ja die Fuhrleute tun das nicht nur ihren Pferden, sondern verbinden ihre eigenen Wunden mit in Terpentin getränkten Lappen.

7. Wenn man das Terpentinöl mit Leinöl vermengt, so daß auf 2 Teile des erstern 1 Teil vom letztern genommen wird, dann kann das Ganze zu Einreibungen bei Verbrennungen, Frostbeulen, sowie ebenfalls bei gichtischen und rheumatischen Anschwellungen gebraucht werden.

8. Auch bei Nasenbluten soll Terpentin gut sein, wenn man damit angefeuchtete Scharpie auflegt.

9. Pfarrer Kneipp empfiehlt allen denen, welche eine „schwache Brust“ haben, täglich 5—6 „Harztränen“ zu genießen, die in der Tat leicht im Walde zu haben sind, da die Fichten und Tannen das Harz

ergiebig ausschwitzen. Natürlich muß diese Kur längere Zeit hindurch fortgesetzt werden.

10. Zum Schlusse bemerke ich noch für diejenigen, denen der Genuß des Fichtensprossentees oder -absuds unangenehm ist, daß sich aus den zerquetschten Sprossen und Nadeln durch Übergießen mit einer viermal größern Menge Kornbranntwein eine Tinktur herstellen läßt, die man nach 10—14tägigem Einziehen filtriert und dann täglich 1—3mal zu je 4—6 Tropfen auf Zucker zu den gleichen Zwecken nimmt wie jenen Tee oder Absud.

Wenn im ersten Frühjahre die jungen Kiefer- und Fichtensprossen noch mit ihren braunen Schuppen bedeckt sind, werden sie an einem heitern, warmen Tage gesammelt, an einem nur lauwarmen Orte getrocknet und hierauf in wohl verschlossenen Büchsen aufbewahrt. Da sie aber ihre Eigenschaften nur ein Jahr lang behalten, so müssen im nächsten Frühjahr wieder frische Sprossen gesammelt werden.

Eine schöne Sage, die ich euch nicht vorenthalten will, meldet, daß die Tanne, der schönste der Nadelbäume, ihre immergrünen Äste deswegen bekommen hat, weil sie über den Heiland, als es einstmals regnete, unter allen Bäumen des Waldes allein schützend ihre Zweige ausbreitete, indes jene der andern Bäume schlaff herniederhingen. Um sie zu belohnen, verlieh ihr der Herr das ausdauernde Kleid der Beständigkeit.

*

Seht ihr dort oben auf dem Rücken des Hügels

## die Eiche,

wie sie in majestätischer Ruhe, trotzig auf ihre Kraft bauend, ihre sturm- und wettererprobten, knorrigen, launisch gekrümmten Arme wie schützend über die andern Bäume ausbreitet? Dort hinauf wollen wir noch vollends klimmen, um dann zu den Füßen der Königin des Waldes auszuruhen und ihr zu huldigen. Gleich Vasallen um ihre Herrscherin, so lagern sich rings um sie her den Waldhang hinunter die andern Bäume, und selbst die stolze Tanne muß sich unter ihr Zepter beugen. Sie ist wahrlich „von Gottes Gnaden“, die Herrschaft der Eiche, denn aus dem grauen Altertume schon klingt uns ihr Name mit Ehrfurcht und Verehrung herüber. Griechen, Römer und Germanen lauschten gläubig dem geheimnisvollen Rauschen ihrer Zweige, um den Willen der Götter zu erfahren. Ein Kranz von Eichenlaub war den Römern die höchste Belohnung für besondere Tapferkeit. Kein Sterblicher durfte bei den alten Deutschen die Axt an diesen Baum legen: der Donnergott allein, dem die Eiche geweiht war, konnte sie in seinem Zorne vernichten. Unter ihr wurden die Kriegs- und Friedensangelegenheiten beraten; hier auch opferte man den Göttern und versammelte man sich zu religiösen Festen. Später, als das Christentum den alten Heidenglauben aus den Eichenhainen verdrängte, stürzte es auch die Eiche mit wuchtiger Hand, und der alte Götterbaum wurde nicht selten dazu benutzt, um dem höchsten Einen zum friedlichen Opfer den ersten Tempel da zu bauen, wo kurz vorher noch die unversöhnlichen falschen Mächte des Himmels und der Erde Ströme von Menschenblut verlangt hatten. Von nun an hausten nur noch — nach dem Volksglauben — die Geister der Finsternis in den Eichen. Da trieben sie ihr Wesen jahrhundertelang; erst nach und nach verschwand die scheue Furcht vor diesen Unholden und ihrem auserkorenen Sitze und ließ wieder eine Annäherung und gerechte Bewunderung des Baumes zu, der in Wahrheit der Stolz des deutschen Waldes ist.

Die Eiche gehört, wie alle Laubbäume, die wir bisher besprochen haben, zu den Kätzchenbäumen. Ihre Blüten zeichnen sich dadurch aus, daß nur die männlichen die Kätzchenform haben; die weiblichen hingegen — ihr habt ja zwei verschiedene Exemplare in Händen — sind zu 2—3 in einer gemeinschaftlichen Hülle vereinigt, die später zu einer Schale wird, wie wir es bei der Eichel sehen, die eine Art Nuß in einem Näpfchen ist. Die Blütezeit der Eiche fällt in die Monate April und Mai.

Fest und eisenhart ist das Holz der Eiche: nicht nur Jahrhunderten, nein, geradezu Jahrtausenden weiß es zu trotzen. Allerdings braucht eine Eiche auch zweihundert Jahre, um ein „ausgewachsener" Baum zu werden, und bei ihr läßt sich darum auch sehr wohl das Sprichwort anwenden: „Was lange währt, wird gut." Leider ist dieses langsame Wachstum die Ursache, warum die Eiche verhältnismäßig nur wenig mehr angepflanzt wird.

Gar mannigfach ist die Verwendung des Eichenholzes. Vorzüglich dient es, seiner Schwere und Haltbarkeit wegen, zum Wasser- und Schiffsbau. Als Brennholz ist es einesteils zu kostbar, anderntei1s besitzt es auch weniger Heizkraft als das Buchenholz. Dagegen lassen sich aus ihm die feinsten und zierlichsten Möbel machen, da es eine ausgezeichnete Politur annimmt. Dem Gerber wird die Rinde höchst nützlich, da kein anderer Baum eine bessere Lohe liefert; selbst die eichenen Sägespäne sind zum Schwarzfärben zu gebrauchen.

Die Galläpfel, welche aus dem Stich der Gallwespe an den Eichblättern oder deren Stielen als eine Art Auswuchs entstehen, werden in der Färberei und bei der Bereitung von schwarzer Tinte verwendet. Zur Mast für Schweine gibt es nichts Besseres als die Eicheln. Auch für das Wild, das Rindvieh und gewisse Vögel sind sie eine ausgezeichnete Nahrung. Für Ziegen und Schafe ist das getrocknete Laub ein gutes Futter.

Doch das sind nur die industriellen und wirtschaftlichen Vorteile, die uns der Eichbaum gewährt. Schon diese sind sehr groß; aber auch der Heilkunde ist er ein treuer und eifriger Diener und einer der besten und nützlichsten Freunde unserer Hausapotheke.

## Anwendungen.

Rinde, Blätter, Früchte und Galläpfel haben hohen medizinischen Wert. Sie enthalten hauptsächlich viel Gerbstoff (Tannin) und wirken daher zusammenziehend und infolgedessen kräftigend und stärkend auf die innern Gefäße, namentlich auch auf den Darmkanal.

1. Darum ist ein Eichenrindenabsud von ungefähr 40 Gramm Rinde auf 250 Gramm (etwa 1 Schoppen) Wasser ein ausgezeichnetes Mittel gegen Magen- und Darmblutungen, sowie auch gegen starkes Abweichen und Durchfall. Um diesen Absud angenehmer zum Trinken zu machen, kann er mit Wein oder Zuckerzusatz und dergleichen gereicht werden.

2. Ulsamer sagt ferner: „Die erste, beste und sicherste Hilfe bei allen Vergiftungen durch pflanzliche Giftstoffe, zum Beispiel durch Eisenhut, Tollkirsche, Herbstzeitlose, Fingerhut, Nikotin (Tabak), Giftpilze, Nachtschatten, Strichnin und so weiter ist immer Gerbsäure, die man trinken muß, ehe das Gift schon ins Blut übergegangen ist. Man beachte dies sehr wohl.

Zu dem genannten Zwecke bereitet man einen Eichenrindenabsud, einen Eichenrindentee, aus einer Handvoll Eichenrinde in 1 Liter Milch abgekocht. — Reines Tannin, in Apotheken erhältlich, gibt man innerlich in Portionen von 1—2 Gran (nicht Gramm), und noch mehr in halbstündigen Zwischenräumen. Es ist wunderbar, wie jede dieser zwei Anwendungen rasche und sichere Heilwirkung hervorbringt. Das erstgenannte Mittel, den Eichenrindentee, kann man selbst bereiten; er kostet nichts und ist besonders auf dem Lande meist stets bei der Hand.“ (1 Gran hat etwa die Schwere eines Pfefferkorns, oder 6 Zentigramm. Man verwechsle also nicht Gran mit Gramm!)

3. Äußerlich gebraucht, ist der Eichenrindenabsud, als Klistier angewendet, bei Abweichen oder Durchfall dann sehr nützlich, wenn keine Entzündung, sondern nur Erschlaffung der Organe vorhanden ist.

4. Drüsen und dicke Hälse werden durch Wickel, mit in den Absud getauchten Tüchern, geheilt. Bei diesen Wickeln, die man so oft wiederholt, als das Tuch trocken geworden ist, muß man die Vorsicht gebrauchen, ein zweites, wollenes Tuch darüber zu legen, um sich vor dem Erkälten zu bewahren. Auch heilen längere Zeit hindurch angewendete Umschläge mit diesem Absud Frostbeulen und -schäden.

Namentlich wirksam sind sie auch bei dem sehr gefährlichen Milzbrand-Karbunkel.

5. Wer kleine Halsgeschwüre, ein verlängertes Zäpfchen, gelockertes Zahnfleisch und dergleichen hat, der gurgle fleißig mit diesem Absud.

6. Sitzbäder von Eichenrindenabsud heilen Mastdarmvorfall und Mastdarmfisteln.

7. Ebenso reinigt und erweicht dieser Absud harte und böse Geschwüre und beschleunigt ihre Heilung.

8. Wer genötigt ist, viel im Wasser zu arbeiten, der wird sehr gut daran tun, seine Fußbekleidung innen mit feingepulverter Eichenrinde zu bestreuen oder nachts solche bestreute Strümpfe anzubehalten. Die durch das Wasser aufgeweichte und gesprungene Haut der Fußsohle wird sich dadurch wieder befestigen und zusammenheilen.

9. Desgleichen heilen Waschungen mit Rinden- oder Eichblättertee durch langes Aufliegen oder Reiten entstandenes Wundsein, ebenso auch Schwitzen an den Füßen und in den Achselhöhlen.

10. Im übrigen haben die im Wasser gesottenen Eichblätter, etwa 1 Handvoll auf 1 Liter, die gleiche Wirkung aus Eiterbeulen und -wunden wie der Rindenabsud.

11. Ferner sollen sie, im Wasser und Essig gesotten und lauwarm in den Mund genommen, Zahnschmerzen heilen (Ulsamer).

12. Die Eicheln werden häufig zu Kaffee verwendet. Um zu verhindern, daß sie allmählich nachteilig auf Magen und Verdauung wirken, ist es gut, sie vor allem nicht zu stark zu rösten und immer zur Hälfte mit wirklichem Kaffee zu mischen. Auf diese Art gebraucht, geben sie mit Milch ein gesundes und kräftigendes Getränke ab, sowohl für schwächliche Kinder als auch für große und namentlich nervenschwache Personen.

Kleinen Kindern gibt man, wenn sie Durchfall haben, als heilende Arznei den sogenannten „Eichelkaffee“, dem man etwas Milch nebst Zucker beimischt. Natürlich bleibt dann der eigentliche Kaffee weg.

13. Wenn die Galläpfel gepulvert auf Wunden gestreut werden, verhindern sie die Bildung des wilden Fleisches.

14. Außerdem empfiehlt sie Ulsamer im Notfalle bei Blei-, Spießglanz-, Kupfer-, Zinn-, Emetin-, Veratrin- und Kolchikinvergiftungen, innerlich, im Absude genommen.

15. Wer eine innerlich kräftigende Tinktur gebrauchen will, der nehme eine Menge jüngerer Eichenrinde, zerkleinere sie und schütte eine 4mal größere Menge Kornbranntwein daran, stelle es wohl verschlossen 14 Tage an die Sonne oder Wärme, presse und filtriere es dann durch und nehme jeden Tag 2—3mal je 4—6 Tropfen davon auf einem Stückchen Zucker oder mit etwas Wasser.

Die Rinde des Eichbaums kann das ganze Jahr hindurch frisch benutzt werden, außerdem sammelt man sie im Frühjahr. Man verwendet nur jene der jungen Zweige, die noch glatt ist.

Die Galläpfel müssen gesammelt werden, ehe sich das Insekt durchgebohrt hat. Nur die guten sind mit einer dichten Substanz gefüllt. Beim Trocknen schrumpfen sie stark ein.

Die Eicheln sammelt man im Herbste, etwa im Oktober, entfernt die Schale, zerkleinert den Kern, trocknet ihn im Backofen und bewahrt ihn gut verschlossen auf. Vor dem Gebrauche muß er natürlich noch geröstet und gemahlen werden.

Außer unserer Eiche, die eigentlich Stieleiche oder Sommereiche genannt werden muß, gibt es noch verschiedene Arten von Eichen im südlichen Europa, im Oriente und in Amerika, die an unsern so stolzen und herrlichen Baum oft kaum mehr erinnern; so z. B. die meist strauchartige immergrüne Kermeseiche, welche an den Ufern des Mittelmeeres wächst. Außerdem kommt noch, und zwar hauptsächlich in Spanien, die Korkeiche vor, deren Rinde, die von einem Baum 12—18mal abgeschält werden kann, den bekannten Kork liefert.

Habt ihr bemerkt, wie viele vorjährige Blätter noch an den Ästen und Zweigen unserer Eiche sitzen und, vom Winde bewegt, keine melodische Musik machen, während es sich doch schon in allen jungen Knospen regt und rührt? Mit dieser Eigentümlichkeit hat es folgende Bewandtnis.

„Der böse Feind hatte einstens das Verlangen, Herr des Waldes zu werden und erbat sich diese Gunst vom lieben Gott. Dieser gewährte ihm seine Bitte, aber mit dem Vorbehalte, daß er seine Herrschaft erst antreten dürfe, wenn die Eiche keine Blätter mehr habe. Den ganzen Herbst und Winter hindurch mußte der Teufel nun warten, denn immer noch wollte das Eichenlaub nicht fallen. Endlich rauschte es im Frühling müde und welk zu Boden. Als nun der böse Feind triumphierend seine Regierung antreten wollte, wurde er von allen Untertanen seines vermeintlichen Reiches höhnend empfangen, und ein Blick auf die Eiche genügte, um ihm zu zeigen, daß er geprellt worden sei: denn schon trieb sie luftig und fröhlich wieder junge Blätter. Wütend darüber hieb er mit seinen Krallen in diese, und seither sind sie ausgebuchtet."

Somit wissen wir also, daß die Eiche ihre Blätter so lange behält, um den Teufel nie Herr des Waldes werden zu lassen. Zugleich haben wir auch erfahren, was er für ein schlechter Botaniker ist, und daß im Walde keines andern als des lieben Herrgotts Odem weht. Darum fühlt sich das arme Menschenherz auch so wunderbar andächtig gestimmt und dem göttlichen Vaterherzen so nahe, wenn es unter dem grünen Blätterdome der Außenwelt vergißt!

*

Der Baum aber, welcher vor allen andern Herz und Gemüt des Menschen nach oben zu lenken versteht, ist

## die Buche.

Ihr kennt sie, so gut ihr die Eiche kennt. Und seid ihr jemals in einem alten Buchenbestand gegangen, so wißt ihr auch, daß es sich darin wandelt wie unter der hohen Wölbung eines gotischen Domes. Aufstrebend, elegant und stolz sind die silbergrauen, glatten Stämme der Buchen, und gleich den hohen und schlanken Säulen der Münster tragen sie wie spielend, so leicht und kühn, die auf ihren Achseln ruhenden grünen Blätterhallen, durch die nur hin und wieder ein blaues Stückchen Himmel oder ein gedämpfter Licht- und Sonnenstrahl bricht. Abgeschlossen von der Alltagswelt, umgeben von einem geheimnisvollen Schweigen — denn selbst das Lied des gefiederten Sängers hoch oben in der Krone dieser Bäume scheint andern Sphären anzugehören — muß der Wanderer sich von einer heiligen Scheu ergriffen fühlen, und unwillkürlich lenkt sich sein Blick aufwärts...

Die Buche ist mit dem Schicksal des deutschen Volkes nicht so innig verwachsen wie die Eiche und manch anderer Baum. Sie vermochte mit ihrer schlanken, aufstrebenden Form den derben, der rohen Kraft huldigenden Sinn unserer Ahnen nicht so zu fesseln wie jene. Trotzdem hatten auch sie schon eine gewisse Vorliebe für die Buchenwälder; allein erst dem hohen Sinne des Mittelalters blieb es beschieden, den Gedanken, der in der Buche liegt, zu erfassen und ihm in den herrlichen Domen, die zum Preise des Höchsten entstanden, einen würdigen Ausdruck zu verleihen.

Die Buche findet sich in ganz Deutschland; ihre Blütezeit fällt, wie die der Eiche, in den April und Mai. Ihre Frucht ist ein dreikantiges Nüßchen, Buchennüßlein, Buchel, Buchecker genannt, das einen wohlschmeckenden Kern enthält, der aber, in größerer Menge genossen, eine Art Trunkenheit erzeugt. Für die Schweine geben die Bucheckern ein gutes Futter; auch gewinnt man ein feines und mildes Speise- und Brennöl aus ihnen.

Der Nutzen, der aus dem Buchenholze gezogen wird, ist sehr bedeutend. Es ist das beste Brennholz, dessen Asche die vorzügliche Pottasche zum Waschen, Bleichen, Seifensieden und Düngen liefert. Im Wasser ist es unverwüstlich und wird daher auch zum Schiffbau verwendet. An der Luft aber ist das Buchenholz dem Wurmfraß ausgesetzt. Doch wird es von Wagnern und Drechslern zu verschiedenen

Arbeiten gebraucht, da es eine hübsche Politur annimmt. — Gutenberg machte seine ersten Druckversuche mit aus Buchenholz geschnitzten Lettern; daher mag der Name Buchstabe kommen. Aus diesem Holze gewinnt man auch das in der Heilkunde vielfach verwendete Kreosot, das gegen Lungenschwindsucht, Krebs- und Magenleiden usw. gebraucht wird.

Außerdem gehört die Buche wie die Eiche zu den Wetterpropheten. Noch achtet in der Tat der Bauer darauf, ob der Eichbaum viele Früchte hat. In diesem Falle kommt viel Schnee, und es gibt einen harten Winter. Sind um Michaelis (29. September) die Galläpfel leer und feucht, so gibt es ein feuchtes Jahr und einen gelinden Winter; sind sie aber dürr und eingeschrumpft, so folgt ein unfruchtbares Jahr hartem Winter, und wenn sie früher kommen, dann gibt es einen frühen Winter.

Der Buche aber lauern besonders die klugen Korn- und Mehlhändler des Schwabenlandes auf. Fängt diese nämlich an, von unten auszuschlagen, so steigt der Preis des Getreides; regt es sich aber zuerst von oben in den Wipfeln des Baumes, so schlagen in kurzem die Preise ab, und ruhig richten sich diese Pfiffigen danach zu ihrem Vorteile ein! — Auch in der Hausapotheke vermag uns die Buche von Nutzen zu werden.

## Anwendungen.

In Gebrauch kommt die herbe, viel Gerbstoff enthaltende Rinde als Fiebermittel, namentlich bei Wechselfiebern.

In diesem Falle kocht man in einem schwachen Viertelliter Wasser entweder 30 Gramm frische oder 15 Gramm getrocknete Rinde und gibt diesen Absud dem Patienten eine Stunde vor dem Fieberanfall zu trinken. Dieses muß natürlich öfters wiederholt werden. — In stärkerer Dosis wirkt die Rinde brechenerregend und abführend. In manchen Fällen mag es sehr gut sein, dieses Ergebnis zu erzielen.

Wir haben im Verlaufe unserer Ausflüge schon mehrere Fiebermittel kennengelernt, die energischer und kräftiger sind als die Buchenrinde. Allein es wird immerhin von Nutzen sein, ihre Verwendung zu wissen, da oft die gewöhnlich angewandten Mittel in einem Augenblicke fehlen, wo sie dringend notwendig wären und wir dann froh sind, einen Ersatz dafür zu haben.

Die Rinde wird im Frühjahr von den jungen Aestchen und Zweigen gesammelt.

Außer unserer gewöhnlichen Rotbuche gibt es besonders noch die „Blutbuche" mit braunroten Blättern, die man hauptsächlich in Parkanlagen findet. Schon bei unsern heidnischen Vorfahren standen solche „Blutbäume" im besondern Ansehen; sie waren „gefeit", und man opferte unter ihnen den Göttern. Ferner haben wir noch die Weiß- oder Hainbuche, die nie so hoch wie ihre Schwester wird; auch hat sie nicht wie jene glatte, sondern von Rippe zu Rippe gefaltete Blätter.

*

Gönnen wir auch dem duftigen Märchen des Waldes, der anmutsvollen

## Birke,

einige Augenblicke der Betrachtung. — Sanft und lieblich wiegt sie sich auf ihrem schlanken, silberumkleideten, biegsamen Stamme, weich und lang fällt ihr vom Winde gekräuseltes Haar hernieder, und wir werden bei ihrem Anblicke versucht, ihr wie einem freundlichen Kinde liebkosend über den feinen Scheitel zu streichen. Denn inmitten der andern Bäume, ihrer Brüder, die mit der Fülle ihrer Kraft glänzen, steht sie da als ein reizendes Bild der Unschuld und Jugend.

Bescheiden und genügsam nimmt die Birke mit jedem Klima, jedem Boden, jeder Lage vorlieb. Am häufigsten sieht man sie bei uns an Waldrändern in einzelnen Gruppen stehen, auch hin und wieder in Lichtungen. Ganze Wälder bildet sie jedoch nur in den nördlichen Ländern, namentlich in Schweden und Norwegen. Ihr Holz dient dem Drechsler und Wagner vortrefflich; die Rinde wird zum Gerben des feinen Leders sowie auch zur Teerbereitung benutzt. Die Kohlen sind in Schmelzhütten unentbehrlich; auch gebraucht man sie zur Herstellung des Schießpulvers und zum Zeichnen. Der Ruß gibt Buchdruckerschwärze und Malerfarbe.

Wie wir sehen, ist sie also schon für uns ein sehr nützlicher Baum. Aber für die Bewohner des Nordens, namentlich die Finnen, Lappen und die so armen Kamtschadalen, welche bezüglich der Bodenerzeugnisse viel weniger als wir begünstigt find, wird sie geradezu zur unentbehrlichen Wohltäterin. Darum verehren diese Völker auch die Birke als ihre größte Segenspenderin, die mit ihrem ganzen Leben aufs innigste verbunden ist. Denn ihnen spendet sie nicht nur ein kostbares Brennholz, sondern es werden daraus auch die Möbel, Hausgeräte, Maschinen und Schlitten verfertigt. Der Lappländer — und schon der arme Mann in Schweden — bedeckt mit Birkenrinde seine Hütte. Er weiß sich ferner Körbchen, Stricke und Gefäße daraus zu machen. Die zweite Rinde, der Bast, wird in Kamtschatka gegessen; zugleich bereitet man eine Art Bier daraus. Auch gibt er Schuhwerk und Matten, da er sehr zähe ist. Aus der Wurzel gewinnt man den Birkenteer, welcher dem Juchtenleder seinen eigentümlichen Geruch verleiht, der es vor den Insekten sichert. Die jungen Birken geben Bögen, Reise, Räder, Holzschuhe. Die jungen Blätter aber dienen zum Gelbfärben, die abgefallenen zu Matratzen und Polstern, und aus den elastischen Reisern macht man Besen.

Auch aus dem Safte der Birken wissen die Nordländer Nutzen zu ziehen. Im ersten Frühlinge, kurz nach dem Erscheinen der Blätter, wird der Stamm angebohrt. Aus einem in die Wunde gesteckten Röhrchen träufelt dann eine zuckerhaltige Flüssigkeit, die sich durch Ausdunstung verdickt und eine Art Sirup bildet, aus dem man nicht nur den sogenannten Birkenwein, sondern sogar einen beliebten Champagner sowie auch Essig macht. Ferner bedienen sie sich auch der heilkräftigen Eigenschaften der Birke.

So vermag der Mensch in den entblößtesten Ländern und unter dem ungünstigsten Klima durch seine Industrie und seinen Schaffenstrieb Reichtümer aufzufinden und auszubeuten, die in den von der Natur begünstigteren Ländern gänzlich unbekannt oder verachtet sind. Zugleich aber ersehen wir auch daraus, wie viele Segensquellen zur Befriedigung der menschlichen Bedürfnisse Gott oft schon in eine einzige Pflanze gelegt hat und es nur am Menschen liegt, diese sich zu öffnen.

Wenn in diesen nördlichen Ländern der lange, harte Winter endlich scheidet und ein neues Leben durch das junge Grün der Birke sich kundtut, dann zieht alles hinaus in den Birkenwald zu dem geliebten Nationalbaum und feiert das Auferstehungsfest des Lenzes. Jung und alt schmückt sich dann mit den Zweigen des Baumes und jubelt den so lang ersehnten und endlich kommenden, bessern Tagen entgegen.

Auch bei uns spielt die Birke als „Maie“ eine liebliche Rolle. Zu Pfingsten wird sie aus dem Walde geholt und als grüner Strauß an unsern Haustüren aufgepflanzt gleich einem fröhlichen, gastfreundlichen Gruße an alle, welche des Hauses Schwelle überschreiten. Schon aus dem grauen Heidentume stammt dieser Brauch, und er hat sich in vielen Gegenden, namentlich Süddeutschlands, trotz einstiger strenger Verbote bis jetzt erhalten.

Auch zur Erhöhung sowohl der religiösen als auch anderer Feste muß mit Vorliebe die Birke ihren Schmuck hergeben. Selbst mit dem Aberglauben des Volkes ist sie verbunden. So legt oder steckt man in manchen Gegenden Birkenzweige von den „Maien“ in den Flachs, damit er „hoch“ wird. Auch pflanzt der Oberpfälzer diesen Baum nie in die Nähe seines Hauses, da er den „Blitz anziehe“. Ferner sollen die Schlangen hauptsächlich gerne unter den Birken nisten, da ihre Blätter die Sonnenstrahlen nicht abhalten. In Niederbayern treibt man im Frühjahr zum erstenmal die Kühe mit einem Bündel Birkenzweige, Eichenlaub und Holunder aus, damit sie gesund bleiben und viel

Milch geben. Mag hierzu die Kraft der Birkenrute auch unzulänglich sein, gegen Ungehorsam, Trotz und Unart der Kinder jedoch hat sie sich immer als wahrhaft zauberkräftig erwiesen, und wenn ihre Bekanntschaft im Augenblicke der Züchtigung auch höchst scharf und beißend schmeckte, so ist sie doch in der Folge zur wirklichen Wohltat geworden. Wer von uns erinnert sich darum nicht dankbaren Herzens der Birkenrute, die als Wächterin der Ordnung und Zucht hinter dem Spiegel steckte!

Hören wir nun, inwiefern die Birke auch in bezug auf unsere Gesundheit zu unsern guten und getreuen Freunden gehört.

## Anwendungen.

Heilkräftig sind die Knospen und Blätter, die Rinde und der Saft. Sie wirken hauptsächlich reinigend auf das Blut und belebend auf die Ausscheidungsorgane.

1. Im Norden werden daher die Knospen und jungen Blätter, die angenehm riechen und etwas herbe, bitter und zusammenziehend schmecken, im Teeaufguß als blutreinigend, wurmwidrig und harntreibend, namentlich zu Frühjahrskuren benutzt. Sie dienen, im Absud, auch gegen den so lästigen Fußschweiß.

2. Auch bei Hautausschlägen, Flechten, Wassersucht, Gicht und Rheumatismus sind sie von Wert, wenn man sie im Absud längere Zeit hindurch zu 2—3 Tassen im Tage nimmt.

3. Die bitterschmeckende Rinde kann in den gleichen Fällen wie die Blätter dienen, außerdem aber noch in Wechselfiebern; sodann bei Skrofeln und skorbutischen Leiden und äußerlich gegen böse Geschwüre durch Auflegen und Abwaschungen.

4. Der Birkensaft schmeckt sehr angenehm süßsäuerlich. Er ist ein gutes Mittel gegen Bleichsucht, Grieß-, Stein- und Nierenschmerzen. Auch wirkt er blutreinigend. Wie er gewonnen wird, wissen wir bereits. Um den Baum nicht zu schädigen, darf man nicht zu viel Saft abfließen

lassen, auch muß man die Wunde wieder mit etwas Erde oder einem Pflöckchen verschließen, damit die Birke nicht verblutet.

5. Aus den jungen Knospen gewinnt man durch Destillation mit Wasser das Birkenöl, das äußerlich zu Einreibungen bei Rheumatismus verwendet werden kann.

6. Wollen wir Käse vor Maden schützen, so haben wir nur nötig, ihn ringsum mit Birkenlaub zu umgeben, und die unlieben Schmarotzer bleiben sicher fern.

Man muß die Knospen und jungen Blätter ebenso wie die Rinde im ersten Frühjahr sammeln und auf die gewöhnliche Art trocknen. Die Blütenkätzchen sind den Bienen höchst angenehm; darum weiden sie auch sehr fleißig darauf.

Außer der gewöhnlichen weißen oder Maibirke gibt es noch die Zwergbirke, die kaum über ein Meter hoch wird. Man findet sie schon in Deutschland auf dem Riesengebirge und dem Brocken; doch ist sie hauptsächlich in den Nordländern zu treffen. Ihre haarähnlichen Wurzeln geben sehr gute Decken, wodurch sie für jene unwirtlichen Länder zu einer wahren Wohltat wird.

*

Wenn es nach dem Volksglauben Bäume gibt, welche den Blitz anziehen und von den Schlangen mit Vorliebe ausgesucht werden, wie es bei der Birke der Fall sein soll, so stehen hingegen wieder andere Bäume in dem Rufe, den Blitzstrahl abzuhalten und von den Schlangen gemieden zu werden: den Menschen also vor zwei Gefahren zu schützen, die, gleich heimtückisch, ihn unversehens überfallen und schädigen.

Zu diesen letztern Bäumen gehört die stattliche

## Esche.

Wollt ihr vielleicht wissen, woher wahrscheinlich ihr Name kommt? Man leitet ihn aus der altgermanischen Bezeichnung „Esch“ her, worunter die alten Deutschen ein meistens mit einer Hecke umfriedetes Stück bebauten Feldes verstanden. Dieses Wort, in „Oesch“ umgewandelt, ist heutzutage noch im Schwabenlande die Benennung für eine Abteilung Grundstücke.

Da nun gewöhnlich zur Umfriedung und Begrenzung des Ackerlandes die strauchartig gezogene Esche verwendet wurde, so erhielt sie daher ihren Namen, der also so viel wie Grenzbaum bedeutet. Auch Wundbaum wird sie genannt, weil man glaubte, daß ihr Holz, wenn es in der Johannisnacht geschnitten wurde, alle Wunden heilen könne. Nachgewiesen aber ist es, daß sie schon in den allerältesten Zeiten der Geschichte das Holz zu den Speeren der Krieger lieferte. Auch trank man im Altertume den aus der Esche gepreßten Saft gegen Schlangenbiß und träufelte ihn zum gleichen Zwecke in die Wunden.

Bei den heidnischen Dänen und den andern nordischen Völkern nahm die Esche eine höchst wichtige Stellung ein. Sie war ihnen der Baum des Lebens, der Erkenntnis und des Verhängnisses.

Auch bei unsern Ahnen genoß sie der Verehrung, und sie wußten ihr Holz zu schätzen. Es ist fest und zähe, oft sehr schön geadert und geflammt. Daher eignet es sich nicht nur zum Brennen, sondern auch zu Tischler-, Drechsler- und Wagnerarbeiten.

Die Rinde kann zum Gerben dienen; die Blätter aber werden vom Rindvieh, von den Ziegen und Schafen gerne gefressen; doch sollen sie der Butter einen widerlichen Geschmack verleihen.

Ihr alle kennt die graustämmige Esche und wißt, daß sie zu den schönsten Bäumen unserer Wälder zählt. Sie gehört, wie der Olivenbaum, zu den Ölbaumgewächsen und kann bis zweihundert Jahre alt werden. Durch ihre schön grünen, gefiederten Blätter, deren Fiederblättchen gesägt und lanzettförmig zu 7, 9, 11 oder 13 an langen Stielen einander gegenüberstehen, gewinnt sie ein prächtiges Ansehen. Weniger ansehnlich sind ihre in Trauben stehenden Blüten, da sie weder Kelch noch Blumenkrone haben. Sie erscheinen vor den Blättern im April bis Mai. Die Frucht ist geflügelt. Die gemeine oder Hochesche kommt in ganz Süddeutschland und Südeuropa vor. Dagegen wächst die Mannaesche, welche den in der Heilkunde benutzten Mannazucker liefert, nur in Südeuropa, namentlich auf Sizilien; nur hie und da findet man sie bei uns in Parkanlagen gepflanzt. Dieser Baum schwitzt entweder von selbst oder durch den Stich einer Zikade oder auch durch Aufritzen aus der Rinde einen bräunlichen Saft aus, der an der Luft schnell zu einer weißlichen Masse eintrocknet, die Manna genannt wird. Es wirkt leicht und milde abführend, und wird — seines süßen Geschmackes wegen — hauptsächlich gerne den Kindern verabreicht.

Aber auch die gemeine Esche ist nicht ohne arzneiliche Kräfte; ja sie gehört zu jenen Bäumen, aus deren gute Hilfe wir uns fest verlassen dürfen.

## Anwendungen.

Die Esche liefert uns in ihrer bittern, herben und zusammenziehenden Rinde ein sicheres Fiebermittel; ihre Blätter dienen bei Gicht und Rheumatismus; der Samen ist wassertreibend und in starker Dosis abführend.

1. Mit 30—60 Gramm Rinde auf 1 Liter Wasser bereitet man einen Absud, den man zwischen den Anfällen der Wechselfieber dem Kranken nach und nach zu trinken gibt.

2. Man kann dem Kranken aber auch 10—24 Gramm gepulverter Rinde 3—4mal tagsüber, in den Ruhepausen, während einiger Zeit hindurch reichen.

3. Bei Gicht und Rheumatismus hat sich ein Absud von 50—100 Gramm getrockneter Blätter auf 1 Liter Wasser, den man 2—3mal, je eine kleine Tasse voll, tagsüber trank, als heilkräftig erwiesen. Die Blätter sind zugleich leicht abführend.

4. Der Absud von 10—30 Gramm Samen auf 1 Liter Wasser ist harntreibend und wirkt in noch etwas stärkerer Dosis gut abführend. Er kann also jedesmal dann empfohlen werden, wenn die eine oder

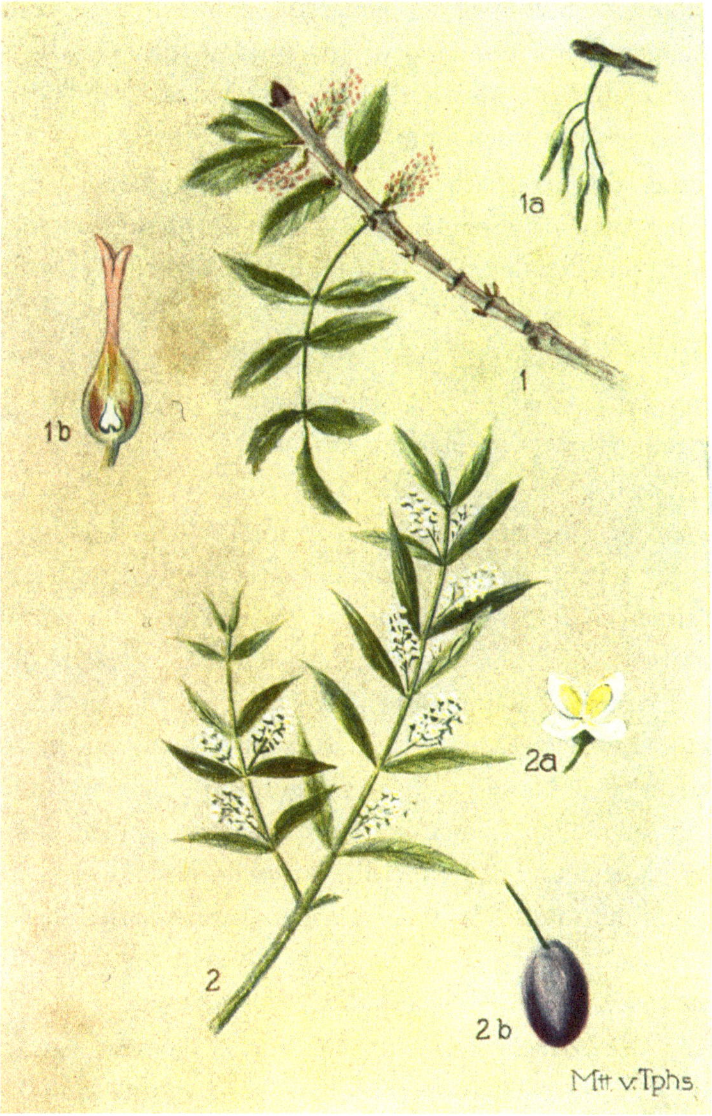


1. Esche, gemeine (Fraxinus excelsior, L.) [Zweig mit Blüten]. a) Fruchtzweig; b) durchschnittene Stempel. — 2. Ölbaum (Olea europea, L.) [Olivenbaum], Blütenzweig. a) Einzelne Blüte; b) Frucht (Olive).

andere Wirkung erzielt werden soll.

Es ist gewiß überflüssig, zu bemerken, daß jeder Tee, Absud, sowie auch die gepulverte Rinde usw. jedesmal in der für den Kranken angenehmsten Weise, also gezuckert, mit Milch, Wein oder anderm gemengt, gegeben werden kann.

5. Ferner soll der frische Bast der Esche Schnittwunden, wenn sie — nachdem man sie gereinigt hat — mit diesem zugebunden werden, leicht und schnell heilen. Der Bast muß aber täglich 2—3mal erneuert werden.

Die Rinde wird im Frühjahre von den 3—4jährigen Ästen geschält und dann getrocknet. — Die Blätter kann man das ganze Jahr, den Samen muß man aber im Herbste sammeln.

Auf unsern Kirchhöfen findet sich manchmal die Traueresche mit stark abwärts geneigten Ästen. Sie verdankt dem neckischen Volke der Zwerge ihr Entstehen. Ein Bauer war nämlich sehr erbost über diese kleinen Leutchen, die auf einem seiner Äcker gar mutwillig sich umhertrieben und drohte ihnen mit der Rute. Das ärgerte die Zwerge sehr, und sie pflanzten ihm höhnend das Feld voll Eschenreiser. Darüber ergrimmte aber der Bauer heftig und lauerte ihnen auf, um einen der Übeltäter in seine Hände zu bekommen und ihn zur Warnung für die andern zu züchtigen. Lange war es vergebens; endlich aber fing er einen der Zwerge und tötete ihn im Zorne. Jammernd und wehklagend zogen die andern nun für immer aus der Gegend weg und ließen zum Andenken an ihren toten Kameraden aus den aufgesteckten Ruten Trauereschen wachsen. So weiß die Sage zu erzählen.

Mit ihr, die uns ein Beispiel menschlicher Leidenschaft und ihrer Folgen gibt, wollen wir unsern heutigen Spaziergang zum Abschlusse bringen und unsern neugewonnenen Freunden, den Waldbäumen, „Lebewohl“ sagen. Denn schon hat des Frühlings lieblich schaffendes Werk wieder neue Wunder der Pflanzenwelt hervorgezaubert, die bis vor wenigen Tagen noch im Grabe schlummerten, nun aber eilig zur Höhe streben und unseres Begrüßens harren!

3

Unsere Hausfreunde

# Unsere Hausfreunde.

Es liegt etwas äußerst Beruhigendes und zugleich aber auch zur Dankbarkeit gegen Gott Aufforderndes in dem Gedanken an den wunderbaren Reichtum von Heilmitteln, welche seine gütige Vorsehung zum Gebrauche des Menschen überall, sozusagen unter dessen Tritten ersprießen läßt. Wo und wann wir auch von Krankheit und Leiden überrascht werden mögen: immer und zu jeder Jahreszeit können wir ein Kräutlein finden, das uns Linderung und Heilung zu geben vermag.

Nirgends aber hat Gott eine größere Menge dieser die Gesundheit erhaltenden und spendenden Gewächse freigebiger angehäuft als in der nächsten Umgebung unserer Wohnungen.

Im Garten, am Zaune, am Wegrande und auf dem Anger neben dem Hause: überall stehen sie, groß und klein, unscheinbar oder das Auge sofort fesselnd wie Wächter und bilden gleichsam eine Art Wall zum Schutze gegen die Feinde unseres Hausglückes, das da ist: Gesundheit und Zufriedenheit.

Denn nicht allein zur Freude und Zierde hat sie die vorsorgliche Hand Gottes besonders an dem Orte versammelt, wo der Mensch zwar sein schönstes Glück genießt, aber auch hauptsächlich den Kampf mit den körperlichen Mühsalen und Beschwernissen auszufechten hat, sondern auch als ernste Aufforderung und Hinweis, ihre Hilfe nicht zu verachten und sie vertrauensvoll in unsern Krankheiten und Übeln zu

Rate zu ziehen.

Dabei kommen in erster Linie unsere Obst- und dann jene andern Bäume in Betracht, die vorzüglich in der Umgebung des Hauses getroffen werden und mit dessen Schicksal so innig verbunden sind, daß wir sie wirklich zu den Freunden zählen dürfen, deren Besitz den häuslichen Herd sorgenloser und schöner gestaltet und jene Atmosphäre der Liebe verstärkt und erweitert, die wir allein da atmen, wo unsere Wiege stand.

Im Verlaufe unserer „Entdeckungsreisen“ werden wir freilich noch andere treu ergebene Genossen unseres Familienlebens kennenlernen, die im Schutze und Banne des Hauses leben; allein für heute wollen wir nur dessen vertrauteste Freunde unter einem Gesichtspunkte betrachten, der sie uns noch teurer und schätzenswerter macht als bisher.

Der erste Rang unter unsern Obstbäumen gebührt dem mit Heimat, Haus und Herd am innigsten verwachsenen

## Apfelbaum.

Als der deutschen Hütte Schutz und Schirm mußte er schon von altersher diese mit seinen Ästen beschatten, weil er in der besondern Huld der Götter stand und Blitz und Donner ihn nicht trafen.

Der Apfel aber war für die alten Deutschen eine so herrliche Frucht, daß nach ihrem Glauben selbst die Unsterblichen davon aßen. Auch wurden den Helden bei ihrem Eintritt in Walhalla Äpfel geboten, deren Genuß sie bei ewiger Schönheit, Kraft und Jugend erhielt.

Aber auch in unsern Tagen ist der Apfelbaum noch der Liebling aller: der ernste Hausvater, welcher ihn vor Jahren mit Sorgfalt pflanzte und seither so treulich pflegte; die praktische Hausfrau, die seine Gaben so wohl zu schätzen weiß; der müde Wanderer, dem er ein Labung spendender Wirt ist: alle haben ihn in ihr Herz geschlossen. Und erst die fröhliche Kinderschar! Wie viele sehnsüchtig glühenden Blicke und Wünsche sendet sie nicht zu ihm hinauf, vom ersten Entfalten seiner rötlich angehauchten Blüten bis zum Reifen der köstlichen, kühlenden

Früchte, die er dann — ach, so spät für die lüsternen, rosigen Lippen — mit einem Schütteln seines schweren Hauptes endlich unter dem großen Jubel der Kleinen zu ihren Füßen rollen läßt!

Der Apfelbaum gehört nicht zu den eigentlichen Frühblütlern unter den Obstbäumen. Ihm eilen in den südlichen Ländern, und soweit sie auch bei uns unter sorgfältiger Pflege gedeihen, die Mandel-, Aprikosen- und Pfirsichblüten voraus; dann die bei uns heimisch gewordene Kirsche, vor allem die Süßkirsche; darauf der frühe Birnbaum und die runde Pflaume. Endlich hat dann auch der Apfelbaum die läutenden Osterglocken gehört und erwacht aus seinem Schlafe. Aber vorsichtig öffnet er zuerst ein Auge und dann das andere. Er fürchtet wie verbrannte Kinder das Feuer. Denn schon oft ist er durch einen letzten, verspäteten Winterschauer um sein ganzes Blütenleben gekommen und stand im Herbste früchtelos und traurig unter den suchenden Blicken seiner großen und kleinen Freunde. Wenn ihn aber, so gegen Mitte oder Ende des Monats, die Aprilsonne recht neckisch-freundlich küßt, dann kann auch er nicht mehr länger widerstehen, und nach einer besonders warmen Nacht strahlt er mit einem Male, zur freudigen Verwunderung aller, als ein Bild voll Kraft und Anmut, im Glänze feiner Blütenrosen. Wie ein ungeheurer Blumenstrauß steht er da; denn Blüte reiht sich an Blüte, und jede verspätete Knospe muß sich durch den eng geschlossenen Verein gleichsam mit Gewalt hindurchdrängen, um Raum zum freien Atmen zu gewinnen. Dazwischen hinein wagt sich noch das junge Grün der Blätter und erhöht so die ganze Pracht.

Und nun beginnt für den Apfelbaum eine Zeit des nimmermüden Nektarspendens an die ewig durstige geflügelte Schar der Mücken, Bienen und Insekten, die ihn Tag für Tag vom ersten Morgenstrahle bis zur scheidenden Sonne summend und lärmend umschwärmen und sich in seinem Blütenstaube baden. Erst das Fallen der letzten müden Blütenstocke bringt ihm endlich wieder ruhigere Tage. Dann baut das zierliche Rotkehlchen zwischen die Gabeln eines Astes seine luftige Sommerwohnung und singt uns das Lied von Heimat und Liebe, bis der gefräßige Spatz dazwischen fährt und zankend und schreiend die sich rötenden Äpfel kostet. Denn von jeher hat ihm die Erstlingsfrucht gehört! Nun kommen wieder harte Tage für den Apfelbaum; denn jetzt muß er seinen Reichtum für den rechtmäßigen Besitzer gegen allerlei plünderndes Volk verteidigen, und oft geht er nicht unbeschädigt aus dem Kampfe hervor. Endlich jedoch naht auch für ihn im Herbste die Zeit, wo er, Rechenschaft ablegend, fröhliche und jauchzende Kinderherzen um sich sieht und, wenn er sich seiner Schätze entladen hat, bescheiden und anspruchslos zur Ruhe geht, um neue Kräfte für ein neues Jahr zu sammeln, dessen Früchte uns wieder gehören, wie alle jene der vergangenen Jahre. So ist das Leben des Apfelbaumes ein immerwährendes treues Dienen, Geben und Spenden. Darum ist es uns auch, als ob ein Stück von unserm eignen Herzen weggerissen werde, wenn so ein alter Freund, der viele Jahre hindurch Freud' und Leid mit uns teilte, vom Alter gebeugt dahinwelkt und stirbt. Jeder Axthieb, der ihn trifft, trifft uns selber, und jeder Spatenstich, der den Baum der heimatlichen Erde ferner bringt, ist eine schwere Scholle auf den Sarg eines unserer Lieben!

Der dornige Apfelwildling findet sich seit uralten Zeiten in allen deutschen und europäischen Wäldern. Doch betrachtet man die bessern Sorten nicht als seine durch die Kultur verfeinerten Abkömmlinge, sondern als Veredlungen mit von den Römern aus Italien gebrachten Reisern. Heutzutage zählt man nahezu sechshundert verschiedene Sorten von Äpfeln, worunter die Reinetten und Parmänen zu den feinsten zählen. Das Holz des Wildstammes, das hart und zähe ist, wird von Tischlern, Drechslern und Wagnern sehr geschätzt. Die Verwendung des Apfels im Haushalte kennen wir zur Genüge. Der aus ihm bereitete Most oder Apfelwein aber kann nicht genug empfohlen werden, denn es gibt sicherlich kein gesünderes, dem Körper zuträglicheres Getränk als ihn; er wirkt regelnd, reinigend und kräftigend auf den ganzen innern Organismus, ist Appetit erregend und die Verdauung befördernd. Durch alle diese Eigenschaften schützt er in einem gewissen Sinne vor

Ansteckung und verdient viel mehr als das Bier, welches schweres, träges Blut macht, das gewöhnliche Familiengetränk zu werden.

Es ist leicht begreiflich, daß ein von jeher so geschätzter Baum auch vielfach Veranlassung zu allerlei Aberglauben bot und daß selbst die Sage ihn mit ihrem wunderbaren Kranze umflocht.

So ist der Glaube mancher Leute, daß die Frucht eines zum ersten Male tragenden Apfelbaumes entweder gar nicht oder doch nur vom Hausherrn selber gepflückt werden darf, wenn der Baum je wieder tragen soll. Schlägt ein Apfelbaum im Herbste wieder frisch aus und blüht er, so bedeutet das den Tod eines Familiengliedes. Wer am Neujahrstage Äpfel ißt, der bekommt ebenso viele Geschwüre, als er Äpfel gegessen hat. Will man vom kalten Fieber verschont bleiben, so muß man am Ostermorgen stillschweigend vor Sonnenaufgang einen Apfel essen. Auch vertreibt man sich in manchen Gegenden durch einen Apfelschnitz die Warzen; ferner werden heute noch an gewissen Tagen die Apfelbäume mit Stöcken geschlagen, damit sie reichlich tragen sollen. — Die Sage aber meldet uns, daß sich Äpfel, die man zwischen dem 25. Dezember und dem 6. Januar, also in den sogenannten zwölf heiligen Nächten, finde, in Gold verwandeln, wenn man diesen Fund gegen jedermann verschweige.

Und wer kennt nicht das Entstehen des „Zankapfels"! Der König Peleus feierte seine Hochzeit mit der Meergöttin Thetis und lud dazu alle Götter und Göttinnen; nur eine hatte man vergessen zum Mahle zu laden; es war die Göttin der Zwietracht. Was hätte sie auch bei diesem Feste der Liebe zu tun gehabt! Allein sie wußte sich bitter zu rächen, indem sie mitten in die fröhliche Versammlung einen goldenen Apfel warf mit der Aufschrift: „Der Schönsten". Jede der anwesenden Göttinnen glaubte ein Recht auf das Geschenk zu haben, und es entstand sofort ein Streit darum. Da keiner der Götter die Entscheidung zu geben wagte, aus Furcht, die Nichtbevorzugten zu beleidigen, so mußte der Hirte Paris den Ausspruch tun, der den goldenen Apfel auch wirklich der Venus gab. Dadurch aber entstand die bitterste Feindschaft zwischen den Göttinnen, die in der Folge großes Unheil, besonders durch den Untergang Trojas, über die Sterblichen brachte.

Eine andere, sehr sinnige Sage weiß über jenen „Reichsapfel“ zu erzählen, den Alexander der Große als ein Sinnbild seiner Weltherrschaft aus dem Golde seiner vielen neugewonnenen Länder hatte machen lassen. Nach dem Tode dieses Eroberers wurde das Kleinod nach mancherlei Schicksalen das Eigentum eines der drei Weisen, die nach Bethlehem zogen, um den neugebornen „König der Juden“ anzubeten. Unter den Geschenken, die sie dem Heiland zu Füßen legten, befand sich auch dieser goldene Apfel. Als ihn aber das Jesuskindlein in die Hand nahm, zerfiel er in Staub; gewiß ein deutlicher Beweis, daß von nun an ein Reich begann, „das nicht von dieser Welt ist“, vor dem die Herrschaften der Erde in nichts versinken. — Aus der Tellsage wissen wir, daß Tell auf Befehl Geßlers einen Apfel vom Haupte seines Kindes schießen mußte; auch sagt man, daß der große Forscher Newton das Gesetz der Schwere durch den Fall eines Apfels entdeckt habe.

Selbst das Sprichwort bedient sich des Apfels, um uns seine Vergleiche nahe zu bringen; so unter anderm: „Ein Apfel fällt nicht weit vom Stamme.“ — „Ein fauler Apfel steckt hundert gute an.“ — Und wem etwas recht teuer ist, der „hütet es wie seinen Augapfel“. Wer aber hat noch nie „in einen sauren Apfel“ beißen müßen?

Der Apfelbaum, des Hauses treuer Freund, ist auch der Freund unserer Gesundheit, und ich will euch sagen, inwiefern er ein Anrecht auch auf diesen Titel hat.

## Anwendungen.

1. Vor allem möchte ich euch den Genuß der reifen Äpfel — seien sie roh, gebraten oder gekocht — empfehlen. Ein frischer Apfel mit Schwarzbrot ist etwas Köstliches. Er nährt, erquickt und befördert die Verdauung. Im allgemeinen ist zu beobachten, daß ein saurer Apfel

etwas verstopft, während ein süßer erweicht. Früher glaubte man, daß ein Apfel, abends gegessen, „schwer auf dem Magen liege"; dem ist durchaus nicht so. Im Gegenteil wirkt er eröffnend und regelnd auf die Ausscheidung.

2. Gebratene Äpfel, deren Kernhaus man vorher ausgestochen und mit Honig oder einem Stückchen Zucker gefüllt hat, sind sehr gut gegen Husten und Heiserkeit.

3. Apfeltee ist ein Husten und Durst stillendes, sehr empfehlenswertes, oft erprobtes Getränk und leistet gute Dienste namentlich auch bei fiebrigen Zuständen. Er wird bereitet, indem man zerkleinerte Äpfel mit siedendem Wasser übergießt, sie in einem zugedeckten Gefäße noch einige Minuten einziehen läßt und dann mit Zucker oder Honig versüßt, und, wenn man will, mit etwas Zitronensaft verstärkt. Wenn man den Äpfeln ein paar zerkleinerte Feigen beifügt, vermehrt man den Wohlgeschmack des Tees.

4. Welch gesundes Getränk ferner der reine Apfelmost ist, wissen wir wohl. Es ist in der Tat beobachtet worden, daß er vor Stein- und Grießkrankheiten wirklich bewahrt und auch bei Gichtbeschwerden sehr zuträglich ist. Wer also an diesen Krankheiten leidet, wird wohl daran tun, eher Most als etwas anderes zu trinken.

5. Für Bleichsüchtige ist der Genuß von Äpfeln, in welche einige Tage hindurch rostige Nägel gesteckt worden sind, sehr zu empfehlen.

6. Es ist ferner Tatsache, daß die bitter und zusammenziehend schmeckende Rinde der Wurzel des Apfelbaums einfache Wechselfieberanfälle sehr wohl heilt, wenn man sie im Absude von 50—60 Gramm Rinde auf 150—200 Gramm Wasser dem Patienten verabreicht und ihm noch vorher ein leichtes Brech- und nach erzieltem Erfolge ein Abführmittel gibt.

7. Ein für Kranke sehr wohltätiger Apfelsaft wird folgendermaßen bereitet: Man siede reife oder unreife zerschnittene Äpfel in etwas Wasser weich. Hierauf läßt man sie in einem irdenen oder porzellane-

nen Gefäße 2—3 Tage lang stehen. Dann schüttet man sie auf ein leinenes Tuch, das über eine Schüssel gespannt ist, und läßt den Saft abtropfen. Hierauf fügt man dem Safte eine beliebige Menge Zucker bei, kocht ihn bis zur Sirupdicke ein, gibt noch etwas Vanille dazu und füllt ihn dann in möglichst weithalsige Flaschen. Er wird mit Wasser verdünnt getrunken und ist sehr erfrischend.

Das ebenfalls sehr gute Apfel-Gelee wird auf ganz gleiche Weise gemacht, nur wird der Saft, dem man auf je 1 Kilogramm 1 Pfund Zucker beigibt, so lange gekocht, bis ein Tropfen, auf einen kalten Porzellanteller gebracht, sofort erstarrt.

Wir wollen den Apfelbaum nicht verlassen, ohne eines frühern, jetzt leider abgekommenen Gebrauchs zu erwähnen, der sich allerdings nicht allein auf den Apfelbaum, sondern auch auf andere Obstbäume bezieht. Man pflanzte nämlich in vielen Gegenden jedem neugebornen Kinde des Hauses ein Bäumchen, das gewissermaßen zum „Lebensbaum" wurde. Je nachdem er gedieh, glaubte man das Schicksal des jungen Menschen, dem der Baum gehörte, daraus zu ersehen. Jedenfalls aber entwickelte sich so zwischen der Familie und dem Obstgarten ein gemütvolles, inniges Einvernehmen, das sich zum Nutzen und Besten beider von Geschlecht zu Geschlecht fortspann; und es wäre wirklich zu wünschen, daß diese so schöne Sitte wieder neuerdings aufkäme, da sie nicht wenig dazu beiträgt, Familiensinn und Familienliebe zu erwecken und zu erhalten, welche in unsern Tagen — leider — ganz zu verschwinden drohen.

*

Den Reigen des Blütenfestes der Obstbäume eröffnet bei uns jedes Jahr

## der Kirschbaum.

Oft schon Ende März, jedenfalls aber zu Anfang des Monats April prangt er in seinem weißen Festkleide und wartet sehnsüchtig auf seine Genossen, den Apfel-, Birn- und Pflaumenbaum, die sich mit ihrem Anzuge noch gar nicht recht beeilen wollen. Übrigens trägt der Apfelbaum das schönste Kleid, und die Morgenröte hat es sicherlich gewoben, sonst würde es nicht so weich in ihren Farben glühen. Aber: „Je rosiger die Blüte, desto herber die Frucht."

Indessen ist auch die in kleinen Büscheln stehende Kirschblüte mit den zahlreichen gelben Staubfäden recht lieblich anzuschauen. Fünfteilig ist ihr Gewand, wie das aller unserer Kern- und Steinfrüchtler, und bildet eine kleine Rose; darum gehören sie auch alle, samt dem Weiß- und Schwarzdorn, den Spiräen, Wiesenknopfblümlern, Erd- und Hinbeerarten, in die Rosenfamilie. Aber welche Stufe von dem niedlichen Erdbeerpflänzchen und seiner kleinen, weichen Beere bis hinauf zum kugeligen, dickfleischigen Pfirsich und von da zum derben Apfel! Das ist die Erfüllung des göttlichen Machtwortes, das da will, daß Baum und Strauch, Gras und Kraut „Früchte trage, ein jegliches nach seiner Art".

Von allen den vielen Kirschensorten haben wir zwei Hauptarten zu unterscheiden: die Sauerkirsche oder Weichsel und die Süßkirsche oder Vogelkirsche.

Als der bekannte römische Feldherr und Feinschmecker Lucullus im Jahre 74 v. Chr. den König Mithridates von Pontus in Asien besiegt und die Stadt Cerasus, die am Schwarzen Meere lag, zerstört hatte, brachte er den dort wachsenden Sauerkirschenbaum mit nach Rom. In kürzester Zeit verbreitete er sich in mehreren Abarten über Italien und nahm dann seinen Weg durch Gallien nach Deutschland, wo er bald ganz heimisch wurde. Überall trifft man ihn jetzt nicht nur kultiviert, sondern auch verwildert an, und man zählt nun bei 300 Kirschensorten, die alle an Geschmack, Farbe und Größe voneinander verschieden sind. Zu den beliebtesten gehören die Amarellen, Forellenkirschen, Muskateller und Ostheimer; ferner die Mai-, Glas- und Herzkirschen.

Der Süßkirschenbaum ist ein schöner, aufsteigender Baum, der in guter Erde eine beträchtliche Höhe erreichen kann. Seine Rinde ist graubraun und glatt, die Blätter sind eirund, lanzettförmig, gezähnt, etwas gefaltet und unten flaumhaarig.

Der Weichselbaum ist unansehnlich, wird nur 6—8 Meter hoch, hat hängende Äste und glänzende, lederartige Blätter. Das Weichselholz hat einen angenehmen Geruch und wird vornehmlich zu Pfeifenröhren, Stöcken und dergleichen verarbeitet. Das Holz des Süßkirschbaums, das sehr schön und fest ist, verwendet der Tischler und Drechsler. Das Harz des Kirschbaumes wird als Klebmittel benutzt. Die Kirschen reifen gewöhnlich um Johanni (24. Juni) und sind eine sehnlichst erwartete, liebliche Erstlingsfrucht, die in den heißen Sommertagen gar kühlend und erfrischend mundet. Die rote, oder bräunlich-schwarze, an langen Stielen sich schaukelnde, runde Lockpfeife ladet aber auch zu freundlich zum Genusse ein, um ihr widerstehen zu können. Dabei findet jeder Geschmack seine Rechnung, selbst jener der Spatzen, Finken und Dohlen! Gönnen wir jedoch diesen kleinen Dieben ihren Anteil an der Mahlzeit, den sie sich durch Ablesen mancher Raupe und manchen Insektes wohl verdient haben. Mit ihnen ist ja immerhin noch leichter „Kirschen essen" als mit hohen Herren, die nach dem Sprichworte gar zu gern mit den Stielen nach einem werfen!

Die süßen und sauren Kirschen werden auch vielfach gedörrt und gekocht gegessen; ebenso macht man aus ihnen durch Destillation das sogenannte „Kirschwasser", das in kleinen Gaben krampf- und schmerzstillend wirkt. Deshalb wird es auch in der Apotheke verwendet. Ferner bereitet man aus den Früchten den Kirschsirup und kocht sie mit Zucker oder Essig ein.

Sowohl in der eigentlichen Heilkunde, wie auch als Hausmittel angewendet, kann uns die Kirsche nützlich werden.

## Anwendungen.

1. Frische süße Kirschen, die für einen schwächlichen Magen über-

haupt verdaulicher als die sauren sind, haben eine auflösende Kraft, wodurch sie, in größerer Menge genossen, leicht laxativ werden. Doch hüte man sich, die Kerne zu verschlucken, da das Verschlucken tödlich wirken kann.

2. Der Absud gedörrter saurer Kirschen gibt einen ausgezeichneten Kühltrank in hitzigen Fiebern. Desgleichen der Kirschsirup oder Kirschensaft, wenn man ihn mit Wasser genugsam verdünnt. Er wird folgendermaßen bereitet: Reife Kirschen werden ausgepreßt und ihr Saft durch Leinwand geseiht. Hierauf wird dieser eine Viertelstunde mit Zucker gekocht und zwar je ¾ Pfund Zucker auf 1 Liter Saft. Den weißen Schaum muß man während des Kochens sorgfältig abschöpfen. Wenn der Saft erkaltet ist, wird er in trockene Flaschen abgefüllt und gut verkorkt. Er dient auch zur Versüßung schlecht schmeckender Arzneien.

3. Außerdem wird aus den frischen Früchten ein „Kirschwein" gemacht, der angenehm, gesund und erfrischend ist. Er kann auf verschiedene Weise bereitet werden. Ein gutes Rezept für Kirsch- oder Weichsel-Likör ist folgendes: Über eine gewisse Menge Früchte gieße man so viel guten Kornbranntwein, daß sie vollständig von der Flüssigkeit bedeckt sind, und stelle das Gefäß längere Zeit an einem warmen Orte auf. Hierauf läutert man Zucker (auf 3 Liter Weichseln etwa ½ Pfund Zucker) und schüttet ihn dann zum andern Gemenge. Einige Tage darauf wird die helle Flüssigkeit in Flaschen abgeleert; aus den Kirschen aber, wenn sie mit Zuckerwasser übergossen wurden, preßt man den letzten Saft aus. Wer den Likör sofort „alt" machen will, lege die wohl verkorkten Flaschen unter das von der Mittagssonne beschienene Dach.

4. Der Absud der Kirschenstiele ist eines der besten Mittel bei starkem Husten und Katarrh, auch der Kinder. Man kann dem Getränke nach Belieben Zucker oder Honig beifügen.

5. Kirschenstieltee soll ebenfalls Bleichsüchtigen sehr zu statten kommen.

6. Ebenso soll der Tee von Kirschenharz gut gegen beschwerliches und schmerzliches Harnen sein, namentlich wenn das Leiden durch Biergenuß hervorgerufen wurde.

Die Kirschenstiele trocknet man zwischen 2 Papieren und bewahrt sie gut verschlossen auf.

Die Kirsch- und Weichselblätter werden vorzüglich zum Einmachen der Gurken benutzt. Auch sind sie eine gute Schweinemast.

Jetzt wollen wir aber Abschied nehmen von unserm lieben, freundlichen „Gastgeber". Denn ein solcher ist der Kirschbaum eher als ein ernster, strenger Arzt. Aber er meint es doch gut mit uns, und was er uns spendet, ist gesund und unverfälscht. Darum sei ihm Ehre und Lob gesagt!

*

Ungefähr dasselbe läßt sich von zwei andern sehr nützlichen und geschätzten Obstbäumen, dem

## Birn- und Pflaumenbaum,

sagen. Verwendung und Nutzen ihres Holzes kennen wir zur Genüge, und den Wohlgeschmack ihrer saftigen Früchte brauche ich auch nicht anzupreisen: groß und klein weiß ihn zu würdigen. In medizinischer Beziehung aber kommt weder der Birn- noch der Pflaumenbaum in Betracht. Doch besitzen die wilden oder sogenannten „Holzbirnen" zusammenziehende Eigenschaften, wodurch sie, im Wasser gesotten, einen gegen Durchfall sehr empfehlenswerten Absud geben. Die gedörrten und dann gekochten Pflaumen oder Zwetschgen jedoch besitzen gerade die gegenteiligen Eigenschaften und geben — besonders die Brühe — ein gelindes und mildes Abführmittel. Will man es verstärken, so kocht man ein paar Sennesblätter damit.

*

Wirklichen Wert in der Heilkunde aber hat der aus dem Morgenlande stammende, bei uns in Süddeutschland heimisch gewordene

# Quittenbaum.

Vom Apfelbaume hat er seine Gestalt und die Farbe der Frucht, vom Birnbaume die Blätter : er ist also ein Mittelding zwischen beiden. Entweder bildet er einen wenig hohen Strauch, oder aber einen 4 bis 6 Meter messenden Baum mit leicht filzig umsponnenen Zweigen. Die im Mai erscheinende, schöne, große, rosig angehauchte Blüte mit den vielen Staubfäden sitzt einsam am Ende der Äste, in einem 5teiligen ebenfalls filzigen Kelche, dessen Enden zurückgebogen sind. Sie wird immer von 3 bis 4 kurzgestielten Blättern, gleich Trabanten, begleitet, die sie eifersüchtig zu bewachen scheinen. Der goldene Apfel der Quitte, welcher im Oktober reift, ist eine prächtige Frucht von lieblich-würzigem Geruche, die aber bei uns nur gekocht genießbar wird. In ihrer Heimat ist sie freilich viel milder und kann auch roh gegessen werden. Auch sie ist mit einem wolligen Anzuge bekleidet, der sie vorsorglich umhüllt, jedoch abgestreift werden kann.

Je nach der Form der Frucht heißt sie Apfel- oder Birnquitte.
Mit Zucker zubereitet, wird sie als Quittenmus, Quittenbrot, Quittenkompott, -gelee und -marmelade gegessen. Hierzu besonders geeignet sind die Birnquitten, während die Apfelquitten hauptsächlich in der Heilkunde verwendet werden, sowie auch der Samen der Quitte.

## Anwendungen.

1. Die herbe und zusammenziehend schmeckenden, frischen oder getrockneten Früchte werden bei Durchfall, Blutspeien und weißem Fluß als oft wiederholter Aufguß oder als Abkochung erfolgreich angewendet. Die gleichen Dienste soll der Quittensamen leisten. Die gekochte und eingemachte Frucht wirkt ebenfalls in allen ihren Formen adstringierend (zusammenziehend).

2. Der geruchlose, im Munde schlüpfrig werdende Samen mit öligem Kerne gibt, in Wasser gelegt, eine schleimige Flüssigkeit, welche

1. Quitte (Pirus Cydonia, L.), Blütenzweig. a) Frucht; b) Same; c) Staubblatt.

innerlich kühlend, mildernd und beruhigend wirkt.

Äußerlich angewendet, wirkt sie heilend auf Augenentzündungen, Gerstenkörner und Schrunden. Zu diesem Zwecke taucht man des öftern Leinwandstückchen in den Schleim und bindet sie auf die kranken und schmerzenden Glieder und Hautstellen.

3. Derselbe Schleim gibt bei Halsentzündungen ein wirksames Gurgelwasser. Auch wird er gegen das Aufliegen der Kranken mit Erfolg angewendet, indem man die geröteten oder wunden Stellen damit überpinselt. Anstatt der Samen kann man zu diesem Zwecke auch getrocknete Früchte in Wasser quellen lassen.

4. Das filzige Kleid der Quitte soll, auf Wunden gelegt, das Bluten hemmen.

5. Landleute heilen böse Geschwüre mit den zu Brei gesottenen Blättern des Quittenbaumes.

Das Holz des Quittenbaumes wird ähnlich dem der andern Obstbäume verwendet; fortgepflanzt wird der Baum vorzüglich durch Wurzelsprossen, die im Herbste weggenommen und gesetzt werden; man okuliert ihn jedoch auch auf Birnstämme. Er liebt einen sonnigen Standort. Der heilkräftige Quittenschleim kann, besonders stark, auch zum Kitten des Porzellans gebraucht werden.

Das also ist die Verwendung des bei den alten Griechen verehrten und der Göttin Venus geweihten kydonischen Apfels, der ihnen ein Sinnbild der Liebe und des Glückes war.

*

In der Hecke, die den Obstgarten umschließt, hat

## der Hartriegel,

auch Hornstrauch, Kornelkirsche oder Dürlitze genannt, längst schon wieder seine grünlichgelben Blütendolden abgestreift. Er hatte sich schon im Februar und März mit ihnen geschmückt, trotz Sturm und Flockenfall. Denn fürwahr, er ist ein harter Strauch und führt mit

1. Hartriegel (Cornus mascula, L.) [Dürlitze, Herlitze, Judenkirschenbaum, Ruhrbeerstrauch, Kornelkirsche]. a) Blüte; b) Blütendolde. — 2. Berberitze (Berberis vulgaris) [Sauerdorn, Basselbeere, Erbselbeere, Spitzbeere, Weinling].
a) Blütenzweig; b) Knospe.

Recht seinen Namen: sein Kern allein schon braucht zwei Jahre zur Keimung, und die „Ziegenhainer"[1] von ehemals geben ebenfalls den Beweis dafür.

Wir kennen den Hartriegel noch aus den Tagen unserer Kindheit her und dürfen ihn nicht ungenannt und ungegrüßt übergehen, denn er macht Ansprüche, zu den „Obstbäumen" gezählt zu werden. Er gehört aber keineswegs zu den „Rosenblütlern", sondern vielmehr zu den „Efeugewächsen". Als Baum erreicht er eine Höhe von 4—6 Metern; gar trefflich eignet er sich jedoch auch zu lebenden Zäunen, die recht dicht und fest werden; den Kindern ist der Hartriegel aber in der andern Form lieber, da sie im Herbste ihn unermüdlich erklettern können und sich dabei seine ovalen, glänzend roten, ganz reif aber bräunlichen, süßsauren Früchte wohl schmecken lassen. Und mit Recht, denn die „Judenkirschen" — wie sie auch genannt werden — sind sowohl frisch als eingemacht eine treffliche, gute Speise! Bei Durchfällen und Blutsturz soll ihr Absud gute Dienste leisten. Auch als Kühltrank bei hitzigen Fiebern werden sie geschätzt. Die Blätter geben einen wohlschmeckenden Tee, wenn sie an der Luft getrocknet worden sind.

Der Hartriegel wird durch Wurzelschößlinge vermehrt und liebt einen etwas feuchten Grund. Sein sehr hartes Holz benutzt der Drechsler und Wagner. Rinde, Blätter und Samen können zum Gerben gebraucht werden. Auch bereitet man durch Gärung einen guten Wein und Branntwein aus den Früchten. Werden diese nicht ganz reif gepflückt, in Salzwasser gelegt und Fenchel und Lorbeerblätter dazwischen gebracht, so nehmen sie Farbe und Geschmack der Oliven an und können als solche verwendet werden.

Beachtenswert ist, daß die Blüten des Hartriegels den Bienen nicht taugen, obwohl sie sich gerne auf ihnen aufhalten. Es wird daher gut sein, diesen Strauch nie in die Nähe von Bienenstöcken zu pflanzen. Eine andere Art, der rote Hartriegel, wächst in Gebüschen und Wäldern, blüht aber erst im Juni und Juli.

Die Alten machten aus dem Holze unseres Baumes vorzüglich Speere, und die Sage geht, daß der Speer des Romulus, als er mit diesem die Grenze der neuen Stadt Rom bezeichnete, indem er ihn tief in den Boden stieß, Äste und Zweige trieb und zum Baume Heranwuchs. Natürlich weissagte man dem neuen Staate aus diesem Wunder eine lange Dauer und große Macht, was sich in der Folge auch bestätigte. Der aus dem Speere erwachsene Hartriegel war aber lange als Cornus Romuli berühmt.

*

Verlassen wir jetzt für einige Augenblicke unsere heimischen oder doch heimisch gewordenen Bäume des Obstgartens und wenden wir unsere Aufmerksamkeit zwei Fremdlingen zu, die, in Asien zu Hause, unter sorglicher Pflege aber auch bei uns gut gedeihen, im südlichen Europa schon vollständig eingebürgert sind und in ihrem Blütenkleide einen prächtigen Frühjahrsschmuck bilden.

Nennen wir zuerst den frühe blühenden, jugendschönen

## Mandelbaum.

Schon in den ältesten Zeiten scheint er kultiviert worden zu sein, denn in den Büchern Mosis wird er unter Palästinas Erzeugnissen genannt. In der jüdischen Sprache bedeutet „Mandel“ so viel wie „die Frühe oder Wachsame“. Der lateinische Name des Baumes heißt Amygdalus, das ist „der schöne Baum“. Der „Anmutige“ könnte er heißen bezüglich seiner rosigen, reizenden Blüte; des Kernes süßes Munden jedoch verdient ihm die Benennung „der Milde“. Und so besitzt der Mandelbaum vier Eigenschaften, die ihn zum Bilde des jugendfrischen Lebensmorgens machen. Denn „jung und frühe blühend, anmutig, schön, mild und zart sind die Charaktere des kindlichen Alters“ (Dr. Zeller).

Der Mandelbaum ist ein mittelgroßer Baum, welcher in der Gestalt einigermaßen unserm Apfelbaume gleicht. Er hat lanzettförmige, gesägte Blätter, die nach der Blütezeit, welche bei uns in den April fällt,

1. Mandelbaum (Amygdalus communis, L.). a) Stein (verkleinert). — 2. Pfirsich (Persica vulgaris s. Amygdalus persica, L.). a) Stein (verkleinert); b) Blumen-(Kronen-)blatt.

erscheinen. Seine Blüte, die eine Rose bildet, sitzt in einem glockenförmigen, stiellosen Kelche, meist zu zweien, längs der Blütenzweige, die grünlichbraun sind. Die eiförmige Steinfrucht ist von einem graufilzigen, lederigen Mantel umgeben, der zur Reifezeit aufspringt. Das Kernhaus bildet eine mit Vertiefungen durchzogene braungelbe, mehr oder weniger harte Schale, welche die eigentliche Mandel umschließt. Je nach deren Geschmack unterscheidet man süße und bittere Mandeln. Außerdem gibt es von jeder Art noch verschiedene Sorten. Die Früchte reifen im südlichen Europa im Juni und Juli; bei uns aber erst im August und September.

Der Mandelbaum wird entweder aus Kernen gezogen oder auf Pflaumenwildlinge in die Kronenhöhe okuliert. Er gedeiht namentlich gut in Weinbergen und verlangt einen tiefgründigen, warmen Boden in geschützter Lage. Eine gefüllte Spielart der Mandel wird, der wunderschönen Blüten wegen, gern zur Zierde in unsere Gärten gepflanzt, gibt aber keine Früchte.

Die ersten Mandelbäume sollen schon zur Zeit Karls des Großen in Deutschland angebaut worden sein und zwar in der Gegend um Speier. Das Holz wird von Tischlern und Drechslern verwendet. Die süßen Mandeln sind sehr wohlschmeckend und nahrhaft. Sie werden teils roh, teils in Backwerk und süßen Speisen gegessen. Durch Zerstoßen gewinnt man die Mandelmilch und durch Auspressen das Mandelöl, welche beide nicht nur im Haushalte, sondern auch vorzüglich in der Heilkunde verwendet werden.

Aus den bittern Mandeln gewinnt man das „Bittermandelwasser“, welches Blausäure enthält und nur in den Apotheken auf Verordnung des Arztes zu erhalten ist. Es wirkt beruhigend und krampfstillend. Inwiefern nun der Mandelbaum nicht nur der Heilkunde im allgemeinen, sondern auch besonders dem Hause wichtige Dienste zu leisten vermag, das wollen wir hören in folgenden

# Anwendungen.

Das süße Mandelöl, in den Apotheken und Drogerien erhältlich, besitzt kühlende, lösende, schmerzlindernde Eigenschaften.

1. Innerlich wird es daher mit etwas zerstoßenem Zucker täglich 3—4mal zu je einem Kaffeelöffel bei Heiserkeit, Lungenkatarrh, Lungenentzündung und -schwindsucht genommen. Auch Magenverschleimungen löst es (nach Kneipp) auf und stellt Appetit und Verdauung wieder her.

2. Äußerlich gebraucht, ist es wohl zu schätzen bei Ohrensausen, Ohrenreißen, Ohrenkrampf und verhärtetem Ohrenfett. Man gießt 6 bis 8 Tropfen in das leidende Ohr und verschließt es mit Baumwolle. (Kneipp.)

3. Pfarrer Kneipp sagt ferner: „Wer durch Erkältung, Zugluft, rheumatische Zustände am Gehöre gelitten hat, gieße den einen Tag in das eine Ohr 7—8 Tropfen, den andern Tag in das andere ebensoviel und verstopfe jedesmal die Öffnung. Nach einigen Tagen kann er — mit lauwarmem Wasser das innere Ohr ausspülend — nach dem Resultate forschen."

4. Ebenso dient das süße Mandelöl zu Einreibungen bei spröder, aufgerissener, schrundiger Haut, bei Wunden, die durch Sitzen, Fahren, Reiten oder Liegen entstanden sind; sowie auch bei entzündeten Geschwulsten und Verletzungen mit scharfen, namentlich schwefelhaltigen Substanzen.

5. Die süße Mandelmilch ist nicht nur ein angenehmes Getränk mit vielem Nährgehalte, sondern wirkt auch bei Unruhe, Schlaflosigkeit, bei Leibschmerzen und Abweichen beruhigend und schließend. Man bereitet sie, indem man etwa 50 Gramm geschälte Mandeln mit Zucker und etwas Wasser in einem Mörser oder sonstigen Gefäß zu einem Brei zerreibt und dann noch etwa ½ Liter Wasser dazu gibt und durchseiht. Zu bemerken ist, daß Mandeln, die innen gelb sind, nicht hierzu taugen.

8. Die Mandelkleie, der beim Auspressen der Mandel bleibende

Rückstand, wird als „Schönheitsmittel“ beim Waschen und Baden benutzt. Jedenfalls macht sie die Haut weich und geschmeidig.

Weinkenner und -trinker essen die süße Mandel gern beim Kosten der Weine, da sie nicht nur die Nüchternheit erhalten, sondern Gaumen und Zunge für den würzigen Geschmack des Weines, „das Bukett“, auch empfänglicher machen soll.

*

Der andere asiatische Fremdling, den wir im Gartenhaushalte immer noch als einen der liebevollsten und sorgfältigsten Pflege bedürftigen Gast betrachten müssen, ist

## der Pfirsichbaum (Bild siehe Seite 142).

Seine lieblich duftende, purpurne Blüte öffnet sich fast zu gleicher Zeit wie jene des Mandelbaums. Im übrigen hat er, wie dieser, lanzettliche Blätter, die aber scharf ausgezackt sind. Seine gegen den Herbst hin reifenden, kugelförmigen, mit einer samtartigen Haut umzogenen, vorzüglich schmeckenden, saftigen Früchte, die Pfirsiche, sind uns allen wohlbekannt.

Der 4—6 Meter hohe Baum wird bei uns fast immer an Spalieren gezogen und muß den Winter über gut gedeckt werden. Er braucht einen warmen, trockenen, jedoch kräftigen Boden in sonniger, geschützter Lage. Man okuliert und pfropft ihn gewöhnlich auf Pflaumenbäume. Seine Kultur ist eine wirkliche Wissenschaft. Wer aber Gelegenheit hatte, die in ihrer persischen Heimat wachsenden kleinen, unansehnlichen, trockenen Früchte mit jenen in unsern Gärten gezogenen zu vergleichen, der wird den besten Beweis bekommen, wie Mühe und Arbeit, Fleiß und Ausdauer nie vergebens, sondern die Bedingung jeglichen Erfolges sind, und daß sie auch in moralischer Beziehung zu den Hebeln gehören, die den Menschen allein bessern können und dadurch den Grund zu seinem wahren Lebensglücke legen.

Die Pfirsiche werden roh oder mit Zucker eingemacht gegessen; sie halten sich aber nicht lange. Die Kerne geben ein feines Öl, das dem Mandelöle gleicht; auch gewinnt man einen Branntwein, den Persiko, daraus. Das harte und feste Holz wird vom Drechsler verarbeitet.

Sehr bemerkenswert sind die Dienste, welche uns der Pfirsichbaum in medizinischer Beziehung zu erweisen vermag.

## Anwendungen.

Blüten, Blätter und Bast des Pfirsichbaumes kommen, namentlich als Hausmittel, zur arzneilichen Verwendung.

1. Die erstern sind wurmwidrig und leicht abführend. Um das eine oder andere Ergebnis zu erzielen, nimmt man etwa eine kleine Handvoll Blüten und gießt ungefähr ½ Liter siedende Kalbfleischbrühe oder Milch darüber, läßt das Ganze einige Minuten einziehen und gibt den Kindern — denn für solche ist das Mittel bestimmt — von einer halben Stunde zur andern je eine kleine Portion davon, bis die Wirkung des Tees sich zeigt.

2. Zum äußerlichen Gebrauche soll das aus den Blüten destillierte Wasser gegen Hautunreinigkeiten dienlich sein. Die Blätter und der Bast (die zweite Rinde) besitzen nicht nur die Eigenschaften der Blumen, sondern sind zugleich auch wassertreibend und fieberstillend.

3. Der aus 30 Gramm frischen Blättern auf ½ Liter Wasser gemachte Absud führt so gut wie Sennesblätter ab. Ebenso bewirkt er in einigen Tagen die Heilung von Wechselfiebern, wenn man ihn dem Patienten zwischen den Anfällen zu trinken gibt. Nur muß man ihm anfangs leichtere und kleinere Dosen verabreichen und sie erst nach und nach verstärken, um dem zu starken Abführen vorzubeugen.

Der Bast findet gleiche Verwendung wie die Blätter.

4. Außerdem enthält der Pfirsichbaum in allen seinen Teilen — freilich in sehr kleiner Menge — ein heftiges Gift, die Blausäure, wodurch sie beruhigende und schmerzstillende Eigenschaften bekommen. Darum wirkt ein Umschlag von zerstoßenen Blättern bei entzündeten Flechten,

Geschwüren und Quetschungen sehr vorteilhaft auf die Heilung ein. (Nach Dr. Saffran.)

So erziehen wir uns also am Pfirsichbaum nicht nur einen Schmuck unseres Gartens und einen Genuß für unsern Gaumen, sondern auch einen redlichen Agenten und Helfer zur Aufrechterhaltung oder Wiedererlangung unserer Gesundheit. Er lohnt uns demnach reichlich die Pflege, welche wir ihm angedeihen lassen.

*

Noch eines dritten Ausländers will ich erwähnen, der zwar nie in unserm Klima vorkommt, immerhin aber unsere Aufmerksamkeit verdient, da sein hauptsächlichstes Produkt nicht nur für Haushaltungs-, sondern auch Heilzwecke sehr bemerkenswert ist.

Es ist der ölspendende

## Olivenbaum (Bild siehe Seite 121),

der für die Mittelmeerländer, in denen er hauptsächlich gedeiht, höchst wichtig und nützlich ist. Denn in diesen Ländern ersetzt das Olivenöl zur Speisebereitung fast vollständig die bei uns gebräuchlichen tierischen Fette. Auch verwendet man die geringern Sorten als Lampenöl und zu Seife. Außerdem liefert der Oliven- oder Ölbaum in seinen eiförmigen, unreif grünen, später aber blauschwarz werdenden Früchten, die, etwas größer und fleischiger als die Dürlitzen, ihnen in der Form nicht unähnlich sind, sowie auch in seinem harten, schönen und wohlriechenden Holze zwei andere nicht unbedeutende Handelsartikel.

Die Oliven werden nämlich nicht allein zur Ölbereitung benutzt, sondern man verschickt sie auch, auf verschiedene Arten eingemacht, als Zutaten zu Speisen und Brühen in alle fremden Länder. Das Holz gibt reizende Tischlerarbeiten.

Der Ölbaum, ein Bruder der Esche, ist ein mittelgroßer Baum, von welchem unsere Weide im allgemeinen ein ziemlich gutes Bild gibt. Er besitzt deren Blätter und Rinde, macht aber, was der Weide abgeht, den

Eindruck von großer Festigkeit und Zähigkeit, da seine Äste knorrig und gedrungen sind. Die angenehm duftenden, kleinen weißen Blüten erschließen sich schon in der ersten Frühlingswärme und sitzen als kleine Trauben in den Blattwinkeln.

Der Olivenbaum erreicht ein sehr hohes Alter; denn die am Ölberge in Jerusalem stehenden, ungeheuer dicken Olivenbäume sollen aus der Zeit Christi stammen. Jedenfalls sind sie Jahrhunderte alt, wenn sie auch nur aus den Wurzeln entsprungene Urenkel jener Bäume sind, die des Heilandes Todesangst gesehen haben.

Welchen Wert schon das Altertum dem Ölbaume beimaß, beweist folgende Sage: „Nach der Erbauung Athens stritten sich Neptun und Minerva um das Beschützeramt über die Stadt. Da sie sich nicht einigen konnten, legten sich die anderen Götter ins Mittel und bestimmten, daß derjenige die Stadt regieren solle, durch welchen sie die ihr segensvollste Gabe erhalte. Da schuf Neptun das Pferd, Minerva aber den Ölbaum und wurde dadurch die Schutzgöttin Athens, denn die Götter anerkannten ihr Geschenk für weit nützlicher als jenes Neptuns.“

Aus der Bibel erfahren wir, daß der Olivenbaum ein Symbol des Friedens war. Dortmals schon salbte man Priester und Könige — wie heute noch — mit Öl. Auch die Kämpfer in den olympischen Spielen und die Gladiatoren rieben ihre Glieder mit Olivenöl ein, um sie geschmeidig und kräftig zu machen. Heute noch herrscht bei den orientalischen Völkern der gleiche Brauch, um sich vor ansteckenden Krankheiten zu schützen. Wer um Frieden bat, trug einen Ölzweig in der Hand. — In den Ländern, wo der Olivenbaum wächst, gelten dessen Rinde und Blätter als Fiebermittel. Bei uns findet nur das Öl arzneiliche Verwendung.

## Anwendungen.

Es ist sowohl bei innerlicher als äußerlicher Verwendung ein schätzbares milderndes, erweichendes, also leicht abführendes und schmerzstillendes Mittel.

Daher wird es gegen Verstopfung, bei Bauchschmerzen, Husten, Verbrennungen, bei Insekten- Schlangenbissen sowie auch als Gegengift angewendet. Auch Gallensteinschmerzen lindert und heilt es.

1. Um Gallensteine zu entfernen, nimmt man des Morgens bei leerem Magen ⅛ Liter (etwa 2 starke Eßlöffel) gutes, echtes Olivenöl. Nach 20—30 Minuten ist das Öl im Zwölffingerdarm angelangt. Nun lege man sich auf die linke Seite, mit der Hüfte etwas höher als mit der Schulter, wodurch das Öl in die Gallenblase zu laufen genötigt ist und allmählich die Steine zum Abgang bringt. Die Kur muß mehrere Tage hintereinander wiederholt werden, bis keine Steine mehr abgehen. Um das Öl leichter schlucken und ertragen zu können, nehme man vorher etwa 1 Löffel voll ausgepreßten Zitronensaft, ebenso auch nachher. Manche Patienten ziehen schwarzen Kaffee oder Pfefferminztee vor, den sie nach dem Einnehmen des Öles trinken.

Zu dieser Kur, die von vielen Ärzten empfohlen wird und vollständig gefahrlos ist, kann man auch das Olivenöl in Gelatin-Kapseln verwenden, die leichter einzunehmen sind. Man erhält sie in jeder Apotheke.

2. Gegen Verstopfungen nimmt man morgens und abends einen Eßlöffel voll gezuckertes Olivenöl.

3. Um Leibschmerzen zu lindern, reibt man den Bauch mit einigen Tropfen solchen Öles, das man warm gemacht hat, ein.

4. Bei Verbrennungen bestreicht man die verbrannten Stellen damit.

5. Insekten- und Schlangenbisse werden ebenfalls mit Olivenöl eingerieben. Dabei darf man aber, namentlich bei letztern, die gewöhnlichen Vorsichtsmaßregeln, das Unterbinden usw., bevor der Arzt kommt, nicht vernachlässigen; denn das Öl ist in diesem Falle nur schmerzlindernd und verhütet keineswegs das Übergehen des Schlangengiftes in das Blut.

Eine merkwürdige Gewohnheit habe ich in Südfrankreich beobachtet. Der an altem Gemäuer arbeitende Maurer und Handwerker trägt meistens eine Flasche bei sich, die, halb mit Olivenöl gefüllt, alle Skorpione, welche hier gar nicht selten sind, aufnehmen muß, die er findet. Wird er nun von so einem Insekt gestochen, so reibt er sofort und öfters die sehr schmerzende Stelle ein und kommt meistens auch ohne ernstlichere Geschwulst usw. davon. Der einfache Mann dieser Gegend behauptet nämlich, daß der Skorpion sein eigenes Gegengift in sich habe, das sich dem Olivenöl mitteile und so gegen diesen nicht immer ungefährlichen Biß das beste Heilmittel abgebe!

6. Bei Pflanzenvergiftungen ist das Olivenöl ein wirkliches Gegengift. In solchen Fällen darf man nicht zögern, sofortige Entleerung des Magens von den genossenen giftigen Bestandteilen hervorzurufen und das Öl in guter Dosis einzugeben (etwa eine halbe Tasse voll).

7. Gegen Husten läßt sich das Olivenöl gut in Eigelb, mit dem es tüchtig vermengt wird, und mit Zuckerbeigabe tagsüber öfters zu je einem Kaffeelöffel voll nehmen.

8. Es dient auch — und ist von ausgezeichneter Wirkung — zu Einreibungen bei schwächlichen und skrofulösen Kindern. Ein berühmter englischer Arzt, Dr. Burnett, sagt darüber: „Meine ersten, eine Besserung bei schwächlichen Kindern herbeizuführen, gehen bis zu meinen Studentenjahren zurück, während welcher ich hörte oder las, daß zurückgebliebene, kränkliche Kinder in ihrem Wachstum gestärkt werden durch Einreibungen von reinem Öl. Manche haben Lebertran zu diesem Zwecke empfohlen, und ich habe diesen selbst seinerzeit versucht, aber ich habe ihn längst aufgegeben, da er keinen Vorzug vor feinem Salatöl (Olivenöl) besitzt und der Trangeruch sehr widerwärtig ist. Ich versichere aus Erfahrung, daß schwächlichen Kindern durch diese Einreibungen geholfen und ihre Entwicklung sehr günstig beeinflußt wird."

Eine erfahrene, hochgebildete Klosterfrau schreibt uns: „In meiner langjährigen Krankenpflege habe ich mancherlei Erfahrungen gesammelt, durch die man der armen geplagten Menschheit viele Übel erleichtern könnte, ohne daß von Kurpfuscherei gesprochen zu werden braucht. Unsere alten Großeltern und deren Voreltern kurierten ihre skrofulösen Kinder mittels einer Lebertrankur durch allerlei Beigaben oder Abgaben, was aber nicht zum Vorteile der Wirkung, nur zugunsten eines besseren Geschmackes war. Ähnliche Wirkungen wie Lebertran hat die Olivenölkur. Man wendet sie da an, wo innere oder äußere Geschwüre auf schlechtes Blut schließen lassen. Bei Skrofeln, wo immer sie sich bemerkbar machen, bei Magengeschwüren, bei Pickeln, unreiner Haut usw. wird sie mit gutem Erfolg angewendet. Man sorge vor allem für frisches, reines Olivenöl. Öl setzt, wenn es älter wird, leicht eine gewisse Säure ab, weshalb es von Zeit zu Zeit ausgeglüht werden muß. Um eine Olivenölkur zu machen, wäre der tägliche Genuß von vier Eßlöffeln Öl (je 17 Gramm) notwendig. Es ist leicht zu nehmen, wenn es kalt ist. Man nimmt, wenn man es haben kann, einen Schluck Weiß- oder Rotwein hinterher und einen Bissen Brot zuletzt. Auf diese Weise wird der Geschmack nicht lästig. Um das Öl jedoch nicht so oft täglich in der gleichen Form nehmen zu müssen, können auch allerlei Gerichte mit Öl bereitet werden, zum Beispiel: Salzkartoffeln. Einen Eßlöffel Olivenöl glüht man mit etwas feingeschnittener Zwiebel gut aus, gibt Kartoffelstücke hinein, etwas Salz darüber und läßt sie gut durchschmoren, aber nicht rösten, da das Öl für schwache Magen sonst schwer verdaulich wäre. Ferner Kartoffelsalat mit Olivenöl, Spinat mit Öl usw. Auf diese und ähnliche Weise läßt es sich ermöglichen, daß man täglich nur zwei Eßlöffel Öl einnimmt und die zwei übrigen mit einer andern Speise. Ich habe Fälle erlebt, wo Magengeschwüre sich fast jedes Jahr wiederholten. Beim Verspüren von Magenschmerzen, die anzeigten, daß das Übel wieder im Anzug war, begann der Patient auch die Olivenölkur; die Anzeichen verschwanden alsbald und dem Leiden war abgeholfen, Nach Magengeschwüren, mit denen Magenblutungen verbunden waren, darf mit der Olivenölkur natürlich erst dann begonnen werden, wenn der Arzt es erlaubt oder der Patient schon andere feste Speisen nehmen darf. Wochenlange Kur heilt das Leiden gänzlich aus und schützt vor der so häufigen Wiederkehr.

Ich hatte ein junges Mädchen, das voll von Geschwüren war, die bald da, bald dort ausbrachen und sogar operativen Eingriff nötig machten. Besonders war das Gesicht stark in Mitleidenschaft gezogen. Dreiiertel Jahre ging das so weiter. Da alle angewandten Mittel versagten und die Geschwüre sogar bösartig auftraten, entschloß ich mich, das junge Mädchen eine Olivenölkur mitmachen zu lassen, und die erhoffte Wirkung blieb nicht aus. Schon nach einigen Monaten ging es besser, die vorhandenen Geschwüre heilten aus, neue kamen seltener und kleiner. Die Kur ward fortgesetzt, und nach Jahresfrist hatte das Mädchen voll ständig reine Gesichtshaut, und nicht mehr ein einziges Geschwürchen hatte sich gezeigt. — In den verschiedensten Fällen nahm ich wahr, und andere bestätigten dasselbe, daß die Gesichtshaut viel reiner, frei von allen Pickeln und anderen Unreinheiten, helle und frische Farbe erhielt nach einer Olivenölkur.

Das Hauptaugenmerk muß man darauf richten, daß das Öl nicht lange steht, sondern immer nur für einige Tage ausgeglüht wird, und daß man es regelmäßig, ohne auszusetzen, nimmt. Manchmal befürchtete ich, der Magen könnte das Öl nicht vertragen, es könne sich Diarrhöe einstellen oder schon vorhandene verstärken; jedoch niemals kam ein derartiger Fall vor.

Noch einen besonderen Fall möchte ich erwähnen. Eines Tages kam ein älterer Herr, dessen Aussehen recht schlecht war und klagte über große Schmerzen im Magen. Er konnte nichts vertragen, selbst die leichtesten Speisen machten ihm Beschwerden. Der Mann war infolge der dadurch eingetretenen mangelhaften Ernährung sehr abgemagert und höchst blutarm geworden. Die Ärzte hatten ihm zu einer Operation geraten, als der einzigen Möglichkeit, geheilt zu werden. Andere sprachen gegen eine Operation, und das hatte den Mann unschlüssig gemacht. Er war auf der Durchreise zu einem berühmten Arzte, der ihm für derartige Magenleiden empfohlen worden war. Der Mann dauerte mich wegen seiner Ratlosigkeit, und ich riet ihm zu einer Ölkur. Da er sehr schwach war, begann er mit einem Eßlöffel voll, nach drei Tagen nahm er zwei Löffel, nach acht Tagen drei Löffel und nach nochmals acht Tagen konnte er schon vier Löffel nehmen und gut vertragen. Nach einigen Wochen der Kur machte er mir die Mitteilung, daß er völlig geheilt sei und alle Speisen vertragen könne. Bei diesem schweren Fall mußte man natürlich die ganze Diät danach einrichten. Wegen Mangel an Blut war die Verdauung sehr schlecht, deshalb mußte der Kranke also die Hauptmahlzeiten liegend einnehmen, den Magen warm halten und nach Tisch eine Stunde liegen bleiben. Morgens nüchtern Haferflockenbrei. Wir begannen mit kleinen Portionen, später mehr. Anfangs blieben wir bei breiiger Diätform, gingen später zur leichteren Krankenkost und fester Nahrung über; bald aber war der Patient so kräftig, daß er alles, was der gewöhnliche Tisch bringt, vertragen konnte. Nach Jahren erzählte er mir einmal, daß er niemals mehr etwas von dem alten Leiden verspüre und sich durch die bekannte Kur und Diät selbst helfe. — Solche Fälle, wo die Ölkur heilend wirkte, könnte ich noch mehrere aufzählen."

9. Ferner wird das Olivenöl zur Herstellung von Salben und Pflastern gebraucht.

10. Um fremde Körper aus den Augen zu entfernen, empfiehlt es sich, reines Olivenöl hineinzuträufeln. Dieses Mittel soll sicher wirken und die eingedrungenen Körper, wie Körnchen, Asche, Kalk, Splitter usw. entfernen. Auch bei Röte und Schmerz der Augen soll sich Baumöl recht gut bewähren und Besserung in kurzer Zeit herbeiführen, wenn man die Augenlider damit bestreicht.

Das reine Olivenöl ist in den Apotheken erhältlich. Wir sollten immer eine kleine Menge davon in unserer Hausapotheke haben, denn wir sehen, daß es für unsere Gesundheit sehr nützlich werden kann.

Kehren wir nun wieder zu den bei uns eingewöhnten und jedermann bekannten Hausfreunden zurück.

Darunter ist

## der Walnußbaum

einer der treuesten Schützer und Wächter des Hauses.

Er stammt, wie der Pfirsichbaum, aus Persien, wurde von da nach Griechenland und später nach Italien gebracht und kam dann über die Alpen auch zu uns. Dem deutschen Klima hat er sich so anzupassen gewußt, daß er nur noch in den nördlichern Gegenden und bei strenger Winterkälte vom Froste leidet, sonst aber vollständig bei uns heimisch ist. Der Walnußbaum zählt nicht, wie unsere übrigen Obstarten, zu den Rosenblütlern, sondern gehört, gleich der Eiche, Buche und Birke, in die Familie der Kätzchenbäume. Übrigens ist er uns so wohl bekannt, daß seine Beschreibung geradezu überflüssig wäre.

In den alten Zeiten glaubte man, sein Schatten sei von schädlichem Einflusse auf die Gesundheit des Menschen und töte jede in seiner Nähe beginnende Vegetation. Wie viele Male aber haben wir nicht unter dem dichten Laubzelte eines Nußbaumes geruht und sind jedesmal, von seiner balsamischen Atmosphäre gestärkt und erquickt, dankbaren Herzens von ihm geschieden. Nein! am Nußbaume ist weder Arg noch Falsch, wenngleich unsere heidnischen Vorfahren ihn der Nacht und ihren unheimlichen Begleitern geweiht hatten! Das Christentum war ihm holder gesinnt und stellte ihn unter den Schutz des großen Märtyrers Laurentius. Auch die Sage weiß uns den Nußbaum näher zu bringen.

„In der Neujahrsnacht“, so erzählt sie, „trat ein Engel zum Nachtwächter eines Dorfes und führte ihn zu einer großen Kiste mit zwei Schubladen. Beide waren voll von Walnüssen, und der Engel befahl dem Nachtwächter, aus jeder einige zu nehmen. Der Nachtwächter nahm sich welche, fand jedoch, als er sie öffnete, daß die Nüsse aus der obern Lade alle taub waren, die aus der untern aber den schönsten Kern enthielten. Verwundert fragte er den Engel nach der Ursache, und dieser antwortete: „Bald kommt das Ende der Welt! Von außen sehen sich alle Menschen gleich, aber wenn der Jüngste Tag da ist, werden alle Schalen zerbrechen, und jedermann wird erkennen, warum der Richter die Nüsse in zwei Schubladen brachte“ (Grube).

Fragen wir den Nußbaum, inwiefern er verdiene, Schutz und Hut des Hauses genannt zu werden, so wird er uns antworten: „Nicht allein deswegen, weil ich dessen Eingang bewache und meinen schützenden Schatten darüber ausbreite, verdiene ich diese Titel, sondern weil in den verschiedenen Teilen meines Baumkörpers — mit alleiniger Ausnahme des vom Tischler sehr geschätzten Holzes — ebenso viele wohltätige Säfte kreisen, nach denen der Hausvater sozusagen nur die Hand auszustrecken braucht, um ihren die Gesundheit schützenden und bewachenden Einfluß für sich und die Seinen zu erproben!“

In der Tat gebührt dem Nußbaum einer der ersten Plätze unter den Heilmitteln der Hausapotheke.

## Anwendungen.

Zur Verwendung kommen die Blätter, die grüne Schale der reifen und unreifen Nüsse, die Nußhaut, die Nuß selbst und die Rinde sowohl der Zweige wie der Wurzeln. Sie enthalten hauptsächlich Tannin (Gerbstoff), dann das sogenannte Walnußbitter, einen scharfen wohlriechenden Stoff, und Öl.

1. Die Nußbaumblätter sind, frisch oder getrocknet, vermöge ihrer stärkenden, zusammenziehenden und zugleich auflösenden Wirkungen eines der allerbesten Mittel bei skrofulösen Krankheiten, hauptsächlich der Kinder, unter welcher Form sie sich auch zeigen mögen. Man wendet sie sowohl äußerlich als innerlich an. Jedenfalls wird durch diese doppelte Anwendung die immerhin langsam und erst nach 1—2 Monaten sich zeigende Wirkung beschleunigt und verstärkt.

Es ist daher sehr zweckdienlich, wenn der Patient nicht nur täglich je nach dem Alter 1—3 Tässchen Nußblättertee trinkt, sondern auch häufig mit Nußblätterabsud Bäder und Waschungen gebraucht. Kindern gibt man diesen Tee nur kaffee- oder teelöffelweise, versüßt, und alle 1—2 Stunden. Der Tee wird mit 1 Prise zerschnittener Blätter bereitet, über welche man eine kleine Tasse voll siedendes Wasser anbrüht. Zum Gebrauche muß er gezuckert werden, damit er angenehm zu trinken ist. Ulsamer empfiehlt, dem Kranken 2—3 Tassen davon schon zum Frühstück zu reichen. Die noch fehlende Menge kann ihm tagsüber, etwa alle 3 Stunden, zu je 3 bis 4 Eßlöffel voll gegeben werden. Ich halte diese Menge für zu groß und glaube nicht, daß sie der Patient bewältigen kann. Kleine Portionen, tagsüber öfters genommen, sind zweckmäßiger.

Zum Absude nimmt man 20—30 Gramm, also etwa eine kleine Handvoll zerkleinerter Blätter, auf 1 Liter Wasser.

Außer zu Bädern wird er auch zum Waschen der Skrofelgeschwüre gebraucht und, wie Ulsamer empfiehlt, zum Befeuchten der für sie bestimmten Scharpiebäuschchen.

Er sagt ferner: „Dem Nußblättertee kann man auch Nußblättersirup zusetzen, welcher in den Apotheken zu haben ist. Dieser macht den Tee angenehmer."

2. Wir dürfen nicht vergessen, daß sowohl der Tee wie auch der Absud ebenfalls wurmwidrig sind und überdies bei krebsartigen Schäden und laufenden Geschwüren äußerlich als Waschungen angewendet, zusammenziehend und fäulniswidrig wirken.

3. Anstatt der Blätter kann auch die äußere, grüne Schale der Nuß, aber in verstärkter Dosis verwendet werden.

4. Der aus ihr gepreßte Saft, mit etwas Wasser verdünnt, stillt den Durchfall.

5. Ebenso ist er ein ausgezeichnetes Gurgelwasser bei Bräune und chronischen Halsentzündungen.

6. Die Nußhaut und auch der „Steg" oder „Sattel", welcher den Kern in vier Teile teilt, gehören im frischen Zustande zu den bittern,

zusammenziehenden, tonischen, das heißt kräftigenden Mitteln, da sie sehr viel Gerbstoff enthalten. Aus diesem Grunde kann ihr Absud bei Ruhr, Durchfall und ähnlichen Leiden sehr nützlich werden. Man gibt ihn in Fleischbrühe, die aber nicht scharf sein soll, dem Kranken zu je 2—3 Löffel Brühe alle 2—3 Stunden oder noch öfters.

7. Wie die Blätter, so ist auch die äußere Rinde der Zweige wurmwidrig.

8. Die zweite Rinde der Zweige und Wurzeln, der Bast, besitzt aber Schärfe genug, um als Zugpflaster benutzt werden zu können, wenn man ihn 1 Stunde vor dem Gebrauche in Essig legt.

9. Aus der reifen Nuß bereitet man ein feines Öl, das zum Malen und im Haushalte benutzt wird; außerdem aber dient es zu Einreibungen bei Flechten und Hautunreinigkeiten, sowie auch zum Abtreiben des Bandwurmes. Zu diesem Zwecke nimmt man morgens nüchtern, während 14 Tagen hindurch jeden Tag etwa 150 Gramm Nußöl. Weicht man in dieses einige Knoblauchspitzen ein, so wird die Wirkung um so sicherer.

10. Die unreifen Nüsse hingegen sind, mit Zucker eingemacht, oder zu Likör angesetzt, magenstärkend und appetitanregend. Zugleich wirken sie aber auch, in der zweiten Weise verwendet, bei Grimmen und Blähungen äußerst schmerzstillend und beruhigend.

11. Ferner sei noch bemerkt, daß der Nußblätterabsud auch zur Stärkung des Haarbodens verwendet wird; doch macht er helle Haare dunkler und kann demnach auch als ein durchaus unschädliches Haarfärbemittel betrachtet werden.

12. Auch soll der gleiche Absud die Rotzkrankheit der Pferde heilen, wenn man dem kranken Tiere während einer Woche jeden Tag etwa 1 Liter davon einschüttet, dann einige Tage aussetzt und hierauf wieder die Kur fortsetzt.

13. Durch Abreiben der Haustiere, entweder mit dem Absud oder mit den Blättern, hält man im Sommer die Mücken und Insekten von

ihnen fern.

Um die Nußblätter aufzubewahren, müssen sie noch jung im Juni gesammelt und an der Sonne schnell getrocknet werden. Ist das Trocknen gut vonstatten gegangen, so behalten sie ihre grüne Farbe; im andern Falle werden sie schwarz.

Die Rinde der jungen Zweige und Wurzeln wird im Frühjahr abgeschält und getrocknet.

Die unreifen Nüsse müssen im Juli, solange sie sich noch gut durchstechen lassen, gesammelt werden.

Nußlikör setzt man folgenderweise an: Man zerschneidet 1 Kilo grüner Nüsse in kleine Stückchen, gibt sie in eine Flasche und gießt 3 Liter Kornbranntwein darüber. Fest verschlossen stellt man sie 14 Tage lang an die Sonne. Dann wird die Flüssigkeit durch ein Tuch geseiht und in eine reine Flasche gebracht, indem man 30 Gramm Zimt und 15 Gramm Gewürznelken grob zerstoßen hinzufügt. Nun läßt man alles wieder 8 Tage stehen, kocht dann 1½ Pfund Zucker in 1½ Liter Wasser, bis er beim Hochhalten des Löffels in breiten Tropfen herabläuft, fügt ihn dann dem Nußbranntwein bei und seiht das Ganze noch einmal durch. (Nach Kübler.)

Wer Flechten, skrofulöse Geschwüre, Drüsengeschwülste und sonstige Schäden neben der innerlichen Kur mit Nußsalbe pflegen will, der kann sie auf folgende Weise bereiten: Man zerkleinert Blätter, grüne Schalen und selbst die männliche, in einer Traube schlaff niederhängende Blüte, preßt den Saft daraus, vermengt ihn mit ein wenig Schweinefett, das man über dem Feuer zergehen läßt, und fügt nachher noch etwas Bergamottöl hinzu.

Man kann sie auch auf die der Pappelsalbe ähnliche Art machen. (Siehe Seite 69.)

Wie nahe liegt uns doch das Gute, das wir oft so wenig zu schätzen und zu benutzen verstehen!

*

Dem Walnußbaume und seinen mannigfaltigen Gaben schließt sich würdig ein anderer, wenn auch nicht „früchtetragender" Baum an, der sich nirgends besser als in der Nähe des Menschen gefällt und dessen Vorliebe für ihn mit äußerst wohltätigen Diensten zu vergelten weiß.

Dieser Baum ist

## die Linde.

Sei mir gegrüßt, o Lindenbaum,
Wie glücklich du vor allen,
Du blühst, wenn längst jedwedem Baum
Die Blüten sind entfallen!
Wenn glühend brennt der Sonne Strahl,
Und schon die Früchte schwellen,
Da spendest du ins weite Tal
Der Düfte reiche Wellen... Fr. Oeser.

So jubeln wir der Linde mit dem Dichter „Willkommen" zu. Was ist es nur, das sie uns so teuer und wert macht? Ist es die Weichheit und Anmut ihrer Gestalt? das milde Grün der herzförmigen Blätter? das dichte Laubgezelt ihrer Krone, das uns im Sommer kühlenden Schatten spendet? Oder ihre bescheidenen, aber so süßduftenden Blütendolden, welche die Luft rings umher mit Wohlgeruch erfüllen und Tausende von summenden und schwirrenden Gästen herbeilocken?

Nein, es ist nicht das eine oder andere, sondern „alles allzumal", der im ganzen einschmeichelnde, weiche, anschmiegende und innige Charakter der Linde, deren Name schon wie eine sanfte Musik dem Ohre klingt. — Eng ist sie mit dem deutschen Volksleben verwachsen und vertraut mit seinem ganzen Fühlen und Denken; denn kein anderer Baum entspricht durch sein Wesen unserm eigenen Innersten so sehr und tritt dadurch unserm Herzen so nahe wie sie: weder die herrliche, ehrfurchtgebietende Eiche, noch der gemütliche, freundliche Apfelbaum, obwohl er von jeher zu den von uns bevorzugten Lieblingen gehörte!

Unsere Vorfahren hatten die Linde der Frigga, der Göttin des häuslichen Glückes und der Liebe, geweiht und pflanzten sie daher auch in die Nähe ihrer Behausungen, die dieser „heilige" Baum vor Blitz und andern Schäden schützte. Wunderbar war die Kraft, welche zum Segen der Unglücklichen und Leidenden von ihm ausströmen sollte: Krankheiten und Gebrechen hielt er ferne oder heilte sie; Zaubereien und Verhexungen machte er schadlos und vertrieb sie; selbst gegen böse Geister wußte er zu schützen und wenn man Lindenasche auf die Äcker streute, so vertrieb sie das Ungeziefer, das hingezaubert worden war; Lindenblätter mußten den Kopfschmerz heben; Lindensprossen, dem Kinde im ersten Brei gegeben, schützten es für immer vor Zahnschmerz; und Lindenbast, um die Brust gebunden, behütete vor Hexen und Zauber.

Indessen hat die Linde in Deutschland niemals Wälder gebildet, wie es in Rußland der Fall ist. Aber auch nach der heidnischen Zeit, das ganze Mittelalter hindurch, wurde sie im Burg und Stadtfrieden, vor Gotteshäusern und auf Friedhöfen als der am häufigsten angepflanzte und vom Menschen gerne in seine Nähe versetzte Waldbaum angetroffen.

Aus jener Zeit stammen daher die in vielen Dörfern, namentlich auch Schwabens, noch stehenden sogenannten „Dorflinden", unter denen sich die Ältesten der Gemeinde zur Beratung ihrer Angelegenheiten, das junge Volk aber zu Scherz und Spiel versammelten. Ebenso tagten auch die Fern- und Volksgerichte unter den Linden, und da mag so ein viele hundert Jahre alter Baum manche Urteile über Leben und Tod mitangehört und über die Kurzsichtigkeit, Bosheit und Ungerechtigkeit des Menschen geseufzt haben! Heute noch ist ihr Standort der Tummelplatz der lieben Schuljugend und der Mittelpunkt der Dorffeste, aber ihre andere, ernstere Bestimmung haben diese Bäume verloren.

Die Linde wird uralt. Zu Neustadt am Kocher in Württemberg steht eine solche, die schon im Jahre 1558 vom Herzog Christoph durch 100 steinerne Säulen gestützt wurde. Ihr Stamm allein hat 32 Fuß Umfang, und als einstmals ein Ast abbrach, gab dieser sieben Klafter Holz. Auch in Bayern und andern deutschen Ländern sind ähnliche Riesenbäume zu treffen; so im Hofe der alten Burg zu Nürnberg.

Viele deutsche Ortsnamen verdanken der Linde ihr Entstehen oder sind mit ihr wenigstens auf irgendeine Weise verbunden; ebenso auch adelige Geschlechter, Sitze und Wappen.

Auch manche Sagen umschweben das duftende Haupt unseres Baumes mit ihrem alten und doch immer neuen Zauber; so die Sage vom „gehörnten Siegfried", der den unter einer Linde hausenden Drachen erlegt, sich in dessen Blute badet, um unverwundbar zu werden, durch ein vom Baume niedergewehtes Lindenblatt unter der Schulter aber eine Stelle behält, welche das Blut des Wurmes nicht berührt, was in der Folge für den herrlichen Helden so verhängnisvoll wird, weil ihn da der treulose Hagen am „Brunnen, von der Linde beschattet", mit seinem Speere tödlich verwundet. Die Linde, von der wir in unsern Gegenden hauptsächlich zwei Arten, die Sommer- und Winterlinde, haben, ist der am spätesten blühende Baum. Sie öffnet ihre honigreichen, fein- und milddduftenden kleinen Doldentrauben erst im Juni und Juli. Besonders merkwürdig werden ihre Blüten durch das sie begleitende längliche, schmale, gelbgrüne Deckblatt, aus dem der Blumenstiel herauszuwachsen scheint.

Alle Teile der Linde werden benutzt. Das weiche, zähe, dichte und leichte Holz gibt Schnitzarbeiten und liefert eine ausgezeichnete Kohle zum Zeichnen und zur Bereitung des Schießpulvers. Der Bast gibt Stricke und Matten. Man gewinnt ihn durch Einweichen der Rinde in Wasser, bis er sich leicht abziehen läßt. Um zum Binden der Blumen gebraucht werden zu können, muß man ihn aber gut auswaschen. Aus dem Samen wird ein feines, jenem der Mandel ähnliches Öl bereitet.

Blüten, Blätter, Rinde, Bast und Lindenkohle sind außerdem geschätzte und wertvolle Heilmittel.

## Anwendungen.

Die Blüten enthalten hauptsächlich Gummi, Zucker und eisengrünenden Gerbstoff und wirken schweißtreibend, krampfstillend und leicht reizend. Wer dieses Ergebnis erzielen will, der entferne die Deckblätter, die adstringierende, zusammenziehende Eigenschaften haben.

1. Der Lindenblütentee wird bei Verdauungsstörungen, Unterleibsschmerzen, Erbrechen, bei Magenkrämpfen und Migräne angewendet; ferner auch bei Husten, Nieren-Verschleimungen und Fieberfrösten.

2. Lindenblütentee, mit ein wenig Honig versüßt, täglich zum Frühstück mit Milch genommen, ist blutreinigend.

3. Blätter, Rinde und Bast geben im Absude eine breiartige, schleimige Masse, welche auf Geschwüre, Aufschürfungen und Wunden, namentlich auch Brandwunden gelegt, heilsame Wirkungen erzielt.

4. Das Lindenholz gibt die beste, in der Apotheke verwendete Holzkohle. Aber auch als Hausmittel ist sie zu gebrauchen, und zwar, wie Pfarrer Kneipp schreibt, nach Krankheiten, in denen die Verdauungsorgane schwer gelitten haben. Die tägliche Dosis beträgt 1 mittlern Eßlöffel voll, den man auf die Nahrung gestreut, oder in Milch mit etwas Zucker nimmt.

Schwächliche, schwindsüchtige, auszehrende Personen, die hauptsächlich auch durch nächtliche Schweiße geschwächt werden, sollen ebenfalls täglich 2 Löffel Linden-Kohlenstaub in Milch gebrauchen. — Gegen Leberkrankheiten ist seine Wirkung besonders günstig. — Auch auf eiternde Geschwüre täglich 1—2mal gestreut, wirkt der Kohlenstaub trocknend und die neue Hautbildung befördernd. (Kneipp.)

5. Er gibt ebenfalls das beste Zahnpulver, besonders wenn man ihm feinpulverisierte Salbei beimischt.

Die Lindenblüten werden im Juli und August gesammelt und getrocknet und sodann in Dosen oder Büchsen verwahrt.

Die Rinde kann man das ganze Jahr abschälen, vorzüglich aber im Mai, um den Bast zu gewinnen.

Die Blätter werden im frischen Zustande benutzt.

Die Lindenkohle bereitet man selbst oder aber kauft sie in der Apotheke. Auf alle Fälle muß sie sehr fein gepulvert werden; auch ist zu bemerken, daß sie, je frischer, desto besser wirkt.

Was gibt es Schöneres als eine das heimatliche Dach beschattende Linde, in deren Zweigen zur Sommerszeit die lieben Vöglein ihre Wohnung aufschlagen und die nimmermüden Bienen den süßen Nektar sammeln! Ist es nicht eine immer neue Aufforderung zu Häuslichkeit und Fleiß, den beiden Pfeilern des Familienglückes? Darum können wir die Linde, den Baum des Friedens und der deutschen Sitte, auch nicht verlassen, ohne mit dem Dichter eine berechtigte Klage und Bitte auszusprechen; denn

Noch ragt die Linde zwar
In Deutschlands Süd und Norden,
Doch ihrer Schwestern Schar,
Wie ist sie klein geworden! ....

Und wie man sie verbannt,
Und wie man sie beschnitten,
So schwanden aus dem Land
Auch unsre alten Sitten!

Schau' ich dich, Linde, an,
Du Baum aus alten Tagen,
Dann bricht mein Lied sich Bahn
In Zorn und Schmerz und Klagen.

Ich möcht' von Strand zu Strand
Der Linde Preis verkünden
Und singen rings im Land:
Oh, pflanzet wieder Linden!

E. Hoffmann von Nauborn.

Wie dürften wir es wagen, unsere Hausfreunde aufzuzählen, ohne ihnen den

## Holunderstrauch

beizugesellen, der den Landleuten ein wahrer Wunder- und Lebensbaum ist, von dem sie in den verschiedensten Leiden und Mühsalen Linderung und Hilfe erwarten! Wir würden ja alle nach dem alten Volksglauben in ihm wohnenden Hausgötter gegen uns aufbringen, die Haus und Hof, Vieh und Habe vor Unglück und Schaden behüten. Machen wir daher der „Frau Holder" und ihrer Sippe in ihrem heiligen Baume unsere ehrerbietigste Aufwartung.

Der Bauer, dem aus den heidnischen Zeiten her noch eine dunkle Ahnung von der einstigen Wichtigkeit des Holunders für das Wohl der Familie, oder auch wohl zuweilen eine abergläubische Angst und Furcht vor Hexen und Zaubereien geblieben ist, weist daher dem Holunder oder Flieder, wie er noch genannt wird, auch jetzt noch einen Platz in irgendeiner Ecke des Gehöftes oder am Zaune des Gemüsegärtleins an, mit der strengen Mahnung an die Buben und Mägdlein, „des Baumes zu schonen, da er ein Glücksbaum sei".

Dessen ungeachtet spendet er seine Schätze nicht allein der sorglichen Hausmutter, die Tee zum Schwitzen, Blütendolden zu „Küchlein" und Beeren zu „Hollermus" und gegen Leibschmerzen bei ihm holt, wobei sie ihn mit gebührender Ehrfurcht und Hochachtung behandelt; sondern auch die kecken Jungen kommen, trotz des Verbotes und schneiden sich ohne Scheu aus dem Holze ihre Knallbüchsen und Spritzen und aus dem Marke die drolligen „Stehaufchen", der Rache des Holunderbaumes, die er an seinem Schädiger nehmen soll, uneingedenk oder spottend!

Auch der Aberglaube kommt zum Holunder in der abendlichen Dämmerstunde oder am frühen Morgen und sucht durch geheimnisvolle und seltsame Hantierungen die Geister des Baumes für seine Anliegen sich gewogen zu machen; so bei Hals- und Zahnweh, Fieber, Rotlauf und Behexungen. Ein besonderer Brauch bestand darin, daß man ausgezogene Zähne, abgeschnittene Haare und Fingernägel unterm Holunderbaum begrub, auf daß mit ihnen ihre ehemaligen Besitzer nicht bezaubert werden konnten.

Im Hellen Sonnenscheine aber sammelt sich gerne die liebe Kinderschar um den Fliederstrauch, und nicht selten bergen sich diese kleinen Hauskobolde beim Versteckspiele unter seinen Zweigen.

Aber auch am Palmsonntag spielt er im „Palmen“, wie man in Schwaben sagt, eine Rolle. Für ihn werden die jüngeren „Holderruten“ zu fingerlangen Stückchen geschnitten, die man an Weidengerten oder geschälten Tannenreisern so kunstreich und hübsch anfaßt, daß sie immer und immer wieder Kreuzchen bilden. Oben werden die Gerten — gewöhnlich drei an der Zahl — zusammengenommen und ein größeres Schlußkreuz aufgesetzt.

Rühmen wir nun aber auch des Holunders eigentliche Verdienste, die so sehr des Lobes würdig sind, daß wir mit dem Dichter sagen dürfen:

Rinde, Beere, Blatt und Blüte,
Jeder Teil ist Kraft und Güte,
Jeder segenvoll!

Doch auch die Wurzel ist nicht der am wenigsten heilkräftige Teil des Baumes, wie wir sofort hören werden.

## Anwendungen.

1. Sie besitzt nämlich äußerst energische wasserabtreibende Eigenschaften und wird daher bei beginnender Wassersucht, in Teeform oder in Wein sowohl als in Wasser abgesotten, mit dem besten Erfolge angewendet.

Die weißen Doldenblüten besitzen frisch einen starken, betäubenden Geruch, welcher aber, nachdem sie getrocknet sind, schwächer und angenehmer wird. Sie enthalten Gerbstoff, Öl, Schwefel, Harz und Kalk und wirken stark schweißtreibend, ohne zu erregen. Darum ist ihr Gebrauch jedesmal dann geboten, wenn durch plötzliche Abkühlungen und zurückgetretenen Schweiß krankhafte, namentlich auch krampfartige Zustände hervorgerufen wurden.

2. Je nach dem Alter oder Temperament des Kranken gibt man zu solchem Holunderblütentee 2—7 Gramm getrocknete Blüten auf ½ Liter Wasser. Um ihn zum Trinken angenehmer zu machen, kann man über die Blüten vor dem Überschütten mit Wasser einige Tropfen Kirschengeist oder Zitronensaft gießen und beliebig Zucker beifügen.

3. Der Tee, namentlich von frischen Blüten, wirkt in etwas verstärkter Dosis auch wassertreibend und leicht abführend. Dadurch scheidet er verdorbene Stoffe aus dem Körper und ist daher „blutreinigend", wodurch er zu Frühjahrskuren sehr empfehlenswert wird, wenn man ihn längere Zeit hindurch morgens 1 Stunde vor dem Frühstück und abends beim Zu-Bette-Gehen zu je einem Tässchen gebraucht. Aber auch zu jeder andern Jahreszeit kann er, bei Bedürfnis, diese Dienste leisten.

4. Bemerkt sei jedoch, daß er bei Entzündungen, Fiebern und starker Hitze nicht angewendet werden darf.

5. Die unangenehm, ja übel riechenden Blätter können die Blüten zu Frühjahrskuren mit Vorteil ersetzen, zumal die letztern — wenn man sie nicht, getrocknet besitzt — um diese Zeit nicht zu haben sind, da der Holunder, wie wir wohl wissen, erst im Juli blüht. Pfarrer Kneipp bereitet den Holunderblättertee aus 6—8 zerschnittenen Blättern, die etwa 10 Minuten lang gesotten werden. Auch gedörrte Blätter sind dazu verwendbar.

6. Die innere, zweite, grüne Rinde wirkt in ganz gleicher Weise wie die Wurzel und ist also bei Wassersucht wie jene zu gebrauchen.

7. Ferner legt man sie auf leichtere Brandwunden, wodurch diese viel weniger schmerzen und schneller heilen. Der Umschlag muß aber

oft erneuert werden.

8. Aus der Rinde läßt sich auch eine Salbe auf die gleiche Weise wie die Pappelsalbe bereiten, die bei der sogenannten „Überröte" und bei Rotlauf trefflich wirken soll. (Siehe Seite 69.)

Aus den im Herbste reifenden blauschwarzen Beeren wird gewöhnlich Holdermus, Latwerge, Geselz und ähnliches gekocht. Alle diese Formen wirken blutreinigend.

9. Will man für sich oder Kranke einen Kühl- und Labetrunk bereiten, „so rühre man nur einen Löffel solchen Eingemachtes in ein Glas Wasser. Dieser Trunk reinigt den Magen, wirkt auf Urinausscheidung und günstig auf die Nieren" (Kneipp).

Die gedörrten Beeren stillen das Abweichen, ob als Brei, Tee, Absud oder ungekocht angewendet.

Die Holunderblätter werden an einem schönen, warmen Tage, wenn sie noch jung sind, also im Mai, gesammelt, wobei die Stiele entfernt werden müssen. Dann trocknet man sie schnell und verschließt sie möglichst in hölzernen Gefäßen oder Schachteln.

Die Blüten müssen bald nach dem Erblühen gebrochen und ebenfalls schnell getrocknet werden. Köhler schreibt, daß ein Zentner davon mit 30—35[1] Mark bezahlt werde. — Die Beeren dörrt man im Back- oder Bratofen.

Der Ruhm des Holunders ist nicht von gestern; denn schon im Altertume wurden seine segensvollen Kräfte sehr geschätzt. Darum gehört er auch zu jenen Gewächsen, die, obwohl dem reinsten „Verdienstadel" angehörend, eben deshalb und trotzdem doch wirklich „von Gottes Gnaden" sind. Oder ist der Holunder kein Gnadengeschenk der vorsehenden Güte Gottes, da er uns nach dessen Willen seine Blüten und Beeren gerade zu Zeiten geben muß, wo der Wechsel von Tageshitze und Abendkühle oder der Genuß zu kalter Getränke bei erhöhter Hauttätigkeit, und die noch nicht völlig ausgereiften Obstfrüchte jene oft so unseligen Krankheiten verursachen, gegen welche diese beiden

Gaben des Holunders zu den wirksamsten Bekämpfern gehören!

Werfen wir überhaupt noch einmal einen allgemeinen Blick auf die um uns gruppierten Freunde des Hauses, die Freud' und Leid, Lust und Wehe mit dem Menschen teilen und hingebend ihm alles spenden, was zu seinem Glücke wenn auch nur ein Scherflein sein kann; fassen wir aus ihnen allen hauptsächlich den Apfel- und Nußbaum, die Linde und den Holunder ins Auge, die für unsere Gesundheit wahre Fund- und Schatzgruben sind und der Familie zugleich das schöne Beispiel der Freundlichkeit und Güte, der Kraft und Milde, des Wohltuns und der Pflichttreue geben, so fühlen wir uns unwillkürlich von Anbetung, Dank und Bewunderung gegen den allsorgenden Vater durchdrungen, der jeglichem Erschaffenen seinen rechten Ort anweist, auf daß es dort wirke und sein Lob verkünde.

4

Auf Waldpfaden

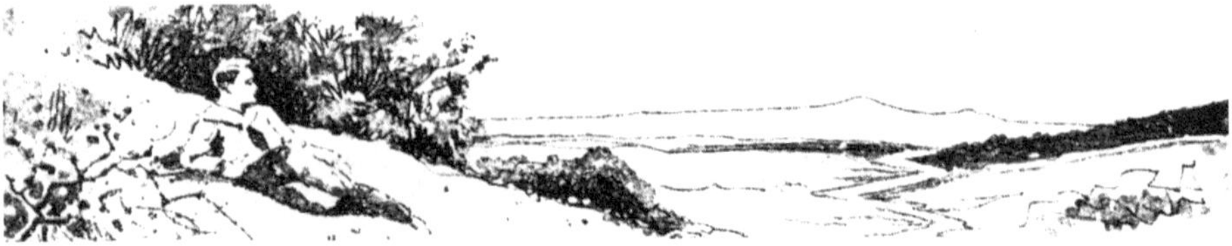

# Auf Waldpfaden.

Auch der Wald lebt nun! Nicht nur, daß sich in den Wipfeln der Bäume die jungen Sprossen und Blüten geöffnet und die Blätter entrollt haben. Jetzt keimt nicht schüchtern mehr ein vereinzeltes Blümchen nur aus dem welken Laube des vergangenen Jahres hervor! Denn überall sind nun die läutenden Osterglocken vernommen worden, und Türen und Tore haben sich geöffnet, um Raum zu geben den bunten Scharen aus Floras duftendem Reiche, die sich unter dem mächtigen Blätterdome versammelt haben, zum vieltausendstimmigen Lobgesange des Schöpfers. Wer wollte sie alle nennen und aufzählen, die Kunstwerke, womit unsere Pfade jetzt geschmückt und die Hallen geziert sind! Wer vermöchte sie würdig zu preisen!

Fürwahr, unsere Wege sind segensvoll, und wunderschön ist jetzt der Wald!

Laßt uns daher in seinen Schatten treten und dem geheimnisvollen Säuseln seiner Wipfel lauschen, der Turteltaube sanftem Rufe folgen und am Amselschlage uns ergötzen. Zu unsern Füßen aber wollen wir das stille Leben schauen, das nun in Moos und Halm und Kraut und Blume wohnt!

Ehe wir jedoch die Säulenhallen des Waldes selbst betreten, wird es gut sein, wenn wir uns vorerst noch ein wenig in seinen Vorhöfen umsehen. Denn hier werden wir manches Bewundernswerte finden, das unsere ganze Aufmerksamkeit verdient. Vor allem tritt uns eine bunte Schar von „Türhütern und Führern“ entgegen, die uns am Eingänge des Waldes empfangen. Unter ihnen bemerken wir zuerst den an sonnigen

Waldrändern und in Lichtungen gern wachsenden Bruder unseres häuslichen Flieders,

## den Attich,

der seines zwerghaften Wuchses wegen auch Zwergholunder genannt wird. Gefällt sich jener jedoch in des Menschen Nähe und folgt er ihm, wo er sich auch ansiedeln mag, wenn er nur irgendeinen Winkel zum stillen, bescheidenen Wachstume bekommt, so zieht der Attich die Waldeinsamkeit vor, wo er sich alljährlich frisch aus der Wurzel erneuert. Sein grüner, stockartiger Stengel wird kaum über einen Meter lang und teilt sich an der Spitze in mehrere Strahlen, deren Blütenästchen im Mai eine flache, tellergroße Dolde weißer Blümchen mit rosiger Spitze bilden, welche einen starken Bittermandelgeruch entwickeln. Seine Blätter bestehen aus 5—13 eiförmigen, wie eine Lanze zugespitzten, gesägten Blättchen: die kriechende Wurzel ist ziemlich lang und stark. Im Herbste trägt der Attich einen Korb prächtiger, schwarzer Beeren auf dem Kopfe, die säuerlich-süß und etwas schleimig schmecken.

Selten findet man den Zwergholunder einsam. Gewöhnlich hat er eine ganze Genossenschaft bei sich, die eine kleine, abgeschlossene Welt bildet, in der nur die graubärtigen geschäftigen Heinzelmännchen fehlen, um sie zu beleben. Statt ihrer aber hüpft die muntere Grasmücke zwischen den Stauden; auch die stets eilige Eidechse klettert manchmal in die Dolden, um nach Insekten zu jagen, und die dicke Hummel fegt brummend von Blüte zu Blüte.

Diese Blüten aber haben für uns nichts Anziehendes, da sie höchst unangenehm und scharf riechen und einen ungünstigen Eindruck von der Pflanze geben. Wir würden jedoch unrecht haben, uns hiervon bestimmen zu lassen, denn der Attich ist keineswegs eine uns feindlich gesinnte Staude, sonst müßte ihn ja sein Bruder, der Holunder, verleugnen! Er dient uns im Gegenteile sehr gerne, und gerade sein ungemein starker Geruch läßt aus ebenso kräftige innere Eigenschaften zugunsten unserer Gesundheit schließen, was auch wirklich der Fall ist.

1. Attich (Sambucus ebulus, L.) [Zwergholunder]. a) Fruchtzweig: b) Blüte; c) Frucht (vergrößert).

# Anwendungen.

Diese Heilkräfte liegen hauptsächlich in der Attichwurzel, welche in günstiger Weise wassertreibend auf die Nieren wirkt.

1. Darum kann der Attichwurzeltee bei Wassersucht, namentlich Bauchwassersucht, nicht genug empfohlen werden.

2. „Auch bei anderen Zufällen im Unterleib, die von schlechten Säften herrühren, wirkt er gut; er scheidet die Säfte durch den Urin aus“ (Kneipp).

3. Die Beeren geben das heilkräftige „Attichmus“, das noch wirksamer als das Holundermus ist.

Die Wurzeln müssen im Spätherbste, wenn sich die Säfte recht in sie zurückgezogen haben, gesammelt und an der Luft getrocknet werden. Man bewahrt sie nun entweder ganz oder zu Pulver zerstoßen auf. Denn auch das Pulver gibt den gleich wirksamen Tee, wenn man zu einer kleinen Tasse eine gute Messerspitze voll davon nimmt. Gebraucht wird er morgens und abends oder zu andern Zeiten des Tages, jedenfalls aber zweimal und je 1 kleines Tässchen.

*

Wir sehen, daß der Attich zwar nicht vielfältig, aber desto kräftiger in seinen Heilwirkungen ist, sowie er für die Sinne auch wenig Anziehendes, für unser Wohlbefinden aber um so schätzbarere und nützlichere Eigenschaften besitzt, ähnlich manchen Menschen, die wir erst lieben, wenn wir ihren innern Wert erprobt haben. Diesen Wert schreiben wir hingegen manchmal andern Personen und Dingen sozusagen schon auf den ersten Blick zu, ohne uns Rechenschaft über dieses plötzliche Vertrauen geben zu können. Manchmal auch findet sich dies bestätigt, wie gerade jetzt. Oder täusche ich mich etwa, wenn ich zu bemerken glaube, wie eure Blicke bewundernd auf dem fast mannshohen, prächtigen Strauche ruhen, über welchen der Frühling ein ganzes Füllhorn goldener Schmetterlinge ausgegossen zu haben scheint? — Weithin schimmert und leuchtet die Pracht seiner Blüten und verrät ihn als

## den Ginsterstrauch,

der in der Botanik als Besenginster oder Pfriemenkraut, im Gegensatz zu andern Ginsterarten, bezeichnet wird. Pflückt einmal einen Zweig davon ab und beseht ihn euch. Vor allem werdet ihr bemerken, wie die holzigen, rutenförmigen Äste kantig-rund sind; dann kennzeichnen diesen Strauch weiter die unten stärker, oben schwächer weichbehaarten, länglichen, ganzrandigen Blätter, welche gegen das Ende der Ruten hin immer kleiner werden und nach und nach den Blattstiel gänzlich verlieren, so daß sie aus gestielten zu sitzenden Blättern werden. Aus den im Mai und Juni reichlich erscheinenden Schmetterlingsblüten entwickelt sich bis zum Herbste der in Hülsen eingeschlossene Same. Darum zählt der Ginster in die Ordnung der Hülsenfrüchtler und in die Familie der Schmetterlingsblütler.

Lockt uns indessen auch die Pracht der Blumen, so tun wir doch wohl daran, ihr nicht zu trauen, denn der Besenginster hat mit der Attichstaude den unangenehmen, ekelerregenden Geruch und den widrig bittern Geschmack gemein. Schließen wir von diesen gleichen äußerlichen auf ebensolche gemeinsame innere Eigenschaften, so findet sich die Gleichheit ebenfalls wieder im allgemeinen bestätigt, wenn schon das Pfriemenkraut, bei uns wenigstens, nur selten mehr arzneiliche Verwendung als Heilmittel erhält. Wir sollen und können natürlich nicht ein Heilkraut gegen dieses oder jenes Leiden in jeder Pflanze erblicken, denn nicht jede hat die Bestimmung, uns unmittelbar in dieser Weise zu dienen, obwohl sie es mittelbar alle tun; wo aber entschiedene Heilkräfte obwalten, da dürfen wir sie auch nicht verachten, ohne Gefahr zu laufen, uns einer wirklichen Hilfe zu berauben, die uns von unschätzbarem Nutzen sein kann. Selbst ein und dieselbe Krankheit stellt sich ja oft in so verschiedener Weise und mit so vielen Varianten dar, daß das gleiche Heilmittel nicht jederzeit

1. Ginster (Genista, G. tinctoria, G. germanica.) [Besenginster, Pfriemenkraut]. a) Blüte; b) Samen (vergrößert). — 2. Hauhechel (Ononis Spinosa, L.) [Heuhechel, Ochsenkraut, Hechelkraut, Weiberkrieg]. a) Blüte; b) Frucht (vergrößert).

für jede Natur und in allen Fällen angewendet werden kann. Deshalb gab uns Gott eine solche Mannigfaltigkeit schon in ein und derselben Art von Heilkräutern. Darum auch dürfen wir weniger gebräuchliche Pflanzen nicht unbeachtet übergehen, selbst wenn wir sie nur als Ersatz betrachten wollen.

Das Pfriemenkraut, welches ich nicht rühmen will wegen seiner ihm fälschlich zugeschriebenen Kraft gegen die Wasserscheu, besitzt in Wirklichkeit in seinen verschiedenen Teilen heilende Eigenschaften, die wenigstens des Erprobens wert sind.

## Anwendungen.

Benutzt werden die Blumen und Zweige, sowie auch der Samen.

1. Ein Absud von 15—30 Gramm derselben auf einen halben Liter Wasser kann in rheumatischen, gichtischen und skrofulösen Leiden, sowie auch in chronischen Haut-, Milz- und Leberkrankheiten, wie auch gegen Grieß und Stein bei längerm Gebrauche sehr empfohlen werden, da er auf die Ausscheidungen, namentlich auch auf den Urin, einen anregenden Einfluß hat und darum säfteverbessernd wirkt.

2. Will man ihn bei Wassersucht zu Rate ziehen, so muß die Dosis verstärkt werden. Ein paar Versuche werden alsbald das richtige Maß finden lassen und auch den Beweis liefern, daß der Ginster zu den energischen Bekämpfern dieser Krankheit gehört. Man gebrauche jeden Tag eine kleine Tasse Absud. — Die Blütenzweige werden im Frühjahr, der Samen im Herbste gesammelt und an der Luft getrocknet, nachdem man erstere zerkleinert hat.

Der Besenginster ist hauptsächlich den Forstleuten als lästiges Unkraut verhaßt. Dessen ungeachtet können wir ihn eine königliche Pflanze nennen, denn Gottfried von Anjou erkor sie sich, um den Engländern zu gefallen, denen sie eine Lieblingspflanze ist, zur Helmzier, als er den englischen Thron bestieg, und behielt in der Folge ihren Namen für sich und sein Geschlecht, welches als das der Plantagenets (planta genista) bekannt ist (1154).

Der Ginster nimmt mit dem dürftigsten Boden vorlieb. Würde er daher auf öden Strecken, unfruchtbaren Sandfeldern und dergleichen angebaut werden, so könnten diese dadurch einen Ertrag geben, denn der Ginster liefert gute Besen, ist ein weiches Streumaterial — und trägt vor allem viel zur Bodenverbesserung bei. Außerdem gibt er ein gutes Reisig für holzarme Gegenden, durch dessen Feuerung man eine Asche erhält, die sehr viel Pottasche liefert. Seine Blüten werden zu einer haltbaren gelben Farbe benutzt.

Besehen wir uns also dieses Unkraut näher, wie wir es schon bei andern im Laufe unserer Ausflüge getan haben, so kommen wir immer mehr zur Überzeugung, daß wir unter der verächtlichen Bezeichnung „Unkraut“ nichts anderes erblicken dürfen als eine Pflanze, die dem Menschen da im Wege steht, wo sie wächst, ihm sonst aber großen Nutzen gewähren würde, wenn er sie zu verwerten verstünde oder keinen Ersatz hätte.

Seiner bescheidenen Ansprüche an den Boden und doch so schönen Blumen wegen galt der Ginster in frühern Zeiten für ein Sinnbild der Demut. „Gott aber erhöhet die Demütigen.“ — Sollte diese segensvolle Verheißung nicht auch unserm verachteten Strauche zugute kommen?

*

Ei, seht doch, wie günstig sich unser heutiger Spaziergang für uns gestaltet! Da finde ich schon in voller Blüte eine zu unsern Halbsträuchern gehörende Pflanze, die ihre Knospen sonst erst im Juni erschließt. Gewiß hat sie der geschützte Standort hier am Waldrande um einen Monat zu früh hervorgelockt. Aber der liebe, unverhoffte Frühlingsgast soll uns willkommen, ja doppelt willkommen sein, denn ich erkenne in ihm eine Pflanze, die in bezug auf Heilkraft den beiden vorbesprochenen würdig zur Seite gestellt werden darf. Aber nehmt euch in acht! Unser Sträuchlein ist bewehrt! Es weiß sich so gut zu verteidigen, daß weder Schafe noch Rinder noch Pferde es zu berühren wagen, außer wenn es erst anfängt hervorzukeimen. Denn da sind alle seine Teile weich und grasartig, wie es bei den Halbsträuchern der Fall ist, welche vom eigentlichen Kraute zum Strauche den Übergang bilden. Die Ästchen unserer Pflanze sind etwas behaart und gehen nach allen Richtungen aus; ihre Spitze endet meistens in einem Dorne. Unten am Stengel stehen an einem kurzen Stiele die gezähnten Blättchen zu dreien; gegen das Ende desselben sind sie indessen einfach. Die einzeln oder höchstens zu zweien hervorkommenden roten Blumen haben Schmetterlingsform wie jene des Ginsters; darum sind beide Pflanzen Geschwister. Aus der Blüte entsteht im Herbste eine eiförmige, braune Hülse, die drei Samenkörnlein enthält.

Wir erkennen an diesen Merkmalen

## die Hauhechel (Bild siehe Seite 175),

welche auch Heuhechel, Ochsenkraut, Hechelkraut und Weiberkrieg genannt wird.

Sie wächst nicht nur am und im Walde, sondern auch auf Wiesen und Äckern, wo sie der Bauer nicht gern sieht, weil sie das Heu stachelig und das Pflügen beschwerlich macht.

Wie das Pfriemenkraut könnte sie überall da angebaut werden, wo sonst nichts anderes wächst, denn sie enthält wie jenes hauptsächlich viel Salze und Kalk und würde daher als Dungmittel zur Bodenverbesserung nicht wenig beitragen.

Auch den widrigen Geruch hat sie mit dem Ginster gemein; selbst ihre gegenseitigen Heilkräfte sind die gleichen.

## Anwendungen.

Arzneilich gebraucht wird die Wurzel und das ganze Kraut. Die Wurzel schmeckt anfangs schleimig-süß, dann aber bitter und herbe. Sie wirkt, wie der Attich und Ginster, in sehr energischer Weise auf die Ausscheidungs- und Absonderungsorgane, ohne einen ungünstigen

Einfluß auf die Nieren auszuüben.

1. Darum wird sie mit Recht gegen Blasenstein, Drüsenverhärtung und namentlich Wassersucht empfohlen. Sowohl der Teeaufguß als auch der Absud sind gebräuchlich. Die Dosis ist die gleiche wie beim Ginsterabsud.

Man kann aus der noch frischen Wurzel auch den Saft pressen, diesen mit dem doppelten Quantum Wasser verdünnen und stündlich 2 bis 3 Löffel voll davon nehmen.

2. Der Absud der Wurzel heilt auch den Schorf (sog. „Rufen“) der Kinder, wenn man tagsüber öfters die kranken Stellen damit betupft oder Umschläge damit macht. (Muß längere Zeit fortgesetzt werden.)

3. Das Kraut wird namentlich als Blutreinigungsmittel im Aufguß gebraucht.

4. Außerdem wendet man es in starker Dosis bei chronischem Rheumatismus und Gicht mit Erfolg an. In diesen Fällen kann die Wurzel dem Kraute beigefügt werden.

5. Blätter und Blumen geben im Absude ein gegen Halsleiden geschätztes, auflösendes Mittel, sowohl als Gurgelwasser wie auch im Umschlage. Um aber einen dauernd guten Erfolg zu erzielen, muß in allen angeführten Leiden der Gebrauch der Hauhechel längere Zeit fortgesetzt werden.

Die Wurzel wird im Frühjahr oder Spätherbst gegraben, dann gereinigt, zerschnitten und getrocknet. Sie muß wohlverschlossen in Blechbüchsen aufbewahrt werden.

Das Kraut ist in der Blütezeit zu sammeln. Es wird auf die gewöhnliche Weise getrocknet und aufgehoben.

Alle Arten von Hauhecheln besitzen dieselben Heilkräfte.

*

Wir haben es im Augenblicke nicht gerade mit jenen wohlduftenden Pflanzen zu tun, die uns so sympathisch sind. Denn auch das Brüderpaar, das ich an der Waldecke dort erblicke, gehört nicht zu den Gewächsen, womit wir gerne unsere Frühlingssträuße schmücken. Aber wir suchen ja das Gute unter jeglicher Form und dürfen uns daher auch nicht abschrecken lassen, wenn es sich in weniger angenehmer Weise darbietet, als wir es wünschen würden.

## Der Faulbaum und der Kreuzdorn

sind wohl würdig, unsern besten und wirksamsten Heilpflanzen beigesellt zu werden.

Den erstern erkennen wir sehr leicht an seinen vielfach verzweigten Ästchen, deren braune, glatte Rinde weißgefleckt ist. Seine ganzrandigen, gestielten und kurz zugespitzten Blätter stehen wechselweise. Ihr könnt sehen, daß der glockenförmige Blumenkelch außen grünlich, innen gelblichweiß und fünfzähnig ist. Die kleinen Blüten sitzen zu mehreren an den Achseln der Blätter, sie erscheinen im Mai und Juni; ihnen folgen kleine Beeren, welche anfangs rötlich und im Herbste schwarz gefärbt sind und drei rundliche, zähe, knorpelige Samen enthalten. Der ganze Strauch hat einen dumpfwidrigen Geruch, darum wird er auch Stinkbaum geheißen. Da sein Holz die beste Kohle zum Schießpulver gibt, nennt man ihn auch Pulverholz. Ebenso wird er als Wegdorn, Hirsch- und Brechdorn bezeichnet.

Der Kreuzdorn, der zu gleicher Zeit wie der Faulbaum blüht, erreicht wie dieser eine Höhe von 2—4 Meter. Die Rinde seiner Zweige aber ist grau. Was ihn besonders auszeichnet, ist der Dorn, in welchem die jungen Ästchen endigen, und da diese gegenständig sind, d. h. einander gegenüberstehen, so bildet sich meist auf diese Weise ein Kreuz. Die Blätter sind gelbgrün; ihr Rand hat kleine Einschnitte. Die grünlichen Blüten entspringen ebenfalls aus den Blattachseln und bilden kleine Sträuße. Die aus ihnen sich entwickelnde Beere ist erbsengroß, anfangs grün und, wenn sie reif ist, tief schwarz. Der Kreuzdorn eignet sich ausgezeichnet zu lebendigen Hecken und Zäunen. Die Wurzel wird zu eingelegten Arbeiten verwendet, denn sie hat wunderschöne Masern. Aus den unreifen Beeren bereitet man eine Malerfarbe, das Blasengrün.

1. **Kreuzdorn** (Rhamnus cathartica, L.) [Tintenbeere, Amselbeere, Wersenstrauch, Hirsch-, Weg- und Sauerdorn]. a) Frucht; b) Blüte. – 2. **Faulbaum** (Rhamnus Frangula, L.) [Stinkbaum, Purgierbeere, Wegdorn, Pulverholz, Hirschdorn]. a) Blüte; b) Knospe; c) Frucht.

Der Kreuzdorn wird auch Sauer-, Hirsch- und Wegdorn, Kreuz-, Tinten- und Amselbeere und Wersenstrauch genannt.

## Anwendungen.

Faulbaum und Kreuzdorn liefern beide höchst schätzbare Heil-, namentlich aber Abführmittel. Vom erstern wird hauptsächlich die bitter und zusammenziehend schmeckende Rinde gebraucht.

Der Kreuzdorn aber gibt uns seine herbbittern und widerlich schmeckenden Beeren zur arzneilichen Verwendung.

Rinde und Beeren wirken stark abführend.

Die Rinde des Faulbaums darf nur in getrocknetem Zustande, und erst nachdem sie mindestens ein Jahr gelegen hat, zur Anwendung kommen, da sie im andern Falle zu heftig wirken und nicht nur sehr schmerzenden Stuhlgang, sondern auch Erbrechen hervorrufen würde.

1. Sie wird im Teeaufguß von 5—10 Gramm Rinde auf eine Tasse Wasser gebraucht und morgens nüchtern getrunken.

2. Pulverisiert kann sie in sehr angenehmer Art zu 2—3 Gramm Pulver mit ein wenig Honig oder Eingemachtem genommen werden.

3. Auf diese Weise ist sie selbst für Kinder leicht zu nehmen und, da sie zugleich auch wurmwidrig ist, sehr vorteilhaft für sie. Aber die Dosis muß angemessen kleiner sein.

Überhaupt ist zu merken, daß es immerhin besser ist, bei stark wirkenden Mitteln mit schwächern Gaben anzufangen, als vielleicht unangenehme Folgen durch einen zu großen Eifer hervorzurufen. Im ersten Falle kann das Versäumte ja immer wieder nachgeholt werden.

Köhler empfiehlt, dem Faulbaumtee stets ein wenig Glaubersalz beizufügen.

4. Äußerlich angewendet, soll die Wurzel, in Essig und Wasser stark abgekocht, die Räude und andere ähnliche Krankheiten der Haustiere heilen.

*

1. Die Kreuzdornbeeren werden in verschiedener Form angewendet. Meistens jedoch wird aus ihrem Safte der „Kreuzbeerensirup“ gemacht und als geschätztes Abführmittel gebraucht.

2. Nach Ulsamer wird er aus folgende Weise bereitet: „Man nimmt 600 Gramm frische und vollkommen reife Beeren und dazu 1 Kilo Zucker und kocht die Masse bis zur Sirupdicke ein. Die Farbe sei violettrot.“ Oder: „Man nehme gute reife Beeren, die anfangs Oktober gesammelt und halb zerstoßen werden. Dann schüttet man diese Masse in einen gut glasierten Topf, deckt ihn zu und läßt ihn acht Tage lang an einem warmen Orte stehen. Dann preßt man die Beeren aus, seiht den Saft durch ein Tuch, mischt der Flüssigkeit Zucker oder Honig bei, fügt dem Ganzen etwas Zimtrinde, Melken, Ingwer zu und kocht alles bis zur Sirupdicke ein. Erkaltet füllt man diese Latwerge in Einmachgläser oder in einen gut glasierten Hafen.“ Hiervon genügt ein kleiner Eßlöffel voll für Erwachsene und für Kinder ein Tee-(Kaffee-)löffel voll, um schmerzlos abzuführen.

3. Man kann auch einen Absud von 10—15 Beeren auf einem halben Liter Wasser machen. Oder:

4. Dreißig Gramm Sirup in 150—180 Gramm Wasser für Erwachsene, 8—12 Gramm in 90—100 Gramm Wasser für Kinder auflösen und stündlich zwei Eßlöffel voll davon nehmen. (Ulsamer.)

5. Auch der Samen führt ab, wenn er vorher leicht geröstet und dann gepulvert zu 2—5 Gramm in Honig oder Eingemachtem verabreicht wird.

6. Außerdem kann er im Absude zu 5—10 Gramm auf ungefähr einen halben Liter Wasser gebraucht werden.

Die Faulbaumrinde muß im Frühjahre, vor der Blüte des Baumes, von den zwei- bis dreijährigen Zweigen gesammelt werden.

Die Beeren des Kreuzdorns werden im Oktober gepflückt und entweder zu Sirup gekocht oder getrocknet, um im Absude gebraucht zu werden. Das Trocknen oder vielmehr Dörren geschieht im Back-

oder Bratofen.

*

Wir verlassen nun die sehr beachtenswerten, aber wenig anziehenden Kreuzdorngewächse und wenden uns einem schönen, freundlichen, ein paar Meter hohen Strauche zu, der häufig in ihrer Nachbarschaft wächst, aber auch in Gartenanlagen gepflanzt wird. Obwohl mit einem zusammengewachsenen, dreifachen Dorne bewaffnet, ist er doch äußerst harmlos und bietet im Mai und Juni, wenn er sich mit seinen blaßgelben hängenden Blütentrauben schmückt, und im Herbste, wenn seine walzenförmigen Beeren sich röten, einen reizenden Anblick dar. Die kleinen, eiförmigen und gesägten Blätter haben Stiele und bilden stets einen Bündel oder Strauß.

Ihr wißt schon, daß es

## der Sauerdorn (Bild siehe Seite 139)

oder die Berberitze ist, die ich meine. Warum sollten wir diesen Strauch auch nicht kennen! Er ist uns ja schon aus den Tagen der Kindheit vertraut, wo wir seine „Würstchen“, wozu wir die Beeren stempelten, in unsern „Krämerläden“ feilboten und sie auch ihres angenehm säuerlichen und erfrischenden Geschmackes wegen gerne aßen.

Der Sauerdorn besitzt neben seinen vielen angenehmen und nützlichen Eigenschaften auch eine Eigentümlichkeit und einen Fehler. Jene besteht in der ausfallenden Reizbarkeit seiner Staubfäden, die sich bei der geringsten Berührung an ihrer Innenseite sofort und mit großer Schnelligkeit gegen den Stempel hin bewegen. Übrigens ist er nicht die einzige Pflanze, welche eine solche Empfindlichkeit zeigt. Wir dürfen uns nur an die Mimosa oder Sinnpflanze (Mimosa pudica) erinnern, die wir gewiß schon in Treibhäusern gesehen haben. Freilich liegt in dieser außergewöhnlichen Bewegung einzelner Pflanzen kein wirkliches und gesteigertes Gefühl, wie wir fast glauben möchten; allein sie trägt gerade bei der Mimosa und der Berberitze etwas so Stolz-Schamhaftes an sich, daß wir unwillkürlich davon ergriffen und gerührt werden.

Der Fehler des Sauerdorns ist, daß er dem rostfarbenen „Berberitzen-Staubschwamm“ auf seinen Blättern gerne Herberge gibt, welcher, auf das Getreide übergehend, den „Getreiderost“ erzeugt. Darum ist es gut, unsern Strauch aus Hecken fernzuhalten, welche Felder umgrenzen. Außerdem eignet er sich schon deswegen nicht zu lebendigen Zäunen, da er von unten die Äste verliert und, etwas unduldsam, keine andere Pflanze zu seinen Füßen leidet! Wir würden unrecht haben, wenn wir die Berberitze als einen für die Zwecke unserer Hausapotheke gleichgültigen und unnützen Strauch betrachten würden. Denn, wenn sie uns auch in ihren Blättern und Beeren sowie auch in der Rinde nicht gerade Heilmittel liefert, die so tief in unsern Organismus eingreifen, daß wir ihnen nächst Gott unsere wieder neu befestigte Gesundheit verdanken müssen, so bietet sie uns doch immerhin jene Durst, Hitze und Schmerzen lindernden Zubereitungen, welche von den Kranken so sehr und mit Recht geschätzt werden! Hören wir also, inwiefern der Sauerdorn dem Leidenden zu nützen vermag!

## Anwendungen.

1. Die Beeren, welche namentlich Zitronen- und Apfelsäure enthalten, geben sowohl frisch als gedörrt einen Kühltrank, welcher der Zitronenlimonade in manchen Fällen vorgezogen werden darf. Er leistet namentlich bei Typhus, Gallen- und Entzündungsfiebern gute Dienste.

Er wird bereitet, indem man den Saft aus den frischen Beeren auspreßt und ihn mit Zuckerwasser verdünnt. Getrocknete Beeren, die alle ihre Eigenschaften behalten, werden zerstoßen, mit warmem (lauem) Wasser übergossen, nach einiger Zeit durchgeseiht und die so erhaltene Flüssigkeit gezuckert und getrunken.

2. Auch der Blätterabsud kann anstatt der Beeren zu den gleichen

Zwecken verwendet werden. Er bessert und heilt auch leichtere Ruhrzustände. „Jene Personen aber, welche an Magenschmerzen infolge von Erkältung und Blähung leiden — und solche, die schwer atmen, sollen die Berberitzensäfte meiden," sagt ein Arzt.

3. Der Saft stillt Erbrechen, den zu starken Monatsfluß und kann, wie der Blätterabsud, auch bei der Ruhr verwendet werden. Er tötet ferner die Würmer und fördert den Appetit. Als Mundwasser stärkt er das Zahnfleisch und befestigt die Zähne. Beeren- und Blätterabsud zusammen sind gut gegen den Skorbut.

4. Die zweite, bitterschmeckende Rinde der Zweige und namentlich die Wurzel wirken stärkend und blutreinigend. Sie leisten bei Leberleiden, Gelbsucht, Verstopfung, Nierenkolik und allen Krankheiten der Nieren und Harnwerkzeuge gute Dienste. Ihrer milden Wirkungen wegen können sie auch hauptsächlich bei Kindern empfohlen werden, deren Organismus einer Kräftigung und Reinigung bedarf. Immerhin aber muß das Mittel längere Zeit hindurch fortgesetzt werden. Man gibt es in Tee- oder Absudform.

Aber unser freundlicher Sauerdorn, der dornig und sauer ist und daher seinen Namen wohl verdient, findet nicht nur in der Hausapotheke, sondern auch in der Haushaltung und Industrie Verwendung.

Denn die Köchin weiß seine Beeren in Zucker einzumachen, Küchlein daraus zu backen und Punsch damit zu brauen.

Wurzeln und Zweige aber färben Faden, Leder und Baumwolle gelb. — Mit Alaun geben die Beeren eine rote Tinte und die zerstoßenen Blüten das „Leberrot".

Wir tun wohl daran, die jungen Blätter jetzt, zur Frühlingszeit, zu sammeln, um sie zu unserm Bedarfe aufbewahren zu können.

Die Beeren erntet man im Herbste und trocknet sie an der Sonne; sie schrumpfen hierbei ein.

Wer Berberitzenrinde seinen Hausmitteln beifügen will, der sammle sie von den jungen Zweigen und den Wurzeln im ersten Frühjahre und trockne sie aus die gewöhnliche Weise.

Pfarrer Kneipp hielt viel auf den Sauerdorn.

*

Lenken wir nun unsere Blicke auf die zu unsern Füßen sich ausbreitende Blumenmosaik. Denn die Stauden und Sträucher verdienen nicht allein unsere Aufmerksamkeit. Auch der weiche, bunte Teppich, auf dem wir wandeln, bietet des Anziehenden, Kunstreichen und Nützlichen genug, um ihn mit Sorgfalt und Freude zu betrachten.

Seht vor allem, wie sich die hellpurpurfarbige Rachenblüte

## des Helmknabenkrautes

mit jener seines Bruders, des weißen Knabenkrautes, so schön vermählt! Leicht kenntlich sind alle Angehörigen dieser Familie. Aus sechs Blättern ist die Blumenhülle gebildet, wovon sich das mittlere der drei obern, kleinern, helmartig über die Staubgefäß- und Stempelsäule legt. Größer ist die dreigespaltene Unterlippe, deren mittlerer Lappen oft die sonderbarste Form und Gestalt hat, häufig, wie beim Helmknabenkraut, ausgerändelt ist und auch manchmal in einen Sporn endet, wie wir es beim weißen Knabenkraut sehen können. Der Blütenstand bildet immer eine mehr oder weniger lockere Ähre, die sich aus einem kahlen, einfachen Stengel entwickelt, der bis etwa zur Hälfte von lanzettlichen oder ovalen, scheideförmigen Blättern bekleidet wird. Heben wir nun eines unserer beiden Knabenkräuter oder Orchideen mit der Wurzel aus der Erde, so sehen wir, daß die Pflanze in zwei Knollen endigt, wovon der eine dick, frisch und saftig, der andere kleiner und zusammengeschrumpft ist. Der erstere ist der diesjährige und nährt die Pflanze; der andere hat voriges Jahr die gleiche Pflicht erfüllt und ist nun erschöpft. Da man sich früher die Ursache dieser Verschiedenheit nicht zu erklären wußte, so kam der Aberglaube und deutete sie als etwas Wunderbares. Selbst einander ganz entgegengesetzte Eigenschaften sollten die beiden Wurzelknollen

1. Weißes Knabenkraut (Orchis bifolia, L.) [Kuckucksblume, Waldhyazinthe].
a) Blüte. — 2. Helmknabenkraut (Orchis militaris, L.) [Soldatenkraut, Helmblume].
a) Blüte.

besitzen. Diese Meinung wurde noch durch den damals für seltsam und übernatürlich gehaltenen Umstand verstärkt, daß der eine im Wasser untersank, während der andere schwamm! Sicherlich war da der böse Feind im Spiele, und darum erhielt der untergesunkene Knollen mit seinen Wurzelfasern den Namen „Teufelshand“, der andere aber hieß „Marienhand“. Heute lachen wir über die abergläubische Furcht unserer Ahnen, die ihnen so manche bange Stunde bereitet und sie oft verhindert hat, das Schöne und Anziehende in der Natur, aus welcher des Schöpfers unendliche Weisheit und Güte so wunderbar strahlt, richtig aufzufassen und zu genießen. Doch dürfen wir nicht vergessen, daß ihnen die Wissenschaft nicht jene befriedigenden Aufklärungen und Beweise geben konnte, wie sie es heute vielfach zu tun imstande ist.

Wir aber wollen uns an der Pracht unserer beiden Knabenkrautgewächse erfreuen; denn sie gehören zu den schönsten Pflanzen unserer heimischen Flora. Aber ihre über tausend Arten umfassende Familie ist nicht nur bei uns in Europa heimisch; nein, denn sie wächst in ihren herrlichsten Vertretern hauptsächlich in den tropischen Ländern Amerikas. Dort erreichen diese Blumen namentlich in den Urwäldern eine geradezu wunderbare Schönheit in Farbe, Form und Gestalt. Doch auch wir besitzen schon einzelne Gattungen, welche höchst interessant sind, da ihre Blütenform verschiedene Insekten täuschend nachahmt. So haben wir die Mücken-, Spinnen-, Bienen- und Hummel-Orchidee.

Alle diese eigentümlichen Blumen können wir auf Berg- und Waldwiesen im Mai und Juni blühend finden. Den Namen „Knabenkraut“ erhielten die Gewächse dieser Familie deshalb, weil in der heidnischen Zeit bei Umzügen zu Ehren der Göttin Eeres weiß gekleidete und mit Orchideenkränzen geschmückte Knaben den Zug eröffneten.

Das Helm- und weiße Knabenkraut wird auch oft „Kuckucksblume“ genannt, da man auf ihm wie auf noch einigen andern Pflanzen häufig den Schaum der Schaumzikade findet, welchen man ehedem für den Speichel des Kuckucks hielt.

Das erstere führt auch den Namen „Soldatenkraut“, während das andere seines köstlichen Duftes wegen, den es besonders morgens und abends ausströmt, ebenfalls noch mit dem Namen „Waldhyazinthe“ bezeichnet wird.

Von der gefleckten Ragwurz, wie man das Knabenkraut auch nennt, welche braunschwarzbetüpfelte Blätter hat, erzählt der Volksmund folgendes:

„Als die Mutter des Heilandes unter dem Kreuze stand, an welchem ihr göttlicher Sohn verblutete und sie das siebenfache Schwert des Schmerzes durchdrang, da fielen die bittersten Tränen unaufhaltsam wie Bäche aus ihren heiligen Augen. Sie wären von der Erde getrunken worden, wenn nicht ein kleines Kraut zu Füßen der Mutter Gottes ehrfurchtsvoll seine Blätter zu einer Schale ausgebreitet und sie darin aufgefangen hätte. Aber diese Tränen waren so glühend und bitter, daß sie schwarze Flecken darein brannten, welche seither der Pflanze verblieben, die nun „Marienträne“ heißt.“

Wichtig für die Heilkunde sind die Wurzelknollen der Orchideen. Aus ihnen wird nämlich der als Nährmittel bekannte „Salep“ gewonnen, der allerdings zum größten Teile aus dem Morgenlande kommt, jedoch auch in guter Qualität aus den bei uns heimischen Arten der Ragwurz bereitet werden kann und zum Teile wirklich bereitet wird. Hierzu benutzt man vorzüglich das Helm- und weiße, sodann aber auch das gefleckte, breitblätterige und gemeine Knabenkraut. Die frischen Knollen riechen unangenehm; doch verliert sich dieser Geruch beim Trocknen fast gänzlich. Ihr Geschmack ist schleimig und fad. Der Salep wird äußerlich und innerlich gebraucht.

## Anwendungen.

1. Als leicht verdauliches Nährmittel, das magenstärkend und kräftehebend wirkt, wird der Salep namentlich nach schweren Krankheiten oder bei Schwindsucht, Skrofeln, Durchfall, Ruhr, Magenkrankheiten

usw. verordnet. Doch darf man sich nicht einbilden, daß er zur Ernährung Gesunder genügend oder wohl gar vorzüglicher als andere Nahrungsmittel ist, wie man es manchmal in den verschiedenen Anzeigen-Anpreisungen lesen kann. In der Hand des erfahrenen Arztes aber, der ihn anwendet, wo er wirklich nützlich wird, da gibt er freilich ein schätzbares Mittel zur Wiedererlangung der Gesundheit.

2. „Gegen den Durchfall kleiner Kinder bereitet man aus dem Pulver der Knollen den Salepschleim in der Weise, daß man 1 Messerspitze Saleppulver mit 1 Teelöffel kaltem Wasser anrührt. Darüber gießt man dann unter Umrühren 1 knappe Tasse kochendes Wasser." (Köhler.) Anders darf dieser Salepschleim nicht bereitet werden. Also niemals kochen!

3. Der zu Brei zerquetschte Knollen wirkt, als Umschlag auf Geschwulste gelegt, sehr beruhigend und schmerzstillend.

Die Knollen werden nach der Blütezeit, gegen den Herbst hin, aus der Erde genommen, wobei zu bemerken ist, daß nur die saftigen, frischen, welche bestimmt sind, die Pflanze im kommenden Jahre zu nähren, Wert haben. Sie werden nun gereinigt; ist hierbei eine Abwaschung mit kaltem Wasser nötig, so geschehe es schnell. Dann taucht man sie einige Minuten in kochendes Wasser, reiht sie hierauf an Schnüre und trocknet sie an der Luft. Sind die Knollen richtig behandelt worden, so werden sie durchscheinend und hornartig und können lange Zeit aufbewahrt werden.

*

Viele ausländische Orchideenarten werden mit großer Sorgfalt in unseren Treibhäusern gezogen; denn sie sind in den letzten Jahren zu „Modeblumen" geworden, welche oft um einen hohen Preis erstanden werden. Wenn wir sie jedoch auch ihrer Fremdartigkeit und Farbenpracht wegen anstaunen, so können wir uns dennoch nicht mit ihnen befreunden. Selbst unsere europäischen Arten, trotzdem sie eine hohe Zierde der heimischen Wiesen und Wälder bilden und vielen medizinischen Wert haben, vermögen uns nie so anzusprechen und uns so vertraut zu werden wie zum Beispiel die bescheidene, freundliche, kleine

## Kreuzblume,

auch Ramsel, Milchblümchen, Hahnenkopf und Natterblume geheißen, welche ihre spannenhohen weichen Blütenähren, die auf eine Seite hingeneigt sind und vom Azurblau durch Lila in das Rote übergehen, so hübsch in den Blumenteppich zu weben weiß.

Es gibt indessen auch weißblühende Kreuzblumen. Obwohl die Pflanze überall auf kalkhaltigem Boden wächst, so findet man sie doch besonders häufig auf Anhöhen und Waldpfaden des Donaugebietes, wo sie vom Mai bis gegen den August hin blüht.

Ihre holzige Wurzel treibt gewöhnlich bald über der Erde mehrere Stengel, um welche sich die eiförmigen Wurzelblätter nestartig lagern. Der Stengel selbst ist mit kleinern Blättern wechselständig bis zur Blumenähre bekleidet. Die Blume sitzt in einem fünfblätterigen Kelche; ihre Krone ist dreiblätterig, wovon das untere Blatt ein Schiffchen bildet, das an seinem Ende fransenartige Lappen hat. Doch nicht immer zeigt das Kräutlein die gleichen Merkmale; darum unterscheiden die Botaniker verschiedene Abarten, die jedoch alle ein und dieselbe Pflanze sind und ausgezeichnete Heilkraft besitzen. Wohl ist die Ramsel geruchlos und ihre Bitterkeit sehr stark. Wer aber möchte diese nicht über sich ergehen lassen und segnen, da sie so wohltuende, heilende Wirkungen erzeugt? Denn die Kreuzblume gehört zu den kräftigsten Brustmitteln, die es gibt und verdient auch bei Magenleiden und Wassersucht unsere Beachtung.

### Anwendungen.

Das ganze Kräutlein samt der Wurzel kommt in Gebrauch. Er wirkt stärkend und anregend und beeinflußt besonders in sehr günstiger Weise die Schleim- und Wasserabsonderung.

1. Darum ist ein Absud bei Lungenverschleimung, altem Katarrh,

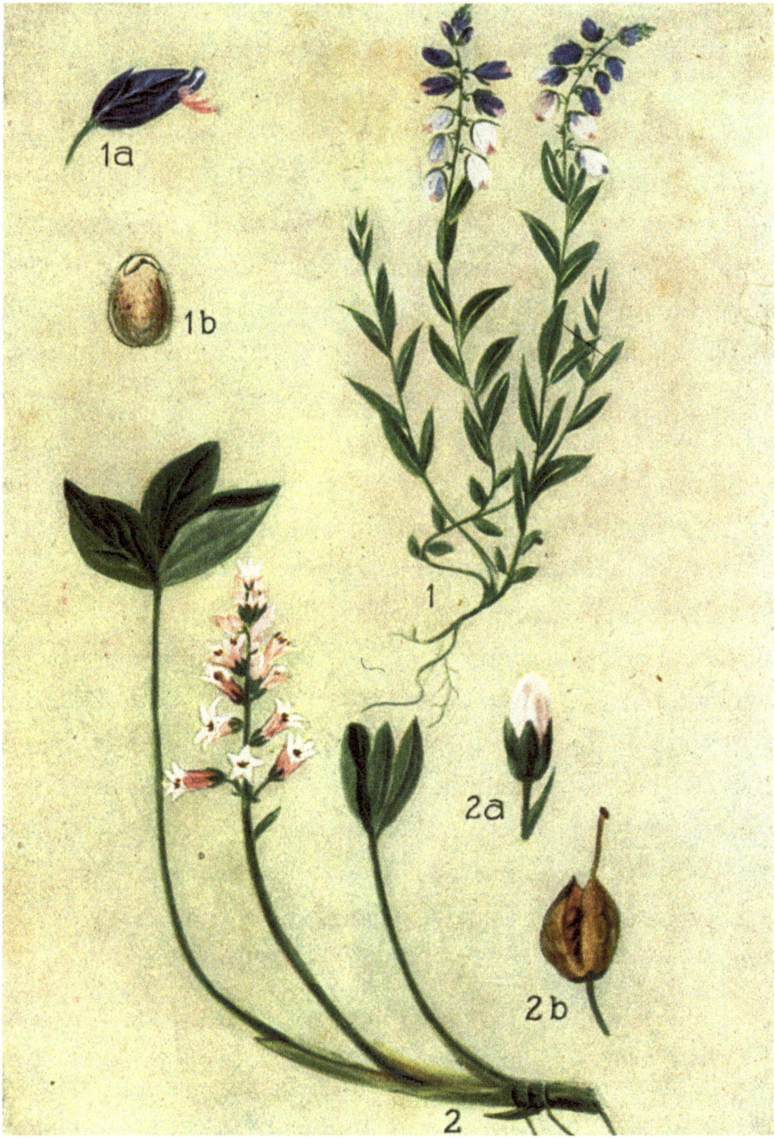


1. Kreuzblume (Polygala amara, L.) (Bittere Ramsel, Milchblume, Hahnenkopf, Himmelfahrtsblume]. a) Blüte; b) Samenkapsel (beides vergrößert). — 2. Fieberklee (Menyanthes trifoliata, L.) [Bitter-, Sumpf-, Wasser-, Biber- und Magenklee, Zottenblume]. a) Blüte; b) Samenkapsel.

bei Schwindsucht und überhaupt allen Lungenleiden von größtem Nutzen für den Kranken, wenn er jeden Tag morgens und abends eine Tasse davon trinkt. Dieser Absud darf ziemlich stark gemacht werden.

2. Wer die Kreuzblume als magenstärkendes Mittel gebrauchen will, der übergieße eine Handvoll des zerschnittenen Krautes mit einem halben Liter guten Wein, lasse das Ganze wohlverschlossen einziehen und filtriere es nach 10—14 Tagen. Dieser Wein kann jedoch — ohne abgeseiht zu werden — auch schon nach 2—3 Tagen in Gebrauch kommen, indem man täglich einige Löffel voll davon genießt. Die allzu große Bitterkeit des Ansatzes kann jederzeit durch Nachgießen von frischem Wein vermindert werden.

3. Bei Wassersucht ist der Kreuzblumenabsud zu empfehlen. Die ganze Pflanze wird zur Zeit ihrer Blüte, also im Mai, wo sie am kräftigsten ist, eingesammelt, an einem warmen, aber schattigen Orte getrocknet und entweder ganz oder zerschnitten aufbewahrt.

Die Chinesen wenden die Kreuzblume mit Erfolg gegen die Wasserscheu an. Allerdings mag die bei ihnen wachsende Pflanze kräftiger sein als die unsere. Denn auch aus Amerika erhalten wir die „Senega-Kreuzblume“, welche anstatt unserer einheimischen in den Apotheken zur Verwendung kommt, da ihre Wirkungen sicherer und durchgreifender sein sollen. Außerdem gibt es ausländische Arten, die unsern schönsten Ziergewächsen beigezählt werden dürfen.

Eine ebenso bittere, ebenso heilsame, aber noch schönere Pflanze als die Kreuzblume ist

## der Bitterklee (Bild siehe Seite 193)

oder die Zottenblume. Seiner Wirkungen wegen wird er auch Fieber- und Magenklee und von seinem Standorte Wasser- und Sumpfklee genannt.

Er liebt einen moorigen und feuchten Grund, weshalb er oft auf Torfwiesen, aber auch an Wassergräben und sonstigen sumpfigen Stellen durch die ganze nördliche Erdhälfte gefunden wird, wo er manchmal — wie an diesem Teiche hier — ganze Gruppen bildet.

Der Bitterklee wird leicht erkennbar an seiner Blüte, die eine lockere, aufrechtstehende Traube ist und einer Hyazinthe gleicht. Die einzelnen Blumen sind trichterförmig und fünflappig. Ihre Farbe ist weiß mit rötlichen Schattierungen.

Aus dem hohlen, liegenden Wurzelstocke steigen wenige langgestielte, glatte Blätter auf, welche dreizählig sind und dadurch einem großen Kleeblatte ähneln.

Diese Pflanze blüht oft schon im ersten Frühjahr, häufiger jedoch von Mai bis Juni und manchmal sogar ein zweites Mal im Herbste.

Der Fieberklee ist überall, wo er wächst, um seiner ausgezeichneten Eigenschaften willen geschätzt. Alle Tiere fressen ihn gern, zumal kranke und angeschossene, die ihr Instinkt zu diesem heilenden Kraute hinleitet, das ihnen die Gesundheit wieder gibt. Auch die Bienen holen sich gerne Honig aus seinen Blüten. In Lappland wird Fieberkleewurzel sogar dem Brotteige beigemischt; auch wird sie oft anstatt des Hopfens beim Bierbrauen, besonders in England, gebraucht.

## Anwendungen.

In der Heilkunde werden die sehr bittern Blätter verwendet, welche gegen Magenschwäche, Verdauungsstörungen, Bleichsucht, Gelbsucht, Skrofulose, Gicht, Wassersucht, Hypochondrie (Melancholie) und Wechselfieber geschätzte Mittel liefern.

1. Wer also an Verdauungsschwäche und schlechten Magensäften leidet und einer gründlichen Blutreinigung bedarf, der kann sich Heilung beim Bitterklee holen, wenn er täglich 1—2 Tassen Tee von diesem Kraute trinkt.

2. Dieselben Dienste leistet der sogenannte „Bittere Geist“, der aus Bitterklee, welcher in Branntwein angesetzt wurde, besteht. Man kann das Kraut übrigens auch, wie jenes der Kreuzblume, in Wein einweichen.

3. Gegen Wechselfieber wird hauptsächlich der ziemlich starke Absud gebraucht, wovon man zwischen den Fieberanfällen trinkt. Diesem Absud darf man auch zur Hälfte Weidenrinde beigeben, da diese gegen Fieber besonders wirksam ist. (Siehe Silberweide.)

4. Selbst bei Lungenkrankheit, bei der Gelb- und Wassersucht kann der Bitterkleeabsud nicht ohne Vorteil getrunken werden.

5. Er stellt die Regelmäßigkeit der Periode der Frauen wieder her.

6. Auch bei Augenentzündungen, bei Geschwüren und dergleichen leistet er gute Dienste, indem man tagsüber öfters die kranken Augen und Geschwüre damit betupft und des Nachts Umschläge macht. Doch soll der Absud immer gut lauwarm sein; auch müßte des Nachts aus den Umschlag ein warmes wollenes Tuch gebunden werden, um eine Erkältung zu verhüten.

7. Kranken Haustieren, namentlich schwindsüchtigen Schafen, mischt man das frische Kraut (ohne die Blüte) unter das Futter.

Die Blätter werden im Juni, wenn sie vollständig entwickelt sind, gesammelt und getrocknet aufbewahrt.

Der Bitterklee gehört in die heilkräftige Familie der Enziangewächse, auf die wir noch öfters zurückkommen werden. Alle ihre Angehörigen zeichnen sich durch große Bitterkeit, sowie durch magenstärkende und fieberhebende Eigenschaften aus.

*

Eine andere, ebenfalls bitter, aber zugleich auch aromatisch schmeckende Pflanze, welche wir hier an diesem Waldteiche noch sammeln können, ist

## der Kalmus.

Der einfache Mann nennt ihn Ackermann und Magenwurz: sonst heißt er auch „deutscher Zitwer". Von allen bisher besprochenen Pflanzen weicht er vollständig ab. Denn er hat bis 1½ Meter lange schilf- oder schwertförmige, tiefgrüne Blätter, die aus einem liegenden,

1. Kalmus (Acorus Calamus, L.) [Magenwurz, deutscher Zittwer, Ackermann].
a) Blütenlängsschnitt.

fingerdicken, knotigen Wurzelstock scheideförmig entspringen. Der fast ebenso lange Blütenschaft hat Kanten und endet blattförmig. Etwa auf der Hälfte seiner Höhe bildet sich seitlich ein fingerlanger, reichlich blütentragender, grüner Kolben. Die einzelnen Blumen, welche sehr klein sind, haben eine grünlich- bis bräunlichgelbe Farbe.

Der Kalmus blüht erst von Ende Mai oder anfangs Juni bis Juli, darum sind nur einige verfrühte Blümchen an unserm Exemplare erschlossen. Er ist kein heimisches Gewächs, sondern soll aus Indien stammen, von wo ihn Mönche im 15. Jahrhundert seiner Heilkräfte wegen mitgebracht haben. Nun trifft man ihn häufig an sumpfigen, stehenden Gewässern und an Teichen. Sein Samen, in einer rötlichen Beere bestehend, reift selten bei uns.

Früher benutzte man den Kalmus auf Schiffen zur Verbesserung des Trinkwassers. Schnupfer legen heute noch gerne einige Wurzelstückchen davon in ihre Dose. Auch erzählt man sich von außergewöhnlich alt gewordenen Leuten, die ihr hohes Alter der stärkenden Wirkung des Kalmus zuschrieben, den sie ihrer übrigen Nahrung regelmäßig beigaben. Der Glaube an seine große Heilkraft war übrigens in früherer Zeit so stark, daß man sich einbildete, ein Stück Kalmuswurzel, das man sich um den Hals hing, könne vor Krankheiten — namentlich ansteckenden — schützen.

Die Wurzel, die allein zur arzneilichen Verwendung kommt und außen grünlichbraun, innen milchweiß und weich ist, ist mit einem ätherischen Öle gesättigt und enthält außerdem noch hauptsächlich bittern Extraktivstoff. Sie wirkt erwärmend, anregend und stärkend.

## Anwendungen.

1. Innerlich gebraucht — sei es in Tee- und Pulverform oder auch im Ansatze — erstreckt sich die Tätigkeit des Kalmus zunächst auf den Magen, den er erwärmt, stärkt und zur Tätigkeit anregt, wodurch die Verdauung befördert und Appetit hervorgerufen wird. Hierdurch

werden auch die Magensäfte verbessert, Blähungen, Gase und Säuren beseitigt. Sein Gebrauch ist also bei allen Magenübeln und Krankheiten, die sich auf solche zurückführen lassen und ihren Ursprung oft daher haben, wie Melancholie, Hypochondrie usw., zu empfehlen.

2. Infolge dieses günstigen Einflusses auf die Verdauungs- und Ernährungsorgane bewirkt er auch einen kräftigern Blutumlauf und Stoffwechsel überhaupt, wodurch eine Verbesserung des Blutes hervorgerufen wird. Darum ist er ebenfalls bei skrofulösen Krankheiten, namentlich der Kinder, sodann bei Bleichsucht, Skorbut, bei Gicht, Lähmungen und Schwächezuständen, die durch Blutflüsse usw. hervorgerufen wurden, ja auch bei Wassersucht, von ausgezeichnet guter Wirkung.

3. Auch heilt er Fieber, namentlich Wechselfieber. Sein regelmäßiger Gebrauch beugt diesem letztern, besonders in sumpfigen Gegenden auch vielfach vor.

4. Äußerlich wird der Kalmus zu Bädern und Waschungen bei Bleichsucht, Gicht, Skrofeln und Lähmungen mit der innerlichen Kur verbunden.

5. Ebenso kann er bei Krebs und Knochenfraß, sowie auch bei brandigen Geschwüren als Pulver auf die Scharpie gestreut werden, wobei dann das Ganze noch mit Weingeist oder gutem Branntwein befeuchtet werden muß. (Ulsamer.)

Zu Kalmustee nimmt man auf eine Tasse 3 bis 4 Gramm Wurzeln, über welche heißes Wasser oder heißer Wein gegossen wird.

Das Pulver gebraucht man in etwas Honig oder Eingemachtem, oder auch wohl auf einen Löffel Suppe gestreut, in einer Dosis von 2—6 Gramm täglich über einmal oder öfters genommen.

Zur Tinktur oder zum Ansatze übergießt man ungefähr 60—80 Gramm zerkleinerte Kalmuswurzel mit 1 Liter gutem Weingeist, Kornbranntwein oder Wein, läßt das Ganze ein paar Tage stehen, seiht es durch und nimmt täglich öfters einen Löffel voll davon, oder gießt eine Anzahl Tropfen auf ein Stückchen Zucker.

Zu einem Bade macht man einen starken Absud von 50—60 Gramm Wurzel oder noch mehr und gießt ihn in das übrige Badwasser.

Kleinere, örtliche Waschungen lassen sich mit der durch Wasser verdünnten weingeistigen Tinktur vornehmen.

Die gepulverte Kalmuswurzel wird häufig dem Zahnpulver beigemischt, da sie das Zahnfleisch stärkt. Auch kauen manche Leute ein Stück dieser Wurzel, wenn sie Zahnweh haben. Ferner wird sie kandiert, d. h. der Konditor überzieht sie mit Zucker. Auch in dieser Form ist sie dem Magen sehr zuträglich.

Bei Durchfall setze man mit dem Gebrauche des Kalmus einige Tage aus.

Im Frühjahre vor der Blattentwicklung, oder im Spätherbste muß die Kalmuswurzel mit einem Haken aus dem Schlammboden herausgeholt werden. Man entfernt dann die Blätter und reinigt die Wurzel. Dann zerschneidet man sie der Länge nach, trocknet sie im Schatten, am besten im nur warmen Backofen, da sie in der frischen Luft rot anläuft und so ihr Ansehen verliert, und bewahrt sie in Glas- oder Porzellangefäßen auf. Vor dem Aufbewahren kann man auch gleich einen Teil davon pulverisieren.

In den Apotheken und Drogerien ist Kalmusöl und -spiritus zu haben, welche zu Einreibungen bei rheumatischen und gichtischen Leiden dienen. Übrigens läßt sich hierzu auch die starke Tinktur anwenden.

Wer des Schöpfers weise Anordnungen auch in den kleinsten seiner Werke erkennen will, der bewundere, wie der Kalmus gerade in solchen Gegenden am häufigsten und liebsten gedeiht, welche durch die Ausdünstungen ihres sumpfigen Bodens den Bewohnern so gefährlich zu werden vermögen. Durch die in ihrer nächsten Nähe wachsende, magenstärkende und fieberheilende Kalmuswurzel aber hat Gott ihnen die Macht gegeben, dem Hauptfeinde ihrer Gesundheit, dem Wechselfieber, zu trotzen. Der Kalmus ist daher ein wahrer Segen für sie.

*

Auch den auf Äckern und Wiesen vom Bauern ungern gesehenen, von der Hausfrau jedoch geschätzten, überall auf feuchtem Grunde wachsenden

## Schachtelhalm

finden wir noch hier am Waldsaume. Hundertmal haben wir das Zinngeschirr damit scheuern sehen, daher ist er uns wenigstens unter dem Namen Zinnkraut oder Katzenwedel wohl bekannt.

Schon auf unserm ersten Ausfluge, als wir das kleine Lungenkraut und die düstere Haselwurz unter dem Gesträuche des Waldrandes suchten, hätte ich euch den astlosen, glatten, rötlichen, oben walzenförmigen Fruchtschaft des Schachtelhalms zeigen können, denn er sprießt schon im ersten Frühlinge hervor. Allein es ist nicht dieser, der uns interessiert. Im Mai und Juni dagegen entwickelt sich aus der Wurzel ein mit vierkantigen, quirlförmig stehenden Ästchen versehener grüner Wedel, der zwar unfruchtbar, aber sehr heilkräftig ist. Dieser ist es, den wir heute pflücken und der dem Kraute Achtung und Ehre in der ganzen Welt verdient.

### Anwendungen.

Der Schachtelhalm enthält äußerst viel Kieselerde und Salze. Darum ist sein Geschmack auch salzig. In seinen Wirkungen ist er wasserabtreibend, indem er die erschlafften oder verschleimten Nieren zur Tätigkeit anspornt, ohne einen schädlichen Reiz auf sie auszuüben, und leicht zusammenziehend.

1. Sein Gebrauch bei Wassersucht, die von Nierenleiden herkommt, ergibt sich daher von selbst. Bei diesem Leiden trinkt man täglich 3—4 Tassen Tee oder Absud zu 1½—2 Gramm Kraut auf die Tasse.

Kinder bekommen eine entsprechend geringere Menge, etwa zwei Tassen voll tagsüber, in kleinern Portionen und regelmäßigen Zwi-

1. Schachtelhalm (Equisetum arvense; E. fluviale; E. hyemnale; E. limosum, L.) [Katzenwedel, Zinnkraut, Schaftheu]. a) Fruchtschaft.

schenräumen. Überhaupt ist zu merken, daß die Gaben bei Kindern ungefähr 1/6 vom 1.—3. Jahre, ⅓ vom 3.—7. Jahre, ½ vom 7.—14. Jahre der angegebenen Maße und Gewichte, besonders bei stärker wirkenden und tiefer eingreifenden Mitteln, betragen sollen. Auch werden sie ihnen in kleinerm Quantum, aber kürzern Zwischenräumen gereicht. Glaubt man es zweckmäßig, die Portionen zu verschärfen, so ist immer noch Zeit, dies zu tun, wenn man sieht, daß es von Nutzen ist.

Ferner ist Zinnkraut-Tee oder -Absud ein ausgezeichnet schmerzstillendes Mittel bei Stein- und Grießleiden. Als ganz unersetzbar und unschätzbar aber empfiehlt ihn Pfarrer Kneipp bei Wasserbeschwerden. Wer solche Leiden hat, der trinke täglich 1 Tasse voll dieses Tees.

3. Blutbrechen und Blutflüsse stillt er oft schon in kürzester Zeit. Darum versäume man nie, seine Hilfe sofort in Anspruch zu nehmen, wenn diese Fälle eintreten.

4. Äußerlich gebraucht, hebt er Nasenbluten, wenn man ihn durch die Nase aufzieht.

5. Auch zu Waschungen, Umschlägen und Dämpfen ist der Schachtelhalm oder Schafthalmabsud sehr zweckdienlich. Damit gewaschen werden faulende, eiternde Geschwüre, Krebsschäden usw. Auch kann man Umschläge auf Wunden mit ihm machen. Blasen-, Grieß- und Steinleiden werden neben der innerlichen Kur mit Zinnkrautdämpfen auch äußerlich behandelt, indem man den Kranken über den dampfenden Absud setzt, so daß die leidenden Stellen beräuchert werden. (Ulsamer.) Pfarrer Kneipp wendet außerdem noch das Zinnkraut-Sitzbad gegen die gleichen Übel an. Es wird bereitet, indem man den Absud bis zu 24—26 Grad R abkühlen läßt und ihn dann in die Sitzbadewanne gießt. Dieses Bad darf eine Viertelstunde nicht überschreiten. (Nach Kneipp.)

Es gibt verschiedene Arten von Schachtelhalmen, wovon alle heilkräftig sind. Doch soll der Ackerschachtelhalm am besten wirken. Es ist derjenige, den wir vorhin gepflückt haben. Den Namen

Schachtelhalm hat das Kraut daher, weil es dazu benutzt wird, um feine Tischler- und Kunstarbeiten abzuschleifen und zu polieren. Jung wird es von Schafen und Pferden gern abgeweidet. Die an der Wurzel des Ackerschachtelhalms befindlichen Knollen sind eßbar und kommen in einigen nördlichen Gegenden auch wirklich zur Verwendung. Das Kraut kann den ganzen Sommer über gesammelt werden.

Wer würde denken, daß in einer so unscheinbaren und verachteten Pflanze solche ausgezeichnet wirksame Kräfte liegen? Fürwahr, die Werke des Herrn sind wunderbar, denn er gibt den Demütigen und Kleinen, was er den Stolzen und Hoffärtigen versagt!

*

Zu diesen Demütigen und Kleinen, die Gott mit seiner besonderen Gunst gesegnet hat, gehört auch der rauhblätterige, rauhbehaarte

## Beinwell (Bild siehe Seite 65)

dessen glockenförmige, gelblich-weiße Blüten, die seitlich in einer gekrümmten Traube niederhängen, aus dem Schilfgrase hier und unter jenem Gebüsche dort so freundlich-bescheiden und etwas träumerisch hervorleuchten. Er ist ein Bruder des Lungenkrautes, und wir dürfen uns daher nicht wundern, daß er wie dieses schattige und feuchte Waldsäume, Hecken und Gräben liebt, obgleich er auch manchmal auf Äckern getroffen wird, wo er sich zu des Bauern Verzweiflung sehr schwer ausrotten läßt.

Der Beinwell, oder die Bein-, Wall-, Milch-, Schmer-, Schmalz- und Schwarzwurz, hat einen fleischigen, rauhhaarigen und kantigen, nach oben verzweigten, 30—60 Zentimeter hohen Stengel. Hauptsächlich leicht erkennbar machen ihn die sich äußerst rauh anfühlenden, eiförmigen, grobgeaderten, sehr zugespitzten Blätter, die ohne Einschnitte, aber längs des Randes etwas gewellt sind.

Aus den Blumen, die zuweilen eine rote, ja dunkelblaue und violette Farbe haben, entwickelt sich eine Frucht, die vier schwärzliche Nüßchen bildet.

Der Beinwell enthält in allen Teilen, namentlich aber in seiner ästigen, außen braunen, innen weißen Wurzel einen geruchlosen, süßlich schmeckenden, schleimigen Saft, welcher besonders für die Lunge sehr heilsam ist, aber auch als schmerzstillendes und reizminderndes Mittel innerlich und äußerlich gebraucht wird. Darum dürfen wir wohl sagen, daß er in seinen Wirkungen ebenso milde wie in seinem Äußern rauh und hart ist.

## Anwendungen.

Obwohl noch manchmal die Blumen zu einem hustenstillenden Tee abgekocht werden, so kommt doch fast ausschließlich nur die Wurzel zur arzneilichen Verwendung. Sie ist auch wirklich der heilkräftigste Teil der Pflanze.

1. Innerlich gebraucht, gibt sie, in Wein gesotten, bei Lungenleiden ein höchst schätzbares, hustenmilderndes, kräftigendes und schleimlösendes Mittel.

2. Der Absud in Wasser stillt Durchfall und Ruhr und beruhigt den Reiz der Schleimhäute überhaupt, wodurch er auch bei Katarrh zu einem mildernden und lösenden Erfolge viel beiträgt. Die Dosis ist 25—35 Gramm Wurzel auf ½ Liter Wasser; sie kann jedoch noch verstärkt werden.

3. Die gereinigte und geschälte frische oder die getrocknete Wurzel, in etwas Wasser abgekocht, zu Brei zermalmt und aufgelegt, ist eines der allerbesten, kühlenden, schmerzlindernden und erweichenden Mittel bei Quetschungen, entzündeten Geschwüren, Rissen und Wunden auch der Tiere. Selbst bei Knochenbrüchen kann dieser Umschlag bis zum Erscheinen des Arztes nur von Nutzen sein.

Den Namen Beinwell oder Beinheil hat die Pflanze zur Zeit erhalten, als man noch glaubte, sie könne gebrochene Glieder wieder heilen. Soweit geht jedoch ihre Heilkraft nicht. Übrigens leistet sie außerdem hinlänglich gute Dienste, um zu verdienen, daß wir im Herbste (etwa im Oktober und November) die Wurzel sammeln und sie unserer Hausapotheke einverleiben.

Die Wurzel wird gut gereinigt, der Länge nach zerschnitten und getrocknet aufbewahrt (siehe Kalmus). Merkwürdig ist, daß der Beinwell vom Vieh verschmäht wird; nur die klugen Bienen wittern, welch gesunde Säfte sie aus seinen Glockenblumen sammeln und dem Honig beifügen können. Darum wissen sie die Pflanze auch recht gut zu finden.

Auch sollten wir nicht ermangeln, die jungen Blätter als Salat oder mit Spinat und Kohl gekocht zu essen, wie es in einigen fremden Ländern der Fall ist.

Die schleimige Abkochung der Wurzel dient zur Zubereitung des Kamelhaares; denn ohne sie ließe es sich nicht verspinnen. Auf Gummilack geschüttet, gibt sie eine karmesinrote Farbe; also ist der Beinheil auch der Industrie von Nutzen.

*

Doch wir verlassen nun die uns liebgewordenen Vorsäle des Waldes: Teich und Graben, Wall und Hang und begeben uns in das Innere. Hier tritt uns zunächst der herzerfreuende, kleine

## Waldmeister

entgegen, der so gern im Schatten der ihm lieben Buche weilt und fast überall, wo sie wächst, gefunden wird. Wer kennt diese hübsche, feine Pflanze nicht und hat noch nie ihre Würze in dem aus ihr gebrauten Maitrank erprobt? Auch wenn wir den Waldmeister nicht zu finden wüßten, er selbst würde uns seine Gegenwart durch den überaus lieblichen Duft, den er ausströmt, sehr bald verraten! Keine unserer heimischen Pflanzen besitzt außer dem gelb- und weißblühenden Steinklee einen ähnlichen. Die lanzettlichen kleinen Blättchen des Waldmeisters stehen wie sternförmige Wirtel, unten zu 4—6, oben zu 6—8 um den 25—30 Zentimeter hohen vierkantigen Stengel, der von hübschen, weißen Trichterblümchen, die in einer Dolde stehen, gekrönt wird. Diese Stellung der Blätter verdient ihm den Namen „Sternleberkraut“, womit er besonders in Kräuterbüchern bezeichnet wird. Auch „Maienkraut“ und „Waldmännlein“ wird er genannt und in der Schweiz „Herzfreudli“, drei Namen, die sich selbst erklären!

## Anwendungen.

Der Waldmeister ist ein gutes Kraut; und obgleich der süße Maitrank jetzt nur noch in fröhlicher Gesellschaft genossen wird, so hat er seinen Ursprung doch unter den Heilmitteln und diente zur Stärkung und Reinigung der Leber. Wir können ihn heute noch zu den gleichen Zwecken verwenden, wenn wir mit dem Kraute einen mehr als gebräuchlichen starken Weinansatz machen und längere Zeit hindurch täglich je einige Löffel voll davon genießen! Auch in Teeform ist der Waldmeister zu Rate zu ziehen bei Gelbsucht, Grieß- und Steinleiden, sowie bei unreinem Blute, das sich in allerlei Ausschlägen kundgibt. Mit Waldmeister können zugleich auch Erdbeerblätter genommen werden. Das Rezept zum Maitrank ist folgendes: Man nehme eine gute Handvoll frisches Kraut des Waldmeisters, ebensoviel junge Walderdbeerblätter, etwa die Hälfte soviel Blätter vom Gundermann und von der schwarzen Johannisbeere, lege alles in eine Porzellanschüssel, streue 200—250 Gramm zerstoßenen Zucker darauf, und gieße 3 Flaschen Wein — womöglich Rheinwein — darüber. Hierauf decke man das Ganze zu und lasse es ½ Stunde stehen, tauche die Kräuter jedoch von Zeit zu Zeit unter. Nun wird der Wein abgeseiht und entweder getrunken oder in Flaschen gefüllt. — Bleiben die Kräuter länger eingeweicht, so geben sie dem Weine eine große Bitterkeit.

Die Kühe fressen das Kraut des Waldmeisters sehr gern; sie sollen davon auch viel Milch geben. Es läßt sich im Schatten trocknen und verliert dabei nichts, denn getrocknet riecht es stärker als frisch. In Kleiderschränke gelegt oder aufgehängt, hält es die Motten ferne, denen sein Geruch unangenehm ist. Dieser soll sich bei kommender feuchter Witterung jedesmal verstärken, und unser Waldmännlein wäre demnach auch ein Wetterprophet. Es wird aber neuerdings behauptet, daß dem nicht so ist, doch das beeinträchtigt nicht seine „Verdienste". — Preis und Ehre dem kleinen Manne!

*

Nicht minderes Lob gebührt seinem noch kleinern Nachbarn und Freunde, dem

## Sauerklee,

den die Kinder als „Hasenklee" pflücken und essen, wenn sie im Walde spazieren gehen oder Erdbeeren und Holz suchen. Er ist in der Tat für uns alle eine höchst schätzenswerte Labe an heißen und schwülen Sommertagen, wenn brennender Durst uns quält und menschliche Wohnungen ferne sind. Denn durch seinen angenehm-säuerlichen Geschmack kühlt er den lechzenden Gaumen und mindert die innere Hitze. Dabei ist er nicht nur unschädlich, sondern auch wirklich gesund.

Der Sauerklee ist eines der niedlichsten Pflänzchen des Waldes, das im geselligen Vereine, wie sein lieblicher Nachbar, der Waldmeister, wachsend, nicht nur etwas höchst Anmutendes und Anziehendes, sondern auch wirklich Elegantes und Feines hat. Seht nur die reizenden Blätter, die aus drei umgekehrten Herzen bestehen und schirmförmig auf dem rötlichen, feinen Stengel ruhen; und seht, wie zart die milchweißen, fast durchscheinenden Blütchen mit roten Adern durchzogen sind! Wirklich, des Schöpfers Vorliebe für die Kleinen und Schwachen gibt sich auch in diesem Pflänzchen kund! Fast getrauen wir uns nicht, es anzurühren; ein eigenes Gefühl, als ob wir ihm wehe tun könnten, hält uns zurück. Und es ist auch wirklich so. Die armen kleinen Blumen und die zarten Herzblätter sinken schon nach wenigen Augenblicken des Gepflücktseins schlaff und todmüde zusammen: sie können den heimatlichen Boden der schattigen Waldstille nicht missen!

Diese kleine Pflanze, an welcher wir oft so unachtsam vorbeigehen, enthält das bekannte Sauerkleesalz, das Tinten- und Rostflecke aus Kleidern und Wäsche entfernt und in der Arzneikunde verwendet wird. Dem Vorhandensein dieses Salzes verdankt das Kräutlein aber auch seine kühlenden, antiskorbutischen, wasserabtreibenden Eigenschaften, wodurch es Rang — und zwar neben dem Sauerdorn — in unserer Hausapotheke bekommt.

## Anwendungen.

1. Das ganze Kraut, welches nur in frischem Zustande angewendet wird, gibt zerquetscht und durch ein Tuch gepreßt, einen heilsamen Saft, der als köstliche Limonade bei Entzündungskrankheiten, Gallen-, hitzigen und sonstigen bösartigen Fiebern besonders zweckdienlich ist, wenn er gezuckert und mit Wasser verdünnt wird.

2. Äußerlich als Umschlag gebraucht, wirken die zerstoßenen Blätter so günstig, daß entzündete Stellen bald geheilt und Skrofelgeschwüre, Eiterbeulen usw. der „Reife“ zugeführt werden.

3. Die Blättchen des Sauerklees können auch als gesunder Salat, entweder für sich allein, oder andern Salatkräutern beigemischt, gegessen werden. Mit Sauerampfer lassen sie sich ebenfalls gut kochen. Mit dem zerdrückten oder etwas zerkauten Sauerklee kann man durch Reiben in ein paar Sekunden die von den Heidelbeeren im Walde geschwärzten Zähne, Hände und Lippen reinigen.

Sie sind vom Monat Mai bis zum Winter an schattigen und dunkeln Stellen des Waldes leicht zu finden, und man sollte nicht versäumen, wegen ihres günstigen Einflusses aus unsere Gesundheit sie öfters auf die eine oder andere Art zu gebrauchen. — Unsere Sauerkleepflanze ist ebenfalls ein Wetterprophet: blüht sie reichlich, so gibt es ein nasses Jahr. Wenig Blüten aber deuten auf das Gegenteil. Erproben wir das Omen einmal!

*

Dringen wir nun noch tiefer in den Wald hinein, jenem Kiefernbestand zu. Hier war ebenfalls schon

## der Heidelbeerstrauch (Bild siehe Seite 214)

beeilt, seine kugeligen, rosig angehauchten Blütenglöckchen zu öffnen, und ihr helles Frühlingsgeläute ist nicht umsonst gewesen. Denn ringsumher hat sich bereits eine kleine Gesellschaft auf die Beine gemacht, welche die sonst noch so öden Räume gar angenehm belebt! Da finden wir unsere kleine Kreuzblume wieder; auch ein verkrüppeltes Ginsterbüschlein nickt uns das Wiedererkennen zu; und, o Wunder! selbst der saftige Beinwell und das Knabenkraut haben einen Ansiedlungsversuch gemacht! Glück auf! zu dem Beginnen, das vorerst noch etwas „mager" ausgefallen ist. Aber um der Liebe willen läßt sich vieles wagen! Oder was war die Ursache davon, wenn nicht das Verlangen, der Heidelbeere dies einsame Blühen zu verkürzen? Denn nicht vielerlei Genossen gibt es schon zur Frühlingszeit im Nadelbestand! Allein steht freilich der Heidelbeerstrauch nicht; denn soweit wir blicken können, überzieht das niedere, scharfkantig-geästete Stränchlein den Waldboden mit dem frischen Grün seiner kleinen, eirundlichen Blätter, und die aus den Blattwinkeln einzeln hervorhängenden Blüten leuchten nur hin und wieder wie ein rötlicher Punkt daraus hervor.

Im Juli und August jedoch, wenn die blauschwarzen, wie mit einem Reife überzogenen Beeren gar so einladend unter dem Blättergrün hervorlugen, dann kommt freilich ein anderes, vielstimmiges, fröhliches Leben in den Heidelbeerstand! Denn nun ziehen allerhand Gäste und Leute herbei und begehren, die saftige Frucht zu pflücken. Und der Heidelbeerstrauch ist dessen froh und freut sich, besonders den armen Leuten eine gute Einnahme auf dem Markte, allen aber Labung spenden zu können. Denn er ist kein gewinnsüchtiger Händler, und alles, was er will, ist ein dankbares „Vergelt‘s Gott!“ und das Versprechen des Wiederkommens im nächsten Jahre!

Der Handel mit der Heidel- oder Schwarzbeere ist durchaus nicht so unbedeutend, wie man im allgemeinen annimmt! Besonders nährt er in den nördlichen Gegenden Deutschlands und Europas viele arme Leute. Dieser Strauch wächst ja so gerne überall: auf Heideboden, unter den Nadelbäumen, im Gebirge und in Niederungen. Die Beeren werden frisch oder eingemacht gegessen. Auch bereitet man aus ihnen einen Branntwein, den Heidelbeergeist. Dieser, sowie die Beeren finden nicht nur Platz und Verwendung im Haushalte, sondern dienen auch zugleich als Heilmittel von unschätzbarem Werte.

## Anwendungen.

Beide sind bei starkem oder anhaltendem Durchfall, sowie bei Ruhr, die wirksamste Arznei zur Heilung. Doch werden vorzüglich die gedörrten Beeren neben dem Heidelbeergeist verwendet.

1. Pfarrer Kneipp sagt: „Wer an leichten Diarrhöen leidet, nehme von Zeit zu Zeit einige getrocknete, rohe Heidelbeeren, zerkaue und schlucke sie.“

2. Bei heftigem Durchfall hingegen, der auch mit Schmerzen verbunden ist, soll ein Löffel voll Heidelbeergeist in etwa ⅛ Liter warmen Wassers genommen werden. Nach 8—10 Stunden folgt Wiederholung. Ein drittes Mal ebenso. (Kneipp.)

Angesetzt wird der Heidelbeergeist folgendermaßen: Über ein paar Hände voll Beeren gießt man 1 bis 2 Liter guten Branntwein und stellt das Ganze gut verschlossen an einen warmen Ort. Je länger die Beeren ausgesogen werden, desto besser und wirksamer wird der Ansatz oder die Tinktur! Davon nimmt man nun nach Bedarf und Stärke des Übels. Pfarrer Kneipp sagt, daß die schwächste Gabe 10—12 Tropfen auf Zucker, und die stärkste ein Kaffeelöffel voll, in warmem Wasser oder Wein genommen, betrage.

3. Bei Ruhranfällen ist das gleiche Verhalten zu beobachten und außerdem Aufschläge von Wasser und Essig auf den Unterleib anzuwenden. (Kneipp.)

4. Bei allgemeinerm Auftreten der Ruhr, oder auch der Cholera, ist es gewiß zweckmäßig, täglich einige Tropfen der Heidelbeertinktur zu gebrauchen.

Kindern, die an Durchfall leiden, gibt man am liebsten getrocknete Beeren; doch ist auch die Tinktur für sie geeignet. Das erstere habe ich oft mit schnellem Erfolge auch bei Großen geraten.

5. Der aus den Blättern gepreßte Saft ist ein sicher wirkendes Mittel gegen Mundfäule.

6. Bei Mund-, Rachen- und Halskatarrh, wie auch um üblen Mundgeruch zu vertreiben, leisten Ausspülungen mit Heidelbeersaft die besten Dienste; sie haben außerdem den Vorteil, daß kein Schaden entsteht, wenn etwas davon verschluckt wird.

7. Auch Schnupfen kann nach neuerlichen Feststellungen geheilt werden durch Ausspülung der Nase mit dem verdünnten Saft der Heidelbeere.

Der bekannte Purpurfarbstoff der Beere dringt in die entzündeten Häutchen und Gewebe ein, wodurch infolge Zusammenziehens eine Schutzschicht für die darunterliegenden Gewebe entsteht, so daß weitere mechanische Reizungen von der erkrankten Stelle abgehalten werden und die Heilung rasch befördert wird.

8. Nicht nur die Schleimhäute werden jedoch durch den Farbstoff mit einer schützenden Decke versehen, sondern auch jede Hautoberfläche, weshalb auch bei Flechtenkrankheiten und Hautausschlägen der Heidelbeersaft verwendet werden kann, um eine rasche und dauernde Heilung zu erzielen.

9. Die getrocknete und gepulverte Wurzel vertreibt, auf Wunden und Geschwüre gestreut, das sogenannte wilde Fleisch.

Die Beeren werden an der Sonne oder im warmen Backofen gedörrt und in Glas- oder Porzellanbüchsen aufbewahrt. Sie können auch zum unschädlichen Rotfärben der Weine benutzt werden. Der ganze Strauch eignet sich gut zum Gerben.

Es gibt verschiedene Arten von Heidelbeeren, wovon die Moorbeere, mit wenig schmackhafter Frucht, aus welcher Branntwein bereitet wird und die rote Heidelbeere, auch Preiselbeere genannt, die wichtigsten sind. Dieser letztere Strauch hat rote Beeren, welche eingekocht gegessen werden und zusammenziehend wirken. Der aus den Preiselbeeren bereitete Saft ist, infolge dieser Wirkungen, ein diätetisches Schutzmittel gegen seuchenartige Krankheiten. Er wächst durch ganz Europa, Nordasien und -amerika, und seine Früchte bilden ebenfalls, wie jene unseres schwarzbeerigen Strauches, einen bedeutenden Handelsartikel. Der Sage nach wurde die Preiselbeere vom Teufel geschaffen, der ihr eine ungemeine, zum Genusse einladende Süßigkeit, zugleich aber auch ein so schnellwirkendes Gift verlieh, daß alle, welche sie genossen hatten, urplötzlich dahingerafft wurden, ohne ihre Sünden bereuen zu können. Das machte wohl die Rechnung des Teufels, aber nicht jene des lieben Gottes. Darum zeichnete dieser im nächsten Jahre jedes Beerlein mit einem Kreuze, so daß der böse Feind keine Macht mehr über sie hatte und diese von nun an sogar heilkräftig waren. Aber nun war der Teufel höchlichst erbost und sann auf Rache. Wirklich entdeckte er auch die Kunst, aus Preiselbeeren Branntwein zu machen und lehrte diese dann die Bauern, die, hierdurch zur Trunksucht verführt, aufs neue der Hölle anheimfielen!

*

Eine dem Preiselbeerstrauch sehr ähnliche Pflanze, die ebenfalls zu den Heidegewächsen gehört, ist die

## Bärentraube,

die wir in der Lichtung oder an der steinigen Waldhalde dort finden werden. Auch sie liebt, wie alle Heidegewächse, den sandigen Boden

1. Bärentraube (Arbutus uva ursi, L.) [Steinbeere, Sandbeere, Wolfsbeere]. a) Blüte; b) Frucht; c) Querschnitt durch die Frucht. – 2. Heidelbeere (Vaccinium myrtillus, L.) [Schwarzbeere, Mostbeere). Blütenzweig. a) Fruchtzweig; b) Frucht (vergrößert); c) Same.

der Nadelholzwälder oder das unfruchtbare Heideland und wächst überall an solchen Orten, nicht nur in Deutschland und dem nördlichen und mittlern Europa, sondern auch in Nordasien und -amerika.

Die Blätter des immergrünen Sträuchleins, dessen feinbehaarte Aestchen auf dem Boden hinkriechen, sind lederig, dick und glänzend, haben die Form eines kleinen Spatels und gleichen daher jenen des Buchsbaumes. Am Ende der Zweige stehen die krugförmigen gezähnten Blüten in einer kurzen Traube. Sie sind weißlich oder hell-fleischfarbig und öffnen sich im Mai. Die Frucht bildet eine erbsengroße, rote, oft rotbraune, eßbare, steinige Beere, von etwas länglichrunder Form, die fünf Samen enthält.

In Rußland und Schweden gebraucht man den ganzen Strauch, um das Kalbsleder zu gerben; auch in der Färberei ist er nutzbar. Die Blätter werden in England unter den Tabak gemischt, und die Beeren sind verschiedenen Waldvögeln ein willkommener Bissen. Blätter, Beeren und Rinde wirken harntreibend und leicht adstringierend, das heißt zusammenziehend. Doch wird im allgemeinen nur der Blätteraufguß oder -absud gebraucht.

## Anwendungen.

Infolge ihres Gehaltes an Gerb- und bitterm Extraktivstoff schmecken die Blätter bitterlich und herbe. Sie wirken besonders stark auf die Harnwerkzeuge und gehören daher zu den besten Mitteln, um deren Krankheiten zu heilen.

1. Daher ist ihre Anwendung bei Harnverhaltung, Bettnässen, Blasenkatarrh, Schleimflüssen und Steinbeschwerden sehr zu empfehlen. Namentlich geben sie in letzterm Leiden große Erleichterung. Gewöhnlich siedet man für den Tagesgebrauch 10—15 Gramm Blätter in ½ Liter Wasser bis etwa zur Hälfte ein und nimmt diesen Absud in kleinern Portionen längere Zeit hindurch.

2. Ihrer adstringierenden Eigenschaften wegen verdienen sie auch

bei alten, schon lang dauernden Durchfällen alle Beachtung. Da der starke Tee oder Absud der Bärentraubenblätter manchmal Erbrechen erregen könnte, so ist es gut, zuerst mit kleinern und schwächern Gaben anzufangen und diese nach und nach bis zu dem angegebenen Maße zu verstärken.

Die Blätter werden im Sommer (Juni, Juli) gesammelt und getrocknet.

Wer Platz und Luft hat, der kann sich die Bärentraube oder die Moos-, Stein- und Sandbeere, wie man sie auch nennt, in schattigen Gartenanlagen selbst ziehen. Sie verlangt Heideerde und muß entweder aus Samen oder besser aus Wurzelausschlägen vermehrt werden.

Die getrocknete und gemahlene Beere dieses kleinen Gewächses mischt man in nördlichen Gegenden, wie Lappland usw., unter das Mehl. Jedenfalls wird das Brot dadurch nicht ungesünder gemacht.

*

Der kleinen Bärentraubenblüte hat sich, wie ich sehe, bereits auch schon die Rosenblume des rankenden, dornigen

## Himbeerstrauches

beigesellt. Zwar wird dieser von den Forstleuten in Lichtungen und Verhauen nicht gerne gesehen, da er viel Unwesen treibt und, wenn er ziemlich dicht steht, die jungen Baumpflanzungen erdrückt. Allein uns ist und bleibt er doch ein lieber und geschätzter Strauch um seiner wohlschmeckenden, duftenden Beeren willen. Darum sei auch diesem alten Freunde unserer Kindheit ein gutes Wort geredet! Wie viele angenehme, süße Erinnerungen bergen nicht die Begriffe: „Himbeergelee, Himbeersirup, Himbeersaft“ in sich! Auch Himbeeressig und -likör ist nichts Unbekanntes für uns!

Auch der Kräutermann kommt, legt Protest ein gegen das Ausrotten des Strauches — was übrigens fast ein Ding der Unmöglichkeit sein dürfte — und sagt: „Himbeerstrauch, du bist mir lieb, denn du gibst mir Sprossen, Blätter und Früchte, mit denen ich meinen Kranken heilende Tränklein bereite!“

Jawohl, der fast auf der ganzen Erde verbreitete, von jedem Kinde gekannte Himbeerstrauch ist ein Heilstrauch. Hören wir, welches seine Spezialitäten sind.

## Anwendungen.

1. Vor allem liefert er uns in seinen Beeren das Mittel zu schätzbaren Kühltränken in Fiebern und hitzigen Krankheiten überhaupt. Hierzu dient der mit Wasser verdünnte Saft, Essig und Sirup.

Um den Himbeeressig herzustellen, gießt man auf 4—5 Pfund zerdrückte Himbeeren ¼ Liter Weinessig und ½ Liter Wasser, läßt alles 1 Tag lang stehen, drückt es dann durch ein Tuch und läßt die Flüssigkeit aufkochen. Nach dem Erkalten gießt man das Klare sorgfältig ab und entfernt den Satz. Auf je ½ Liter heller Flüssigkeit nimmt man nun 1 Pfund Zucker und kocht das Ganze noch einmal unter sorgfältigem Abschäumen. Nach 24 Stunden wird der Essig in Flaschen gefüllt. Ein paar Löffel voll davon in einem Glase Wasser geben für Gesunde wie Kranke ein ausgezeichnetes Getränk. Übrigens findet man die Rezepte für die verschiedenen Beerenpräparate in jedem Kochbuch. Diese mischt man auch den Arzneien zur Verbesserung des Geschmackes bei.

2. Sprossen und Blätter der Himbeere werden bei Durchfall, Ruhr, Grimmen, gestörter, unregelmäßiger oder zu reichlicher Menstruation, sowie auch zur Erleichterung der Wehen mit wirklichem Erfolge angewendet. Hierzu wird eine Handvoll Blätter und Sprossen in ½ Liter Wasser abgesotten, und zwar je nach Notwendigkeit schwächer oder stärker.

3. Äußerlich zu Umschlägen, Waschungen und dergleichen benutzt, ist dieser Absud wenigstens von günstiger Wirkung auf Flechten, Hautkrankheiten, Geschwüre und triefende Augen.

4. Als Mund- und Gurgelwasser gebraucht, heilt er Mundfäule und

Zahngeschwüre.

Die Blätter sammelt man im Juni und Juli. Der Himbeer- oder Hohlbeerstrauch wird durch Wurzelschößlinge vermehrt, die jedoch erst im dritten Jahre tragfähig werden. In seinen edlern Sorten zieht man ihn häufig im Garten. Von dem Brombeerstrauche, seinem Bruder, läßt sich ungefähr das gleiche sagen. Dessen unreife, getrocknete Früchte wendet man gegen Durchfall mit Erfolg an; die jungen, getrockneten Sprossen sind — mindestens ein Jahr lang täglich als Tee mit Milch und Zucker genossen — vortrefflich gegen Flechten und Hautausschläge aller Art. Ebenso finden dessen Blätter ähnliche Verwendung wie jene des Himbeerstrauches

*

Im Walde stand ein unscheinbares, kleines Kräutlein mitten unter einer Schar buntgeschmückter, süßduftender Blumen. Da seufzte es und sprach: „Ach! könnte ich doch auch so schön blühen und die Luft mit Wohlgeruch erfüllen! Aber mir ist es versagt! Doch ich will nicht neiden und klagen, wenn auch die Menschen achtlos an mir vorübergehen; denn ich weiß, der Vater, der für alle sorgt, wird auch meiner nicht vergessen!" Und wie es so denkt und leise für sich hinspricht, da kommt der goldlockige Jesusknabe gegangen und ergötzt sich an der Blütenpracht, die sein himmlischer Vater der Erde zum Schmucke gegeben hat. Freundlich neigt er sich zu jeder Blume nieder; nur das Kräutlein scheint er zu vergessen. Da durchbebt es tiefes, tiefes Leid, und abermals seufzt und spricht es: „Selbst der Heiland gönnt mir keinen Blick, und doch wie gern hätte ich ihm zur Freude blühen mögen!" Aber Jesus hat den leisen Seufzer wohl gehört, wendet sich milde zur kleinen Pflanze hin und pflückte sie ab. Sanfte Worte des Trostes spricht er zu ihr und drückt liebreich seine Lippen auf sie. Jetzt durchwogt eine heilige Wonne das demütige Kräutlein, und da, wo des Heilands Mund geruht, entsprießt ihm eine purpurrote Beere.

Von dieser Zeit an wurde das Kräutlein viel gesucht und viel gepriesen, und überall, wo es wuchs, erfreute es Auge und Herz. Die Kranken fanden Labung an seiner milddutenden Frucht, und den Armen diente sie zur kräftigen Speise. Doch das Kräutlein blieb ebenso demütig und bescheiden wie ehedem. In stiller Einsamkeit reifte es seine süße Beere und freute sich, den Menschen damit wohlzutun.

Doch der Mensch weiß selten lange die Gaben des Himmels zu schätzen! In Übermut und Undankbarkeit verliert er oft ihren besten Segen.

„Eines Tages begab es sich, daß zwei Kinder zum Walde gingen, um eben solche Beeren zu pflücken. Da kam ein todesmatter Knabe zu ihnen und bat demütig: „Was habt ihr da? Oh, gebt mir auch davon, mich hungert!" — „Nichts haben wir," antwortet grob das böse Kinderpaar, „und nichts sollst du davon haben." — „Nun, so soll es auch fürderhin nichts sein", spricht nun der Knabe mit Hoheit. Und von einem himmlischen Lichte umgeben, verschwindet er. Zu spät erkannten die Kinder, daß sie hartherzig den Heiland von sich gewiesen. Seit dieser Zeit aber hat diese Frucht nie mehr den Hungernden satt machen können, wenn auch der Segen des Jesuskindleins nicht von ihr gewichen ist und sie immer noch geliebt und geschätzt wird.

Das ist die einfache Geschichte der kleinen

## Erdbeere,

die wir so reichlich hier auf unserm Pfade finden. Ihre unschuldigen Blütenaugen haben sich unter dem ersten warmen Kusse der Maiensonne geöffnet, und wohin wir auch unsere Schritte lenken mögen, überall grüßt sie uns und ladet uns zum Erntefeste ihrer Früchte.

Die Erdbeere ist eine köstlich mundende Frucht, die besonders für den Kranken zur kühlenden, auflösenden und Appetit befördernden Arznei wird. Aber auch das dreizählige Blatt der Erdbeere ist nicht ohne heilsame Kraft.

# Anwendungen.

1. In Fieberzuständen und großer innerer Hitze sind Erdbeeren, die mit Zucker überstreut werden, den Kranken ein großes Labsal.

2. Stärkend und kräftehebend wirken sie besonders bei Genesenden nach schwerer Krankheit. Hier empfiehlt Pfarrer Kneipp ihre Anwendung vorzüglich mit süßer Milch, täglich zum Beispiel 1 Schoppen mit ½ Schoppen Erdbeeren vermischt; oder täglich zweimal ein Stück guten Roggenbrotes mit je ¼ Schoppen Erdbeeren. Eingekocht wie andere Früchte, kann mit der Erdbeere diese Kur mit bestem Erfolge selbst im Winter vorgenommen werden.

3. Erdbeersaft mit Wasser und Zucker ist ein kühlender und beruhigender Trank.

4. Diejenigen, welche an Grieß, Stein, Gicht, Unterleibsstockungen, Vollblütigkeit, Hämorrhoiden, Leber- und Milzanschoppungen und Verstopfungen leiden, sollten nicht ermangeln, zur Erdbeerzeit eine Kur zu gebrauchen, die ihnen sicherlich die allerbesten Erfolge geben wird. Zu diesem Zwecke ißt man regelmäßig jeden Tag ein größeres Quantum, etwa ein Liter, Erdbeeren, aber nicht auf einmal, sondern in 4—5 kleinern Portionen. Daneben sollte man aber nur wenige und leichte andere Nahrung zu sich nehmen, wie es überhaupt auch bei Frühlingskuren der Fall sein muß. Ebenso sollen die Erdbeeren gezuckert sein, da sie hierdurch nahrhafter und leichter verdaulich werden.

Leute mit schwachem Magen und solche, die zu Durchfall geneigt sind, dürfen nur mit großer Vorsicht Erdbeeren essen. Sie werden immer wohl daran tun, Wein oder Likör darüber zu gießen und sie gut zu zuckern.

5. Erdbeeren reinigen das Blut. Daher sind sie auch für solche zu empfehlen, die mit Ausschlägen zu tun haben.

6. Gegen Frost- oder Winterbeulen sind sie ein erprobtes Mittel. Man zerquetsche einige Erdbeeren und binde den so erhaltenen Brei an die leidenden Stellen. Um das Mittel im Winter anwenden zu können,

wirft man ein Quantum Erdbeeren in ein Glas, gießt das doppelte Quantum Wasser darüber und stellt es wohlverschlossen den ganzen Sommer über an die Sonne. Sobald sich die Frostbeulen nun bemerkbar machen, reibt man sie mit der Flüssigkeit ein oder macht Umschläge damit.

7. Die Erdbeerblätter sind von leicht adstringierender Wirkung und geben einen ausgezeichneten, kräftigenden Tee, der namentlich auch für Kinder und solche Leute, die einen schwachen Unterleib haben, von vorzüglicher Wirkung ist. Man bereitet diesen wie den chinesischen Tee und trinkt ihn mit Milch und Zucker. Man kann ihm ein wenig Waldmeisterkraut beifügen.

Die Erdbeerblätter werden im Mai und Juni gesammelt und gut getrocknet aufbewahrt.

Die bescheidene Erdbeere kann viel von Gottes Gnade erzählen um ihrer Demut willen! Möge daher ihre Geschichte den hienieden Armen und Verachteten zum Troste gereichen, die der Höchste zur rechten Zeit erhöhen wird. Alles dient ihm ja zum Ruhme; denn

Seiner Größe hohe Ehre
Preiset auch die kleinste Beere;
Tanne, Fichte, Laub und Moos,
Alle rufen: Gott ist groß! v. Schmid.

# Kräuter- oder Frühlingskuren

werden auf verschiedene Art gemacht.

Im Verlaufe unserer Ausflüge ist öfters darauf hingewiesen worden, wie im Frühjahre, wo nicht nur in der Natur, sondern auch in unserm Körper eine ganze Umwälzung vor sich geht, gewisse Pflanzen einen besonders heilsamen Einfluß auf die Erneuerung und Reinigung des Blutes ausüben. Solche Pflanzen, wie der Löwenzahn, der Huflattich, das Gänseblümchen, die Gundelrebe, die Brunnenkresse, die Brennnessel, der Hopfen, die jungen Blätter der Schafgarbe, die Spitzwegerichblätter usw. sind zu Frühjahrskuren sehr geeignet. Sie werden entweder regelmäßig, während ein paar Monaten, wie öfters angegeben wurde, als Salat und Gemüse verspeist, oder morgens als erstes Frühstück auf Butterbrot gegessen, wozu sich z. B. Brunnenkresse sehr gut eignet.

Außerdem kann man diese Kräuter auch untereinander gemengt zerquetschen, den Saft ausdrücken und in leichter Fleischbrühe morgens nüchtern während 6 bis 8 Wochen hindurch trinken (½—1 Tasse voll). Wer es noch einfacher machen will, der nimmt einige dieser Kräuter, macht täglich einen starken Absud davon und genießt ihn entweder rein oder mit gewöhnlicher Fleischbrühe vermengt, auf die schon angegebene Art.

Hierbei muß beachtet werden, daß man während dieser Kur sich fleißig Bewegung im Freien macht und nur leicht verdauliche Kost genießt. Man fügt diesen Kräutern gerne Petersilie, Sauerampfer und Kerbel bei.

Diese Frühjahrskuren sind äußerst gesund für jedermann, besonders aber für solche, die an Hartleibigkeit, Leber- und Milzanschoppung,

Hautausschlägen, dickem Blute und Verdauungsschwäche leiden.

## Selbstbereiteter Tee.

Man kann durch Sammeln und richtiges Bereiten von verschiedenen Blättern sich einen billigen und gesunden Tee beschaffen. Zum Sammeln dürften vor allem Erdbeer-, Brombeer- und Himbeerblätter in Betracht kommen. Da gelten folgende Regeln:

1. Die Blätter sollen trocken gesammelt werden, und zwar nimmt man gewöhnlich die obersten 4 oder 5 Blattsprossen. Dann trocknet man sie im Schatten, bis sie welk werden.

2. Hierauf werden sie mit der Hand gerollt oder geknetet und gepreßt, so daß sie ziemlich stark zerknüllt werden. Dies kann auch auf einem Brett durch Reiben und Rollen mit der Hand oder mit einem Brettchen, das eine Handhabe hat, geschehen. Beim chinesischen Tee wird diese Arbeit von eigenen Maschinen verrichtet.

3. Nach diesem Rollen oder Kneten werden die Blätter leicht zusammengepreßt, in ein Tuch eingeschlagen, das etwas angefeuchtet ist, in ein verschließbares Gefäß oder in eine Kiste und so weiter gelegt und dort so lange belassen, bis sie braungrün geworden sind, was unter Wärmeentwicklung gewöhnlich nach 24 Stunden eintritt. Hierdurch werden die Blätter gebeizt oder fermentiert, wie der wissenschaftliche Ausdruck lautet, und nehmen dabei einen feinen, stark aromatischen Geruch an.

4. Die Blätter können mit dem Messer oder einer Brotschneidemaschine fein geschnitten oder unzerkleinert getrocknet werden.

5. Zum Trocknen breitet man die Blätter auf Hürden, reinem Tuch, weißem Papier in der Sonne aus oder bringt sie in das Backrohr des Ofens, in den Backofen, und läßt sie dort, bis sie vollkommen dürr geworden sind. Die Ofentemperatur darf 60 bis 80 Grad Celsius nicht übersteigen.

6. Die getrockneten Blätter werden in Schachteln oder Blechbüchsen,

womöglich in Wachspapier eingeschlagen, verpackt, um ihnen den feinen Geruch zu erhalten, der sich zwar beim Dörren verloren hat, aber nach 4—6 Tagen wieder auftritt.

7. Aus diesen Blättern wird der Tee durch Aufguß mit heißem Wasser bereitet, oder man setzt sie in kaltem Wasser zu, kocht sie auf und läßt sie etwa 5 Minuten anziehen.

8. Endlich ist zu beachten, daß es bei der Bearbeitung, Verpackung und Lagerung dieses Tees peinlichster Reinlichkeit bedarf. Alle stark riechenden Stoffe (Öle, Farben usw.) müssen von den Blättern ferngehalten werden, da sonst deren Aroma darunter leidet.

So zubereiteter Tee ist ein köstliches Getränk, das uns den chinesischen Tee nahezu vergessen läßt.

*„Kneipp-Blätter"*

5

# Frühlingsfülle und Sommerahnung

# Frühlingsfülle und Sommerahnung.

Vor einigen Wochen noch lag die Natur in den Banden des Todes. Da tönte das erlösende Schöpfungswort durch die Lüfte, und das Leben begann. Eines Morgens hörten wir den vertrauten Pfiff des Staren und sahen, wie das Storchennest seinen alten Hausherrn wieder gastlich beherbergte. Der Saft stieg aufwärts in die Knospen der Pflanzen und Bäume und belebte ihre Falten. Bald auch wurden sie durch die milden Strahlen der Frühlingssonne vollends dem Lichte erschlossen. Und nun fingen, vereinzelt zuerst und schüchtern, die kleinen Blütensterne an, aus Busch und Hecke hervorzuleuchten, als ob sie Eile gehabt hätten, unsere wintermüden Herzen mit der frohen Botschaft des nahenden Frühlings zu trösten. Anmutig und lieblich, ergreifend und rührend aber auch war dieses oft so mühevolle Entwinden aus den Armen des Todes und das Streben nach oben. Aber der göttliche Hauch hatte des Lebens unsterblichen Keim geweckt, und darum mußte der Tod überwunden werden! Reicher und üppiger gestaltete sich allmählich das Entwickeln der Pflanzenwelt, mannigfaltiger und schöner ihr Blühen, bis endlich — wie im Reiche der Gnade — so auch in dem Reiche der Natur, der Osterglocken feierliches Geläute Sieg, Heil und Frieden verkündete!

So sind wir nun auf der Höhe des Frühlings angekommen, und „die Fülle“ seiner Zeit ist da. Gras und Halm, Blatt und Blüte: alles steht in seiner vollen Entfaltung, und überall ist Tätigkeit und Leben. Der Wald hat sich jetzt mit seinem dunkelsten Grün bekleidet; auf den Feldern wogt das Getreide in üppiger Pracht, und Gärten, Wiesen und Anger sind mit den schönsten Blumen geschmückt. Auch unsere gefiederten Sänger sind nun wieder alle aus dem wärmern Süden zurückgekehrt und haben sich häuslich niedergelassen. Unermüdlich tönt vom frühesten Morgen bis zum Untergange der Sonne ihr Jubelruf durch die Lüfte.

Aber nicht nur Blumenduft und Vogelsang bringt uns des Frühlings Fülle. Denn der Landmann erntet bereits in den ersten saftigen Futterkräutern den Lohn für seine Mühe; auch manches Beerlein rötet sich jetzt in Garten und Wald, und die Frühkirsche lacht uns vom Baume herunter eine neckische Einladung entgegen. Selbst die Kernobstbäume haben ihre Früchte angesetzt und gemahnen uns, daß nun die Zeit des Hoffens und Wartens bald vorüber ist und jene der Erfüllung naht.

Jetzt scheint die gesamte Natur sich zu sammeln und auf ein nahendes Ereignis vorzubereiten. Darum tritt anscheinend äußerlich auch ein Stillstand im Vorwärtsschreiten ein, während welchem jedoch ein jegliches Gewächs seine innern Kräfte stählt, um in voller und ungeschwächter Schönheit den männlichen Besieger des jugendlichen Lenzes, den Sommer, empfangen zu können.

Unmerklich und wunderbar vollzieht sich so ein gänzlicher Umschwung in der Natur, und mit der Vollendung des pfingstlichen Tages ist, wie über die gläubige Menschheit, so auch über die Gewächse der Erde, jener Geist der Liebe und des Segens ausgegossen, „der die vergängliche Blüte zur unsterblichen Frucht treibt“.

Wenn wir in diesen schönen Tagen der äußern und innern Ruhe und Sammlung unsere Blicke über die uns überall umgebende Blumenpracht schweifen lassen und uns in die Betrachtung der Natur und ihrer Herrlichkeit versenken, so dürfen wir jedoch keineswegs um der uns besonders in die Augen fallenden Blumen willen jene unscheinbaren und unbeachteten Blütenkinder vergessen, die Gott auch in dieser Zeit der Üppigkeit überall zu unsern Füßen wachsen läßt, damit wir Demut und Liebe üben lernen. Der Schöpfer hat übrigens ja die meisten aus ihnen mit so heilsamen innern Gaben geschmückt, daß sie um derentwillen gar häufig hoch über dem schönsten Gewächse zu stehen kommen.

Darum sei dieser Kleinen heute auch wieder zuerst gedacht. Zu ihnen zählt vor allem die vielfach ungekannte und verachtete

## Anserine (Bild S. 215).

In den naturgeschichtlichen Büchern wird sie meistens mit dem Namen „Gänsefingerkraut" bezeichnet. Kräutersammler und Landleute heißen sie „Gänsekraut", „Gänserich", „Gänsegarbe", Benennungen, die genugsam andeuten, daß die Anserine ein den Gänsen angenehmes Kräutlein ist und hauptsächlich da wächst, wo diese sich meistens aufhalten; also auf feuchten Angern und Weiden, an Gräben und Zäunen, sowie auch überhaupt in der Nähe unserer Wohnungen. Die ganze gemäßigte Zone der nördlichen Halbkugel kann sich rühmen, die Anserine zu besitzen, welche zuerst vom Monat Mai bis Juli und dann ein zweites Mal im Herbste blüht, wo wir ihre fünfteilige, gelbe, kleine Blume an sonnigen Stellen oft bis in den Winter hinein aus den saftiggrünen, unten silberhaarigen Blättern hervorschimmern sehen. Diese Blätter, welche der Pflanze auch den Namen „Silberkraut" verschafft haben, sind unterbrochen gefiedert, das heißt, sie entwickeln sich zu 13—15 gesägten Seitenblättchen von ungleicher Größe längs eines gemeinschaftlichen Stieles.

Das Blümchen gehört der stolzen Rosenfamilie an. Daher ist die Königin der Blumen seine nächste Verwandte; sodann aber auch die Erdbeere und in zweiter Linie die Kern- und Steinfrüchtler. Sein lateinischer Name: Potentilla bedeutet soviel als „die kleine Mächtige", ist also ein Hinweis auf die Wirksamkeit seiner Heilkräfte. Die neuere Medizin hat indessen diese „mächtigen Beherrscher" der Heilkunde äußerst schonungslos behandelt, indem sie sie einfach vom Throne stieß und aus ihrem Reiche verbannte.

Und doch sollte die Anserine in keiner Hausapotheke fehlen, weil

1. Anserine (Potentilla anserina, L.) [Gänsefingerkraut, Gänsekraut, Gänseblume, Gänsegarbe, Gänserich]. a) Frucht. — 2. Tormentillfingerkraut (Potentilla tormentilla, Sibth.) [Blutwurz, Blutkraut, Hühnerwurz, Rotwurz, Ruhrkraut, Ruhrwurz, Siebenblatt]. a) Blüte.

sie als krampfstillendes Mittel oft nicht nur höchst notwendig ist, sondern auch wirklich von wenig andern derartigen und zu diesem Zwecke empfohlenen Arzneien übertroffen wird! Nicht umsonst ist sie manchen Leuten daher auch nur unter dem Namen „Krampfkraut“ bekannt.

## Anwendungen.

1. Bei allen krampfartigen Anfällen und überhaupt schon bei den Symptomen, die einem Krampfanfall vorausgehen oder ihn befürchten lassen, besonders auch bei Krämpfen während der monatlichen Reinigung, ja selbst bei Starrkrampf, soweit hier geholfen werden kann, ist der Gebrauch des Gänsefingerkrautes dringend geboten. Es wird in Teeform mit etwas Milch verabreicht, und der Kranke muß diesen Trank so warm wie möglich zu sich nehmen. Nach Pfarrer Kneipp sind täglich 3 Tassen dieses Aufgusses genügend.

2. Schnellere Linderung und Heilung wird hervorgerufen, wenn neben dem innerlichen Gebrauche des Anserinetees auch äußerlich Umschläge mit dem in Wasser abgebrühten Kraute auf die leidenden Stellen des Körpers gemacht werden.

3. Gänsekrautabsud stillt auch den weißen Fluß. Ebenso wirkt er vorzüglich zum Ausscheiden der Nieren- und Blasensteine; auch ist er gut gegen die Ruhr, gegen Gelbsucht und Wechselfieber.

4. Äußerlich wird der Absud auch bei Zahnschmerzen und lockerem Zahnfleisch zu Ausspülungen des Mundes mit Erfolg gebraucht.

5. Die Wurzel der Pflanze enthält vielen Gerbstoff und Stärkemehl. Deswegen ist ihre Anwendung bei Durchfällen, und namentlich auch bei Blutspeien von heilsamem Erfolge. Sie wird entweder im Absude genommen oder gepulvert zu je zwei Gramm in Honig oder Eingemachtem täglich 3—4mal gebraucht.

6. Auch ist sie schon bei Wechselfieber empfohlen worden, und zwar hauptsächlich in Pulverform zu 3—4 Gramm vor dem Anfalle.

Das Kraut der Anserine kann zu jeder Zeit gesammelt und an

einem sonnigen Orte getrocknet werden. Ein staubfreier Verschluß ist genügend.

Die Wurzel hingegen wird, wie immer, vor oder nach der Blüte gegraben; das erstere ist vorzuziehen. Hierauf wird sie gereinigt, dann an der Luft und nachher noch in gelinder Wärme getrocknet und fein zerstoßen und zerrieben in solchen gut verschlossenen Dosen oder Büchsen aufbewahrt, die für Feuchtigkeit unzugänglich sind.

Es gibt verschiedene Arten von Fingerkräutern, und wir finden die ganze Gattung, wenigstens durch die eine oder andere Art im Gefolge eines jedes der vier Erdenbeherrscher vertreten.

So ist das Frühlingsfingerkraut (Potentilla verna) mit ebenfalls gelben Blüten, wie die Anserine, aber gefingerten Blättern, einer der besten Frühlingsherolde. Wir treffen diese Blume von März bis Mai überall an sonnigen Rainen, wo sie wie ein goldenes Sternchen aus dem noch welken Grase hervorleuchtet. Fast zu gleicher Zeit öffnet sich auch die weiße Blume des erdbeerblütigen Fingerkrautes (Potentilla fragaria), dessen Blätter jenen der Erdbeere gleichen, so daß das Pflänzchen bei oberflächlicher Beobachtung leicht für ein blühendes Erdbeersträuchlein gehalten werden kann.

Außerdem gibt es noch andere Arten, die von Juni bis tief in den Herbst, ja bis in den Winter hinein blühen. Besonders zierliche Fingerkräuter finden wir in den Alpen; auch in unsern Gärten wachsen einige hübsche Sorten.

Unsere Anserine aber hat zur Gefährtin von Ende Mai bis August

## das Tormentillfingerkraut (Bild siehe Seite 229),

welches als ausgezeichnetes zusammenziehendes Mittel bekannt ist, und dessen Wurzel daher in den Drogerien immer verlangt wird.

Diese Pflanze ist gelbblütig und die Blume gewöhnlich vierteilig. Die oft fußlangen Stengel tragen fünf- und achtfingerige Blätter.

Der Wurzelstock ist vielköpfig, walzig, außen von schwarzbrauner, innen von rötlicher Farbe. Das Tormentillfingerkraut wächst durch ganz Europa auf Heiden und in Wäldern. Wer übrigens eine Art des Fingerkrautes gut kennt, der wird auch die andern leicht zu finden wissen, weil sich alle gleichen und den Charakter ihrer Gattung und Familie ausgesprochen an sich tragen.

## Anwendungen.

1. Das Tormentillfingerkraut, auch Ruhr-, Heil-, Rot-, Blut- und Nadelwurz, sowie auch Gängel genannt, enthält in der Wurzel einen rötlichen, zuerst bitter und zusammenziehend und hierauf süßlich schmeckenden Saft, welcher in der Abkochung zu 4—5 Gramm Wurzelteile auf ungefähr 1 Schoppen (300 Gramm) Wasser bei andauernden Durchfällen und Blutungen (Blutflüssen), die auf Schwäche der Organe beruhen, sowie bei Ruhrkrankheiten, wenn sich hierbei keine Entzündungserscheinungen mehr zeigen, mit Erfolg angewendet wird. Gewöhnlich rechnet man für den Tagesgebrauch eine Tasse solchen Absuds, den man in regelmäßigen Zwischenräumen löffelweise genießt.

Auch der Ansatz der gepulverten Wurzel zu 60 Gramm in 1 Liter rotem Wein ist namentlich auch Blutarmen zu empfehlen.

Schon nach wenigen Tagen kann er in Gebrauch genommen werden. Die tägliche Dosis ist die nämliche wie beim Absud.

2. Für die Hausapotheke möchte ich die Anwendung des Tormentills hauptsächlich zum äußerlichen Gebrauche als Mundwasser empfehlen, bei schwammigem und zu weichem, also leicht blutendem Zahnfleisch und Zungengeschwüren; sowie auch zum Gurgeln bei Mandelanschwellung, Halsgeschwürchen und verlängertem Zäpfchen.

3. Auch als Umschlag über träge Geschwüre ist der Absud unseres Kräutleins von Nutzen. Doch muß man die Dosis bei allen diesen äußerlichen Anwendungen verdoppeln. Dem Gurgelwasser soll ent-

weder ein wenig Essig oder Zitronensaft beigefügt werden. Die Wurzel wird frisch oder getrocknet verwendet; das letztere geschieht auf die gewöhnliche Art.

Das „Wahr- und Erkennungszeichen“ des Fingerkrautes im allgemeinen ist, wie wir gesehen haben, das einer gespreizten Hand ähnliche Blatt. Doch wissen wir, daß es nicht immer 5fingerig ist, denn auch die Natur hat ihre Phantasien; das zeigt uns zum Beispiel der 4blätterige Klee und manch andere anscheinende „Gesetzlosigkeit“. Unsere Fingerkräuter werden daher auch oft mit 3 und 7 Fingern angetroffen; bei der Anserine sind gar nur die gefiederten Blättchen geblieben. Der Sage nach entstand das Fingerkraut dadurch, daß dem Wassergotte Grendel die Hand im Kampfe abgerissen und als Siegeszeichen in die Erde gesteckt wurde. Aus ihr entwuchs das Fingerkraut, dessen Kraft daher auch im gefingerten Blatte ruht, „gleichwie die Hand beim Menschen dessen Macht und Stärke verkörpert“.

Die Anserine selbst jedoch hat keine Geschichte. Preisen wir sie darum glücklich wie jene Völker, von denen nicht gesprochen wird. Aber eine kleine Lehre gibt sie uns beim Abschiede mit auf den Weg; denn sie sagt uns, daß wir mit unserm Lose — sei es noch so bescheiden — zufrieden sein sollen, da wir sicherlich an dem Platze, den uns Gott angewiesen hat, einen unsern Kräften entsprechenden Wirkungskreis finden, wodurch der Zweck unseres Daseins erfüllt wird!

*

Das bescheidene, aber glückliche Los des Vergessenseins teilt mit der Anserine nicht

## der Knöterich.

Wohl nennt auch seine Gattung im allgemeinen weder stolze Blumenschönheiten ihr eigen, noch zählt sie zu ihren Vertretern kraftvolle, hohe Gebilde, an denen wir mit ehrfurchtsvoller Bewunderung emporblicken; — denn fast keine seiner verschiedenen Arten zeichnet sich durch eine besonders hervorragende Blüte und Gestalt aus; ja der Landmann rechnet viele aus ihnen sogar zu den gemeinsten und lästigsten Unkräutern, die sich zu seinem großen Mißvergnügen an Wegen, Zäunen und auf Äckern breit machen; aber es reihen sich diesen verachteten Gewächsen auch wieder einige so wichtige Arznei-, Nahrungs-, Industrie- und Handelspflanzen an, daß es leicht verständlich ist, warum sich der Mensch schon seit Jahrhunderten mit den Knöterichgewächsen beschäftigt, sie in seinen Dienst genommen und allseitig zu seinem Nutzen auszubeuten versucht hat.

Der Name der Gattung gibt jeder Art schon das vorzüglichste Kennzeichen; denn er deutet an, daß wir es mit Pflanzen zu tun haben, deren Stengel mit vielen Knoten versehen und durch diese in mehrere Glieder geteilt sind. Die Knoten werden durch eine Art Anschwellung des Stengels an den Gelenken gebildet. Dieser selbst ist meistens mehr oder weniger rötlich angelaufen oder gesteckt und wird an der Gliederung, wo auch die Blätter entspringen, von den Nebenblättchen wie mit einer Scheide umschlossen, während die Blüten entweder vereinzelt in den Blattwinkeln stehen oder eine Traube, Ähre oder Rispe bilden, die sich seitlich oder am Gipfel entwickelt und meist eine rosig angehauchte Farbe hat. Die Blütezeit der Knöteriche fällt in die Monate Mai bis Juli. Die meisten von ihnen sind ausdauernd. Einjährig dagegen ist die bekannteste der Gattung, nämlich der in Holland und Norddeutschland häufig angesäte, 30—50 Zentimeter hohe

## Buchweizen

oder eßbare Knöterich, auch Heidekorn, Türkenkorn, Heidewegetritt, Franzweizen, Haden und Heidel genannt.

Seinen Namen hat er von den braunen Samenkörnern, welche den Bucheckern nicht unähnlich sind und den Schweinen, sowie auch dem Geflügel ein willkommenes, mästendes Futter geben, aber auch zur nahrhaften „Buchweizengrütze“ und zu „Buchweizen-Pfannkuchen“ verwendet werden. Es ist etwas Schönes um ein blühendes Buchweizenfeld. Ein solches verleiht den oft so öden und kahlen Sandgegenden des Nordens einen eigentümlichen Reiz. Auch die Bienen wissen den Honigreichtum der duftenden Heidekornblüten gebührend zu schätzen. Daher trägt zu dieser Zeit mancher Bienenvater die Behausungen seiner fleißigen Pfleglinge hinaus in das rötlich schimmernde Blütenmeer, auf daß diese sich nach Herzenslust darin tummeln und ergötzen mögen!

Die pfeilartig zugespitzten, herzförmigen Blätter werden frisch vom Vieh sehr gerne gefressen. Überhaupt ist der Buchweizen für unfruchtbare Gegenden eine nützliche und schätzbare Pflanze, da er selbst im magersten Sandboden noch gedeiht und eine sehr stärkemehlreiche Frucht liefert, die für die Bewohner mancher Gegenden das Hauptnahrungsmittel bildet.

Seine Heimat ist Asien, wo ihn die Kreuzfahrer zuerst kennen lernten. Von ihnen soll er auch nach Europa gebracht worden sein. Andere glauben jedoch, daß er zuerst von den Sarazenen in den Mittelmeerländern angebaut wurde, als sie diese erobert hatten. Der französische Name „blé sarrasin“, sodann die süddeutsche Benennung „Türkenkorn“ und „Heidenkorn“, wie hier der eßbare Knöterich geheißen wird, sprechen allerdings dafür.

Kennt ihr die Geschichte vom Buchweizen,[1] der trotzig sein übermütiges Haupt nicht beugen wollte, als der Sturmesengel geflogen kam? Aber die Strafe für seinen Hochmut blieb nicht aus, denn er wurde vom Blitze „kohlschwarz“ gebrannt, so daß er nur noch als ein „totes, unnützes Kraut auf dem Felde stand“, während seine Nachbarn, der alte Weidenbaum und das Korn, vom Regen erfrischt, in verjüngter Grüne prangten. So bestraft Gott den Hochmütigen und erhöht den Demütigen. Doch wir wollen dem Buchweizen nichts Übles nachreden, sondern lieber auf uns selbst recht acht haben. Und da nur der Spatz dem Dichter die Geschichte von dem Hochmute dieser Pflanze erzählt hat, so dürfen wir sie auch billig bezweifeln. Denn Meister Graurock ist ein Taugenichts und Lügner.

Nun will ich aber sehen, ob ihr nach den allgemeinen Merkmalen, die ich euch über die Knöterichgewächse gab, in unserer allernächsten Umgebung auch einige Exemplare davon zu finden wißt. Wollt ihr also ein wenig auf „Entdeckungsreisen" ausziehen? ...

Ganz richtig! Da sehe ich ja in eurer Ernte sogar drei verschiedene, für die Hausapotheke sehr wertvolle Knötericharten vertreten! Soll ich euch nun sagen, wo ihr jede gefunden habt und welches ihr Name ist?

Dieses Pflänzchen mit dem niederliegenden, ästigen Stengel, den schmalen, länglichrunden Blättchen und der zerschlitzten Gelenkscheide lebt meistens gesellig an Wegrändern, auf Pfaden, an Häusern und auf unbebauten Äckern. Es blüht gewöhnlich erst im Juli, dann aber bis in den Spätherbst hinein. Doch sind die Knospen schon in der Entwicklung begriffen, und in ein paar Wochen werden sich die kleinen, schwachriechenden, grünlichweißen bis rötlichen Blumen, die, wie ihr seht, aus den Blattwinkeln hervorkommen, gar freundlich und hübsch ihrer Hülle entwunden haben. Dann kommt der Distelfink und der Zeisig und noch mancher andere geflügelte Gast, um nachzusehen, ob der Schmaus nun bald beginnen könne. Denn die Samenkörnlein dieses Knöterichs sind für viele unserer kleinen Sänger ein beliebter und gesunder Leckerbissen. Und nun wißt ihr auch, daß es

## der Vogelknöterich

ist, den wir vor uns haben. Man hat ihm gar verschiedene Namen, wie Wegetritt, Blut-, Anger-, Vogel- und Ferkelkraut, Tausendknoten, Unverleid und „Knicker" gegeben. In Österreich aber ist er als der „arme Hansel am Weg" bekannt, der vor langer, langer Zeit ein lieber, braver, aber armer Bauernbursche war, dessen väterliche Hütte gerade dem stolzen Bauerngehöfte gegenüber lag, in dem die gute Gretl, des reichen Bauern einzige Tochter, wohnte. Hansel und Gretl spielten als

1. Wiesenknöterich (Polygonum bistorta, L.) [Natter-, Drachen-, Krebs-, Schlangenwurz, Gänseampfer]. a) Blüte; b) Knospe; c) Frucht. — 2. Vogelknöterich (P. aviculare, L.) [Hansel am Weg, Wegetritt, Augenkraut, Knicker, Unverleid, Vogelgras, Blut- und Angerkraut]. a) Blüte.

Kinder immer zusammen und hatten sich sehr lieb.

Solange die beiden klein waren, ließ sich Gretls Vater ihren bescheidenen Spielkameraden gefallen. Als diese aber in die Jahre kam, wo sich die Freier bei einem jungen Mädchen einzustellen pflegen, da fürchtete der Bauer, Gretl möchte allen anderen den Hansel vorziehen und verbot beiden, sich jemals wieder zu sprechen und zusammenzukommen. Darüber grämten sich beide fast zu Tode und verzehrten sich in Sehnsucht jedes nach dem andern. Gretl stand immerwährend am Fenster und schaute nach Hansel; dieser aber blickte vom Wege vor seiner Hütte stetsfort nach Gretl hinüber, bis sich endlich eine gütige Fee ihres Leides erbarmte und sie in Blumen verwandelte. Aus Gretl wurde „Gretl in der Hecke oder im Busch" (Nigella damascena) und aus ihrem Freunde „Hansel am Weg". Aber heute noch, wenn die Vöglein kommen, um sich bei ihm die Samenkörnlein zu holen, flüstern sie ihm jedesmal einen Gruß von der Gretl zu, denn die beiden lieben sich immer noch und bleiben sich treu in Ewigkeit.

Da ihr nun wißt, wie es sich mit dem „armen Hansel am Wege" verhält, so bitte ich euch, seiner zu schonen, wo ihr könnt, wenn ihr ihn nicht gerade zu medizinischen Zwecken nötig habt. Denn er ist ein ausgezeichnetes Hauskräutlein, von dessen heilender Kraft ich euch nachher gleich erzählen werde, wenn wir die beiden anderen Knöteriche näher angeschaut haben.

Dieser hier verdankt seinen Namen der gewöhnlich zweimal um sich selbst gewundenen, fingerdicken, außen braunen, innen rötlichen Wurzel, die ihn auch vor anderen ähnlichen Pflanzen kenntlich macht. Es ist

## der Natternknöterich (Bild siehe Seite 237),

die Nattern- und Schlangenwurz, die Ottern-, Krebs- oder Drachenwurzel, welche vielfach auch Wiesenkohl, Gänseampfer und Ochsenzunge genannt wird.

Der Nattern- oder Wiesenknöterich zeichnet sich durch einen oft fast meterhohen Stengel und durch zungenförmige, gewellte, blaugrüne Blätter aus. Die fleischfarbigen Blüten zeigen sich von Mai bis September in einer dichten Ähre am Ende des Stengels. Die Pflanze wächst überall auf feuchten, schattigen Wiesen und ist ein ausgezeichnetes Futterkraut, das vom Vieh sehr gerne gefressen wird. Nur das Pferd verschmäht dessen Genuß. Den Bienen sind die Blüten eine angenehme Weide. Die Wurzel des Wiesenknöterichs wurde früher ihrer schlangenartigen Gestalt wegen gegen Natternbiß gebraucht. Sie enthält hauptsächlich viel Gerbstoff, weshalb sie auch bei der Lederbereitung verwendet wird. Außerdem findet sich in ihr viel Stärkemehl, das man im nördlichen Rußland und in Island zur Brotbereitung verwendet, indem man die Wurzel zuerst an der Luft gut trocknet und dann zu Mehl mahlt. Sie soll ein zwar schwarzes, aber äußerst gesundes Brot geben. Glücklicher als die Völker des Nordens, brauchen wir der Natternwurz nicht unser tägliches Brot abzuringen, denn uns wächst es aus den goldenen Ährenfeldern; aber diese Pflanze verdient dennoch unsere Dankbarkeit, da sie zu den besten adstringierenden (zusammenziehenden) Mitteln gehört.

Will man daher dem Wiesenknöterich in dem „Apothekergärtchen", das jeder Gartenbesitzer haben sollte, ein Plätzchen gönnen, so sei es ein recht schattiges und etwas feuchtes. Entweder streut man im Herbste, gleich nach der Reife, den Samen aus, oder aber man setzt einige geteilte Wurzelstöcke in die Erde. Und nun noch ein Wort über die dritte Knöterichart, die ihr gepflückt habt.

Dort, an jenem feuchten Graben war ihr Standort, nicht wahr? Die lederigen Blätter riechen widrig und schmecken etwas säuerlich; im übrigen gleichen sie jenen der Weide. Wir erkennen daran den

## Wasserknöterich,

der, wie es schon sein Name sagt, an und im Wasser besonders gerne wächst, obwohl er auch auf dem Lande vorkommt, vorzüglich aber

1. Knöterich, gemeiner (Poligonum Persicaria, L.) [Rötsch, Rüttig, Flohkraut, Flohknöterich, Pfirsichtraut, Bitterling]. a) Blüte; b) Stempel; c) Staubblatt. —
2. Wasserknöterich (P. amphibium, L.) [Sommerlackkraut, Sommerlocken, Flohknöterich]. a) Blüte, geschlossen und geöffnet; b) Stempel; c) Staubblatt.

an Teichen, Gräben und Sümpfen getroffen wird. Auch er hat heilende Eigenschaften. Außer seinem eigentlichen Namen werden ihm noch folgende gegeben: Im Elsaß heißt man ihn „Sommerlock“; „Seehalden“ in Schlesien; „Marienkrut“ in der Altmark. Auch „Sommerlackkraut, Retschel, Rüttich und Flohknöterich“ zählen zu seinen Benennungen. — Mit den bisher genannten Knötericharten ist ihre Anzahl jedoch noch lange nicht erschöpft, und ich will nun einige andere selbst suchen, um sie euch zeigen zu können, da sie ebenfalls heilkräftige Kräuter sind. Dort, wo der Wasserknöterich steht, finden wir sicherlich auch den

## gemeinen oder pfirsichblätterigen Knöterich;

denn dieser liebt ebenfalls feuchte Orte, besonders aber stehende Gewässer; auch trifft man ihn auf Schutthaufen und an Gräben.

Diese Pflanze wird zum Teil mit den gleichen Namen belegt, wie die vorhergehende. Zugleich nennt man sie aber „Bitterling, Pfirsichkraut, Bitterwinde“. Ihre Blätter kennzeichnen sie; auch hat sie gefranste Gelenkscheiden. Ihre besonders hübschen rötlichen Blütenähren öffnen sich im Juli bis September.

Mit dem Wasser- und gemeinen Knöterich darf nicht verwechselt werden

## der Wasserpfeffer oder das Pfefferkraut,

welches ich am gleichen Standorte wie die beiden soeben genannten Knöteriche gepflückt habe. Denn der Wasserpfeffer gleicht beiden sehr; namentlich aber dem pfirsichblätterigen Knöterich, wie ihr sehen könnt. Auch die verschiedenen Namen hat er mit ihnen gemein; außerdem wird er aber auch „Flohpfeffer, Mückenkraut und Pfauenkraut“ genannt. Wenn ihr seine Blätter und namentlich die dreikantigen Samenkörnchen zerbeißt, so werdet ihr nicht gerade angenehm von ihrem brennend scharfen Geschmack überrascht werden. Aber gerade dadurch werdet ihr stets das Pfefferkraut von den beiden andern Pflanzen zu unterscheiden wissen. Seiner Schärfe wegen wird es von den Tieren verschmäht; dagegen reibt man hauptsächlich die Pferde im Sommer damit ein, weil ihnen dadurch das Ungeziefer fern bleibt. Früher war der Wasserpfeffer als ein sehr geschätztes Kraut bekannt; jetzt ist er besonders von den Ärzten fast ganz vergessen. Dennoch besitzt er höchst wertvolle Kräfte, die ihn namentlich zum äußerlichen Gebrauch in der Hausapotheke verwendbar machen.

Und nun will ich auch von den heilenden Wirkungen der Knöteriche reden. Der Buchweizen kommt hierbei nicht in Betracht.

## Anwendungen.

Von den fünf aufgezählten Arten besitzt sowohl der Nattern- als auch der Vogelknöterich sehr energische, zusammenziehende Eigenschaften.

1. Beide werden daher bei Ruhr, Durchfall, Schleim- und Blutfluß von Frauen mit Erfolg gebraucht. Vom Natternknöterich wird nur die Wurzel, vom Vogelknöterich die ganze Pflanze im Aufguß bei leichteren und bei schwereren Fällen in der Abkochung gebraucht.

2. Äußerlich dient diese Abkochung zu zusammenziehenden Umschlägen bei trägen Geschwüren, heftigen Blutungen, Wunden usw.

3. Auch als Mund- und Gurgelwasser ist sie sehr gut bei lockerem Zahnfleisch, Drüsen- und Mandelanschwellung.

4. Wer den Knöterich-Tee oder die Abkochung nicht gerne trinkt, der kann die Wurzel oder das Kraut als Pulver in rotem Wein nehmen. Die Stärke der Dosis richtet sich nach der Heftigkeit des Anfalles und nach dem Alter des Patienten. Besser ist es auch, kleinere Portionen tagsüber öfters zu nehmen. Hierbei ist zu beachten, daß der Wiesenknöterich stärker wirkt als der Vogelknöterich. Doch habe ich selbst gesehen, wie sich Landleute mit letzterem von ruhrartigen Anfällen geheilt haben.

5. Er wird ferner von Pfarrer Kneipp als ausgezeichnetes Mittel gegen Steinleiden empfohlen.

6. Ebenfalls sehr gut gegen Stein- und Nierenleiden, sowie gegen Gicht und Rheumatismus sind der Wasser- und der gemeine Knöterich.

7. Der letztere wird auch äußerlich als Geschwüre reinigendes und zerteilendes Mittel gebraucht.

8. Der Wasserpfeffer wirkt anregend und reizend. Doch kann er zum Hausgebrauche nur äußerlich verwendet werden. In diesem Falle ersetzt er aber das Senfpflaster vorteilhaft, wenn er zerstoßen und wie jenes zubereitet wird.

9. Wer die Krätze hat, der wasche seine kranken Glieder in einer starken Abkochung des Wasserpfeffers, und er wird sicher und bald geheilt werden.

10. Mit Erfolg wird auch der Wasserpfeffer angewendet zum Auswaschen alter, fauler Geschwüre, um sie zu beleben, ihr Zuheilen zu befördern, die Bildung wilden Fleisches zu verhindern und, wo solches schon vorhanden ist, es zu lösen und zu entfernen.

11. Ferner kann er bei Halsbräune, Hals- und Rachengeschwüren als ein ausgezeichnetes, reinigendes und fäulnisverhinderndes Gurgelwasser benutzt werden.

12. Bei Schafen soll sein Genuß die Würmer abtreiben; auch wird er von den Tierärzten vielfach bei Gelenkanschwellungen und Geschwüren des Rindviehs mit Nutzen angewendet.

Möchten die Ärzte den Wasserpfeffer doch für neue Versuche zum innerlichen Gebrauche als würdig erachten, so daß wir hierfür sichere Anhaltspunkte bekämen; denn es steht zu erwarten, daß die Hausapotheke dadurch mit einem sehr schätzbaren und kräftigen Heilmittel bereichert würde.

Man sammelt das Kraut des Vogel-, Wasser- und gemeinen Knöterichs vor der Blüte.

Die Wurzel des Natternknöterichs kann am besten im Spätherbste, also etwa im November, gegraben werden. Beides, Wurzel und Kraut, trocknet man auf die gewöhnliche Art. Der Wasserpfeffer wird nur in frischem Zustande verwendet, und zwar benutzt man Kraut und Samen.

Die Alpenbewohner besitzen den säuerlich schmeckenden Alpenknöterich, den sie, wie wir den Wiesenknöterich, zu den gleichen Heilzwecken verwenden. Außerdem gibt es noch andere Knötericharten, die bei uns auf Feld und Wiese wachsen; doch können wir sie für die Bedürfnisse unserer Hausapotheke entbehren.

Nahe mit den eigentlichen Knöterichen verwandt, der gleichen Familie, aber einer andern Gattung angehörend, ist der Rhabarber, den wir auf unsern „Entdeckungsreisen" im Garten antreffen werden, sowie auch die Ampfer-Gattung. Alle Arten dieser letzteren besitzen blutreinigende und selbst leicht abführende Eigenschaften und sind daher — da viele als Gemüse verwendet werden — dem Menschen sehr zuträglich. Der längere Zeit hindurch fortgesetzte regelmäßige Genuß des säuerlich schmeckenden Sauerampfers, den ihr wohl kennt, welcher auf allen Wiesen wächst aber auch im Garten gezogen wird, hat daher einen sehr günstigen Einfluß auf die Verdauungs- und Ausscheidungswerkzeuge, namentlich auch auf die Leber. Gelbsüchtigen, an Hautausschlägen, sowie an Scharbock Leidenden ist der Gebrauch des Sauerampfers, sowohl als Gemüse, wie auch im Teeaufguß und -absud nur zu empfehlen. Zugleich möchte ich recht dringend darauf aufmerksam machen, daß der Sauerampfer für den Aronsstab, die Wolfsmilch, die Zaunrübe, den Seidelbast, die Küchenschelle (Osterblume), die Gift-Ranunkel und einige andere scharfe Pflanzen ein wirksames Gegengift ist und deren brennende, entzündende Eigenschaften aufhebt. Kommt es also vor, daß ein Kind unvorsichtigerweise eine dieser Pflanzen in den Mund nimmt oder gar zum Teil verschluckt, so versäume man nicht, den überall wachsenden Sauerampfer sofort zerkauen und essen zu lassen, während man sich schleunigst nach Hause begibt, um, wenn nötig, weitere Hilfe (Arzt) bei der Hand zu haben.

Ehren wir daher die Familie der Knöteriche nach Verdienst, denn sie vermag uns viel Gutes zu erweisen in ihrer Einfachheit und

Unscheinbarkeit!

*

Noch dürfen wir uns nicht vom Wege und seiner nächsten Umgebung entfernen; denn außer dem Gänsekraut und dem Knöterich zählt er derzeitig noch einen dritten „Beherrscher“, dem wir unsere Huldigung darzubringen haben, nämlich

## den Spitzwegerich.

Aber nicht allein als friedlichen Nachbarn und treuen Freund müssen wir diesen den beiden andern zugesellen, sondern auch als „Mitteilhaber an ihrem altehrwürdigen Ruhme“. Hat indessen das Gänsekraut als sprechendes Wappenschild die gespreizte Hand und der Knöterich den geschürzten Knoten, so gebührt dem letzten „Herrn des Weges“ eine Fußtapfe, überstiegen von einem rattenschwanzähnlichen Kolben. Oder findet ihr nicht, daß die Blätter des allbekannten Krautes einer Fußsohle gleichen und wie eine solche auch breit auf dem Boden stehen, ebenso wie seine Blütenähre Ähnlichkeit mit einem Rattenschwanze hat? Deshalb bedeutet der botanische Name Plantago nichts anderes als „Fußsohlenkraut“.

Da er sich an allen Wegen ausbreitet und seine Blätter, die meist zu acht in einer Rosette um den Stengel gestellt sind, mit ganz merkwürdiger Kraft abwärts zum Boden niederdrückt, damit sie rings um ihn her einen freien Platz für ihn erhalten — also gleichsam einen Weg für ihn öffnen und keine andern Pflanzen in seiner nächsten Nähe aufkommen lassen — so wird er eigentlich vom haushälterischen Landmanne wenig geliebt, denn dieser findet, daß er sich zum Schaden anderer Futterkräuter zu „breit“ macht. Aus diesen Gründen bekam daher der Spitzwegerich wahrscheinlich auch den Namen „Wegebreit“ und „Wegetritt“. Um seiner starken Blattrippen willen aber heißt man ihn „Ader“- und „Nervenkraut“. Am besten scheint ihm ein recht hart getretener Boden zuzusagen: das mag wieder sein besonders häufiges

1. Spitzwegerich (Plantago lanceolata, L.) [Wegetritt, Wegebreit, Fünfaderkraut, Rippenkraut]. a) Blüte; b) Frucht (beides vergrößert).

und üppiges Wachstum an Wegen, auf Pfaden und in Hofräumen erklären. Überhaupt liebt er des Menschen Nähe und Gesellschaft. Darum folgt er diesem sogar über das Meer in die fremden Weltteile. Wo daher die Indianer einen Wegerich sehen, schließen sie auch auf die Anwesenheit von Europäern und nennen diese Pflanze in ihrer bilderreichen Sprache den „Fußtritt des weißen Mannes".

Warum wohl manche Gewächse in so merkwürdiger Weise dem Menschen folgen? Seht die Brennessel, seht das Hirtentäschel, seht die Klette und noch viele andere Kräuter! Das anscheinende Rätsel löst sich indessen dahin auf, daß der Samen einzelner Pflanzen sich viel leichter an die Schuhe und Kleider des Menschen hängt, als es sonst im allgemeinen der Fall ist oder infolge seiner Feinheit unbemerkt in deren Falten ruht, bis ihn ein Zufall oder vielmehr eine Zulassung der göttlichen Vorsehung dem belebenden Erdreich an solchen Orten überantwortet, wo der Mensch nie daran dachte, das Körnlein zu säen.

Ganz außergewöhnlich war der Ruf, in dem schon zu uralten Zeiten die Wegeriche standen. Plinius schreibt, daß der Arzt Themison ein ganzes Werk über ihre Heilwirksamkeit verfaßt habe; auch andere heidnische Naturkundige loben und preisen die Pflanze ohne Ende. Später, im 16. Jahrhundert noch, schreibt H. Tragus: „Unter vielen Kräutlein ist der Wegerich in der Arznei am gebräuchlichsten." Also war er als das am meisten angewendete und für am wirksamsten gehaltene Heilmittel angesehen; und es ist geradezu wunderbar, was nach dem Glauben jener Zeiten der Wegerich nicht alles zustande brachte! Kaum eine innerliche Krankheit gab es, die er nicht heilen konnte; weder die Auszehrung noch die Epilepsie, weder Fieber noch Leber- und Nierenkrankheiten konnten ihm widerstehen. Bei jedem Leiden gab er Hilfe oder doch wenigstens Linderung.

Äußerlich angewandt heilte er wehe Augen, stillte die empfindlichsten Kopfschmerzen, gab wieder das Gehör, schloß Wunden und Geschwüre, verhütete Tollwut und machte den Schlangenbiß unschädlich.

Und fragen wir, wie es möglich war, daß man an eine so universelle (allgemeine) ungewöhnliche und unmögliche Heilkraft eines Krautes im Ernste glauben konnte, so finden wir die Antwort in dem Umstande, daß zu jenen Zeiten die Pflanzen wenig oder gar nicht nach ihrem inneren Heilwerte und Gehalte befragt und untersucht wurden, sondern daß hauptsächlich ihre äußere Gestalt und Farbe, sowie ferner ihre etwaigen Eigentümlichkeiten bei der Bestimmung ihrer arzneilichen Verwendung den Ausschlag gaben. Denn man war der Meinung, der liebe Gott habe der Menschheit in diesen äußerlichen Merkmalen einen Hinweis für den Gebrauch der Kräuter geben wollen. Es läßt sich leicht denken, wie sehr sich der Mensch hierbei in Irrungen erging. So bekam der Wiesenknöterich, um nur ein Beispiel anzuführen, den Namen „Natternwurz" deswegen, weil seine Wurzel, wie wir wissen, diesem Reptile ähnlich ist. Aus diesem Grunde auch sollte sie gegen Schlangenbiß und Gift heilkräftig sein. Die neuere Heilmittellehre hat mit diesen falschen Ideen gründlich — manchmal nur zu gründlich — aufgeräumt und selbst verworfen, was wirklich beachtenswert war. Erst in unsern Tagen macht sich wieder ein allgemeiner Umschwung zugunsten der heimischen Heilkräuter und ihrer wirklich probehaltigen Eigenschaften und Kräfte geltend. In diesem Sinne auch wollen wir den Wegerich betrachten. Seine am häufigsten vorkommenden Arten sind: der große (Plantago major), mittlere (Plantago media) und lanzettblätterige oder Spitzwegerich (Plantago lanceolata). (Bild S.250)

Der erstere hat einen glatten, runden Blütenschaft und violette Staubbeutel; das Blatt ist breit und siebenfurchig. Der mittlere, mit länglichrunden Blättern, besitzt rosafarbene Staubbeutel.

Die Blätter des uns hauptsächlich beschäftigenden Spitzwegerichs hingegen sind lang und schmal und gewöhnlich drei-, höchstens fünfnervig. Sein gefurchter Blütenschaft trägt wie die andern Arten weit heraushängende, aber gelbe Staubbeutel. Ihr seht, daß es leicht ist, sie voneinander zu unterscheiden. Alle, besonders aber der Spitzwegerich, enthalten einen salzig-bittern, zusammenziehenden, schleimigen Saft, der auf die Schleimhäute der Lunge, des Magens und der Gedärme günstig zu wirken vermag.

## Anwendungen.

1. Darum verdient der Spitzwegerich eine besondere Beachtung bei den Verschleimungen der Lunge und des Magens, bei Schleimflüssen, schleimigen Durchfällen, Blasenschwäche und allen aus diesen Zuständen herkommenden Übeln, wie Katarrhen, Appetitlosigkeit, Schwindel und dergleichen, ja selbst bei Wechselfieber. Viele Ärzte geben ihn nämlich öfters hiergegen, namentlich in neuerer Zeit.

Allein man würde unklug handeln, wollte man den in Zeitungsanzeigen gepriesenen und angebotenen „Spitzwegerichsaft" kaufen. Denn jedermann ist es leicht möglich, sich einen solchen selbst zu bereiten, indem man die frischen Blätter zerquetscht und durch ein Tuch preßt. Wenigstens erhält man ihn so echt und gut, abgesehen davon, daß er kostenlos zu bekommen war. Von diesem Saft werden, besonders bei Lungenverschleimung, 2—3 Löffel voll unter etwas Honig gemischt und tagsüber gebraucht. Anstatt des Honigs kann man auch Milch oder Fleischbrühe dazu nehmen.

Auch Spitzwegerichtee, vom frischen oder gedörrten Kraute, ist sehr heilsam gegen diese verschiedenen Verschleimungen. Kneipp sagt, daß mit den gedörrten Wegerichblättern sehr gut das Lungenkraut verbunden werden kann.

2. Spitzwegerichsaft oder -tee sollte auch im Frühjahre zu „Frühjahrskuren" gebraucht werden, da er das Blut und die Säfte reinigt: desgleichen Spitzwegerich-Pulver, auf die Speisen gestreut.

3. Wunden heilen noch einmal so gut und schnell, wenn sie mit Spitzwegerichsaft beträufelt oder bestrichen werden. Legt man ein damit befeuchtetes Läppchen darauf, so ist es ebensogut. In Ermanglung des Saftes legt man gut abgewaschene, zerquetschte Blätter auf den Schaden. Kneipp bemerkt: „Wie mit Goldfäden näht der Wegerich

1.Wegerich, großer (Plantago major, L.) a) Blüte; b) Kapsel; c) Stempel (vergrößert). — 2. Wegerich, mittlerer (P. media). a) Blüte; b) Kapsel; c) Stempel (vergrößert).

den klaffenden Riß zu, und wie an Gold sich nie Rost ansetzt, so flieht den Spitzwegerich jede Fäulnis und faules Fleisch. — Blutvergiftung kennt der Spitzwegerich gar nicht.“ — Ulsamer versichert, daß er selbst schon oft Gelegenheit gehabt habe, die Wahrheit dieses Satzes zu erproben.

4. Der Spitzwegerich kann auch dazu dienen, die Schmerzen zu nehmen, die durch Bienenstiche entstehen; er verhindert ebenso auch das Anschwellen der gestochenen Stelle, wenn man ein oder zwei Wegerichblätter in viele Falten fest rollt und sie so stark mit den Fingern drückt, daß die gerollten Blätter vom eigenen Safte feucht werden. Dann halte man sie etwa fünf Minuten auf die Stichstelle, und die Schmerzen sind fort, und eine Geschwulst gibt es nicht. Probatum est.

5. Ferner benutzte Kneipp bei Augen- und überhaupt Kopfdämpfen, sowie auch für Dämpfe bei Verschleimungen im Halse ebenfalls den Spitzwegerich.

6. Wegerichwurzel-Tee oder -Absud, in den Mund genommen, heilt und stillt in manchen Fällen das Zahnweh.

7. Der Samen des Wegerichs, täglich zweimal je ein Kaffeelöffel voll davon genossen, soll den Stein abtreiben.

Wie macht man selbst einen guten Spitzwegerichsaft? Köhler gibt folgendes Rezept in seinem Buche „Unsere Heilpflanzen“: „Die gesammelten Spitzwegerichblätter werden zunächst nicht ganz getrocknet; zu feucht dürfen sie aber auch nicht sein. Dann zerschneide man sie und übergieße je 6 Teile der getrockneten Blätter mit 5 Teilen starkem Weingeist und, nachdem dieser eingesogen, mit 45 Teilen siedendem Wasser. Das Ganze läßt man 24 Stunden unter öfterem gelinden Umrühren zugedeckt stehen; dann gießt man die Flüssigkeit durch ein leinenes Tuch unter gelinder Druckanwendung von den Blättern ab. In diesem abgepreßten Safte löst man dann gestoßenen, weißen Kandiszucker unter Erwärmen auf und läßt das Ganze einmal schwach aufwallen. Auf 40 Teile der durchgezogenen Flüssigkeit nehme man 60 Teile Zucker. Der fertige Saft wird in kleineren Flaschen wohl verschlossen im Kühlen und Dunkeln aufbewahrt. Man nimmt zweimal täglich, früh und abends, je einen Tee-(kleinen Eß-)löffel voll davon."

Wir sehen, daß auch in unseren Tagen der Spitzwegerich den Leidenden noch manche gute Dienste leisten kann, die ihm ihre Dankbarkeit für immer zusichern, obgleich er nicht mehr zu den „alles heilenden" Wundermitteln gezählt wird.

Einige besondere Arten von Wegerich mit ästigem Stengel liefern den ehemals gebräuchlichen Flohsamen, der seinen Namen seiner Form und Farbe verdankt. Er wird jetzt allerdings nicht mehr in der Heilkunde, wohl aber in Färbereien benutzt, um den Zeugen Steifheit und Glanz zu geben, da er, im Wasser aufgelöst, vermöge seiner klebrig-schleimigen Bestandteile zu einer Art Stärke wird.

Den Samen der drei früher genannten Wegeriche hingegen fressen unsere kleinen Singvögel mit Vorliebe. Besonders bietet er im Winter einigen aus ihnen ein gesuchtes Futter, um dessen Genuß sie sich nicht selten zanken und streiten; die übrige Nahrung ist da eben knapp, die Erde mit Schnee bedeckt, und nur hin und wieder schaut so ein kleiner Fruchtkolben aus der weißen Leichendecke hervor. Da gilt es also, Eroberungen zu machen, selbst manchmal mit Verlust einiger Federn aus dem warmen Kleide. Der Hunger tut so weh!

*

Könnt ihr mir sagen, was so lebhaft vom Raine herüberschimmert? Ist es nicht, als sei ein Stück Himmelsblau zur Erde gefallen und habe sich dort im Grase versenkt? Kommt, laßt uns hinzueilen und das Wunder besehen! ... Doch nein, nicht der Himmel selbst ist es, der herniederstieg — denn einen Himmel auf Erden gibt es nicht — wohl aber hat er uns einen Boten gesandt, der seine Farbe trägt, damit wir an ihn erinnert werden sollen. Der liebliche

# Ehrenpreis

ist es, der uns des lieben Herrgotts Grüße bringt! Schaut ihm nur recht in das schöne Auge: er trägt die Farbe der Treue, und kein Falsch ist an ihm. Wohl und gut trägt der Ehrenpreis seinen Namen; denn er stand schon in alter Zeit wie auch heute noch bei jedermann in Ehren. Auch die Bezeichnungen „Heil aller Schäden", „Heil aller Welt", „Grund- und Grindheil", „Wund-, Vieh-, Schlangen- und Köhlerkraut", „Hühnerraute" und „Großbatengel" erzählen von der Dankbarkeit derjenigen, denen das Kraut wohlgetan hat, oder sagen, wieviel man Gutes für Menschen und Tiere von ihm erwartete.

Mehrere Ehrenpreis-Arten sind heilkräftige Kräuter; ganz besonders aber ist es der gebräuchliche oder Tee-Ehrenpreis, welcher einen rauhbehaarten, etwa schuhhohen, kriechenden Stengel, eiförmige, ebenfalls behaarte und gesägte Blättchen und hellblaue, meist dunkel-, oft weißgestreifte Blüten hat, die in Trauben aus den Blattwinkeln hervorkommen. Die Blumenkrone ist vierteilig, und zwar ist das untere Blumenblatt schmäler als die drei andern. Die Samenkapsel bildet ein Herz. Der Tee-Ehrenpreis blüht von Juni bis August und wird überall an trockenen Stellen der Wiesen, Triften, Hänge und Wälder meist in zahlreicher Gesellschaft angetroffen.

Sein alleraltester Name soll „Grindheil" gewesen sein. Da litt einst ein König von Frankreich an einem bösen Aussatze, den kein Arzt zu heilen vermochte. Das ganze Land war darüber in großer Trauer. Auch ein armer Hirte hörte von der Krankheit des Königs, braute aus dem Kräutlein „Grindheil" einen Saft und bot ihn dem Könige an. Dieser wollte das Mittel zuerst erproben und rieb sich damit einen Fuß ein. Doch siehe, während der Nacht fühlte er heftige Schmerzen und rief deshalb seine Diener, damit sie nach dem Fuße schauten. Wie freudig wurde er aber nicht überrascht, als ihm diese erklärten, daß der Schorf vollständig verschwunden und das ganze Glied heil und gesund sei! Jetzt bestrich der König mit dem Safte auch den übrigen Körper, und in

1.Ehrenpreis, gebräuchlicher (Veronica officinalis, L.) [Grundheil, Grindheil, echter Ehrenpreis, Köhler-, Schlangen-, Vieh- und Wundkraut, Großbatengel, Heil aller Schäden]. a) Blüte. — 2. Erdrauch (Fumaria officinalis, L.) [Alprauch, Katzenklau, Taubenkropf]. a) Blüte; b) Frucht (vergrößert).

wenigen Tagen war er vom Aussatze befreit.

„Wie hast du der Pflanze Heilsegen kennengelernt?“ fragte er nun den Schäfer. Und dieser erzählte: „Als ich die Herden hütete, sah ich, wie ein Wolf einen Hirsch anfiel und ihn schwer verwundete. Unbemerkt folgte ich dem kranken Tiere und gewahrte, wie es statt anderen Futters nur von einem bestimmten Kräutlein fraß und auch seine wunde Seite darauf legte. In einer Woche war diese geheilt. Ich nahm von der Pflanze und gab sie räudigen und wunden Schafen zu fressen; auch rieb ich sie mit dem Safte des Krautes ein; sie wurden ebenfalls gesund. Da hörte ich von deiner Krankheit, o König, und im Vertrauen auf die unendliche Barmherzigkeit Gottes, der mich in so wunderbarer Weise der Pflanze Heilkraft entdecken ließ, brachte ich auch dir das Mittel — und es half.“

„Und wie nennst du das Kraut?“ fragte der König weiter. — „Grindheil“ habe ich es geheißen, weil es dem Blute die Schärfe und der Haut den Grind nimmt.“ Da aber sagte der dankbare König: „Von nun an soll sein Name „Ehrenpreis“ sein, denn es ist aller Ehren Preis.“ Und reich beschenkt entließ er den Hirten; — Seit dieser Zeit wird das Pflänzlein also genannt.

Unter mehr als zwanzig Ehrenpreisarten haben dem Tee-Ehrenpreis ähnliche Eigenschaften: der Waldehrenpreis (V.Chamaedrys), der im Mai und Juni blüht und dessen Blumen etwas dunkler gefärbt und größer sind. Auch enthält er eine größere Bitterkeit als die anderen Arten. Wie sein Name sagt, findet man ihn im Walde, wo er häufig wächst.

Ferner der ährenblütige Ehrenpreis (V. spicata L.), der oft einen Meter hoch und auch in den Gärten als Zierpflanze gezogen wird. Er wächst ebenfalls im Walde und blüht von Juni bis September.

Seiner schönen Blumen und herzförmigen Früchtchen wegen wurde der Waldehrenpreis ehedem vielfach besungen und von den schönen Damen zur Blütezeit des Rittertums an den Artushöfen dem Sieger als

Turnier- oder Ehrenpreis überreicht. Heute wird er wenig mehr beachtet, weil die Gärten von den außergewöhnlichsten Blumen strotzen, von denen sich aber kaum eine in Bezug auf Feinheit und Zierlichkeit mit der einfachsten Feldblüte messen darf. Auch als Heilkraut wird der Ehrenpreis wenig mehr gekannt. Frisch besitzt er einen gewürzhaften, angenehmen Geruch, der sich aber durch das Trocknen verliert. Im Geschmacke ist die Pflanze bitterlich-herbe, da sie Bitter- und Gerbstoff enthält.

## Anwendungen.

Der Ehrenpreis zählt zu den stärkenden und leicht anregenden Mitteln. Daher wird er gerne in Brustkrankheiten, namentlich bei beginnender Schwindsucht gebraucht und zwar häufig mit dem besten Erfolge.

1. Bei altem Lungenkatarrh mit Verschleimung der Brust, bei Heiserkeit und langwierigem Husten, sowie auch bei Verdauungsschwäche, Blähungen und Aufstoßen ist es von großem Vorteile, sofort den Ehrenpreis zu Rate zu ziehen, und zwar wird meistens der Teeaufguß gebraucht zu 20—50 Gramm Kraut auf täglich 3 Tassen, wovon man morgens, mittags und abends je eine, entweder mit oder ohne Milch, genießt. Der ausgepreßte Saft zu ungefähr 2—3 Löffel auf eine Tasse Milch ist ebenso wirksam.

2. Will man einen gemischten Tee machen, den sogenannten „deutschen Kräutertee“, so nehme man Ehrenpreis-, Gundelreben-, Huflattich- und Skabiosenkraut, von jeder Sorte gleichviel, und füge noch Melissen- und Salbeikraut hinzu, aber von diesen beiden immer nur die Hälfte der jedesmaligen Menge. Dieser Tee ist ausgezeichnet bei Brust- und Magenverschleimung und -schwäche. Will man nur einen Brusttee, so nehme man anstatt der Melisse und des Salbei noch Spitzwegerich, Wollblumen, Malven, Brennessel und Eibisch — je nach Belieben.

3. Bei Hals- und Mundgeschwüren kann der Ehrenpreistee oder

-absud als gutes Gurgelwasser dienen. Man kann ihm auch etwas Alaun beifügen.

Das Kraut (Stengel und Blätter) muß im Frühjahr vor der Blüte geerntet und im Schatten schnell getrocknet werden.

Wir sehen, daß jetzt der Ehrenpreis als „Grind-“ und „Aussatzkräutlein“ kaum mehr Verwendung findet; vielleicht jedoch würden neue Versuche ihm auch hierin wieder zu neuen Ehren verhelfen, und dann würde er erst mit vollem Rechte den schönen Namen führen, den ihm unsere Vorfahren in ihrer Dankbarkeit gaben: Heil aller Welt!

*

Wenn ihr mit mir den Rain, an dem wir unseren lieben Ehrenpreis gefunden haben, vollends ersteigen wollt, so zeige ich euch auf dem Brachacker dort eines der niedlichsten, gesegnetsten Unkräuter, die der liebe Gott zur Freude aller derjenigen, welche die Natur lieben und zum großen Ärger des vielfach mit der Natur im Kriege liegenden Bauersmannes überall, in ganz Deutschland, auf Äckern, Hopfenfeldern, in Weinbergen und Gärten wachsen läßt.

Schaut euch einmal den ungebetenen Gast an! Kann man sich etwas Duftigeres und Zierlicheres denken als das feine Blattgewebe dieses meergrünen, buschigen Kräutleins? Freilich haben seine Blätter in der Form eine Ähnlichkeit mit jenen der Gartenpetersilie, allein sie sind viel zarter gebaut als diese.

Der sehr geästelte Stengel liegt kriechend auf der Erde, und die rosigen bis fleischfarbenen, an der Mündung dunkelgefärbten, unregelmäßigen Blümchen, welche gespornt sind, bilden hübsche Blütenähren, die sich von Mai bis Oktober zeigen. Die ganze Pflanze wird im günstigsten Falle einen halben Meter hoch. Eigentlich sollte sich der Landmann freuen, sie auf seinem Acker zu sehen, denn sie deutet auf guten, fetten Boden; auch ist sie keines jener schwer auszurottenden Unkräuter, welche die Ernte gefährden. Und trotzdem das Kräutlein in allen seinen Teilen eine große Bitterkeit und gewisse Schärfe enthält, wird es doch von Schafen und Kühen gerne gefressen; Pferd und Schwein hingegen mögen es nicht. Vielleicht habt ihr es schon als Erdgalle, Katzenklaue, Taubenkropf oder als Alprauch, Ackerraute, Nonnenkraut und Grindlkraut bezeichnen hören. Sein wirklicher Name ist

## Erdrauch (Bild siehe Seite 254).

Schon Dioskorides (50 n. Chr.) sagt, daß die Pflanze deswegen so heiße, weil ihr Saft scharf sei und wie der Rauch zu Tränen reize. Andere glauben, ihr Name komme von der „Eigentümlichkeit ihrer Blätter und Blüten, den Staub des Ackers festzuhalten, so daß zur trockenen Sommerszeit wie Rauch von der Pflanze emporwirble, wenn sie stark erschüttert werde“ (Dr. Söhns).

Könnte das Kraut indessen nicht auch deswegen „Erdrauch“ genannt werden, weil es, wenn es zahlreich auf einem Felde steht, infolge seines graugrünen Gewandes und von einer gewissen Entfernung gesehen, aus der Erde hervordringenden Rauchwölkchen ähnlich ist?

Aber nicht nur die Gelehrten haben sich mit unserem Pflänzchen beschäftigt; auch von den Zauberern wurde es benutzt, um sich „unsichtbar“ zu machen und auf Wunsch eines Freundes, Angehörigen oder Neugierigen die Geister Abgeschiedener heraufzubeschwören. Zu diesen Zwecken warfen sie es in die Opferfeuer, und der durch den scharfen Rauch des Kräutleins stark belästigte Zuschauer mag dann schnell befriedigt worden sein und den Hexenmeistern leichtes Spiel gemacht haben.

Besitzt die Pflanze indessen auch keine Zaubermacht, so wohnen ihr doch wenigstens Heilkräfte inne, die nicht zu verachten sind; denn sie wirkt stärkend und kräftigend, lösend und blutreinigend auf den menschlichen Organismus.

## Anwendungen.

1. Namentlich ist daher der Erdrauch bei Unterleibsstockungen, skrofulösen und Hautkrankheiten, die nicht gerade, wie die Flechten,

eine besondere Behandlung verlangen, sowie auch bei allgemeinen Kräuterkuren, wohl zu beachten. Besonders wirksam erweist er sich auch bei Kindern, die mit dem Milchschorf und mit Verdauungsschwäche zu tun haben. Bei ersterem kann der Erdrauch mit dem Stiefmütterchen vermischt und verwendet werden. Aufguß und Abkochung des getrockneten Krautes macht man auf die gewöhnliche Art, mit 5—10 Gramm Erdrauch auf 1 Tasse Wasser je nach dem Alter des Kranken, und gebraucht es in kleinen Portionen mit etwas Wein.

Aus dem frischen Kraute preßt man hauptsächlich den Saft, der ebenfalls in Wein oder mit Zucker tagsüber 3—4mal, je 1 Eßlöffel voll, eingegeben wird. Kleine Kinder bekommen natürlich entsprechend weniger, wie schon oft bemerkt wurde.

Wenn man dem Safte sein Gewicht Zucker beifügt, so erhält man einen Sirup, den die Kleinen viel lieber nehmen als Tee oder Saft.

1. Bei Scharbock kann die Anwendung des Erdrauchs den Bitterklee ersetzen, besonders da, wo dieser schwer zu bekommen ist.

2. Erdrauch wirkt auch harntreibend und blutreinigend. So treibt er scharfe, verdorbene Säfte aus dem Körper und ist daher gut gegen Skorbut, Milz- und Leberanschoppungen und Ausschläge. Auch bei Gelbsucht kann er zu Rate gezogen werden.

Auch sollte er bei Frühjahrskuren nicht fehlen.

Das Kraut muß vor der Blüte gesammelt und schnell im Schatten getrocknet werden.

Da der Erdrauch außer salzsaurem Kali auch einen guten gelben Farbstoff enthält, so wäre er ebenfalls in Färbereien zu gebrauchen und wurde früher auch zum Grünfärben benutzt.

Wir sehen, daß auch dieses „Unkraut“ zu etwas anderem noch tauglich ist, als dem Bauersmann im „Wege zu stehen“

*

In der nachbarlichen Nähe des Erdrauchs, bescheidener jedoch als dieser mit einem Schutthaufen am Ackerrande vorlieb nehmend, sehe ich ein Kräutlein stehen. Es gehört einer Familie an, die kein Giftgewächs zu ihren Angehörigen zählt, sondern die meisten mit so segensvollen Eigenschaften ausgestattet über alle Erdteile aussendet, daß diese Familie wirklich zu den besten und edelsten Pflanzengeschlechtern gezählt werden darf. Wir haben schon einmal im ersten Frühjahre einen Vertreter dieser Familie kennengelernt, nämlich den kleinen Gundermann. Gewiß werdet ihr euch noch an seine Lippenblume erinnern können.

Auch diese Pflanze hier trägt die gleichen Merkmale: Blätter, die einander gegenüberstehen und Blüten, die aus den Blattwinkeln hervorkommen, sich um den vierkantigen Stengel herum ausbreiten und dadurch Scheinquirle bilden. Was sie aber besonders auszeichnet, das sind die weißen Blumen, die in einem zehnzähnigen, filzigen Kelche ungestielt dicht beieinander sitzen, der filzige Stengel und die auf der Unterseite wolligen Blätter. Reibt oder streift ihr sie, so entwickeln sie einen angenehm aromatischen, moschusartigen Geruch, der sich beim Trocknen aber fast ganz verliert. Die Pflanze blüht von Juni bis August und September und findet sich auf Schutthäufen, Anhöhen, sandigen Äckern, an Wegen und Mauern

Wir haben in ihr

## den weißen Andorn

vor uns, den gewiß manche von euch unter dem Namen „Berghopfen“, „Dorant“, „Mariennessel“, „Siegmünze“, „Mutter oder Geschwürkraut“ kennen. Wunderschön ist die Bezeichnung „Gotteshilfe“, welche ihm sicherlich von den Ärzten verlassene Kranke gegeben haben, die in seiner Heilkraft das direkte Eingreifen Gottes zu erkennen glaubten. Heutzutage weiß man keine solchen Namen mehr zu finden, welche durch die Vergänglichkeit der Zeiten hindurch wie ein immerwährendes Lob- und Dankgebet zum Geber und Wiederhersteller der Gesundheit emporsteigen.

1. Taubnessel, weiße (Lamium album, L.) (weißer Bienensaug, Todnessel, zahme Nessel]. a) Blüte; b) Knospe; c) Stempel. 2. Andorn, weißer (Marrubium vulgare, L.) [weißer Dorant, Berghopfen, weiße Leuchte, Gotteshilfe, Mariennessel, Helfkraut, Gottvergeß, Mutterkraut]. a) Blüte; b) Stempel.

Im Gegensatz zur „Gotteshilfe“ gab man dem schwarzen Andorn (Ballóta nigra L.) seiner schmutzigroten Blüte und seines unangenehmen Geruches wegen den Namen: „Gottvergeß“, weil man naiverweise glaubte, eine so zurückstoßende Pflanze müsse sicherlich von Gott verlassen und dem Bösen anheimgegeben worden sein.

Der weiße oder gemeine Andorn ist ein altberühmtes Kraut. Schon die Griechen schätzten es überaus, und wo sie keinen Rat und keine Hilfe mehr wußten, versuchten sie als „letztes Mittel“ besonders in Lungenkrankheiten den Andorn. Bei den alten Deutschen war er dem Gotte Thor geweiht; außerdem wurde er bei ihnen noch sowohl als Heil- wie auch als Zauberkraut hoch in Ehren gehalten. Mit seiner Hilfe konnte man sich gegen den bösen Feind, die Gespenster, Erd- und Waldgeister schützen. So ging einst eine Frau in den Keller, um etwas zu holen, als ihr ein Geist erschien. Zufällig griff sie in ihrer Angst nach einem Bündel Andorn, der gerade in ihrer Nähe lag, und der Geist mußte weichen und konnte ihr nichts anhaben. Auch vermochte er Tiere zu „entzaubern“, daß sie wieder ihre Stimme fanden. Doch spielte er den Leuten auch manchmal Streiche und führte sie irre.

Fragen wir nach des Andorns wirklicher Macht, so erfahren wir, daß er in Wahrheit ein sehr gutes Heilkraut ist, dem unsere volle Beachtung gebührt.

## Anwendungen.

Seine wirksamen Bestandteile sind eisengrünender Gerbstoff, ätherisches Öl, Harz und bitterer Extraktivstoff. In Gebrauch kommen vorzüglich die Blätter, welche, meist in Teeform zubereitet, stärkend, auflösend, anregend und belebend wirken.

1. Bei Brustverschleimung, Lungenkatarrh, Schwindsucht, sowie bei Leberverhärtung, sodann aber auch bei auf Schwäche und Schlaffheit zurückzuführender Menstruationsstockung und namentlich bei Gelbsucht ist der Andorn ein prächtiges Heilkraut.

Der frisch aus den Pflanzen gepreßte Saft ist ebenso heilkräftig. Er wird täglich 3—4mal mit etwas Honig oder in Fleischbrühe genommen und zwar jedesmal zu einem Eßlöffel voll (50 bis 60 Gramm täglich).

2. Zum äußerlichen Gebrauche wird der Andornsaft mit feinem Öl vermischt, bei Ohrenweh ins Ohr geträufelt.

3. Wer Hautausschläge hat, der wasche sich mit dem Absude des Krautes. Sicherlich wird er Besserung und Linderung davon verspüren. Doch möchte ich darauf aufmerksam machen, daß nur eine allgemeine, innere, säfte- und blutverbessernde Kur gänzliches Befreien von solchen Krankheiten bewerkstelligen kann. Es wird daher zweckmäßig sein, sich zu gleicher Zeit einer solchen zu unterziehen, den Körper durch kalte Waschungen und große Reinlichkeit möglichst zu kräftigen und ihm die nötige, zuträgliche Nahrung und Bewegung zu verschaffen.

4. Andornabsud heilt auch den Kopfgrind der Kinder.

5. Wunden und Geschwüre werden vorzüglich gereinigt, wenn man sie mit Andorntee auswäscht. Außerdem übt er eine heilsame, heilende und schließende Wirkung auf sie aus.

6. Nach Dr. Boerhave löst Andornsaft, mit Honig vermischt, den dicken Schleim bei Brustkatarrhen.

7. Ferner ist er sehr heilsam bei Asthma mit gelblichem, zähem Auswurfe.

Das Kraut wird zur Blütezeit — denn auch die Blüten sind heilkräftig — also im Juni, Juli und August gesammelt, an der Luft getrocknet und zerschnitten, im staubfreien Verschluß aufbewahrt.

Seines bitter-aromatischen Geschmackes wegen ist der Andorn auch schon anstatt des Hopfens zur Bierbereitung benutzt worden: daher sein Name „Berghopfen". Auch ist er in Gerbereien brauchbar.

*

Nicht mit ihm verwechselt werden darf der in die gleiche Gattung gehörende, ihm also nahverwandte

## weiße Bienensaug (Bild siehe Seite 261)

oder die Tod- oder Taubnessel. Bei einer oberflächlichen Betrachtung wäre dies allerdings möglich; doch hat der Bienensaug einen sechszähnigen Kelch; innen in der Blütenröhre ist ein Haarring; die Blätter sind herzförmig und behaart, aber nicht oval und filzig wie beim Andorn. Auch fehlt ihm der moschusartige Geruch.

Bei den Landleuten ist diese Pflanze als „Hauskräutlein" weniger heimisch als manches andere Gewächs. Jedoch ist dem Bienensaug keineswegs Heilkraft abzusprechen. Auch Pfarrer Kneipp wendet ihn im Absude bei Ohrendämpfen sowie auch in Pulverform, der gewöhnlichen Nahrung beigemengt, an, da er „auf die Krankheitsstoffe im Gehörgange, in der Nase, in den Augen, sowie auf die Verschleimung des Kopfes überhaupt auflösend wirkt" und das Blut reinigt. Ebenso kann man ihn auch bei Brust- und Lungenleiden, Blut- und namentlich Weißfluß und bei Ruhr zu Rate ziehen. Er wird in den Apotheken und zwar das Kilogramm getrockneter Blüten zu 3—4 und mehr Mark gerne gekauft. — Von dem Kräuterpulver gibt man nach Kneipp im allgemeinen der Speise so viel bei, „daß der Geschmack nicht darunter leidet. Eine Köchin kann das also am besten beurteilen."

Gegen Weißfluß kann man der Taubnessel im Teeaufguß noch Andorn beifügen, da dies die Wirkung verstärkt.

Die jungen Blätter können zu Gemüse verwendet werden.

Der purpurrote (Lamium purpureum) und der gefleckte Bienensaug (Lamium maculatum) sind ebenfalls gute und heilsame Kräutlein, wenn wir sie in der Hausapotheke auch entbehren können. Alle Arten Taubnessel, sowie auch der Andorn sind ausgezeichnete Honigpflanzen, darum werden sie von den Bienenstandbesitzern gerne gesehen.

*

Ein anderes am Wege und auf brachliegenden Äckern blühendes Kraut ist

# der gemeine Natternkopf

oder die Natternzunge. Rauh und borstig sind Stengel und Blätter, und wäre nicht seine schöne, treuherzig blaue, glockig-trichterige Blume, aus der zwischen fünf rosenroten Staubfäden sich der fadenförmige, behaarte, gabelige Griffel wie eine Natternzunge herausstreckt, so hätte die Pflanze fürwahr ein abschreckendes Äußere. Wenn die Blüten sich öffnen, sind sie, wie bei der Schwester des Natternkopfes, dem Lungenkraute, anfangs rosig und gehen erst später in Blau über. Hat man die Pflanze nur einmal gesehen, so prägt sie sich fest dem Gedächtnis ein; auch wüßte ich nicht, daß es eine zweite ähnliche, mit der man sie verwechseln könnte, in Deutschland gäbe. Hätte sie aber nicht ihr rauhes Kleid, das sie als zu der Boretsch-Familie gehörend kennzeichnet, so würde sie leicht in jene der Lippenblütler gezählt werden können, da ihre Blume rachenförmig gebildet ist. Sie gehört also zu jenen Pflanzen, welche die „Scheidegrenze zwischen zwei Familien bilden“ und von einer zur andern hinüberleiten. Eine weitere Absonderlichkeit des Natternkopfes besteht in der blauen Farbe seines Blumenstaubes, der sonst doch bei den meisten anderen Gewächsen gelb ist.

Der Natternkopf kann so recht als das Bild ungezierter, rauher Rechtschaffenheit und Biederkeit gelten; denn er ist ein gutes Kraut, und sein Zünglein sticht keineswegs. Italien aber, das Land der Lorbeeren und der Zitronen sowie auch der sprichwörtlichen Zweizüngigkeit und Hinterlist, sagt dem Natternkopfe nicht zu; darum wird er dort auch nicht gefunden.

In den alten Zeiten wurde er gegen Schlangenbiß gebraucht, weil man einmal bemerkt haben wollte, daß ein gewisser Alcibius, der von einer Natter in den Fuß gebissen worden war, sich mit diesem Kraute wieder geheilt hatte. Indessen stand der Natternkopf nie in gleichem Ansehen, wie zum Beispiel der Andorn und der Wegerich. In der Heilkunde wird er kaum benutzt. Doch wirken sowohl Blätter und Wurzel

1. Natternkopf (Echium vulgare, L.) [Stolzer Heinrich, Otterkopf, wilde Ochsenzunge, Saurüssel, Schlangenhaupt, Steinzungenwurz]. a) Blüte; b) Fruchtkapsel. — 2. Boretsch (Borago officinalis, L.) [Augenzier, Gurkenkraut, Liebäugelein, Wohlgemut]. a) Fruchtkapsel

als auch seine Fruchtnüßchen kühlend und erweichend. Und da ich selbst Gelegenheit hatte, seine heilenden Kräfte kennenzulernen, so möchte ich sie euch empfehlen.

## Anwendungen.

Das Natternköpfchen ist nämlich ein probates, vorzügliches Mittel gegen den Rotlauf. Um sich seiner in diesem Falle bedienen zu können, macht man sich mit dem zerkleinerten Kraute eine Salbe auf ähnliche Art wie die Pappelsalbe und bestreicht damit die kranke Stelle. Schon das zerquetschte Kraut, auf hitzige und entzündete Geschwulste gelegt, tut gute Dienste. Versucht es nur bei Gelegenheit einmal!

Zu den oben angedeuteten Heilzwecken benutzt man nur das frische Kraut.

Die Biene stattet unserem Natternköpfchen fleißig Besuche ab. Dieses aber läßt sich den Verkehr mit ihr recht gerne gefallen, denn es scheint, als ob der liebe Gott seinen Blütenstaub gerade deswegen blau geschaffen habe, um dieses Insekt dadurch besonders anzulocken, das eine ausgesprochene Vorliebe für die blaue Farbe hat. Indem sich die Biene nun mit einem ausgezeichneten Nektar beladet, vermittelt sie zugleich auch die Befruchtung des Gewächses dadurch, daß sie den Blumenstaub (oder Pollen) von den Staubgefäßen zum Stempel trägt. Dagegen hält die ungewohnte blaue Farbe alle jene Pollenräuber ab, die ihn nur als Leckerbissen für ihren Gaumen betrachten und von Blüte zu Blüte schwärmen, ohne ihre Beute an den richtigen Ort zu bringen.

Fürwahr, das Reich des Herrn ist ein herrliches Reich und alle seine Werke sind wunderbar! Gehe hin, du Ungläubiger, und staune!

*

Eine Trägerin der besonderen Gnade des Schöpfers ist auch die unscheinbare, aber äußerst heilkräftige

# Nelkenwurz

oder das Benedikten-, Igel- und Nägeleinkraut, die Nelkengaraffel, auch Sanikula (Heil aller Welt), Gariofilat und Narde genannt. Wenn ihr in alten Chroniken und Rittergeschichten lest, daß die sorgende Hausfrau ihrem gestrengen Herrn Gemahl — Ritter oder Ratsherr — zur Magen- und Herzstärkung „Gewürznägelein-Wein" oder „gewürzten Wein" vorsetzte, den sie mit eigener Hand zubereitet hatte, so dürft ihr denken, daß es mit Hilfe unserer Nelkenwurz geschah, die zu jener Zeit in hohem Ansehen stand. Auch waren dortmals die Gewürznelken, wie wir sie jetzt benutzen, teilweise noch unbekannt, jedenfalls aber sehr teuer. Darum wurde Nägeleinkraut im Haus- und Burggärtchen angebaut, wie wir etwa Petersilie bauen, um es immer zum Bedarfe bei der Hand zu haben. Denn es war nicht nur als Arzneipflanze bekannt und geschätzt, sondern wurde auch dazu benutzt, das selbstgebraute Bier vor dem Sauerwerden zu schützen; ebenso kaute man seine Wurzel, um schlechten Atem zu verbessern.

Heute wird die Nelkenwurz wenig mehr angesät, da sie im Haushalte entbehrlich geworden ist und außerdem häufig wildwachsend an Zäunen und Hecken, sowie in Gebüschen und Wäldern getroffen wird. Wer sie jedoch im Garten haben will, der weise ihr einen schattigen Ort an.

Ihre Höhe geht selten über zwei Schuh hinaus. Der ästige Stengel trägt einzelstehende gelbe, fünfblätterige kleine Blumen, die jenen des Fingerkrautes, mit dem die Nelkenwurz Familiengemeinschaft hat, gar nicht unähnlich sind. Der Kelch, welcher zehnspaltig ist, biegt sich nach der Entwicklung der Blume zurück. Die behaarten Blätter sind ungleich gefiedert; auch ist das oberste Blättchen immer das größte. Die ebenfalls behaarten Früchtchen endigen, wie die Gerste, in einer Granne; nur biegt sich diese gegen das Ende zu in eine Art Knie zurück. Durch dieses Merkmal wird uns die Pflanze besonders kenntlich, sowie durch den angenehmen gewürznelkenartigen Geruch des rotbraunen Wurzelstockes,

1. Nelkenwurz (Geum urbanum, L.) [Nelkengaraffel, Igel-, Nägelein- und Benediktenkraut, Heil aller Welt]. a) Staubgefäß (vergrößert); b) Blütenboden mit Früchten. — 2. Arnika (Arnica montana, L.) [Wohlverleih, Fallkraut]. a) Fruchtköpfchen; b) Blütenblatt; c) Frucht.

der auch einen ähnlichen, zugleich aber etwas herbbitteren Geschmack hat. Schon der aus dem Griechischen stammende botanische Name deutet darauf hin. Da die Nelkenwurz sehr vielen Gerbstoff, Harz, Öl und Salze enthält, so wirkt sie magenstärkend und bitter zusammenziehend.

## Anwendungen.

1. Daher ist sie bei Durchfällen, Blut- und Schleimflüssen (Weißfluß), bei Erbrechen, das von einem verdorbenen oder verschleimten Magen herrührt, wie auch überhaupt in den verschiedenen Krankheiten der Verdauungsorgane, welche vorzüglich auf Schwäche beruhen, und — wie Ulsamer sagt — „in den späteren Stadien typhöser Wechselfieber" beachtenswert.

Wenn wir jedoch im allgemeinen uns nicht selbst von einer wirklichen Krankheit zu heilen versuchen sollen, sondern, wie es unsere Pflicht erheischt, den Arzt zu Rate ziehen müssen, dessen Einsicht wir dann die Mittel unserer Hausapotheke zur Verfügung stellen, so ist es auch im besonderen bei Anwendung der Nelkenwurz zu wünschen, daß ihr Gebrauch in den angeführten Leiden von kundigerer Hand als der unseren bestimmt werde, nicht weil diese Pflanze an und für sich neben ihren guten auch zweideutige oder gar giftige Eigenschaften besitzt, sondern damit ihre sehr kräftigen Wirkungen richtig geleitet werden.

Doch kann uns die Nelkenwurz auch als Hausmittel ausgezeichnete Dienste leisten, wenn wir sie in Wein ansetzen, und — wie unsere Vorfahren — bei allgemeiner Schwäche der Verdauungswerkzeuge oder nach Erkältungen als magenstärkendes Mittel anwenden. In dieser Form ist sie auch nach einer langen Krankheit äußerst stärkend und kräftigend. Um diesen Nelkenwurzwein zu machen, muß man zu einer Flasche Wein 60—100 Gramm zerschnittene Wurzel nehmen und das Ganze einige Tage stehen lassen, ehe man davon braucht. Entweder wird immer wieder frischer Wein nachgegossen oder der erste Ansatz durchgeseiht. Hiervon nimmt man täglich einige Zeit vor den Mahlzeiten je 1 Eßlöffel voll.

2. Bei Durchfall kann man diese Tinktur ebenfalls zu Rate ziehen. Gegen denselben hat sich auch der Absud von 4—6 Gramm Wurzel auf 1 Tasse Wasser als besonders gut erwiesen, wenn man ihn löffelweise in kleinen Zwischenräumen genoß.

3. Wie man im Mittelalter die Nelkenwurz kaute, um den Atem zu verbessern, so kann man es auch heute noch tun; ebenso wird dadurch auch das lockere, entzündete und schmerzende Zahnfleisch wieder befestigt und geheilt.

Die Wurzel der Pflanze muß im Frühjahre, vor der Blüte gesammelt, gereinigt und im Schatten, aber an einem luftigen Orte — am besten aufgehängt — getrocknet werden. Die jungen Sprossen des Krautes kann man zu Salat und Gemüse verwenden.

Die Nelkenwurz besitzt so viel Gerbstoff, daß sie von den Gerbern gerne gekauft wird; manchmal wird sie auch von den Bierbrauern, um Hopfen zu ersparen, dem Biere beigegeben, da sie ihm eine angenehme Bitterkeit verleiht. Immerhin ist ein solches Bier der Gesundheit zuträglicher, als wenn es mit irgendeiner anderen Beigabe verfälscht wäre, wie es heutzutage ja oft geschieht.

*

Nun aber bitte ich euch, mir noch zur Bergwiese hinauf zu folgen, da ich unsere heutige Ernte mit einer Blume bereichern möchte, welche nacheinander ohne Ende gepriesen und zum Himmel erhoben, dann ganz verworfen und endlich wieder aus der arzneilichen „Rumpelkammer" gezogen und als wirksam und heilkräftig erklärt wurde. Es ist der

## Berg-Wohlverleih oder die Arnika (Bild s. Seite 269)

und, wie er auch noch genannt wird: das Fall-, Engel-, Stich-, Marien- und Verfangkraut; die Mutter-, Mönchs- und römische Gemswurz; die Johannis-, Rinder- und Sankt-Luzien-Blume.

Die Volksmedizin hat sich nie von den gelehrten Streitereien über „Arnikaschwindel" usw. beirren lassen, sondern unentwegt das ihr liebe und nützliche Kraut angewendet und benutzt: und sie hat sich dabei wohl befunden. Schon im Mittelalter war Arnika besonders im Sachsenlande hochberühmt; damals schon wurde die Pflanze vom „gemeinen Volke gebraucht, so jemand hoch hinunter gefallen oder sich sonst etwa mit Arbeit verletzt haben. Nehmen eine Handvoll, sieden's in Bier, trinken des Morgens einen Trunk davon warm, decken sich zu und schwitzen ..." Zur Zeit der heiligen Hildegardis hieß man die Pflanze Wolfsgele, d.h. Wolfsgelb, dann entstand daraus Wolferlei, das heißt Wolfsauge, und jetzt ist das Wort in Wohlverleih umgewandelt, das wir in „Wohl für allerlei" deuten können, denn Arnika ist ein wohledles, wohlgefälliges Kraut für mancherlei Schäden und Gebrechen.

Doch wir sind nun an unserem Ziele angelangt, und wenn ihr eine goldgelbe, schöne Strahlenblume — „eine kleine Sonne", wie die Kinder sagen — auf einem etwas mehr als fußhohen, aufrechten, flaumig behaarten Stengel sich wiegen seht, der höchstens drei solcher Blüten trägt und nur sehr spärlich beblättert ist — so sagt dieser Blume, „ich lasse sie grüßen", denn das ist Wohlverleih. Zur weiteren Kenntnis und Auskunft mögt ihr noch wissen, daß ihre Wurzelblätter eirund, ganzrandig, das heißt weder gesägt noch gekerbt, sodann etwas lederig-steif und mit fünf, sechs oder sieben Nerven durchzogen sind. Auch haucht die ganze Pflanze einen eigentümlich harzig-aromatischen, nicht unangenehmen Geruch aus, besonders wenn sie ein wenig gedrückt und zerquetscht wird.

Die Arnika liebt die Höhe, darum wächst sie in Niederungen nur selten; auf Kalkboden kommt sie überhaupt nie vor. Sie ist der verkörperte Wahlspruch jenes Kaisers, der auf seinen Schild schrieb: Plus ultra („Höher, immer höher"), und spricht dadurch wie eine Mahnung zu uns: „Empor die Herzen!" Auch die Familie, der sie angehört, nämlich jene der Korbblütler, von denen wir bereits Löwenzahn, Huflattich und Gänseblümchen kennengelernt haben, predigt uns in wunderbarer Kraft von der „Kunst der göttlichen Schöpferhand". Denn diese über 900 Arten umfassende Familie scheint besonders darum in so großer

Anzahl über die Erde verbreitet zu sein, damit sie durch das Schimmern ihrer schönen Blütensterne „einen Abglanz des himmlischen Lichtes über den Vegetationsteppich ausbreite... und uns dadurch andeute, daß das Licht des Schöpfers in unvertilgbarer Weise allerwärts aus der Pflanzenwelt hervorbricht, wenn auch das Auge des Menschen nur zu oft getrübt ist, um es nicht zu sehen“ (Lorinser).

Der Wohlverleih, welcher von Juni bis August blüht, ist ein kräftiges, wirksames Heilkraut, das sowohl innerlich als äußerlich angewendet werden kann, wenngleich das erstere auch mit einer gewissen Vorsicht geschehen muß. Seine wirksamen Bestandteile sind ätherisches Öl und kratzender Extraktivstoff. Benutzt werden die Blumen, das Kraut und die Wurzel. Diese wirken besonders auf die Nerven anregend und kräftigend, doch dehnt sich die Wirkung nur auf die äußere Haut aus.

## Anwendungen.

In der Hausapotheke erweist sich die Tinktur als besonders nützlich, und deshalb ist zum Gebrauche in der Familie jedes andere Arnikapräparat unnötig. Diese Tinktur wird bereitet, indem man ganze, gereinigte und getrocknete Arnikablumen in Spiritus oder Branntwein ansetzt und nach einigen Tagen (3 bis 6 Tagen) die klare Flüssigkeit sorgsam abgießt. Die Tinktur ist ebenfalls in jeder Apotheke erhältlich. Um eine solche aus der Wurzel zu bekommen, pulverisiert man diese und schüttet dann auf je 20 Teile starken Weingeist oder Branntwein 1 Teil des Pulvers. Nun verschließt man die Flasche sorgfältig und stellt sie während einer Woche an einen kühlen, schattigen Ort. Dann wird die Flüssigkeit durchgeseiht und gut verkorkt aufbewahrt. Doch darf sie nie unverdünnt angewendet werden.

1. Sie ist von ausgezeichneter heilsamer Wirkung bei Quetschungen mit und ohne geronnenes Blut, Stößen, Verrenkungen, Verstauchungen, Verwundungen und Beschädigungen aller Art. Um sich von diesen äußeren Verletzungen zu heilen, gießt man ungefähr 100 Tropfen der

Tinktur in einen Viertelliter Wasser, befeuchtet mit dieser Flüssigkeit ein mehrfach zusammengelegtes Stückchen Leinwand und legt es auf die schmerzende oder beschädigte Stelle. So oft der Überschlag trocken geworden ist, muß er wiederholt werden. Bei eigentlichen offenen Wunden muß die Tinktur noch mehr verdünnt werden, so daß auf ungefähr 250 Gramm (¼ Liter) Wasser nicht mehr als 20 bis 30 Tropfen kommen. Wer Arnika in dieser Weise anwendet, der wird Gelegenheit haben, zu sehen, wie gut zerteilend und entzündungswidrig dieses Mittel in seiner Heilwirkung ist. Namentlich möchte ich auch bei Beulen, blauem Auge, bei Insektenstichen und daher kommenden Anschwellungen darauf aufmerksam machen.

2. Außerdem kann ich Arnika aus eigener Erfahrung bei Zerschlagenheit und Steifheit der Glieder nach anstrengender Arbeit und vielem Gehen als sehr kräftigend und erfrischend empfehlen, wenn man sich mit der nicht allzusehr verdünnten Tinktur die schmerzenden Glieder einreibt oder den ganzen Körper abwäscht.

3. Auch als Mundwasser, besonders bei entzündetem Zahnfleisch und bei Zungenverletzung, wenn man sich den Mund verbrannt hat, ist Arnika vortrefflich zum öfteren Ausspülen des Mundes. Ich habe auch schon gesehen, wie es bei Zahnweh mit Erfolg angewendet wurde.

4. Den innerlichen Gebrauch der Arnikatinktur möchte ich ohne Verordnung des Arztes nicht gerne empfehlen, da sie in stärkerer Gabe leicht Schwindel, Übelkeit und Erbrechen hervorruft. In Frankreich habe ich indessen immer gesehen, wie bei Erschütterungen nach Sturz, Fall, Schrecken u. dgl. 8 und 10 Tropfen in einem größeren Weinglas Wasser kaffeelöffelvollweise von 5 zu 5 Minuten eingegeben wurde, um innerlichen Unordnungen, wie Verdauungsstörungen und Blutanstauungen vorzubeugen. Bei Lähmungen, die durch Kongestionen (Blutandrang) entstanden sind, darf die Arnika nicht angewendet werden. Dagegen ist sie sehr zu empfehlen bei sogenannten nervösen Schlaganfällen, bei beginnendem schwarzen Stare, bei zitternder

Schwäche nach Quecksilbervergiftung, bei Hämorrhoidalblutungen, sowie bei Schleimfieber und fieberhaften, auf Fäulnis beruhenden Hautausschlägen. In diesen Fällen kann ein Tee (Aufguß) von etwa 10 bis 12 Gramm Arnika auf 240 bis 250 Gramm Wasser bereitet, gute Dienste leisten, wenn man alle 2 Stunden einen Eßlöffel voll davon nimmt.

5. Köhler gibt ferner homöopathische Anwendungen in seinem Buche „Unsere Heilpflanzen" an. Danach wird Heiserkeit nach vielem Sprechen gehoben, wenn man 5 Tropfen Arnika in 1 Eßlöffel voll Wasser nimmt. Ferner beseitigt Arnika Rheumatismus, wenn alle 2 Stunden 3—5 Tropfen Tinktur in 1 Löffel voll Wasser eingenommen werden. Zugleich reibt man die schmerzenden Glieder in der Weise ein, wie schon angegeben wurde. Auch nach Übermüdung kann man dem äußeren Gebrauche mit dem inneren an die Hand kommen, indem man ebenfalls 5 Tropfen Arnika auf 1 Löffel voll Wasser nimmt.

6. Es läßt sich aus den Arnikablüten eine Salbe herstellen, die bei gesprungenen Lippen, böser Nase, Aufliegen, Wundsein usw. treffliche Dienste leistet. Man verfährt hierbei wie bei der Zubereitung der Pappelsalbe.

Um die Arnikablume zu sammeln, pflückt man sie an einem warmen, schönen Tage, aber nicht, solange sie vom Tau beträrnt ist; dann wird sie entweder im Backofen bei nur gelinder Wärme, oder auf dem Boden dicht unter dem Dache schnell getrocknet.

Die Wurzel sammelt man im Frühjahre vor der Blütezeit. Da die Blume indessen wenigstens ebenso wirksam ist, so wird sie entbehrlich.

Es ist darauf achtzugeben, daß der Wohlverleih nicht mit dem Alant und noch einigen ähnlichen Pflanzen verwechselt werde. Übrigens hat außer ihm kein anderes Kraut einen solch charakteristischen Geruch. In Schweden werden seine Blätter als Rauchtabak gebraucht. Diese sind der am wenigsten wirksame Teil der Pflanze.

*

Ebenfalls, ja mehr noch als die Arnika die reine Luft der Höhe liebend, schöner noch und edler als sie, und daher auch Beherrscher der Berge ist der königliche

## Enzian.

Wir mögen in Europa die Alpen, in Amerika die Anden oder in Asien den Himalaya besteigen: überall werden wir Glieder seiner Familie treffen, die ihn unter der Pflanzenwelt dieser Erdteile vertreten; ja selbst die Tropenländer sind seiner nicht bar, und obgleich hauptsächlich außer Sonne auch Feuchtigkeit zu seinen Lebensbedürfnissen gehört, so wird er trotzdem ebenfalls noch sehr häufig auf trockenem Kalkboden gefunden.

Am Waldteiche haben wir vor einem Monate schon den Fieber- und Bitterklee gepflückt, der eines der schönsten Enziangewächse ist; später werden wir ein anderes, sehr heilkräftiges Kraut derselben Familie aufsuchen; heute aber bleiben wir beim eigentlichen Enzian, der hier in einigen Arten wächst. Alle haben einander gegenüberstehende, ganzrandige Blätter; der Kelch ist fünf- bis siebenzähnig und die Blumenkrone vier- bis siebenspaltig. Die Blume selbst aber bildet meist eine Glocke von azurblauer, hellvioletter, roter oder gelber, manchmal auch punktierter Farbe, die nicht hängend, sondern nach oben gerichtet ist.

Die gelbe Farbe scheint überhaupt die ursprüngliche Farbe der Enziangewächse im allgemeinen gewesen und nur durch unseres lieben Herrgotts Blumenmaler, die Insekten, mittels Befruchtung und Kreuzung durch den Blumenstand anderer Gewächse, abgeändert und vervielfältigt worden zu sein.

Schon seit dem Monat Mai blüht der kleine, niedliche Frühlings-Enzian (Gentiana verna L.), der sich in einer einzigen, himmelblauen Blüte dicht über dem Erdboden erschließt. Auf dieser sandigen, spärlich übergrasten Erhöhung könnt ihr ihn noch sehen. Vielleicht habt ihr

1. Kreuzenzian (Gentiana cruciata, L.) [Modelger, Kreuzkraut, Himmelstengel, Speerenstich, Heil aller Schäden]. a) Blüte; b) auseinandergelegte Blüte. 2. Ungarischer Enzian (G. pannonica). — 3. Deutscher Enzian (G. germanica, Willd.).

ihn auch wohl Schusternägelein, Himmelsnagel, Roßviolen, oder gar Schneiderle besonders in der Gegend um Ulm und Augsburg nennen hören?

Er ist eines der hübschesten, freundlichsten Frühlingsblümchen, welche um diese Jahreszeit plötzlich, aus der Erde hervorgezaubert, vor unseren sehnsüchtig suchenden Blicken, gleich einem Versprechen des Himmels erscheinen und uns an dessen unwandelbare, vorsorgende Liebe und Treue erinnern, die nach Eis und Schnee, schweren Wolkenschichten und dichten Nebeln wieder Sonnenschein und Blumenduft zur rechten Zeit zu spenden weiß. Wer ginge da nicht gerne hinaus, diese kleinen Lenzboten aufzusuchen und Umschau im Reviere des Frühlings zu halten? Das taten auch einmal vor langer, langer Zeit, als es noch keine Enziane gab, drei Kinder, die nach harten Wintertagen ihre Sehnsucht nach dem Frühling nicht mehr bezwingen konnten und ungeduldig seiner harrten. Hoch stiegen sie ins Gebirge hinauf; „denn", sagten sie, „da sind wir dem Blau des Himmels näher und können es besser sehen als im Tale; auch blühen hier viel schönere Blumen, an denen wir uns ergötzen wollen."

Als sie aber oben angekommen waren und zum Tale hinabblicken wollten, da war es mit dichten Wolken gefüllt, und Wolken hüllten auch die Kinder wie in einen grauen, undurchdringlichen Schleier ein. Bald entlud sich daraus ein heftiger Regenschauer, und erschreckt flüchteten sie hinunter in die schützenden Hallen des Hochwaldes, sehr betrübt, daß ihre Freude so gestört worden war.

Aber nicht lange saßen sie wie scheue Häslein aneinandergedrückt, unter dem Blätterdache einer mächtigen Buche, als ein schöner, blondlockiger Knabe zu ihnen herantrat und sprach: „Heute seid ihr umsonst gekommen; wollt ihr aber am nächsten Sonntag noch einmal heraufsteigen und schöne Lieder singen, so soll der Himmel euch zu euren Füßen wie zu eurem Haupte prächtig schimmern."

Darauf verschwand er.

Als der Sonntag gekommen war, stiegen die Kinder wohlgemut die Berge hinauf. Aber welche Wunder erblickten sie jetzt! Die Bergwiesen waren übersät von tausend und abermals tausend kleinen, blauen Blumen, so daß sie ausschauten, als ob ein Stück blauen Himmels sich auf die Erde niedergesenkt hätte! Und die Kinder in ihrer Unschuld glaubten wirklich, den Himmel zu ihren Füßen zu haben, fielen auf die Knie nieder und sangen und beteten zum Lobe und Danke Gottes aus ganzem Herzen. Von diesem Tage an hat man alljährlich zur Frühlingszeit die Bergwiesen mit einem blauen Enzianteppich geschmückt gesehen, damit er uns sage, wie der Himmel so nahe für ein kindlich gläubiges Gemüt ist, das in Einfalt und Treue seinem Schöpfer dient.

Außer dem Frühlingsenzian finden wir oben noch den Kreuzenzian (G. cruciáta L.), auch Kreuzwurz geheißen, der gerne an trockenen Bergabhängen wächst, aber gewöhnlich erst im Juli blüht. Doch wollen wir sehen, ob wir nicht jetzt schon eine blühende Pflanze finden, denn diese Art Enzian ist besonders deswegen interessant, weil alles an ihm an das Zeichen erinnert, in welchem jegliches Heil für uns enthalten ist. Nicht nur, daß seine länglichen, einander gegenüberstehenden Blattpaare, sowie auch der vierspaltige Saum der dunkelvioletten, innen azurblauen Blume Kreuze bilden; auch das Mark des getrockneten Stengels und der Wurzel hat einen gekreuzten Längsspalt, als ob ein Speer zweimal kreuzweise hineingestochen worden wäre, um die Pflanze im „innersten Herzen“ zu verwunden. Darum heißt der Kreuzenzian auch Speerenstich.

Es läßt sich leicht denken, daß der tiefreligiöse Sinn des Mittelalters dieser Pflanze eine ganz besondere, geheimnisvolle Bedeutung zuschrieb, wie es auf einigen alten Gemälden aus jener Zeit leicht zu ersehen ist. Auch als Heilpflanze stand der Kreuzenzian in gutem Rufe; namentlich sollte er alle offenen Wunden schließen; darum nannte man ihn auch „Heil aller Schäden“. Da er ebenfalls von den Hexen zu allerlei Zaubereien verwendet wurde, so hieß er noch „Sibyllenwurz“. Namentlich benutzten ihn die Jäger, um ihr Gewehr vor

„Versprochenem" zu bewahren und „fütterten" damit den Flintenstein. Um aber Wirksamkeit zu haben, mußte die Wurzel am Karfreitag vor Tage mit einem Goldstücke ausgegraben, dann ohne Vorwissen des Priesters unter das Altartuch gelegt und drei heilige Messen darüber gelesen werden. In Wahrheit besitzt der Kreuzenzian ungefähr dieselben Eigenschaften wie der weltberühmte gelbe Enzian, von dem wir noch Näheres hören werden.

Andere heilsame Arten sind der purpurrote (G. purpurea), der ungarische (G. pannonica) und der deutsche (G. germanica Willd.) Enzian. Diese blühen alle im Sommer und Herbste auf den Bergen und hochgelegenen Wiesen und werden überall da, wo es den gelben Enzian nicht gibt, an seiner Statt verwendet, da sie alle ziemlich gleiche Eigenschaften haben.

Doch der Enzian ist nicht nur ein Kind der Berge, denn auch in der Ebene finden wir einige seiner Angehörigen; so z.B. den Wiesen- oder Lungen- (G. pneumonante) und den Schwalbenwurz- (G. asclepiadea) Enzian. Auch des Bitterkrautes (G. amarella) wollen wir gedenken. Die meisten aus ihnen haben eine blaue bis tiefviolette — einzelne eine in Lila übergehende Farbe und sind übrigens leicht von anderen Blumen zu unterscheiden. Auch gibt euch ein gutes Bild, das ich euch zeigen werde, bessere Kenntnis der verschiedenen Arten als jede Beschreibung, zumal nur die wenigsten aus ihnen jetzt schon blühen und in einzelnen Gegenden nur die eine oder die andere dieser Arten vorkommt. Hauptsächlich wichtig für uns ist besonders

## der gelbe Enzian,

auch Bitterwurz, Bergfieberwurz, St. Ladislaïwurz, Hochwurz und großer oder edler Enzian genannt. Ihm kommt vor allem das Prädikat „königlich" zu, denn er ist der König aller Enziane, wird bis zu anderthalb Meter hoch und besitzt in vorzüglicher Kraft und Stärke

1. Enzian, gelber (Gentiana lutea, L.) [Bergfieberwurz, Bitterwurz, Hochwurz].
a) Blüte; b) Stempel.

jenen äußerst bitteren Geschmack, der dem ganzen Geschlechte eigen ist, das seine Heilkraft dem Gentianin, einem flüchtigen Öle, dem Pflanzenschleim, Gummi und Zucker verdankt, Substanzen, welche sich in reichlicher Menge in ihm vorfinden.

Der illyrische König Gentius soll zuerst die Heilkraft dieser Pflanze entdeckt und erprobt und ihr dann auch seinen Namen gegeben haben.

Wild wächst der gelbe Enzian auf den Bergen Österreichs und der Schweiz, sowie auch Mittel- und Süddeutschlands. Doch kann er sehr wohl im eigenen Hausgarten im Halbschatten angesät werden, und die Wurzel, welche in der Heilkunde allein zur Benutzung kommt, wird sogar in lockerem Gartenboden viel größer als im Gebirge. Den Samen kann man aus einer guten Samenhandlung leicht beziehen.

Der gelbe Enzian, welcher von Juni bis August blüht, hat eiförmige, breite, mit fünf Nerven durchzogene Blätter, in deren Schoße die gelben Blüten quirlförmig um den dicken Stengel herum stehen. Während jedoch die meisten Blumen der Gattung Glockenform haben, sind jene des gelben Enzians fast bis auf den Grund geschlitzt, so daß jedes Blumenblatt, deren es fünf sind, einen schmalen, langen Zipfel bildet; hierdurch entsteht eine Sternblume, und die geöffnete Blüte gestattet den verschiedensten Honigjägern einen überaus leichten Zugang zu den Honiggefäßen der Pflanze.

Die außen braunrote, innen gelbliche, widerlich-aromatisch riechende Wurzel wird im bayrischen Gebirge unter Staatsaufsicht von besonderen Enziangräbern gesammelt und in den Apotheken als „rote" Enzianwurzel gebraucht. Dort ist sie auch leicht als Tinktur zu haben, wenn man nicht vorzieht, die Wurzel in Drogerien zu kaufen oder im Garten zu ziehen, um sie selbst anzusetzen.

## Anwendungen.

Sie befördert die Verdauung, stärkt den Magen, heilt vom Wechselfieber und kräftigt den ganzen menschlichen Körper. Äußerlich angewendet, wirkt sie zerteilend auf Geschwulste und Geschwüre.

Enzianwurzel wird in der Heilkunde auf die verschiedenste Weise zubereitet; in der Hausapotheke kann sie im Teeaufguß, als Tinktur und „Enzianwein“ gebraucht werden; doch ist für innerliche Leiden eine der beiden letzteren Formen vorzuziehen. Man setzt die Tinktur auf die schon oben beschriebene Art an, indem man über 25—30 Gramm zerschnittener Wurzel einen halben Liter Branntwein oder Spiritus gießt und sie einige Zeit hindurch einziehen läßt.

Enzianwein wird auf die gleiche Weise, aber mit Wein gemacht, nur gießt man nach einigen Tagen die Flüssigkeit von der Wurzel ab.

1. Für alle, welche an Magenschwäche, Magensäure, Magendrücken, Übelkeiten und häufigen Anfällen von Ohnmachten, skrofulösen Krankheiten, Gelbsucht, Gicht und chronischem Durchfall leiden, wird der Enzianwein, oder, wenn mit Branntwein angesetzt — die Tinktur — vorzügliche Dienste leisten.

Den Wein trinkt man vor den Mahlzeiten, aber jedesmal nicht mehr als ein Likörgläschen voll. Von der Enzian-Tinktur werden nach Kneipp 20—30 Tropfen in ein Glas an 6—8 Eßlöffel Wasser gegossen und diese Mischung längere Zeit hindurch täglich genommen.

2. Nach großer Ermattung, bei starkem Hunger, der nicht bald befriedigt werden kann, sowie auch bei Frost und Kälte bedient sich der Gebirgsbewohner des Enzianschnapses, welcher anregt, stärkt und erwärmt. Er ist leicht erhältlich und würde namentlich im Winter auch den armen Holzhauern der Ebene zur großen Wohltat werden.

3. Enzianwein ist bei Bleichsucht eine sehr heilsame Medizin; auch ist Enzian, in welcher Form man will, sehr gut gegen Würmer. Er ist überhaupt und im allgemeinen ein ausgezeichnet stärkendes Heilmittel in allen Leiden und Übeln, die durch Schwäche, Abspannung und Erschlaffung der Organe herbeigeführt worden sind, da er belebend und anregend wirkt. Aus demselben Grunde aber darf er reizbaren Personen, sowie auch in Entzündungskrankheiten nicht verabreicht

werden. Erst wenn im letzteren Falle die Genesung eingetreten ist und der Kranke eines stärkenden und appetitbefördernden Mittels bedarf, kann er wieder zur Verwendung kommen.

4. Der Enzian gehört auch zu den Fiebermitteln. Darum gibt man den an Wechselfieber Leidenden vor dem jedesmaligen Anfalle, entweder allein oder mit Eichenrinden- oder Weidenrindenpulver vermischt, seine gepulverte Wurzel in Wein, zu 2—5 Gramm.

5. Tee und Absud werden entweder aus der Enzianwurzel oder aus dem Pulver bereitet; zu ersterm nimmt man 6—10 Gramm aus 1—2 Schoppen (250—500 Gramm) Wasser. Dieser Tee wirkt ebensogut wie die Tinktur, und das Pulver und kann auch in den gleichen Fällen wie jene verwendet werden.

6. Selbst äußerlich gebraucht, ist er sehr heilsam, sowie auch der Absud bei alten, fauligen und eiternden Geschwüren. Entweder wird er hierbei als Umschlag oder zu Waschungen benutzt. Das Pulver, auf diese Schäden gestreut, saugt deren unreine, eiternde Feuchtigkeit auf.

7. Die Tierärzte gebrauchen den Enzian ebenfalls als ein die Verdauung beförderndes, den Schleim lösendes und die Säuren aufsaugendes Mittel bei Pferden, Rindern usw. Sie geben ihnen vor den drei Fütterungszeiten je 10—20 Gramm Pulver; den Schafen und Hunden aber nur 2—4 Gramm. (Ulsamer.)

Man muß die Wurzel im Frühjahre, etwa im Mai, sammeln. Nachdem sie gereinigt ist, wird sie der Länge nach gespalten und dann getrocknet. Nun kann man sie weiter zerkleinern oder auch pulverisieren. Jedenfalls aber muß sie in wohlverschlossenen Dosen, die für Feuchtigkeit unzugänglich sind, aufbewahrt werden.

Im Garten gebaut, darf nur die zweijährige Enzianwurzel in Gebrauch genommen werden. In keiner Familie sollte dieses wunderbar stärkende, gottbegnadete Heilmittel fehlen, das schon manchem Leidenden wieder zu Kraft und Gesundheit verholfen und manchen todesmatten Bergsteiger vor einem sicheren Verderben gerettet hat! —

*

Doch horch! welch unmelodischer, harter Ton klingt vom Tale herauf an unser Ohr? Das ist der im Takte geschwungene Hammer, der unermüdlich den spröden Stahl der Sense schlägt, um sie zu schärfen für den nahenden Tag der großen „Blumenschlacht". Ja, mit Schlachten und Morden beginnt der Sommer seine Herrschaft, und der ganze herrliche Blumenflor der Täler und Triften fällt ihm zum Opfer, wenn Sankt Johannes die Sonnenwende eingeläutet hat.

Sonnenwende, Lebensende für so viele Blumenwunder, die den Hieben der schrecklichen Mordwaffe schonungslos verfallen werden! Denn nur noch wenige Tage sollen sie stehen auf ihren Halmen und mit ihrem sonnigen Dasein des Menschen Herz beglücken. Wehmütiger Gedanke inmitten des traumhaft schönen Lebens der Natur! Darum spricht auch der Heide: „Freue dich, meine Seele, genieße, und laß es dir wohlergehen, denn alles geht vorüber und du wirst bald sterben!"

Wir aber, die wir Christen sind, wir wissen, daß aus dem Tode stets neues Leben sproßt, wie auch aus dem kleinen Samenkorne, das der sterbenden Blüte entfällt, ein neuer Frühling keimt.

6

# Heublumen

# Heublumen.

Sommer! Welch unvergleichlichen Glanz und Duft, welch wonnigschöne, glückstrahlende, segendurchströmte Tage schließt dieses Wort in sich! Nun sind wir von Licht und Azur überflutet; der Rose süßer Atem würzt die Lüfte; „die Hügel triefen von Wein; die Felder stehen voll Brot, und die Auen fließen von Milch und Honig." Denn jetzt hat die Rebe ihre kraftspendende Beere angesetzt; auf den Äckern reift das Korn, und die Wiesen strotzen von saftreichem Futter und süß duftendem Nektar.

Die Wiesen! Schwebt nicht über ihnen der schöne Traum unserer goldenen Jugendzeit? Führt nicht ihr Anblick eine Menge der süßesten Bilder aus unsern Kindertagen in unser Gedächtnis zurück? ... O Zauber jener ersten Gefühle, so wonnig und hold, so unschuldig und rein und doch so kraftvoll und treu, wie bewegst du das Herz mit Macht! ... Seht ihr das Kind dort, wie es — eine wandelnde Blume — Blumen zum Strauße sich pflückt und den Schmetterling jagt, der von Blüte zu Blüte schwärmt? So waren auch wir ... oh, wären wir es noch! ... — Die Wiesen! Wie wenig um ihrer Schönheit willen beachtet und doch so herrlich und mannigfaltig in ihrer Einfachheit stehen diese naturwüchsigen Gärten unserer glücklichen Länder jetzt, zur Sommerszeit, vor uns! Mehr als 200 der verschiedensten Pflanzenarten sind hier versammelt, um unsern Haustieren Nahrung und durch diese dem Menschen Milch und Butter und dem fleißigsten der Insekten, der Biene, eine unversiegbare Honigquelle zu spenden! Gleich einem grünschimmernden, sanft gekräuselten Meere liegen sie unten im Tale und breiten sich in Niederungen aus, die glückliche Mitte haltend zwischen der leblosen Heide und dem geheimnisvollen Finster des Waldes. Tauschwer des Morgens und demantglänzend steht auf ihnen Gras an Gras, Halm an Halm, Blume an Blume! Noch sind zwar die Kelche geneigt und schlafmüde geschlossen. Wenn aber im Osten der erste rötliche Schimmer der aufsteigenden Sonne sich zeigt und die erste Gesangmeisterin der Felder und Fluren, die Lerche, aus den Furchen zum Morgenhimmel emporjubelt: „Gelobt sei Gott"; wenn ihr aus dem Grasbette, worin sie und ihre Kleinen geschlafen, die Wachtel im Dreischlag antwortet: „Fürchte Gott! Liebe Gott! Danke Gott!", und zuerst ein langes Säuseln, Flüstern, Zirpen, Zwitschern und Singen anhebt, bis es, immer lauter und stärker werdend, zuletzt in ein allgemeines, volltönendes Jubilate sich einigt, das mächtig, dem jungen Tageslichte entgegen, durch die Lüfte schallt: dann öffnet sich auch Kelch um Kelch, Stern um Stern, Glocke um Glocke, und jedes Blumenantlitz schaut in andächtigem Schweigen zu dem hinauf, welcher der ganzen Gemeinde wieder einen sonnenlichten, taubesprengten Lebenstag geschenkt hat!

Seht jetzt diese Pracht! Seht diesen Reiz, dieses saftige, volle Wiesengrün mit seinen tausend und abermals tausend bunten Blütenköpfchen! Vom tiefdunkelsten Blau, in äußerster Mannigfaltigkeit und doch harmonisch ausgeglichen, bis zum milchigen Weiß der Wucherblume ist jede Färbung, jede Form, jede Blume hundertmal vertreten! Wo könnte unser Auge mehr Erquickung, Frische und Ruhe finden als im Anschauen dieses „blumengeschmückten Teppichs"? Und was vermöchte uns mit der Hinfälligkeit unseres Erdenwallens mehr zu versöhnen als die Wiese? Aus ihr spricht ja der Geist des ewig sich verjüngenden Lebens zu uns, der aus dem Tode stetsfort neues Dasein zu erschaffen weiß. Und sind wir nicht auch wie das Gras und wie die Blumen, die heute noch stehen und morgen schon verdorren? ...

Darum mutet mich die Wiese stets so heimatlich an, und mit Rührung gedenke ich des Loses ihrer Blütenkinder, die, jetzt noch von geflügelten Schwärmern aller Art umgaukelt, vielleicht morgen schon dem Herrn der Schöpfung zunutze von den Hieben der Sense gefällt, klaglos unter dem sengenden Strahle der Sonne verschmachten und sterbend noch Zeugnis ablegen von der fürsorglichen Güte des Schöpfers.

Mit Trauer sehe ich die Zurüstungen zu ihrem Hinschlachten, und der Klang des Dingelhammers schlägt mir schwer aufs Herz, weil er die Waffe schärft, welche die Träume der Kindheit und Jugend dem Tode weiht! — Aber ich weiß auch: die Barmherzigkeit des Herrn bleibt ewig; er wird erneuern, was heute fällt, und über ein Jahr wird wieder die Blume stehen, die jetzt verdorrt!

Wenn wir den Tisch, welchen Gott unsern lieben Haustieren auf den Wiesen gedeckt hat, näher in Augenschein nehmen, so sehen wir, daß die verschiedenen Speisen, die ihn zieren, vorzüglich Eiweiß, Schleim, Extraktivstoffe, Zucker, Harz und Salze enthalten. Dabei ist zu bemerken, daß jede einzelne Familie und Gattung von Wiesenpflanzen auch vorwiegend diese oder jene Bestandteile zum Mahle liefert. Alle zusammen aber bilden jene gesunde, nährende und stärkende Pflanzenkost, welche aus den Haustieren so unentbehrliche Gehilfen für uns und unser Wohlbefinden macht.

Viele dieser Kräuter wären auch dem Menschen zur unmittelbaren Benutzung in Küche und Haushalt sehr nutzbar und zuträglich, wenn er nicht durch Kultur und Veredlung verfeinerte Arten aus ihnen gezogen — oder wenn Gott nicht in anderer Weise für ihn gesorgt hätte.

Wollten wir daher jedes einzelne aus ihnen besonders erwähnen, so würden wir nur einer Pflicht der Dankbarkeit dem allsorgenden Schöpfer gegenüber Genüge leisten; doch es würde uns zu weit führen, eines jeden Pflänzchens besondere Tugenden zu preisen, und wir müssen uns begnügen, nur einige wenige aus ihnen aufmerksamer zu betrachten. Richtig anerkannt und gewürdigt wird ja die Heilkraft aller in dem so wunderbar einfachen und naturgemäßen Verfahren des Pfarrers Kneipp, der die „Essenz der Wiesen“, die Heublumen, als ein wirksames und erprobtes Mittel in verschiedenen Übeln und Leiden bei seinen Kranken gebrauchte.

Gehen wir nun der Niederung des Wiesenbächleins zu, an dessen Rande ich eine prächtige Doldenpflanze erblicke, welche verdient, daß wir uns eingehender mit ihr beschäftigen.

Sie zeichnet sich durch einen fast zwei Meter hohen Wuchs, durch doppelt, häufig dreifach gefiederte Blätter mit großen, breiten, bauchigen Blattscheiden, durch einen ästigen, hohen, unten bläulichen Stengel, sowie durch die weißrötlichen Blüten der 15—30strahligen, gipfelständigen Dolden aus. Der zahlreich befaserte Wurzelstock, welcher 4—10 Zentimeter dick ist, hat außen eine bläulichgraue, innen eine weißliche Farbe und enthält einen gelblichen, milchigen Stoff.

Um zu der Entwicklung zu gelangen, wie sie vor uns steht, hat diese Pflanze, welche von Juni bis August auf feuchten Wiesen, an Flußufern und Teichrändern blüht, zwei Jahre gebraucht.

Löst nun ein Stück der aufgedeckten Wurzel ab und riecht an ihr. Nicht wahr, sie hat einen starken, durchdringenden, aber angenehm aromatischen Geruch? Kaut ein Stückchen davon, und ihr werdet finden, daß ihr Geschmack süßlich-bitter, scharfgewürzhaft und erwärmend ist.

Als der „schwarze Tod“ und die Pest im Mittelalter unser deutsches Vaterland mit ihrem Gefolge von Jammer und Elend wiederholt heimsuchten und die damalige ärztliche Kunst gegenüber diesen verheerenden Krankheiten und ihren Schrecken hilflos und ohnmächtig war; als keiner, der des Morgens gesund aufstand, mehr wußte, ob er den Abend erleben werde, da wandte sich das Volk dieser Pflanze zu und suchte bei ihr die Hilfe, welche die Wissenschaft jener Zeiten ihm nicht geben konnte. Denn es war — man wußte nicht wie — die Sage aufgetaucht, Gott selbst habe die Wurzel dieser Pflanze als das Mittel bezeichnet, wodurch man vor dem sichern Tode bewahrt bleibe, und ein Engel sollte sie einigen besonders frommen Personen gebracht haben. Darum erhielt sie den Namen

## Engelwurz,

den sie auch heute noch trägt, neben einigen andern wie Brust, Luft-, Wald- und Heiligen-Geist-Wurzel.

Aber nicht nur das Mittelalter gebrauchte sie als Heilkraut; — ja sie scheint zu dieser Zeit eher etwas in Vergessenheit geraten zu sein, bis das allgemeine Elend des Volkes sich ihrer wieder erinnerte; schon im Heidentume war sie äußerst geschätzt, besonders von den Völkern des nördlichen Europas, wo überhaupt ihre Heimat gewesen zu sein scheint. In jenen Ländern legten sich die Barden Engelwurzblüte als Kranz um die Stirne, weil sie dieser Pflanze ihre dichterische Begeisterung zuschrieben. Im 10. Jahrhundert nach Christus bildete sie einen Hauptschandelsartikel des Nordens mit dem Süden; das 14. Jahrhundert sah sie sorgfältig von den Mönchen in Klostergärten gepflegt. Heute noch ist sie eines der beliebtesten Nahrungsmittel der Lappen, Grönländer und Völker von Sibirien. In Deutschland erlangte namentlich jene, die in den Klostergärten von Freiburg i. B. gezogen wurde, eine hohe Berühmtheit bis zu Anfang des letzten Jahrhunderts. Jetzt wird sie noch vielerorts im großen auf Feldern zum Gebrauche für Apotheken und Likörfabriken angebaut, so namentlich in England zur Bereitung des „Bittern“ und in Frankreich, wo ihre Stengel auch vielfach von den Konditoren kandiert werden.

Einen innern Unterschied zwischen der „gebräuchlichen“, angebauten und der „Wald“-Engelwurz gibt es nicht; denn beide besitzen dieselben Heilkräfte.

Engelwurzsamen wird im September auf 40 Zentimeter Entfernung voneinander gelegt, da er, wenn er erst im darauffolgenden Frühjahre in die Erde gebracht wird, ein Jahr darin liegt, bis er keimt. Die angebaute

1. Engelwurz, gebräuchliche (Angelica archangelica, L.; Archangelica, officinalis, Hoffm.) [Dreifaltigkeits- und Heiligen-Geist-Wurzel, Brustwurz].
a) Blüte; b) Frucht.

Pflanze liebt sonnige Lage und lockern Boden; ihre Wurzel, die jener des Meerrettichs nicht unähnlich ist, wird größer und dicker als die der Waldengelwurz; auch soll sie etwas kräftiger als diese wirken.

## Anwendungen.

Benutzt in der Heilkunde werden Samen, Blätter und namentlich die Wurzel.

1. Sie wirken magenstärkend, schleimlösend, anregend und etwas reizend. Engelwurz oder Angelika, wie sie auch genannt wird, ist daher nach schweren Krankheiten eines der besten „kräftehebenden" Mittel, die es gibt, denn sie wirkt auf die Nerven sowohl als auch auf die Verdauungsorgane in belebender und stärkender Weise ein.

2. Namentlich auch hebt sie sicher Unterleibsschmerzen und Grimmen, besonders wenn diese von unreinen Stoffen und angesammelten Gasen oder von einem kalten Trunke, kalten Füßen und dergleichen herrühren.

3. Ebenso günstig wirkt sie bei Brust-, Magen-, Lungen- und Luftröhrenverschleimungen. Kein anderes Mittel soll diese leichter und besser beseitigen als gerade die Engelwurz. Das erklärt, warum ihr in früherer Zeit auch der Name „Brustwurz" gegeben wurde.

4. Gegen Magendrücken und Magenbrennen, gegen ein unbehagliches Gefühl von Kälte im Magen, sowie gegen eine Art Vergiftung nach dem Genusse von ungesunden, unzuträglichen oder schlecht zubereiteten Speisen ist die Engelwurz ebenfalls eine ausgezeichnet heilende, erwärmende und reinigende Pflanze.

Wiedergenesenden gibt man am besten Engelwurzwein zur Beförderung des Appetits und zur allgemeinen Regulierung der Funktionen. Zu diesem Zwecke schüttet man über 50—60 Gramm Wurzel eine Flasche guten, alten Weines und läßt das Ganze in einem wohl verschlossenen Gefäße einen Tag lang stehen, setzt dann, nach Ulsamer, ein wenig Kardamom hinzu, gießt etwas später ab und trinkt hiervon täglich zweimal ein halbes Weingläschen.

Der gleiche Wein ist ebenfalls gegen Blähungen und Leibschmerzen von ausgezeichneter Wirkung. Außerdem dienen die frischen Blätter, die Samenkörner und besonders auch die Wurzel zu Tee in allen angeführten Beschwerden und Leiden. Er kann entweder ganz mit Wasser oder zur Hälfte mit Wein bereitet werden; auch genügt eine gute Tasse tagsüber, wenn man vor den drei Hauptmahlzeiten je ein Drittel davon trinkt.

Wer weder Wein noch Tee trinken mag, der kann, wie Kneipp empfiehlt, täglich drei Messerspitzen voll gepulverte Wurzel in einem Kaffeelöffel voll Wasser oder auf Suppe oder anderer Speise einnehmen.

Die Blätter sollen nur frisch verwendet werden, da sie beim Trocknen viel von ihrem Heilwerte verlieren. Am kräftigsten ist jedenfalls die Wurzel. Man sammelt sie vorzüglich im Frühjahr oder auch im Herbste. Nachdem sie gereinigt ist, wird sie in Stücke geschnitten, aber nicht halbiert, in gelinder Wärme des Backofens getrocknet und wohl verschlossen in Blechbüchsen aufbewahrt.

Die Doldengewächse, zu denen die Engelwurz und noch mehrere andere auf der Wiese wachsende Pflanzen gehören, bilden eine große Familie, deren Reichtum „an eigentümlichen Substanzen“ ganz außerordentlich ist; deswegen zählt sie auch viele Nähr- und Gewürzkräuter unter ihren Gliedern, sowie auch einige Giftpflanzen, wie die Hundspeterstlie und den Schierling. Es ist überhaupt darauf zu achten, daß mit diesem letztern die Engelwurz besonders von Kindern nicht verwechselt werde. Hauptsächlich könnte der Wasserschierling hierzu Veranlassung geben. Charakteristisch jedoch ist sein hohler Wurzelstock, der in mehrere Fächer geteilt ist. Die Doldengewächse finden sich hauptsächlich in der gemäßigten und kältern Zone der nördlichen Halbkugel; in den heißen Ländern hingegen trifft man sie nur selten und spärlich, entweder in den Gebirgen oder am Meere. Dagegen erreichen sie ihre schönste Ausbildung und oft geradezu eine riesige Größe im nordöstlichen Asien, namentlich auch im Amurgebiete.

In keiner Pflanzenfamilie herrscht so viel Übereinstimmung in Bau und Form wie bei den Doldenpflanzen. Eine oberflächliche Betrachtung möchte sie daher als einförmig bezeichnen. Wer aber näher auf sie eingeht, der wird besonders in den Blättern, dann in der Doldenform selbst, sowie auch in den Früchten eine so staunenswerte Mannigfaltigkeit erkennen, wie sie vielleicht keine andere Pflanzenfamilie aufzuweisen hat; ein neuer Beweis von der unerschöpflichen „Gestaltungskraft“ Gottes!

*

An gleichen Standorten wie die Engelwurz, auch zu gleicher Zeit mit ihr blühend, wächst

## der Baldrian.

Fast könnte man glauben, er wäre auch eine Dolden- oder Schirmpflanze. Dem ist aber nicht so; er bildet eine eigene Familie, jene der Baldriangewächse, welche gegenständige Blätter und Blüten hat, die Trugdolden bilden. Seht euch nun einmal diese mehr als meterhohe Pflanze genau an; betrachtet besonders die Blätter, welche fiederspaltig sind und meist aus zehn Blätterpaaren gebildet werden. Nehmt eine einzelne von den rötlichweißen Blüten und erkennt ihre trichterige Form mit fünfspaltigem Saum. Zerbrecht einen Teil des nackten, gefurchten Stengels, und ihr werdet ihn hohl finden. Nehmt die dicke, kurze Wurzel aus der Erde: sie ist außen schmutzigbraun und innen gelblichweiß; zugleich ist sie mit dicken Fasern versehen. Ihr Geruch ist unangenehm aromatisch; ihr Geschmack gewürzhaft und bitter. Das ist der Baldrian. Wächst er auf steinigem trockenen Grunde, so bleibt er viel kleiner, ja manchmal wird er dann nur zwerghaft; doch soll er dann um so heilkräftiger sein.

Seine anderen Namen sind: Theriak- und Katzenwurzel, Katzenbuckel, Augen- und Hexenkraut, Sankt-Georgen- und Magdalenenkraut, wilder Bertram, Wildfräuleinkraut.

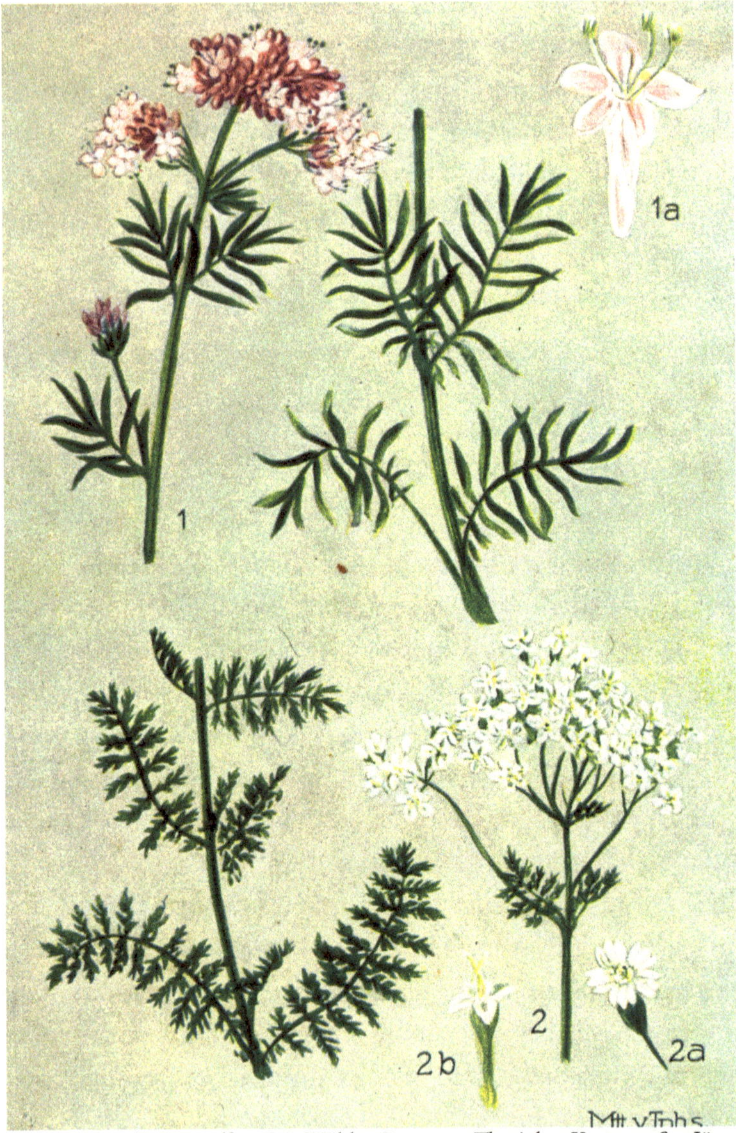


1. Baldrian (Valeriana offic., L.) [Wilder Bertram, Theriak-, Katzen-, St. Jörgen- und Magdalenenwurzel, Hexen- und Wildfräuleinkraut]. a) Blüte. — 2. Schafgarbe (Achillea millefolium, L.) [Jungfrauenbrauen, Sichelkraut, Schafrippe, Tausenblatt, Neunkraft, Feldgarbe, Garben-, Margareten-, Barbara- und Herrgottrückenkraut, Heil aller Schäden, Heil aller Welt]. a) Blüte; b) Scheibenblüte.

Die nordischen Völker des Altertums hießen den Baldrian „Velandswurt“, das heißt Wielandswurz, nach Wieland, dem göttlichen Schmiede, der ein Sohn des Heilgottes war. Spätere Geschlechter nannten ihn nach dem einziggeliebten, männlich schönen, guten und so sehr beweinten Baldr, Odins und Friggas Sohne; und seine Blume wurde auch Baldrs Augenbrauen geheißen. Die Serben bezeichnen ihn mit „Odoljan“ und in einem ihrer Vita-Lieder heißt es: „Wüßte jede Frau, was Odoljankraut ist, sie würde es sammeln, in den Gürtel nähen und bei sich tragen; dies kostbare Kraut zu vernachlässigen, warnt die Vita.“ Wir sehen also, wie hoch der Baldrian seit undenklichen Zeiten überall in Ehren stand. Schon die Götter bedienten sich seiner: Herta benutzte ihn als Reitgerte, wenn sie aus ihrem mit Hopfenranken gezäumten Edelhirsche durch die Gefilde ritt.

Ähnlich der Engelwurz, war er auch später, im Mittelalter, als ein vor Pest schützendes und behütendes Kraut hoch angesehen. Aber auch vor Hexen und Unholden sollte der Baldrian bewahren; wer deshalb einen Zweig von ihm bei sich trug, dem konnte „nichts getan werden“, denn Baldrian war ein schützendes „Götterkraut“. Aber auch diese Pflanze mußte, wie so manche andere, nachdem sie im Dienste der Heiden zu allerlei Zaubereien benutzt worden war, zur Verherrlichung des „Christengottes“ beitragen. Eine Sage erzählt nämlich, daß zur Zeit des Kaisers Valerian das Gefängnis, in welchem christliche Märtyrer schmachteten, allnächtlich von einem überirdischen Lichte erfüllt war. Der Vorfall wurde dem Herrscher berichtet, und er befahl, das Lager der Gefangenen aus Baldriankraut herzustellen und zur Zerstörung des unerklärlichen Zaubers die Pflanze überhaupt im Raume anzubringen. Aber das Gefängnis erglänzte die folgende Nacht schöner und heller als je, und selbst das Kraut leuchtete in wundersamer Weise: es hatte unter dem Haupte der Bekenner Christi rosig angehauchte Blüten getrieben, die nun wie eine Siegerkrone strahlten!

Man hielt den Baldrian ebenfalls für ein schätzbares Augenmittel; denn es wird erzählt, daß ein Goldschmied in Würzburg durch tägliches

Einreiben seiner Augen mit Baldrianwasser diese so sehr gestärkt habe, daß er einen Löwen auf eine zerbrochene Nadel noch ganz kenntlich habe gravieren können.

Durch den neapolitanischen Gelehrten Fabius Colonna, der im 17. Jahrhundert lebte, gelangte der Baldrian auch zu seinem wohlverdienten Ruhme als krampfstillendes Mittel. Er litt nämlich an Epilepsie und fand nur Linderung durch den Gebrauch dieses Krautes.

Eigentümlich ist die Vorliebe der Katzen für Baldrian. Können sie sich darin wälzen, so versäumen sie sicherlich nie, es unter großem Geschrei zu tun. Es ist daher ratsam, den Baldrian sorgfältig vor diesen Tieren zu hüten, wenn man ihn zum Trocknen gesammelt hat.

Er ist eine äußerst bedeutende, hochwichtige Heilpflanze, deren Einfluß sich vorzüglich auf die Nerven, dann aber auch auf die „bildende Kraft des Lebens“ erstrecke. In seiner Wirkung ist er auflösend, nervenberuhigend, umstimmend und wurmwidrig.

## Anwendungen.

1. Daher wirkt er so wohltätig (nach Dr. J. A. Schilling) bei krampfhaft zurückbehaltenen Aus- und Abscheidungen, bei unterdrücktem, zurückgetretenem Schweiße nach Hautkrämpfen. Auch befördert er in kleinen Gaben die absondernde Tätigkeit der Nieren und Schleimhäute; größere Gaben sind jedoch für die Verdauungswerkzeuge von Nachteil.

2. Geradezu unschätzbar aber wird er in allen oft so unberechenbaren und schwer zu heilenden nervösen Zuständen und Störungen des Nervensystems, sei es nun Hysterie, Krampf, Migräne, Hypochondrie (Schwermut), Epilepsie, Brust-, Magen- und Unterleibskrampf, Wurmkrampf der Kinder, das heißt bei Krämpfen infolge von Wurmreiz (Wurmepilepsie) oder Blähungsbeschwerden, nervösem Schwindel und Verstimmung des Magens, Durchfall, Asthma und namentlich auch Starrkrampf. Dr. Richters Rezept bei Wurmkrampf lautet:

Aus 15 Gramm Baldrianwurzeln, 4 Gramm Orangenblättern und

30 Tropfen Cajeputöl wird ein Pulver hergestellt, das in 6 gleiche Teile abgeteilt und in Wachspapier gehüllt wird. Täglich dreimal wird ein Pulver genommen.

Besondere Beachtung verdient er bei der Behandlung der hysterischen Frauenwelt, sowie auch bei jener der hysterisch-hypochondrischen Männer.

3. Auch bei Sumpf- und Wechselfieber ist der Baldrian noch ein sehr heilsames Mittel.

4. Doktor Schilling sagt ferner: „Nach sogenannten nervösen Schlagflüssen, Lähmungen, bei den nach schweren Typhen (Nervenfiebern) zurückgebliebenen Nervenzuständen der Schlaflosigkeit und dergleichen wirkt dieses Mittel bestens, ebenso bei chronischen Diarrhöen und bei Würmern. Viele Dutzende der besten Gewährsmänner haben diese und ähnliche Heilerfolge bestätigt."

5. Baldrian ist ebenfalls bei Gichtleiden zu Rate zu ziehen, sowie auch bei Augenschwäche.

Unter welcher Form soll er nun angewendet werden? Am gebräuchlichsten sind der Tee und das Pulver der Baldrianwurzel. Der erstere ist jedoch unangenehm zu trinken und kann in verschiedenen Fällen durch die Pulverform ersetzt werden.

Nach Ulsamer wird er aus 8 Gramm Baldrianwurzel auf 180 Gramm Wasser bereitet. Davon nimmt man alle zwei Stunden einen Eßlöffel voll.

Das Pulver wird täglich zu 4—8 Gramm in drei bis vier Malen, also jedesmal 1—2 Gramm, auf Honig oder in Wein gegeben.

Auch als Tinktur läßt sich der Baldrian gut anwenden; diese wird bereitet, indem man auf ein gewisses Gewicht Baldrianpulver das vierfache Gewicht Weingeist oder guten Kornbranntwein gießt, die Flüssigkeit 10—14 Tage stehen läßt und dann abgießt oder filtriert. Auch die nur zerkleinerte Wurzel kann zu dieser Tinktur dienen. Hiervon nimmt man täglich auf Zucker 15—30 Tropfen. Ferner kann

Baldrian als weiniger Aufguß bereitet werden, indem man, nach Ulsamer, 30 Gramm Baldrianwurzel mit 1 Pfund Franzbranntwein versetzt und etwas weinige Rhabarber- und etwas Kalmustinktur zufügt.

Baldrianöl ist in Drogerien erhältlich; bei seiner Anwendung genügen 5—10 Tropfen; bei Epilepsie wird die Gabe, wenn nötig, verdoppelt. Mehr zu geben, ist jedoch nicht ratsam.

Bei Magenkrämpfen fügt man dem Baldrian ein wenig Pfefferminze bei.

Bei Leibschmerzen und Krämpfen, namentlich auch der Kinder, kann man Baldrian äußerlich, neben dem innern Gebrauche als Klistier anwenden, indem man den leichten Absud in lauwarmer Temperatur hierzu benutzt.

Bei nervösen Kopfschmerzen und ähnlichen Leiden kann Baldriantee kalt gebraucht werden. Wo er aber hauptsächlich beleben und die Organe zur Tätigkeit anregen soll, wie zum Beispiel beim Starrkrampf, da ist es besser, ihn warm zu geben.

Ferner ist zu beachten, die Wurzel nicht lange sieden, dagegen aber 25—30 Minuten vor dem Abgießen in einem zugedeckten Topfe stehen zu lassen.

Frühjahr und Herbst sind die Grabzeiten für die Baldrianwurzel; im September und Oktober soll sie am ölreichsten sein. Auch besitzt jene der trockeneren und steinigen Standorte mehr Kraft als die in sehr feuchtem Grunde wachsende Pflanze. Nachdem sie gereinigt (gewaschen) ist, wird sie im Schatten, aber an der Luft getrocknet, zerschnitten oder pulverisiert und in luftdichten Büchsen oder Glasbehältern verschlossen. Ganz besonders ist darauf zu achten, daß die Feuchtigkeit von ihr abgehalten wird.

Der Baldrianarten gibt es viele; darunter besonders geschätzt ist der auf den höchsten Alpen wachsende „echte Speik“ (Valeriana céltica) oder die „gallische Narde“. Er ist nur eine ganz niedrige Pflanze und wird namentlich in Tirol und Steiermark massenweise gesammelt, teils um als Mittel gegen die Motten, teils um in den Orient versandt und zu aromatischen Bädern gebraucht zu werden.

Auch unser kleiner Feldsalat, das Schafmäulchen oder Rapunzelchen, gehört zur Baldrianfamilie.

Asien besitzt eine Baldrianart, welche die kostbare Narde liefert, mit der auch Magdalena die Füße des Herrn salbte. Alexander und feine rauhen Mazedonier kannten diese Pflanze nicht und waren einstmals auf einem ihrer Märsche in Gedrosien höchlichst erstaunt, als unter den Tritten ihrer Pferde der lieblichste Wohlgeruch entstand. Im Heere anwesende und an jeden Luxus gewöhnte Perser jedoch erkannten die Pflanze und nahmen sie mit sich. Leider widerstand Alexander nur kurze Zeit den entnervenden Vergnügungen und Freuden des Reichtums und Wohllebens; denn nur zu bald wurde er, der Eroberer Persiens, von den verweichlichenden persischen Sitten zu seinem Verderben erobert.

*

Selten ist die medizinische Wissenschaft so sehr mit dem Volksglauben im Einklang gestanden wie bei der Beurteilung des Heilwertes der

## Schafgarbe (Bild siehe Seite 296).

Beide Autoritäten, Ärzte und Volk, einigen sich ausfallenderweise zu einem allgemeinen Lobgesange auf die hübsche, gewürzhaft riechende, aromatisch bitter und herb schmeckende Korbblütlerpflanze, die allgemein bekannt ist. Außer der großen Gänseblume und einigen Doldenpflanzen vertritt sie vor allem ziemlich reichlich von den ersten Sommertagen an bis tief in den Herbst hinein die weiße Farbe unter den Blumen der Wiesen, Triften und Raine. Die 30—50 Zentimeter hohe Pflanze macht sich sofort durch die in dichten Doldentrauben stehenden Blütenkörbchen, sowie durch ihre Blätter bemerkbar, die in fast haardünne Abschnitte geteilt sind und dadurch sehr zierlich aussehen. Manchmal erlaubt sich die Blume eine kleine Phantasie und erscheint rosig angehaucht.

Sie hat eine große Zahl der verschiedensten Namen erhalten, unter denen folgende die bekanntesten und gebräuchlichsten sind: Feldgarbe, Garbenkraut, Jungfraukraut, Jungfrauenaugenbraue, Herrgottrückenkraut; Heil aller Schäden (Elsaß); Tausendblatt (Pommern); auch Margaretenkraut und Gotteshand (Österreich), sodann Rels, Rälk, Releke usw.

Wenn uraltes Verdienst den Adel gibt, so gehört die Schafgarbe sicherlich zu jenen Kräutern „von Gottes Gnaden", die des Schöpfers Barmherzigkeit zum Troste und Heil der leidenden Menschheit durch Engelshand aus dem Paradiese auf die Erde pflanzen ließ.

Doch nein! einer Bosheit des Menschen und einem Akte der Sanftmut und Milde des Heilandes verdankt sie ihr Entstehen!

Einst saß nämlich der Jesusknabe auf der Schwelle seines elterlichen Hauses zu Nazareth und hatte eine Schale Milch auf den Knien. Da sprang ein ungezogener Bube mit einem bräunlich blühenden Blumenreise in der Hand herzu und schlug damit in die Schale, daß alle Milch herausspritzte. Dann eilte er lachend davon. Nach einer Weile aber senkte sich zufällig sein Blick auf die Rute in seiner Hand, und er war nicht wenig erstaunt, sie in eine milchweißblühende Doldenpflanze verwandelt zu sehen. Voll Scham und Reue riß er nun gedankenlos an den Blättern herum und eilte heim, um der Mutter die ganze Begebenheit zu erzählen. Doch wie er ihr das Kraut zeigen wollte, da war wieder ein neues Wunder damit geschehen: alle Blätter waren fein gefiedert! Die Mutter befahl ihm, dem Jesuskinde andere Milch zu bringen und nicht wieder zu kommen, ehe er Verzeihung erlangt hätte. Das wunderbare Kraut aber möge er auch mitnehmen und zeigen.

Gern wurde dem Knaben vergeben; die Mutter Jesu aber sprach ernst zu ihm: „Stecke die Pflanze in die Erde; sie wird dort weiter wachsen und dir noch lange Jahre hindurch eine Erinnerung an meinen Sohn sein. Möge sie dich aber auch immer an deine Tat und Reue mahnen und dir stetsfort ins Gedächtnis rufen, daß man kein Kindesherz betrüben, sondern stets erfreuen soll!“

Schon im grauesten Altertume war die Schafgarbe bekannt und geschätzt, nachdem vom heilkundigen Achilles des Telephos Wunde durch sie geschlossen worden war. Seit dieser Zeit wurde sie als Wundkraut bei allen durch Eisen verursachten Verletzungen angewendet und erhielt daher von den Alten den Namen Eisen- und Soldatenwurz. Aus demselben Grunde auch wurde sie das Sinnbild des Krieges.

Wollt ihr wissen, warum sie Jungfrauenaugenbraue genannt wurde, so schaut ihr feines, gefedertes Blatt an, mit dem leicht eine schön geschwungene Augenbraue verglichen werden kann.

Neben der Engelwurz und dem Baldrian wurde die Schafgarbe im Mittelalter als „die dritte im Bunde“ gegen die Pest gebraucht; außerdem war sie schon von alters her nicht nur, wie wir bereits wissen, bei Verwundungen, sondern auch bei Fisteln, Geschwüren, Blutflüssen und Lungenkrankheiten in Gebrauch und wurde daher auch in der nächsten Umgebung des Menschen immer wohl gelitten. Da, wo nach der Weihnachtsmahlzeit die Brosamen aus dem Tischtuche geschüttelt wurden, wuchs sie, nach dem Volksglauben, besonders üppig und heilkräftig!

Die Heilkraft der Schafgarbe ruht vorzüglich in ihren fast geruchlosen Blättern und in der ziemlich stark riechenden Blüte, deren Bestandteile hauptsächlich in Gerbstoff, ätherischem Öle, Salzen und bitterm Extraktivstoff bestehen. Bezüglich ihrer Wirkungen gehört sie zu den bittern, tonischen, das heißt stärkenden, krampfstillenden, blähungswidrigen und anregenden Mitteln. Ihr Gebrauch ist selten ohne Erfolg. Besonders wirksam hat sie sich erwiesen in folgenden

## Anwendungen.

1. Innerlich, als Tee sowohl, wie auch als weinige oder weingeistige Tinktur bei allen Krankheiten, die sich auf Schwäche und Erschlaffung der Organe zurückführen lassen, wie Blut- und Schleimflüsse,

Blutspeien, Lungenschwindsucht, Auszehrung, Bleichsucht, unregelmäßige, zu starke oder gestörte Menstruation, allgemeines Unwohlsein und Kräfteverlust, Verdauungs- und Magenschwäche, Leber- und Milzanschoppungen. Ferner bei Hämorrhoidalblutungen, Durchfall, Verschleimung der Brust und der Gedärme, bei Darmkatarrh, Hypochondrie und Frauenkrankheiten; sodann auch bei Bauchschmerzen, Krämpfen, Blutandrang, verbunden mit Herzklopfen, und Schwäche oder Katarrh der Harnwerkzeuge.

2. Äußerlich wendet man die Schafgarbe im Absud zu Umschlägen bei Wunden und Geschwüren, Fisteln, aufgebrochenen Händen (Schrunden), offenen Frostbeulen und so weiter, als zerteilendes, zu Bädern als allgemein stärkendes Mittel an, bei Schwächezuständen jeder Art, sodann aber auch bei Gicht und Rheumatismus.

Zum Schafgarbentee nimmt man 5—10 Gramm Blätter und Blüten auf einen Viertelliter (einen Schoppen) siedenden Wassers, das man darüber gießt und einige Minuten zugedeckt einziehen läßt. Zur Linderung und Heilung der verschiedenen angeführten Leiden trinkt man täglich 2—3 Tassen solchen Tees in kleinern Portionen, etwa ½ Tasse jedesmal.

Schwache Mägen ertragen vielleicht besser die Tinktur. Sie wird mit 1 Liter gutem Wein auf 150—200 Gramm Schafgarbe angesetzt und täglich löffelvollweise genommen, so daß man vormittags und nachmittags je 1—2 Eßlöffel voll davon genießt. Die weingeistige Tinktur kann mit gutem Spiritus oder Branntwein in der Weise bereitet werden, daß das dreifache Gewicht Flüssigkeit auf ein gewisses Gewicht Blätter und Blumen geleert, 10—14 Tage an die Sonne gestellt und dann filtriert wird. Von dieser Tinktur nimmt man täglich 5—10 Tropfen auf Zucker.

Zu Umschlägen wendet man außer dem Absude, den man wie gewöhnlich macht, indem man Kraut und Blüten im Wasser siedet, auch das frische zerquetschte Kraut an, das man dann auf die Entzündungen und Geschwüre legt. In Ermanglung des frischen Krautes dient das getrocknete, sowie auch die Blüte, wenn sie zuvor in lauem Wasser angefeuchtet wird, zu den gleichen Zwecken.

Zu Bädern fügt man dem gewöhnlichen Badewasser je nach Willen oder Notwendigkeit etwas Schafgarbenabsud bei.

Da Schafgarbe und Kamille in ihren Heilwirkungen vielfach einander ähnlich sind, so kann diesen äußerlichen Anwendungen immer etwas Kamillenblüte beigegeben werden. Doch darf man nicht vergessen, daß die letztere vorwiegend krampfstillende und die Schafgarbe hauptsächlich tonischadstringierende (zusammenziehende) Eigenschaften hat. Die eine dieser Pflanzen kann daher nicht immer durch die andere ersetzt werden.

3. Schafgarbe wird auch bei Wechselfieber angewendet, ähnlich dem Baldrian und andern Pflanzen.

4. Zu Frühjahrskuren wird sie ebenfalls gebraucht, entweder indem der aus dem Kraute gepreßte Saft in leichter Fleischbrühe oder in Wein während 6—8. Wochen hindurch täglich getrunken wird, oder indem man die Blätter mit andern hierzu passenden Pflanzen, wie Kerbel, Sauerampfer usw., zu einer Kräutersuppe verwendet. Auch regelmäßig des Morgens in der Frühe getrunken, bewirkt der Tee eine allgemeine Reinigung und Stärkung des Blutes.

5. Waschungen mit Schafgarbentee oder Absud reinigen und verschönern die Gesichtshaut.

6. Pfarrer Kneipp wendet diese Pflanze auch zu Kopf-, Ohren- und Halsdämpfen an. Andere Formen, wie Schafgarben-Pillen, -Öl usw. sind im allgemeinen nur auf Verordnung des Arztes in der Apotheke erhältlich.

Dagegen kann, namentlich bei Kindern, den gegen Bauchweh, Krämpfe usw. verordneten Klistieren mit Vorteil Schafgarbenabsud beigefügt werden.

Das blühende Kraut wird während des Sommers gesammelt, getrocknet, zerkleinert und gut verschlossen aufbewahrt.

Schafgarbe ist eines der besten Futterkräuter unserer Wiesen; das Hornvieh frißt sie daher auch mit großer Vorliebe. Sie bildet übrigens für die Tierarzneikunde so gut wie für den Menschen ein häufig und mit Erfolg angewandtes krampfstillendes und blähungswidriges Mittel.

Es gibt mehrere Arten von Schafgarben, die ebenso heilsam sind wie die bei uns wachsende; ja am kräftigsten und geschätztesten ist die in den höchsten Alpen vorkommende Moschusschafgarbe, Iva, Wildfräulein oder bisamduftende Schafgarbe genannt (Achillea moschata). Sie bildet einen Bestandteil des sogenannten Schweizertees.

Unter der gewöhnlichen Art wird die rötlich blühende von den Landleuten für die heilsamste gehalten.

Auch in Gärten werden einige hübsche Spielarten gezogen, so die edle Schafgarbe (A. nobilis), die aber noch hie und da in der Schweiz und besonders in der Tatarei wild wächst. Mit wieviel Unkenntnis, Gleichgültigkeit und Undankbarkeit sehen wir oft jene Pflanzen an, denen Gott eine so große Gewalt über unsern Körper gegeben hat! Und doch, sind nicht sie, diese demütigen Träger der göttlichen Gnade, im Vergleiche zu unserm oft so kleinen Verdienste, die Riesen und wir die Zwerge?

*

Das eben Gesagte bezieht sich auch auf eine kleine Blume der duftenden Lippenblütlerfamilie, nämlich auf die so wenig gekannte, wenig beachtete und doch so heilsame

## Betonie (Bild siehe Seite 310),

oder das Antonius- und Bathonienkraut, auch Zehrkraut in Schlesien und anderwärts Fleischblume, Katzenwedel und Römerei genannt. Sie wächst durchaus nicht selten aus unsern Wiesen, wird aber auch im Walde, an Halden und auf Bergen gefunden.

Wie alle Lippenblütler hat sie einen vierkantigen, 30 bis 50 Zentimeter hohen, geraden Stengel mit ziemlich langgestielten länglich herzförmigen, am Rande gekerbten Blättern, die furchig und häufig rauhbehaart sind. Nach oben zu verengern sie sich und werden linealförmig. An der Spitze des Stengels stehen in Quirlen die schönen, purpurfarbigen, außen behaarten Lippenblumen, wovon jede in einem fünfzähnigen Kelche sitzt. Die obere Lippe ist gewölbt, die untere dreispaltig mit stumpfen Mittellappen. Die Frucht bildet ein stumpfabgerundetes Nüßchen, woher wahr- scheinlich der Name „Römerei“ kommt. Der ganze Blütenstand bildet eine Kopfähre.

Die Römer schätzten die Pflanze außerordentlich hoch, und Antonius, der Leibarzt des Kaisers Augustus, schrieb ein eigenes Werk über ihre Heilkräfte; daher mag auch der Name „Antoniuskraut“ kommen.

Aber die jetzt so sehr in Vergessenheit geratene Betonie, diese „heilige Pflanze und Götterwurz“, heilte nicht nur fast jede Krankheit und darunter namentlich Geistes- und Sinnesverwirrung, Schlangenbiß und Augenschwäche, sondern war auch eines der wichtigsten und wirksamsten Zaubermittel, welche die Alten kannten. Das Haus, in welchem diese Pflanze aufbewahrt wurde, hielt man für sicher gegen jedes Unglück. Auch die Schlangen sollten sie so sehr fürchten, daß sie sich eher selbst töteten, als zum Beispiel einen um ihr Lager gelegten Kranz dieses Krautes zu überschreiten.

Die Betonie wurde von den in Spanien ansässigen Vettonen entdeckt, daher auch der Name Betonie. Im Mittelalter stand die Pflanze noch sehr in Ehren, und ein italienisches Sprichwort empfiehlt, sogar sein Kleid zu verkaufen, um dafür die Betonie zu erhalten. (Venda la tonica e compra la betonica.)

Später wurde sie mehrfach mit einem unserer ersten Frühlingsblümchen, der Schlüsselblume, verwechselt, die sogar die Namen Badenge, Batengel und Bathonika erhielt, die aus dem mittelalterlichen Bathonie gebildet sind. Und während der Römer sprichwörtlich sagte: „Du bist mit mehr Tugenden geziert als die Betonie“, findet man die Pflanze heutzutage kaum mehr der Erwähnung wert. Wie eitel ist doch der Ruhm dieser Welt!

Die goldene Wahrheit über den Heilwert dieses Krautes liegt zwischen seinem überschwänglichen Rufe in der alten und der Mißachtung in der neuen Zeit.

Die Blüten, welche den Bienen viel Honig spenden, riechen nicht unangenehm aromatisch, ebenso auch die Blätter. Der Geschmack ist scharf gewürzhaft, bitter und etwas zusammenziehend. Die Betonie besitzt schleimauflösende, zerteilende Eigenschaften.

## Anwendungen.

1. Sie ist daher bei Brust- und Lungenverschleimungen, wie überhaupt bei Krankheiten der Brust und Lunge, selbst wenn Blutauswurf damit verbunden ist, von vielem Nutzen und gehört zu den „Brustteekräutern".

Um den Aufguß herzustellen, siedet man 2—3 Gramm des getrockneten Krautes in 1 Schoppen Wasser und ein paar Löffeln Honig und trinkt hiervon täglich 2 Tassen in kleinern Portionen. Dieser Aufguß darf auch mit Wein und Honig hergestellt werden.

2. Die Wurzel besitzt brechenerregende und abführende Eigenschaften. Sie kann daher bei Wechselfiebern in Pulverform zu 1—3 Gramm mit etwas Honig, 3—4 Stunden nach dem Anfalle eingegeben werden, worauf dann nach der gewünschten Entleerung tonische Mittel angewandt werden, um die vollständige und schnelle Genesung herbeizuführen.

3. Betoniensaft, mit feinem Öle gemischt (Rosenöl) und in das Ohr geträufelt, heilt Ohrenweh.

Blätter und Blüten werden im Juni, Juli und August gesammelt und wie jene der andern Lippenblütler, die wir bisher geerntet haben, getrocknet und aufbewahrt.

Die weniger wichtige Wurzel kann vor der Blüte, im April und Mai, gegraben werden.

Man hat schon öfters die Betonienblätter als Ersatz für den chinesischen Tee empfohlen und verwendet.

Auch unsere Gärten schmücken sich mit ein paar kultivierten Betonienarten, die sehr hübsch sind. Überhaupt liegt über den Lippenblütlern ein eigener Zauber und, trotz ihrer meist einfachen Gestalt, viel Vornehmheit und Adel. Wer daher in den Gegenden Südeuropas, wie Spaniens und Südfrankreichs, den balsamischen Duft dieser Pflanzen, welche dort die ganze Luft mit Wohlgeruch erfüllen, eingeatmet hat, der sehnt sich immer und immer wieder nach jener „erquickenden und gesunden Würze".

*

Das gleiche Schicksal wie die hübsche Betonie hatte die mehr auf Wiesenpfaden und an Wegrändern als im hohen Grase wachsende, einst so hochberühmte Druidenpflanze, das

## Eisenkraut.

Denn auch sie, die ehemals über alles verehrte „heilige Opferpflanze" wird heute kaum mehr beachtet, und jeder Fuß setzt ohne Scheu über sie hinweg, die doch einstens dazu diente, den Altar Jupiters, des höchsten Gottes, abzukehren, die Häuser mit dem Blute der Opfertiere zu besprengen und zu weihen und den Menschen vor allerlei Unheil zu bewahren. „Keine Pflanze erfreut sich in Rom einer größern Berühmtheit als das „heilige Kraut"," schreibt Plinius; und es ist bekannt, daß die römischen Gesandten nur mit einem Strauße Eisenkraut in der Hand oder auf dem Haupte zu andern Völkern gingen, um mit ihnen über Krieg und Frieden zu unterhandeln. Denn diese Pflanze war für sie die Verkörperung der heiligen, unantastbaren Heimat- und Muttererde, deren Rechte sie unumstößlich zu wahren hatten. In der Folge wurde das Eisenkraut zum Sinnbilde des Friedens und der Eintracht.

Die damalige Heilkunde schrieb ihm eine fast unumschränkte Macht über viele Krankheiten zu: aber auch die Magie erwartete

1. Eisenkraut (Verbena officinalis, L.) [Eisenbart, Eisenherz, Segen-, Altar-, Stahl- und Taubenkraut, Altarblume]. a) Blüte. — 2. Betonie (Betonica vulgaris, L.) [Bathonienkraut, Römerei, Zehrkraut, Pfaffenblume, Antoniuskraut]. a) Blüte.

Wunder von ihm. So sollte derjenige, welcher sich mit Eisenkrautsalbe bestrichen hatte, alle seine Wünsche erfüllt sehen. Wollte man gescheite, lernbegierige Kinder, so gab man ihnen die Pflanze zu essen; wer sie bei sich trug, der wurde reich und jedermann angenehm. Das Kraut, auf den Acker gesteckt, machte, daß dieser einen guten Ertrag an Feldfrüchten gab; ebenso schützte es vor Gift und Schlangenbiß. Dem Kranken brachte es wieder die Gesundheit, wenn ihn jemand besuchte, der es bei sich trug, und der Kranke auf dessen Befragen, wie es ihm ergehe, antwortete, es gehe ihm gut.

Dieselbe Verehrung und Verwendung wie bei den Römern genoß das Eisenkraut auch bei den alten Deutschen, und fast bis in unsere Tage hinein herrschte an manchen Orten noch die Sitte, die heiligen Orte mit dieser Pflanze zu schmücken: Reste der ehemaligen heidnischen Gebräuche. Ja heute noch nagelt der Grieche einen Strauß von Eisenkraut an die Zugänge seiner Wirtschaftsräumlichkeiten und Ställe, weil es „Glück und Gedeihen" bringe.

Seht euch nun diese so hochberühmte Pflanze an. Selten werdet ihr ein unscheinbareres Gewächs finden als sie, und es ist geradezu unmöglich, zu erklären, welche Ursache es gewesen sein konnte, die das Eisenkraut zu seinem wunderbaren Ansehen und Ruhme gebracht hat.

An seinem aufrechten, vierkantigen, harten und starren, 30 bis 60 Zentimeter hohen Stengel mit aufwärts gerichteten Seitenästen sitzen einander gegenüberstehende, zähnige, geschlitzte Blätter. Gegen das Ende des Stengels und der Äste zu bildet sich eine dünne, magere Blütenähre, mit helllilafarbenen oder rötlichen, kleinen, voneinander entfernt blühenden Blümchen, die sich rachenförmig öffnen. Aber so groß auch die Übereinstimmung der Merkmale mit den „Lippenblütlern" ist, so gehört das Eisenkraut dennoch einer eigenen Familie an, nämlich jener der Eisenkrautgewächse, die uns in ihren, aus Amerika stammenden Arten einige recht hübsche, mildduftende Gartenblumen geschenkt hat. Diese wären eher als unser heimisches

Gartenkraut dazu angetan gewesen, eine so allgemeine, anhaltende und unerklärliche Bewunderung und Verehrung zu erregen.

Doch wir verlassen das Feld der Vermutungen, um zu sehen, welchen Heilwert das Eisenkraut namentlich für den Gebrauch der Hausapotheke hat. Die geruchlose Pflanze schmeckt bitter und enthält hauptsächlich Gerbstoff.

## Anwendungen.

1. Sie kann recht gut bei Leber-, Milz- und Nierenanschoppungen, entweder für sich allein oder mit andern einschlägigen Kräutern verwendet werden.

2. Gegen Gelbsucht soll sie ebenfalls recht brauchbar sein, und man kann sie wenigstens dabei zu Rate ziehen, ebenso auch bei Stein- und Grießbeschwerden.

3. Mit starkem Husten Behaftete, sowie auch Lungenleidende mögen Eisenkraut den andern Brustteekräutern beifügen.

Zum Eisenkrauttee nimmt man 5—8 Gramm auf eine Tasse Wasser oder Wein. Auch die Tinktur ist zu den gleichen Zwecken verwendbar. Auf eine gewisse Menge Blätter und Blüten gießt man das vierfache Gewicht Branntwein, läßt es 10—14 Tage stehen und nimmt dann täglich 30—40 Tropfen auf Zucker oder mit ein wenig Wasser zu zwei- bis dreimalen.

4. Äußerlich wirkt das zerstoßene Eisenkraut mit etwas Essig sehr gut bei Kopfschmerzen, Rotlauf und brandigen Geschwüren, wenn man es auflegt.

Man sammelt das Eisenkraut zur Zeit der Blüte, im Juni, Juli und August und trocknet es schnell.

Wollt ihr noch einige Namen der Pflanze wissen, die ihr von den verschiedenen Nationen gegeben wurden?

Hört also: Die Griechen nannten es: „Heiliges Kraut, Zepter des Zeus, Isisträne, Eisenkraut, Taubenkraut"; die Propheten: „Das rettende Zepter"; die Römer: „Sprengwedel, Taubenkraut". Im Mittelalter und später erhielt es die Namen „Isenkraut, Eisenhart, Isenbart, dann Altarblume, Segenkraut, Stahlkraut" und so weiter. Heute bezeichnet man die im Garten gepflegten Arten, sogar auf dem Lande, mit dem lateinischen Worte Verbéna (Verbene).

Über das Entstehen des Eisenkrautes berichtet eine rührende Sage folgendes: Wenn der heilige Joseph von des Tages Mühe und Arbeit ausruhte, war ihm die liebste Erholung, mit dem Jesuskindlein zu spielen, und niemals fühlte er sich froher und seliger, als wenn er seinen Pflegesohn in den Armen hielt. So geschah es auch eines Abends, als der Jesusknabe einen Draht ergriff und ihn nach Kinderart wie einen Kranz um die Locken des heiligen Josephs legte. Inzwischen wurde es Nacht, und Maria legte das Kind zu Bette. Erst jetzt erinnerte sich Joseph des Reifes wieder und wollte ihn wegnehmen. Aber, o Wunder! seine Hände griffen nicht mehr kalten Draht, sondern einen wirklichen Blumenkranz von bläulichweißen Blüten am etwas härtlichen Stengel. Seit dieser Zeit heißt die Pflanze Eisenkraut oder Eisenhart.

*

Im Vorübergehen wollen wir auch noch der volkstümlichsten, wenn auch nicht der heilkräftigsten aller Wiesenpflanzen gedenken, nämlich des

## Wiesenbocksbartes oder der Haferwurz,

auch Hafermark, Hafermilch, Wolfsbart, Süßling, Milchner und Josephsblume im Schwabenlande, sonst Gauchbrot, Milchblume und Morgenstern genannt.

Sind Veilchen und Löwenzahn (Kettenblume) die ersten Errungenschaften des Kindes auf botanischem Gebiete, so reiht sich ihnen in der Regel ein paar Monate später noch der Wiesenbocksbart an. Er ist ganz gewiß, wenn auch der „zuletzt Gekommene", doch nicht der letzte im kleinen, aber für den süßen, milchigen Saft der Pflanze so sehr empfänglichen Kindergedächtnis. An diese drei Blumen hält es sich mehrere Jahre hindurch mit seltener Ausdauer und Zähigkeit, bis ihm die „Gewalt der Schule“ alle möglichen anderen Pflanzennamen und Einteilungen einprägt.

Doch wir schweifen ab von unserer gelbblühenden und uns so wohlbekannten Körbchenblume, die unter ihren Schwestern wegen ihres lieblichen Geschmackes eine so seltene Ausnahme bildet. In ihr hat der liebe Gott einmal wieder für seine Lieblinge, die Kinder und die Armen, so recht gesorgt. Denn wenn sie die ersteren auch nur als guten Bissen für ihre Leckermäulchen betrachten und die zweiten sie vorzüglich deswegen sammeln, weil sie ein gutes und zugleich kostenloses Gemüse abgibt, so ist ihr Genuß in gesundheitlicher Beziehung doch so vorteilhaft, daß er nicht genug empfohlen werden kann. Lassen wir also den Kleinen uneingeschränkt und ungeschmälert ihre Freude an dem „Hafermarke“; denn es stärkt und reinigt Brust, Lunge, Leber und Nieren. Übrigens kultivieren die Gärtner eine Art Bocksbart und bringen sie zum Verkaufe.

Doch seht! die Sonne neigt sich schon merklich am westlichen Himmel, und die Wiese will „schlafen gehen“. Oder habt ihr nicht mit mir bemerkt, wie sie, die vor einer Stunde noch im schönsten Farbenschmelze vor unserm entzückten Auge sich ausbreitete, jetzt hauptsächlich nur mehr ihr grünes Gewand uns zeigt, das sie wie schützend über die tausend und tausend Blütenköpfchen ausbreitet?

Und doch schlafen die Blumen noch nicht; denn wenn wir eine Biegung machen, die uns den Anblick der Wiese von Westen nach Osten, anstatt von Osten nach Westen gönnt, so werden wir eines der lieblichsten Wunder erschauen, die uns die Natur darzubieten vermag: die meisten Blumen, und darunter vorzüglich jene mit hellleuchtender, goldener Farbe, wie der Wiesenbocksbart, schauen nämlich nach Westen, der Sonne zu, so daß sie uns vorhin den Rücken kehrten, die Unartigen!

Doch nein! wir wollen ihnen darüber nicht gram sein, denn sie folgen nur der Weisung Gottes, der ihnen befohlen hat: Ihr alle, die ihr in euren Blütensternen das Bild der euch Wärme und Leben spendenden Sonne verkörpert, ihr sollt ihr immerwährend euer Antlitz zeigen und euch mit ihr wenden! Und diesem Gesetze folgen sie. Des Morgens schauen diese Blumen nach Osten, dem sich rötenden Himmel entgegen; des Abends aber neigen sie ihre Köpfchen dem Westen zu, bis die Nacht hereinbricht; dann heben sie sie wieder und wenden sie nach oben zum Sternenlichte. Folgt aber ein trüber Tag, dann bleiben viele Kelche dieser Blumen wie in Trauer ganz geschlossen. Auch folgen sie an sehr heißen und lichten Tagen der Sonne nur bis Mittag, weil durch das überall herzuströmende starke Licht ihre Bewegung eingestellt wird.

Alle Blumen öffnen ihre Kelche nicht zu gleicher Zeit, sondern es herrscht hierin ein ebenso großer Unterschied wie zwischen dem Aufstehen eines gesunden und kräftigen Bauernmädchens und dem Erwachen einer über dem Romanlesen spät eingeschlafenen, nervösen Modedame. — Allen Pflanzenfamilien voran geht jene der Korbblütler, und die ersten Tagesstunden gehören diesen ganz. Durch Beobachtung der Gewohnheiten einzelner Gewächse war es sogar möglich, eine Art „Blumenuhr“, sowie auch einen „Blumenbarometer“ herzustellen, welche Zeit und Witterung genau genug verkünden, daß sich Feldarbeiter und Holzhauer einzelner Gegenden nach ihnen richten können.

So öffnet früh morgens um 1 Uhr die Gänse- oder Saudistel (Sonchus) ihre gelbe Blume; um 2 Uhr erschließt sich unser Wiesenbocksbart; um 3 Uhr steht das Bitter- und Habichtskraut auf; um 4 Uhr erwacht die blaue Wegwarte und die Heckenwinde; um 5 Uhr öffnet sich der Löwenzahn (Sonnenwirbel); um 6 Uhr schaut sich die Blüte unseres Gartensalates um; um 7 Uhr hat die See- und Teichrose ausgeschlafen; um 8 Uhr zeigt der Gauchheil seine mennigrote Blüte; um 9 Uhr schließt sich ihm die Ringelblume an; um 10 Uhr kommt der Portulack, das rote Sandkraut und das Eiskraut; um 11 Uhr rührt sich endlich die weiße Vogelmilch (Ornitho- galum) und wird daher auch „Elf-Uhr-Fräulein“

genannt und der nacktstämmige Mohn, und um 12 Uhr mittags rückt endlich auch die Zaser- oder Mittagsblume an.

Das „Zubettegehen“ der Blumen richtet sich im allgemeinen wieder ganz nach ihrem Erwachen. „Je bälder auf, desto früher wieder ins Bett.“ Nach diesem Grundsatze scheinen die meisten aus ihnen zu leben! So wird der Wiesenbocksbart schon um 12 Uhr wieder so schläferig, daß er ohne weitere Umstände seine Falten zusammenlegt und sich zur Ruhe begibt, weshalb er in England auch „Johann, halte Mittagsruh‘“! (John go to bed at noon) genannt wird.

In den Nachmittagsstunden öffnen sich: um 1 Uhr das Knopfnägelein (Dianthus proliter); um 2 Uhr der Pippau oder die rote Grundfeste; um 3 Uhr die löwenzahnblätterige Barckhausie (Barkh. taraxacifolia); um 4 Uhr das Steinkraut (Alyssum); um 5 Uhr die Jalape oder Schweizerhose, (Mirabilis Jalape); um 6 Uhr der traurige Storchschnabel (Geranium triste).

Die folgenden Stunden sind nun so ziemlich mit Pflanzen besetzt, die uns weniger interessieren, bis auf die 11. Stunde, in welcher sich die großblumige Fackeldistel (Cactus) oder die Königin der Nacht öffnet.

Natürlich ändert sich diese Blumenuhr mehr oder weniger, je nach der Witterung, der Jahreszeit, dem Standort der Blume und so weiter, doch ist es lehrreich, ihren „Umlauf“ zu beobachten.

Zu den Wetterpropheten des Pflanzenreiches zählen:

1. Der kleine Vogelmeier oder Hühnerdarm, auch Sternmiere genannt (Stellaria media).

2. Die Gartenringelblume (Calendula pluvialis). Steht Regen bevor, so öffnen diese beiden Blumen ihre Kelche nicht.

3. Die Ackerwinde (Convolvulus arvensis) und der Ackergauchheil (Anagallis arvensis). Sie schließen sich ebenfalls bei bevorstehendem Regen.

4. Der weiße Wiesenklee (Trifolium repens).

5. Der Sauerklee (Oxalis acetosella).

6. Die weiße Vogelmilch (Ornithogalum umbellatum).
7. Die Eberwurz (Carlina vulgaris).
8. Das Ruhrkraut (Gnaphalium).
9. Die Blätter der Esparsette (Hedysarum Onobrychis).
10. Der gehörnte Schotenklee (Lotus corniculatus).

Diese Pflanzen öffnen und entfalten Blätter und Blüten nur bei bevorstehendem Sonnenschein, schließen sie aber wieder, sobald Regen zu erwarten ist.

11. Das gelbe Labkraut (Unserer Lieben Frauen Bettstroh) (Galium verum) duftet bei schöner Witterung angenehm und süß; wird sein Geruch jedoch sehr stark, so daß er betäubt, so ist sicher Regen im Anzuge.

12. Ebenso neigt in diesem Falle das Frühlingshungerblümchen (Draba verna) seine Blättchen abwärts.

Wollt ihr diesen „Barometer" also erproben, so stellt nur eure Beobachtungen an, und ihr werdet sehen, daß er euch nicht täuscht!

Doch das vorstehend Gesagte über die Eigentümlichkeiten dieser Pflanzen soll nur eine Andeutung und ein Hinweis sein, wie mannigfaltig, wie reich und oft so wahrhaft köstlich das Leben in der Natur sich für denjenigen gestaltet, der es mit offenem Auge, gesundem Sinne und empfänglichem Herzen zu sehen und zu betrachten weiß. Wer also mit solchen Eigenschaften begabt ist und mit Hingebung nach den Herrlichkeiten forscht, die eine jede Pflanze in sich birgt, dem werden sich nicht nur unermeßliche Schätze der Erkenntnis und Liebe Gottes erschließen, sondern er wird auch nicht selten unmittelbar nutzbringende Erfolge erreichen, die ihm sonst unerschlossen geblieben wären. Glaubt nicht, daß es mehr als der gewöhnlichen Schulweisheit bedarf, um zu einem Ergebnisse zu gelangen; ist es doch erwiesen, daß viele der schönsten Entdeckungen und gelösten Naturrätsel dem Zufall oder den Beobachtungen einfacher Leute zu verdanken sind! Und das Feld zu solchen Beobachtungen, solchen

Studien ist so weit, so groß: bietet doch fast jede Pflanze im besonderen Anlaß und Gelegenheit zu neuen Erfahrungen, neuen Wahrnehmungen, neuen Entdeckungen!

Also mutig voran! Verlasset die Wege der verflachenden, genußsüchtigen Alltäglichkeit und lenket oft eure Schritte feldeinwärts, auf die Pfade der Naturstille und Einsamkeit. Laßt ihren mächtigen Einfluß auf euch einwirken; versenket euch in ihre Mannigfaltigkeit und Schönheit und höret ihre eindringliche, zum Herzen gehende Sprache des Glaubens und der Liebe ... Und fühlt ihr durch sie das allsorgende Walten des Vaters über uns lebhafter als zuvor und euch selbst gehoben, so habt ihr eine der herrlichsten Errungenschaften im Verkehre mit der Natur bereits gemacht, und diese eine schon genügt!

7

# Blumenduft und Küchenwürze

# Blumenduft und Küchenwürze.

Kommt heute mit mir in meinen Garten und besehet euch die Blumengesellschaft, die sich hier in der buntesten Kleidung und Tracht aus allen Ländern und Zonen der Welt friedlich und einträchtig versammelt hat, um Auge und Herz zu erfreuen.

Seht, „wie zierlich und säuberlich, wie reich und prächtig alle die Herren und Damen gekleidet sind, jedes in seiner eigentümlichen Nationaltracht von den verschiedensten Formen und Schnitten." Und wenn auch alle als werktägliches Gewand „dieselbe schöne, grüne Farbe tragen", so prangen sie doch zu den Festzeiten des Jahres, wie jetzt in diesen schönen Sommertagen, „in allen sieben Farbenstrahlen des Regenbogens und ihren mehr als siebzigmal nuancierten Farbentönen".

Wie in einem geordneten Haushalte, so weht ein Geist der Eintracht, Ordnung und guten Sitte durch alle Schichten und Reihen der hier versammelten Pflanzenwelt, und wir sehen sofort, daß wir es mit Leuten von Bildung und Erziehung zu tun haben, bei denen alles Unedle und Gemeine verpönt ist. Sie sprechen die verschiedensten Sprachen, und wollten wir ihre „Pässe" lesen, so müßten wir alle Zungen der Welt verstehen. Aber wir brauchen das nicht, denn ein Blick auf die Kleidung eines jeden von ihnen genügt meistens schon, um uns ihre Herkunft zu verraten; auch dürften gar manche den „Heimatschein" verloren haben, so daß es eine Grausamkeit wäre, sie darum in Verlegenheit zu bringen, deren Anblick uns doch so viel Vergnügen gewährt! Wir wissen übrigens ja, daß es Festland-, Insel-, Gebirgs-, Strand-, Tal- und Uferbewohner der fünf Erdteile sind, die hier auf diesem Platze vereinigt, willfährig und für jede Pflege dankbar, sich dem ungewohnten Klima eines fremden Landes angepaßt haben, um den Garten zu einem der angenehmsten und lieblichsten Aufenthalte zu machen, die dem Menschen freudige Genugtuung und frohen Genuß gewähren!

Oder wird er nicht gerade durch sie zu einem Orte der reinsten Lust und Freude für die Familie, zum duftenden „Paradiese der Kinder" und zum Erholungsplatze für alt und jung, für Gesunde und Kranke?

Ohne Garten vermag man sich überhaupt kaum ein behagliches Heim zu denken, in welchem Herz und Gemüt sich entfalten und edlere Gefühle Raum gewinnen können; denn — möchten wir es doch nie vergessen! — der Garten veredelt, wie alles, was zum Nachdenken über uns selbst, zur Sammlung und Betrachtung anregt und einladet. Was aber vermöchte dieses mehr zu tun, als der Umgang mit der Pflanzenwelt, die immer und immer wieder zum Rückblick auf uns und die Eitelkeit der Welt und zum Hinblick auf die Weisheit, Größe und Erhabenheit Gottes auffordert und uns so beredt von seiner väterlichen Güte und Vorsorge erzählt, die auch des kleinsten Wesens liebend gedenkt! Denn wahrhaftig, je mehr wir uns zu dem der Erde am nächsten wachsenden Kräutlein niederbeugen und es verstehen lernen, desto mehr erheben wir uns und kommen dem Himmel nahe.

Und wo wurde jemals gehört, daß ein wirklich guter Mensch diesen Umgang nicht als Glück und Segen für Leib und Seele geliebt und gepflegt hätte, sei es, indem er abends im stillen Genusse der Blumenschönheit und des Pflanzenreichtums die Sorgen und Mühen des Tages abschüttelt, oder indem er, seinem Schaffenstriebe folgend, sich selbst die Gewächse zieht, denen er jene gesegneten Stunden des Lebens verdankt, die auf Körper und Geist, auf Gemüt und Herz in vieler Beziehung so erholend, kräftigend, stärkend und erhebend einwirken? Freilich können wir auch, in dieser Weise durch Feld und Wald, Wiese und Tal schweifend, die freie, weite Natur auf uns einwirken lassen, und wir werden es gewiß auch tun. Wenn wir aber ungesehen und ungestört, zwanglos und allein die augenblicklichen inneren Bedürfnisse befriedigen wollen, so suchen wir den abgeschlossenen, eng dem „Hause“ sich anschließenden Raum des Gartens auf und vertrauen uns ihm wie einem Freunde an: ist er doch ein Heiligtum, dessen Frieden kein Unberufener zu stören wagt. Aber nicht nur, daß der Garten dem Herzen Freude, dem Geiste Sammlung und dem Gemüte Stärkung gibt: er weiß auch zu nützen, denn die meisten der Pflanzen, die wir in ihm ziehen, bieten dem Körper gesunde Nahrung oder gute Würze und für kranke Tage Heilung oder doch wenigstens Linderung und Stärkung.

So ist also der Garten mit unserem Leben auf das innigste verwoben und hat darum auch das Wort schon einen so wahrhaft guten, frischen und erhebenden Klang. Doch auch Wehmut mischt sich, wie in alles Irdische, mit hinein: denn das ewig verlorene Eden unserer Stammeltern war ein Garten; ... aber ein Garten war es auch, wo der neue Adam, der Erlöser, uns die Kindschaft Gottes wieder errang. (Teilweise nach Dr. Zeller und H. Jäger.)

*

Treten wir nun in den durch so mächtige und heilige Erinnerungen geweihten Raum und neigen wir uns vor der sinnigsten und bedeutungsvollsten der Blumen, vor der

## Rose,

dieser Königin unter Floras duftenden Kindern! Welch hohes Lied der Liebe und Verehrung müßten wir anstimmen, wollten wir ihre Pracht und Herrlichkeit, ihren uralten Ruhm und die unvergleichliche Gunst, in der sie seit dem grauesten Altertume bei allen Völkern der Welt gestanden ist, würdig besingen! Doch wir müssen uns begnügen, ihre Geschichte nur in kurzen Worten anzudeuten. Wo ist die Heimat dieses Lieblings der Menschen? Wo öffnete sich die erste junge Knospe?

Vermutungen nur können ausgesprochen werden, denn die Wahrheit hierüber verlor sich im Dunkel der Zeiten. Warum aber dürfen wir uns nicht das Erwachen dieses Sinnbildes der „Jugend und Schönheit, der Anmut und Liebe“ ins Paradies zurückdenken, wie es die ersten christlichen Dichter taten? Jetzt aber blüht und duftet sie in mehr als 200 Abarten überall; selbst dem kalten Norden hat sie sich geschenkt, und Island, Lappland und Sibirien werden durch ihren süßen Hauch erwärmt.

Alle Völker des Altertums kannten, liebten und schätzten die Rose. In der Heiligen Schrift begegnen wir vielen Hinweisungen auf sie, und eine jüdische Sage berichtet, wie ihre ursprünglich weiße Farbe durch das auf sie gespritzte Blut des unschuldigen Abels in die rote verwandelt worden sei.

Asien, namentlich Persien, das seit urdenklichen Zeiten als Land der Rosen bekannt ist, pflegt sie heute noch in der außerordentlichsten Weise. Ungeheure Strecken Landes sind namentlich in der Umgebung von Schiras, der „Rosenstadt“, mit diesem Strauche bepflanzt.

Den Türken ist sie geheiligt; namentlich hegen sie für die weißfarbene eine hohe Verehrung, da sie aus den Schweißtropfen des Propheten entstanden sein soll. Darum tritt auch kein Türke auf eine Rose.

Die alten europäischen Völker widmeten der Rose ebenfalls eine besondere Achtung. So hatten die Griechen sie als Blume der Schönheit und Liebe ihren Göttern geweiht und mit ihrem Volksleben enge verflochten.

Der siegreiche Feldherr zog auf dem rosengeschmückten Triumphwagen heim; bei fröhlichen Festen und heiterem Genusse schmückte man sich mit Rosen im Haare, und ein Kranz von Rosen zierte des Jünglings Stirne, der in den „Rat der Alten“ aufgenommen wurde.

Höheren Sinn und ernstere Bedeutung noch gaben die Römer der Rose: denn nur derjenige, welcher sich durch edle Sitten und tapfere Taten ausgezeichnet hatte, durfte bei ihnen einen Kranz von Rosen tragen, und es bestanden hierüber strenge Gesetze, deren Übertretung schwer geahndet wurde. Darum galt auch lange Zeit hindurch bei diesem tapferen und vaterlandsliebenden, sittenreinen Volke der Rosenschmuck als hohe, ja höchste Auszeichnung.

Erst als es von seiner ursprünglichen, sittlichen Höhe immer mehr und mehr in den Pfuhl aller Laster versank, da verlor auch die Rose bei ihm ihre schöne Bedeutung und wurde zum Sinnbilde des Lasters selbst. Nun begann ein ungeheurer Rosenluxus, nicht nur, daß diese Blume bei den Festen und Gelagen die Teilnehmer schmücken mußte, daß die Wände der Gemächer oft wie aus einem Rosenwalde gebildet und alle Fußböden dicht mit Rosen belegt wurden, auf denen man ging; daß bei gewissen Festlichkeiten ganze Seen mit Rosenblättern vollständig überstreut waren und die Vornehmen und Reichen nur in Rosenwasser badeten; daß durch die damalige Kochkunst die Rosen zu den verschiedensten Gerichten benutzt und verwendet wurden — das Gräßlichste ist, daß gewisse Kaiser sich das grausame Vergnügen gönnten, bei den Gelagen auf ihre Gäste so viele Rosenblätter von der Decke niederfallen zu lassen, daß einige darunter erstickten!

Das Christentum verhielt sich anfangs entschieden feindlich gegenüber einer Blume, die bei Orgien und Schandtaten aller Art eine Rolle spielte. Später jedoch wandte es sich der Rose wieder zu und verwob sie in den Kultus der reinen Gottesmutter Maria, „der Rose ohne Dornen“. Nun entstanden die lieblichsten Legenden und Sagen über diese Blume. Namentlich weiß man von der heiligen Dorothea zu erzählen, daß nach ihrem glorreichen Martertode ein Engel dem heidnischen Richter ein Körbchen mit Rosen gebracht habe, weil jener, die edle Jungfrau höhnend, sie aufgefordert hatte, ihm doch auch „Rosen aus dem Garten ihres himmlischen Bräutigams“ zu senden.

Und wer kennt nicht jene lieblichen Züge aus dem Leben der heiligen Elisabeth von Thüringen und einiger anderer Heiligen, in denen der Himmel ihre Mildtätigkeit so wunderbar beschützte und durch den

Dienst des in Rosen verwandelten Brotes anzudeuten schien, wie angenehm Gott die werktätige Liebe zu den Armen ist?

Auch in der Baukunst verwendete das Mittelalter die Rose, wie wir es an allen gotischen Kirchen, Rathäusern und dergleichen sehen können.

Selbst der Aberglaube brauchte und benutzte sie zu den verschiedensten Werken und Deutungen. Der „heiligen" Feme galt sie als Zeichen der Verschwiegenheit, und jeder „Wissende" mußte die Rose küssen, welche er sah. Der gleichen Bedeutung wegen findet man sie ebenso manchmal an Beichtstühlen; auch als Deckenschluß sieht man sie besonders in mittelalterlichen Trinksälen, um anzudeuten, daß alles, was unter ihr gesprochen werde, verschwiegen bleiben solle; daher rührt auch die Redensart, daß man jemand sub rosa, d. h. „unter der Rose", etwas anvertraue, was bedeutet, man möchte das Anvertraute als Geheimnis behalten. — Die Rose erinnert auch an Englands blutigsten Krieg, der von 1399 bis 1486 dauerte. Dortmals stritten sich die beiden Häuser York und Lancaster um den Thron. Das erstere führte, eine weiße und das letztere eine rote Rose im Wappen; so erhielt dieser Bruderkampf den Namen: Krieg der weißen und der roten Rose. In der Vereinigung der beiden Häuser durch Heirat wurde er endlich beendet. — Selbst in Deutschlands patriotischen Erinnerungen ist die Rose nicht ohne Bedeutung; ist es doch allgemein bekannt, wie die anmutige Königin Luise bei einer Zusammenkunft mit Napoleon I., wo sie ihn zu milderen Friedensbedingungen umzustimmen hoffte, von dem übermütigen Korsen eine Rose überreicht erhielt, die sie mit der fragenden Bitte: „Aber mit Magdeburg?" annahm, worauf ihr der Kaiser hart und demütigend antwortete: „Ich mache Eure Majestät aufmerksam, daß ich anbiete und Sie nur anzunehmen haben." — Aber Deutschland hat diese Worte mit Blut ausgewischt und die edelste deutsche Frau gerächt.

Wie schon bei den Römern, so werden auch heute noch in einigen Ländern, besonders aber in gewissen Gegenden Frankreichs, sogenannte „Rosenfeste“ gefeiert, die den Zweck haben, die tugendsamste Jungfrau eines Kirchensprengels öffentlich zu beloben und sie zur „Rosenkönigin“ zu krönen.

Noch viele alte Sitten, Herkommen und Gebräuche, die sich auf die Rosen beziehen, ließen sich erwähnen, allein wir sehen schon aus dem wenigen Gesagten, welches Ansehen diese Blume durch alle Jahrhunderte hindurch genoß. Und wenn die menschlichen Leidenschaften und Laster sie auch kurze Zeit hindurch zu ihrem Symbole herabzogen, so konnte ein so strahlend schönes, Hoheit und Adel hauchendes Gebilde doch nicht lange seiner Würde entkleidet bleiben und mußte wieder auf den Thron erhoben werden, den nur Reinheit und Tugend zieren dürfen. In diesem Sinne auch ist die „goldene Rose“ der Päpste aufzufassen, die sie jedes Jahr weihen und vergeben. Obgleich sie also eine hohe Ehre und Auszeichnung für die Frau bedeutet, der sie verliehen wird, so ist sie nicht minder eine ernste Mahnung, der Tugend und Religion treu zu bleiben, der irdischen Vergänglichkeit und der Unsterblichkeit der Seele zu gedenken und daher demütig und rein durchs Leben zu gehen.

Wie alt wohl ein Rosenstock werden kann? Hierüber gibt uns der am Hildesheimer Dom wachsende Rosenstock Ausschluß. Dieser wuchs schon unter Ludwig dem Frommen, und da er heute noch grünt und blüht, so ist er sicherlich tausend Jahre alt.

Früher wurde die Rose zu den verschiedensten Präparaten gebraucht; daher sammelte man ihre Blätter in großer Menge.

So gab es „Rosenessig, Rosenhonig, Rosenzucker, Rosentinktur“ und dergleichen mehr.

Vornehmlich diente hierzu die Blüte der Zwerg- oder französischen Rose, auch Essigrose genannt. Diese ist es auch, die noch heute, obwohl in eingeschränkterer Weise, zu medizinischen Zwecken verwendet wird. Doch kann sie in Gegenden, wo sie seltener oder gar nicht vorkommt, von der gewöhnlichen wilden oder Hundsrose, die in ganz Deutschland an Hecken, Rainen und Waldsäumen blüht, ersetzt werden. Selbst die in unseren Gärten kultivierte Zentifolie oder Hundertblätterige ist dazu tauglich.

Die Zwergrose ist ein ziemlich niedriger Strauch, der an sonnigen Hängen Frankreichs, aber auch Süddeutschlands wächst und behaarte Triebe mit schönen, großen, hellpurpurroten, etwas flatterigen Blumen hat. Stengel und Äste sind bei ihr, wie bei der Hundsrose, mit starken, abwärts gekrümmten Stacheln oder Dornen besetzt. Nachdem Luzifer seines Hochmutes wegen in die Hölle gestürzt worden war, schuf er sich einen hohen, dornenbesetzten Strauch, an dem er wieder in den Himmel zu klettern dachte. Allein der liebe Gott bog die Zweige abwärts und vereitelte so das Vorhaben des Teufels. Dieser nun griff voll Ingrimm in die Dornen und krümmte auch diese zur Erde. So erzählt die Volkssage von dem Entstehen ihrer jetzigen Form. In Wirklichkeit verkünden sie uns die Weisheit des Schöpfers, der sie also geschaffen, damit weder Raupe noch Schnecke, noch andere schädlichen Kriechtiere die prächtige Blume zerstören können.

Die Hundsrose wurde in alter Zeit gegen den Biß giftiger Schlangen und toller Hunde gebraucht, daher ihr Name. Sie entstand dadurch, daß die Gottesmutter Maria die Wäsche des göttlichen Kindes zum Trocknen an diesen damals blütenlosen Dornstrauch hing. Von dieser Stunde aber entkeimte ihm die erste rosige Blume. Manchmal jedoch sehen wir auch eine solche von weißer Farbe. Das kommt daher, weil die Reuetränen Magdalenens diese abgewaschen hat.

Außer den beiden genannten gibt es noch einige andere wildwachsende Arten, von denen die rostfarbene oder Weinrose nicht nur wie jene wohlriechende Blüten, sondern sogar süßduftende Blätter hat, „die sich durch einen feinen Borsdorferapfelgeruch auszeichnen".

Die rostfleckige Rinde kennzeichnet sie außerdem vor den andern. Früher hieß man diese Rose die Marterrose, da man die Rostflecken als Blutstropfen des Heilandes deutete. Im übrigen sollte sie ähnliche wunderbar heilende Eigenschaften wie die gewöhnliche Hundsrose besitzen.

Manchmal kommt es vor, daß aus der Mitte der Blume einer dieser Rosenarten ein Zweig entspringt, der wieder eine Rose trägt; man heißt diese „Rosenkönige“ und besonders die frühere Zeit deutete ihr Vorkommen in mannigfaltiger Weise, auf Glück oder Unglück, Wohlbefinden oder Tod für denjenigen, der sie fand. Ebenso trifft man moosartige Auswüchse oder Gallen an den Blättern der wilden Rosen. Diese, durch Gallwespen verursacht, hießen früher Schlafäpfel und Schlafkunzen. Wie ihr Name angibt, sollten sie den Schlaf herbeiführen; auch wurde sonstiger Aberglaube mit ihnen getrieben.

In der Heilkunde sowohl als auch als Heilmittel werden die Blumenblätter und die scharlachroten Früchte, Hagebutten, Hetschepetsch oder Hiefe genannt, der Zwerg-, Hunds- und Hundertblätterigen Rose benutzt. Sie enthalten Zucker, Apfel- und Zitronensäure, Schleim-, Gerb- und Harzstoffe, sowie Salze.

## Anwendungen.

1. Die Blumenblätter gebraucht man vorzüglich bei Lungenleiden, Durchfall und Husten, bei lockerem Zahnfleisch, geschwollenen Mandeln usw., da sie mild zusammenziehende und kräftigende Eigenschaften besitzen. Auch wird aus ihnen das teure Rosenwasser, sodann aber auch Rosenessig und -honig bereitet, die namentlich beim äußerlichen Gebrauche als Gurgelwasser dankenswerte Erfolge haben.

Der Rosenblütentee, 2—3mal im Tage genommen, wird gewöhnlich mit heißem Wasser angebrüht.

2. Rosenessig wird gemacht, indem man über 100 Gramm frische Blumenblätter ½—¾ Liter heißen Essig gießt, die Flüssigkeit zugedeckt 1 Stunde stehen läßt und dann filtriert. Zum Gurgeln wird eine gewisse Menge davon mit ein wenig Wasser und Honig verdünnt.

Auch als wohltuendes Waschwasser kann der Essig, genügend verdünnt und natürlich ohne Honigzusatz, gebraucht werden.

3. In Pulverform sind die Blumenblätter ein ausgezeichnetes Wundstreupulver für Kinder, das unter dem Namen „Rosenpulver“ bekannt ist.

4. Die Hagebutten dienen als heilkräftiges Mittel bei Nieren-, Grieß- und Blasenstein. Selbst solche, die anscheinend an diesen Übeln nicht leiden, können zur Reinigung und Kräftigung der Nieren und Blase den Hagebuttentee benutzen.

5. Bei dem sogenannten blauen Husten, sowie bei Krampfhusten ist der Absud von Hagebutten sehr zu empfehlen. Man nimmt hierzu auf einen guten Schoppen Wasser eine Handvoll Früchte und ein Stück Kandiszucker. Nachdem das Ganze ein paar „Wälle“ getan hat, wird es geseiht und tagsüber getrunken. Natürlich fährt man längere Zeit mit dem Mittel fort.

6. Aus den Hagebutten bereitet man auch das „Hiefenmark“, sowie eine Latwerge, die als Brühe oder auf andere Art genossen, gesunde Speisen sind.

Als besonders „anregend und wohltuend für alte Leute“ empfiehlt Ulsamer den Hagebuttenlikör. Er bereitet ihn also: Auf 1 Liter vom Frost getroffene weiche Früchte nimmt man 1 Pfund feinen, weißen Kandiszucker, setzt ihn in 3 Liter Branntwein an und läßt die Flasche acht Tage lang auf dem warmen Ofen stehen.

Die Blumenblätter werden von frisch erblühten Rosen an einem warmen, sonnigen Nachmittage gesammelt, die gelben „Nägel“ durch Scherenschnitt davon getrennt und schnell im Schatten getrocknet. Am kräftigsten sind die dunkler gefärbten, manchmal im Garten gezogenen halbgefüllten Rosen.

Die Hagebutten pflückt man erst im Spätherbste, wenn sie von einem Frost getroffen, schon weich sind. Dann werden sie sorgfältig ausgekernt und getrocknet.

In neuerer Zeit bringen die Gärtnereien eine besonders großfrüchtige, ungefüllte Rosenart zum Verkaufe. Es ist dies die Rosa rugosa

Regeliana, welche als beste Hagebuttenrose zum Einmachen gerühmt wird. Ob aber ihre Heilkräfte ebenso bedeutend wie jene der Hunds- und Zwergrose sind, bleibt noch abzuwarten.

Gedenken wir, ehe wir von der Königin der Blumen Abschied nehmen, noch der sprichwörtlichen Redensart: „Geduld bringt Rosen", die, gehörig gewürdigt, sowohl für das praktische wie für das religiöse Leben hohen Wert hat!

*

Wir gehen nun an der wie die Rose durch Anmut und Schönheit ausgezeichneten weißen Lilie, sowie auch an der sinnigen deutschen Schwertlilie vorüber, die, aus einer Träne der hehren Gottesmutter entstanden, in den Farben des Regenbogens erglänzt, und wenden uns einer viel bescheideneren, aber trotzdem sehr anziehenden Blume zu, welche auf jenem sonnigen Beete dort wächst. Wir erkennen in ihr die

## Garten- oder Weinraute,

die in den südeuropäischen und nordamerikanischen Ländern wild, bei uns aber nur im Garten wächst. Früher wurde dieser Halbstrauch, welcher der an ätherischem Öle so reichen Familie der Rautengewächse den Namen gegeben hat, viel häufiger als jetzt gezogen, und namentlich durfte er in keinem Klostergarten fehlen, wo ihm große Sorgfalt zugewendet wurde. Seine mehrfach gefiederten, spatelförmig abgerundeten Blätter haben eine bläulich-graue, staubige Farbe. Der unten holzige Stengel teilt sich in mehrere oft einseitig entwickelte Doldenzweige, welche die grüngelben, wie zersetzten, an dem Rande gewölbten Blüten tragen, von denen die zuerst ausblühende, mittlere Blüte eines jeden Zweiges immer 5 Blumenblätter, 10 Staubfäden und einen fünfteiligen Fruchtknoten, alle anderen aber nur 4 Blumenblätter, 8 Staubfäden und einen vierteiligen Fruchtknoten haben. Diese Pflanze wird noch außerdem dadurch merkwürdig, daß sich die Staubgefäße bei der Befruchtung in guter Reihenfolge nacheinander zum Fruchtknoten

1. Garten- oder Weinraute (Ruta graveolens, L.) [Weinkraut, Totenkräutel, Gartenrute]. a) Blüte. — 2. Alant (Inula Helenium, L.) [Brustalant, Helenenkraut, Odinshaupt]. a) Blütenblatt (Zungenblüte).

(oder Stempel) hinneigen und dann wieder zurücktreten.

Die Raute war schon im grauen Altertum bekannt und als außergewöhnliche Heilpflanze geschätzt, die vorzüglich vor dem unheilvollen Einfluß der verschiedenen Gifte bewahren sollte. „Denn," so erzählte man sich, „sobald das Wiesel mit einer Schlange zu kämpfen hat, stärkt und stählt es sich durch den Genuß von Rautenblättern, und der Giftzahn des Reptils kann ihm nichts anhaben; also muß dieses Kraut auch zu dem gleichen Zwecke dem Menschen heilsam sein." Daher wurde es als Gegengift in den Gärten angebaut, um es für alle Fälle sogleich bei der Hand zu haben. Indessen ist erwiesen, daß die Raute selbst eine gewisse Schärfe besitzt, die zu Vergiftungserscheinungen führen kann, wenn bei ihrem Gebrauche kein weises Maß und Ziel herrscht.

Auch gegen die Pest wurde das Kraut angewendet, denn man bereitete aus ihm und noch einigen anderen Pflanzen den allbekannten „Vierräuberessig", welcher darum so genannt worden sein soll, weil ihn vier Räuber in Marseille, welche zur Zeit der Pest die Toten ausplünderten, erfunden und zuerst angewandt hätten, um sich vor Ansteckung zu bewahren.

Damit die Raute recht heilkräftig wurde, mußte man sie unter den gräßlichsten Flüchen und Verwünschungen säen, und wer einen Wurzelausschlag oder eine junge Pflanze sehen wollte, der durfte sie nicht kaufen — nein, er mußte sie stehlen. Der Aberglaube ist fürwahr ein schauerlich Ding.

Da die vierteiligen Blumen der Raute das Zeichen unserer Erlösung, ein Kreuz bilden, so gebrauchte die Kirche das Kraut in den älteren Zeiten des Christentums als Sprengwedel, namentlich beim Exorzieren, und später wurde es zum Sinnbild der Demut und Reue.

Fürstliche Familien nahmen es dann in ihr Wappen, als sie, von Glaube und Liebe bewegt, zum Heiligen Lande zogen und die Stätten betraten, wo die Demut und Liebe selbst gelebt und gelitten hatte.

Auch zum rührenden Brautschmuck armer Waisen wurde das Kraut, und wahrscheinlich hat seine bescheidene Kreuzblume manches Dulderinnenhaupt höher geziert, als ein Kranz von Myrten und Rosen es getan hätte.

Die Raute enthält ein stark balsamisch riechendes ätherisches Öl und bitteren Extraktivstoff. Durch Trocknen verliert sich jedoch der unangenehme Geruch und ähnelt dann jenem der Rose. Ihr Geschmack ist außerordentlich bitter und scharf und etwas reizend. Sie muß also innerlich mit großer Vorsicht angewendet werden.

Zur arzneilichen Verwendung kommen die Blätter.

## Anwendungen.

Ihre Wirkung ist reinigend, stärkend und kräftigend, sowohl innerlich als auch äußerlich.

Wenn die zerstoßenen Blätter auf die Haut gelegt werden, bringen sie eine rotlaufähnliche Entzündung hervor; deswegen hat man ihre Schärfe früher oft dazu benutzt, um chronische Katarrhe und so weiter durch sie abzuleiten.

1. Zum innerlichen Gebrauche empfiehlt sie Kneipp im leichten Teeaufguß bei Blutandrang zum Kopfe, bei Eingenommenheit des Kopfes, Schwindel, Herzklopfen, Unterleibskrämpfen, Atmungsbeschwerden, Verdauungsschwäche, bei sonstigen krampfhaften Zuständen, wie Hysterie und Epilepsie, bei Weißfluß, sowie auch bei Wechselfiebern und allen Zuständen, „die in Schwäche des Gesamtkörpers oder einzelner Organe ihren Grund haben.“ Wo aber Entzündungsursachen zu den besagten Leiden vorhanden sind, darf Rautentee niemals angewendet werden.

2. Wer ein Appetit beförderndes Mittel braucht, der zerschneide oder wiege ein paar Blätter, lege sie wie Schnittlauch auf Brot und genieße es.

3. Als reinigendes und stärkendes Mittel ist der frisch aus der Pflanze gepreßte Saft auch bei Frühjahrskuren empfehlenswert. Er wird in

Wein oder Fleischbrühe getrunken.

4. Äußerlich angewendet, dient Rautentee als Mund- und Gurgelwasser bei eiterndem, faulem Zahnfleisch oder bei Halsgeschwüren, Bräune und ähnlichem.

5. Auch zur Reinigung anderer fauler Geschwüre ist er zu empfehlen, ebenso zu reinigenden, stärkenden und die Haut zur Tätigkeit reizenden Bädern und Umschlägen, bei Reißen, Ziehen und anderen Schmerzen in den Gliedern, bei Schwäche und Übermüdung usw.

Ferner kann er als sicher wirkendes Waschmittel bei Kopfläusen dienen; auch soll er zugleich den Haarwuchs befördern. Die gleichen guten Dienste leistet er bei Krätze und tötet, als Klistier gebraucht, die Eingeweidewürmer.

Wer den Rautentee, der nur löffelweise genommen werden soll, nicht gebrauchen mag, der kann sich eine Tinktur mit dieser Pflanze ansetzen und sie zu den gleichen Heilzwecken gebrauchen wie jenen, indem er täglich morgens und abends auf Zucker oder in etwas Wein 6—8 Tropfen davon nimmt.

Rautenöl macht man nach Kneipp folgendermaßen: Man zerquetscht gedörrte Blätter und bringt sie in ein Glas. Hierauf gießt man feines Oliven- oder sonstiges gutes Salatöl darüber und stellt das Glas längere Zeit in die Wärme. Später gießt mau den Inhalt ab und nimmt ihn wie die Tinktur tropfenweise.

Den Tee bereitet man mit 2—6 Gramm Blätter auf 1 Liter Wasser.

Die Rautenblätter werden vor der Blütezeit, im Mai oder Juni gepflückt, im Schatten getrocknet und aufbewahrt. Die Pflanze selbst liebt einen sonnigen, eher trockenen als feuchten und einen sandigen, ja steinigen Boden. In gelinden Wintern bleiben die Blätter grün, bis die neuen hervorbrechen.

Manchmal gebraucht man die Raute auch als Würze zum Braten.

Möchte dieses edle Gewächs doch wieder öfters und allgemeiner, als es der Fall ist, in den Gärten gezogen werden!

*

Den gleichen Wunsch hege ich für die wenig geschätzte

## Kapuzinerkresse.

Den Städtern ist sie eine zu altmodische und zu einfachbescheidene, den Landleuten eine zu gleichgültige Pflanze, deren Nutzen nicht gerade auf der Hand liegt; darum wird sie weder von den einen noch von den andern gehegt und gepflegt, und man sieht sie in unsern Tagen gewöhnlich nur wenig unter den eigentlichen Zierpflanzen des freien Landes, sonst aber gewährt ihr höchstens ein altes Mütterchen oder eine andere, an den Kindheitserinnerungen hangende „gute Seele" „Kost und Logis" in einem stillen Winkel des Hausgärtchens. Die Kapuzinerkresse stammt aus Peru und Mexiko, wo sie wild wächst und als Salatpflanze geschätzt ist. Auch wir könnten sie ebensogut, wenigstens viel häufiger als es geschieht, zu diesem Zwecke verwenden und würden an ihr dadurch nur einen ausgezeichneten Gesundheitsagenten gewinnen, denn alle Teile der pfefferartig und etwas scharf gewürzhaft schmeckenden, prickelnden Pflanze besitzen, leider zu wenig geschätzte, anregende und reizende Eigenschaften, die sie befähigen, dem Menschen in skorbut- und skrofelartigen Krankheiten nützlich zu werden.

Möchte sie deshalb in regelmäßigen Gebrauch kommen, und das um so mehr, als ihre, zu Salat zubereiteten, zerschnittenen Blätter wenigstens ebenso angenehm zum Essen sind wie die gewöhnliche Gartenkresse und diese an heilkräftigen Stoffen weit übertreffen. Der aus den Blättern gepreßte Saft dient, in Fleischbrühe genossen, auch zu Frühjahrskuren. Überhaupt kann die ganze Pflanze zu den Skorbut und Skrofeln heilenden Kräutern gezählt und wie jene angewendet werden oder diese vorteilhaft ersetzen.

Aus den unerschlossenen Knospen bereitet man mit Pfeffer und Salz die falschen, aber wohlschmeckenden Kapern. Überhaupt ist die schöne, fünfblätterige und bespornte Blume sehr anziehend; denn sie ist eine kleine „Feuerwerkerin". Ihr könnt nämlich an besonders heißen Sommerabenden, wenn die Dunkelheit sich auf die Erde herabsenkt, bemerken, wie besonders die Blume der mehr ins rötliche spielenden Kapuzinerkresse von Zeit zu Zeit kleine feurige Funken entsendet, die in keiner Weise dem Leuchten im Dunkeln des faulenden Holzes gleichen, sondern eher eine Art Elektrizitätsentladung sind und einem kleinen Blitze ähneln. Nicht die Botaniker selbst haben diese sonderbare, noch nicht genau erklärte Erscheinung entdeckt, wohl aber hat sie Linnés Tochter zuerst wahrgenommen. Übrigens ist die Kapuzinerkresse nicht die einzige Pflanze, an welcher seither diese Funkenentladung beobachtet wurde; denn es gibt deren mehrere und unter andern auch die verachtete

## Ringel-, Gold- oder Totenblume,

manchmal auch Regenblume genannt, weil sie, wie wir wissen, eine Wetterprophetin ist und Regen verkündet, wenn sie die Fensterchen ihres Häuschens bis 8 Uhr morgens nicht öffnet.

Diese Blume besitzt weder Anmut noch Schönheit, und ihr starker, durchdringend aromatischer Geruch ist für die meisten Menschen höchst unangenehm. Aber sie scheint deren Gesellschaft sehr zu lieben, denn sie hängt sich mit wahrhaft heldenmütiger Ausdauer an ihre Schritte, vermehrt sich in Gärten in geradezu staunenswerter Weise, überschreitet daselbst die um ihren Standort gezogenen Grenzen, mischt sich unter Rüben und Salat, wächst auf den Wegen, geht mit den Abfällen in die Düngergruben, faßt auch dort Fuß und entwickelt sich da erst recht üppig, sendet Ansiedler auf einen nahen Schutthaufen oder in einen Winkel des Hofraumes, wo sie fröhlich und sorgenlos dem Leben und Treiben um sich her zuschauen, läßt sich im Dünger und im Schutt auf die Äcker tragen, fühlt sich dort unter dem Ährendache sehr heimisch und bittet schließlich noch den Wind: „Führe mich über die Kirchhofmauer, denn ich muß die Gräber schmücken." Wenn wir dann in den schönen Sommertagen kommen, um unsere Heimgegangenen zu besuchen, da sehen wir wieder diese schwefelgelbe Strahlenblume wie eine Wächterin am Grabe stehen, wo sie uns zu sagen scheint: „Fürchte nichts, ich bin hier, denn ich bin getreu bis in den Tod!“ Zugleich aber scheint ihr vorwurfsvoller Blick uns auch zu fragen: „Warum hast du mich verschmäht? Siehe, ich bin dir gefolgt auf allen deinen Wegen, und unter deine Tritte habe ich mich geworfen, auf daß du meiner dich erinnern solltest. Hättest du Hilfe von mir verlangt, so würdest du jetzt vielleicht nicht an diesem Grabe stehen und weinen! ...“

So spricht die Ringelblume, und sie hat recht. Denn wohl oder übel; wir müssen uns bequemen, sie als eine ausgezeichnete Heilpflanze zu schätzen und zu achten, weil die Erfahrung des täglichen Lebens hierüber sich die Autorität medizinischer Berühmtheiten zur Seite stellt, welche die Ringelblume, die bittern Extraktivstoff, Öle, Gummi und Salze enthält und scharf, salzig und bitterlich herbe schmeckt, zu den besten bittern, zusammenziehenden und zugleich auflösenden und schweißtreibenden Mitteln zählen. In ihren Wirkungen ist sie nicht heftig und ermüdend, was sie aber heilt, das heilt sie sicher und gut.

## Anwendungen.

1. Der günstige Einfluß der Ringelblume erstreckt sich namentlich auf krebsartige und skrofulöse Geschwüre und Eitrungen, auf verhärtete Drüsen (Brustdrüsen), auf Magenkrämpfe, auch mit heftigem Erbrechen; ferner auf Unterleibsstockungen, Verwundungen, Verletzungen und alte Schäden. Wer also an einem dieser Übel leidet, der gebrauche mit Vertrauen den Ringelblumentee, welcher aus dem frischen Kraute, samt den noch nicht völlig erschlossenen Knospen gemacht wird. Man verwendet zur Bereitung nicht mehr als zwei Gramm der Pflanze auf einen Schoppen Wasser, oder besser, Milch und genießt ihn 2—3mal des Tages. Angenehmer zum Gebrauch ist vielleicht der aus der Pflanze gepreßte Saft ader Extrakt, wovon man täglich 2 Eßlöffel voll in Wein oder ein wenig gewärmter oder gezuckerter Milch nehmen kann. Bald wird — namentlich bei Unterleibsstörungen — der Gebrauch dieses Tees

oder Extraktes die regelmäßige Funktion der verschiedenen Organe und hiermit auch die Gesundheit wieder zurückrufen.

Äußere Schäden, wie Brustkrebs, Skrofelgeschwüre, Drüsenverhärtung und dergleichen verlangen neben der innerlichen Medikation auch eine örtliche äußerliche Behandlung und zwar das letztere Leiden besonders den Ringelblumenabsud zu erweichenden Umschlägen oder aber auch wie die um sich fressenden Geschwüre die Ringelblumensalbe. Sie wird bereitet, indem man eine gewisse Menge des frisch ausgepreßten Saftes mit einer 5—6mal größern Menge frischer, ungesalzener Butter innig vermischt. Auf Leinwand gestrichen, verbindet man damit dreimal des Tages die Schäden oder reibt sie ein. Diese Salbe läßt sich mit dem zerquetschten Kraute auf die gleiche Weise wie die Pappelsalbe machen. Man entmutige sich nicht, wenn das Auflegen anfangs Schmerzen verursacht.

Wunden usw. werden mit Ringelblumenabsud des öftern ausgewaschen und dann mit solcher Salbe behandelt. Auch die Ringelblumentinktur erwies sich hierbei als sehr heilsam. Sie ist in den Apotheken erhältlich und schließt, nach Dr. Schilling die Wunden ohne Entzündung und Eiterung.

2. Wenn man das zerstoßene Kraut, häufig erneuert, auf Warzen, Hühneraugen und Schwielen legt, verschwinden diese und fallen ab.

Durch das Trocknen verliert die Ringelblume einen großen Teil ihrer wirksamsten Bestandteile. Sie wird daher meistens nur im frischen Zustande verwendet; ist sie ja doch von Ende Mai bis in den Winter hinein leicht zu haben. In Ermangelung der Pflanze selbst wendet man den Extrakt an, nimmt aber nur die Hälfte der zum Tee bestimmten Menge.

Die Ringelblume ist nichts weniger als eine „feine Blume“; aber wir werden wohl daran tun, ihre Alltäglichkeit zu vergessen um der wahrhaft schätzbaren Dienste willen, die sie uns zu erweisen vermag.

*

Lieblicher und hübscher als sie ist die

## Akelei (Bild siehe Seite 345).

Auf hohem, steifem Stengel wiegt sie ihre Glocken, und wir vermeinen sie erklingen zu hören in einer frommen Choralmelodie. „Es ist eine durchaus gotische Pflanze. Nicht nur zeigen die Blumen ein zierlich geordnetes Geschnörkel durch die einwärts gekrümmten fünf Spornen, sondern auch die doppelt dreiteiligen Blätter scheinen aus dem Laubwerk eines gotischen Kirchenfensters herausgeschnitzelt zu sein. Weil aber die Akelei vor den Goten im Lande lebte, so ist anzunehmen, daß die alten Steinmetzen dieses Original kopiert haben."

Wild in unsern Wäldern wachsend, ist die Blume dieser Pflanze blau, und der Kelch bleibt einfach. Als Gartenzierde sorgfältig gepflegt, schmückt sie sich mit den mannigfaltigsten Farben und füllt sich gerne. Ihre blaugrünen, matten Blätter sind denjenigen des Schöllkrautes nicht unähnlich.

Bei unsern heidnischen Vorfahren war die Akelei der Göttin Frigga und den Elfen geweiht, daher wurde sie auch Elfenschuh genannt; später kam sie in den Dienst der Himmelskönigin Maria, und ihr voriger Name wandelte sich in „Unserer Lieben Frauen Handschuh" um. — Zierlich und schalkhaft hängt die Pflanze ihre Glockenblüten hernieder, als ob sie zu schüchtern wäre, dem Beschauer in das Auge zu sehen. Darum sagt schon Goethe von ihr: „Schön erhebt sich die Akelei und senkt das Köpfchen herunter, Ist es Gefühl? oder ist's Mutwill? Ihr ratet es nicht!" — Manche Botaniker haben sie als „verdächtige" Pflanze verschrien; es ist aber erwiesen, daß ihre Blätter und Blumen, wie auch der Samen, im richtigen Maße angewandt, nur heilsame Eigenschaften besitzen. Ich habe euch übrigens hauptsächlich deswegen auf diese Pflanze aufmerksam gemacht, weil durch eure Vermittlung arme Leute sie sammeln und an Drogerien verkaufen können. Auch das Anpflanzen im Garten dürfte sich lohnen, da der Samen 3—4 Mk. das Kilo bezahlt wird!

Die Akelei besitzt sehr schätzenswerte, beruhigende, die Ausdünstung befördernde, schweißtreibende Eigenschaften, welche besonders geeignet zu sein scheinen, den günstigen Verlauf jener Krankheiten zu unterstützen, die sich hauptsächlich in einem mit Fieber verbundenen Hautausschlage zeigen, wie die Masern usw.

## Anwendungen.

1. Die Blumen werden daher gerne — entweder mit Veilchen oder für sich allein — zu einem hustenstillenden Teeaufguß verwendet, indem man 1—2 Gramm hierzu gebraucht und ihn gut zuckert. Er vermindert zugleich die fieberhafte Erregung, welche sich bei Ausschlagkrankheiten zeigt.

2. Auch Akeleisirup, der den Veilchensirup vertritt, kann daraus bereitet werden.

3. Den Samen gibt man gepulvert zu 1—2 Gramm in Eigelb (in einem weichgesottenen Ei) oder als Teeaufguß, indem man auf ¼ Liter Wasser 1—3 Gramm Samen nimmt. Dieser Tee wirkt schweißtreibend und befördert das Heraustreten des Ausschlages.

4. Er hat zugleich milde und gelind eröffnende Wirkungen; daher wird er manchmal den Kindern bei Verstopfung gegeben.

5. Auch in der Arzneikunde ist Akeleisamen gegen das Blähen des Viehes gebräuchlich.

Die Pflanze vermehrt sich sowohl durch Samen als auch durch Wurzelschößlinge, welche im Herbste gepflanzt werden. Im allgemeinen liebt sie einen mehr schattigen als sonnigen Standort und möglichst Heideerde. Sie dauert mehrere Jahre.

Die Bienen sammeln sich ausgezeichneten Honig aus den süßen Blüten.

*

Der zierlichen Akeleiblume strahlender Gesellschafter und Nachbar ist der

# Alant (Bild siehe Seite 331).

Seht her, welch prächtige Pflanze er bildet! Wahrlich, ich begreife, warum ihm schon die alten Völker eine besondere Aufmerksamkeit widmeten und seine gelbe Blume ihnen das lichtumflossene, flammende Antlitz des Sonnengottes schien. Daher nannten ihn die Griechen auch Helenion und die nordischen Völker Odinskopf und Odinsauge. Der eckige, mehr als meterhohe, nach oben ästige Stengel baut sich auf einer faustdicken, verzweigten Wurzel auf und trägt in den Blattachseln die große, schöne Strahlenblüte. Die eiförmigen, gestielten, am Rande ungleich gesägten Blätter gleichen jenen der Königskerze und sind unten filzig. Der Hüllkelch des Blütenkopfes wird durch viele, dachziegelartig übereinander liegende, ebenfalls filzige und rotgeränderte Blättchen gebildet.

Der Alant ist keine deutsche Pflanze, da er aber Jahrhunderte hindurch als Arznei- und Küchenkraut in Gärten gebaut wurde, so wächst er an vielen Orten wild, oder besser: verwildert. Übrigens findet man auf unsern Wiesen ebenfalls einige Alantarten, die aber nicht so hoch werden wie der „wahre Alant".

Im Altertume schon hatte man seine Heilkräfte erfaßt und benutzt; namentlich war er bei Brust- und Magenkrankheiten in Gebrauch; zugleich wurde er aber auch als ein die Schönheit förderndes Mittel empfohlen, da der Alant der Sage nach aus den Tränen der von Paris entführten schönen Helena entstanden sein soll. Deshalb mag ihn Julia, die berüchtigte Tochter des Kaisers Augustus, auch täglich zur „Magenstärkung" genossen haben.

Später wurde der Alant zu den „Hexenkräutern" gezählt und gehörte zu jenem „Neunerleikraut", das, wie der Name besagt, aus 9 verschiedenen Pflanzen bestand, mittels welcher ein Trank gegen alle mögliche Behexung gebraut wurde. Endlich kam er in den Dienst der Kirche, insofern er in den sogenannten „Weihbuscheln" oder „Krautwischen", die am 15. August, dem Feste Mariä Himmelfahrt geweiht werden, nicht fehlen darf und vom Priester gesegnet wird, auf daß die ihm von Gott verliehene Kraft zum Heil und Besten der Menschen gereichen möge. — Der gemeine oder Wiesenalant (Inula britanica L.) findet sich überall auf feuchten Wiesen, an Gräben und Teichen; er wird kaum 50—60 Zentimeter hoch, hat lanzettförmige, entweder ganzrandige oder gezähnte Blätter und goldgelbe, oft sehr zahlreiche Blüten, die jenen der Arnika gleichen. Auch er ist heilkräftig und war schon zur Zeit Cäsars von den Friesen hierfür bekannt, auf deren Inseln er besonders häufig wuchs. Als nun dieser Feldherr auf seinem Eroberungszuge nach Britannien einstmals „jenseits des Rheines" auf eine Quelle stieß, von deren Wasser viele seiner Leute krank wurden, so daß ihnen die Zähne ausfielen und die Knie lahm wurden, da zeigten ihm die den Römern damals getreuen Friesen eine Pflanze, welche sie Britannika hießen, und versicherten, daß sie Heilung bringe. Wirklich bestätigte es sich, und auch gegen Halsleiden und Schlangenbiß war das Kraut kräftig. Plinius, der uns dies erzählt, fügt dann noch bei, man müsse es vor dem „ersten Donner" pflücken und sei, wenn man es verschlucke, vollständig sicher. Daher wird der gemeine Alant auch Britannischer Alant und Donnerkraut geheißen. — In der Heilkunde ist er entbehrlich. Hingegen wird die Wurzel des „wahren Alants" arzneilich verwendet. Sie besitzt einen starken, eigentümlich gewürzhaft und kampferartigen Geruch und schmeckt zuerst widerlich scharf, dann bitter und schleimig gewürzhaft. Ihre Bestandteile sind das Inulin, Salze, Gummi, Harz und bitterer Extraktivstoff. In ihren Wirkungen ist sie stärkend, anregend und auflösend. Daher übt sie einen günstigen Einfluß auf die Schleimhäute der Lungen, auf die Ausscheidungsorgane und die Hauttätigkeit aus.

## Anwendungen.

1. Man pflegt daher den Alantwurzelaufguß innerlich zu 4—8 Gramm auf einen Schoppen Wasser bei chronischem Brust- und Lungenkatarrh mit Husten, oder nur bei Hustenreiz allein, bei

Engbrüstigkeit (Asthma), sowie Verdauungsschwäche und Magenverschleimung, bei chronischem, schleimigem Durchfall, allgemeiner Schwäche, Bleichsucht, Gelbsucht und nach schwerer Krankheit als ein sehr heilsames Mittel anzuwenden. Überhaupt ist Alant da zu empfehlen und zu gebrauchen, wo Schwachblütigkeit (Blutarmut) und Trägheit der Lebensfunktionen schuld an dem leidenden Zustand sind.

Es gibt Gegenden, wo man häufig den magenstärkenden „Alantwein" bereitet, indem man eine gewisse Menge der Wurzel in Most siedet und gären läßt.

Man kann die Wurzel auch ebensogut mit Branntwein ansetzen und täglich in kleinen Gaben zur Kräftigung und Stärkung genießen. Auf gleiche Art läßt sich die weinige Tinktur machen, nur wird dann immer sehr wenig davon, ihrer großen Bitterkeit wegen, in gewöhnlichen Wein geschüttet und getrunken. Auf ein Gläschen genügt ein Eßlöffel voll der Tinktur. Auch wird gewöhnlich guter Weißwein dazu genommen. Sehr heilsam bei Brustverschleimungen ist die gepulverte Wurzel in Honig.

2. Ein gegen Verdauungsschwäche, Blähungen, Kolik, Skorbut, wie auch als blutreinigend und säfteverbessernd bei langwierigen Hautausschlägen sehr gelobtes Mittel ist Dr. Lowers Magentinktur, die folgendermaßen bereitet wird:

Dreißig Gramm Alantwurzel, Senna beste Sorte, Quajakholz, Süßholz, Anis- und Koriandersamen werden zerschnitten und zerstoßen und mit 1½ Liter starkem Kornbranntwein übergossen. Vier Tage muß das Ganze an einem warmen Orte stehen bleiben; dann wird es durchgeseiht und täglich davon genossen.

3. Äußerlich, im starken Absude zu Waschungen, benutzt, vertreibt sie die Krätze und Räude. Bei Hautausschlägen hat sie ebenfalls gute Wirkung, wenn sie zugleich auch innerlich zur Reinigung und Stärkung des Blutes gebraucht wird.

Anstatt die Alantwurzel bei Krätze zu Waschungen zu verwenden, ist es vorteilhafter, eine Salbe aus 2 Teilen der gepulverten Wurzel und 1 Teil Fett zu bereiten, um dann die kranken Hautstellen damit einzureiben.

4. Die frische, zerquetschte Alantwurzel auf Geschwüre gelegt, wird ihrer heilenden Wirkungen wegen ebenfalls sehr gelobt. Jedenfalls kann man sie auch mit solchem Tee oder Absud reinigen.

Die Wurzel wird im Frühjahre oder Spätherbste — also vor oder nach der Blüte — von ältern Pflanzen gesammelt, nach dem Reinigen durch Wasser der Länge nach zerschnitten, gut getrocknet und in staub- und feuchtefreiem Verschlusse bewahrt.

Der Alant will warmen, lockern Boden und sonnigen Standort. Die einzelnen Pflanzen müssen im September aus 40 Zentimeter Entfernung gesetzt werden, wenn sie sich aus dem im Mai oder Juni ins freie Land gesäten Samen kräftig genug entwickelt haben.

Es scheint mir, als ob der Alant in seiner Blume das Bild der Sonne deswegen vom Schöpfer erhalten habe, weil er gleich jenem Gestirne Leben und Kraft zu spenden berufen ist. Die Werke des Herrn sind allezeit wunderbar, und alles Erschaffene preist seinen heiligen Namen; denn ein jegliches ist der Träger seines Willens auf Erden und vollbringt, was er befiehlt.

*

Neben dem Alant habe ich eine andere aus der Fremde kommende, jetzt aber auch schon bei uns ganz eingebürgerte Heil- und Kurpflanze gezogen, da sie für den Gebrauch der Hausapotheke nützlich werden kann. Es ist der

## Bockshornklee,

auch Siebenzeiten, griechisches Heu, Hirschwundkraut, schöne Grete, Kuhhorn- und gebräuchlicher Hornklee genannt.

In seiner Heimat, den Mittelmeerländern, wächst er wild. Bei uns aber muß er angebaut werden; besonders geschieht dies in der Gegend von Erfurt. Er gehört zu den Schmetterlingsblütlern, ist zweijährig

1. Bockshornklee (Trigonella foenum graecum) [Siebenzeiten, gebräuchlicher Hornklee, griechisches Heu, schöne Grete, Kuhhornklee, Hirschwundkraut]. a) Blüte; b) Frucht. — 2. Akelei, gemeine (Aquilegia vulgaris) [Frauenhandschuh, Glockenblume, Jovisblume, Schweizerhose, Gotteshut]. a) blühende Pflanze.

und blüht im Juni und Juli. Die Samenernte geschieht im September. Der Bockshornklee wird gewöhnlich 30 bis 50 Zentimeter, manchmal aber auch fast 1 Meter hoch. Wie alle Kleearten hat er einen krautigen Stengel und dreizählige Blätter, deren vorderer Rand ungleich gezähnt ist. Das mittlere Blatt ist an einen etwas längern Stiel geheftet; die hellgelben Blumen, die jenen der Bohnen und Erbsen gleichen, kommen aus den Blattachseln. Aus ihnen entwickelt sich die sichelförmige Hülse, die in einen Schnabel endigt und meistens 12—15 harte, oft gerunzelte Samenkörner enthält. Diese sind es, welche allein in der Heilkunde benutzt werden. Sie riechen stark und unangenehm und sind von Geschmack unangenehm bittersüßlich und schleimig.

## Anwendungen.

Der Siebenzeitensamen wird sowohl innerlich als auch äußerlich in gemahlenem Zustande gebraucht.

1. Innerlich, als Teeaufguß genommen, wirkt er kühlend und fieberstillend.

2. Äußerlich benutzt man sowohl den Absud als auch das breiartig gekochte Pulver, ähnlich dem Leinsamen, zu erweichenden, zerteilenden, reinigenden und heilenden Umschlägen bei Geschwüren, Entzündungen, Geschwulsten, offenen Füßen und Eiterbildungen jeder Art, besonders auch da, wo Blutvergiftung droht.

3. Auch als Mund- und Gurgelwasser dient der Tee oder der Absud bei Halsgeschwürchen, eiterndem Zahnfleisch und Halsleiden überhaupt, vorzüglich wenn es mit großer Hitze und Fieber verbunden ist. Auf eine Tasse nimmt man 1 Löffel voll Pulver, sowohl zum Trinken als auch zum Gurgeln (Kneipp).

4. In der Heimat des Bockshornklees wird der Samen mit Milch zu einem Breigerichte gekocht, welches die Damen dieser Länder besonders deswegen mit Vorliebe essen, weil es selbst den hagersten unter ihnen in kurzer Zeit eine ansehnliche, dort so sehr gewünschte

Korpulenz gibt. Für unsere spindeldürren Modedamen läßt sich daher der Bockshornklee ebenfalls mit gutem Gewissen empfehlen! ...

Siebenzeiten hat als Futterkraut nicht sehr vielen Wert, dagegen braucht man den Samen nicht nur in der Heilkunde, sondern auch zum Gelbfärben der Stoffe und als Farbenzusatz. Das Trocknen erfordert große Mühe und Sorgfalt, da er anstatt gelb, leicht schwarz wird. Seiner Härte wegen mahlt man ihn in Mühlen. Er will einen guten, lockern, unkrautfreien Boden und wird anfangs Mai — oder wenn es die Witterung erlaubt — schon Ende April ausgesäet. Wer ihn nicht selbst baut, kann ihn in Apotheken oder Drogerien kaufen.

*

Wir kommen nun zu einer Pflanze, deren Anblick uns sofort besagt, daß sie eine aus fremden Landen eingewanderte Ansiedlerin bei uns ist. Überaus prächtig, fast 3 Meter hoch, entwickelt sich ihr krautartiger, fleischiger, innen hohler Stengel, der von zahlreichen, sehr großen, langgestielten Wurzelblättern umgeben wird. Am Stengel selbst befinden sich ebenfalls Blätter, deren Stielenden in hautartigen Scheiden oder Tüten stecken, wie wir es schon bei der Knöterichgattung wahrgenommen haben. Das Haupt des Stengels schmückt sich mit einer reichblühenden, reichbesetzten, vielährigen Rispe, deren einzelne Blumen sechsteilig und von weißlicher Farbe sind. Der

## Rhabarber,

denn als solchen haben wir ihn bereits erkannt, gehört den Knöterichgewächsen an. „Seine Heimat ist das Hochplateau von Mittelasien, China und die Tatarei. Mehrere Arten ziehen sich von Nordasien bis zum Himalaja und bis nach Indien hin. Prachtvolle Stauden von hohem Wuchse, mit saftigem hohlen Stengel, kolossalen runden, herzförmig ausgeschnittenen Blättern und langer Rispe von kleinen Blüten besäet, zieren sie dort, wie die Dolden, die Landschaft.“

Der Rhabarber liefert in seiner Wurzel eines der wichtigsten und

1. Rhabarber (Rheum officinale, Baill.) a) Blüte. — 2. Aloe (Aloë vulgaris). a) Blüte.

am häufigsten angewandten Arzneimittel; außerdem aber geben seine Blattstiele sowohl einen vorzüglichen Wein als auch ein Kompott. Man hat in den letzten Jahren auch öfters die Blütenrispe des Rhabarbers als Gemüse, in ähnlicher Zubereitung wie den Blumenkohl, empfohlen; doch sind Fälle vorgekommen, wo nach dem Genuß Vergiftungserscheinungen eingetreten sind, wie auch nach dem Genusse des aus den Blättern bereiteten Gemüses. Es sei daher davor gewarnt. Ebenso soll man auch die Blätter des Rhabarbers nicht dem Vieh zu füttern geben, da auch hierdurch Vergiftungen vorgekommen sind. Die in der Heilkunde gebräuchliche Rhabarberwurzel schicken uns die Chinesen und zwar entweder auf dem Landwege über Sibirien und Rußland, woher der Name „Russischer Rhabarber" kommt, — oder auf dem Seewege. Dieser „Indische Rhabarber", welcher vom Meere manchmal viel zu leiden hat, wird weniger geschätzt als der erstere. Die bei uns kultivierte Rhabarberpflanze ist lange nicht so heilkräftig wie jene in den warmen Ländern Asiens wachsende. Der Anbau des Rhabarbers ist sehr leicht. Er verlangt einen kräftigen, lockern, bis auf etwa 1 Meter tief rigolten Boden und von Zeit zu Zeit einen Jaucheguß; begossen wird er sonst nicht: dagegen ist ein tiefes Lockern des Bodens im Frühjahr und das Eingraben von Kompost oder kurzem Dünger um die Wurzeln herum dem Wachstum der Pflanze sehr förderlich. Schon vom zweiten Jahre an liefert sie dann einen Ertrag und dauert 15 bis 30 Jahre hindurch, besonders wenn die Samenbildung durch Abkneipen des Schaftes unterdrückt wird. Jede Pflanze muß 1 Meter Raum für sich haben.

Die Rhabarberwurzel, welche außen graugelb, innen aber safrangelb und rot geädert ist, hat einen stark widerlichen Geruch und ebensolchen, sowie bitter zusammenziehenden Geschmack. — Ihre Wirkungen sind sehr milde und erstrecken sich vorzüglich auf den Magen und die Ausscheidungswerkzeuge, indem kleinere Gaben verdauungsbefördernd und stärkend, größere jedoch abführend sind. Zum often oder regelmäßigen Gebrauche als Abführmittel soll

Rhabarber jedoch nicht gut sein. Auch als Wurmmittel wird Rhabarber angewendet. Die gebräuchlichste Form, in welcher er angewendet wird, ist die wässerige und die weinige Tinktur. Beide sind in der Apotheke oder in Drogerien erhältlich. Sie werden aus dem chinesischen Rhabarber gemacht. Wer sie selbst bereiten will, dem gibt Ulsamer in seiner „Hausapotheke" folgendes Rezept:

„Die wässerige Tinktur erhält man, indem man 12 Gramm zerschnittenen, chinesischen Rhabarber und 4 Gramm kristallisiertes, kohlensaures Natron mit 240 Gramm destilliertem Wasser einige Minuten aufkocht und nach dem Erkalten durchseiht.

Die weinige Tinktur, auch Darellische Tinktur genannt, bereitet man, indem man 60 Gramm gestoßenen chinesischen Rhabarber, 15 Gramm Pomeranzenschalen, 8 Gramm gestoßene kleine Kardamomen in 960 Gramm Malagawein 3 Tage hindurch auflöst, hierauf auspreßt, dann 90 Gramm gepulverten weißen Zucker darin löst und schließlich durchseiht."

Die Stärke der Gabe von einer dieser Tinkturen richtet sich ganz nach dem Alter des Kranken oder der Wirkung, die man hervorbringen will; jedenfalls beobachtet man die Anordnungen des Arztes. Will man aber nur ein magenstärkendes Mittel, so kann man, besonders von der weinigen Tinktur, täglich 2mal, morgens und nachmittags oder abends je die Hälfte eines kleinen Weingläschens voll davon nehmen. Kinder bekommen natürlich noch weniger. Überhanpt ist für diese der Rhabarbersirup sehr zweckmäßig, wenn man ihnen bei Verdauungsstörungen, Husten und Katarrh 1—2 Kaffeelöffel voll davon reicht. Ulsamer gibt uns wieder die beste Anweisung, wie dieser Sirup gemacht wird. Er sagt:

„Rhabarbersirup wird bereitet, indem man 30 Gramm Zichorienblätter (Wegwarte), 30 Gramm Zichorienwurzel, 120 Gramm Rhabarberwurzel (auch von der in den Gärten gezogenen Zierpflanze) und 6 Gramm reines, kohlensaures Kali eine Stunde lang mit 2400

Gramm heißem Wasser übergossen stehen läßt. Zur stark ausgepreßten Durchseihung von 1920 Gramm setzt man 2880 Gramm weißen Zucker zu, klärt die Flüssigkeit und kocht sie zum Sirup ein.“

Das Rhabarberkompott, welches in England und Frankreich so gern gegessen wird, bereitet man aus den nicht mehr jungen geschälten Blattstielen, die, in kleine Würfel geschnitten, aufgekocht werden. Hierauf wird das Wasser abgeschüttet und der Rhabarber mit ein wenig gepulvertem (gestoßenem) Zucker, etwas Zimt und zerkleinerten Zitronenschalen mit einer Tasse voll siedenden Wassers gänzlich weich gekocht. Übrigens gibt es noch mehrere Arten, dieses Kompott zu machen, besonders wenn man es wie anderes „Eingemachtes“ aufbewahren will. Das Kochbuch gibt hierüber genaue Auskunft. Zur Bereitung des Rhabarberweines eignet sich vorzüglich die Viktoria-, Paragon-, Rhaponticumsorte. Dieser Wein, der von verschiedenen berufenen Seiten empfohlen wurde, wird aus den in dünne Scheiben zerschnittenen Blattstielen, unter Hinzusetzung von je 4 Liter Regenwasser auf 2½ Kilogramm Rhabarber bereitet. Das Ganze wird in ein offenes Faß oder in eine Stande geschüttet, die man mit einem Tuche zudeckt. Neun Tage hindurch läßt man die Masse gären, rührt sie aber täglich dreimal tüchtig mit einem Stecken um. Dann wird alles durch ein grobes Tuch geseiht, und so vielmal 4 Liter Saft vorhanden sind, so vielmal werden 2 Pfund weißer Zucker, sodann noch im ganzen zwei Zitronen und die auf Zucker abgeriebene Schale einer Zitrone zugesetzt. Um den Wein zu klären, nimmt man auf je 12 Liter 1 Lot Hausenblase, die man in der Apotheke kauft und in einem halben Liter Saft zergehen läßt, dann aber, wenn sie klar geworden ist, zu der ganzen Weinmenge gießt, die nun in ein Faß gebracht, der Gärung überlassen wird. Ist diese vorüber, so wird das Faß gut zugespundet. Im März des folgenden Jahres wird der Wein in Flaschen abgezogen und kann im Juni schon gebraucht werden. (Nach Professor Anderegg.)

Die Rhabarberwurzel wird im Herbste von den 4- bis 5jährigen Pflanzen gesammelt, in Stücke geschnitten und getrocknet. Das Trocknen verlangt viele Mühe und Sorgfalt, denn die Wurzel fault leicht.

Samen oder junge Pflanzen sind aus Gärtnereien um billigen Preis zu beziehen. Schon der zweijährige Rhabarber — vorzüglich aber der 3jährige — liefert gute Blattstiele zur Weinbereitung. Es genügen 4—6 solcher Pflanzen, um 2—300 Liter Wein aus ihnen zu gewinnen, da man eine zweimalige Ernte halten kann, indem man etwa im Juni oder Juli die älteren, kräftigeren und vollständig ausgewachsenen, im August aber die späteren einheimst. Warum sollte man also keinen Versuch wagen?

*

Wir wollen nicht an der edlen

## Rebe

vorübergehen, deren Traube den köstlichen, „das Herz des Menschen erfreuenden Wein" gibt, welcher den Kranken und Schwachen zur heilsamen, stärkenden Arznei wird, ohne auf die jetzt viel zur Anwendung kommenden Trauben- und Obstkuren aufmerksam zu machen.

Immer mehr bricht sich mit Recht die Ansicht Bahn, daß das Obst nicht nur ein Genuß-, sondern vor allem auch ein Heilmittel gegen Krankheiten, namentlich Stoffwechselkrankheiten, ist, wenn es vernünftig und sachgemäß angewendet wird. So hat man die blauen Weintrauben mit Erfolg als Mittel für Blutreinigung gebraucht. Zu diesem Zwecke empfiehlt es sich, jeden Morgen vor dem Frühstück eine Traube zu genießen, die etwa ein Pfund wiegt. Überlastet sie den Magen, dann muß man die Menge der Trauben auf die Dauer des Tages verteilen. Für geistige Arbeiter ist dieses Mittel deshalb sehr zu empfehlen, weil es dem Hirn Blut zuführt und den Genuß der Milch zum Beispiel überflüssig macht. Aber auch die weißen Trauben reinigen das Blut, regeln die Darmtätigkeit und beheben chronische Verstopfung.

Der Genuß des Apfels hat die gleiche Wirkung.

Pflaume und Feige befreien von Verdauungsbeschwerden.

Diese Obstkuren haben aber nur dann Wirkung, wenn man ein bis zwei Monate lang regelmäßig jeden Morgen, Mittag und Abend die entsprechende Menge Obstes ißt, Äpfel zum Beispiel je 1—2 Stück. Man muß eben an sich selbst erproben, wieviel einem zuträglich ist. Nach einiger Zeit schon werden sich die Erfolge konstatieren lassen, man fühlt sich in seiner Gesundheit gehoben, die kleinen Beschwerden, die uns nicht gerade krank machten, aber doch die Arbeitskraft beeinträchtigen, lassen nach und werden mit der Zeit ganz aufhören. Den Zuckerkranken wird von den Ärzten immer mehr die Obstsäure empfohlen, die auf die Zerstörung des großen Zuckergehaltes vorzüglich wirkt. Bei richtiger Diät und dem Genuß der Obstsäure werden diese Kranken bald wieder heiteren Humors werden und zu Kräften kommen.

*

Nach dieser kleinen Abschwenkung wollen wir einige Augenblicke verweilen bei dieser

## Aloepflanze (Bild siehe Seite 348),

die ich in dem Blumenkübel hier gezogen habe. Schon daß sie nicht im freien Lande bei uns fortkommt, liefert euch den Beweis von ihrer fremden Abstammung und Herkunft. In der Tat ist dieses Gewächs eine „Afrikanerin“, denn sie wächst besonders üppig am Kap der Guten Hoffnung und auf den afrikanischen Inseln. Doch trifft man sie auch häufig verwildert in den Ländern Südeuropas. Bei uns werden diese Gewächse in Töpfen gezogen, wo sie gerne gedeihen. Ihre Blätter sind durch große Steifheit, Dicke und durch Saftreichtum ausgezeichnet; auch sind sie oft mit Randstacheln oder mit Warzen besetzt. Ihre Farbe ist staubig- bis meergrün. Manche zeigen auf ihrer Fläche die zierlichsten Zeichnungen: Spitzen, Zacken, Bänder usw., die sich durch eine hellere oder dunklere Schattierung oder durch Erhabenheit bemerkbar machen.

Das ganze Ansehen der Pflanze hat etwas Massives und Steifes, dagegen ist die oft sehr hohe Traubenblüte mit ihren weißen, rosigen oder purpurnen Glöckchen und Röhren meistens sehr hübsch und elegant. Die gewöhnliche Aloe wird mit der Blüte bis 1 Meter 50 Zentimeter hoch; andere Arten werden geradezu baumartig und machen dann „einen höchst eigentümlichen, an vorweltliche Gestalten erinnernden Eindruck“.

Man verwechselt bei uns häufig die Aloe mit der amerikanischen Agave oder Maguei, welche, aus Mexiko stammend, in Spanien, Italien und Südfrankreich verwildert vorkommt, wo sie auch, wie in ihrer Heimat, zu geradezu undurchdringlichen, lebensgefährlichen Umzäunungen benutzt wird. Sie erreicht mit dem Blütenschaft 10—12 Meter Höhe, blüht nur einmal und stirbt dann ab. Die Mexikaner gewinnen aus ihr nicht nur einen sehr festen Hanf, sondern auch ein beliebtes Getränk, den Pulque. Im übrigen wird sie wie die Aloe zu den gleichen Heilzwecken verwendet. Aus den Blättern dieser letzteren preßt man ebenfalls Saft, der aber widerlich bitter schmeckt und in der Heilkunde als scharf wirkendes, abführendes Mittel geschätzt ist. Die Aloe darf also in der Hausapotheke ihrer äußerst stark wirkenden Eigenschaften wegen innerlich nicht gebraucht werden. Dagegen ist ihr äußerlicher Gebrauch mit keiner Gefahr verbunden, und es seien empfohlen nachstehende

## Anwendungen.

1. Eine Messerspitze Aloepulver, in etwas heißem Wasser aufgelöst, gibt ein vorzüglich reinigendes und heilendes Augenwasser bei Trief- oder entzündeten, geröteten und getrübten Augen. Man fahre ruhig mit der tagsüber öfteren Anwendung fort, wenn man anfänglich auch ein wenig „Brennen oder Jucken“ davon spürt.

2. Eitergeschwüre, Wunden und dergleichen werden mit diesem Wasser ebenfalls auf das beste gereinigt; selbst zu Umschlägen ist es zu gebrauchen.

3. Das Aloepulver trocknet Eiter oder scharfe aus den Schäden fließende Feuchtigkeiten auf und begünstigt die Bildung einer neuen Haut. Daher soll es dicht auf die Wunde gestreut und diese dann verbunden werden; so jeden Tag einmal, bis zur Heilung.

4. Ferner leistet ein zerstoßenes, frisches Aloeblatt, auf verbrannte Hautstellen oder überhaupt Brandwunden gelegt, ausgezeichnete Dienste.

Machen wir uns daher das Vergnügen, eine Aloepflanze unseren Topfblumen beizugesellen, die sich sicherlich nicht darüber beklagen werden, in so schätzbarer und verdienstvoller Gesellschaft zu leben.

*

Gehen wir nun zur Gemüseabteilung! — Hier ist vor allem dem ehrsamen Kohl ein weiter Platz zur günstigen Entfaltung eingeräumt worden, auf daß er auch mir das uns Deutschen so liebe Sauerkraut in guter Menge liefere, um dessentwillen von anderen Nationen schon so viel über uns gespottet worden ist, das aber trotzdem immer mehr in fremden Ländern Anklang findet!

Wer kennt übrigens außer seinem Nährgehalte nicht auch seine kühlenden, kopfwehstillenden und fiebermildernden Kräfte? Schon den Alten galt der Kohl darum sehr hoch, und der unbeugsame Römer Cato weiß seines Lobes kein Ende und erzählt, wie Kohl über 600 Jahre lang das Universalheilmittel seiner Landsleute bildete, und daß die Ärzte erst dann notwendig geworden seien, als man aufgehört habe, den Kohl wie vorher zu gebrauchen. Hiermit ist uns allerdings der Gedanke nahegelegt, daß nur einfache Sitte und Lebensweise den Menschen gesund erhalten.

Neben dem Kohl finden wir den schlafbringenden, milchigen Salat. Auch ihm gebührt ehrende Erinnerung, sowie dem beißenden, bruststärkenden Rettich, dessen Vetter, den Meerrettich, wir noch besonders aufsuchen werden, dem blutreinigenden Sauerampfer, von dem wir (Seite 190) schon als Mittel gegen Vergiftungen gesprochen haben, der süßen, infolge ihres Zuckergehaltes gesunden, von den Kindern so sehr geliebten Möhre oder gelben Rübe, der nahrhaften Linse und Erbse, der mehligen, guten Bohne, dem fieberstillenden Knoblauch, der schleimigen, der Lunge so zuträglichen, aber zu Tränen reizenden Zwiebel, dem schleimlösenden Lauch und der heilkräftigen Sellerie. Sie alle können zum Gebrauche nicht genug empfohlen werden, zumal da ihr Anbau so leicht ist.

Alle Sorten Rettiche: Radieschen, Rettich und Meerrettich enthalten viel Kieselsäure, Phosphorsäure und Schwefel, weshalb ihr fleißiger Genuß namentlich auch für Nervöse und geistig viel Arbeitende von großem Vorteil und Nutzen ist, da er auf ihr Wohlbefinden großen Einfluß ausübt. Denn Kieselsäure und Schwefel sind vorzügliche Nervenberuhigungsmittel. Erstere hält, wie Dr. med. Winkler, Stettin, schreibt, die Körperelektrizität beisammen, der Schwefel aber verhütet den allzuraschen Verbrauch des Phosphors, und ohne „Phosphor kein Gedanke".

Radieschen und Rettich mit Butterbrot während einiger Zeit hindurch regelmäßig gegessen, beheben die Darmträgheit, reinigen Leber, Milz und Nieren und wirken auch auf Gallensteine lösend ein.

Der mit Kandiszucker vermischte Saft des Rettichs wirkt bei Husten, namentlich auch bei Keuchhusten, äußerst beruhigend und schleimlösend.

Die Möhre hat stark blutbildende und blutreinigende, ebenso auch wurmabtreibende Eigenschaften. Darum sollten sie die Kinder viel reichlicher roh genießen, als es im allgemeinen geschieht. Auf dem Reibeisen geriebene Möhren, mit ein wenig Zucker versüßt, ist etwas Köstliches, und man versäume nicht, sie so auch kleinen Kindern von 1½—2 Jahren zu geben, etwa 2—3 Teelöffelchen voll tagsüber, sobald sie Beikost bekommen und entwöhnt sind.

Die Bohne, namentlich aber die Schoten, sowohl die grünen wie die getrockneten der Stangenbohne werden neuerdings viel gegen Wassersucht angewendet. Ein erprobtes Rezept ist folgendes: „Zwei bis drei Hände voll getrockneter reifer oder fast reifer Bohnen mit ihren Hülsen oder diese letzteren allein (etwa 50 bis 60 Gramm) werden mit genügend Wasser und etwas Salz drei bis vier Stunden lang gesotten bis auf eine Abkochung von einem halben bis dreiviertel Liter; die Masse wird durch ein feines Sieb gegossen, so daß eine klare, mehr oder weniger dunkelbraune, teeähnliche, etwas bitter schmeckende Flüssigkeit gewonnen wird, welche mit dem Namen „Bohnensuppe" bezeichnet wird. Das ganze Quantum wird im Laufe des Tages getrunken.

Das einfache Bohnenwasser wird am längsten und am liebsten wie kalter Tee genossen. Täglich wird für den folgenden Tag frische Suppe gekocht und der Gebrauch nach Bedürfnis fortgesetzt. Nebenumstände gebieten oft stärkeres oder schwächeres Einkochen; bei heftigem Widerwillen muß oft tagelang ausgesetzt werden. Für den Sommer, wo trockene, reife Bohnenhülsen nicht mehr erhältlich sind, verwende man junge, grüne Bohnen. Es bedarf aber alsdann einer größeren Menge. Es ist hierbei zu empfehlen, die Bohnenhülsen selbst, soweit es möglich ist, mitgenießen zu lassen. (Nach Dr. Ramm.)

Der Knoblauch darf ebenfalls als Heilpflanze angesehen werden und wird jetzt auch ärztlich wieder als brauchbar empfohlen bei den verschiedensten, selbst schweren Darmkatarrhen. Da die Knoblauchknollen — Zinken — fäulniswidrig sind, so tötet das Verzehren dieser bald die Fäulnis- und Krankheitsbakterien ab. Selbst bei Patienten mit hartnäckigem Darmkatarrh findet stets schnell eine Abnahme der Entleerungen und ein rasches Wiederauftreten guten Appetites statt. Der günstige Erfolg tritt ohne jede Nebenschädigung auch bei Darmkrankheiten kleiner Kinder ein, zum Beispiel bei der gefürchteten Sommercholera. Da Knoblauch allenthalben zu jeder Jahreszeit zu haben ist, möge man dies altbekannte und wieder neubewährte Heilmittel bei Darmkatarrhen sich zunutze machen. (Dr. Th.)

In südlichen Ländern wird er auf Butterbrot gegessen (oder man bestreicht in Ermanglung der Butter ein Stück Brot auf beiden Seiten mit einigen Zinken) als Vorbeugungsmittel gegen Wechselfieber und Darmkrankheiten.

Der Knoblauch wird auch gegen Spul- und Madenwürmer mit bestem Erfolge zu Klistieren gebraucht.

Gegen Heiserkeit trinkt man „Knoblauchmilch". (Knoblauchzinken werden in Milch abgesotten und diese heiß getrunken.)

Ein besonders in der französischen Schweiz und den angrenzenden Ländern und Gegenden mit fast unfehlbarem Erfolge angewandtes Heilmittel gegen Wespenstiche ist das Einreiben mit Knoblauch; und zwar werden leicht erreichbare Stellen, Lippen oder Zunge heftig mit Knoblauch eingerieben, während bei tiefer (etwa weiter hinten im Munde) liegenden Stellen der Gestochene zerriebene und zerquetschte Knoblauchzehen schlucken muß. Die Anwendung dieses Mittels bewirkt nach den bisher gemachten Erfahrungen in den meisten Fällen ein sofortiges Sinken der Geschwulst, wodurch die Erstickungsgefahr beseitigt wird. Hat man keinen Knoblauch zur Hand, so hilft auch eine rohe Zwiebel, allerdings nicht mit derselben Sicherheit. Der Knoblauch kann auch bei Bienenstichen mit demselben guten Erfolge angewandt werden.

Die Zwiebel besitzt auflösende, harntreibende, leicht abführende Eigenschaften. Gebratene Zwiebeln leiten Gase ab, fördern den Stoffwechsel und helfen gut verdauen. Darum gibt man in manchen Gegenden und Ländern manchmal gebratene Zwiebeln zum Schluß der Mahlzeiten.

Zwiebelsaft, mit Kandiszucker vermischt, wirkt schleimlösend.

Sehr gut wirkt auch das Auflegen einer zerquetschten Zwiebel gegen die Folgen von Insektenstichen.

Der Lauch wird gerne, seiner lösenden Eigenschaften wegen, im Frühjahr mit zu den Kräutersuppen verwendet.

Er ist leicht harntreibend und reinigt Brust und Lunge. — Die belebende Wirkung der Sellerie ist längst bekannt, aber ihr günstiger Einfluß auf das allgemeine körperliche Wohlbefinden wird noch lange nicht nach Gebühr gewürdigt. Ein Hygieniker, der sich durch eingehende Versuche über Wesen und Heilwirkung des vielverwendeten Salats und Suppenkrauts vergewisserte, schreibt im Messaggero: „Ich habe eine große Zahl von Personen beobachtet, denen die Nerven so arg zu schaffen machten, daß sie nirgends Ruhe finden konnten und zu einem jammervollen Dasein verurteilt waren, und die dank dem Genusse von Selleriesalat in kurzer Zeit von dem quälenden Leiden befreit wurden. Andere Personen meiner Bekanntschaft, deren hochgradige Nervosität beim geringsten Anlaß schwere Erregungszustände auslöste, wurden durch den täglichen Genuß von Bleichsellerie in Salatform wiederhergestellt. Andere wieder sahen sich durch die Selleriekur von dem starken Herzklopfen, an dem sie litten, befreit. Meiner Meinung nach empfiehlt sich für alle, deren Arbeit die Nervenkraft in Anspruch nimmt, der Genuß von Sellerie, an deren Stelle in Ermanglung auch die Zwiebel treten kann."

Sellerie wird auch gegen Rheumatismus und Gicht empfohlen.

Nun müssen wir aber noch ganz besonders der echt deutschen „Gewürzhändler", der Herren Anis, Fenchel, Kümmel, Dill und Kompagnie gedenken, deren ölreiche Samen nicht nur als kräftigende Zutaten zu allerlei Gekochtem und Gebackenem, sondern auch als sehr wirksame Arzneimittel bekannt sind.

## Anis, Fenchel, Kümmel und Dill

wirken beruhigend, erwärmend, auflösend, schleimabsondernd und krampfstillend, wenn der Krampf von angesammelten Gasen im Unterleibe herrührt. Sie befördern schlechte Verdauung und stärken den Magen. Daher standen diese Kräuter schon bei den Griechen und Römern in großer Gunst. So durfte zum Beispiel bei ihnen auf keinem Tische neben dem Salze der Kümmel fehlen, und reiche Leute hielten sich einen eigenen Sklaven „Kümmelbewahrer", da man damals

1. Kümmel (Carum Carvi, L.). a) Blüte; b) Fruchtdöldchen. — 2. Fenchel (Foeniculum officinalis, L.). a) Blüte. — 3. Anis (Pimpinella anisum, L.). a) Blüte.

dieses Gewürz noch aus Carien bezog und es daher auch wertvoller als jetzt war. Wer also sehr sparsamer Natur war, der spendete es nichts weniger als reichlich; daher stammt aus jener Zeit auch der Ausdruck „Kümmelspalter“, womit man einen Geizhals bezeichnete. Auch der Anis wurde von den Alten sehr geschätzt. Er war ihnen Arzneimittel sowohl, als auch eine beliebte Zutat in Backwerk.

Das Mittelalter vergaß diese vier Gewürzpflanzen ebenfalls nicht und hielt große Stücke auf sie. Selbst die Hexen und Zauberer brauchten sie zu ihren Betrügereien. Aber auch als Mittel gegen Behexung galt namentlich der Kümmel, und die verschiedensten Sagen erzählen, wie die menschenfreundlichen Zwerge durch eine Kümmelbeigabe in ihr Essen für immer verdrängt und verjagt wurden. Der Glaube an seine besondere Kraft hat sich in manchen Gegenden sogar noch bis heute erhalten! Denn in den östlichen Provinzen Preußens wird jetzt noch am Johannisabend Dill an die Stalltüren gesteckt, um Unholde und Hexen vom Viehe abzuhalten.

Anis, Fenchel, Dill und Kümmel baut man in manchen Gegenden im großen auf Feldern. Für den Hausgebrauch geschieht dies am besten im Garten. Manchmal findet man diese vier Gewürzpflanzen auch verwildert; besonders häufig sieht man den Kümmel auf niedrig gelegenen Wiesen. Er, sowie der Fenchel ist zweijährig; die beiden andern sind nur einjährige Doldenpflanzen. Anis und Kümmel haben weiße, Dill und Fenchel gelbe Blumen. Übrigens kennen wir ja diese Pflanzen zur Genüge und brauchen sie nicht weiter zu beschreiben. — Blätter und Samen haben einen gewürzhaften Geruch und Geschmack.

## Anwendungen.

Vom Dill gebraucht man das Kraut und den Samen, von den drei andern Gewächsen jedoch nur den letztern. Im Haushalte benutzt man ihn als Gewürz auf Backwerk, in Brot, Kräuteressig, Brühen usw.

Mit Kümmel und Anis setzt man außerdem auch Branntwein an, und der Dill wird zum Einmachen von Sauerkraut und Gurken verwendet.

Ihre heilenden Wirkungen sind im allgemeinen dieselben, daher werden sie auch häufig miteinander verbunden gebraucht.

1. Leidet daher jemand im Hause an Blähungen, Blähungsschmerzen und -krämpfen, an Gasansammlungen und hierdurch entstandenen oft sehr heftigen Magenbeschwerden, Verdauungsschwächen — oder haben Kinder, besonders Knaben, Leibweh und Grimmen, so nehme man Anis, Fenchel oder Kümmelsamen, oder alle drei gemischt, siede hiervon 1 kleinen Eßlöffel voll in einer Tasse Milch während 5—10 Minuten hindurch und gebe dem Leidenden den Trank recht warm (aber nicht zu heiß!) zu genießen.

2. Wer schon längere Zeit an solchen Blähungszuständen leidet, der kann in der Apotheke Anis-, Fenchel- oder Kümmelöl kaufen und täglich vor den zwei Hauptmahlzeiten 4—8 Tropfen davon auf Zucker oder in ein wenig Weißwein nehmen.

3. Das gleiche Öl, wie auch jenes vom Dill, dient ebenso äußerlich, zu schmerzstillenden Einreibungen bei solchen krampfhaften Magen- und Unterleibsbeschwerden und macht die innere Kur nur um so wirksamer.

4. Anis, Fenchel, Dill oder Kümmel, gepulvert oder ganz auf und mit Speisen genossen, bewahrt vor solchen Blähungsschmerzen, da dieser Genuß die sich ansammelnden Gase aus dem Magen und dem Unterleibe entfernt.

Kleinen Kindern wird besonders gerne Anispulver in die Milch gegeben und zwar auf die gewöhnliche Portion eine kleine Messerspitze voll, um Grimmen zu verhüten oder zu heben; auch kann man ein wenig Anis in Wasser absieden und davon mit der Milch zu trinken geben. Er treibt zugleich auch die Würmer ab. — Anis ist ebenfalls eine gute Beigabe zu Brusttee, da er schleimauflösend wirkt.

5. Der Fenchel findet außer in den schon genannten Fällen auch als Hustenstillendes Mittel Verwendung und mit Recht. Zu diesem

Zwecke wird er in Milch gesotten, welcher man ein paar Eßlöffel voll Honig beifügt. Als Gurgelwasser gebraucht, heilt er rauhen Hals und Heiserkeit. Fenchel wirkt besonders auch fördernd auf die Verdauung, er kann daher bei schwachem Magen nur mit Erfolg gebraucht werden, in welcher Form es auch sei.

6. Frauen, welche Kinder stillen, ist er ganz besonders anzuraten, denn er befördert die Milchabsonderung; auch übt er auf die Unterleibsorgane einen höchst günstigen, stärkenden und regelnden Einfluß aus.

7. Äußerlich, als Augenwasser gebraucht, stärkt und klärt er das Gesicht. Man siedet zu diesem Zwecke einen halben Eßlöffel voll Fenchelpulver in einer Tasse Wasser ab und wäscht sich mit dieser Flüssigkeit tagsüber mehrmals die Augen.

8. Ganz besonders wirksam sind nach Kneipp die Augendämpfe, zu welchen er ½—1 Eßlöffel voll Fenchelpulver verwendet.

Der Kümmel findet die gleiche Verwendung wie der Fenchel, besonders auch innerlich, um die Milchabsonderung zu befördern; hierzu dient sowohl das Öl wie auch der Kümmeltee, welcher für den letztern Fall vorzuziehen ist.

Öl und Samen dieser vier Pflanzen sind in den Drogerien und Apotheken erhältlich. Den letztern dörrt man im warmen Backofen oder Bratrohr und mahlt ihn in einer gewöhnlichen Kaffeemühle, um ihn als Pulver zu benutzen. Anis, Fenchel, Kümmel und Dill wollen einen tief bearbeiteten, kräftigen, nicht zu trockenen Boden, aber sonnige, warme Lage, um gut zu gedeihen, wenn sie angesät werden. Die Aussaatzeit ist das Frühjahr, wo die Samen dünn, breitwürfig oder in Reihen gelegt und die Pflänzchen später auf 15 bis 20 Zentimeter Entfernung voneinander versetzt werden. Der Dill wird zwischen andere Früchte, wie Möhren, Zwiebeln usw. gesät.

Der Kümmelsamen fällt leicht ab; daher schneidet man die Dolden weg, wenn sie beginnen, gelb zu werden und gönnt ihnen an einem warmen, trockenen Orte eine Nachreife. Anis und Fenchel, sowie auch

Dill werden gesammelt, wenn der Samen vollständig reif ist.

Der Kümmel ist eine ausgezeichnete Futterpflanze; Bienenzüchter aber sollten hauptsächlich den Anis in die Nähe ihrer Bienenhäuser pflanzen, da er außerordentlich vielen und guten Honig liefert. Auch den Tauben scheint das Anisöl sehr angenehm zu sein; denn sie lassen sich durch seinen Geruch leicht in einen Schlag locken und kehren sicher immer wieder dahin zurück.

Aniswasser kann auf folgende Weise bereitet werden: Über 30 Gramm Anispulver, 15 Gramm Fenchel und 10—12 Gramm Zitronenschale schüttet man ½ Liter guten Branntwein und ¼ Liter Wasser, läßt das Ganze 8—10 Tage destillieren, dann fügt man noch ½—¾ Pfund Zucker, wieder ½ Liter Branntwein und ¾ Liter Wasser hinzu. — Oder, nach Kübler: Man läßt 1½ Liter Branntwein mit 30 Gramm Anis 8 Tage anziehen, kocht 625 Gramm Zucker mit 2 Liter Wasser zum Breitlauf (wenn die Flüssigkeit vom hochgehaltenen Löffel in breiten Tropfen abläuft), nimmt den Branntwein dazu, läßt ihn über Kohlenfeuer damit anziehen und filtriert ihn durch ein Tuch und nicht durch Papier.

Zwei nahe Verwandte des Anis,

## der große und der kleine Bibernell,

wachsen auf trockenen Wiesen, an Wegrändern, Berghängen usw. Der letztere wird 20—30 Zentimeter hoch, hat feingefiederte Wurzelblätter, mit meist gerundeten Fiederblättchen und scheidigen Stielen. Die Blüte ist weiß und steht in einer 10—20strahligen Dolde. Die möhrenförmige Wurzel enthält Milchsaft und schmeckt unangenehm aromatisch gewürzhaft. Sie ist es, welche vor allem in der Heilkunde, teilweise zu den gleichen Zwecken wie der Anis, sodann aber auch gegen Luftröhrenentzündung und Katarrh verwendet wird.

Im Mittelalter brauchte man Bibernellwurzel als wirksames Heilmittel gegen die Pest, ähnlich der Engelwurz; denn es wurde behauptet, daß ein Mann eine Stimme vom Himmel gehört habe:

„Esset die Bibernelle,
So sterbt ihr nicht so schnelle.“

Die Wurzel wird gerne im Teeaufguß angewendet, welcher schleimauflösend und verdauungsbefördernd wirkt. Sie muß im Frühjahre von nicht zu jungen Pflanzen gesammelt, getrocknet, zerschnitten oder pulverisiert werden. Der große Bibernell wirkt ebenso wie der kleine. Gegen Halsbeschwerden, Heiserkeit, Zahnweh, Zungenlähmung und Zäpfchenerschlaffung kann man das Bibernellgurgelwasser mit Vorteil anwenden. Entweder wird hierzu von 10 bis 12 Gramm Wurzeln und 180 bis 200 Gramm Wasser ein Absud bereitet, oder aber man gibt einen Löffel von Bibernelltinktur in ein Glas Wasser und gurgelt damit.

Eine andere verwandte Doldenpflanze,

## der Koriander,

mit seinen rötlichen Blütendolden wird zu ganz ähnlichen Zwecken verwendet. Aus dem Morgenlande stammend, wird er bei uns im großen gebaut, namentlich in Thüringen, sonst aber trifft man ihn nicht selten im Garten, da er auch als Speisewürze verwendet wird. Doch ist zu beachten, daß seine gelbgestreiften Samenkörner, in größerer Menge genossen, Kopfweh und Schwindel hervorrufen. Er wird, außer in Apotheken, auch in Konditoreien und zur Bereitung des Weißbieres verwendet, welches dadurch bessern Geschmack und anscheinend größere Kraft erhält.

In der Hausapotheke kann Koriander als Teeaufguß bei Blähungen, Verdauungsbeschwerden, Verschleimungen und so weiter gebraucht werden.

Die „Aniskügelchen“ sind nichts als überzuckerte Koriandérfrüchte. Morgens in geringer Menge genossen, machen sie einen guten Magen.

Von vielem Heilwerte ist noch eine andere Doldenpflanze, nämlich der altberühmte

# Liebstöckl,

dessen hoher, gelber Schirm und dicke, lederige, dunkelgrün glänzende Blätter von den sie umgebenden anderen Gewächsen so kraftvoll abstechen. Ehedem von den Ligurern aus ihren Alpen in die Ebene verpflanzt und wegen seiner großen Heilkraft Panax, das ist der „Allheilende“ genannt, hat sich der Liebstöckl seither in den südlichen Ländern Europas, namentlich in Italien, vollständig eingebürgert und wächst dort wild, muß aber bei uns in den Gärten gezogen werden. Er braucht, wie alle Gewürzpflanzen, einen kräftigen und nahrhaften Boden und muß im Herbst, da er erst im Mai ausgesät wird, auf 40 Zentimeter Weite versetzt werden. Er hält mehrere Jahre aus, riecht scharf sellerieartig und schmeckt sehr widerlich gewürzhaft. Sein gelblicher Saft ist gummiharzartig; außer diesem enthält er noch ein ätherisches Öl und einen sehr bittern Extraktivstoff.

Gebräuchlich ist vorzüglich die Wurzel; aber auch der Same wird zu Heilzwecken benutzt.

Namentlich wirkt die erstere schleimauflösend, kräftigend und stärkend, sowie eröffnend.

## Anwendungen.

1. Daher wird die Liebstöcklwurzel bei Brustverschleimung, bei Stockungen der Leber und Milz, bei Harn- und Steinbeschwerden und unregelmäßiger, schwerabgehender Menstruation mit Erfolg gebraucht.

2. Bei Blähungen, Bauchgrimmen und Halsbeschwerden, wie Geschwüren und dergleichen, wird vorzüglich der Samen verwendet. Liebstöcklöl und -wasser sind in Drogerien und Apotheken zu bekommen. Übrigens kann das letztere auch selbst angesetzt werden. Das Öl nimmt man auf Zucker oder in Wein, täglich zweimal zu 3—6 Tropfen, oder auch etwas mehr.

Der Aufguß von der zerkleinerten Wurzel wirkt innerlich ebenfalls sehr gut bei Stockungen in den verschiedenen Organen. Der aus zerstoßenem oder gemahlenem Samen bereitete Tee dient besonders als Gurgelwasser bei Halsgeschwüren und Heiserkeit, doch ist der Wurzelaufguß ebenfalls hierzu verwendbar. Das Öl, welches aus dem Samen gewonnen wird, wird bei Blähungen und Grimmen teils innerlich, teils äußerlich gebraucht.

Liebstöcklwurzel darf nur von mehrjährigen Pflanzen und zwar im Frühjahr gesammelt werden. Man trocknet sie an der Luft, wodurch sie aber sehr zusammenschrumpft und runzelig wird. Sie muß wohlverschlossen in Blechbüchsen aufbewahrt werden.

Die ganze Pflanze wird vom Vieh gerne gefressen, doch bekommt die Milch einen widrigen Geschmack davon. Die Vieharzneikunde verwendet den Liebstöckl ebenfalls.

So haben wir nun schon eine ganze Reihe der nützlichsten Gewürzdoldenpflanzen, die zugleich den wirksamsten Arzneigewächsen beigesellt werden dürfen. Allein ihre Zahl ist nicht erschöpft, und wir müssen wenigstens noch das bekannteste Gewürzkraut unter ihnen aufsuchen, nämlich

## die Petersilie

oder Steinsilge, auch Peterlein, Peterling und Garteneppich genannt. — Wollt ihr wissen, woher der Name dieser Pflanze kommt? Das versteht Thekla von Gumpert gar schön zu erklären, und ich will ihr nacherzählen, was sie darüber sagt: „Es waren einmal zwei Kinder, ein Knabe und ein Mädchen. Das Mädchen hieß Silie und der Knabe hieß Peter. Aber die Kinder waren gar nicht freundlich zueinander; sobald sie zusammenkamen, stritten sie und schlugen sich. Das war sehr häßlich, und sie erhielten deshalb viele Schelte. Nun hatten die Kinder einen Bekannten, der war Zauberer. Der Unfriede unter ihnen ärgerte den Mann, und er sagte einmal: „Wartet nur, ihr unartigen Dinger! Ich werde euch zur Strafe zusammenwachsen lassen. Dann müßt ihr miteinander leben und dürft euch nicht weiter streiten." — Eines Tages standen die beiden im Garten und sahen sich an und mit einem Male ging der Lärm wieder los; die Silie schlug den Peter und der Peter die Silie. Da kam plötzlich der Zauberer durch die Luft herangefahren und berührte sie mit seinem Stabe. Nun waren sie verwandelt. Peter wuchs in die Erde hinein als Wurzel und Silie wuchs oben auf ihm weiter als grünes Kraut, und der Zauberer nannte sie zusammen — Petersilie.

So ist diese Pflanze entstanden, oder teilt ihr vielleicht den Glauben der Gelehrten, die das eben Erzählte als „Märchen" bezeichnen und uns in höchst nüchterner Weise erklären, daß das Wort einfach von Petra, das ist Fels, und von selinum, das ist Glanz, herkomme, Steinsilge bedeute und uns auf den Schimmer und Glanz der Petersilienblätter aufmerksam mache?

Ich überlasse es euch, darüber zu denken, wie ihr wollt; was aber mich anbelangt, so glaube ich Thekla von Gumpert, denn sie ist eine Dichterin, und solche Leute sind „von Gottes Gnaden", daher wird ihnen auch vieles offenbar, was den gewöhnlichen Weisen der Erde verborgen bleibt! Jemand aus ihnen hat aber doch ganz richtig die Petersilie „eine vegetabilische Großmacht unseres Suppentopfes" genannt, und wir können ihm nichts anderes als Beifall spenden; denn ich möchte wohl die Köchin sehen — oder vielmehr, ich möchte die Köchin wahrlich nicht sehen — die eine gute, echte Fleischbrühe ohne Petersilie brauen sollte!! Und es scheint, daß schon die Griechen und Römer ebenso dachten wie wir; denn sie schätzten diese Pflanze als Suppenkraut über alles und verschmähten auch nicht das schöne Blatt im Vereine mit jenem der Sellerie zu Kranzgewinden zu brauchen und in Stein gehauen es als hohe Zierde ihrer Gebäude und Denkmäler zu betrachten. In den Gärten wurde die Petersilie als Einfassungspflanze um die Beete gesät, woher wahrscheinlich die Redensart „es steckt noch in der Petersilie" kommt, mit welcher man andeutete, daß eine Sache noch beim ersten Anfange verblieben sei und des weiteren Gedeihens erst harre. Von einem jähzornigen, feigen Menschen aber, der seine Wut an schwachen Geschöpfen ausläßt, sagt der Franzose: „C'est grêler sur le persil", das heißt: „Es ist, als ob es über die Petersilie hagle," womit er das Unrichtige, Zweck- und Erfolglose der Handlung bezeichnen will, weil der Hagel bekanntlich der Petersilie nicht schadet.

In einigen Gegenden Deutschlands, ja auch außerdeutscher Länder, knüpft sich an die Petersilie noch viel aus uralten Zeiten herstammender Aberglaube. So wollen manche Leute dieses Kraut deswegen nicht versetzen, weil es derjenigen Person den sichern Tod bringen soll, an welche man denkt, während man es verpflanzt.

Doch nun zur medizinischen Bedeutung unseres lieben Suppenkrautes! Neue Erfahrungen haben erwiesen, daß die Petersilie sehr wirksame heilende Kräfte besitzt, welche sie zu einer ausgezeichnet anregenden, appetit- und verdauungsbefördernden Pflanze machen, die zugleich auf Nieren-, Blasen- und Hauttätigkeit in einer Weise wirkt, daß dadurch die angesammelten wässerigen und schlechten Stoffe aus dem Körper ausgeschieden werden.

## Anwendungen.

1. Aus diesen Gründen ist die Petersilie daher bei Verdauungsschwäche, Blähungen und bei schwachem Magen überhaupt, sodann bei Nierenverschleimung und -anschoppung, bei Wassersucht und unregelmäßigem, gestörtem Blutumlauf äußerst empfehlenswert. Auch hat sie schon schöne Dienste bei einfachem Wechselfieber geleistet, wenn man den ausgepreßten Saft zu 150—200 Gramm in ein wenig Fleischbrühe beim Anfalle trinken ließ.

Gegen die andern genannten Übel und Leiden dient der aus 8—15 Gramm Wurzeln und Kraut auf einen Schoppen Wasser gemachte Absud, den man täglich zu je 1 Tässchen 1—3mal gebraucht, sei es mit ein wenig Fleischbrühe oder für sich allein. Auch das Öl zu 2—5 Tropfen ist wirksam.

2. Äußerlich angewendet, ist der Petersilienabsud ein leicht zu

habendes und sehr gut reinigendes und heilendes Augenwasser bei entzündeten, geschwollenen und eiternden Augen (Triefaugen).

3. Auf Drüsengeschwülste, Quetschungen und Rotlauf gelegt und öfters erneuert, wirkt die zerstoßene Pflanze ebenfalls günstig.

4. Auch soll Petersilienwasser Leberflecken und Sommersprossen vertreiben.

Wer weder Öl noch Abkochung gebrauchen mag, der bediene sich der Petersilientinktur, die in der Weise gemacht wird, daß auf den ausgepreßten Saft der Pflanze ebensoviel Weingeist oder Branntwein gegossen wird. Hiervon nimmt man tagsüber 20—30 Tropfen in regelmäßigen Zwischenräumen, also etwa 3mal je 8—10 Tropfen.

Petersilie ist das ganze Jahr hindurch zu haben, da sie im Winter entweder auf ihrem Standort im Garten bleibt oder im Keller in Sand eingeschlagen wird. Sie ist sehr genügsam, wird aber im Halbschatten, auf einem kräftigen, lockern und etwas sandigen Boden am schönsten. Man sät sie schon im Februar aus, wenn es die Witterung erlaubt, da der Samen oft mehrere Wochen in der Erde liegt, ehe er keimt. Es gibt einfache, krause und Wurzelpetersilien, die sich im Heilwerte gleichen. Die einfache Petersilie hat eine höchst gefährliche Doppelgängerin, nämlich die Hundspetersilie, welche schon mehrmals Vergiftungen hervorgerufen hat. Diese unterscheidet sich von der echten dadurch, daß sie eine dünne, widerlich schmeckende Wurzel und beim Zerreiben ekelhaft riechende Blätter hat, die zugleich etwas dunkler als jene des guten Krautes sind.

Ähnliche Eigenschaften, wenn auch in schwächerm Maße als die Petersilie, besitzt das Körbelkraut, welches ebenfalls hie und da in Hausgärten angebaut wird. Dagegen müssen wir uns vor dem wilden oder Waldkörbel (Chaerophyllum silvestre) hüten.

Dank dem gütigen Schöpfer, der unsere Gesundheit durch so viele Kräutlein, die er um uns her ins Leben ruft, wie mit einer Schildwache behütet und bewahrt!

*

Wir sagen jetzt der Familie der Doldengewächse wieder für einige Zeit Lebewohl und wenden uns jener der Kreuzblümler zu, die uns im ersten Frühjahre schon das Hirtentäschl und die Brunnenkresse geschenkt hat. — Jetzt spendet sie uns wieder

## das Löffelkraut

auch Löffelkresse genannt, das seinen Namen von den kleinen, löffelförmigen Wurzelblättern, die Bezeichnung Scharbocksheil aber von seiner vorzüglichsten Wirkung empfangen hat. Das Löffelkraut ist zweijährig, wächst an den Meeren Nordeuropas und an Salzquellen wild, muß aber sonst in Gärten angebaut werden, wo es einen leichten, nahrhaften, aber etwas feuchten Boden und eine schattige Lage liebt. Hie und da eine Handvoll Salz ist ihm sehr willkommen. Seine kleinen weißen Blumen bilden einen Strauß. Es ist überhaupt leicht, als dem „Kressengeschlechte" angehörend, erkennbar, und der beißend scharfe Geschmack seiner Blätter läßt über seine „Persönlichkeit" keine Zweifel aufkommen. „Scharf, aber gut" scheint sein Wahlspruch zu sein, und wenn je ein Kräutlein Empfehlung verdient, so ist es das Löffelkraut. Wir, die wir in einem gesunden Klima und geregelten Hausstande leben, Essen und Trinken in genügender Menge und guter Abwechslung bekommen, wir vermeinen freilich, das Löffelkraut entbehren zu können, weil es nicht eines jeden Gaumen angenehm kitzelt, sondern kressenartig scharf und brennend unsere Schleimhäute berührt; gehen wir aber an den Meeresstrand und fragen wir die armen, aus den Eismeeren kommenden Matrosen, wo sie monatelang vom unbarmherzigsten Winter jener Breiten festgehalten wurden, nur wenig wechselnde Nahrung bekamen und überdies von einer starren Kälte uns ganz unbekannte Qualen zu erdulden hatten, ja, fragen wir sie, was sie vom Löffelkraute halten, dann werden wir diese Pflanze mit andern Augen betrachten lernen. Sicherlich werden wir von jener eigenen, ehrfürchtigen Bewunderung vor ihr ergriffen werden, die wir

1. Löffelkraut (Cochlearia officinalis, L.) [Löffelkresse] a) Blüte; b) Frucht. —
2. Senf, weißer (Sinapis alba. L.) [Schnabelsenf]. a) Same; b) Schote.

jedesmal dann empfinden, wenn wir angesichts von etwas Großem und über unsere Verdienste Erhabenem stehen. Denn in jenen traurigen Ländern wird der Seefahrer von einer Krankheit heimgesucht, die seine Kräfte so rasch und so gänzlich verzehrt, daß er in kürzester Zeit kein Glied mehr rühren kann. Das Zahnfleisch fault, die Zähne fallen ihm aus, und er muß sterben, wenn ihm nicht schnelle Hilfe gebracht wird. In diesen Ländern nun, wo der Mensch solch schrecklicher und überaus schmerzhafter Krankheit anheimgegeben ist, läßt Gott in seiner treuen Vorsorge und Güte das Löffelkraut überall wachsen, weil es den auf diese Weise Leidenden allein wieder die Gesundheit zu geben vermag. Und wie viele hat es nicht vor dem schon sichern Tode gerettet, wenn endlich nach der langen Nacht des Winters das Eis taute, der Frühling im ersten Grün hervorsproß und der Kranke sich zur Stelle schleppen konnte, wo ihm die Gesundheit im unscheinbaren Blatte winkte... Wohl mag auch ihm der Genuß, wie uns, Tränen — aber Tränen freudiger Hoffnung entlockt haben, denn nun durfte er wieder der Seinen in der Heimat mit jener Erwartung gedenken, welche die Gewißheit des Wiedersehens gibt!...

Aber nicht nur skorbutkranke Matrosen weiß das Löffelkraut zu heilen; auch uns allen kommt es zugute. Habt ihr noch nie lockeres, entzündetes, blutendes und schmerzendes Zahnfleisch gehabt? Haben euch noch nie Mundgeschwüre bis zur Unerträglichkeit geschmerzt? Seid ihr noch nie von Unterleibsstockungen beängstigt worden? In allen diesen Fällen, sowie auch bei allgemein reinigenden und säfteverbessernden Frühjahrskuren mögt ihr euch des Löffelkrautes bedienen und ihr werdet euch wohl dabei befinden. Auch werden die Blätter als gesunder Salat zubereitet und gegessen.

## Anwendungen.

Das Kraut wird nur in frischem Zustande gebraucht, da es getrocknet seine Heilkräfte verliert.

Bei Mundkrankheiten kaut man die Pflanze; mit dem aus ihr gepreßten Saft kann der Mund des öftern ausgespült werden; auch der Absud des Krautes gibt für diesen Zweck ein gutes Gurgelwasser, das namentlich bei Halsbräune treffliche Dienste leistet.

Zerquetscht legt man die Pflanze auf skorbutartige Geschwüre. Die Wirkung der äußerlichen Anwendungen des Löffelkrautes wird durch den innerlichen Gebrauch erhöht; er ist bei Stockungen im Unterleib, bei Untätigkeit der Nieren, Blasenverschleimung, Grießbildung und so weiter und bei Frühjahrskuren überhaupt angezeigt und zwar wird der frische Saft zu 50 bis 150 Gramm in Fleischbrühe, Milch oder Wein gereicht. Zu gleicher Zeit ist es vorteilhaft, während der Kur nur säuerliche Getränke, wie Most, Sauerdornlimonade und ähnliches zu gebrauchen. In den nördlichen Gegenden werden die Blätter eingesalzen und in Fässern, wie bei uns die Bohnen, aufbewahrt; auch ißt man sie auf Butterbrot und mit saurer Milch oder Molken.

Ulsamer gibt uns ein gutes Rezept zu einem Mundwasser bei Zahnschmerzen: „Karbolsäure ein Gramm; Löffelkrautspiritus 50 Gramm; Nelkenöl 5 Tropfen. Von dieser Mischung wird immer ein Kaffeelöffel voll in ¼ Liter Wasser zum häufigen Gurgeln und als Mundwasser benutzt."

*

Des beißenden, mit ätherischem Öle gesättigten Löffelkrautes noch schärferer Bruder ist

## der Meerrettich oder Kren.

Wie schon sein Name erklärt, wächst er auch wild am Meere, wird aber im großen überall angebaut und kommt auch verwildert an feuchten Orten vor. Seine ursprüngliche Heimat soll die Küste des Schwarzen Meeres sein; doch ist er sicherlich schon sehr bald nach Deutschland gekommen, denn Plinius berichtet, daß in diesem Lande ein Rettich von der Größe eines Kindes wachse. Zugleich sagt er, daß sein Geruch die in heißen Ländern heimischen Schlangen und Skorpione verscheuche und vor der Wirkung jeglichen Giftes bewahre!

In manchen Gegenden, namentlich auch Bayerns, besteht noch die aus dem Mittelalter stammende Sitte, den Meerrettich an Ostern in die Kirche zu tragen und ihn nebst andern Speisen weihen zu lassen. Vielleicht stammt dieser Gebrauch aus dem Jüdischen. Denn die Israeliten mußten die sogenannten „bittern Salsen" (Kräuter) mit dem Osterlamme essen, und unter diese zählt auch der Rettich.

Die Verwendung des Meerrettichs in Küche und Haushalt ist wohl bekannt, und als Heilmittel verdient er ebenso warm empfohlen zu werden wie das Löffelkraut, da er dieselben wirksamen Bestandteile und ebenso kräftige Eigenschaften wie dieses besitzt.

## Anwendungen.

1. Ähnlich dem Löffelkraute wird er daher bei Skorbut, Rheumatismus, Gicht, Wassersucht, sowie auch bei Brust- und Lungenverschleimung gebraucht.

2. Äußerlich wendet man ihn bei Kopf- und Zahnschmerzen, bei Rücken- und Leibschmerzen, Lähmungen, Brust- und Magenkrämpfen, Schwindel, Ohrensausen, Betäubung und Erstickungsanfällen an. Der aus der frischen Wurzel gepreßte Saft wird innerlich mit ein wenig Fleischbrühe, Milch oder Wein, wie das Löffelkraut, eingegeben.

Roher, geriebener Meerrettich mit Honig vermengt und namentlich vor dem Zubettegehen genossen, ist für Asthmaleidende ein überraschend schnell Erleichterung schaffendes Mittel.

Äußerlich streicht man die geriebene Wurzel pflasterartig auf Leinwand und legt sie dann auf, sei es, wie bei Kopfweh, in den Nacken, oder auf die Fußsohlen, zum Beispiel bei großer Hitze im Kopfe, oder auf den Arm usw. Das Meerrettichpflaster hat an Ort und Stelle so lange zu bleiben, bis der Kranke ein „heftiges Brennen" verspürt.

Ulsamer empfiehlt den Meerrettichaufschlag „als eines der am schnellsten helfenden Mittel, das in manchen dringenden Fällen, wo kein Arzt zur Stelle ist oder nicht schnell genug beschafft werden kann, zum Beispiel bei schlagflußartigen Zufällen und Bruststickungen, das Leben retten kann".

3. Bei Mundfäule siede man den Meerrettich ab und benutze den Absud als Mundwasser.

4. Wer Sommersprossen und Sonnenbrand vertreiben will, der setze Meerrettich in gutem Weinessig an, so daß die Wurzelteile von der Flüssigkeit vollständig bedeckt sind, lasse das Ganze 10—14 Tage stehen und wasche sich dann damit. Das Mittel soll erprobt sein.

5. Auch das öfters wiederholte Baden erfrorener Glieder im warmen Meerrettichabsud ist für diese von heilsamer Wirkung.

Der Meerrettich wird nur in frischem Zustande angewendet. Es ist übrigens ja leicht, ihn zu jeder Zeit zu bekommen; wenigstens sollte ein kleiner Vorrat davon seiner oft so notwendigen Verwendung wegen in keiner Haushaltung fehlen, denn die Wurzel weiß uns durch ihre Hilfe gar manche Träne des Schmerzes zu ersparen.

*

Ein anderes Familienglied der Kreuzblümler, das sowohl den „Familienparfüm", als auch deren heilkräftige Bestandteile in sich vereinigt, ist

## der Senf.

Er wird in den weißen und den schwarzen unterschieden, welche bei uns auf den Feldern und im Garten angebaut, aber auch verwildert im Getreide gefunden werden. Wer kennt nicht ihre gelben Blütentrauben, die, wenn sie im Juni gar zu reichlich aus dem dunkeln Grün der Feldfrüchte hervorschimmern, dem Landmanne mancherlei Sorge bereiten, sonst aber im Vereine mit der blauen Kornblume und dem roten Mohne auf den wogenden Flächen gar reizend aussehen? Beide Senfarten sind südeuropäische Pflanzen. Der weiße Senf unterscheidet sich vom schwarzen hauptsächlich durch die leierförmig 5- bis 7teilig gefiederten und gebuchteten Blätter, durch die schwertförmigen, geschnäbelten Schoten und die hellbraunen bis gelblichen Samen; er wird 40—50 Zentimeter hoch.

Der schwarze Senf hat leierförmig gelappte, gezähnte oder ganzrandige Blätter, lineale Schoten, schwarzbraune Samen und wird viel höher.

Die Samen beider Arten enthalten, wie alle heilkräftigen Kreuzblümler, ein sehr scharfes, süßes und fettes flüchtiges Öl, von welchem hauptsächlich ihre Wirksamkeit abhängt.

Dieses Öl wird teils in der Industrie, teils in der Heilkunde benutzt. Der schwarze Senf gibt Uhrmacheröl und solches, das in den Apotheken zu Heilmitteln verwendet wird. Der weiße hingegen liefert Brenn- und Speiseöl. Außerdem bereitet man aus den ganzen oder gemahlenen Samen, mit Most, Wein oder Essig gerieben, die so beliebte Moutarde oder den Mostrich, auch kurzweg „Senf" genannt, dem man nach Belieben noch verschiedene, ebenfalls zerriebene Gewürze, wie Lorbeer, Gewürznelken, Estragon und dergleichen beifügt. Mäßig zu Speisen verwendet und mit solchen genossen, wirkt der Senf appetiterregend und verdauungsbefördernd.

Zum eigentlich medizinischen Gebrauche kommt Senfpulver, Senfteig, Senfpapier und Senfspiritus. „Alle Senfpräparate üben auf die Haut einen heftigen Reiz aus; sie röten diese stark und ziehen Blasen. Man wendet sie äußerlich an, einesteils um durch den Reiz, welchen die äußern Hautnerven erfahren, die Nervenmittelpunkte zu erhöhter Tätigkeit anzuspornen, andernteils zur Ableitung der Reizung von innern Organen. Innerlich werden Senfpräparate verordnet bei Untätigkeit der Verdauungsorgane und den darauf beruhenden Stockungen" (Köhler, „Unsere Heilpflanzen").

## Anwendungen.

1. Für die Zwecke der Hausapotheke ist besonders der äußerliche

Gebrauch des Senfes zu empfehlen zu Fußbädern, Senfteigen, Einreibungen und dergleichen, in allen Fällen, wo sonst auch der Meerrettichaufschlag gebraucht werden kann; also bei Magen- und Kopfschmerzen, Blutandrang nach Kopf und Brust, Schwindel, Ohrensausen, Zahnweh, plötzlichen Atmungsbeschwerden, Betäubung, bei Rheumatismus, Seitenstechen usw. Hierbei ist zu beachten, daß das Senfmehl mit 10—30gradigem Wasser (auf dem Feuer) angerührt, stärker wirkt, als wenn es mit Essig zu Brei verarbeitet wird. Nur wenn der Senfteig schwächere Wirkung hervorbringen soll, ist der Essig angezeigt. Überhaupt erfordert die Anwendung des Senfpflasters eine gewisse Vorsicht, da es — zu lange an Ort und Stelle gelassen — besonders bei Kindern und schwächlichen Personen unliebsame Zufälle hervorrufen könnte; auch nervösen, aufgeregten und zu Entzündungen geneigten Personen ist es nicht zuträglich. Wenn hingegen in schweren Krankheiten nach heftiger, fiebriger Erregung jene vollständige Abmattung und Schwäche folgt, die das Schlimmste befürchten läßt, dann darf ein Senfpflaster aufgelegt werden, um wieder eine größere Lebenstätigkeit hervorzurufen.

2. Als Gurgelwasser ist der Senfabsud, zu 10—15 Gramm Pulver oder Mehl auf ¼ bis ½ Liter Wasser bei Halsbräune sehr zu empfehlen.

3. In Weißwein in kleinen Dosen genommen, dient das Senfmehl innerlich sehr gut bei Skorbut.

4. Desgleichen — und ich bitte es wohl zu beachten — ist ein Löffel solchen Mehles in einem Glas voll Wasser getrunken ein sicheres und schnelles Brechmittel in Vergiftungsfällen, wenn es sich darum handelt, die giftigen Stoffe so schnell wie möglich aus dem Magen zu bringen.

5. Das fette, durch Auspressen gewonnene Senföl wirkt abführend und wurmwidrig, anderseits aber wird jenes flüchtige und sehr scharfe, durch Destillation mit Wasser erhaltene zu Wiederbelebungsversuchen angewendet.

Der Senf muß im Frühjahr breitwürfig ausgesät und im August und

September geerntet werden. Er will einen milden, leichten und lockern Boden. Nur der völlig ausgereifte Samen hat Wert für die Heilkunde.

In der Bibel wird öfters vom „Senfkorne“ geredet, und der Heiland spricht einmal in seinen Vergleichen von ihm wie von einem „Baume, worin die Vögel des Himmels wohnen“. Da nun der schwarze Senf schon in Spanien 3—4 Meter hoch wird und in Kleinasien eine noch stattlichere Größe erreicht, so ist er lange für den biblischen Senf gehalten worden. Neuere Forscher haben aber nachgewiesen, daß wir darunter einen Baum (Salvadora persica) zu verstehen haben, welcher häufig an den Seen des Heiligen Landes und im Jordantale, sowie durch ganz Persien und Syrien wächst und noch kleinere Samen als unser Senf hat, welche von den dortigen Bewohnern zu den gleichen Zwecken benutzt werden wie jene unserer Pflanze. — Jedenfalls ist sowohl uns als auch in den Morgenländern dadurch ein köstliches Geschenk des Himmels geworden!

*

Wir kommen nun auf eine Pflanze zu sprechen, die, obwohl im Äußern borstig und rauh, in ihren Wirkungen jedoch ebenso sanft und milde wie der Senf feurig, scharf und beißend ist. Sie stillt und beruhigt, jener aber belebt und erregt. Und während wir vom Senf augenscheinliche und schnelle Heilung von der Krankheit selbst verlangen, erwarten wir vom blauäugigen

## Boretsch oder Gurkenkraut (Bild siehe Seite 266)

nur Linderung und Besänftigung der uns hauptsächlich ermüdenden Krankheits-Erscheinungen.

Der Senf gehört darum auch mit seinen Geschwistern zu den energischen und wirksamen Heilmitteln; der Boretsch hingegen zählt in die Klasse jener wenig beachteten, schmerzlindernden und lösenden Kräuter, deren Dienste deswegen wenig geschätzt werden, weil sie sich der oberflächlichen Beobachtung fast ganz entziehen und unsere Einbildungskraft nicht frappieren! Wie jene stillen Seelen, die ungesehen von der Welt und unerkannt Gutes wirken — so machen auch diese Kräuter ihren bescheidenen Weg und sind in Wahrheit eine kostbare Hilfsquelle, durch welche manches Unwohlsein gehoben und in ernstern Fällen die Natur befähigt wird, die Wirkung kräftigerer Mittel besser und sicherer zu empfangen und so der in ihrem Gefolge sich befindenden Gesundheit wieder Tür und Tor zu öffnen!

Ein solch still und bescheiden wirkendes Kraut ist auch der Boretsch. Er ist eine niedere, 40—50 Zentimeter hohe, vielfach verästelte Pflanze mit hohlem, rauhbehaartem, saftigem Stengel, breiten, gerunzelten und borstigen Blättern und großen, so wunderschön himmelblau schimmernden Radblumen, daß es begreiflich ist, warum diese Pflanze von alters her ein Liebling des Volkes war und mit den süßesten Schmeichelnamen, wie: Herzblümlein, Himmelsstern, Augenzier und Herzfreude belegt wurde. Ein lateinischer Spruch läßt sie von sich selbst sagen: „Ich, der Boretsch, bringe stets Freude!“

Aus Kleinasien stammend und wahrscheinlich von den Arabern nach Südeuropa gebracht, hat sich der Boretsch auch bei uns eine Heimat gesucht und sät sich selbst im Hausgarten jedes Jahr fast so üppig und zahlreich, wie es die Ringelblume tut. Wenn ich ihn an die Grenze der Gemüseabteilung setzte und ihn noch zu den „Küchenkräutern“ zähle, so ist es darum, weil er auch als solches einstmals bei uns Eingang fand, heute noch als Zutat zum Salate dient und diesem durch den gurkenartigen Geschmack seiner Blätter eine eigene, angenehme Würze mitteilt. Selbst die blauen Blumen wetteifern mit jenen der Kapuzinerkresse um die Ehre, die Speise zieren zu dürfen.

## Anwendungen.

1. Daher können seine Blumen und Blätter im Vereine mit jenen des Veilchens zu den gleichen Heilzwecken verwendet werden, und fehlen jene ganz, so tun diese die gleichen Dienste für sich allein. Die Gabe ist dieselbe.

2. In allen hitzigen und Entzündungskrankheiten (und Fiebern) leistet der aus der ganzen Pflanze bereitete Absud von 30 Gramm Boretsch auf ½ Liter Wasser — oder der aus ihr gepreßte Saft, den man in Fleischbrühe oder Wein nimmt — die besten Dienste, indem er kühlt und beruhigt.

3. In Wein gesotten, wirkt das Kraut blutreinigend.

Es kann frisch oder getrocknet verwendet werden; das Trocknen der noch nicht blühenden Pflanzen geschieht im Schatten; ebenso jenes der Blumen, die man während der Sommermonate hindurch sammelt.

Der Boretsch hat der ganzen Familie der „Rauhblättler", welcher das Lungenkraut und der Beinheil zugehören, seinen Namen gegeben. Wie diese spendet auch er den Bienen einen trefflichen Honig.

Da die Pflanze sehr viel Salpeter enthält, so verbrennt das getrocknete Kraut, wenn es ins Feuer geworfen wird, mit Verpuffen.

*

In die gleiche Kategorie wie das Gurkenkraut gehört

## die Königskerze,

welche ihre sämtlichen Namen: Himmels-, Oster-, Wetter-, Johannis-Unholdenkerze, Himmelbrand, Brenn- und Fackelkraut ihrem emporstrebenden, hohen, kerzenähnlichen Wuchs verdankt; nur die Bezeichnung „Wollkraut", welche in viel späterer Zeit als die übrigen Namen der Pflanze entstanden ist, rührt von den oben und unten filzig behaarten Blättern her. Es ist ein stolzes Gewächs, die Königskerze und doch so milde in dem sanft schimmernden Lichte ihrer gelben, schwach, aber süß duftenden Radblumen, die in einer langen, gebüschelten Traube wie kleine Flammen zum Himmel steigen und das Auge wohltuend gefangennehmen. Sie wächst meistens an sandigen, sonnigen Berghängen und Halden und braucht 2 Jahre zu ihrer vollen Entwicklung; manche Leute pflegen sie aber auch im Garten, wie ich es getan habe.

1. Königskerze (Verbascum Thapsus, L.) [Woll-, Fackel- und Kerzenkraut, Himmelsbrand, Johanniskerze, Unholdenkraut]. a) Staubblatt (vergrößert).

Der ganze hohe, aber anziehende Charakter der Pflanze macht sie zum Sinnbilde der königlichen Würde, als welches sie auf alten Gemälden und Glasmalereien auch manchmal zu treffen ist. Soll ich euch erzählen, wie sie zu ihrem Namen gekommen ist? So hört: „Vor alter, alter Zeit zog es einen christlichen König von England, mit seinem Sohne eine Pilgerreise nach Rom zu machen, um die Ewige Stadt zu sehen, an den Gräbern der beiden Apostelfürsten zu beten und die Katakomben, die Ruhestätten der heiligen Märtyrer, zu besuchen. Er schiffte daher über das Meer und vollendete dann unter tausend Beschwernissen, demütig und von allen unerkannt, wie ein armer Mann seine Wallfahrt zu Fuße. Nachdem er die Herrlichkeiten Roms bewundert, wollte er auch in die Totenstadt niedersteigen und wählte sich zum Führer einen Mann, den er für einen frommen Christen hielt, welcher aber ein boshafter und gottloser Heide war und schon manchen Diener des Heilandes durch sein gleißnerisches Wesen ins Verderben gelockt hatte. Ahnungslos stieg der König mit seinem Söhnchen in das Labyrinth von Grabkammern und Gängen hinunter und verrichtete seine Andacht zu Füßen der Christusbekenner. Plötzlich aber löschte der treulose Führer seine Leuchte aus und entfloh. Denn er kannte die Wege und wußte den Ausgang wohl zu finden. Von plötzlicher Dunkelheit umfangen und unfähig, solche Bosheit zu fassen, rief der König zuerst nach ihm. Als er aber nur das verhallende Hohngelächter des Falschen zur Antwort erhielt, da begriff er, daß er und sein Sohn, der sich laut weinend an den Vater schmiegte, dem gräßlichsten Schicksal anheimgegeben waren, wenn Gott nicht einschritt. Inbrünstig flehend warf er sich daher auf seine Knie und bat den Allmächtigen und die heiligen Märtyrer, ihn und sein Kind vor einem so schrecklichen Tode zu bewahren und sie wieder den Ausgang finden zu lassen. Und Gott erhörte sein Gebet: ein sanftes Glühen und Leuchten erhob sich plötzlich und umstrahlte endlich wie mit Tageshelle das finstere, lichtlose Totengemach. Und das Glühen und Leuchten ging von einer hohen Blume aus, welche des Königs Söhnlein am Eingange der Katakomben gepflückt und seither achtlos in der

Hand gehalten hatte.

Nun wußte der König, daß er gerettet war, und unter inbrünstigen Dankgebeten ließ er sein Söhnlein vorangehen. Wirklich fanden sie auch nach kurzer Zeit einen Ausgang. Als aber das Licht der Sonne wieder über ihrem Haupte glühte, erlosch das wunderbare Leuchten der Blume, die seither den Namen Königskerze trägt."

Die alten Griechen hießen die Pflanze „die Flammende" (Phlomos), weil sie diese, in Pech getaucht, als Fackel und die Blätter einiger Arten zerschnitten als Lampendochte brauchten. Die letztern benutzte man ehemals getrocknet als Zunder. Der lateinische Name Verbascum aber ist wohl aus Barbascum, die Bärtige, abgeleitet worden und bezieht sich auf drei mit einem Barte versehene Staubgefäße, sowie auf den mit filzigen Haaren dicht besetzten Stengel und die weißfilzigen Blätter.

Schon das Altertum benutzte die Königskerze als Heilpflanze und schätzte den milden, einhüllenden Tee, der aus den Blüten bereitet wurde, für Brust- und Lungenleidende sehr hoch. Auch die zerstoßenen Blätter wurden dortmals schon wie heute noch zu kühlenden Umschlägen auf Geschwüre gelegt. Aber es knüpfte sich namentlich an diese letzte Verwendung gar mancher Aberglaube. So berichtet Plinius, daß die Leute versicherten, dieses Mittel hätte nur dann Wirkung, wenn es einem Kranken, der noch nichts genossen habe, von einer ebenfalls noch nüchternen Jungfrau aufgelegt werde. Dabei müsse diese den Umschlag mit der äußern Handfläche berühren und sagen: „Apollo spricht, jedes Übel, dem eine Jungfrau entgegentritt, werde gehemmt." Dann wende sie die Hand um und wiederhole ein zweites und drittes Mal das gleiche; nachher spucke der Kranke, wie die Jungfrau, dreimal aus. — Wir können aus diesem einen Beispiele ersehen, daß der Aberglaube kein Auswuchs „des finstern Mittelalters", dem so gerne alle Übel zur Last gelegt werden, sondern eine aus den „Lichtzeiten" des Heidentums herübergekommene Erbschaft ist, an welcher allerdings die christlichen Jahrhunderte noch lange zu schleppen hatten, trotz aller

Mühen der Kirche; und selbst heute herrscht noch mancher heidnisch-abergläubische Brauch, der bisher nicht auszurotten war. Die Kirche aber hat keinen Teil daran, wie es modern heidnische „Gelehrte“ und Schriftsteller manchmal behaupten oder wenigstens durchblicken lassen, ohne es in Wahrheit beweisen zu können; denn sie hat die Unwissenheit weder groß gezogen, noch Belehrung und Aufklärung erspart! Was aber Jahrhunderte hindurch tief eingewurzelt ist, läßt sich auch erst nach Jahrhunderten vollständig entfernen!

So überkam das Mittelalter auch jene abergläubische Hantierung, von der ich vorhin redete. Es wurde aber dann weiter empfohlen, das Kraut nur im Zeichen des Widders, vor Aufgang der Sonne und ohne Messer zu sammeln. Wer die möhrenförmige, verästelte Wurzel grub, der mußte es bei Mondschein mit einem edlen Metalle — also keinem gewöhnlichen Werkzeuge — tun. Waren diese Vorschriften beobachtet worden, so konnte die Krankheit der Kraft des Mittels nicht widerstehen und mußte aus dem Körper weichen. Auch die „Unholde“ konnten ihr nicht standhalten, und wer sie bei sich trug, war gegen ihren Einfluß geschützt.

Die Wurzel trug man gegen Schlagfluß in rotem Taffet eingenäht auf der Brust. Wunden wurden mit dem blühenden Kraute in Form eines Kreuzes überlegt und dazu dreimal gesprochen:

*Unsere Liebe Frau geht dreimal über Land,*
*Sie trägt einen feurigen (Himmels-)Brand in der Hand.*

In unsern Tagen noch hängen in Ostpreußen die Mägde eine blühende Königskerze über ihre Betten. Wessen Pflanze zuerst welkt, der muß vor den andern sterben, und wenn auf irgendeinem Grabe eine Königskerze wächst, so will der Verstorbene, daß für ihn gebetet wird, denn er leidet noch in der andern Welt.

Es gibt verschiedene Arten von Königskerzen: heller und dunkler blühende, groß- und kleinblätterige; manche haben auch nur unten befilzte Blätter; alle aber sind von gleicher Güte für den

Heilgebrauch. Denn alle enthalten sehr viel Schleim, weshalb sie als einhüllendes, erweichendes, Husten und Schmerz linderndes sowie gelinde schweißtreibendes Mittel sowohl innerlich als äußerlich zur Verwendung kommen.

## Anwendungen.

1. Zum innerlichen Gebrauche nimmt man vorzüglich den Blütenausguß oder -absud bei Husten, Entzündungsfiebern, Brust- und Lungenverschleimungen, Brustkatarrh, schwerem Atem und Halskrankheiten, wie Heiserkeit und so weiter. Häufig wird dieser Tee auch halb und halb mit den Blüten der schwarzen Malve gemacht, wie es Pfarrer Kneipp empfiehlt, und mit Milch und Honig angerührt, getrunken.

2. Äußerlich dient er als Gurgelwasser bei Mund- und Halsleiden und zu Klistieren.

3. Die zerquetschten Blätter auf Wunden, Geschwüre und Schäden gelegt, heilen diese in kurzer Zeit.

Man kann auch den aus ihnen gepreßten Saft zu den gleichen Zwecken brauchen und außerdem eine Art Salbe davon machen, wenn man ihn mit etwas gutem Fett innig vermengt.

4. Wer entzündete und triefende Augen mit dem Safte öfters wäscht, tut ihnen sehr wohl.

5. Wenn das gedörrte und gepulverte Kraut auf Wunden gestreut wird, verhindert es die Bildung von wildem Fleische und verzehrt schon vorhandenes.

6. Bei starkem Durchfall kann man außerdem auch die in Wasser oder Rotwein stark abgesottene Wurzel zu Rate ziehen, indem man den Absud in kleinern Portionen warm trinkt.

Die von Juni bis September blühende Pflanze wird an warmen, sonnigen Tagen und möglichst nachmittags, wenn die Blumen vollständig tautrocken sind, gesammelt. Diese müssen ohne Kelch schnell an der Sonne oder auf dem Ofen gedörrt werden, so daß sie ihre gelbe Farbe behalten. Dann hebt man sie in luftdichten Gefäßen sogleich auf. Die Blätter verlangen die gleiche Behandlung wie jene des Boretsch.

Bei der Bereitung des Wollblumentees ist achtzuhaben, daß er gut geseiht wird, denn die filzigen Staubfäden möchten, in der Flüssigkeit geblieben, den Hustenreiz vermehren. Wollblumentee oder -absud ist durchaus unschädlich, die Gabe braucht daher nicht ängstlich gemessen zu werden. Er schmeckt schleimig-süßlich und wird durch Milch- und Honigzusatz sehr angenehm gemacht.

Die blühende Pflanze soll die Mäuse vertreiben; daher steckt man sie manchmal in Mauslöcher und legt sie in die Zimmer, wo man diese unliebsamen Gäste spürt. Tatsache ist es auch, daß sie von keinem Vieh angerührt wird, obwohl sich die Bienen einen prächtigen Honig aus ihr holen. Der ins Wasser geworfene Samen betäubt die Fische, so daß sie dann mit der Hand zu erhaschen sind.

Mit den Blumen kann man Wolle und Baumwolle gelb färben.

Die Königskerze ist zum Sinnbild der Tränen geworden. Möge sie, wenn der gläubige Sinn des Volkes sie am Feste Mariä Himmelfahrt an den Stufen des Altars niederlegt, für uns jene Flamme der Liebe bedeuten, die unser Herz für den göttlichen Heiland und seine liebwerte Mutter durchglüht!

*

Außer dem Boretsch und der Königskerze blühen jetzt noch zwei andere Gewächse, die, wie die beiden ersten, zu ähnlichen mildernden und beruhigenden Heilzwecken in Verwendung kommen. Es ist

## der Eibisch und die Malve.

Beide sind Geschwister, und der erstere wird häufig als „weiße Malve und weiße Pappel“, im Gegensatz zur wilden, die auch schwarze, Käse- und Roßpappel genannt wird, bezeichnet.

Die Malve ist sicherlich jedermann bekannt, denn ihr plattrundes,

1. Eibisch (Althaea officinalis, L.) [Heileibisch, weiße Pappel, Heilwurz]. a) Staubblatt (vergrößert). — 2. Malve, wilde (Malva silvestris, L.) [Käse- oder Pferdepappel]. a) Griffel.

vielgefächertes Früchtchen wird unter dem Namen „Käslaibchen“ und „Katzenbrot“ von den Kindern mit Wonne gegessen und bei ihren „Kaufmannsspielen“ als Handelsware benutzt.

Das Äußere der beiden Pflanzen hat sehr viel Übereinstimmendes, wie denn auch ihre innern Eigenschaften einander gleichen. Der Hauptunterschied zwischen beiden, den auch sofort das in der Pflanzenkunde ungeübteste Auge wahrnimmt, besteht in der Farbe der Blüte. Denn jene des Eibisch ist hellrosa bis rötlichweiß, während die gemeine oder wilde Malve stets rosafarbene, mit dunklern Streifen versehene Blumen hat. Die Blätter der einen sind fünf- bis sieben-, jene des Eibisch drei- bis fünflappig. Dieser letztere wird höher als die Malve, die ungefähr einen Meter erreicht; zugleich ist er in seinem ganzen Wuchse üppiger und kräftiger als jene, hat aber meist nur einen Stengel, während die Malve deren mehrere treibt. Man findet beide durch ganz Deutschland auf Wiesen und unbebauten Stellen; namentlich liebt der Eibisch einen etwas feuchten, salzigen Boden. Er wird aber auch im großen gebaut, und manche Leute ziehen einige Stauden davon zum Gebrauche im Hausgarten, wie ich es getan habe. Von der wilden Malve wird eine Spielart, welche dunkelrote bis bräunliche Blüten hat, ebenfalls im Garten gepflegt, und nach Ulsamer soll der Ertrag davon sehr lohnend sein. Sie ist gewöhnlich unter dem Namen „Stockrose“ oder „Rosenpappel“ bei der ländlichen Bevölkerung bekannt.

Die beiden Pflanzen standen bei den Alten in hohem Ansehen, denn zu jenen Zeiten wußte man schon, daß die Malvengewächse sehr viel Schleim in allen ihren Teilen bergen, welcher bei Brust- und Lungenkrankheiten von vorzüglicher Wirkung ist. Namentlich war die weiße Wurzel geschätzt und mit Recht. Zu jener Zeit bereitete man aus der Malve auch eine Art Breigemüse, welches die Landleute fast täglich genossen, und viele, worunter auch Plinius, glaubten, daß der tägliche Genuß der Pflanze überhaupt vor Krankheit bewahre.

Die spitzblätterige Malve oder Simonswurz (Malva alcea) ist zugleich eine gute Wetterprophetin; sie schließt nämlich jedesmal ihre Blume, wenn schlechte Witterung droht; daher wird sie auch „Wetterröschen" genannt. Überhaupt sind alle heimischen Pflanzen dieser Familie für Witterungsänderungen sehr empfänglich.

Den Eibisch wollte schon Karl der Große in seinen Reichen angebaut wissen, damit er als Hausmittel benutzt werde, und mit einer Eibischart sollen sich die Apollopriesterinnen die Füße ein gerieben haben, wenn sie das „Wunder" des Schreitens über glühende Kohlen vollbrachten!

Wurzel, Blätter und Blüten sowohl der Malve wie auch des Eibisch geben im Teeaufguß und -absude innerlich und äußerlich, oder zerquetscht und zu Umschlägen benutzt, schmerzstillende, beruhigende und kühlende Mittel, welche sehr beachtenswert sind.

## Anwendungen.

1. Namentlich gebraucht man den Eibisch bei Brust- und Lungenverschleimungen, verbunden mit starkem Husten, sowie bei Katarrh und Heiserkeit.

2. Er gibt ebenfalls ein vortreffliches Gurgelwasser bei Hals- und Mundgeschwüren.

3. In Apotheken und Drogerien ist auch der sogenannte Lederzucker zu erhalten, der aus Eibischwurzel, Zucker und arabischem Gummi bereitet wird und als Hustenmittel im Gebrauch ist.

4. Zu einem guten Brusttee kann man außer Eibischwurzeln, Blättern und Blüten noch Süßholz, Alant, Wollblumen und Huflattich zu gleichen Teilen nehmen. Fehlt die eine oder andere Pflanze, so schadet das gar nichts; auch darf anstatt des Süßholzes Kandiszucker verwendet werden.

5. Die gesottene Pflanze erweicht, als Umschlag benutzt, harte, träge Geschwülste und nimmt bei entzündeten Geschwüren und dergleichen die Hitze und Röte.

Zu denselben Zwecken verwendet man auch sowohl die wilde als die in Gärten gepflegte Malve, entweder für sich allein oder mit anderen schon genannten Kräutern vermischt.

6. Außerdem empfiehlt sie Kneipp zu Ohrendämpfen.

7. Auch dient eine Abkochung von Malvenblättern oder -wurzeln als sehr gutes Augenwasser bei entzündeten Augen.

8. Selbst bei Kolik und Ruhranfällen ist ein Malvenabsud, innerlich als Trank und äußerlich als Klistier benutzt, von sehr heilsamer Wirkung.

Die Wurzel des Eibisch sammelt man im Früh- oder Spätjahre von ältern Pflanzen. Nachdem sie gereinigt ist, trocknet man sie schnell im Backofen bei mäßiger Wärme, die nicht 30 bis 35 Grad übersteigen darf. Erst nachher wird sie zerschnitten und, gegen Feuchtigkeit geschützt, aufbewahrt.

Die Malvenwurzel wird meist nur in frischem Zustande gebraucht.

Die Blätter beider Pflanzen müssen vor der Blüte eingesammelt werden.

Die Blüten selbst pflückt man vor ihrer vollen Entwicklung und trocknet sie wie gewöhnlich.

Die Malve besitzt in ihrer Wurzel sehr viel Nährkraft; es ließe sich daher aus ihr, wenn nötig, sogar Brot backen.

Überhaupt ist sowohl sie wie auch der Eibisch in Wahrheit „das Sinnbild der Wohltätigkeit“; denn sie nähren und stärken den Körper, lindern und beruhigen den Schmerz und sind in allen ihren Anwendungen ebenso unschädlich wie sanft und milde in den Wirkungen.

*

Doch nun zur Fremdenkolonie! Denn mein Garten birgt nicht nur die Königin der Blumen und ehrsame deutsche Köche und Handelsleute neben freundlich duftenden „bürgerlichen“ Blumenkindern, sondern es hat sich hier auch eine Gesellschaft ausländischer Großen und Würdenträger eingefunden, die sich in unserm, ihnen fremden Klima sehr wohl zu befinden scheinen.

Da ist besonders der allbekannte und leutselige Herr von

## Rosmarin,

der uns mit seinem strengen, fremdartigen Dufte seine Nähe verrät.

Alt und ruhmvoll ist sein Geschlecht, und dem Menschen hat es von jeher so treulich gedient, daß es zum Sinnbilde der Beständigkeit wurde. Allüberall auf dem ganzen Lebenswege begleitet der Rosmarin den Menschen. Oder schmücken sich in eurer Heimat die Paten nicht mit einem Rosmarinsträußchen, wenn sie das Kind zur Taufe tragen? Gibt er nicht die hübschesten Zierden seines immergrünen Kleides her, um Braut und Bräutigam festlich zu bekränzen, wenn sie zum Traualtare gehen? Habt ihr noch nie gesehen, wie die Eheringe, auf einem Bett von Rosmarinzweigen ruhend, dem Priester zum Segen dargereicht werden? War nicht eure Kerze mit Rosmarin umwunden, als ihr zum ersten Male zum Tisch des Herrn tratet? Und wenn ihr einen Toten zu Grabe tragen seht, habt ihr dann noch nie bemerkt, wie die Verwandten und Freunde Rosmarinsträußchen zum Zeichen der Trauer in den Händen halten? Ja, die treue Liebe setzt dem Toten noch einen solchen Strauß aufs Grab als Zeichen unwandelbaren Gedenkens! Zwar sind diese Bräuche jetzt nicht mehr so allgemein wie noch vor Jahrzehnten; allein in vielen Gegenden Nord- und Süddeutschlands bestehen sie doch noch. Und sicherlich sind sie inniger als die jetzigen modernen Sitten, bei denen die Neugierde gar viel zu sehen bekommt, Herz und Gemüt aber nur wenig befriedigt werden!

Der Rosmarin, dessen zierliche hellblaue oder weiße Lilienblüte bei uns im April und Mai, in seiner Heimat, den Mittelmeerländern, aber schon im Februar und März sich öffnet, hat immergrüne, auf der untern Seite weißlichgraue, lange aber sehr schmale Blätter, die häufig gerollt sind. Sein Name bedeutet so viel wie Meertau, und der Strauch, welcher oft 2—3 Meter Höhe erreicht, wird an den Küsten der südeuropäischen

1. Rosmarin (Rosmarinus offic., L.) [Anthoskraut]. a) Blüte; b) Staubblatt. —
2. Lavendel (Lavendula vera, L.) [Spieke]. a) Blüte; b) Staubblatt.

Länder überall auf ganzen Strecken gefunden, wo er die welligen Hügel im Vereine mit noch einigen andern Lippenblütlern mit einem eigentümlich poetischen Reize umkleidet und der Luft einen würzig belebenden Duft mitteilt. Bei uns muß der Rosmarin im Garten oder in Töpfen gepflegt werden.

Die Alten kannten und schätzten ihn schon, und er stand bei ihnen in dem Rufe, Körper und Geist gesund, jung und frisch zu erhalten. Auch zu ihren Opferfeiern nahmen sie ihn und schmückten Altäre und Bilder damit. Die Germanen hatten ihn der Göttin Hulda geweiht, und nach Einführung des Christentums diente er vielfach zur Ausschmückung der Kirchen. Die Troubadoure (Minnesänger) des Mittelalters verwoben ihn in den Frauenkultus, und ein erhaltenes oder gegebenes Rosmarinzweiglein bedeutete so viel wie: „Ich bin dir treu in Liebe ergeben." Wer aber von Rosmarin träumte, den erwartete Unglück oder Herzeleid; denn ein solcher Traum bedeutete „nichts Gutes". — Daher auch das Volkslied, welches anfängt:

*Ich hab' die Nacht geträumet*
*Wohl einen schweren Traum,*
*Es wuchs in meinem Garten*
*Ein Rosmarienbaum.*

Doch wir sind, gottlob! über die abergläubischen Einbildungen hinaus, und wenn uns auch der Rosmarin durch seine ehemals düstere Bedeutung und Poesie gerade um so anziehender erscheint, so wissen wir dennoch genau, daß ihn Gott nicht dazu erwählt hat, ein Unglücksbote für uns zu sein; denn er soll uns vielmehr, wie die meisten Pflanzen und Kräuter, der Gesundheit schönes und teures Gut erhalten oder wiedererlangen helfen.

Der Rosmarin und mit ihm seine Brüder und Schwestern, der Thymian, Quendel, Lavendel, die Zitronen-Melisse und andere, von denen wir noch reden werden, enthält viel ätherisches, stark riechendes und durchdringend bitter schmeckendes Öl, das kräftig reizend und belebend wirkt und in der Heilkunde äußerlich wie innerlich vielfach benutzt wird. Auch stellte man aus ihm ein wohlriechendes Wasser, das sogenannte Ungarische Wasser, her, welches von der Königin Elisabeth von Ungarn, die im 14. Jahrhundert lebte, erfunden worden sein soll, um ihre Schönheit zu erhalten. Für den Gebrauch der Hausapotheke werden vorzüglich die Blätter und Blüten gesammelt.

## Anwendungen.

1. Innerlich genommen, wirkt ein Rosmarintee sehr wohltätig bei Magenschwäche und Magenverschleimung. Er befördert den Appetit und die Verdauung. Täglich zweimal, morgens und abends je ein Viertel-Tässchen davon genommen, genügt. Gabe: 1—2 Gramm des Krautes auf ein Tässchen.

2. Auch bei Wechselfieber ist der innerliche Genuß des Rosmarins zu empfehlen, aber vorzüglich in Weißwein leicht abgesotten. Zu einem Viertelliter Wein nimmt man 3—6 Gramm Rosmarinblätter und Zweige und trinkt täglich mehrmals (kalt oder warm) davon.

3. Derselbe Wein, aber in verstärkter Gabe und längere Zeit hindurch gebraucht, soll ebenfalls bei Weißfluß sehr heilsam sein.

4. Ganz besonders wirksam ist er und wird daher auch von Kneipp empfohlen bei Herzleiden, namentlich Herzwassersucht, sowie auch bei sonstiger allgemeiner Wassersucht. Aber er muß in kleinen Gaben, wie Kneipp vorschreibt, zu 3 bis 4 Eßlöffel voll morgens und abends genommen werden.

Rosmarinwein, namentlich für längern Gebrauch, wird nach Kneipp-Vorschrift angesetzt, indem man eine Handvoll Zweige zerkleinert in eine Flasche wirft und Weißwein darüber schüttet.

Schon nach einem halben bis einem Tage ist dieser Ansatz brauchbar; auch kann ein zweites Mal Wein über die Blätter gegossen werden.

5. Äußerlich wird Rosmarinabsud zu nervenstärkenden, den Körper kräftigenden Bädern, zu zerteilenden und belebenden Um- und Über-

schlägen bei Quetschungen, Geschwüren, geronnenem Blute, sowie zur Reinigung von Krebs- und andern Schäden und Wunden gebraucht. Zu den genannten Bädern fügt man dem gewöhnlichen Wasser einen Teil Absud bei.

Rosmarin-Öl und -Salbe dienen zu Einreibungen bei Lähmungen, Rheumatismus, Gliederschmerzen und so weiter, dann aber auch bei Wunden und Quetschungen.

6. Rosmarinabsud mit ein wenig Wasser verdünnt, gibt bei Mundfäule und -geschwüren ein reinigendes und heilendes Mundwasser, wie die Rosmarinblätter, ähnlich den Wacholderbeeren, wenn sie gekaut werden, ansteckungswidrig wirken.

Das Öl ist in der Apotheke erhältlich; die Salbe bereitet man sich selbst auf die gewöhnliche Art. Wer sowohl zur innerlichen als auch zur äußerlichen, wenigstens teilweisen Anwendung die Rosmarintinktur vorzieht, der schütte über eine gewisse Menge Zweige das dreifache Gewicht guten Weingeist oder Kornbranntwein, den er 10—14 Tage einziehen läßt und filtriert.

Man pflückt die Zweige oder auch nur die Blätter im Laufe des Frühjahrs und Sommers und trocknet sie; denn in frischem Zustande werden sie nicht verwendet.

Der Rosmarin wird auch in der Küche zu pikanten Brühen und zum Einlegen von Gemüse und so weiter gebraucht.

Es geht die Sage, daß in der heiligen Weihnacht um 12 Uhr, zur Stunde, wo das Christkind geboren wurde, alle Gewächse der Erde sich für kurze Zeit in Rosmarinsträucher umwandeln, wie auch ein altes Lied meldet, daß der neugeborne Heiland von der Mutter Gottes auf Rosmarin gebettet wurde.

Ähnlich diesem wohltätigen und zu allen Zeiten berühmten Strauche ist und wirkt auch

## der Lavendel oder die Spieke.

Er erreicht wie der Rosmarin bei uns eine Höhe von 50 bis 60 Zentimeter, wird aber in den südlichen Ländern höher. Frühe schon wurde er zu Waschungen und Bädern benutzt, daher auch sein aus lavare (waschen) gebildeter Name. Ehedem legte man allgemein auch das Kraut zwischen das Leinenzeug, um diesem einen angenehmen Geruch zu verschaffen und verschiedenes Ungeziefer davon fernzuhalten; heute tut es kaum mehr eine alte Bauersfrau. Ich habe indessen durch Erfahrung die Überzeugung, daß Wäsche und Kleidungsstücke, die mit dem aromatisch würzigen und reinigenden Geruche des Lavendels durchzogen sind, eine Art Schutzhülle gegen ansteckende Krankheiten bilden. Aber diese Pflanze wird nur noch „verschämt" gezogen in irgendeinem Winkel des Gartens, wo sie ein kümmerliches Dasein fristet; giftige Ziergewächse haben sie verdrängt und nehmen mit unverschämter Dreistigkeit einen Platz ein, der ihnen so wenig gebührt. In einem einfachen Hausgärtlein sollte man überhaupt nicht mit der „Mode" gehen wollen, sondern die alten, guten, heilkräftigen, nur zu bescheidenen und in Wirklichkeit oft so hübschen und zierlichen Gewächse hegen und pflegen; denn da wo sie stehen, sind sie wie eine Schildwache für unsere Gesundheit. Der Lavendel hat, ähnlich dem Rosmarin, linealische, lange, schmale Blätter mit umgebogenem Rande und krautige, gerade aufsteigende, vierkantige Äste, die in eine blaue, unterbrochene Blütenähre endigen.

Er enthält ein balsamisch duftendes, heilsames, ätherisches Öl, das als Lavendelöl zu Parfümerien benutzt wird, aber auch in der Apotheke erhältlich ist. Sein Geschmack ist angenehm bitter.

### Anwendungen.

Der Lavendel wird vielfach, wie der Rosmarin, in der Heilkunde gebraucht; offizinell, das heißt gebräuchlich sind die Blätter und Blüten der Pflanze.

1. Innerlich verwendet man noch hin und wieder das Lavendelöl in ganz kleinen Gaben zu einigen Tropfen in etwas Wasser oder auf Zucker bei Ohnmachten, Schlaganfällen, Herzklopfen und so weiter.

2. Besonders aber leistet dieses Öl vortreffliche Dienste bei Verdauungsschwäche und Appetitlosigkeit, bei Blähungen, Kopfweh und Übligkeiten, die durch Gase hervorgerufen werden. Und Pfarrer Kneipp versichert, daß es von ihm auch bei Hypochondrie und Gemütskrankheiten mit dem besten Erfolge angewendet worden sei. Dieser große Doktor und Helfer in Not und Gefahr gibt das Spieköl täglich zweimal je zu 5 Tropfen auf Zucker.

3. Äußerlich wird Lavendelabsud zu Bädern, Umschlägen, Waschungen und so weiter wie der Rosmarin benutzt. Desgleichen streicht man Öl oder Salbe auch auf Wunden und Geschwüre und so weiter.

4. Wer Motten und Ameisen aus Pelzwerk, Kleidungsstücken und so weiter fernhalten will, der lege im Kasten Lavendelzweige dazwischen, und es wird von diesen Insekten nichts beschädigt werden, da der Geruch des Lavendels sie tötet oder vertreibt.

Die Blüten sammle man vor ihrem Aufblühen mit dem Kelche, trockne sie im Schatten und hebe sie gut verschlossen in Blechdosen auf. Auch das Lavendelöl muß im Dunkeln aufgehoben werden.

Mit den Blättern verfährt man wie mit jenen des Rosmarins.

*

Wir können manchmal in den Schriften der Alten lesen, wie sie stark duftende aromatische Kräuter unter ihre Speisen mischten, in dem naiven Glauben, daß durch deren Geruch alles Böse, Gift und Schlangen von ihnen ferngehalten werde. Zu diesen Kräutern, welche sie ausgiebigst zu solchen Zwecken benutzten, gehörte auch der

## Thymian.

Wie die beiden vorher besprochenen Gewächse ist er ein Glied der Lippenblütlerfamilie und bildet im Bunde mit Rosmarin und La-

1. Thymian (Thymus vulgaris, L.) [Gartenthymian, römischer Quendel]. a) Blüte; b) Staubfaden mit Staubbeutel. — 2. Quendel (Thymus serpyllum, L.) [Feldthymian, wilder Quendel, Polei, Läusekraut]. a) Blüte; b) Staubblatt.

vendel jenen unbestimmten, kräftigwürzigen Duft, der sich in der ganzen Mittelmeeratmosphäre findet und ihr etwas unvergleichlich Anziehendes gibt.

Der echte oder Gartenthymian, welcher bei uns nicht wildwachsend vorkommt, kann bis zu einem halben Meter hoch werden. Er hat einen holzigen Stengel, der sich mehrfach in aufsteigende Zweige teilt. Seine Blätter haben eine längliche, eiförmige Gestalt und sind mit Öldrüschen versehen, die kleine Punkte bilden; die untere Blattfläche ist überdies behaart. Am Rande sind die Blätter meist umgerollt. Die Rachenblumen des Thymian haben eine hell- bis dunkelrosige Farbe und stehen büschelförmig in Wirteln um den Stengel herum.

Der Thymian wurde schon in den ältesten Zeiten zu aromatischen Bädern und als starkwürzendes Kraut benutzt und stand auch im Rufe, durch seinen Rauch alle schädlichen Insekten und Gewürm zu vertreiben. Jetzt noch wird er in der Heilkunde seines kräftigaromatischen, stärkenden Geruches und Geschmackes wegen, der von einem feinen Öle herrührt, das er enthält, benutzt.

## Anwendungen.

1. In seinen Wirkungen ist er äußerst anregend und belebend. Daher wird er bei Magenschwäche und -krampf, allgemeiner Apathie, verbunden mit Traurigkeit, sodann auch bei Kopfweh, Unterleibsschwäche und Leibschmerzen (Grimmen) im Aufguß mit Rosmarin und Lavendel verwendet.

2. Äußerlich nimmt man ihn in Bäder und zur Füllung von Kräuterkissen, zu den gleichen stärkenden Zwecken, wodurch die innere Kur wirksam unterstützt wird. Namentlich sind Thymianbäder für skrofulöse Kinder zuträglich.

3. Wer mit der Krätze behaftet ist, der kann einen sehr starken Thymianabsud als Waschmittel benutzen und mit einem etwas harten Bürstchen die kranken Hautstellen bestreichen; der heilende Erfolg

bleibt sicher nicht aus.

4. In den Apotheken ist Thymianöl zu erhalten, das wie der Tee zu den gleichen innerlichen wie äußerlichen Zwecken dient. Außerdem kann es zu Einreibungen bei Gelenk-Rheumatismus gebraucht werden. — Thymian wird in gleicher Weise gesammelt und getrocknet wie Lavendel und Rosmarin

In unsern Hausgärten wollen diese 3 Pflanzen einen sonnigen Standort und einen leichten, etwas sandigen und lockern Boden. Lavendel und Thymian überwintern im Freien bei etwas Bedeckung; Rosmarin muß entweder in einem Mistbeete oder sonstigem luftigen, aber frostfreien Raume überwintert werden. Darum tut man gut, ihn in Töpfen zu ziehen. Alle drei Pflanzen liefern den Bienen ausgezeichneten Nektar, der dem Honig einen besonders charakteristischen Geschmack verleiht. Darum war auch schon bei den Römern der südfranzösische Honig (miel de Narbonne) aus der Gegend von Narbonne sehr berühmt.

Es gibt mehrere Thymianarten; auch unsere trockenen Wiesen, Raine und Hänge bergen eine solche, die sich nicht nur in Deutschland und Europa, sondern auch überall in Nordasien findet. Sie bildet nur ein kleines kriechendes Halbsträuchlein mit meist niederliegendem Stengel, dessen Äste sich rasengleich ausbreiten. Es ist der

## Feld-Thymian oder Quendel.

Er hat sehr kleine, kurzgestielte ovale Blättchen und rosige, in Büschelwirteln stehende gelippte Blumen, die vom Juni bis in den Spätherbst blühen. Dieser kleinen Pflanze verdankte der im griechischen Altertume so hochberühmte Hymettos-Honig seinen Ruhm. Denn der Berg dieses Namens war vollständig davon umwachsen, und die Bienen fanden hier wie sonst nirgends die würzigste Nahrung. Seines immerwährenden Nektarspendens wegen wurde der Quendel dann den Griechen das Symbol der Emsigkeit und des Fleißes; im Mittelalter aber erhielt er die Bedeutung des Mutes und der Tapferkeit, und die Edeldamen stickten ihren Rittern Thymianzweige von Bienen umschwärmt in die Schärpen.

An diese unscheinbare Pflanze, die durch ihre buschigen Zweige eine wahre Herberge für allerlei schwirrendes und zirpendes Volk ist, das sich wie Zwerge in einem Feenpalast darin bewegt und tummelt, knüpft sich gar vielerlei Aberglaube. Sie soll vor Behexung und vor dem Teufel schützen, ein gutes „Geschäft“ bei Einkauf und Verkauf machen helfen und außerdem noch ein alles heilendes Kraut sein. Im Hause als Kranz aufgehängt, bringt sie großen Segen.

Die Heilkunde benutzt den Quendel auf ganz ähnliche Weise wie den Gartenthymian, da er wie dieser außer einem bittern Extraktivstoff noch hauptsächlich ein ätherisches Öl enthält und stärkende und belebende Eigenschaften besitzt.

## Anwendungen.

Er wird daher ebenfalls wie der Thymian gegen Magenschwäche und -krampf, Leibschmerzen, Rheumatismus, Nerven- und allgemeine Schwäche, sowohl innerlich in Teeform als auch äußerlich im Absude zu Bädern und Umschlägen, sodann zu Kräuterkissen und als Öl und Salbe zu Einreibungen bei Wunden und so weiter gebraucht. Quendel-Tinktur und -Wein kann ebenfalls aus ihm bereitet werden.

Man sammelt im Juni das blühende Kraut, trocknet und zerkleinert es wie den Rosmarin. Der Quendel wird häufig zum Ansetzen von Kräuteressig verwendet. In die Hühnerställe gelegt, soll er die Hühnerläuse vertreiben. Im Kasten hält er die Motten ab.

Der Quendel gehört nicht zur „Fremdenkolonie“, und er ist im Verein mit den Pflanzen dieser Abteilung nur deshalb genannt worden, weil er, obwohl ein „bäurisches“ Pflänzchen, doch der allernächste Verwandte des „hochedlen“ Thymian ist, bei welchem sich dieser durchaus nicht zu schämen braucht, da ihm viele den Quendel für den Heilgebrauch entschieden vorziehen.

Dagegen gehört wieder mit vollem Rechte

## das Basilienkraut,

auch Basilikum, Königsbalsam, Herren-, Hirn- und Königskraut genannt, in diese Abteilung.

Denn das Basilienkraut stammt aus Persien und Indien und muß in Deutschland sorgfältig in Frühbeeten oder Töpfen gezogen werden. Seines angenehm würzigen Duftes wegen wird es besonders in den südeuropäischen Ländern als Zutat zu Speisen verwendet. Es kommt in einigen Spielarten vor, doch findet man es am häufigsten mit stark riechenden, hellgrünen, ziemlich großen, eiförmigen Blättern und zahlreichen weißen Lippenblümchen, die an den Zweigenden Quirlähren bilden. Andere Arten haben krause oder rote Blätter und ebensolche Blüten.

Im Altertume hielt man große Stücke auf dieses kleine Kräutlein, und der Aberglaube wollte, daß man es ähnlich wie die Raute säte. Auch ging der Glaube, es wachse nur da, wo ein Basilisk geboren worden sei. Darum fürchteten es sogar manche, und die Afrikaner behaupten, daß derjenige unfehlbar am Skorpionbiß sterben müsse, welcher von dieser Pflanze genossen habe.

Aber bereits im Mittelalter freut sich schon ein jeder des herzerquickenden Duftes des Basilienkrautes, das, „wie ein züchtig weiser Mann viel edle Dinge in seiner Seele verborgen hat". Darum wird es auch zum Symbole der schönsten der Herrschertugenden, der Milde, als welches es auch auf Denkmünzen dargestellt zu finden ist mit der Inschrift: „Je milder, desto lieblicher" (Quo mollius eo suavius).

Der Heilwert des Basiliums ist bedeutend; er stellt das Kraut in die gleiche Reihe mit dem Rosmarin und den andern aromatischen Lippenblütlern, die alle mehr oder weniger anregende Eigenschaften besitzen. Diese verdanken sie vorzüglich einem ätherischen Öle, das alle ihre Teile durchdringt. In einigen findet sich dann noch ein bitterer

Extraktivstoff, der ihre Wirkung verschärft. Diese ist hauptsächlich überall da zu wünschen und hervorzubringen, wo es sich darum handelt, die einzelnen Organe ohne Verzug zu einer größern Tätigkeit anzuspornen, um den allgemeinen Blutumlauf zu befördern und dadurch sofort ein reicheres Leben, wenn auch nur vorübergehend, im ganzen Körper hervorzurufen. Daher sind diese aromatischen Kräuter im allgemeinen so sehr bei Ohnmachten, Lähmungen, Schlaganfällen und so weiter am Platze. Aber manche aus ihnen vermögen auch nachhaltiger zu wirken und den Körper oder einzelne Organe stufenweise zu stärken und zu kräftigen, bis er sein volles Gleichgewicht, die Gesundheit, wieder erlangt hat.

## Anwendungen.

1. Das Basilienkraut kommt äußerlich wie innerlich zu ähnlicher medizinischer Verwendung wie der Thymian.

2. Außerdem heilt der ausgepreßte Saft nach Ulsamer Ohrenentzündungen, wenn er zu diesem Zweck in das schmerzende Ohr geträufelt wird.

3. Wer einen Kühltrank in Fieberkrankheiten bereiten will, der nehme Basiliensamen und mache mit Wasser einen Aufguß davon, der kalt genossen wird. Derselbe Aufguß soll auch bei Nierenkrankheiten, Schleimflüssen und Harnbrennen sehr wirksam sein.

4. Der aus den Blättern bereitete Teeaufguß wird bei Husten und Erbrechen innerlich, bei Bräune und Mundfäule als Gurgelwasser angewendet. Äußerlich gebraucht, ist er sehr heilsam gegen Schrunden und aufgesprungene Lippen; ebenso die Basiliensalbe, welche man aus dem Safte der Blätter mit Fett macht.

Das Kraut muß im Schatten, aber an der Luft getrocknet und wohlverschlossen in Glas- und Blechbüchsen aufbewahrt werden.

Das Basilium wird im April ins Mistbeet oder in Töpfe gesät, wo es in einigen Tagen schon keimt. Wenn keine Fröste mehr zu befürchten sind, pflanzt man die jungen Stöcke auf warme Gartenländer, etwa in der Pflanzweite des Salates oder in Töpfe.

*

Wir kommen nun zum allbekannten Geschlechte der Minzen. Auf Acker und Feld, im Wald und an Bächen: überall ist es vertreten. Besonders aber beschäftigt uns die in Gärten gezogene

## Pfefferminze.

Sie stammt aus England und wird daher auch Englisch-Minzkraut genannt.

Alle Minzarten zeichnen sich vor den andern Lippenblütlern durch eine viel regelmäßigere Blütenform aus und haben einen ihnen ganz eigentümlichen flüchtigen, aber stark balsamischen Geruch und ebensolchen, zuerst etwas brennenden, dann aber sehr kühlenden und erfrischenden Geschmack, der dem Einatmen frischer Luft gleicht. Im alten Griechenland schmückten die Landleute, wenn sie Gäste hatten, den Eßtisch mit Minze, denn wir erfahren durch Ovid, daß Baucis, als Zeus in Gestalt eines Fremden bei ihr und ihrem Manne vorsprach, zu Ehren des Gastes also verfuhr. Im übrigen fand das Kraut dortselbst schon die gleiche medizinische Verwendung wie heute; aber es mußte unter allerlei abergläubischen Gebräuchen gepflückt werden. Da es nämlich den Göttern der Unterwelt geweiht war, so betrachtete man das Pflücken zum Heilgebrauche als eine Art Raub, den die Götter rächten, wenn nicht gewisse Zeremonien zu ihrer Besänftigung beobachtet würden. So durfte derjenige, welcher sich die kranke Milz mit Minzenkraut heilen wollte, dieses nicht ausreißen, sondern er mußte es mit den Zähnen abbeißen, wobei er zu sagen hatte, es geschehe, um die kranke Milz zu heilen! — Und so während neun Tagen. Dann war die Kur beendet. Auch sollen in den allerältesten Zeiten bei den Griechen und Römern die Brautleute Minzenkränze getragen haben (Dierbach).

Dagegen schrieben manche dieser Pflanze auch entnervende und verweichlichende Eigenschaften zu, „weil sie alle Säfte des Körpers verdünne und die edlen Leidenschaften, wie Tapferkeit, Mut und so weiter kühle"!

Die Pfefferminze enthält vorwiegend ätherisches Öl und Gerbstoff und ist in ihren Wirkungen wie alle bisher genannten Pflanzen der gleichen Familie krampfstillend, blähungswidrig, leicht erregend und außerdem noch schweißtreibend.

## Anwendungen.

1. Deswegen ist sie bei Unterleibskrämpfen, Blähungen, Grimmen, Kolik, sowie bei Verdauungsschwäche und -beschwerden, bei Magenkrampf und Erbrechen, aber auch bei Nervenverstimmung, Hypochondrie und Hysterie jederzeit am Platze, sobald die genannten Übel und Leiden nicht von Entzündungsursachen herrühren, sondern auf Schwäche, Verstimmung und Schlaffheit der Organe zurückgeführt werden können. Man beachte dieses wohl!

2. Bei gestörter oder unregelmäßiger Menstruation ist die Minze eines der besten Mittel, um sie wieder hervorzurufen.

Für alle diese Fälle ist Pfefferminztee angezeigt. Er wird aus den auch in der Heilkunde gebräuchlichen Blättern bereitet, wovon man auf eine Tasse 4—6 Gramm nimmt, die man mit Milch mischen kann. Kneipp empfiehlt morgens und abends eine Tasse dieses Tees zur Verdauungsbeförderung und sagt, daß er „das Aussehen frisch und gesund mache". Dieselbe Wirkung tut das Minzenpulver zu täglich 1—2 Messerspitzen voll auf Speisen oder im Wasser genommen.

3. Übelriechender Atem wird durch Pfefferminztee gehoben, der, nach Kneipp, halb in Wasser und halb in Wein bereitet wurde. Eine Tasse voll davon täglich genügt.

4. Selbst Blutbrechen stillt der Minzenabsud, wenn er mit Essig anstatt mit Wasser gemacht wird. Hiervon genießt man von Zeit zu Zeit 1—2 Kaffeelöffel voll. (Kneipp.)

Überhaupt seien der Tee und das Pulver dieses heilsamen Krautes allen recht dringend empfohlen, die eine sogenannte „schwache Natur" haben und oft an Uebligkeiten und dergleichen leiden. Auch Kneipp preist ihn zu diesem Zwecke als sehr heilsam.

5. Wer allgemein stärkende Bäder nehmen will, der siede 300—500 Gramm Minzenblätter ab und schütte den Absud in das gewöhnliche Badewasser.

6. Pfefferminzöl wird bei Gicht und Rheumatismus äußerlich zu Einreibungen gebraucht.

7. Das ganze Kraut kann zu sogenannten Kräuterkissen verwendet werden, die man recht warm auf die leidenden Stellen: Magen, Unterleib und so weiter legt. Es soll auch „bei heftigem Kopfweh, auf die Stirne gebunden, beruhigen und heilen".

Gleich gute Dienste wie die Pfefferminze leistet die Krauseminze; in ihren Wirkungen ist sie jedoch etwas weniger stark und reizend und bekommt daher sehr nervösen und schwachen Personen manchmal besser als jene.

Die Minzenblätter werden vor der Blütezeit der Pflanze gepflückt, im Schatten getrocknet und in Blechdosen wohl verschlossen aufbewahrt.

In den Kaufläden sind Pfefferminzzeltchen und Kügelchen erhältlich, die, wie allgemein bekannt ist, auf Reisen und auch sonst gegen Magenschwäche und Blähungen gebraucht werden. Auch Pfefferminzlikör dient den gleichen Zwecken.

*

Selten wird wohl eine Pflanze fleißiger von den Bienen besucht als

## die Melisse.

Eben deshalb wird sie auch Bienen- und Immenkraut, Honigblume und ihres Geruches wegen Zitronenmelisse genannt. Überhaupt trägt sie den Namen dieses emsigen und nützlichen Insektes, denn melissa heißt auf Griechisch Biene. Und schon Virgilius gibt den Bienenzüch-

1. Melisse, Zitronen- (Melissa officinalis, L.) [Bienen-, Immenkraut, Honigblume]. a) Blüte; b) Staubblatt. — 2. Minze, Pfeffer- (Mentha piperita. L.) a) Blüte: b) Staubgefäß.

tern den Rat, Melissensaft in die Nähe eines „schwärmenden Stockes“ zu spritzen, um dessen „Durchgehen“ zu verhindern. Die Melisse ist eine 50—80 Zentimeter hohe Pflanze, mit verästeltem Stengel und rauhen, haarigen, ovalen und gezähnten Blättern von dunkelgrüner Farbe. Die kleinen Blüten sind von Farbe weiß oder rötlichviolett und öffnen sich im Juni und Juli.

In den südlichen Alpen, den Pyrenäen und überhaupt in den südeuropäischen Ländern wächst die Melisse wild, bei uns aber muß sie angepflanzt werden, und man sollte dies noch viel mehr tun, als es der Fall ist, weil sie die prächtigste Bienenpflanze ist, die es gibt, und zugleich die schöne Reihe der heilsamen Lippenblütler in würdiger Form fortsetzt und zu den besten Arzneipflanzen gehört.

## Anwendungen.

Ihre heilkräftigen Eigenschaften und Wirkungen sind vollständig dieselben wie jene der Pfefferminze, denn sie gehört ebenfalls zu den mild erregenden und krampfstillenden Mitteln, weshalb sie bei Hypochondrie, Herzklopfen, Schwindel, Migräne, nervösem Ohren- und Zahnschmerz, Unterleibskrämpfen und so weiter einen wohltätigen Einfluß ausübt. Darum wird die Melisse auch auf ganz ähnliche Weise und in denselben Fällen angewendet wie die Pfefferminze und das Basilienkraut. Besonders aber wird ihre fast augenblickliche Hilfe bei Unterleibskrämpfen, schwer kommender Menstruation und bei nervösem Erbrechen der Frauen in gewissen Umständen gerühmt.

Da die Melisse einen sehr angenehmen Duft besitzt, wird sie auch zur Herstellung verschiedener Parfümerien und Essenzen gebraucht; auch wird ein weltberühmter Likör, der sogenannte „Karmelitergeist“, aus der Melisse und einigen andern Kräutern im Karmeliterkloster zu Regensburg hergestellt. Dieser muß tagsüber zu 3—4 Kaffeelöffeln voll oder jedesmal 25—30 Tropfen auf Zucker genommen werden und wirkt vortrefflich bei Verdauungsschwäche, Krämpfen und ähnl. Kinder bekommen wie gewöhnlich ⅓ oder höchstens die Hälfte der Gabe.

Das Sammeln, Trocknen und Aufbewahren der Melisse geschieht auf die gleiche Weise wie jenes der Pfefferminze.

Man hat dieses hübsche Gewächs zum Sinnbilde lieblicher Heiterkeit gemacht. Darum soll der Melissentee auch fröhliche Träume bringen und das Gemüt freudig stimmen. Jedenfalls bringt er durch seine heilenden Wirkungen oft wieder Luft und Freude dahin, wo kurz vorher Schmerz und Betrübnis herrschten!

*

Ferner spendet uns die gleiche Pflanzenfamilie einen Kämpfer für unsere Gesundheit. Es ist

## der Ysop.

Er liebt die steinigen Hügel und Berge, sowie die sonnigen Felswände Südeuropas als Standort und wächst dort wild; in unserm Klima aber verlangt er zu seinem Gedeihen sorgliche Pflege im Garten, wo er gewöhnlich als Beeteinfassung gezogen wird. Der Ysop ist ein 40—50 Zentimeter Höhe erreichender, duftender Halbstrauch mit gewöhnlich blauen, manchmal auch weißen oder rötlichen Blüten, die sich im Juli und August erschließen.

In den ersten christlichen Jahrhunderten wurde diese jetzt so bekannte und geschätzte Handels-, Zier- und Arzneipflanze als Sprengwedel benutzt. Doch darf sie nicht mit dem biblischen Ysop verwechselt werden. Auch der Ysopstengel, auf dem der mit Essig und Galle getränkte Schwamm dem dürstenden Heiland dargereicht wurde, ist ein anderes Gewächs als jenes, von dem wir reden, dessen Stengel nicht einmal einen Meter hoch wird. Allerdings stammt unser Ysop ebenfalls aus dem Morgenlande und wurde wahrscheinlich von den Mönchen in unsere Länder gebracht, wie wir ihnen außerdem noch manche andere Kulturpflanze verdanken. Darum findet man ihn zuerst auch nur in Klostergärten gepflegt, wo er seiner arzneilichen Kräfte wegen angebaut wird.

1. Ysop, echter (Hyssopus officinalis, L.) a) Blüte; b) Staubblatt. —
2. Salbei, gemeiner (Salvia officinalis, L.) a) Blüte; b) Staubblatt.

Der Ysop riecht selbst getrocknet stark, aber angenehm gewürzhaft und schmeckt aromatisch bitter. Er enthält viel ätherisches Öl und Gerbstoff. In der Heilkunde ist er als leicht erregendes, belebendes und stärkendes Mittel gebräuchlich, das auch zusammenziehend und wurmwidrig wirkt.

## Anwendungen.

Darum wendet man ihn bei allgemeiner Schwäche und Erschlaffung der Verdauungsorgane, bei Lungen- und Gedärme-Schwäche und -Verschleimung, bei Magen-, Brust- und Unterleibskrämpfen, sowie auch äußerlich bei Gicht und Rheumatismus, bei Mund- und Halsgeschwüren, angeschwollenen Mandeln, lockerm Zahnfleisch, Zahngeschwüren und entzündeten, eiternden Augen mit dem besten Erfolge an.

Innerlich werden die getrockneten Blätter und traubigen Blütengipfel als Tee, ähnlich der Melisse, dem Basilienkraut und so weiter verwendet.

Äußerlich dient ihr Absud zu Umschlägen, Waschungen, Bädern, sowie auch als Gurgel- und Augenwasser.

Die innerliche Kur kann wirksam unterstützt werden durch Kräuterkissen aus Ysop, mit Rauten-, Thymian- oder Salbeikraut vermischt. Auch warme Breiumschläge aus Ysop sind in manchen Fällen angezeigt, wie zum Beispiel bei Unterleibskrämpfen, geschwollenen Mandeln, Gicht und dergleichen.

Ysop-Öl kauft man in den Apotheken; es dient zu Einreibungen bei gichtischen und rheumatischen Gliederschmerzen.

Ysop wird wie die andern Heilkräuter der gleichen Familie gesammelt und getrocknet.

Im Garten will er einen sonnigen, warmen Standort. Er wird im Frühjahre gleich ins freie Land gesät, wo er verbleibt. Gegen den Herbst wird er abgeschnitten. Ein Ysop-Beet dauert einige Jahre; nach 3—4 Jahren ist dessen Erde aber so ziemlich ausgesogen, und es ist vorteilhaft, ein neues Land anzulegen.

Der Name unserer Heilpflanze erinnert uns an das reuige Gebet Davids im 50. Psalm: „Besprenge mich mit Ysop, daß ich rein sei!" (Asperges me hyssopo, et mundabor!)

*

Die letzte, aber berühmteste Lippenblütlerpflanze meines Gartens ist

## der Salbei.

Wie alle seine Vorgänger, stammt er aus den Mittelmeergegenden, wo er wild wächst. Doch finden sich unter den mehr als 200 verschiedenen Salbeigewächsen auch einige heimische Arten dieser Gewürz- und Arzneipflanze in unsern Ländern, und zwar unter andern der Wiesen- und Waldsalbei.

Der Garten-, Königs- oder Kreuzsalbei, der im Garten gezogen werden muß, ist ein 30—70 Zentimeter hoher Strauch mit eiförmigen, zugespitzten, runzeligen und graubefilzten Blättern von weißgrüner Farbe und violetten Blumen, die im Juli und August blühen. Die ganze Pflanze riecht gewürzhaft und kampferähnlich und ist von Geschmack zusammenziehend bitter. Bei unsern Vorfahren stand der Salbei so sehr in Ansehen, daß er in keinem Heiltranke fehlen durfte, und man glaubte wirklich, daß er die Kraft und Fähigkeit besitze, des Lebens Faden ins Unendliche zu verlängern; daher hieß es auch in einem Spruche: „Gegen die Gewalt des Todes wächst im Garten der Salbei." Wenn aber die weisen Männer der Wissenschaft trotzdem dem Sensenmann seine Beute nicht entreißen konnten, dann wurde vorwurfsvoll gesagt: „Warum denn soll der Mensch sterben, dem doch Salbei wächst im Garten?" Aber die Lehrer der Heilkunde antworteten, und wohl nie mit größerer Wahrheit: „Gegen den Tod ist kein Kraut gewachsen."

Wir sehen, wie hochberühmt die Pflanze war; ja selbst ihr Name, der geradezu ein Ehrenname ist, denn er bedeutet Heil und Gesundheit, spricht bis zum Ende der Zeiten von dem Vertrauen, das unsere Vorfahren in die Heilkraft des Salbeis setzten. Eine liebliche Sage, die ich in

Frankreich erzählen hörte, berichtet folgendes über das Entstehen des Namens:

Als die heilige Familie vor den Nachstellungen des gottlosen Herodes nach Ägypten fliehen mußte, geriet sie einstmals in die größte Bedrängnis, denn die Verfolger waren nahe; keine menschliche Wohnung bot sich ihr zum Schutze, und der Tag neigte sich bereits seinem Ende zu. Vergebens schauten Maria und Joseph nach einem Obdache oder einem Orte aus, der sie den Schergen des Herodes entzogen hätte; vor ihnen lag allein die weite, leere Wüste. Nur ein kleiner Busch stand in kurzer Entfernung wie verloren seitwärts vom Pfade, auf dem sie müde und matt fürbaß schritten. Aber, o Wunder! je näher die heilige Familie kam, desto größer und umfangreicher schien der Busch zu werden, und als sie bei ihm angelangt waren, da hatten sich seine Äste wie eine Hütte gewölbt und öffneten sich nun, die heilige Familie zu empfangen. Unverweilt flüchtete diese unter die gastlichen Zweige, die sich alsbald wieder dicht zusammenzogen. Die Verfolger zogen heran und verwunderten sich laut über das unerklärliche Verschwinden der Gesuchten: keiner von ihnen aber dachte an den Strauch, der wieder klein und unscheinbar am Wege stand. Wie hätte er auch einen Menschen bergen können, er, der nicht einmal Manneshöhe hatte? Sie zogen also vorüber und schlugen eine andere Richtung ein: die heilige Familie aber war gerettet. Seit jener Zeit erhielt dieser Strauch, der ehedem anders hieß, den Namen Salbei, das ist: „Strauch, der das Heil der Welt barg!“ Auch verlieh ihm Gott eine große Heilkraft, also daß er in der ganzen Welt hochberühmt wurde.

Auch jetzt noch sind die Salbeiblätter in der Heilkunde gebräuchlich. Sie, sowie die ganze Pflanze haben einen starken, aromatischen Geruch und bitterzusammenziehenden Geschmack, den sie vorzüglich einem ätherischen Öle, Gerb- und bittern Extraktivstoff verdanken. Durch diese Bestandteile wird die Pflanze aber auch zu einem der kräftigsten und erfolgreichsten zusammenziehenden und stärkenden Mittel, namentlich bei Lungenschwindsucht, Fiebern, Halsentzündungen,

Mundfäule, eiternden Geschwüren und so weiter. Auch reinigt ihr Gebrauch Nieren und Leber.

## Anwendungen.

1. Salbeitee ist daher innerlich bei Lungenkatarrh und -verschleimung, verbunden mit schwerlöslichem Husten und jenem nächtlichen Schweiße, der namentlich Lungenleidende so sehr entkräftet, sehr heilsam.

Ulsamer gibt für jene, die an diesen Nachtschweißen leiden, folgendes Rezept: „Man übergieße 10 Gramm Salbeiblätter mit ½—¾ Liter kochendem Wasser, lasse dies eine halbe Stunde lang stehen, setze dem kaltgewordenen Tee ¼ Liter guten französischen Rotwein zu und trinke davon alle zwei Stunden eine halbe Tasse oder ein Trinkglas voll."

2. Der Salbeitee verringert und hemmt ferner die Milchabsonderung nach dem Entwöhnen der Kinder, hebt Verdauungsbeschwerden, Appetitlosigkeit, Blähungen, und Verschleimungen jeder Art in Gaumen, Hals und Magen.

3. „Salbei", sagt Kneipp, „den man wie Tee in Wasser und Wein absiedet und trinkt, reinigt Leber und Nieren. Kräftiger sind die genannten Wirkungen, wenn mit Salbei Wermut (halb und halb) vermengt und die Mischung als Tee zubereitet wird. Das Pulver dieser Heilpflanze, wie Pfeffer, Zucker oder Zimt auf Speisen gestreut, leistet bei den bezeichneten Leiden dieselben Dienste wie der Tee."

4. Wer sich erkältet hat und Husten, Schnupfen, Halsweh, Fieber als Folgen befürchten muß, der zögere nicht, Salbeitee zu trinken. Mischt man solchem, der schon stark sein darf, Honig bis zum Süßwerden und ein wenig Essig bei, so hat man damit eines der vortrefflichsten Mittel gegen all die genannten Leiden.

5. Auch zurückgetretener Schweiß wird durch diesen Tee wieder hervorgerufen.

6. Äußerlich dient er als Mund- und Gurgelwasser bei Mundfäule,

Halsbeschwerden, Zahn- und anderen Geschwüren, bei lockerm, leicht blutendem Zahnfleisch, bei Halsentzündungen, verlängertem Zäpfchen und nervösem Hustenreiz im Kehlkopfe. Namentlich sollte er bei Halsbräune sofort als Gurgelwasser angewendet werden bis zur Ankunft des Arztes, der ungesäumt geholt werden muß. Zu diesem Zwecke macht man einen starken Absud von dem Kraute, dem man ein paar Eßlöffel voll guten Essig und Honig oder ein wenig chlorsaures Kali beifügt.

7. Salbei gibt ein ausgezeichnetes Zahnpulver. Dr. J. A. Schilling empfiehlt hierzu, in verkohlte, feinst zerriebene Schwarzbrotkrume Salbeipulver zu mengen, das man aus gedörrten und dann kleinzerdrückten Salbeiblättern macht.

8. Wer alte, faule Schäden und Geschwüre hat, der wasche diese fleißig mit kaltem, aber starkem Salbeitee aus und lege auch in ihn getauchte Tücher als Umschläge darüber; kein anderes Mittel wird sie schneller und besser heilen als dieses.

Die Salbeiblätter werden vor der Blüte der Pflanze, also im Juni, gesammelt, im Schatten getrocknet und in gut verschlossenen Büchsen aufbewahrt. — Salbei findet auch in der Küche vielfache Verwendung zum Braten, Backen, Würzen der verschiedenen Speisen.

Manchem schien es ein Rätsel, warum die meisten der aromatischen Lippenblütler gerade mit Vorliebe ihren Standort an den oft kahlen Felswänden der südeuropäischen Berge wählen, wo sie den versengenden Strahlen der Sonne so vollständig preisgegeben sind. Doch das Rätsel hat durch die Forschungen der neuern Wissenschaft seine Lösung gefunden, indem bewiesen worden ist, wie sich diese Pflanzen mit einer Art „Schirm“ umgeben, der sie sehr wohl zu schützen vermag und in Wirklichkeit auch schützt. Jede breitet nämlich eine „Duftwolke“ von ätherischem Öle um sich herum aus, wodurch die übermäßige Wärmestrahlung von der Pflanze abgehalten und von der mit diesem Öle gefüllten Luft aufgesaugt wird. Wer vermöchte die Wunder Gottes in der Natur alle aufzuzählen!

*

Wir verlassen nun der Lippenblumen stolze Zahl, die uns so viele und mannigfache Hilfe in Übeln und Leiden spenden und wenden uns, bevor wir den Garten wieder verlassen, zwei Pflanzen zu, die der ebenfalls sehr heilsamen Familie der Korbblütler angehören. Zwar könnten wir beide auf Feld und Flur oder gar auf Schutthaufen finden, wer sie aber stets reichlich zur Hand haben will, der pflanze sie, wie ich getan habe, in seinen Garten! Die erste dieser Pflanzen ist

## die echte Kamille.

Kein anderes Kraut kann so sehr der Empfehlung entbehren wie sie, denn seit undenklichen Zeiten ist sie das erste Mittel, nach welchem die sorgende Mutter greift, wenn ein Familienglied oder Hausgenosse der ärztlichen Pflege bedarf. Darum heißt auch der erste lateinische Name der Pflanze, Matricaria", nichts anderes als „das Kraut der Mutter", und das mit um so größerem Rechte, als die Kamille auch in manchen Frauenkrankheiten von ausgezeichneter Wirkung ist.

Oft schon haben wir im Laufe unserer Ausflüge bemerken können, wie gewisse Pflanzen, die des Menschen Freunde in ganz besonderer Weise sind, in dessen Nähe so üppig und reichlich wachsen, gerade als ob ihm der gütige Schöpfer überall auf allen Wegen die Mahnung zukommen lassen wollte, dieser Pflanzen Heilkraft ja nicht zu verschmähen. So ist es auch mit der Kamille. Schon bei uns findet sie sich überall, und die Kräuterweiblein ernten sie in ganzen Garben. Ganz besonders üppig aber gedeiht sie (nach Professor Landerer) in Griechenland, wo sie große Strecken mit ihren Blumen überflutet, so daß ganz Europa seinen Kamillenbedarf daher beziehen könnte. Trotzdem aber hindert die „angeborene Faulheit" die Griechen so sehr am Einsammeln der Pflanze selbst für ihren eigenen Gebrauch, daß sie das Heilkraut aus unsern Ländern beziehen!

1. Kamille, echte (Matricaria chamomilla. L.) [Mägdeblume, Lungenkraut].
a) Scheibenblüte; b) Strahlenblüte. — 2. Wermut (Artemisia absinthium, L.).
a) Scheibenblüte; b) Randblüte.

Die echte Kamille darf nicht mit der unechten oder Hundskamille verwechselt werden. Sie hat schmale, geteilte, mehrfach gefiederte Blätter, halbkugelige Blütenköpfchen, einen kegelförmigen Fruchtboden, der sich, wie der Blütenstiel, beim Durchschneiden als hohl erweist, eine gelbe Scheibe und weiße, zurückgebogene Strahlen. Ihr Geruch ist angenehm, balsamisch gewürzhaft, während jener der Hundskamille stinkend ist. Die Blüten enthalten, wenn auch nur spärlich, ein dunkelblaues, ätherisches Öl, bittern Extraktivstoff, Gummi und Salze. Die echte Kamille gehört zu den tonischen, anregenden, krampfstillenden, fieber- und wurmwidrigen Heilmitteln.

## Anwendungen.

1. Der allbekannte Kamillentee ist darum auch hauptsächlich bei Kolik, Leibweh, Blähungen, Magen- und Bauchkrämpfen, bei verhaltener und mit Krämpfen verbundener Menstruation, sowie besonders auch bei allen durch Erkältung oder Frost hervorgerufenen Leiden und Unpäßlichkeiten am Platze.

2. Kamillentee begünstigt ferner die Wirkung der Brechmittel, was für einzelne dringende Fälle wohl zu merken ist.

3. Auch ist durch seinen Gebrauch allein schon öfters das Wechselfieber geheilt worden Jedenfalls ist er in diesem Falle nur von Vorteil und Nutzen.

4. Bei Kongestionen, Konvulsionen und Gichtern, namentlich auch der Kinder, bei großer Nervenerregung und Schwäche nach Typhus und anderen erschöpfenden Krankheiten, auch um Nieren und Leber zu reinigen, ist Kamillentee ein vorzügliches Mittel. Wer könnte übrigens die Fälle alle aufzählen, in denen er nicht schon wahre Wunder gewirkt hat!

5. Äußerlich benutzt man ihn zu stärkenden Bädern bei schwächlichen, skrofulösen Kindern oder nach schweren Krankheiten zu reinigenden und heilenden Waschungen, bei allen möglichen Wunden

und Schäden und als Gurgelwasser bei Mund- und Halsleiden.

6. Kamillendämpfe sind bei Ohrenleiden schon oft mit vielem Erfolg angewendet worden; desgleichen auch Kamillensäckchen bei Magen- und Bauchkrämpfen vorzüglich der Kinder, sowie bei Geschwüren, Drüsengeschwulsten und so weiter.

7. Des Kamillenöles, das sehr teuer ist, bedient man sich bei Asthma, Keuchhusten und so weiter.

Die Blüten werden an warmen, trockenen Tagen gesammelt, an der Luft getrocknet und in Blechbüchsen aufbewahrt.

Außer der Hundskamille, die mit der echten die meiste Ähnlichkeit hat, gibt es unter andern Arten noch die gewöhnlich goldblütige Färberkamille, und die edle römische, welche häufig gefüllt verkommt und oft im Garten gezogen wird. Die Wirkungen dieser letztern gleichen jenen der echten Kamille.

Möchte doch kein Hausgärtchen — selbst nicht das kleinste — diese wunderbar kräftige und heilsame Pflanze entbehren; ist sie ja zugleich auch eine Zierde des Gartens, und der Morgenländer verschmäht nicht in seiner bilderreichen Sprache, schöne Zähne mit den weißen Strahlen der Kamille zu vergleichen!

*Üppig auf heimischer Flur entsprießt ein balsamisches Kräutlein;*
*Gelb ist die Scheibe wie Gold, weiß und gesenket der Strahl;*
*Also steht es in Demut geneigt, nicht ahnend die Kräfte,*
*Welche der gütige Gott ihm in der Blüte verliehn.*
*Wisset, es stillet den Krampf und heilet Schmerz und Geschwülste;*
*Nimmer entbehrt es ein Haus; Mägdlein, ehret das Kraut!*

*

Und nun noch zum bittersten aller gesegneten Kräutlein, zum

## Wermut oder Absinth,

der vielen als bitterer Beifuß, oder als Wurmzwiebel, Wiegenkraut und Grasblume bekannt ist. Er wird an den gleichen Orten wie die Kamille gefunden, doch ist es immerhin besser, ihm ein stilles Plätzchen im Hausgarten anzuweisen. Er nimmt dort bescheiden mit jedem Winkelchen vorlieb, als ob er fühle, daß ihn nicht Vorliebe und Sympathie, sondern allein das Interesse dahin pflanzte. Der Wermut ist auch keines jener frohen, sonnigen Gewächse, die in sich allein schon einen ganzen Frühlingszauber oder jene üppige Sommerfülle bergen, welche unser Herz gleich auf den ersten Blick gefangen nehmen — sein ganzes Äußere trägt im Gegenteil den Stempel des Grams und der Sorge; durch die grauen Härchen, mit denen Blatt und Stengel umkleidet sind, scheint er nämlich wie von Alter und Kummer gebleicht, während die zahlreichen, kugeligen, grünlichgelben Blütenköpfchen trauernd nach einer Seite hin geneigt sind. Der Wermut ist keine Blume der Freude. Stetsfort und überall, von den ältesten Zeiten bis auf unsere Tage, wurde er im Vereine mit Leid, Schmerz und Trauer genannt und begleitete diese allerorts. In den altheidnischen Zeiten bettete man die Leichen auf Wermut, ehe sie auf dem Holzstoße verbrannt wurden; später, nach Einführung des Christentums, pflanzte man ihn auf die Gräber der Heimgegangenen Lieben, wie es teilweise heute noch geschieht; und wenn im Mittelalter ein Bittgang bei Mißwachs und Hungersnot veranstaltet wurde, bekränzten sich die Jungfrauen zum Zeichen der Trauer und des Schmerzes mit dieser Pflanze. Und habt ihr selbst noch nie den sprichwörtlich gewordenen „bittern Wermutstropfen" im Leben zu kosten gehabt? Dann preise ich euch glücklich, denn selten wird dem Menschen dieser herbe Trunk erspart.

Verschiedentlich stand auch der Wermut in Verbindung mit dem Aberglauben. Um den Kindern Schlaf zu verschaffen, legte man die Pflanze in deren Wiege; damit der Stall von Hexen verschont bleibe, räucherte der Bauer ihn mit Wermutkraut aus. An die Füße gebunden, sollte es die Müdigkeit vom Wanderer fernhalten; am Sankt-Johannistage aber bekränzte man sich mit Wermut und warf dann den Kranz ins Feuer — und mit ihm alle seine Schäden und Gebrechen

— so glaubte man wenigstens!!

Heute noch nimmt der Wermut in der „Weihbuschel“ des 15. August einen bevorzugten Platz ein; ist er doch ein großes Heilkraut! Er hält aber auch Motten, Insekten, Flöhe und sonstiges Ungeziefer von Wohnungen und Schränken fern. Auch steckt der Landmann mit Recht Wermutzweige in den Kornhaufen auf seinem Speicher, denn sie vertreiben den so schädlichen Kornwurm. Das geradezu widerlich schmeckende Kraut enthält vorzüglich ätherisches Öl, bittern Extraktiv- und Harzstoff. Es ist als ausgezeichnetes magenstärkendes, fieberstillendes, die Leber und Galle verbesserndes, leicht anregendes und erhitzendes, sowie wasserabtreibendes Mittel im Gebrauche.

## Anwendungen.

1. Schlechter Magen, schlechte Verdauung und dadurch entstandener übler Mundgeruch finden darum durch den Wermuttee oder das Wermutpulver Hilfe und Heilung.

2. „Magenwinde leitet er aus und verbessert und unterstützt die Magensäfte.“ (Kneipp.)

3. Wechselfieber und Gelbsucht finden an ihm ihren Meister; namentlich ersetzt er bei ersterm das Chinin ganz vorzüglich, wird er in Pulver- oder Teeform genommen. Man kann auch ebensogut Wermut gebrauchen, indem man etwa 30 Gramm der Pflanze in 1 Liter Weißwein 1—2 Tage einziehen läßt und täglich 1—2 kleine Gläschen voll davon trinkt. Dieser Wein bekommt namentlich entkräfteten, schwächlichen, gelbsüchtigen, oder in sumpfigen Gegenden lebenden Personen sehr gut, da er sie stärkt, das Fieber von ihnen abhält und die Leber und Galle reinigt, wodurch die „faulen Säfte“ ausgeschieden und sozusagen der Herd der Krankheit zerstört wird.

4. Auf Reisen und für solche, „die viel von Magenbeschwerden und Übligkeiten geplagt werden“, wie Kneipp sagt, ist dieser Wein ebenfalls sehr zweckmäßig; desgleichen die Tinktur, die aus einem Wermutblatt

und dem Branntweininhalte einer Feldflasche gemacht wird, indem man dieses Blatt hineinwirft. (Nach Kneipp.)

5. Auch solche, welche Anfänge der Wassersucht an und in ihrem Körper verspüren, sollten ungesäumt den Wermuttee, -wein oder das auf die Speisen gestreute Wermutpulver zu Hilfe nehmen.

6. Ein erprobtes französisches Rezept gegen Fieber und Eingeweidewürmer ist folgendes: Man lasse in 4 Liter Weißwein 25—30 Gramm Wermut und 30 Gramm Knoblauch einige Tage einziehen und trinke dann täglich ein paar kleine Gläschen dieses Weines. Fügt man etwas Rinde von der Silberweide hinzu, so ersetzt er vollständig den bekannten Chinawein.

7. Nervöse Verstimmung, Melancholie, hysterische Zufälle und ähnliches verlangen ebenfalls Behandlung mit Wermut. Doch muß man ihn in diesen Fällen mit großer Vorsicht anwenden und den Arzt zu Rate ziehen. Überhaupt wirkt Wermut am besten, wenn er nur in kleinen Dosen, also eßlöffelweise genommen wird, zumal von nervösen, hochempfindlichen Kranken. Bei Kindern kommt hauptsächlich der Teelöffel nur in Betracht.

8. Äußerlich angewendet bildet der Wermuttee entweder für sich allein oder mit ein wenig Salz, das in ihm aufgelöst wurde, eines der besten Mittel, die man kennt, um Wunden, Geschwüre und Schäden vor Fäulnis und Brand zu bewahren, wenn man sie mit diesem Tee fleißig wäscht oder auch Überschläge damit macht. Der Gebrauch von Wermutumschlägen führt Wunden überhaupt einer schnellen Heilung zu.

9. Wermuttee ist zugleich ein reinigendes, stärkendes und heilsames Augenwasser. Besonders ältere Leute mögen es vertrauensvoll benutzen!

Man sammelt das 60—70 Zentimeter hohe Kraut zur Zeit der Blüte im Juli und August und trocknet es im Schatten, nachdem man die gröbern Stengel davon weggeschnitten hat. Es wird in Blechdosen aufbewahrt, da es dem Sonnenlichte nicht ausgesetzt werden darf.

Aus Wermut macht man auch Wermutlikör, Wermutöl, Wermutbier und Wermutbitter. Besonders wird in Frankreich das so sehr beliebte extrait d'Absinthe daraus bereitet, jener grünfarbige Likör, der, sehr mäßig und nicht als Gewohnheitsgetränke genossen, allerdings alle guten und heilsamen Eigenschaften des Wermuts besitzt, durch regelmäßigen und längern, oder auch unmäßigen Gebrauch jedoch nach und nach zu Stumpfheit, Unempfindlichkeit, Halluzinationen (irrigen Einbildungen), Geistesschwäche, Irrsinn und oft zu einem frühen Tode führt. Frankreich verdankt diesem Getränke die meisten an Säuferwahnsinn Leidenden! Wir sehen, daß der Mensch nur dann aus den Gaben der Natur wahren Segen ziehen kann, wenn er in den Grenzen der Mäßigkeit und Pflicht bleibt, die ihm von Gott gezogen worden sind! Im andern Fall wendet sich eben der Segen in Fluch!

Eine rührende Sage über das Entstehen des Wermut führt uns zum Berge des großen Leidens, auf Golgatha. Als dort dem dürstenden Heilande nur die herbe Labung von Essig und Galle wurde, da fielen einige Tropfen des Getränkes, die seine heiligen Lippen berührt hatten, nieder zur Erde. Und alsogleich entsprang ihr ein Kraut, das die ganze Bitterkeit des Leidens unseres Erlösers in sich birgt. Wie von Gram erfüllt und von Mitleid erschauernd, stand es am Fuße des Kreuzes schmerzvoll niedergebeugt; denn in jenen schrecklichen Stunden erzitterten alle Kreaturen in unaussprechlicher Betrübnis; nur der Mensch, um dessentwillen der Heiland solche Qualen litt, blieb hart und ungerührt.

Wehmütig schaute der göttliche Dulder auf die Pflanze hernieder, und auch in diesem Augenblicke noch voll Sanftmut und Milde, selbst für das kleinste der Geschöpfe, sprach er zu ihr: „Gesegnet seist du, kleines Kraut, und wer dich bricht, um sich zu heilen, der soll durch deine Bitterkeit meines Segens reichste Fülle spüren. Wo aber ein müder Erdenwanderer ist, der gerufen werden soll in die Gefilde der ewigen Heimat, dem magst du von der Bitterkeit meines Leidenskelches reden, auf daß er in Geduld den seinen trinke!" Und also geschah es bis zu dieser Stunde; darum kann der Wermut ein zweifach heilsames Kräutlein uns werden: einmal zur Stärkung des Leibes und wieder zum Troste der Seele!

Möchte seine gesegnete Bitterkeit unser ganzes Innere mit Kraft und Milde zugleich durchdringen!

*

Wie lieblich und rührend zugleich weiß doch die fromme Sage zu unserm Herzen zu sprechen! Im schlichten Gewande, mit kindlichem Geplauder tritt sie uns entgegen, ein Märchen nur und unnütz Reden für die hochmütige Weisheit dieser Welt! Wer aber mit offenem Gemüte und demütigem Sinne ihren Worten lauscht, der lernt mit Entzücken ihre Sprache verstehen und entnimmt ihr die Lehren wahrer, himmlischer Weisheit.

Lassen wir unser Herz von ihnen durchdringen, wenn wir den schlichten Worten mit Aufmerksamkeit lauschen!

8

# Jahresneige

# Jahresneige.

Des Frühlings hoffnungsreicher Blütentag ist längst vorüber; vorüber auch ist nun des Sommers goldne Ährenfülle; müde hängt das Laub an allen Bäumen, und schon kleidet sich der Wald in seine Abschiedsfarben. Denn ach! des Jahres Tag hat sich geneigt, und sein Abend bricht heran!

Wohl bringt der Herbst, der jetzt gekommen ist, in seiner ersten Zeit an Beeren und an Früchten eine reiche Fülle, woran sich jung und alt ergötzt und labt; mit Stolz auch blickt der Bauer auf die vollen Scheuern und fröhlich geht er mit Pflug und Egge des Morgens auf die kahlen Stoppelfelder, um sie zu „stürzen" für die Winterruhe; selbst manches Körnlein schon vertraut er wieder der treuen Erde an, fürsorgend auf das nächste Jahr. Denn es birgt noch sommerliche Kraft und Wärme Flur und Feld; des Himmels Bläue ist fast ungetrübt, und jeder Tag ist mild und schön. Dennoch liegt über uns und der Natur jene wehmutsvolle Scheidestimmung, welche fühlt, daß dieser friedensreiche Feierabend nur zu bald zur Ruhe gehen wird! Denn schon in wenigen Tagen weht schärfere Luft durch alle Zweige und säet zu Boden das welke Laub; die Vögel ziehen alsdann dem Süden zu und lassen uns einsam hier zurück. Das Licht kommt spät und währt nur kurz, und frühe bricht die Nacht wieder herein; dichte Nebel hemmen unsere Blicke; die Sonne birgt sich hinter schweren Wolkenschichten, und kalte Regenschauer geleiten die sterbende Pflanzenwelt zu Grabe. Da stehen wir wohl alsdann in die Stube gebannt am Fenster und sehen dem trostlosen Rieseln der schweren Tropfen zu, die unaufhaltsam niederfallen. Schlägt dann einmal ein morsches Blatt vom Winde getrieben an die Scheiben und schauen wir ihm fragend nach: „Wohin, wohin?“ so vermeint unser trauerndes Herz die Mahnung zu hören: „Zu Ruhe und Frieden, durch Regen und Sturm.“

Doch wir haben noch Sonne und atmen mildwarme Luft; die Täler grünen zum zweiten Schnitte, und Höhen und Hänge sind noch mit Blumen geschmückt.

Warum also schon bangen und zagen und trübe der Zeiten gedenken, die jetzt noch nicht sind? Laßt uns vielmehr hinauseilen und die letzten Stunden des Tagewerks der Natur dankbar und freudig genießen. Denn sie legen uns gütig und freundlich einen Strauß Blumen in die Hand, der lenzliche Anmut und Frische mit sommerlicher Glut und Schönheit vereint, auf daß uns inmitten des wehmütigen Abschiedsgedankens das süße Trostwort erklinge: „Auf Wiedersehen!“

*

Jetzt sind unsere herbstlichen Wiesen mit dem kaum spannenhohen Kräutchen

## Augentrost

geschmückt. In der Farbe der Unschuld, welche seine kleinen, hellviolett gestreiften, im Schlunde gelbpunktierten Rachenblüten tragen, hebt es gar lieblich aus dem dunkeln Grün des Grases sich ab und verleiht unsern Triften fast lenzlichen Zauber. Oft überzieht es mit seinen ungestielten, rundlichen und scharfgezähnten Blättchen ganze Strecken, so zahlreich und dicht stehend, daß es saftigere Kräuter gänzlich verdrängt. Darum ist der Landmann nicht immer gut auf den Augentrost zu sprechen und nennt es Milchdieb. Und doch ist das Pflänzchen hinwieder mit den Namen Augentrost, Augenkraut oder Lichttagkraut sehr wohl bezeichnet, und kein anderer stünde ihm besser: denn aus dem kleinen Gewächse spricht so viel Frohsinn und Anmut,

1. Augentrost (Euphrasia officinalis, L.) [Augenkraut, Lichttagkraut]. a) Blüte; b) Griffel. — 2. Odermennig (Agrimonia eupatoria, L.) [Ackerwurz, Ackermennig, Hagamundiskraut, Heil aller Welt, Brachwurz, Leberkraut]. a) Blüte; b) Staubblatt.

daß es dem Auge in dieser Herbstzeit, wo schon alles das Gepräge der Vergänglichkeit trägt, zum hoffnungsfreudigen Troste für ein lenzliches Wiedererstehen wird. Darum glaubten die Alten, daß dieses liebliche Blümchen, dessen Anblick durchs Auge so erquickend und freundlich zum Herzen spricht, auch wirklich dem leidenden und geschwächten Gesichte die Gesundheit und die Sehkraft wieder zu geben vermöge.

Und unsere Vorfahren hatten recht; der Augentrost ist ein „fein wirksam Augenkraut". Der Pfarrer Kneipp schlägt dafür aber auch noch den Titel: „Magentrost" vor, denn auch den Magen weiß er zu stärken, da er eine für dieses Organ heilsame Bitterkeit besitzt.

## Anwendungen.

1. Um leidende, eiternde, entzündete und schwache Augen zu heilen und zu stärken, empfiehlt Kneipp, diese etwa 3mal tagsüber mit dem Augentrosttee, den man aus dem Kräutlein bereitet hat, zu waschen und des Nachts damit angefeuchtete Leinwandläppchen auf die Augen zu binden. Zu gleicher Zeit soll der Patient täglich einen Kaffeelöffel voll Pulver innerlich gebrauchen, indem er es in Suppe, Milch oder anderer beliebiger Kost genießt.

2. Wer ein die Verdauung beförderndes und die Magensäfte verbesserndes Heilmittel braucht, der trinke täglich eine Tasse Augentrosttee, entweder des Morgens oder tagsüber in kleinern Gaben.

Ein vortreffliches Augenwasser wird bereitet aus: 60 Gramm rotem Rosenwasser; 4 Gramm gepulverter Aloe; 60 Gramm Augentrostwasser und 1,25 Gramm Bleizucker. Das Ganze wird gut gemengt und vor Gebrauch jedesmal umgeschüttelt.

Das Kräutlein blüht vom August an, kurz vor dem zweiten Grasschnitte. Um diese Zeit wird es gesammelt und getrocknet.

So dient also dieses Blümchen dem Gemüt und dem Auge zu wirklicher Freude und köstlichem Troste!

*

Manchmal an gleichen Standorten, im hohen Grase der Wiesen, viel häufiger aber an Weg und Grabenrändern, niedern Rainen, sowie unter Buschwerk und Hecken erhebt jetzt auch die gelbblühende, 40—60 Zentimeter hohe

## Odermennig

ihren einfachen, in eine lockere Ähre endigenden Stengel. Einzeln genommen, gleicht jedes ihrer Blümchen, welche sich oft schon im Juli öffnen, einer kleinen Rose; der Anblick des ganzen Blütenstandes erinnert jedoch an die Königskerze, während die graugrünen, gefiederten, scharfgeaderten Blätter jenen des Fingerkrautes nicht unähnlich sind. Wenn wir sie zerreiben, entwickeln sie einen zwar schwachen, aber sehr angenehmen Geruch, der in der „wohlriechenden Odermennig" (Arimonia odorata Mill.) viel stärker hervortritt.

Griechen und Römer wandten sie bei Leberleiden, Gelbsucht und ähnlichen Krankheiten, aber auch gegen den Biß giftiger Schlangen und anderer Tiere, sowie auch zur Heilung von Krebsschäden an. In manchen Gegenden gebraucht man sie jetzt noch zu einzelnen solchen Zwecken; sie wird daher auch wohl „Brust- und Leberkraut" und von ihrem Standorte „Haldenmändle" in Schwaben, sonst auch „Hagamundiskraut, Königskraut, Ackermennig und Bachkraut" genannt.

Die Odermennig mußte in alten Zeiten unter verschiedenen abergläubischen Zeremonien gesammelt werden; namentlich durfte sie kein Messer oder sonstiges eisernes Instrument berühren und nur wenn diese Vorschriften beobachtet worden waren, hatte sie, besonders auch gegen Krebs, heilende Kraft.

In neuerer Zeit wurde die Odermennig zum Gerben und Gelbfärben benutzt und verdient auch wirklich hierzu jegliche Empfehlung.

Sie enthält viel Gerbstoff und ist darum von Geschmack bitter und herbe.

## Anwendungen.

Das ganze blühende Kraut kommt mit den Blättern zur Verwendung.

1. Auf dem Lande wird daraus ein Tee bereitet, der namentlich bei Husten, Schnupfen und Halsweh mit Verschleimung von geradezu vorzüglicher Wirkung ist, wie ich es selbst aus Erfahrung bezeugen kann.

2. Dieser Tee hat zugleich einen heilsamen Einfluß auf die Verdauungs- und Ausscheidungsorgane, führt krankhafte Ablagerungen daraus ab, stärkt sie und hebt Schlaffheit, namentlich auch des Darmkanals. Vielfach habe ich schon von Leidenden rühmen hören, wie „leicht" dieser Tee mache, schon auf einen erstmaligen Genuß. Um jedoch wirkliche Heilung und Leber-, Milz- und Nierenreinigung zu erlangen, muß sein Gebrauch längere Zeit hindurch fortgesetzt werden. Auf eine Tasse, die man tagsüber trinkt, genügt eine Prise des zerschnittenen Krautes. Manche trinken täglich auch 2 solcher Tassen; morgens und abends.

3. Wenn dieser Tee zu Waschungen von Wunden gebraucht wird, reinigt und schließt er sie; ebenso heilt und schließt das auf Wunden und Schäden gestreute Pulver der Odermennig diese baldigst. Das frische, zerstoßene Kraut hat gleiche Wirkung.

Man sammelt im Juli, August und September die ganze blühende Pflanze, trocknet sie im Schatten und bewahrt sie zerkleinert gut verschlossen auf.

In Gesellschaft der Odermennig finden wir häufig auch den heilsamen und darum in der Heilkunde gebräuchlichen

## Steinklee.

Oft schon im Juli können wir die vielfach verzweigte, niederliegende, 60—80 Zentimeter messende Kleepflanze an Wegrändern, manchmal zwischen den Ritzen der Mauer- und Pflastersteine wachsend, erblicken, wo sie sich uns durch ihre dreizähligen, gesägten Blätter und durch ihre feinen, in einer dichten Ähre beieinanderstehenden gelben

Schmetterlingsblüten kenntlich macht. Die Pflanze besitzt jenen eigentümlich-angenehmen Geruch des Waldmeisters, den sie selbst nach dem Trocknen nicht verliert, weshalb sie auch dazu dient, den Schnupftabak zu parfümieren. Außerdem wird sie bei der Bereitung des gesunden, schweizerischen, allbekannten grünen oder Kräuterkäses, auch Schabzieger genannt, verwendet, nebst der blau- oder weißblühenden Art, worunter die blaue noch stärker als die beiden andern duftet. Die Bienen wissen wie immer den Honigseim des Steinklees gebührend zu schätzen und sind deshalb seine fleißigsten Gäste. Dieses ist der Grund, warum unser Kräutlein auch „Honigklee" genannt wird, worauf übrigens schon sein lateinischer Name, Melilotus, hinweist. Die andere Benennung, „Schotenklee", erklärt sich aus den hellbräunlichen, quergerunzelten, unbehaarten, mundförmigen Schotenfrüchten, welche im Herbste aus den Blumen entstehen.

Der Steinklee ist ein seit alten Zeiten bekanntes Gewächs, das bei den Griechen als Sinnbild der Schönheit und Beredsamkeit galt, weshalb schönen Frauen nicht selten mit einem Steinkleekranz gehuldigt wurde. Natürlich mußte ein so wohlduftendes Gewächs auch besondere Kräfte besitzen! Deshalb hing man es im Mittelalter über Betten und in die Stube wider Geister und Gespenster. Aufgeklärtere legten es aber auch in ihre Kleidertruhen, um Motten und Schaben davon fernzuhalten, was man jetzt auch noch tun kann, denn der Steinklee vertreibt sicher diese unliebsamen Gäste und teilt den Gewändern zugleich einen angenehmen Duft mit.

Er ist außerdem ein sehr schätzbares Heilkraut, dessen Blätter und Blüten vorzüglich Schleim, ätherisches Öl und bittern Extraktivstoff bergen. Von Geschmack sind sie etwas reizend und schleimig-bitter und besitzen zerteilende und erweichende Eigenschaften.

## Anwendungen.

Der Steinklee kommt besonders äußerlich zur Verwendung als Salbe, Pflaster, Umschlag, Klistier und zu Kräuterkissen.

1. In der Apotheke ist das bekannte und berühmte Melilotenpflaster zu haben, welches, bei Verhärtungen, namentlich auch bei harten Geschwülsten gebraucht, diese erweicht und zerteilt.

Wer sich selbst eine gute Steinkleesalbe für solche Zwecke machen will, der kann es auf die Art und Weise tun wie bei der Bereitung der Pappelsalbe.

2. Innerlich ist der Steinkleetee bei beginnender Wassersucht, sowie auch gegen Verhärtung und zur Reinigung der Leber, Milz und der Nieren heilsam. Man nehme täglich 1 bis 2 Tässchen davon in kleinern Gaben. Das getrocknete und pulverisierte Kraut, auf die gewöhnliche Kost gestreut, leistet die gleichen Dienste.

Die blühende Pflanze sammelt man in den Monaten Juli, August und September ein, pflückt Blätter und Blumen davon ab, trocknet sie und bewahrt sie gut verschlossen in Glasbüchsen auf.

*

Noch auf ein viertes Pflänzchen möchte ich euch aufmerksam machen, das wie die vorhergehenden eher lenzlichen als herbstlichen Charakter trägt und auch jener frühlingsfrohen Familie der Schlüsselblumengewächse angehört, deren lieblicher Erstling unser sehnendes Herz im März und April mit so hoffnungsvoller Freude zu erfüllen wußte. Es ist der niedliche, mennigrotblühende

## Gauchheil.

Kaum spannenhoch wird sein vierkantiger, weitschweifig geästelter, niederliegender Stengel, der mit vielen kleinen, eirunden, ganzrandigen und saftiggrünen Blättchen besetzt ist, welche unten schwärzliche Pünktchen tragen. Seine radförmigen Blumen entspringen auf langen Stielen, die aus den Blattachseln kommen. Überall tritt uns das blühende Kräutlein von Ende Juli bis tief in den Spätherbst hinein entgegen; namentlich aber gehört es zu jenen „gesegneten Ackerunkräutern“, denen wir im Verlaufe unserer Ausflüge so oft schon begegnet sind.

1. Gauchheil, roter und blauer (Anagallis phoenicea und A. coerulea) [Blutstropfen, Hühnerdarm, Vogelkraut]. a) Blüte; b) Staubblatt. — 2. Steinklee, gelber (Melilotus offic., Desf.) [Honig-, Schoten-, Melilotenklee]. a) Blüte; b) Same

Der Gauchheil ist eine allgemein bekannte Pflanze, welche durch die auffallende und in der Blumenwelt selten vertretene Farbe ihrer Blüten sofort auffällt, wenngleich das Pflänzchen sich auch sozusagen unter unsern Füßen verbirgt. Durch diese Blütenfarbe wird zugleich eine Verwechslung mit der gemeinen Vogelmiere unmöglich. Dagegen hat unser Pflänzchen einen dunkel azurblau blühenden Bruder, den blauen Gauchheil (Anagallis caerulea), der auf kalkhaltigem Boden wächst und in unsern Gegenden selten vorkommt. Man hielt in alten Zeiten den roten für das Männchen und den blauen für das Weibchen derselben Pflanze, während es jedoch zwei ganz verschiedene Arten sind.

Da die Samenkapsel unseres Pflänzchens, wenn sie ihrer Reifezeit nahe ist, beinartig weiß wird und kugelige Gestalt hat, so schloß man daraus, daß sie zur Heilung von Kropfkrankheiten, namentlich auch des Wahnsinns besonders wirksam sein müsse, und darum erhielt das Kraut den Namen Gauchheil, denn Gauch bedeutet so viel als ein armer, närrischer Mensch. Selbst gegen die Tollwut der Hunde brauchte man es, woher eine weitere Benennung: Wutkraut kommt. „Rote Miere" und „roter Hühnerdarm" heißt man es im Gegensatz zu der schon genannten Vogelmiere. Da unser kleiner Gauchheil sehr spät aufsteht und seine Fensterchen erst öffnet, wenn die Sonne den Morgentau säuberlich von allen Blättchen abgetrocknet hat, so nennt man ihn ebenfalls „faules Lieschen"; sobald schlechtes Wetter droht, schläft er den ganzen Tag; darum bezeichnet ihn der Engländer auch als des „armen Mannes Barometer" (Poor man weatherglass).

In alten Zeiten hing man den Gauchheil in dem Flur auf, um gegen Gespenst und Irrsinn gefeit zu sein; damit er aber recht kräftig wirke, mußte er vor Aufgang der Sonne lautlos gepflückt werden.

Ihrer bescheiden auf den Boden hingedrückten Haltung wegen bekam die Pflanze den Namen Anagallis, das ist „die Bescheidene". Sie trägt ihn mit um so größerm Rechte, als sie auch empfehlenswerte Heilkräfte besitzt.

Ihr Geschmack ist zuerst schleimig und fade, dann bitter und scharf.
Anwendungen.

1. Der Gauchheil ist bei Leber- und Nierenanschoppungen, bei Unterleibsstockungen und beginnender Wassersucht, sowie auch bei Leberverhärtung ein gutes Kraut.

Man nimmt ihn entweder für sich allein oder mit andern für die gleichen Heilzwecke tauglichen Kräuter und bereitet durch Absieden einen Tee oder durch Ansatz eine Tinktur daraus, welche auf die gewöhnliche Art gebraucht werden.

2. Äußerlich dient er zum Auswaschen und Reinigen von Wunden und Geschwüren, denen er sehr heilsam ist.

Er wird im August und September gesammelt, geteilt, getrocknet und in staubfreiem Verschlusse aufbewahrt.

*

Nun gehören aber die weitern Stunden unseres Spazierganges den eigentlichen Herbstblumen, welche, noch teilweise dem Sommer angehörend, uns den Abschied von seinen reichen Gaben erleichtern und die letzten sonnenumstrahlten milden Wochen des sich bereits stark neigenden Jahres verschönern. Unter ihnen sei vor allem der hochgeschätzten und darum auch

## Tausendguldenkraut

genannten wunderschönen Heilpflanze gedacht. So sehr war sie in frühern Zeiten berühmt, daß man ihren Wert gleich auf diese beträchtliche Summe anschlug! Freilich möchte gewiß auch mancher kranke Mann selbst noch mehr geben, um vom Siechbette aufstehen zu können. Schön ist's überhaupt, daß unsere Ahnen so sprechende, ihre Dankbarkeit ausdrückende Namen für die Heilkräutlein zu finden wußten, wie zum Beispiel auch jenen des braven, kleinen Doktors und Spezialisten Augentrost! Was für ein reiches Gemütsleben pulsierte nicht zu jenen Zeiten in den Adern, trotz der anscheinend oft so rauhen

1. Tausendguldenkraut (Erytraea centaurium, L.) [Fieberkraut, Erdgalle, Aurin und Biberkraut]. a) Blüte; b) und c) Staubblätter (altes b, und junges c). — 2. Dosten, gemeiner (Origanum vulgare) [Wilder Majoran, Wohlgemut, brauner Dost]. a) Blüte; b) Staubblatt.

Außenseite!

Das den Enziangewächsen angehörende Tausendguldenkraut, welches auch Fieber-, Biber- und Laurinkraut, Erdgalle und roter Aurin genannt wird, kommt erst im zweiten Jahre zur Blüte. Im ersten entwickelt sich aus der Wurzel nur eine reichbesetzte Blattrosette, deren einzelne Blätter mehrmals länglich gefurcht und spatelförmig sind. Im zweiten Jahre erhebt sich dann aus der Rosette ein — je nach dem Standorte — 15 bis 50 Zentimeter hoher mehrfach geästelter Stengel mit gegenüberstehenden Blättern. Am Ende der Äste entwickelt sich die „gipfelständige“, flache Blüten-Trugdolde, deren einzelne Blumen, blaßrosa von Farbe, tellerförmig und fünfteilig sind und durch eine lange Röhre im ebenfalls fünfteiligen Kelche festhalten.

Die Pflanze wird häufig durch ganz Mittel- und Südeuropa, Kleinasien und Nordafrika an sonnigen Berg- und Waldhängen gefunden, wo sie von Juli bis Oktober blüht. Sie öffnet nur an warmen, sonnigen Vormittagen ihre Blumen und hält sie nachmittags wieder geschlossen; bei trüber Witterung oder bevorstehendem Regen aber ist sie überhaupt „unsichtbar“.

Eine sinnige Sage erzählt, daß einstmals ein reicher Mann an einer schweren Krankheit hoffnungslos daniederlag. Die Ärzte hatten ihn bereits aufgegeben; da wendete er sich demütig vertrauend an die Barmherzigkeit Gottes und bat um Hilfe. Zugleich versprach er, den Armen tausend Gulden zu spenden, wenn er wieder die Gesundheit erlange. Plötzlich leuchtete seine Kammer in überirdischem Glanze, und ein Engel nahte sich seinem Lager und sprach: „Fürchte nichts, ich bin von Gott gesandt, der dein Gebet erhören will; du sollst gesunden, wenn du das Kraut, das ich dir bringe, und welches ungesucht und bisher verachtet wuchs, zu deiner Heilung gebrauchst. Aber halte auch, was du den Armen versprochen!“ Darauf verschwand er. Der Kranke tat, wie ihm der Engel gesagt und war bald geheilt. Auch den Armen spendete er reichlich die versprochene Gabe. Seit dieser Zeit behielt das wundertätige Pflänzchen den Namen Tausendguldenkraut. Bald lernte man es überall schätzen, und es genoß schließlich ein so hohes Ansehen, daß es Sitte wurde, es zu küssen, wenn man ihm im Jahre zum ersten Male begegnete. Ein Reiter aber mußte absteigen und es pflücken. Doch überschätzte man seine Wirkung auch gar sehr. Es besitzt die starke, aber nicht widerliche Bitterkeit der Enziangewächse und teilt mit ihnen die magenstärkende, fieberhebende Kraft.

## Anwendungen.

1. Vor allem wird aus dem Tausendguldenkraut ein recht heilsamer Tee bereitet, welcher den Magen stärkt, das Sodbrennen hebt, Magenwinde ausleitet, die Magensäfte verbessert, die Verdauung und den Appetit befördert, Leber und Nieren reinigt, Blutwallungen niederschlägt, schwachblütige oder blutarme Personen kräftigt und die Ausscheidungen regelt, wodurch Flechten, Ausschläge und ähnliche Hautunreinigkeiten vielfach geheilt oder doch gebessert werden; — in Fieberzuständen mindert er die Hitze des Körpers (Körpertemperatur).

Anfangs hat das Tausendguldenkraut schon manchmal den Magen oder die Gedärme gereizt. Es ist darum immer geboten, zuerst mit ganz kleinen Gaben zu beginnen und diese tagsüber öfters zu wiederholen; sollte aber der Reiz vorhalten, so ist das ein Beweis, daß in den Organen eine Entzündung besteht, welche erweichende und kühlende — aber keine tonischen Mittel wie das Tausendguldenkraut — erheischen.

2. Wer in fiebrigen Zuständen ein besonders wirksames Heilmittel wünscht, der nehme halb und halb Tausendguldenkraut und Kamille, etwa 4—5 Gramm von jeder Pflanze, auf ¼ Liter Wasser und trinke den daraus bereiteten Tee zu je einem Tässchen von 4 zu 4 Stunden. Zum Gebrauch nimmt man für eine Tasse Tee 2—5 Gramm Kraut.

3. Köhler empfiehlt, bei „Empfindung eines Kältegefühls" in der Magengegend einen Tee zu trinken, der aus 30 Teilen Tausendguldenkraut, 10 Teilen Wermut, 10 Teilen Pfefferminze und 5 Teilen Baldrian

besteht. „Der Tee muß warm getrunken werden. Beim Bereiten werfe man erst das Tausendguldenkraut in das kochende Wasser, lasse es 10 Minuten kochen, dann füge man die andern genannten Kräuter hinzu und lasse das Ganze, ohne es länger kochen zu lassen, eine Viertelstunde heiß und zugedeckt stehen."

4. Äußerlich wird der Absud des Tausendguldenkrautes zu reinigenden Waschungen und Umschlägen bei Wunden, Geschwüren und Schäden verwendet; desgleichen das gepulverte Kraut. Beides ist von sehr heilsamer Wirkung.

5. Wer einen ausgezeichnet magenstärkenden und die Verdauung fördernden Kräuterwein will, der gieße über je 2 Gramm zerkleinertes Tausendguldenkraut und Bitterklee und je 4 Gramm Wermut und Kamillen, dem noch 5—10 Gramm Pommeranzenschalen zugefügt wurden, eine Flasche Rotwein, lasse das Ganze acht Tage lang an einem warmen Orte einziehen, filtriere es dann durch Leinwand, indem noch die Kräuter etwas gepreßt werden und lasse diesen Wein klären. Täglich 2mal je ein kleines Gläschen voll davon genommen, ist von ausgezeichneter Wirkung auf Magen und Gedärme.

Das Tausendguldenkraut wird zur Zeit seiner schönsten Blüte im August eingesammelt (ohne Wurzel!), im Schatten getrocknet und zerkleinert aufbewahrt.

Früher benutzte man die Pflanze auch bei der Bereitung des Bieres, um diesem größere Bitterkeit zu geben. Bitter, ja sehr bitter ist das Kraut, aber doch wie heilsam! So mag uns auch manchmal die Wahrheit erscheinen, deren Sinnbild es ist. Darum sagt J. Muth:

*Kräftig bist du, wie der Natur freiwachsende Kinder,*
*Hochgepriesen an Wert, dem die Benennung entspricht;*
*Bitter ist zwar, was du schenkst, wie die kühn gesprochene Wahrheit:*
*Doch dein bitterer Saft, wirkt er nicht Heilsames stets?*

Und Kneipp fügt bei: „Der Name lautet auf eine hohe Summe; die Hilfe spendet das Kräutchen einem jeden umsonst."

*

Mit dem hellfarbenen, eleganten Tausendguldenkraut blüht zu gleicher Zeit und an denselben Standorten auch

## der gemeine Dosten,

welcher der ausgezeichnet heilkräftigen Lippenblümler-Familie angehört. Er bildet eine 30—50 Zentimeter hohe Pflanze mit meist dunkelpurpurnen, manchmal aber auch weißlichen Blumen, die am Ende des Stengels und der Zweige in Rispen stehen, wodurch dichte Doldentrauben gebildet werden. Der bräunlich gefärbte Stengel selbst ist stumpf, vierkantig und wird spärlich mit kleinen, eirunden, einander gegenüberstehenden Blättchen bekleidet, welche durchscheinende Drüsenpunkte haben. Jedes einzelne Blümchen besitzt ein rotes Deckblatt, wodurch alle unter sich abgesondert werden. Der Dosten wächst durch ganz Europa an sonnigen Halden und Berghängen, namentlich auch gerne im Gebirge, und blüht schon von Ende Juli an bis September. Der ganze Wuchs des Krautes ist buschartig, was auch der Name Dosten andeutet, denn er besagt so viel als etwas, was sich büschelartig ausbreitet. Früher nannte man den Dosten „Wohlgemut", „weil", so berichtet ein alter Kräuterkundiger, „die Pflanze Freude und guten Mut in den Menschen erwecke". „Berghopfen" hieß er, weil er, wie noch andere Kräuter, ehemals zur Bierwürze diente; und den Namen „wilder Majoran" bekam der Dosten im Gegensatz zum Gartenmajoran, der angebaut wird.

Es gibt keine Zeit, in welcher der Dosten nicht berühmt gewesen wäre, und wenige Kräuter erfreuten sich eines gleich hohen Ansehens wie er. Nicht nur, daß er böse körperliche und geistige Einflüsse vom Menschen fernhalten, den Teufel zur Flucht treiben und dem Menschen die Gesundheit erhalten oder wiederfinden half, er machte auch das Gemüt fröhlich und den Sinn heiter, verlieh Lust zur Arbeit und gab dem Herzen Zufriedenheit. Darum taten schon die Griechen ihren Feldarbeitern wie Thymian so auch Dosten ins Essen, um sie guten

Mutes zu machen.

Von besonderer Wirkung aber war er gegen die Hexen; daher benutzte man ihn nicht selten zur Zeit der Hexenprozesse zu Räucherungen, um die armen Opfer der menschlichen Kurzsichtigkeit und Bosheit, wenn sie auf der Folter lagen, zum Geständnisse zu bringen. Denn man wähnte, der Teufel stehe den Hexen bei und verschließe ihren Mund. Daher wollte man ihn mit dem Kraute vertreiben, das ihm besonders zuwider war. Der Dosten wurde immer nur an heiligen und geweihten Tagen gepflückt. Er riecht stark aromatisch, aber angenehm gewürzhaft; von Geschmack ist er scharf.

In der Heilkunde gehört er zu den zerteilenden, lösenden, beruhigenden und fäulniswidrigen Mitteln.

## Anwendungen.

1. Daher werden vorzugsweise seine Blüten in Kräuterkissen gebraucht und zu stärkenden Bädern verwendet, ähnlich den meisten schon besprochenen Lippenblümlerpflanzen, die alle so ziemlich die gleichen Eigenschaften besitzen.

2. Auch der aus den Blättern bereitete Tee ist als beruhigendes und schmerzstillendes Mittel in Unterleibsschmerzen, Magenkrämpfen, bei schlimmem Husten und hartem Leibe von sehr guter Wirkung.

3. Aeußerlich dient er als Gurgelwasser bei Halsweh, welches durch kleine Eitergeschwürchen verursacht wird.

4. Ebenso gibt das ätherische Öl, welches er enthält und das in den Apotheken als Dost- oder Berghopfenöl zu haben ist, ein oft recht wirksames Mittel bei Zahnschmerzen ab, wenn es, auf Baumwolle geträufelt, in den hohlen Zahn gebracht wird. Zugleich kann man auch das Zahnfleisch damit einreiben.

Der bei uns in Gärten gezogene Majoran besitzt die ganz gleichen Eigenschaften und kann daher da, wo der Dosten nicht zu bekommen ist, ihn ganz gut ersetzen. Es empfiehlt sich darum, im Haus- und

Küchengarten die Gewürzpflanze zu ziehen, welche, ehedem ein den Göttern geheiligtes und sehr verehrtes Gewächs, heute jeder Hausfrau unter dem wenig poetischen Namen „Wurstkraut“ bekannt ist.

Man sammelt den Dosten während seiner Blüte und behandelt ihn zum Trocknen wie seine andern aromatischen Brüder und Schwestern.

Dreierlei Kräuter waren es ehedem, welche den Teufel in die Flucht schlugen. Ein alter Vers tut sie uns kund. Er sagt:

Dosten, Hartheu, weiße Heid‘
Tun dem Teufel alles Leid.

Das mag des Aberglaubens Überzeugung gewesen sein. Wir jedoch wissen, daß es dreier anderer Kräfte als jener dieser Pflanzen bedarf, um den bösen Feind stets siegreich zu überwinden: ein treues Glauben, festes Hoffen und alle Prüfungen überdauerndes Lieben.

*

Wie es uns der vorhin angeführte Vers sagt, gehört außer dem Dosten auch

## das Hartheu oder Johanniskraut

zu des Teufels siegreichen Bekämpfern. Und ich will euch erzählen, warum!

„Nachdem des Vorläufers heiliges Haupt der Rache der gottlosen Herodias geopfert worden war und es ihr in einer Schüssel liegend vorgezeigt wurde, durchstach sie mit einer goldenen Haarnadel in unersättlichem Hasse und teuflischer Mordlust die Zunge, welche ehedem ihre Schandtaten so freimütig gerügt hatte. Aber es geschah, daß aus dem roten Gliede Blut spritzte, das, zur Erde fallend, eine Blume hervorrief, welche seitdem zur ewigen Erinnerung an diese Greueltat und zur steten Warnung vor dem Bösen überall an Hecken, Rainen, Hügeln und Lichtungen, besonders aber auch da wächst, wo der Mensch einsam und sich selbst überlassen ist. Denn diese Pflanze,

1. Johanniskraut (Hypericum perforatum, L.) [Hartheu, Liebes-, Hexen-, Wund-, Stund-, Konradskraut, Johannisblut, Fleuch- und Jageteufel]. a) Blüte; b) Staubgefäß. — 2. Wegwarte (Cichorium intybus, L.) [Zichorie, Sonnenwirbel, Mode, Sonnenwend]. a) Blütchen; b) Staubblatt

welche heiligem Blute entsproßte, kann nur Heil und Segen bringen. Wie sehr die finstern Mächte darum sich auch bemühten, nie konnten sie das Kraut für ihre Zwecke benutzen; stets diente es allein dem Guten, zum Wohle und Besten des Menschen. Wo es wuchs, lag oder hing, da hatte der Teufel keine Macht und mußte weichen: darum hieß man es auch Teufelsflucht, Fleuch- und Jageteufel. Es wurde sogar behauptet, anstatt des Saftes fließe immer noch des heiligen Täufers Blut in seinen Gefäßen, da es beim Zerreiben die Finger rötet; und so bekam es den Namen Sankt Johannis-Blut. Ferner war es den Hexen ein Greuel, daher nannte man es Hexenkraut. Jetzt kennen wir es als „Hartheu", weil es kein gutes, sondern ein hartes Heu für unsere Haustiere ist.

Bei unsern heidnischen Vorfahren schmückte man am „Sonnenwendfeste", dem heutigen Sankt Johannistag (24. Juni), die Altäre der Götter und diese selbst mit der Pflanze. Auch bekränzte man sich damit, wenn man um das Feuer tanzte; nachher warf man diesen Kranz entweder in den Fluß oder über das Hausdach. So wollte es die Vorschrift, um das ganze Jahr hindurch Glück und Gesundheit zu besitzen. Selbst in den christlichen Zeiten hat sich dieser Brauch noch Jahrhunderte hindurch erhalten, und man hing Johanniskränze sogar an die Stubendecke oder steckte die Pflanze im Kreuze an das Fenster, um vor Unglück bewahrt zu bleiben. Erhielt sich zufällig das ganze Jahr hindurch ihre grüne Farbe, so bedeutete es ein außerordentliches Glück oder eine große Freude. Sollte das Johanniskraut aber besonders kräftig sein, so mußte es am 24. Juni, mittags um 12 Uhr, ohne rechts noch links zu schauen und ohne eine Silbe zu sprechen, gepflückt werden. Wer das Kraut dann bei sich trug, der war gegen Kugeln, Hieb- und Stichwunden gefeit und errang die Liebe und Freundschaft derjenigen, welchen er gefallen wollte. Darum auch der Name „Liebeskraut". Selbst in den Hexenprozessen spielte das Hartheu eine Rolle. Um nämlich die Hexen zum Geständnis zu bringen, beräucherte man sie, wie wir gehört haben, mit Dosten und gab ihnen aber auch einen Trunk aus Johanniskraut und Distelsamen. Heute noch legen die Tiroler diese

Pflanze in ihre Schuhe, um bei weiten und beschwerlichen Märschen nicht zu ermüden.

So übte also das gesegnete Kraut seine wunderbare, heilbringende Kraft zum Wohle der Menschen durch alle Jahrhunderte hindurch unbehelligt aus, und nur einer war darüber nicht zufrieden: der Teufel. Darum war ihm auch kein anderes Kraut verhaßter als das Hartheu, und er versuchte alles, um es zu vernichten. So durchbohrte er einmal in seinem Grimme mit tausend Nadelstichen alle Blätter der Pflanze. Allein Gott schützte das Kraut, das ihm so treulich diente. Deshalb wächst es auch heute noch zahlreich und üppig überall, wo Gott will, daß es das Auge erfreue. Denn es ist ein schönes, 60—70 Zentimeter hohes Gewächs, dessen runder, kahler und ästiger Stengel mit einer Doldentraube goldgelber Blumen gekrönt ist, welche eine große Menge Staubfäden haben. Ihre 5 Kronenblätter erinnern an Christi Wunden. Die kleinen, einander gegenüberstehenden, glatten Blättchen sind, gegen das Licht gehalten, mit vielen durchsichtigen Punkten besetzt, welche der Sage nach von den Nadelstichen des Teufels herrühren, in Wirklichkeit aber Öldrüsen sind und am Rande schwarze Punkte haben. Das Johanniskraut blüht von Ende Juni bis Ende September, und entwickelt, wenn es zwischen den Fingern leicht zerrieben wird, einen eigentümlich angenehm aromatischen Geruch, der auf seine heilkräftigen Eigenschaften schließen läßt. Von Geschmack ist es bitter.

## Anwendungen.

Es besitzt ganz besonders für die Leber außerordentlich zuträgliche Eigenschaften und scheint vom lieben Gott gerade zur Heilung der Krankheiten dieses Organes geschaffen worden zu sein.

1. Daher gebrauche man in allen Leberleiden den Johanniskrauttee während längerer Zeit hindurch.

2. Desgleichen hebt er Verschleimungen der Brust und Lunge, Magendrücken und „Kopfbeschwerden, die von wässerigen Gasen

herrühren". Kneipp empfiehlt, diesen Tee mit einer kleinen Beimischung (1 kleine Messerspitze voll) von Aloepulver zu machen, um die Wirkung zu erhöhen.

3. Gegen Bettnässen der Kinder ist er von vorzüglicher Wirkung. (Nur teelöffelvollweise zu geben!)

4. Er ist ebenfalls ein sehr gutes Mittel, um die weibliche Periode herzustellen.

5. Ferner sollte er auch täglich regelmäßig von Bleichsüchtigen getrunken werden, die dessen heilsame Wirkungen sicher bald verspüren würden.

6. Manche Leute werfen die frischen Blüten in gutes Salatöl (möglichst Olivenöl), lassen das Ganze wohl verkorkt an einem warmen Orte stehen und gebrauchen es zu Einreibungen bei Brand-, Biß- und andern Wunden, sowie Schürfungen, „Schrunden" und Quetschungen. Ich habe selbst gesehen und erprobt, wie vorzüglich dieses Öl — selbst bei Tieren — wirkt. Nach und nach färbt es sich rötlich.

Die Blütendolden des Johanniskrautes werden im Juli und August gesammelt, im Schatten getrocknet und gut verschlossen aufbewahrt.

Alle Weltteile besitzen einige Arten des heilsamen und guten Gewächses: sie sind ebenso wirksam wie unsere heimische Pflanze.

*

Wir haben nun noch drei Gewächse der an Heilpflanzen so reichen Korbblütlerfamilie aufzusuchen, ehe wir den Berghang, der uns schon so manches gute Kräutlein gespendet hat, verlassen. Die erste dieser Pflanzen ist der jetzt reichblühende gemeine

## Rainfarn,

auch Wurmfarn, seiner medizinischen Eigenschaften wegen, sodann

1. Rainfarn (Tanacetum vulgare, L.) [Wurmsamen, Wurmkraut, Jesuswurz, Kraftkraut, Milchkraut, Mutter-Gottes-Rute]. a) Scheibenblüte; b) Randblüte

Mutter-Gottes-Rute, Rainfahne, Kraftkraut und Jesuswurz genannt. Wie ihr seht, erhebt sich der Rainfarn oft fast einen Meter hoch über der Erde, und sein rötlichbrauner Stengel, der ziemlich spärlich mit doppelgefiederten, dicken, weichen Blättern besetzt ist, trägt eine reiche Trugdolde tiefgoldener, knopfförmiger Korbblumen. Eben diese fiedergespaltenen Blätter, welche an das Farnkraut erinnern, haben der Pflanze ihren Namen eingebracht; zudem besitzt sie wie jenes wurmtreibende Kräfte.

Da das blühende Kraut, selbst welk und getrocknet, immer seine Farbe behält, so wurde es schon in den allerfrühesten Zeiten „das Langdauernde, Unsterbliche" geheißen, was der botanische Name tanacetum andeutet. Groß war das Vertrauen, welches der Rainfarn bei unsern Vorfahren genoß; daher fehlte er auch nicht in ihrem Kräuterschranke. Aber auch böse Einflüsse wußte er abzuhalten und namentlich die Kinder davor zu schützen; darum beräucherte man sie mit diesem Kraute und glaubte sie nun gegen Geister und Hexen gefeit. Es ist eine der Pflanzen, die in keinem Weihbüschel fehlen dürfen. Früher fanden die Blätter des Rainfarn in der Küche Verwendung; aber auch in Färbereien ist das Kraut zu gebrauchen, ebenso wie in Gerbereien.

Es enthält bittern Extraktivstoff, ätherisches Öl, eisengrünenden Gerbstoff, Gummi, Salze und Apfelsäure, Bestandteile, die es in die Klasse der aromatisch anregenden, fieber- und wurmwidrigen Mittel reihen. Von Geruch ist es nicht sehr angenehm aromatisch, von Geschmack gewürzhaft bitter.

## Anwendungen.

1. Der Rainfarn ist darum ein sehr gutes Mittel bei Verdauungsschwäche und Schlaffheit des Magens, sowie allen davon herrührenden Leiden und Übeln; denn er belebt und stärkt dieses Organ, wodurch ein rascher Stoffwechsel und folglich eine allgemeine Säfteverbesserung eintritt.

2. Auch bei Magen- und Unterleibskrämpfen ist er sehr empfehlenswert, gerade wie bei schwer kommender und mit Schmerzen verbundener Menstruation.

3. Immer bewährt hat er sich auch als Wurmmittel und sollte schon deshalb in keiner Haushaltung fehlen. Um Kinder von Eingeweidewürmern zu befreien, gibt man ihnen gepulverte Blütenköpfchen des Rainfarn in etwas Honig oder Wein abends vor dem Zubettegehen und morgens nüchtern, und zwar je nach dem Alter des Kindes ½—5 Gramm. Ich rede hier von Kindern von 2—8 Jahren. Jedenfalls wird man schon an dem Erfolg sehen, ob die Dosis stark genug war: denn immerhin ist es besser, trotz der Unschädlichkeit des Mittels mit kleinern Gaben zu beginnen, um vorübergehendes Ekelgefühl und dergleichen zu vermeiden. Große Personen nehmen natürlich gleich 4—8 Gramm des Pulvers. Auch der Tee oder die Abkochung ist zum gleichen Zwecke zu empfehlen, ebenso wie gegen die andern angeführten Leiden. Ein jedes muß eben selbst sehen, in welcher Form und Stärke ein Heilmittel ihm am zuträglichsten ist, was schnell herausgefunden wird.

4. Bei Wechselfieber kann der Rainfarn ebenfalls empfohlen werden.

5. Besonders möchte ich aber auch darauf aufmerksam machen, daß er zu sogenannten Herbstkuren, die Pfarrer Kneipp seiner Zeit („Kneipp-Blätter" Nr. 16, Seite 247, Jahrgang 1894) empfahl, eines der besten, wirksamsten und prächtigsten Heilkräuter ist. Daher sollte Rainfarntee 2—3 Wochen hindurch regelmäßig des Morgens getrunken werden. Pfarrer Kneipp empfiehlt zu gleichem Zwecke auch den Sauerampfer.

6. Äußerlich wird der Rainfarn zu Bädern und Waschungen bei Gicht und Rheumatismus und zu Klistieren gegen Würmer gebraucht. Zu Bädern und Waschungen nimmt man mehrere Hände voll des getrockneten und geschnittenen Krautes, siedet es stark in Wasser ab und fügt diesen Absud dem gewöhnlichen Badewasser bei. Zu Klistieren verwendet man den schwachen Absud.

7. Endlich ist der starke Absud des Rainfarn auch ein gut reinigendes, belebendes, dem Brande und der Fäulnis widerstehendes Mittel bei bösartigen Wunden und Geschwüren.

8. Diese können auch mit Rainfarnsalbe behandelt werden, welche man aus Rainfarn-Öl mit Fett (Vaseline) auf die schon oft beschriebene Weise bereitet. Das Öl kauft man auch in Apotheken oder Drogerien.

Seine Blumen und Blätter werden im August gesammelt und im Schatten getrocknet. — Die Blätter werden manchmal auch dem Biere beigemischt, um ihm mehr Bitterkeit zu verleihen.

Das Vieh verschmäht die Pflanze; die Schafe allein nur weiden sie. Legt man sie als Lager in die Hundehütte, so vertreibt sie die Flöhe; im übrigen ist sie den Haustieren ebenso heilsam als Arzneimittel wie dem Menschen.

*

Den herbstlichen Charakter aller bisher auf unserm heutigen Ausfluge gesuchten Blumen trägt die poetische, treuherzige

## Wegwarte.

Wie nach der Rückkehr eines entschwundenen Glückes ausschauend, so steht sie melancholisch an allen Wegen, sehnsüchtig, so sehnsüchtig der Sonne entgegenblickend, daß darob ihr schönes, des Morgens azurblaues Auge immer glanzloser und glanzloser wird, bis es des Abends müde und entfärbt sich endlich schließt. Darum nennt sie auch schon Albertus Magnus „die Sonnenbraut“ (sponsa solis) und „Sonnenwende“ (Solsequium). Dieses Abfärben der großen, zarten Blume der Wegwarte, die sich tagsüber nicht allzulange öffnet, konnte man sich lange nicht erklären, und der Volksglaube knüpfte viel Wunderbares daran, da die Pflanze an und für sich schon etwas Märchenhaft-Poetisches in ihrem ganzen Wesen hat. Es befremdete eben nicht wenig, daß einem oft 1—1½ Meter hohen, starren, kahlen, vielgeästelten Stengel, der nur einige arme schrotsägeförmige Blätter trägt, so wunderschöne Blüten entspringen sollten! Darum glaubte man, daß die Wegwartpflanzen verwunschene Menschen seien, unter denen die blaublühenden böse und die so selten gefundenen weißen Blüten ehedem gute Menschen waren. Wer darum eine der weißen Blumen fand, der mußte sie sofort an einen Stab binden, um so das Glück an seine Fersen zu heften. Diese Blüte besaß zugleich die wunderbare Kraft, „Dornen und Nadeln aus der Haut zu ziehen“ und überhaupt Ketten und Bande zu lösen. Die Wegwartwurzel durfte nur — wenn sie kräftig sein sollte — an Jakobi (25. Juli) mit einem Hirschgeweih oder Geldstück gegraben werden. Dann aber machte sie kugel-, hieb- und stichfest und brachte dem glücklichen Besitzer Schönheit und Liebe. Älter als sieben Jahre wurde die Wurzel indes nie: denn nun verwandelte sie sich — man höre und staune! — in einen Vogel. An solche Wandlungen glaubte man übrigens früher öfters. So meinten viele, daß die Wegwarte aus dem Löwenzahn entstehe. Auch in unsern Tagen taucht noch hin und wieder eine ähnliche Meinung auf.

Die Wegwarte ist schon in einer alten deutschen Schrift von der „Bedeutung der Blumen“ als das Sinnbild der treuen Liebe bezeichnet worden, „die immer auf dem rechten Wege bleibt und sich durch nichts ablenken läßt, wie die Wegwarte sich allzeit wendet nach der Sonne“.

Aber der poetische Schimmer und Glanz der lieben Blume ist im Jahre 1763 zerstört worden, denn vom diesem Jahre datieren die ersten Zichorienfabriken, welche die ehedem „wunderbare Wurzel“ der Wegwarte zu Kaffeesurrogat verarbeiten!! Seitdem wird die Wegwarte als „Zichorie“ im großen angebaut, und der eigentliche Name der Pflanze kommt immer mehr in Vergessenheit; ja gerade die begeistertsten Anhängerinnen des Kaffees, dem die Zichorienbeigabe nie fehlen darf, kennen die Wegwarte am allerwenigsten und gehen vielleicht, verächtlich auf die Pflanze blickend, an ihr vorüber, deren bräunliches Mehl ihre Zungen doch so oft begeistert.

Die Wegwarte besitzt magenstärkende, die Verdauung befördernde, auflösende, blutreinigende Eigenschaften; hierbei ist aber vorzüglich die wildwachsende gemeint, die allein zur arzneilichen Verwendung kommt. Durch Kultur verliert sie viel von ihrem Heilwerte.

Als Heilmittel werden Wurzeln, Blätter und Blüten gebraucht. Sie schmecken angenehm bitter.

## Anwendungen.

1. Braucht jemand ein Mittel gegen Verdauungsschwäche, Magenverschleimung, chronische Hautausschläge, sowie zur Reinigung des Magens, der Leber, Milz und der Nieren, um krankhafte Anschoppungen dieser Organe, Gelbsucht und dergleichen zu heben oder solchen vorzubeugen, um zu reichliche Galle abzuführen und das Blut überhaupt zu reinigen, wie es im Frühjahr und Herbste geschehen soll, der gebrauche Wegwarttee einige Zeit hindurch, bis er sich wieder vollständig wohl fühlt. Diesem Tee kann zur Erzielung eines noch kräftigern Erfolges irgendeine Kreuzblümler-Pflanze, die wir kennengelernt haben, also etwa Hirtentäschlkraut, Kresse oder Löffelkraut beigegeben werden. Zu einer Tasse Tee nimmt man 4—15 Gramm der beiden Pflanzen, und zwar täglich zwei Tassen voll, je eine morgens und abends.

2. Ein Kneippsches Rezept sagt: „Bei Magendrücken, auch bei schmerzlichen Entzündungen am Körper lege man auf den Magen und auf die wehtuenden Stellen mit heißem Wasser abgebrühte und in ein Tuch gehüllte Wegwartkräuter und -blüten und erneuere diese Auflagen täglich 2- bis 3mal.

3. Diese Kräuter werden sehr oft in Spiritus angesetzt. Der Wegwartsprit hebt das Schwinden, wenn man die schwindenden Glieder täglich ungefähr zweimal gut damit einreibt. Die Wegwartwurzel ist nicht nur ebenso heilsam wie die Blätter, sondern besitzt noch kräftigere Eigenschaften als diese.

4. So wird der Wurzelsaft sehr gerühmt gegen Blutauswurf. Man

nehme täglich 3 Eßlöffel voll davon.

5. Derselbe Saft dient auch zu Frühjahrs- und Herbstkuren, wie des weitern zur Heilung von Leber- und Hämorrhoidalleiden.

6. Für Brustleidende und Augenkranke dient die Abkochung der Wurzel von etwa 100 Gramm auf ein Viertelliter Wasser.

7. Gegen Entzündung der weißen Augenhaut ist diese Abkochung, zu gleichen Teilen mit Kornblumenwasser vermischt, vortrefflich, wenn man damit getränkte Bäuschchen auflegt.

Blätter und Blüten sammelt man im August und September; die Blätter können übrigens auch schon vor der Blütezeit der Pflanze gebraucht werden. Die Wurzel gräbt man im Spätherbst, besser noch im März und April, an feuchten, regnerischen Tagen, weil sie nicht leicht aus dem Boden läßt. Sie wird getrocknet und zerkleinert aufbewahrt.

Einige Abarten der gemeinen Wegwarte kultiviert man in unsern Gärten als geschätzte Salate unter dem Namen Endivie.

*

Die Pflanze, welche wir jetzt aufsuchen wollen, besitzt im Gegensatze zur Wegwarte, die hochragend und vielverzweigt ist, gar keinen Stengel, sondern breitet sich flach wie ein silberner Stern auf dem bereits sich rötenden Rasen aus, während ihre im Kreise stehenden zackigen, stacheligen, fiederspaltigen, dunkelgrünen Blätter wie Strahlen von ihr ausgehen. Die große, schöne Blume hat die Farbe jungen, frischen Strohes, sowie perlmutterartigen und unverwelklichen Glanz. Darum überdauert sie auch vielfach des Winters Frost und Kälte, und wir können sie im ersten Frühjahre wieder ebenso hell aus dem zarten Grün des neuersprossenden Grases hervorleuchten sehen wie jetzt im Herbste, wo sie, eine ganz eigentümliche Zierde unserer trockenen Hänge und Hügel, sofort unsere Blicke fesselt, wenngleich noch anderer Blumenflor und anspruchsvollere Farbentöne dem Auge entgegentreten. Es ist die stengellose Eberwurz oder Karlsdistel,

von der ich rede. Vielleicht ist sie euch unter den Namen Silber- und Wetterdistel bekannt. Sie gehört nämlich zu den hygroskopischen, das heißt zu jenen Pflanzen, die gewissermaßen das Wetter anzeigen, indem sie sich bei zu erwartendem Regen und feuchter Luft schließen. Das tun auch die Kelchschuppen der verblühten Eberwurz. Außerdem heißt man sie noch Roßwurz und Schweinedistel, denn sie wird in der Tierarzneikunde vielfach benutzt; ebenso sammeln sie die Landleute als gesundes, stärkendes und schweißtreibendes Mittel für ihre Schweine, die sie sehr gerne fressen. Man sagt, daß die Heilkraft dieser Pflanze dadurch bekannt geworden sei, indem man gesehen habe, wie sie von durch Bilsenkraut vergifteten Ebern aufgesucht wurde, die sich durch ihren Genuß wieder heilten. Die Sage aber meldet: Das Heer Karls des Großen wurde einstmals auf einem seiner Kriegszüge fürchterlich von der Pest heimgesucht, so daß eine große Menge Kämpfer dieser schrecklichen Krankheit zum Opfer fielen. Darüber kümmerte sich der große Kaiser gar sehr und bat Gott inständig um Hilfe. Während er nun eines Tages sorgenvoll über dieses „große Sterben“ und die für ihn und seine Macht wahrscheinlich so unheilvollen Folgen nachdachte, schlief er ein. Da schickte ihm Gott im Traume einen Engel, der zu ihm sprach: „Gott will dich und deine Krieger retten. Schieße morgen einen Pfeil in die Luft und da, wo er niederfallen wird, sollst du ein Kraut finden, welches die verderbenbringende Seuche heilt.“ — Karl der Große tat, wie ihm der Engel befohlen hatte, und der Pfeil durchbohrte die Eberwurz. Diese wurde nun angewandt und befreite in wenigen Tagen das Lager von der Pest. Seit dieser Zeit aber behielt die Pflanze auch die pfeilartige Wurzel, die senkrecht in die Erde strebt, wie ihr euch überzeugen könnt.

Die Eberwurz wurde von dieser Zeit an nun als Heilpflanze hoch in Ehren gehalten, und man schrieb ihr ganz wunderbare Kräfte zu. Vor allem hieß es, sie mache fröhlich und vertreibe Trübsinn und Traurig-

1. Eberwurz, stengellose (Carlina acaulis, L.) [Karlsdistel, Wetter-, Schweine- und Roßdistel]. a) Blüte; b) Früchtchen.

keit; ferner schützte sie vor Ermüdung, wenn man sie bei sich trug und entzog sogar den Mitreisenden zum Vorteile desjenigen, der sie besaß, die Kraft. Dieser eigentümliche Glaube mag von einem unrichtigen Verständnis der heilenden Eigenschaften herkommen, welche die stengellose Eberwurz besitzt und wodurch sie zu den auflösenden und namentlich stärkenden Mitteln gezählt werden darf.

## Anwendungen.

1. Wer also ein nerven- und magenstärkendes Mittel braucht, der mache sich aus der getrockneten Wurzel dieser schönen Distelpflanze einen Tee, wovon eine Tasse voll, tagsüber in kleinen Portionen genommen, genügt; denn größere Gaben bewirken oft Abführen und Erbrechen.

2. Derselbe ist auch schweiß- und urintreibend und hebt Verschleimung der Brust und Lunge.

3. Eberwurz, in Essig stark abgesotten und dann verdünnt als Waschwasser benutzt, reinigt und stärkt die Haut.

4. Eberwurz, in Wasser abgesotten, ist ein vorzüglich heilendes Mittel bei offenen Wunden, Geschwüren, Schäden und dergleichen.

Man sammelt sie im Frühjahre, also im März und April, reinigt sie und hebt sie getrocknet und zerkleinert in Glas- und Holzgefäßen gut verschlossen auf.

*

In den Ländern Süd-Europas wächst eine andere Distel, die man bei uns auch manchmal als Arzneipflanze anbaut. Es ist

## die gemeine Benedikte,

auch Spinnerdistel, Benediktenwurz, Kardobenedikte, Bitter- und Heildistel genannt. Sie ist ein einjähriges, ungefähr 50 Zentimeter hohes Gewächs, das einen fünfkantigen, krautigen, vielästigen Stengel und klebrige, behaarte, dornige Blätter hat. Wer die Pflanze im Garten kultiviert, der kann die Blätter zu ähnlicher Verwendung sammeln wie die Eberwurz, denn sie sind offizinell, das heißt in der Heilkunde gebräuchlich. Im andern Falle ist sie in der Hausapotheke entbehrlich.

*

Genießen wir nun für einige Augenblicke auch noch die Waldeinsamkeit! Schon ist es wieder stiller geworden in den Baumwipfeln, denn manches Vöglein hat bereits seine Reise über das Meer angetreten; manche Blume auch schläft schon wieder wohlgebettet unter dem täglich mehr und reichlicher fallenden welken Laube; die süßen kleinen Beeren sind von großen und kleinen, geflügelten und ungeflügelten Gästen verspeist worden, und nur an höhern Sträuchern hängt noch Wintervorrat für die in der kalten Zeit bei uns ausharrenden Waldsänger. Wehmütig werden wir an des großen Dichters Lied erinnert: „Über allen Wipfeln ist Ruh'! ... Warte nur, balde — Ruhest auch du! ..." Denn die Zeit ist wie im Traume dahingeschwunden, und die wonnigschönen Tage des Frühlings und Sommers sind unsern Händen entglitten wie ein flüchtiger Vogel, den wir einen Augenblick festhielten und dann den unendlichen Weiten preisgaben. Winterahnung zieht schon durch unser Gemüt, und unsere Schritte beschwert des Abschieds trüber Gedanke. — Wer aber vermöchte trotzdem, beim Anblick des eleganten, zierlichen Gewächses, das hier am murmelnden Waldquell seine Wohnung aufgeschlagen hat und sich über ihn so elastisch niederbeugt, nicht wieder vergessen, daß wir eines der letzten anmutigen Geschenke des scheidenden Jahres bewundern?

## Das Farnkraut oder der Wurmfarn

ist es, der unsere freudige Aufmerksamkeit in so hohem Grade erregt. Er bildet auch in der Tat einen wunderbar schönen Schmuck der Wälder, nicht nur unserer nördlichen Gegenden, sondern besonders auch der tropischen Länder, wo er Baumhöhe erreicht. Und doch sind diese oft 12—15 Meter hohen Farne der heißen Zone im Vergleiche zu

1. Wurmfarn (Aspidium Filix mas, Sw.) [Johanniswurzel, Farnkraut, Waldfarn]. a) Blatt von der Rückseite mit Fruchthäufchen. — 2. Quecke (Triticum repens, L.) [Hundsgras, kriechender Weizen]. a) Ährchen; b) Blüte; c) Same.

jenen der vorsündflutlichen Perioden etwa das, was unsere Waldfarne für sie sind: zwerghafte Gebilde. Denn in jenen Zeiten überzog der Farn mächtige Strecken und bildete große Wälder, und vermöge seiner riesigen Gestalt war er der Beherrscher der Bäume. Aber die Sündflut vertilgte ihn, so wie er dortmals war, und nur unsere ungeheuren Steinkohlenflöze zeugen noch von seiner einstigen „Macht und Größe". Jetzt bewundern wir in unsern Breiten ein krautartiges Gewächs in ihm, das kaum ein Meter hoch zu werden vermag und, mit palmenartigen Blätterwedeln versehen, märchenhaft schön und graziös, einsame und dunkle Waldstellen mit Vorliebe ziert, im Gerölle einer verfallenen Burg wächst oder Felsentrümmer bekleidet.

Ebensowenig wie unsere Vorfahren die Mistel, ihr Entstehen und ihre Fortpflanzung begreifen konnten, ebensowenig vermochten sie sich den Farn zu erklären, der weder Blüten noch Früchte trägt und sich doch so unglaublich schnell verbreitet. Denn, zu den sogenannten „versteckblütigen Pflanzen" oder Kryptogamen gehörend, vermehrt er sich durch Keimkörper oder Sporen, die meist nur durch Vergrößerungsgläser wahrzunehmen sind. Das alles aber war unsern Vorfahren unbekannt, und sie sahen den Farn deshalb als eine ganz wunderbare Pflanze an. Besonders schrieb man dem unauffindbaren, geheimnisvollen Samen eine Menge außerordentlicher Kräfte zu, und wer das Glück hatte, in seinem Besitze zu sein, dem wurde zugleich eine ganz außergewöhnliche Stärke zuteil, die nie abnahm; auch erfüllten sich ihm alle Wünsche, und er konnte sich unsichtbar machen nach Belieben. Das Geld ging ihm nie aus, und er erlangte alles, was er begehrte. Um ihn aber zu bekommen, mußte man sich einfach dem Teufel verschreiben, nachts zwölf Uhr in der heiligen Weihnacht an einen Kreuzweg stellen und da eine Art Probe der Furchtlosigkeit und des Stillschweigens bestehen. Erst dann erhielt man vom Gottseibeiuns den wunderbaren Samen. Manchmal konnte man ihn auch in der Sankt Johannisnacht, wo bekanntlich der böse Feind keine Macht hat, erhalten. Da fiel er dann wie Goldregen zur Erde und durchdrang selbst eiserne Gefäße; nur ein ausgebreitetes schwarzes Bocksfell vermochte ihn aufzuhalten. Darum geschah es auch einmal, wie Doktor Th. Bodin erzählt, daß ein armer Hirte des Spreewaldes die Gänsesprache verstand, weil ihm nachts, während er diese Tiere hütete, unvermerkt solcher Samen in die Schuhe gefallen war. Des andern Tages prahlte er nicht wenig mit seiner Weisheit. Da nun sein Herr diese auch hören wollte, ließ er den Hirten vor sich kommen. Dieser aber dachte sich zuerst zu putzen und wechselte auch seine Schuhe. Aber nun war seine Tiersprachenkenntnis dahin, und er wurde recht ausgelacht. — Es gibt verschiedene Arten von Farnkräutern in unsern Wäldern; am häufigsten kommt aber der heilkräftige Schild- oder Wurmfarn, auch männliches Farnkraut, Waldfarn und Johanniswurzel genannt, vor. Er hat einen wagerechten, oft über einen Meter langen und 3—6 Zentimeter dicken Wurzelstock, der mit bräunlichen, zugespitzten Schuppen dicht besetzt ist. An seinem obern Ende treibt er einen Büschel der uns wohlbekannten schönen, doppeltfiedrigen Blätter, die, wenn sie herauskommen, schneckenartig zusammengerollt sind. Auf ihrer Rückseite, den Adern, welche von der Mittelrippe ausgehen, sind sie mit zwei Reihen runder, anfangs bedeckter Fruchthäufchen besetzt.

Der frische Wurzelstock ist innen grünlich oder gelblich und sehr fleischig; getrocknet nimmt er eine rötlichweiße Farbe an. Er riecht widerlich, schmeckt zuerst süßlich und dann scharf und bitter zusammenziehend.

Dieser Wurzelstock ist es, welcher der Pflanze den Namen Wurmfarn eingebracht hat. Denn er ist das beste und sicherste Wurm-, hauptsächlich aber Bandwurmmittel, das man kennt. Er enthält namentlich ein ätherisches Öl, Harz, Apfel- und Gerbsäure und Zucker.

## Anwendungen.

Wer also dieses einfache, sichere und billige Mittel gegen den Bandwurm gebrauchen will, der kann morgens nüchtern, mittags und abends vor dem Schlafengehen je 2 Gramm der sorgfältig gereinigten, innern Wurzel nehmen und setze die Kur 3 Tage hindurch fort. Nach der ersten Gabe kann man einen Eßlöffel voll oder ein paar Kapseln Rizinusöl nehmen (in der Apotheke erhältlich), aber nüchtern, um die Wirkung noch sicherer zu machen.

Angenehmer zu nehmen ist die gepulverte Wurzel in etwas Honig, der ja auch wurmabtreibende Eigenschaften besitzt. Da jedoch diese Kur, auf eigene Faust unternommen, unter Umständen sogar gefährlich werden kann, so sei dringend empfohlen, sie nicht ohne ärztliche Verordnung vorzunehmen.

Die Farnkrautwurzel muß im Herbste (September) gesammelt werden. Sie wird sorgfältig gereinigt und dann getrocknet. Jedes Jahr ist der Vorrat zu erneuern, denn dieses ausgezeichnete Mittel hält sich nur ein Jahr.

Die getrockneten Blätter werden zur Glasfabrikation und in Seifensiedereien benutzt, denn sie enthalten viel alkalische Bestandteile; in Ställen zu Streu verwendet, vertreiben sie das Ungeziefer, in Betten gelegt die Wanzen. Besonders möchte ich auch darauf aufmerksam machen, daß diese getrockneten Blätter für Kinder — namentlich skrofulöse und rachitische — ausgezeichnet gesunde Lagerstätten abgeben.

Die jungen Blattschosse werden (bevor sie anfangen, sich zu entrollen) in den nördlichen Gegenden Europas wie Spargeln gegessen. Die großen frischen Blätter aber benutzt man vielfach zum Verpacken feiner Gemüse und Obstsorten, weil sie konservierende und fäulniswidrige Eigenschaften haben. Warum könnte man daher die Kartoffeln im Winter nicht auf Farnkraut legen — das man rechtzeitig gesammelt hatte — anstatt auf Stroh?

*

Noch einer andern Waldpflanze wollen wir gedenken, die ebenso unscheinbar wie heilsam und für die Bewohner mancher Länder geradezu unentbehrlich ist. Ich meine

## die isländische Flechte,

gewöhnlich isländisches Moos genannt. Es wächst an bergigen, trockenen Orten und Stellen der Nadelwälder des nördlichen Europa, besonders aber auf Island. Daher auch sein Name. Doch findet man es ebenfalls in den meisten deutschen Gebirgen, namentlich aber auf dem Brocken.

Diese Flechte, welche wir am besten in Apotheken oder Drogerien kaufen, ist nicht nur für die Tiere, sondern auch für den Menschen der nördlichen Länder eines der wichtigsten Nahrungsmittel; so wüßte der arme Isländer kaum ohne sie zu leben; sie wird dort, fein zerrieben, zu Brot gebacken, das allerdings bitter, aber sehr nahrhaft und gesund ist; ferner kocht man sie mit Milch auch zu einer Art Brei. Darum dürfen wir uns nicht wundern, wenn in dem unwirtlichen Lande das unscheinbare Gewächs, welches die unendliche Güte und Weisheit des Schöpfers hier so massenhaft wachsen läßt, höher geschätzt und geachtet wird als alle übrigen in diesen Gegenden noch fortkommenden Vertreter des Pflanzenreichs.

Daß übrigens das isländische Moos auch anderwärts und mit Recht als eine große Wohltat des Himmels angesehen wird, davon gibt eine Tiroler Sage Zeugnis. Sie erzählt, daß in frühern Zeiten das isländische Moos nicht nur im Gebirge und unter dem Schnee, sondern auch im Tale wuchs und die Haustiere so reichlich und gut nährte, daß den Kühen die Milch das ganze Jahr hindurch nie versiegte. Der Heiland aber kam eines Tages als Bettler verkleidet nach Tirol zum reichsten Bauern des Tales, dessen Frau sich soeben in Milch badete und bat um eine kleine Labe, seinen Durst zu löschen. Hartherzig aber wurde er abgewiesen. Da sprach zürnend der Herr: „So sollst du, Isere“, denn so hieß dortmals noch die Pflanze, „fortan nur unter dem Schnee wachsen.“

## Anwendungen.

Das isländische Moos, welches sehr viel Stärkemehl enthält, ist ein außerordentlich kräftigendes Heilmittel in allen Schwächezuständen, sei es nun bei chronischen Brust- und Lungenleiden, bei chronischem Durchfall und sonstigen von Schwäche herrührenden Übeln, oder aber nach langer und erschöpfender Krankheit und dergleichen. Nur dann ist es unstatthaft, es anzuwenden, wenn die Krankheit auf Entzündungsursachen beruht. Sind diese Ursachen aber gehoben und die eigentliche Krankheit vorüber, soll der Wiedergenesende gekräftigt werden, dann kann das isländische Moos seine herrlichen Dienste leisten. Es bildet einen Hauptbestandteil des Brusttees. Vorzüglich wirkt es auch bei schwächlichen Frauen in gewissen Umständen und wenn sie dann selbst stillen wollen.

Sechs bis acht Stunden vor dem Gebrauche muß das isländische Moos abgebrüht und eingeweicht werden, damit es seine scharfe Bitterkeit verliert und genießbar wird. Nun wird es abgekocht und zwar zu je 15 bis 30 Gramm Moos auf 1 Liter Wasser. Nachdem dieses letztere etwa auf die Hälfte reduziert worden ist, wirft man, kurz bevor man den Absud vom Feuer nimmt, noch 16—20 Gramm zerkleinerte Süßholzwurzel oder 1 Löffelchen voll Anis dazu hinein. Man trinkt von diesem Absud nie mehr auf einmal als eine halbe Tasse voll. Das „Musterbuch“ von O. F. Rammler, dem dieses Rezept entnommen ist, sagt ferner, daß man dieses Moos ebenfalls in Fleischbrühe oder Molken abkochen kann; der ersteren können noch Eidotter und der Wasserabkochung Milch beigegeben werden. Anfangs ist es gut, das Moos dünn zu kochen.

Es liegt oft geradezu ein wunderbarer Segen in den unscheinbarsten Gebilden Gottes! Und wenn wir seine Allmacht und Weisheit recht erfassen wollen, so müssen wir uns nicht den Großen, wohl aber den Kleinen der Schöpfung nähern und sie kennenlernen!

*

In diesem Sinne möchte ich euch noch eine letzte Pflanze empfehlen, die jedermann als das lästigste aller Unkräuter bekannt ist, hinwiederum aber auch der leidenden Menschheit so große und wichtige Dienste zu erweisen vermag, daß sie ehrenvoll erwähnt zu werden verdient. Es ist

## das Spitzgras oder die gemeine Quecke.

Wer hat den Landmann oder den Gärtner nicht schon höchlichst über sie erzürnt gesehen? Zwar wird sie auf den Wiesen als gutes Futtergras geschätzt, dessen Wurzel sogar vom Vieh sehr gerne gefressen wird, und mit Recht: denn sie ist sehr nahrhaft. Allein die Quecke breitet sich nur allzu gerne auf Äckern und in Gärten zum Schaden der verschiedenen Kulturen aus, und da sie sehr lange Wurzelausläufer hat, die äußerst schwer auszurotten sind, so ist sie eben im allgemeinen in jenen Ländern verhaßt, die ihrer nicht gerade notwendig bedürfen. Aber schon in Neapel wird sie als „Pferdefutter“ verkauft; in Sandgegenden dient sie zur Befestigung des Flugsandes, sowie der Wälle und Dämme; und da die Queckenwurzel sehr viel Stärkemehl, Zucker und Gummi, also Nährstoffe enthält, so kann sie auch zu Mehl zerrieben oder gemahlen, zur Brotbereitung, namentlich in teuren Zeiten benutzt werden, wie es schon die alten Ägypter taten. Wenn sich die Hunde den Magen verdorben haben, fressen sie die rauhen Blätter des Grases, welche sie zum Brechen reizen. Daher auch der Name Hundsgras. Der gewöhnliche Mann sieht in diesem Vorgange Anzeichen von bevorstehendem Regen. „Das Wetter ändert sich, unser Hund hat Gras gefressen,“ hört man oft sagen. Der Zufall mag diese Prophezeiung manchmal bewahrheiten.

Unser Unkraut ist aber auch ein sehr gutes Heilkraut. Versucht einmal eine seiner weißlichen, mit Knoten versehenen Wurzeln! Sicherlich findet ihr sie angenehm und etwas süßlich-saftig. Sie gehört, vermöge ihrer Bestandteile, zu den auflösenden, erfrischenden, mildernden, blutreinigenden, gelinde schweiß- und wassertreibenden Mitteln und leistet als solches sehr schätzenswerte Dienste.

## Anwendungen.

1. Darum wird sie als Absud bei Brustverschleimungen, Unterleibsstockungen und -entzündungen, bei Leber-, Milz- und Nierenverhärtung, Gelbsucht, Hautausschlägen und Verdauungsstörungen oft und mit Erfolg angewandt, da sie die Schleimabsonderung befördert, die Unterleibsfunktionen erleichtert, die Entzündungsschmerzen verringert, Verhärtungen erweicht und auflöst und den Körper zugleich nährt.

2. Außerdem gibt es im Sommer nichts Erfrischenderes als kalten Queckenabsud, den man nach Belieben ein wenig zuckern kann. Er ist sehr angenehm zu trinken. Je nach Wunsch und Willen nimmt man 20—60 Gramm Queckenwurzel auf 1 Liter Wasser und läßt das Ganze tüchtig sieden. Dieser Absud kann niemals schaden!

Man sammelt die Queckenwurzel jetzt, im Herbste, drischt oder schlägt sie aus, um die äußere Haut oder Hülle abschälen zu können, die ihr einen herben Geschmack geben würde, und trocknet sie dann in kleinen Bündeln. Man muß den Vorrat jedes Jahr erneuern, denn die Würmer zerstören gerne diese an Stärkemehl so reiche Wurzel.

Möchte euch von nun an auch diese verachtete Pflanze lieb- und schätzenswerter erscheinen als bisher!

Mit diesem Wunsche schließe ich die Reihe unserer botanischen Ausflüge, die wir unternommen haben, um Freude und Luft an der Natur und ihren Schönheiten in uns zu erwecken und praktische Kenntnisse über die vorzüglichsten heimischen Heilpflanzen, welche der gütige Schöpfer so freigebig für und um uns wachsen läßt, zu erwerben. Unser Tagewerk ist nun beendet, obwohl noch vieles zu sagen gewesen wäre, um vollständig zu sein. Allein meines Wissens Kräfte hätten nicht gereicht, das Loblied dessen würdig zu singen, der überall in der Natur die Herrlichkeiten seiner Werke aufgehäuft hat ohne Zahl. Habe ich jedoch mit dem wenigen, was ich tat, verstanden, euch das heimische Fleckchen Erde, das ihr täglich durchwandert, teurer zu machen, und seid ihr so des Schöpfers Liebe näher gekommen, dann fühle ich mich reich und glücklich in dem, was ich getan habe, mag es auch noch so klein und bescheiden sein!

Lassen wir darum den Großen und Unsteten der Erde die weiten Reisen und das ruhelose Irren und Suchen nach Genuß. Uns blüht zu Füßen ein reicheres und schöneres Leben, als je die Ferne zu geben vermag! Denn nichts kann unser Herz so sehr verjüngen, als wenn wir, den heimischen Fluren treu, durch sie und in der Betrachtung der täglich neuen Wunder, die Gott auf ihnen wirkt, so recht seine Macht und väterliche Vorsorge umfassen und uns seiner Treue vertrauen lernen, die niemals fehlt! Und wahrlich, jegliches Werk seiner Hände spricht dafür. Wäre daher des Menschen Herz auch stumm, so würden die Steine reden und mit Frühling und Sommer, mit Herbst und Winter, mit des Feldes Halm und der Wiese Gras, mit des Waldes Laub und des Felsens Moos unablässig dem Himmel zujubeln:

„Gelobt sei Gott in Ewigkeit, Alleluja!“

# Schluß-Bemerkungen.

1. Wenn auch im allgemeinen die als Tee oder Absud und so weiter zu nehmenden Dosen in „Tassen“ angegeben wurden, so empfiehlt es sich doch, namentlich bei stärker wirkenden Heilpflanzen mit viel kleinern Portionen zu beginnen, also etwa stündlich mit einem Eßlöffel voll bei Erwachsenen und einem Tee- oder Kaffeelöffel voll bei Kindern, und die Wirkung genau zu beobachten. Denn es darf nicht außer acht gelassen werden, daß manche Heilpflanze, in stärkeren Dosen genommen, gerade das Gegenteil von der beabsichtigten Wirkung hervorbringt, so daß das Übel, welches man heilen will, direkt verschlimmert wird.

2. Man beachte daher auch, daß fast sämtliche harnabtreibenden Pflanzenmittel kranke Nieren reizen und zu stärkerer Entzündung anzuregen vermögen und deshalb bei Nierenentzündungen nur mit großer Vorsicht verwendet werden dürfen. So darf zum Beispiel der heilkräftige Odermennig bei Greisen, „die den Urin nicht mehr halten können,“ mit Recht gegen diese Blasenschwäche wohl, aber nur in ganz kleinen Dosen verwendet werden, wenn er nicht Harnverhaltung und selbst Wassersucht hervorrufen soll.

Ein anderes Beispiel ist Wermut, der nach längerem Gebrauch oder zu großen Dosen epileptische Krämpfe und Delirien hervorzurufen vermag. Deshalb darf Wermut nur löffelweise genommen werden, wenn er gut wirken soll.

3. Eine Ausnahme bilden die schweißtreibenden und einige leicht abführenden Mittel, welche meist nur in größern Gaben eine Wirkung entfalten. Sie wirken eben nicht direkt heilend, sondern mehr mechanisch, und daher verlangen sie auch größere Dosen; die eigentlichen Heilmittel jedoch wirken am schnellsten und gründlichsten — wie schon oben angedeutet — in kleinen Gaben, wodurch sie zudem ein Übel niemals verschlimmern können.

Die heutige Menschheit ist nervös, also auch empfindlich gegen Medikamente, und besonders ist diese Empfindlichkeit bei Kranken, die mit chronischen Leiden behaftet sind, in der Regel sehr groß, und sie vertragen daher auch die meisten Tees nicht tassen-, sondern nur löffelweise.

Man beachte also unsere Ausführungen und merke sich, daß der oberste Grundsatz der Medizin lautet: „Nicht schaden!"

# Alphabetisches Verzeichnis

der in diesem Buche genannten Pflanzen
sowie ihre übersichtliche Einreihung
in das Natürliche und Linnésche System.

# Alphabetisches Pflanzenverzeichnis.


| Name der Pflanze | Gehört nach dem Natürlichen System zur Familie der: | Gehört nach Linné in die Klasse: | Bild auf Seite | Text auf Seite |
|---|---|---|---|---|
| A. | | | | |
| Akelei<br>Aquilegia vulgaris, L. | Hahnenfußgewächse<br>Ranunculaceae | XIII | 345 | 339 |
| Alant<br>Inula Helenium, L. | Korbblütler<br>Compositae | XIX | 331 | 341 |
| Aloe<br>Aloë vulgaris, L. | Affodill-(Lilien-)gewächse<br>Asphodeleae | VI | 348 | 353 |
| Andorn<br>Marrubium vulgare, L. | Lippenblütler<br>Labiatae | XIV | 261 | 260 |
| Anis<br>Pimpinella anisum, L. | Doldenpflanzen<br>Umbelliferae | V | 360 | 359 |
| Anserine<br>Potentilla anserina, L. | Rosenblütler<br>Rosaceae | XII | 229 | 228 |
| Apfelbaum<br>Pyrus malus, L. | Kernfrüchtler<br>Pomaceae | XII | — | 125 |
| Arnika<br>Arnica montana, L. | Korbblütler<br>Compositae | XIX | 269 | 271 |
| Attich<br>Sambucus ebulus, L. | Holdergewächse<br>Viburneae | V | 172 | 171 |
| Augentrost<br>Euphrasia officinalis, L. | Rachenblütler<br>Scrofularineae | XIV | 429 | 428 |
| B. | | | | |
| Baldrian<br>Valeriana officinalis, L. | Baldriangewächse<br>Valerianeae | III | 296 | 295 |
| Bärentraube<br>Arctostaphylos officinalis, L. | Heidegewächse<br>Ericaceae | X | 214 | 213 |
| Basilienkraut<br>Ocimum basilicum, L. | Lippenblütler<br>Labiatae | XIV | — | 403 |
| Beinwell<br>Symphytum officinalis, L. | Rauhblättler<br>Boragineae | V | 65 | 204 |
| Benediktenwurz<br>Geum urbanum, L. | Korbblütler<br>Compositae | XIX | 269 | 458 |
| Betonie<br>Betonica vulgaris, L. | Lippenblütler<br>Labiatae | XIV | 310 | 306 |

| Name der Pflanze | Gehört nach dem Natürlichen System zur Familie der: | Gehört nach Linné in die Klasse: | Bild auf Tafel | Text auf Seite |
|---|---|---|---|---|
| Bibernell<br>Pimpinella saxifraga, L. | Doldengewächse<br>Umbelliferae | V | — | 364 |
| Birke<br>Betula alba, L. | Birken und Ellern<br>Betulaceae | XXI | — | 115 |
| Birnbaum<br>Pirus communis, L. | Kernfrüchtler<br>Pomaceae | XII | — | 135 |
| Bitterklee<br>Menyanthes trifoliata, L. | Enziangewächse<br>Gentianeae | V | 193 | 194 |
| Bocksbart<br>Tragopogon pratensis, L. | Korbblütler<br>Compositae | XIX | — | 313 |
| Bockshornklee<br>Trigonella foenum graecum, L. | Schmetterlingsblütler<br>Papilionaceae | XVII | 345 | 344 |
| Boretsch<br>Borago officinalis, L. | Rauhblättler<br>Boragineae | V | 266 | 379 |
| Brennessel, Gr.<br>Urtica dioica, L. | Nesselgewächse<br>Urticeae | XXI | — | 51 |
| Brombeere<br>Rubus fructicosus, L. | Rosenblütler<br>Rosaceae | XII | — | 218 |
| Brunnenkresse<br>Nasturtium officinale, L. | Kreuzblümler<br>Cruciferae | XV | 47 | 49 |
| Buche, gemeine<br>Fagus silvatica, L. | Becher- oder Hüllfrüchtler<br>Capuliferae | XXI | — | 112 |
| D. | | | | |
| Dill<br>Anethum graveolens, L. | Doldenpflanzen<br>Umbelliferae | V | — | 359 |
| Dosten, gemeiner<br>Origanum vulgare, L. | Lippenblütler<br>Labiatae | XIV | 442 | 438 |
| E. | | | | |
| Eberwurz<br>Carlina acaulis, L. | Korbblütler<br>Compositae | XIX | 457 | 456 |
| Ehrenpreis, echter<br>Veronica officinalis, L. | Rachenblütler<br>Scrofularineae | II | 254 | 253 |
| Eibisch, gebräuchlicher<br>Althaea officinalis, L. | Malvengewächse<br>Malvaceae | XVI | 388 | 387 |
| Eiche, Stiel- Quercus<br>pedunculata, Q. Robur, L. | Becherfrüchtler<br>Cupuliferae | XXI | — | 105 |
| Eisenkraut, gemeines<br>Verbéna officinalis, L. | Lippenblütler<br>Labiatae | II | 310 | 309 |

| | | | | |
|---|---|---|---|---|
| Engelwurz, gebräuchliche<br>Angelica Archangelica, L.;<br>Archangelica officinalis | Doldengewächse<br>Umbelliferae | V | 292 | 291 |
| Enzian<br>Gentiana; G. lutea, L.;<br>pneumonanthe, etc. | Enziangewächse<br>Gentianeae | V | 277<br>281 | 276<br>279 |
| Efeu, gemeiner<br>Hedera helix | Efeugewächse<br>Hederaceae | V | — | 70 |
| Erdbeere, Wald-<br>Fragaria, vesca, L. | Rosenblütler<br>Rosaceae | XII | — | 171 |
| Erdrauch<br>Fumaria officinalis, L. | Erdrauchgewächse<br>Fumariaceae | XVII | 254 | 258 |
| Esche, gemeine<br>Fraxinus excelsior, L. | Ölbaumgewächse<br>Oleïneae | II | 121 | 118 |
| F. | | | | |
| Farnkraut, Wurmfarn<br>Aspidium filix mas, L. | Farnkräuter<br>Filices | XXIV | 459 | 460 |
| Faulbaum<br>Rhamus Frangula, L. | Kreuzdorngewächse<br>Rhamneae | V | 181 | 180 |
| Fenchel<br>Foeniculum vulgäre, L. | Doldengewächse<br>Umbelliferae | V | 360 | 359 |
| Fichte<br>Pinus abies, L. | Nadelhölzer<br>Abietineae | XXI | 103 | 100 |
| G. | | | | |
| Gänseblümchen<br>Bellis perénnis, L. | Korbblütler<br>Compositae | XIX | — | 41 |
| Gauchheil<br>Anagallis arvensis, L. | Schlüsselblumengewächse<br>Primulaceae | V | 435 | 434 |
| Ginster<br>Genista; G. tinctoria;<br>G. germanica, L. | Schmetterlingsblütler<br>Papilionaceae | XVII | 175 | 174 |
| Gundelrebe, gemeine<br>Glechoma hederacea, L. | Lippenblütlergewächse<br>Labiatae | XIV | 44 | 43 |
| H. | | | | |
| Hanf, gemeiner<br>Cannabis sativa, L. | Nesselgewächse<br>Urticeae | XXII | — | 58 |
| Hartriegel, gelbblühender<br>Cornus mascula, L. | Efeugewächse<br>Hederaceae | IV | 139 | 138 |

| Name der Pflanze | Gehört nach dem Natürlichen System zur Familie der: | Gehört nach Linné in die Klasse: | Bild auf Tafel | Text auf Seite |
|---|---|---|---|---|
| Haselwurz<br>Asarum europaeum, L. | Haselwurzgewächse<br>Asarineae | XI | 74 | 67 |
| Hauhechel<br>Ononis spinosa, L. | Schmetterlingsblütler<br>Papilionaceae | XVII | 175 | 178 |
| Heidelbeere, gemeine<br>Vaccinium myrtillus, L. | Heidelbeergewächse<br>Vaccineae | VIII | 214 | 210 |
| Himbeere, gemeine<br>Rubus idaeus, L. | Rosenblütler<br>Rosaceae | XII | — | 216 |
| Hirtentäschel<br>Capsella Bursa pastoris | Kreuzblümler<br>Cruciferae | XV | 47 | 46 |
| Holunder, gemeiner<br>Sambucus nigra, L. | Geisblattgewächse<br>Caprifoliaceae | V | — | 164 |
| Hopfen<br>Humulus lupulus, L. | Nesselgewächse<br>Urticeae | XXII | — | 55 |
| Huflattich, gemeiner<br>Tussilago farfara, L. | Korbblütler<br>Compositae | XIX | 39 | 38 |
| I. | | | | |
| Johanniskraut<br>Hypericum perforatum, L. | Johanniskrautgewächse<br>Hypericineae | XVIII | 445 | 444 |
| K. | | | | |
| Kalmus<br>Acorus Calmus, L. | Kalmusartige Gewächse<br>Orontiaceae | VI | 197 | 196 |
| Kamille, echte<br>Matricaria chamomilla, L. | Korbblütler<br>Compositae | XIX | 418 | 417 |
| Kapuzinerkresse, große<br>Tropaeolum majus, L. | Kapuzinerkressen<br>Tropaeoleae | VIII | — | 335 |
| Kiefer, gemeine, oder Föhre<br>Pinus silvestris, L. | Nadelhölzer<br>Abietineae | XXI | 103 | 102 |
| Kirsche, Sauer- und Süß-<br>Prunus cerasus u. P. avi-<br>um, L. | Steinfrüchtler<br>Amygdaleae | XII | — | 131 |
| Knabenkraut, Helm- und<br>weißes Orchis militaris u.<br>O. bifolia, L. | Knabenkrautgewächse<br>Orchideae | XX | 188 | 187 |
| Knöterich, Gattung<br>Polygonum | Knöterichgewächse<br>Polygoneae | VIII | 237<br>+<br>240 | 233 |
| Königskerze, gelbe<br>Verbascum Thapsus, L. | Braunwurzgewächse<br>Scrofularineae | V | 382 | 381 |

| Name der Pflanze | Gehört nach dem Natürlichen System zur Familie der: | Gehört nach Linné in die Klasse: | Bild auf Tafel | Text auf Seite |
|---|---|---|---|---|
| Koriander<br>Coriandrum sativum, L. | Doldengewächse<br>Umbelliferae | V | — | 365 |
| Kreuzblume<br>Polygala amara, L. | Bitterlinge<br>Polygaleae | XVII | 193 | 192 |
| Kreuzdorn<br>Rhamus cathartica, L. | Kreuzdorngewächse<br>Rhamneae | V | 181 | 142 |
| Kümmel<br>Carvum carvi, L. | Doldengewächse<br>Umbelliferae | V | 360 | 359 |
| L. | | | | |
| Lärche<br>Pinus Larix, L. | Nadelhölzer<br>Abietineae | XXI | 93 | 92 |
| Lavendel<br>Lavandula Spica, Var. a. L. | Lippenblütler<br>Labiatae | XIV | 393 | 397 |
| Liebstöckl,<br>Ligusticum Levisticum, L.;<br>Levisticum officinale, Koch | Doldengewächse<br>Umbelliferae | V | — | 366 |
| Linde, Sommer-<br>Tilia europaea, L. | Lindengewächse<br>Tiliaceae | XIII | — | 159 |
| Löffelkraut<br>Cochlearia officinalis, L. | Kreuzblümler<br>Cruciferae | XV | 372 | 371 |
| Löwenzahn<br>Leontodon Taraxacum, L.;<br>Taraxacum officinale, W. | Korbblütler<br>Compositae | XIX | 35 | 34 |
| Lungenkraut<br>Pulmonaria officinalis, L. | Rauhblättler<br>Boragineae | V | 65 | 64 |
| M. | | | | |
| Malve, wilde<br>Malva silvestris, L. | Malvengewächse<br>Malvaceae | XVI | 388 | 387 |
| Mandelbaum<br>Amygdalus communis, L. | Steinfrüchtler<br>Amygdaleae | XII | 142 | 141 |
| Meerrettich<br>Cochlearia armoracia, L. | Kreuzblümler<br>Cruciferae | XV | — | 374 |
| Melisse, Zitronen-<br>Melissa officinalis, L. | Lippenblütler<br>Labiatae | XIV | 408 | 407 |
| Mistel<br>Viscum album, L. | Mistelgewächse<br>Loranthaceae | XXII | 74 | 73 |
| Moos, Isländisches<br>Cetraria islandica, L. | Flechten<br>Lichenes | XXIV | — | 464 |

| Name der Pflanze | Gehört nach dem Natürlichen System zur Familie der: | Gehört nach Linné in die Klasse: | Bild auf Tafel | Text auf Seite |
|---|---|---|---|---|
| N. | | | | |
| Natternköpfchen<br>Echium vulgare, L. | Rauhblättler<br>Boragineae | V | 266 | 265 |
| Nelkenwurz<br>Geum urbanum, L. | Rosenblütler<br>Rosaceae | XII | 269 | 268 |
| Nußbaum, welscher<br>Juglans regia, L. | Nußbaumgewächse<br>JugIandeae | XXI | — | 154 |
| O. | | | | |
| Odermennig<br>Agrimonia eupatoria, L. | Rosenblütler<br>Rosaceae | XI | 429 | 431 |
| Olivenbaum, Ölbaum<br>Olea europaea, L. | Ölbaumgewächse<br>Oleineae | II | 106 | 147 |
| P. | | | | |
| Pappel, Schwarz-<br>Populus nigra, L. | Weidengewächse<br>Lalicinse | XXII | 88 | 87 |
| Petersilie, gewöhnliche<br>Petroselinum sativum, L. | Doldenpflanzen<br>Umbelliferae | V | — | 367 |
| Pfefferminze<br>Mentha piperita, L. | Lippenblütler<br>Labiatae | XIV | 408 | 405 |
| Pfirsichbaum<br>Amygdalus persica, L. | Steinfrüchtler<br>Amygdaleae | XII | 142 | 145 |
| Pflaumenbaum, gemeiner<br>Prunus domestica, L. | Steinfrüchtler<br>Amygdaleae | XII | — | 135 |
| Q. | | | | |
| Quecke<br>Tricticum repens, L. | Gräser<br>Gramineae | III | 460 | 466 |
| Quendel<br>Thymus SerpyIlum, L. | Lippenblütler<br>Labiatae | XIV | 399 | 401 |
| Quitte<br>Pyrus Cydonia, L. | Apfelgewächse oder<br>Kernfrüchtler/ Pomaceae | XII | 137 | 136 |
| R. | | | | |
| Rainfarn, gemeiner<br>Tanacetum vulgare, L. | Korbblütler<br>Compositae | XIX | 449 | 448 |

| | | | | |
|---|---|---|---|---|
| Raute, Garten- | Rautengewächse | X | 331 | 330 |
| Ruta graveolens, L. | Rutaceae | | | |
| Rhabarber | Knöterichgewächse | IX | 348 | 347 |
| Rheum officinale | Polygoneae | | | |
| Ringelblume | Korbblütler | XIX | — | 336 |
| Calendula officinalis, L. | Compositae | | | |
| Rose, wilde | Rosenblütler | XII | — | 322 |
| Rosa canina etc., L. | Rosaceae | | | |
| Rosmarin | Lippenblütler | XIV | 393 | 392 |
| Rosmarinus officinalis, L. | Labiatae | | | |
| S. | | | | |
| Sauerampfer | Knöterichgewächse | VI | — | 244 |
| Rumex acetosum, L. | Polygoneae | | | |
| Sauerdorn | Berberitzengewächse | VI | 139 | 184 |
| Berberis vulgaris, L. | Berberidae | | | |
| Sauerklee, gemeiner | Sauerkleegewächse | X | — | 208 |
| Oxalis acetosella, L. | Oxalideae | | | |
| Salbei, gemeiner | Lippenblütler | XIV | 411 | 413 |
| Salvia officinalis, L. | Labiatae | | | |
| Schachtelhalm | Schaftfarne | XXIV | 202 | 201 |
| Equisetum arvense, L.; silvaticum etc. | Equisetaceae | | | |

| | | | | |
|---|---|---|---|---|
| Schafgarbe | Korbblütler | XIX | 296 | 301 |
| Achillea, millefolium, L. | Compositae | | | |
| Schlehdorn | Steinfrüchtler | XII | — | 77 |
| Prunus spinosa, L. | Amygdaleae | | | |
| Schlüsselblume | Schlüsselblumengewächse | V | 31 | 30 |
| Primula veris, L. | Primulaceae | | | |
| Senf, schwarzer und weißer | Kreuzblümler | XV | 372 | 376 |
| Sinapis nigra et alba, L. | Cruciferae | | | |
| Steinklee, gelber | Schmetterlingsblütler | XVII | 432 | 435 |
| Melilotus officinalis, L. | Papilionaceae | | | |
| Stiefmütterchen | Veilchengewächse | V | 23 | 27 |
| Viola tricolor, L. | Violarieae | | | |
| T. | | | | |
| Tanne | Nadelhölzer | XXI | 103 | 101 |
| Pinus picea, L. | Abietineae | | | |
| Taubnessel, weiße und andere | Lippenblütler | XIV | 261 | 264 |
| Lamium album etc., L. | Labiatae | | | |
| Tausendguldenkraut | Enziangewächse | V | 438 | 437 |
| Gentiana Centaurium, L. | Oentianese | | 24 | 181 |
| Tormentillfingerkraut | Rosenblütler | XII | | 231 |
| Potentilla Tormentilla, L. | Rosaceae | | | |
| Thymian | Lippenblütler | XIV | 399 | 398 |

| | | | | |
|---|---|---|---|---|
| Thymus vulgaris, L. | Labiatae | | | |
| V. | | | | |
| Veilchen | Veilchengewächse | V | 23 | 22 |
| Viola odorata, L. | Violarieae | | | |
| W. | | | | |
| Wachholder | Zypressen | XXII | 93 | 92 |
| Juniperus communis, L. | Cupressinae | | | |
| Waldmeister | Sternblätterigen Gewächse | IV | — | 206 |
| Asperula odorata, L. | Stellatae | | | |
| Wegerich, Spitz- und andere | Wegerichgewächse | IV | 246+250 | 245+248 |
| Plantago lanceolata, L. etc. | Plantagineae | | | |
| Wegwarte | Korbblütler | XIX | 445 | 452 |
| Cichorium Intybus, L. | Compositae | | | |
| Weide, gemeine und andere | Weidengewächse | XXII | 88 | 84 |
| Salix alba, Populus nigra, L. | Salicinae | | | |
| Wermut | Korbblütler | XIX | 418 | 420 |
| Artemisia Absinthium, L. | Compositae | | | |
| Wiesenschaumkraut | Kreuzblümler | XV | — | 51 |
| Cardamine pratensis, L. | Cruciferae | | | |
| Y. | | | | |
| Ysop | Lippenblütler | XIV | 411 | 410 |
| Hyssopus officinalis, L. | Labiatae | | | |

# Alphabetisches Textverzeichnis.

(Die Nummern bedeuten die Seitenzahl.)


A.

Abführmittel Seite 68, 72, 79, 114, 121, 135, 146, 166, 182, 183, 308, 349, 354, 358, 378.

Abkühlung, zu schnelle, siehe Erkältung, Frost 166.

Absonderung 69, 79, 97, 192, 363, 415, 467 .

Abscheidungen, Ausscheidungen 34, 95, 130, 167, 176, 178, 244, 342, 349, 432, 440.

Abspannung 102, 283.

Abweichen 86, 109, 144, 167, 131. (siehe auch Durchfall).

Apfelsaft 130.

Anschwellungen 91, 104, 243, 274, (siehe auch Geschwulsten, Beulen).

Ansteckungsgefahr 96.

Apathie 400.

Appetit, Beförderung des, 55, 69, 97, 127, 144, 157, 186, 198, 219, 284, 293, 333, 357, 369, 377, 395, 398, 415, 440.

Asthma 203, 231, 296, 328.

Atem, übelriechender, 268, 271, 406, (siehe auch Geruch, übler).

Atmungsbeschwerden, allgemeine, 333, 386.

Atmungsbeschwerden, plötzliche, 378.

Aufstoßen 92, 256.

Aufschürfungen 91, 162 (siehe auch Quetschungen)

Auge, blaues 274.

Augendämpfe 264, 363.

Augenentzündungen 36, 61, 138, 217, 354, 370, 386, 391, 412, 430, 455.

Augenschwäche 44, 232, 430.

Augen, triefende, 217, 354, 370, 386.

Augenwasser 354, 363, 412, 423.

Ausdünstungen, schädliche, 96 (siehe auch Ansteckungsgefahr, Ausscheidungen).

Ausschlag 28, 36, 50, 102, 118,

207, 220, 244, 259, 263, 275, 340, 343, 440, 467.
Ausscheidungen 36, 95, 178. (siehe auch Abscheidungen).
Auszehrung 162, 304.
B.
Bäder, stärkende, usw. 102, 203, 304, 334, 395, 397, 407, 412, 419, 443, 451.
Bandwurm 157, 362.
Bauchschmerzen 149, 304, 305, 366, 419 (siehe auch Grimmen, Leibschmerzen, Unterleibskrämpfe).
Betäubung 295, 298.
Bettnässen 215 352.
Beulen 274.
Biß giftiger Tiere 149.
Blähungen 25, 92, 97, 157, 256, 294, 298, 306, 340, 343, 362, 365, 366, 369, 398, 406, 407, 415, 419.
Blasenentzündung 60.
Blasenleiden 80, 102, 203, 215, 230, 249, 469.
Blasenstein 179, 230, 329.
Bleichsucht 104, 130, 134, 195, 199, 283, 304, 343, 448 (Blutarmut).
Blutandrang 304, 333,378, 440.
Blutfluß 53, 76, 138, 203, 232, 242, 264, 267, 270, 303.
Blutreinigung 28, 36, 53, 55, 96, 118, 162, 166, 179, 186, 195, 220, 259, 264, 305, 333, 343, 352, 381.
Blutspeien 48, 64, 66, 136, 203, 230, 304, 308, 406.
Blutsturz 54, 140.
Blutumlauf, unregelmäßiger, gestörter, 76, 199, 369.
Blutungen aus Nase und Wunden 48, 242.
Blutvergiftung 251, 346.
Brand (brandige Geschwüre) 199, 312, 423, 452 (siehe auch Geschwüre).
Brandwunden 50, 91, 162, 166, 355, 448.
Bräune (Hals) 156, 243, 334, 374, 378, 404, 416.
Brechmittel 68,114, 308, 378, 419.
Brechreiz 92.
Brustkatarrh 263, 341, 386.
Brustkrebs 338.
Brustkrampf 375.
Brustleiden 192, 249, 264, 465 (siehe Brustübel, Katarrh, Brustverschleimung).
Brustübel 40, 45, 192, 256, 298, 337, 375, 389.
Brustverschleimung 53, 64, 256, 262, 293, 304, 308, 362, 366, 375, 386, 390, 412, 447, 458, 467.
Brustschwäche 104, 343.
C.
Cholera 165.
D.
Dämpfe 96, 203, 251, 264, 305, 363, 391, 420.

Darmblutungen 109.
Darmkatarrh 357.
Durchfall 54, 55, 86, 80, 86, 109, 110, 135, 136, 140, 156, 157, 190, 191, 211, 216, 217, 220, 230, 232, 242, 249, 270, 271, 283, 298, 299, 304, 328, 343, 386, 465 (siehe auch Abweichen).
Durststillende Mittel 130, 133,140 (siehe Kühlgetränke).
Drüsen 109, 158, 179, 242, 337, 370, 420.
Drüsenverhärtung 179, 338.
E.
Eiterbeulen 110, 209.
Eiterungen 110, 162, 209, 337, 338, 346, 355, 419, 443 (siehe Eiterbeulen).
Engbrüstigkeit 40, 343 (siehe Asthma).
Entzündungen 72, 91, 96, 166, 209, 264, 338, 346, 381, 454, 467.
Epilepsie 76, 333.
Erbrechen 162, 186, 270, 337, 406, 409.
Erkältungen 144, 270, 419 (siehe auch Frost, Abkühlung, Magenerkältung usw.).
Ermattung 283.
Ermüdung 60, 61.
Erschlaffung 283.
Erschütterungen 274.
Erstickung, Anfall von, 375.
F.
Fall 274.
Fäulnis 68, 423, 452.
Fieber, Mittel gegen das, 56, 79, 114, 121, 130, 146, 185, 209, 220, 275, 284, 346, 356, 381, 386, 404, 415, 423, 440 (siehe auch Wechselfieber).
Fieberfrost 162.
Fisteln 304.
Flechten 55, 60, 102, 118, 146, 157, 158, 217, 440 (siehe auch Ausschläge, Hautunreinigkeiten).
Fleisch, wildes, 212, 243, 386.
Frauenkrankheiten 304.
Frost 220, 283, 419.
Frostbeulen 104, 109, 221, 304.
Frühjahrskuren 36, 45, 118, 166, 220, 222, 249, 259, 305, 333, 374, 455.
Füße, offene, 40, 55, 346.
G.
Gallensteinleiden 149,356, 422.
Gase 199, 293, 358, 359, 362.
Gedärme, Verschleimung der, 304, 412.
Gegengift 149, 150, 244.
Gehör, schlechtes, 264.
Gelbsucht 45, 50, 56, 61, 68, 186, 195, 207, 230, 244, 259, 262, 283, 312, 343, 422, 454, 467.
Gelenkrheumatismus 104, 243, 401.
Gemüse, gesundes, stärkendes, reinigendes, 41, 42, 53, 222.

Gemütskrankheiten 398.
Gerstenkörner 138.
Geruch, übler, aus dem Mund, 96 (siehe auch Atem, übelriechender).
Geschmack, bitterer, im Munde, 36.
Geschwulsten 25, 40, 61, 144, 191, 267, 283, 346, 390, 434 (siehe auch Anschwellungen, Beulen).
Geschwüre 40, 54, 55, 72, 96, 102, 110, 118, 138, 147, 151, 156, 158, 162, 196, 203, 205, 217, 232, 242, 243, 263, 283, 284, 303, 304, 312, 334, 337, 344, 346, 354, 366, 386, 390, 396, 398, 412, 415, 416, 420, 423, 437, 441, 452, 458 (siehe auch Mund-, Magen-, Hals- und andere Geschwüre).
Gicht 32, 91, 104, 118, 121, 130, 176, 179, 195, 199, 200, 220, 243, 283, 299, 304, 359, 375, 407, 412, 451.
Gichter 419.
Glieder, erfrorene, 376 (siehe auch Frostbeulen).
Gliederschmerz 32, 274, 334, 396, 412 (siehe auch Gicht, Rheumatismus).
Grießleiden 95, 118, 130, 176, 203, 207, 220, 312.
Grießstein 329.
Grimmen 157, 217, 293, 362, 366, 400, 406
(siehe auch Bauchweh, Unterleibskrämpfe.)
Grind 45, 80.
Gurgelwasser 25, 80, 86, 138, 156, 179, 217, 232, 242, 243, 257, 328, 346, 363, 365, 374, 367, 378 386, 390, 404, 415, 420.
H.
Haar, Stärkung des Haarbodens, 157, 334.
Haarfärbemittel 157.
Hals, dicker, 110.
Halsentzündungen 138, 156, 212, 386, 415.
Halsgeschwüre 80, 110, 232, 243, 256, 334, 346, 390, 412.
Halsverschleimung 251, 415, 432.
Halsweh 25, 179, 363, 365, 366, 415, 416, 432, 443.
Hämorrhoiden 220, 455.
Hämorrhoidenblutungen 275, 304.
Harnabgang, Beförderung des, 48, 97, 118, 121, 166, 201, 259, 358, 458.
Harnbrennen 404.
Harnbeschwerden 60, 80, 135, 215, 304, 366.
Harnverhaltung 97, 215.
Harnwerkzeuge, Katarrh der, 304.
Harnwerkzeuge, Erhitzung der, 45.
Hartleibigkeit 55, 222 (siehe auch Leib, harter,

Verstopfung).
Haut, aufgerissene, 144 (siehe auch Schrunden).
Hautkrankheiten 36, 146, 217, 223, 244, 258, 263, 343.
Hautunreinigkeiten 28, 36, 50, 80, 104, 118, 151, 157, 259, 263, 275, 270, 440, 467
Heiserkeit 64, 130, 144, 256, 275, 358, 363, 365, 367, 386, 390.
Herbstkuren 451, 455 (siehe auch Frühjahrskuren).
Herzklopfen 333, 359, 398, 409.
Herzleiden 395.
Herzwassersucht 395.
Hitze, starke, 166, 220, 346.
Hornhautflecken 61.
Hühneraugen 338.
Hunger starker, 283.
Husten 24, 40, 64, 66, 68, 130, 134, 149, 150, 162, 205, 256, 312, 328, 329, 340, 342, 350, 362, 386, 387, 404, 415, 432, 443.
Husten, Keuch, 24, 329, 356, 420 (siehe auch Husten).
Hypochondrie 195, 199, 298, 304, 398, 406, 409.
Hysterie 298, 333, 406, 423.
I.
Insektenstich, Insektentod 149, 251, 274, 358.
K.
Kältegefühl 440 (siehe auch Erkältungen, Frost).
Katarrh der Brust, Lunge usw. 25, 40, 134, 205, 249, 350, 364, 386, 390.
Keuchen 64, 66 (siehe Engbrüstigkeit).
Knochenbruch 205.
Knochenfraß 199.
Kolik 343, 391, 406, 419 (siehe Grimmen, Unterleibsschmerzen).
Kongestionen 419 (siehe auch Blutandrang).
Konvulsionen 419 (siehe auch Krämpfe).
Kopfweh 26, 92, 300, 312, 333, 355, 375, 378, 398, 400, 407, 447 (siehe auch Migräne).
Kräfteverlust 304 (siehe auch Schwäche).
Krämpfe, allgemeine, 76, 230, 298, 304, 305, 359.
Krämpfe (Haut-) 298.
Krampfhaften 329.
Krätze 72, 243, 334, 343, 400.
Kräuterkissen 400, 402, 407, 412, 433.
Kräuterkuren 222, 259 (siehe auch Frühjahrs- und Herbstkuren).
Kräuterwein 441.
Krebs 156, 199, 203, 337, 338, 396.
Kühlgetränke 133, 140, 166, 185, 169, 220, 404.
L.

Lähmungen 199, 274, 299, 375, 396, 404.
Leberflecken 370.
Leberleiden 36, 95, 162, 176, 447, 454, 455.
Leberreinigung, siehe Leberleiden usw. 207, 415, 419, 422, 432, 434, 440, 454.
Leberverhärtung 262, 434, 437, 467.
Leberverschleimung 36, 55.
Leberverstopfung 220, 222, 259, 304, 312, 366, 437.
Leib, harter, 55, 222, 443 (siehe auch Hartleibigkeit, Verstopfung).
Leibschmerzen 45, 48, 144, 149, 164, 294, 300, 362, 373, 375, 400, 402, 419 (siehe auch Grimmen, Bauchschmerzen, Unterleibskrämpfe).
Lippen, gesprungene, 275 (siehe auch Schrunden und Haut, aufgerissene).
Luftröhrenverschleimung 293, 364.
Lungenkatarrh 144, 256, 262, 342, 415.
Lungenentzündung 144.
Lungenleiden 40, 45, 194, 205, 264, 312, 328, 384, 415, 465 (siehe auch Lungenschwindsucht).
Lungenschwindsucht 144, 304, 414.
Lungenverschleimung 53, 102, 192, 249, 264, 293, 308, 375, 386, 390, 415, 447, 458.
M.
Magenblutungen 109.
Magenbrennen 293.
Magendrücken 283, 293, 447, 454.
Magenerkältung 293.
Magenerschlaffung 80, 450.
Magenkrampf 162, 298, 300, 337, 375, 400, 402, 406, 419, 443, 451.
Magenleiden 36, 192, 195, 270, 422.
Magenreinigung 55, 430, 454.
Magensäuren 283.
Magenschmerz 378.
Magenschwäche 80, 95, 195, 220, 256, 270, 283, 293, 304 349, 359, 362, 369, 395, 400, 402, 407.
Magenübel 186, 194, 199, 362, 440.
Magenverschleimung 36, 144, 249, 256, 270, 293, 343, 395, 412, 454.
Magenverstimmung 298.
Magenwinde 422, 440.
Mandelanschwellung 86, 232, 242, 328, 412.
Mastdarmfisteln 110.
Mastdarmvorfall 110.
Melancholie 195, 199, 423.
Menstruation, gestörte, 217, 262, 304, 366, 406, 409, 419, 448, 451.-

Menstruation, zu starke, 48, 217, 304.
Migräne 32, 162, 298, 409 (siehe auch Kopfweh).
Milchabsonderung 362, 415.
Milchschorf 28, 80, 259.
Milzverhärtung 434, 467.
Milzverschleimung 50, 55, 176, 432.
Milzverstopfung 220, 259, 304, 312, 366, 454.
Mundfäule 212, 217, 376, 396, 404, 415.
Mundgeruch, übler, 422 (siehe auch Atem, übler Geruch).
Mundgeschwüre 256, 390, 396, 412.
Mundwasser 186, 230, 232, 243, 274, 334, 346, 374, 415.
N.
Nährmittel 190, 220.
Nase, böse, 275.
Nasenbluten 54, 61, 80, 104, 203.
Nervenerregung 419.
Nervenschwäche 32.
Nervenverstimmung 406, 423. (siehe auch Hypochondrie, Hysterie).
Nierenleiden,Nierenentzündung 60, 80, 95, 102, 118, 230, 243, 329, 415, 419, 432, 434, 440, 454, 467.
Nierenstein 50, 60, 95, 230, 329.
Nierenverschleimung 162, 369.
Nierenverstopfung (-anschoppung) 312, 369, 437.
Niesmittel 68.
O.
Ohnmacht 283, 398, 404.
Ohrendämpfe 264, 305, 391, 420.
Ohren, eiternde (siehe Eiterungen).
Ohrenentzündungen 404.
Ohrenfett 144.
Ohrenkrampf 144.
Ohrenreißen 144.
Ohrensausen 144, 375, 378.
Ohrenweh 263, 308, 409.
Ohrenschmerz, rheumatisch 144, 409.
P.
Pappelsalbe 91.
Pappelspiritus 91.
Pflaster 153, 157, 243, 434.
Q.
Quetschungen 91, 147, 205, 273, 370, 396, 448.
R.
Rachengeschwüre 243 (siehe auch Mund- und Halsgeschwüre).
Rachenkatarrh 212.
Räude 182, 343 (siehe auch Krätze).
Reinigung, monatliche (siehe Menstruation).
Rheumatismus 54, 60, 96, 102, 118, 119, 121, 176, 179, 243, 275, 304, 359, 375, 378, 396,

401, 402, 407, 412, 451.
Rosenessig 328.
Rosenhonig 328.
Rosenwasser 328.
Rotlauf 40, 61, 164, 167, 267, 312, 370.
Rotzkrankheit der Pferde 157.
Rückenschmerzen 375.
Ruhr 48, 66, 157, 186, 205, 211, 212, 217, 230, 232, 242, 264, 391.
S.
Salat 37, 42, 40, 45, 49, 56, 66, 206, 209, 222, 271, 335, 359, 373.
Säuren 199, 283, 284 (siehe auch Magensäuren).
Seitenstechen 378.
Schlaflosigkeit 32, 56, 144, 299.
Schlaffheit 262.
Schlaganfall 398, 404.
Schlagfluß 274, 299, 376.
Schleimabsonderung 359, 467.
Schleimanhäufung 68, 95.
Schleimfluß 215, 242, 249, 270, 303, 404.
Schleimhauttätigkeit, Beförderung der, 298.
Schleimlösung, Mittel zur, 205.
Schnittwunden 122.
Schnupfen 212, 415, 432.
Schönheitsmittel 145, 305.
Schrecken 274.
Schrunden 138, 304, 404, 448.
Schürfungen 91, 162, 448.
Schwäche, allgemeine und besondere, 102, 103, 162, 195, 262, 270, 275, 283, 303, 304, 333, 343, 402, 412, 419, 465.
Schwäche, nervöse, 32, 274, 407 (siehe auch Nervenschwäche).
Schweißtreibende Mittel 96, 162, 166, 337, 340, 406, 456.
Schweiß, nächtlicher, 415.
Schweiß, zurückgetretener, 166, 298, 415.
Schwermut 195, 199 (siehe Hypochondrie, Melancholie).
Schwielen 338.
Schwindel 32, 36, 249, 298, 333, 375, 378, 409.
Schwinden 454.
Schwindsucht 40, 162, 194, 256, 262.
Schwitzen, allgemeines und Fuß- 110, 118.
Skorbut 50, 55, 102, 118, 186, 199, 259, 335, 343, 373, 374, 375, 378.
Skrofeln 50, 55, 95, 102, 118, 151, 156, 158, 176, 195, 199, 209, 258, 283, 335, 337, 338, 400, 419, 463.
Sodbrennen 92, 440.
Sommersprossen 370, 376.
Sonnenbrand 376.
Speichelabsonderung 79.
Star, schwarzer, 274.
Starrkrampf 230, 298, 300.
Steifheit der Glieder 274.

Steinleiden 45, 95, 118, 130, 176, 203, 205, 215, 220, 242, 243, 251, 312, 366.
Stockungen im Unterleib 220, 258, 337, 373.
Stoffwechsel, Beförderung des, 352, 358.
Stöße 273.
Sturz 274.
Sumpffieber 299.
T.
Triefaugen 217, 354, 370, 386 (siehe auch Augen, triefende).
Typhus 185.
U.
Übelkeiten 283, 406, 422.
Übermüdung 275, 334.
Überröte 40, 167 (siehe auch Rotlauf).
Umschläge 26, 72, 196, 203, 217, 230, 304, 334, 338, 346, 354, 390, 398, 402, 412, 441.
Unruhe 144.
Unterleibsentzündungen 467.
Unterleibskrämpfe (-schmerzen) 162, 293, 298, 333, 362, 409, 412, 443, 451
Unterleibsschwäche 220, 362, 400.
Unterleibsstockungen 220, 258, 337, 373, 437, 467.
Unwohlsein, allgemeines, 304.
Urinabsonderung 97.
Urinverhaltung 97.
V.
Verbrennungen 104, 149.
Verdauung, schwache, 195, 222, 256, 259, 270, 304, 333, 343, 352, 353, 362, 369, 398, 406, 409, 412, 450, 454.
Verdauung, gestörte, 162, 195, 350, 365, 415, 422, 467.
Verdauung, Beförderung der, 36, 92, 97, 130, 144, 195, 244, 282, 284, 350, 359, 362, 363, 395, 430, 432, 440, (siehe auch Verdauung, schwache).
Vergiftungen 109, 251, 275, 293, 378.
Verhärtungen 434, 467 (siehe auch Geschwülsten, sowie Leber-, Milz-, Nieren-).
Verletzungen 144, 337.
Verrenkungen 274.
Verschleimungen (siehe Magen-, Nieren-, Leber-, Hals-, Brust-,) 36, 249, 251, 264, 304, 365, 412, 415, 432, 447, 458.
Verstauchungen 91, 273.
Verstopfungen 36, 55, 149, 220, 340 (siehe auch Leber-, Milz-, Nieren-).
Verwundungen 91, 104, 273, 337 (siehe auch Wunden).
Vollblütigkeit 220.
W.
Warzen 338.
Waschungen, allgemeine, 203, 217, 343, 398, 412, 419, 432, 441, 451.
Waschwasser 328, 458.

Wassersucht 50, 53, 56, 60, 61, 68, 96, 118, 165, 166, 173, 176, 179, 192, 194, 195, 196, 199, 201, 356, 369, 375, 395, 423, 437.
Wechselfieber 45, 48, 79, 86, 114, 118, 121, 130, 146, 195, 196, 200, 230, 249, 270, 282, 284, 299, 305, 308, 369, 395, 419, 422, 451.
Wehen 217.
Weißfluß 136, 230, 264, 333, 395.
Wiederbelebungsversuche 378.
Wunden 48, 49, 66, 72, 122, 162, 205, 242, 249, 263, 304, 338, 354, 386, 396, 398, 402, 419, 423, 432, 437, 448, 458
Wundsein, Wundstreupulver 110, 275.
Würmer 56, 68, 146, 157, 243, 283, 299, 334, 350, 356, 358, 362, 378, 423, 451.
Z.
Zahnfleisch, lockeres, eiterndes, 87, 110, 200, 230, 232, 242, 271, 274, 328, 334, 346, 412.
Zahngeschwüre 80, 87, 218, 412, 416.
Zahnpulver 416.
Zahnweh 110, 230, 251, 274, 365, 375, 378, 409, 443
Zäpfchenverlängerung 86, 110, 232, 416.
Zäpfchenerschlaffung 365.
Zerschlagenheit der Glieder 274.
Zittern 32, 102 (flehe auch Nerven).
Zugpflaster 157.
Zungenverletzung 274, 365.

# Quellenangabe.

Zur Verfassung dieses Buches wurden vorzüglich benutzt:

- Dr. G. H. Zeller, „Monatsbilder".
- Dr. Fr. Lorinser, „Buch der Natur", 4. Band: Botanik.
- Ulsamer, „Hausapotheke".
- S. Kneipp, „Meine Wasserkur" und „Pflanzenatlas".
- K. A. Schönke, „Naturgeschichte" (Botanik).
- Dr. F. Wimmer, „Grundriß der Naturgeschichte": Pflanzenreich.
- H. Bock, „Kräuterbuch" von 1551.
- A. Ritter v. Perger, „Deutsche Pflanzensagen",

und außerdem noch verschiedene einschlägige Notizen, Artikel und Aufsätze aus der Feder der bekanntesten und besten Autoren des In- und Auslandes.

# Verlagsverzeichnis

*Geplant für 2024/2025 Bestellbar über Ihre Buchhandlung*

**Schimpfky, Richard:**

Unsere Heilpflanzen in Wort und Bild für jedermann, ihr Nutzen u. ihre Anwendung in Haus u. Familie, mit 92 naturtreuen Pflanzenbildern Ersterscheinen 1893,

*Reprint der Auflage von 1926*

| | |
|---|---|
| 978-3-98979-259-3 | Softcover |
| 978-3-98979-260-9 | Hartcover |

**Schimpfky, Richard:**

Unsere Heilpflanzen in Wort und Bild für jedermann, ihr Nutzen u. ihre Anwendung in Haus u. Familie Teil 2 Mit 48 naturtreuen Pflanzenbildern

*Reprint von 1900*

| | |
|---|---|
| 978-3-98979-261-6 | Softcover |
| 978-3-98979-262-3 | Hartcover |

**Schimpfky, Richard:**

Deutschlands wichtigste Giftgewächse in Wort und Bild, nebst e. Abh. über Pflanzengifte Mit 27 naturtreuen Pflanzenbildern

*Reprint von 1893*

| | |
|---|---|
| 978-3-98979-263-0 | Softcover |
| 978-3-98979-264-7 | Hartcover |

**Dr. med A. Kühner:**

Kurerfolge mit Haus-
Heil- und Volksmitteln Nach der neuen Lehre vom Leben

*Reprint der Ausgabe von 1911*

| | |
|---|---|
| 978-3-98979-265-4 | Softcover |
| 978-3-98979-266-1 | Hartcover |

**Dr. med Emmet Densmore:**

Wie die Natur heilt –
Inbegriff eines neuen Systems der Hygiene und der Lehre von der natürlichen Nahrung des Menschen (siehe nachfolgende Text der damaligen original Verlagswerbung)

*Reprint der Ausgabe von 1893*

| | |
|---|---|
| 978-3-98979-267-8 | Softcover |
| 978-3-98979-268-5 | Hartcover |

**Dr. med Emmet Densmore:**

Die natürliche Nahrung des Menschen –
Eine kurze Darstellung der Hauptargumente gegen den gebrauch von Brot, Cerealien, Hülsenfrüchten und allen sonstigen stärkemehlhaltigen Nahrungsmitteln

*Reprint der Ausgabe von 1894*

| | |
|---|---|
| 978-3-98979-269-2 | Softcover |
| 978-3-98979-270-8 | Hartcover |

## Wie die Natur heilt.

*(Nachfolgender Text der Original Verlagswerbung aus dem Jahre 1894)*

von Dr. med. **Emmet Densmore.**

Mit zwei Stahlstichportraits

Ein Leuchtturm auf dem Gebiete der Hygiene und der Ernährungsreform — so kann mit Recht das Buch eines wahren Menschenfreundes, des amerikanischen Arztes Dr. med. Emmet Densmore genannt werden, welches er unter Mitwirkung seiner Gattin, Dr. med. Helene Densmore, geschrieben hat

„Die Natur allein ist der wahre Führer" „Es ist eben so natürlich gesund zu sein, wie es natürlich ist, geboren zu sein." Diese Sätze enthalten die Prinzipien, welche den Verfasser bei seinen Forschungen geleitet haben. Mit dem Scharfsinn eines Indianers auf dem Kriegspfade folgt er den in dem Urwalde von Irrtümern und verworrenen Begriffen oft nur mühsam erkennbaren Pfaden der Natur, und die aus seinen Beobachtungen gezogenen Schlussfolgerungen sind von einer zwingenden logischen Konsequenz, deren Wirkungen ein richtig denkender Mensch unter keinen Umständen sich entziehen kann. Von versöhnlichem Geiste erfüllt, macht der Verfasser doch energisch Front gegen jede Unwahr¬heit, mag sie auf dem Gebiete der orthodoxen Medizin oder der Naturheilkunde, mag sie als gemischte Kost oder als Vegetarismus ihm entgegen treten. Kein Brot, keine Kartoffeln, keine Hülsenfrüchte, überhaupt keine stärkemehlhaltigen Nahrungsmittel! so erklingt der War¬nungsruf des Verfassers, der mit seiner Gattin acht Jahre hindurch den Vegetarismus am eigenen Leibe erprobt und in seiner aus¬gedehnten ärztlichen Praxis an vielen seiner Patienten zu erproben Gelegenheit gehabt hat. Der Nimbus, den der Vegetarismus gerade um diese seine Grundlage bildenden Nahrungsmittel ge¬woben hat, wird gründlich zerstört. Die gemischte Kost ist gefähr-lich, aber der Vegetarismus ist noch viel gefährlicher.

Das Buch umschließt eine Fülle von wissenschaftlichem Beweismaterial, der Inhalt ist gediegen, fesselnd, ja spannend; der klare, ruhige Vortrag wendet sich ebenso sehr an das Gemüt, wie an den Verstand des Lesers.

Wer seine verlorengegangene Gesundheit zurückgewinnen, wer seine Jugendfrische bis ans Ende seiner Tage bewahren, wer ohne Furcht vor Krankheiten existieren, sein Leben verlängern und mit der heiteren, überlegenen Ruhe des Philosophen die Frage stellen lernen will; „Tod, wo ist dein Stachel?" — der lese dieses Buch.

Das goldene Buch - Geheim und Universalrezeptbuch –
Ein Hausschatz für Jedermann der Vorteile erzielen und sich vor Schaden bewahren will,

*Reprint der Ausgabe von ca. 1890*


| | |
|---|---|
| 978-3-98979-271-5 | Softcover |
| 978-3-98979-272-2 | Hartcover |


**Prof. Dr. Ludwig Büchner**

Das Buch vom langen Leben
oder Die Lehre von der Dauer und Erhaltung des Lebens (Makrobiotik)
, nach den wis. Prinzipien der Neuzeit allgemeinverständlich dargestellt.
(siehe nachfolgende Text der damaligen Original Verlagswerbung)

*Reprint der Ausgabe von 1892*


| | |
|---|---|
| 978-3-98979-273-9 | Softcover |
| 978-3-98979-274-6 | Hartcover |


**Georg Buschan:**

Über Medizinzauber und Heilkunst im Leben der Völker:
Geschichte der Urheilkunde, ihrer Entwicklung & Ausstrahlung bis in die Gegenwart,

*Reprint der Ausgabe von 1941*


| | |
|---|---|
| 978-3-98979-275-3 | Softcover |
| 978-3-98979-276-0 | Hartcover |

# Das Buch vom langen Leben

oder

die Lehre von der Dauer und Erhaltung des Lebens

(Makrobiotik).

Nach den wissenschaftlichen Prinzipien der Neuzeit allgemein verständlich dargestellt

von

Professor **Dr. Ludwig Büchner**, -

Verfasser von „Kraft und Stoff".

*(Nachfolgender Text der Original Verlagswerbung aus dem Jahre 1894)*

Diese neueste Schrift des berühmten Verfassers von „Kraft und Stoff" kann nicht verfehlen, die weiteste Verbreitung zu finden; denn sie behandelt ein Thema, welches jedem Menschen, einerlei welcher Nation, welchen Glaubens oder welchen Standes er sei, einerlei ob Mann oder Frau, am meisten am Herzen liegt. Es betrifft das höchste Gut, welches der Mensch, so lange er auf Erden wandelt, besitzt — nämlich Leben und Gesundheit. Vor¬trefflich weist der Verfasser nach, daß die meisten Menschen aus eigner Schuld früher sterben, als sie nach dem Lauf der Natur sterben sollten, und dass es in der Hand des Einzelnen liegt, durch zweckmäßiges Verhalten unter sonst normalen Umständen sein Dasein auf Erden bis zu jener naturgemäßen Grenze zu verlängern, welche in Wirklichkeit nur wenige Bevorzugte erreichen. Er zeigt, daß die Kunst der Makrobiotik (Langlebigkeit) keine Charlantanerie ist, sondern daß sie in der Tat existiert, wenn auch nicht an der Hand von sogenannten Spezificis oder Wundermitteln, sondern an derjenigen einer vernünftigen Hygiene oder Gesundheitspflege. Er steht dabei auf dem neuesten Standpunkte der soweit vorangeschrittenen medizinischen Wissenschaft, während die älteren Lehrbücher der Makrobiotik, insbesondere das berühmte, in zahlreichen Auflagen erschienene und fortwährend er¬scheinende Hufeland'sche, den heutigen Anforderungen der Wissenschaft in keiner Weise mehr genügen. Es ist daher mit dieser Schrift, welche in keiner Bibliothek, in keinem Haushalt fehlen sollte, eine vorhandene Lücke in der Literatur ausgefüllt und einem wirklichen Bedürfnis des Publikums und jedes Menschen, der sein Leben liebt, genügt. Sie wird nicht nur unberechenbaren Nutzen stiften, sondern auch jedem Leser durch ihren wunderbar klaren und knappen Stil, welcher mit dem bekannten und anerkannten Talent des Herrn Verfassers die schwierigsten Gegenstände in gedrängter und allgemeinverständlicher Weise abhandelt, einen wahren Genuß gewähren. Es wird kaum eine Schrift geben, welche bei so geringem Umfange eine solche Fülle des wichtigsten Materials und wissenswerter Gegenstände enthält, ohne doch irgendwie eine Spur von Unordnung oder Überhäufung wahrnehmen zu lassen. Wer sie liest und ihre Regeln befolgt, ist dadurch nicht bloß weiser, glück¬licher und gesünder geworden; er wird auch imstande sein, sein Leben durch eigenes Zutun zu verlängern, wie es je nach Individualität und Umständen überhaupt möglich ist.

978-3-98979-273-9 Das Buch vom langen Leben Softcover
978-3-98979-274-6 Das Buch vom langen Leben Hartcover

FSC
www.fsc.org
MIX
Papier | Fördert gute Waldnutzung
FSC® C083411

Kolibri 360 GmbH
Ferdinand-Jühlke-Straße 7
99095 Erfurt, Deutschland
produktsicherheit@kolibri360.de